Mit einem gemalten Band

Johann Wolfgang von Goethe

Kleine Blumen, kleine Blätter
Streuen mir mit leichter Hand
Gute junge Frühlingsgötter
Tändelnd auf ein luftig Band.

Zephyr, nimm's auf deine Flügel,
Schling's um meiner Liebsten Kleid!
Und so tritt sie vor den Spiegel
all in ihrer Munterkeit

Sieht mit Rosen sich umgeben,
Selbst wie eine Rose jung:
Einen Blick, geliebtes Leben!
Und ich bin belohnt genug.

Fühle, was dies Herz empfindet,
Reiche frei mir deine Hand,
Und das Band, das uns verbindet,
Sei kein schwaches Rosenband!

Jean – Denis Godet • Arboris – Verlag

Pflanzen Europas: Kräuter und Stauden

© Arboris—Verlag, CH—3032 Hinterkappelen / Bern, 1991
1. Auflage
ISBN 3—905039—04—1

Vertrieb der deutschsprachigen Ausgabe (ausser in der Schweiz):	Mosaik Verlag GmbH, München, 1991 ISBN 3—576—10008—3
Lizenzausgabe für die französische Schweiz und Frankreich:	Delachaux & Niestlé, Lausanne, 1991

Ektachrome—Entwicklung:	Colorlabor Zumstein, Bern
Fotolithos:	Schwitter AG, Basel
Gestaltung, Satz:	Arboris—Verlag, Hinterkappelen
Belichtung:	Bund, Belichtungsservice, Bern
Druck und buchbinderische Verarbeitung:	Brepols Fabrieken N.V., Turnhout

Printed in Belgium

Jean—Denis Godet • Arboris—Verlag

Für Flavia und Pascal

Inhaltsverzeichnis

Vorwort

In meinen ersten drei Büchern habe ich versucht, unsere Gehölze im Winter, Frühling und Sommer so darzustellen, dass eine Bestimmung auch durch den Laien leicht vorgenommen werden kann.

Nun sind es aber nicht nur Holzpflanzen, die unseren Lebensraum prägen, sondern auch die zahlreichen Kraut- und Staudenarten. Von ihrer Formenfülle und ihrer Schönheit werden wir nicht selten überwältigt. Leider sind wir in vielen Fällen überfordert, anhand von wissenschaftlichen Bestimmungsmerkmalen eine Art korrekt zu identifizieren. Diese Tatsache hat mich wiederum bewogen, die wichtigsten Kennzeichen mit möglichst vielen Farbfotografien aufzuzeigen.

Bei den meisten Kräutern und Stauden ist die Blütenfarbe das wohl augenfälligste Merkmal. Es enstanden 5 Pflanzengruppen mit weissen, gelben, roten, blauen und grünen Blüten. Als blütenlose Pflanzen werden die Farne allen anderen vorangestellt. Nun gibt es aber auch Grenzfälle, wo eine eindeutige Zuordnung zu den einzelnen Farben nicht ohne weiteres möglich ist. In Zweifelsfällen werden die betreffenden Arten verschiedenen Farbtönen zugeordnet.

Innerhalb der Gruppen findet eine Feingliederung mit Hilfe der Blütenform und der Laubblätter statt. Bei der Zusammenstellung der Pflanzen auf die verschiedenen Tafeln wurde dabei darauf geachtet, dass möglichst diejenigen zusammengestellt sind, die ähnliche Blütenformen und Laubblätter aufweisen. Da auch die Blätter bei verschiedenen Exemplaren einer gleichen Art oder bei der gleichen Pflanze unterschiedlich ausgebildet sein können, werden vereinzelt zwei Vertreter gezeigt.

Neben der genauen Beschreibung der Laubblätter, Blüten und Blütenstände werden die möglichen Standorte der einzelnen Arten möglichst umfassend aufgelistet.

Für die zahlreichen Hinweise, Anregungen und die freundliche Unterstützung in den letzten 3 Jahren möchte ich den Mitarbeitern der Botanischen Gärten Basel, Bern, Genf, Lausanne, Neuenburg, St.Gallen und Zürich recht herzlich danken. Einen besonderen Dank möchte ich Herrn Dr. Klaus Ammann vom Geobotanischen Institut der Universität Bern und Herrn Robert Göldi, Saas, aussprechen.

Möge auch dieses Buch allen ein treuer Begleiter werden und dazu beitragen, dass die Formenfülle und Schönheit uns und unseren Kindern auch in Zukunft erhalten bleibt.

Hinterkappelen, im März 1991   Jean–Denis Godet

1. Teil: Einführung

1.1. Einleitung:

Das charakteristische Erscheinungsbild eines Krautes oder einer Staude wird durch die Wuchsform des Stengels, die Gestalt, Gliederung und Anordnung der Blätter, den Bau und die Färbung der Blüten und durch die Früchte gekennzeichnet.

Alle diese Organe können entsprechend den vorherrschenden Umweltbedingungen bei den einzelnen Wuchsorten in ihrer Ausbildung variieren. So verkleinert sich zum Beispiel die Wuchshöhe mit zunehmender Meereshöhe. Gleichzeitig kommt es in grösseren Höhen zur intensiveren Blütenfärbung.

Die Blütezeit einer Pflanze ist jeweils abhängig von den jahreszeitlichen Wetterbedingungen und davon, wo die bestimmte Art wächst. Dies hat zur Folge, dass Arten, welche ein grosses Verbreitungsgebiet besitzen, bezüglich Blütezeit eine grosse Spanne aufweisen.

Für die korrekte Bestimmung dieser Pflanzen benötigen wir sowohl die Blüten– als auch die Laubblätter. Ihre genaue Beschreibung ist nun Voraussetzung dafür, dass bei späteren Uebungen im Felde keine Fehler unterlaufen. In diesem Pflanzenbuch soll wiederum nur mit denjenigen Merkmalen gearbeitet werden, welche von blossem Auge oder mit einer guten Lupe rasch zu erkennen sind.

1.2. Die Sprossachse:

Der Spross besteht aus der Sprossachse (d.h. dem Stengel) – einem für jede Pflanzenart in typischer Ausbildung zylindrischen und stabförmigen Körper – und den Laubblättern, also den seitlichen Ausgliede– rungen der Sprossachse, die in der Regel ein begrenztes Wachstum besitzen. Neben dem Tragen der Blätter, Blüten und Früchte dient sie der Stoffleitung und gleichzeitig der Speicherung von Reservestoffen.

1.3. Die Laubblätter:

Die in der Regel grün gefärbten Laubblätter bilden wichtige Transpirationsorgane und Orte der Photosynthese. Sie bestehen aus einer meist dünnen und flächig verbreiterten **Blattspreite**, oft aus einem stengelartigen **Blattstiel** und dem **Blattgrund**. Dieser kann als Blattscheide ausgebildet sein und Nebenblätter tragen. Bei den meisten Blättern besitzt er aber keine besondere Form und geht hier allmählich in den Blattstiel über. In verschiedenen botanischen Lehrbüchern werden Blattspreite und Blattstiel zusammen als Oberblatt und der Blattgrund als Unterblatt bezeichnet. Bei ungestielten Blättern ist jeweils der Blattgrund direkt mit der Sprossachse verwachsen.

Blatt mit Spreite, Stiel, Blattgrund	Gestieltes Laubblatt	Sitzendes Laubblatt	Stengelumfas– sendes Laubblatt	Verwachsenes Laubblatt	Herablaufendes Laubblatt
1	2	3	4	5	6
Schematische Darstellung	Arum maculátum Aronstab	Sedum album Weisser Mauer– pfeffer	Círsium olerá– ceum Kohldistel	Lonícera capri– fólim Jelängerjelieber	Symphytum officinále Beinwell

1.3.1. An der Sprossachse unterscheiden wir 4 Typen von Laubblättern:

1.	Keim– blätter	Der Hauptspross der Keimpflanzen trägt zuunterst 1, 2– oder mehrere und einfach gestal– tete Keimblätter, deren Lebensdauer meist nur kurz ist.
2.	Nieder– blätter	Es sind noch einfach gestaltete Blätter, die unterhalb der Laubblätter liegen und oft nur schuppenförmig ausgebildet sind.
3.	Laub– blätter	Am Spross bilden sie die Hauptmasse des Blattkleides. Sehr oft sind die ersten Laubblätter (Jugend– oder Primärblätter) anders gestaltet als die Folgeblätter.
4.	Hoch– blätter	Sie liegen oberhalb der Laubblätter und finden sich in typischer Ausbildung als Tragblätter der Blüten– und Blütenstandsäste. Auch können sie gefärbt sein.

1.3.2. Anordnung der Laubblätter an der Sprossachse :

Die Laubblätter sind in verschiedener Weise mit dem Stengel verwachsen. Als wichtigste Möglichkeiten können unterschieden werden:

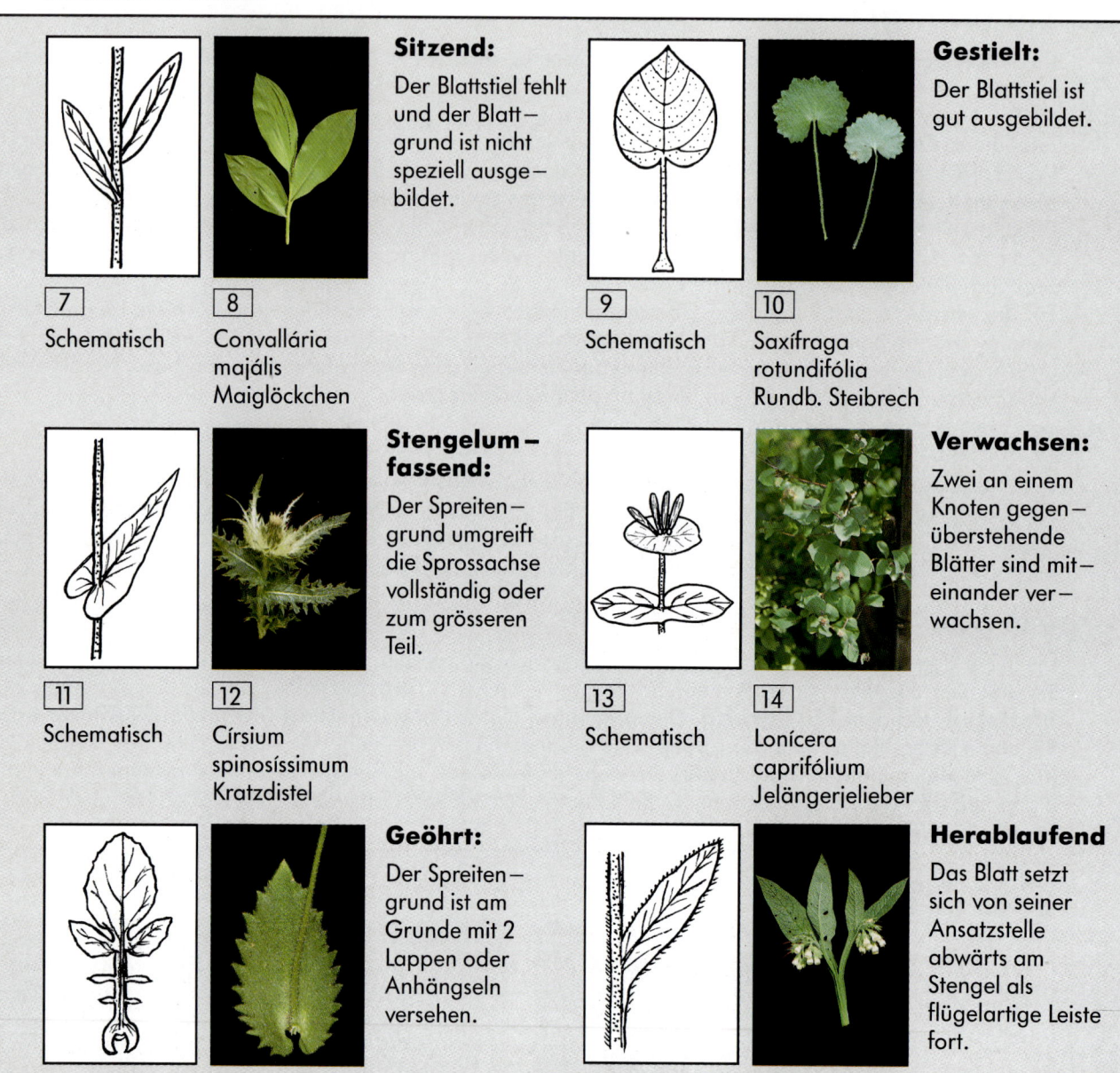

Sitzend:
Der Blattstiel fehlt und der Blatt—grund ist nicht speziell ausge—bildet.

7 Schematisch

8 Convallária majális Maiglöckchen

Gestielt:
Der Blattstiel ist gut ausgebildet.

9 Schematisch

10 Saxífraga rotundifólia Rundb. Steibrech

Stengelum—fassend:
Der Spreiten—grund umgreift die Sprossachse vollständig oder zum grösseren Teil.

11 Schematisch

12 Círsium spinosíssimum Kratzdistel

Verwachsen:
Zwei an einem Knoten gegen—überstehende Blätter sind mit—einander ver—wachsen.

13 Schematisch

14 Lonícera caprifólium Jelängerjelieber

Geöhrt:
Der Spreiten—grund ist am Grunde mit 2 Lappen oder Anhängseln versehen.

15 Schematisch

16 Arabis alpína Alpen—Gänsekresse

Herablaufend
Das Blatt setzt sich von seiner Ansatzstelle abwärts am Stengel als flügelartige Leiste fort.

17 Schematisch

18 Symphytum officinále Beinwell

1.3.3. Stellung der Laubblätter an der Sprossachse:

Die Laubblätter entspringen in gesetzmässiger Anordnung am Stengel, was als Blattstellung bezeichnet wird. Folgende Blattstellungsformen können voneinander unterschieden werden:

Wechselständig oder spiralig:	An jedem Knoten steht nur ein Blatt, das gegenüber dem vorausgegange—nen jeweils um einen bestimmten von 180 Grad abweichenden Winkel steht.
Zweizeilig oder distich:	Die Blattspreiten liegen jeweils in einer Ebene.
Grundständig:	Die Blätter entspringen an der Basis des Stengels.
Gegenständig:	An einem Knoten stehen immer 2 Blätter einander gegenüber.
Kreuzgegenständig oder dekussiert:	Die Blattpaare stehen kreuzweise übereinander.
Quirlig oder wirtelig:	Drei oder mehrere Blätter stehen in einem Quirl zusammen.

1.4. Lebensformen

Nach der Lebensdauer der Sprosse, wie auch nach der Ausgestaltung der Erneuerungsknospen während des Winters oder der sommerlichen Dürreperiode können wir die Kormophyten in 5 Lebensformen einteilen. Je nach Standortverhältnissen wechselt ihr prozentualer Anteil innerhalb eines Gebietes (Zu den schematischen Darstellungen: Schwarze Pflanzenteile überwintern; die übrigen sterben im Herbst ab).

1. Phanerophyten (Luftpflanzen):

Sie tragen ihre Erneuerungsknospen höher als 50 cm über dem Boden (Abb. 19: schematisch). Zu ihnen gehören alle immergrünen und sommergrünen Bäume (Abb. 20: Gemeine Esche—Fráxinus excélsior) und Sträucher, viele Schlingpflanzen und in den feuchtwarmen Tropen die Epiphyten. Diese wachsen auf den Aesten oder in den Astgabeln der Baumkronen und erobern sich auf diese Weise einen Platz an der Sonne. Die Bäume dienen ihnen lediglich als Unterlage. Epiphyten unserer Breitengrade sind vor allem rindenbewohnende Algen, Flechten und Moose, die vorübergehend Austrocknung vertragen.

2. Chamaephyten (Zwergsträucher):

Sie tragen ihre Erneuerungsknospen 10—15 cm über der Erdoberfläche (Abb. 21: schematisch) und sind daher in schneereichen Gebieten durch die Schneedecke vor dem Frost weitgehend geschützt. Hierher gehören viele niederliegende und kriechende Holzpflanzen der nordischen Tundren und der Hochgebirge (Abb. 22: Heidelbeere—Vaccínium myrtíllus; Abb. 23: Besenheide—Callúna vulgáris), viele Ericaceen und die Polsterpflanzen.

3. Hemikryptophyten (Oberflächenpflanzen):

Die Erneuerungsknospen liegen nahe der Erdoberfläche. Zu ihnen gehören die Horstpflanzen (z.B. viele Gräser), einjährige und ausdauernde Rosettenpflanzen, wie der Löwenzahn (Abb. 25: Taráxacum) und die Wegerich—Arten, die ohne Blattrosette überwinternden Schaftpflanzen (z.B. Brennessel, Gilbweiderich), deren Knospen am Grunde des abgestorbenen Stengels liegen und die Stauden mit oberirdischen Ausläufern, wie z.B. die Erdbeere (Abb. 26: Fragária).

4. Kryptophyten (Erdpflanzen):

Ihre Erneuerungsknospen liegen extrem gut geschützt unter der Erdoberfläche an Erdsprossen. Dabei unterscheiden wir zwischen Rhizomgeophyten, wie z.B. beim Busch—Windröschchen (Abb. 28: Anemóne nemorósa) und Zwiebelgeophyten, wie beim Krokus (Abb 29: Crócus) oder bei der Herbstzeitlose (Abb. 30: Cólchicum autumnále).

5. Therophyten (Einjährige Pflanzen):

Diese Pflanzen überstehen die vegetationsfeindlichen Perioden unter völliger Preisgabe ihres einjährigen Vegetationskörpers im Schutz ihrer widerstandsfähigen Samen. Dazu gehören neben vielen anderen Pflanzen auch die Sommergetreide und ihre Unkräuter. (Wintergetreide = Hemikryptophyten)

1.5. Unterirdische Speicherorgane

Für den Frühjahrsaustrieb werden organische Baum— und Betriebsstoffe benötigt, die in der letztjährigen Vegetationsperiode gebildet und in meist unterirdischen Speicherorganen abgelagert wurden. Neben Früchten und Samen gehören viele von ihnen zu den wertvollsten pflanzlichen Nahrungsmitteln für Mensch und Tier. Wir unterscheiden dabei zwischen:

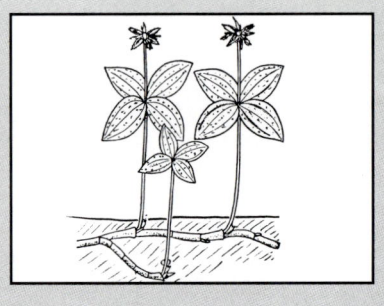

35

1. Wurzelstöcke oder Rhizome:

Diese unterirdischen, unbegrenzt und verzweigt oder unverzweigt wachsenden Erdsprosse können im Laufe der Jahre grosse Bodenflächen bedecken und sehr alt werden. Sie tragen allseits oder unterseits spross—bürtige Wurzeln und farblose, häutige Niederblätter. An diesen oder deren Narben, an der Ausbildung der Knospen und am Fehlen von Wurzelhauben lassen sich diese Wurzelstöcke von echten Wurzeln unterscheiden (Abb. 35,36: Einbeere—Páris quadrifólia).

36

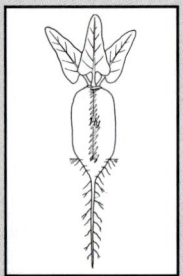

37

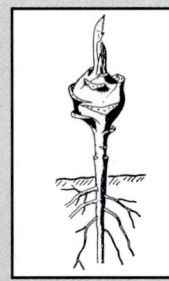

38

2. Sprossknollen:

Sie entwickeln sich entweder durch starke primäre oder sekundäre Verdikkung des Hypokotyls (Abb. 37: Futterrübe) oder aus einem oder mehreren Sprossinternodien (Abb. 38: Kohlrabi). Die unterirdischen Kartoffelknollen entstehen an den Enden von Seitenzweigen durch primäres Dickenwachstum mehrerer Internodien (Abb. 39: Kartoffel).

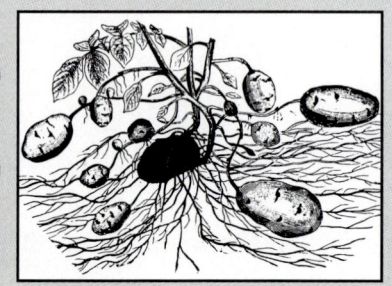

39

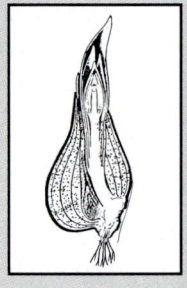

40

41

3. Zwiebeln:

Es sind meist unterirdische, sehr stark verkürzte Sprosse mit verdickten und fleischigen Schuppenblättern. Diese sitzen einer stark verkürzten und scheiben— bis kegelförmigen Achse auf, dem Zwiebelkuchen. Aus seinem Vegetationspunkt treibt später der oberirdische Spross aus (Abb. 42: Tulpe; Abb. 43: Bärenlauch).

42

43

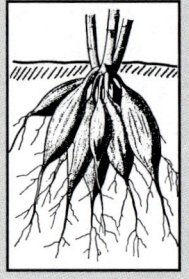

44

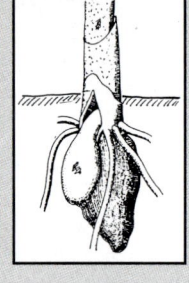

45

4. Wurzelknollen:

Sie ähneln den Sprossknollen, kennzeichnen sich jedoch durch ihre Wurzelhaube, dem Fehlen von Blattnarben und durch ihren anatomischen Bau. Alle Wurzelknollen speichern ihre Stoffe in stark verdicktem Gewebe: (Abb. 44: Dahlie; Abb. 45: Orchis; Abb. 46: Scharbockskraut—Knollen; Abb. 47: Scharbockskraut—Ranúnculus ficária).

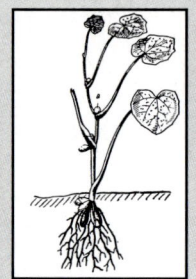

46

47

Rüben:

Bei ihnen handelt es sich um ganz oder doch teilweise verdickte Hauptwurzeln. Vielfach sind auch noch wesentliche Teile des Hypokotyls am Aufbau des Rübenkörpers beteiligt. Bei der wilden Möhre (Daúcus caróta) und der Zuckerrübe (Abb. 49: Béta vulgáris) bildet jeweils die Hauptwurzel den mächtigsten Teil des Speicherorgans. Beim Sellerie (Abb. 48: Apium gravéolens) kommt noch der mit Laubblättern besetzte Sprossabschnitt oberhalb des Hypokotyls hinzu.

48

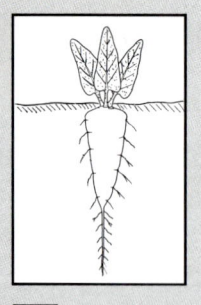

49

1.6. Die Blüten

50

51

52

53

54

55

56

57

58

Unter einer Blüte verstehen wir einen Sprossabschnitt mit einem begrenzten Wachstum, der der geschlechtlichen Fortpflanzung dienende und entsprechend umgebildete Blätter trägt. Bei ursprünglichen Blüten (z.B. Abb. 50: Magnolie—Magnólia) weist die gestreckt—konische Achse zahlreiche schraubig angeordnete Blütenhüll—, Staub— und Fruchtblätter auf. Bei abgeleiteten Formen (z.B. Abb. 51: Rundblättriger Steinbrech—Saxífraga rotundifólia) finden wir eine kreisförmige Anordnung.

Die Angiospermenblüte wird vor allem durch die sehr auffällige Blütenhülle charakterisiert. Ihre Ausbildung zu einem lebhaft gefärbten Schauapparat hat sich offensichtlich in Anpassung an die blütenbesuchenden und bestäubenden Insekten vollzogen. Vor allem im Tertiär kam es im ständigen Wechselspiel zusammen mit der Entwicklung der Blütenbesucher zu einer mannigfaltigen Ausbildung von Blütenformen und Farben.

Bei den **homoiochlamydeischen** Blütenhüllen finden wir nur gleichartige Hüllblätter. Wir sprechen dabei von einem Perigon. Es kann aus 1, 2 oder mehreren Kreisen bestehen. Ist jeweils nur ein Kreis vorhanden, so wird die Blütenhülle als einfach bezeichnet. Bei mehreren Kreisen liegt ein mehrfaches Perigon vor uns (z.B. Abb. 52: Tulpe—Túlipa; Abb. 53: Türkenbundlilie—Lilium mártagon).

Heterochlamydeische Blüten besitzen eine doppelte Blütenhülle aus meist grünlichen Kelchblättern (=Sepalen) und zarten, inneren und zumeist lebhaft gefärbten Kronblättern, den Petalen (Abb. 54: Mauerpfeffer Steinbrech—Saxifrága aizoídes).

Bei den **apochlamydeischen** Blüten fehlt die Blütenhülle.

1. Die Kelchblätter:

Sie sind in der Regel aus Hochblättern hervorgegangen, die in den Bereich der Blütenregion aufrückten. Bei vielen Pflanzen (z.B. Abb. 55: Stinkende Nieswurz—Helléborus foétidus) lässt sich der Uebergang von Hoch— zu Kelchblättern deutlich beobachten.

Solange die Blüten im Knospenzustand verweilen, dienen die Kelchblätter als Schutz für die inneren Organe. Nach der Blütenentfaltung fallen sie oft ab. Bei anderen Pflanzen bleibt der Kelch erhalten. Zuweilen wächst er nach der Befruchtung stark heran und umhüllt später die reife Frucht. Kelchblätter können frei (Abb. 56: Wilde Mondviole—Lunária redivíva) oder miteinander verwachsen sein (Abb. 57: Frühlingsschlüsselblume—Prímula véris). Werden sie am Grunde von einer Hülle kleinerer Hochblätter umgeben, so sprechen wir von einem Aussenkelch (z.B. bei Malvaceen und vielen Rosaceen).

2. Die Kronblätter:

Gegenüber den Kelchblättern sind sie allgemein durch ihre zartere Konsistenz und meist durch ihre weitaus stärkere Flächenentwicklung ausgezeichnet. Da sie verschiedenfarbig gefärbt sein können, stellen sie gewöhnlich den auffälligsten Teil der Blüte dar — den Schauapparat. Dieses optische Anlockungsmittel wird sehr oft durch chemische Reize (Blütenduft) ergänzt.

Kronblätter sind vielfach umgebildete Staubblätter. Uebergänge zwischen den beiden Blütenorganen sind bei der weissen Seerose (Abb. 58: Nymphaéa álba) sehr gut ersichtlich. Die Füllung der Blüten von "Gartenblumen" beruht auf derselben Umwandlung.

Kronblätter können untereinander frei sein (Freiblumenblättrige Pflanzen oder Choripetalae) oder miteinander zu einer Röhre verwachsen (Verwachsenblättrige Pflanzen oder Sympetalae). An der Anzahl der freien Kronzipfel lässt sich jeweils bei den verwachsenen Blüten die Anzahl der Kronblätter bestimmen. Ob diese miteinander verwachsen sind oder nicht, lässt sich auch daran erkennen, dass beim Herausziehen aus dem Kelchbecher die Krone in ihrer Gesamtheit herausfällt.

3. Die Staubblätter:

In Ihrer Gesamtheit werden die Staubblätter als Androeceum bezeichnet. Sie können an der Blütenachse

59
60
61
62
63
64

spiralig oder in Wirteln (Abb. 60: Mauerpfeffer Steinbrech—Saxifrága aizoídes) angeordnet sein. Häufig sind 2 Wirtel vorhanden, die dann jeweils in den Lücken der Kelch— und Kronblätter stehen. Wie Abb. 59 zeigt, wird ein Staubblatt von einem stielartigen Träger, dem Staubfaden oder **Filament** (=F), den Staubbeuteln oder **Antheren** (=A) und einem sterilen Mittelstück, **dem Konnektiv** (=K) aufgebaut. In seinem Innern liegt ein **Gefässbündel** (=Gb). Jede Anthere setzt sich aus zwei **Theken** (=T) zusammen.

Nicht selten finden wir bei Staubblättern hornförmige Anhängsel, wie zum Beispiel bei den Ericaceen. **Staminodien** sind rückgebildete Staubblätter, die eine andere Funktion als die ursprüngliche übernehmen. In ihrer Gestalt variieren sie sehr stark. Eine spezielle Form dieser Umbildungen sind die nektarabsondernden Honigblätter, die zwischen den Blütenhüll— und Staubblättern liegen. Bei einzelnen Pflanzen sind sie klein und unauffällig (z.B. Trollblume), bei anderen blumenblattartig gestaltet und täuschen dort Blütenhüllblätter vor (z.B. Akalei).

4. Die Fruchtblätter:

Den weiblichen Teil der Pflanzen bilden die Fruchtblätter (Karpelle), welche in ihrer Gesamtheit als Gynaeceum bezeichnet werden. Sie sind bei den bedecktsamigen Pflanzen — den Angiospermen — zu einem Gehäuse umgestaltet und bergen die Samenanlagen.

Beim **apocarpen** Gynaeceum sind die zahlreichen Karpelle frei (Abb. 61: Scharbockskraut—Ranúnculus ficária) und bilden je ein mit Frucht—blatt, Griffel und Narbe versehenen Stempel (Pistell).

Beim **coenocarpen** Gynaeceum sind die Karpelle miteinander zu einem Gehäuse verwachsen (Abb. 62, 63: Mauerpfeffer Steinbrech—Saxifrága aizoídes). Dabei wird der angeschwollene, die Samenanlagen tragende Basalteil als Fruchtknoten (Ovar) bezeichnet (Abb. 64: Schematische Darstellung). Vielfach verlängert er sich spitzenwärts in einen säulenartigen Griffel, der an seinem Ende mit einer für die Auf—nahme der Pollenkörner klebrigen und meist papillösen Narbe endet.

Für die Bestimmung der Pflanzen kann die Stellung des Fruchtknotens von grosser Bedeutung sein. Wir unterscheiden 3 Formen:

Oberständiger Fruchtknoten:　　Mittelständiger Fruchtknoten:　　Unterständiger Fruchtknoten:

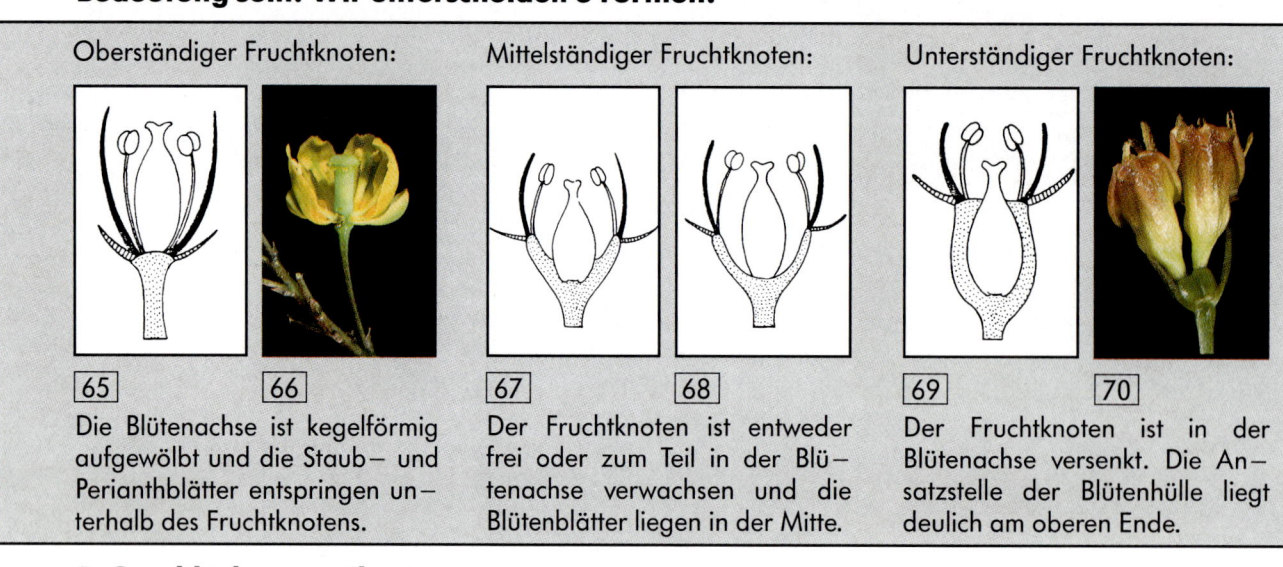

65　　66　　　　67　　68　　　　69　　70

Die Blütenachse ist kegelförmig aufgewölbt und die Staub— und Perianthblätter entspringen un—terhalb des Fruchtknotens.

Der Fruchtknoten ist entweder frei oder zum Teil in der Blü—tenachse verwachsen und die Blütenblätter liegen in der Mitte.

Der Fruchtknoten ist in der Blütenachse versenkt. Die An—satzstelle der Blütenhülle liegt deulich am oberen Ende.

5. Geschlechtsverteilung:

Zwittrige Blüten enthalten sowohl Staub— als auch Fruchtblätter. Eingeschlechtige Blüten weisen entweder nur Staub— oder nur Fruchtblätter auf, sind also unvollständig. Im ersteren Fall sprechen wir von männlichen—, im letzteren von weiblichen Blüten. Uebergänge zwischen diesen beiden Formen sind möglich. So gibt es Blüten, die wohl beide Geschlechter aufweisen (=morphologisch zwittrig), doch das eine ist nicht mehr funktionstüchtig (funktionell eingeschlechtig).　Finden wir die männlichen und weiblichen Blüten auf derselben Pflanze, so wird diese als monözisch oder einhäusig bezeichnet. Sind die beiden Blütentypen auf verschiedenen Individuen verteilt, so sind diese Arten diözisch oder zweihäusig.

1.7. Blütenstände (Infloreszenzen):

Viele unserer Pflanzen weisen jeweils pro Achse nur eine Blüte auf (z.B. Löwenzahn, Tulpe). Bei allen anderen Arten sind mehrere bis viele Blüten in einer bestimmten Anordnung zu Blütenständen — den Infloreszenzen — vereinigt. Bei diesen handelt es sich um stark metamorphosierte Sprossteile, die sich von den rein vegetativen Bereichen mehr oder weniger stark unterscheiden. Die Entwicklung von der Einzelblüte zur Infloreszenz dürfte vor Jahrmillionen damit begonnen haben, dass in Blattachseln Lateralblüten entstanden.

Für die morphologische Einteilung der Infloreszenztypen ist das Verhalten des Scheitels der Blütenstands—hauptachse von Bedeutung. So enden bei geschlossenen Infloreszenzen die Achsen mit einer Terminalblüte. Diese kennzeichnet sich durch ihr Aufblühen vor allen benachbarten Lateralblüten. Bei offenen Infloreszenzen kommt es niemals zur Ausbildung von End— oder Terminalblüten.

Nach dem Verhalten der Blütenstandsachse unterscheiden wir zwischen den folgenden Blütenstandstypen:

Monopodiale oder razemöse Blütenstände:			Sympodiale oder zymöse Blütenstände:	
Ihre Hauptachse wächst während der Blütenstands—entwicklung langdauernd und stärker als die Seiten—achsen und überragt diese. Sie gipfelt entweder in ei—ner abschliessenden Blüte oder stellt ihr Wachstum ohne Blütenbildung ein. Wir unterscheiden zwischen einfach (1–7) — und zusammengesetzt razemösen (8–11) Blütenständen.			Die Hauptachse stellt ihr Wachstum schon sehr früh ein und kann dabei mit einer Blüte enden. Seitenachsen übernehmen dann das Weiter—wachstum des Blütenstandes. Je nach ihrer Zahl unterscheiden wir zwischen Pleiochasien (mehrere Seitenäste), Dichasien (zwei Seitenachsen) und Monochasien (eine Seitenachse).	
1. Traube	5. Zapfen	8. Rispe	12. Trugdolde	— Schraubel
2. Doldentraube	6a. Kolben	9. Doldenrispe	— Dichasium,	— Doppelschraubel
3. Aehre	6b. Köpfchen	1o. Zusammengesetzte	— Wickel	
4. Kätzchen	7. Dolde	Aehre und Dolde (11)	— Doppelwickel	— Thyrsus

Die Traube (Abb. 71,72): In den Achseln von Tragblättern stehen gestielte Einzelblüten. Die Aufblühfolge beginnt normalerweise bei den un—tersten Blüten. Geschlossene Trauben beginnen mit einer Endblüte. Fehlt sie, so sprechen wir von einer offenen Traube.

Die Doldentraube (Abb. 73,74): Bei dieser traubenförmigen Inflo—reszenz stehen die verschieden lang gestielten Blüten mehr oder weniger in einer Ebene. Die Internodien der Traubenachse bleiben recht kurz.

Die Aehre (Abb. 75,76): Die Blüten sitzen unmittelbar an der mehr oder weniger gestreckten Hauptachse in den Achseln von Tragblättern.

Die Kätzchen (Abb. 77,78): Diese aufrechten, abstehenden oder hän—genden Trauben oder Aehren besitzen meist unscheinbare Blüten. Nach der Pollenentleerung fallen die männlichen Kätzchen jeweils in ihrer Gesamtheit ab.

Die Zapfen (Abb. 79,80): Erlen und Nadelhölzer besitzen als weibliche Infloreszenzen Zapfen. Es sind Aehren, deren Achse und Tragblätter bei der Reife verholzen (Nicht in diesem Buch beschrieben!).

Die Kolben und Köpfchen: (Abb. 81,82): Es sind verdickte Aehren. Von diesen unterscheiden sie sich jedoch durch die verschiedenartige Verdickung der Infloreszenzachse.

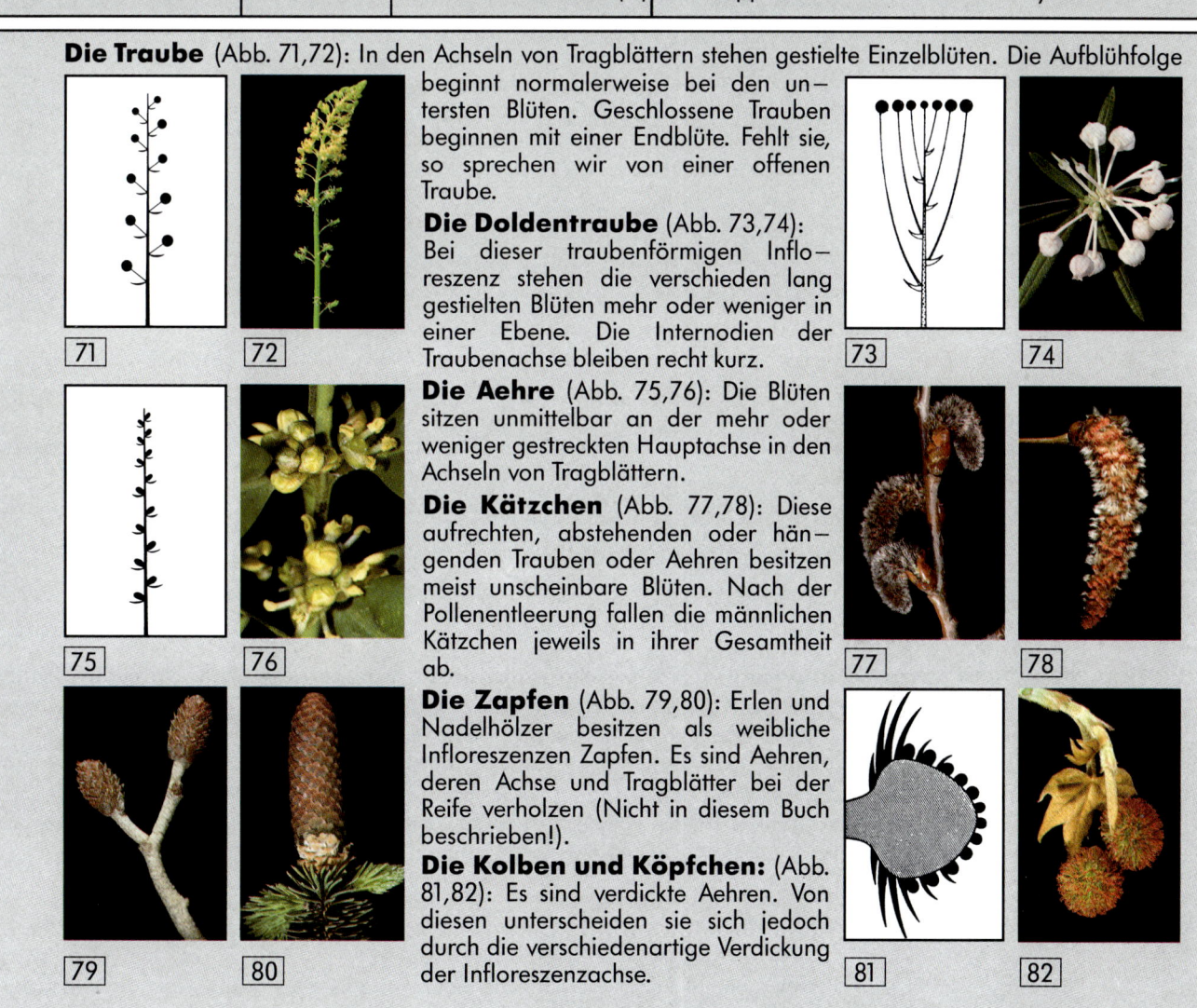

71 72 73 74 75 76 77 78 79 80 81 82

Die Dolde (Abb. 83,84):
Im Gegensatz zur Traube unterbleibt die Längenentwicklung der Internodien. Damit entspringen die gestielten Blüten in gleicher Höhe in der Achsel von rosettig angeordneten Tragblättern. Ihre Zahl ist oft geringer als die der Blüten. Besitzen die Nebenachsen die gleiche Länge, so bildet die Infloreszenz eine Halbkugel oder eine Kugel.

83   84   85   86

Die Rispe (Abb. 85,86): Alle Achsen dieser mehrfach verzweigten Traube können mit einer Terminalblüte abschliessen. Es handelt sich dann um eine geschlossene Rispe, die stammesgeschichtlich wahrscheinlich den ältesten Infloreszenztyp darstellt. Bei den offenen Rispen finden wir keine Endblüten.
Bei der **Doldenrispe** sind die Aeste verschieden lang. Dadurch liegen die Blüten flach in einer Ebene oder bilden zusammen eine leicht gewölbte Fläche. Bei der **zusammengesetzten Aehre** sitzen an Stelle der Einzelblüten mehrblütige Aehren. In der **zusammengesetzten Dolde** enden die Doldenstrahlen der 1. Ordnung mit kleinen Döldchen, die als Dolden 2. Ordnung bezeichnet werden. Im Gegensatz zur Dolde entspringen bei den **Trugdolden** die Seitenäste nicht auf der gleichen Höhe.

1.8. Bestäubung der Blüten:

Im Gegensatz zu den nacktsamigen Pflanzen, den **Gymnospermen**, wo die Pollenkörner am Bestäubungstropfen an der Mikrophyle der Samenanlagen kleben bleiben, wird der Pollen bei den Bedecktsamigen, den **Angiospermen**, von einer klebrigen und papillösen Narbe festgehalten. Damit ergibt sich eine noch weiter reichende Unabhängigkeit der geschlechtlichen Fortpflanzung von der Feuchtigkeit.
Nach den äusseren Kräften, welche die Uebertragung des Pollens durchführen, unterscheiden wir:

1.8.1. Tierblütigkeit (Zoophilie, Zoogamie):

Voraussetzungen:

- Die bestäubenden Tiere müssen die Blüten regelmässig besuchen und sich dort genügend lange aufhalten.
- Der grossen mechanischen Beanspruchung müssen die Blüten gewachsen sein.
- Die Pollenkörner müssen am Körper des Ueberträgers gut haften können ("Höschen" bei Bienen).
- Tierblumen besitzen für die Anlockung Lockmittel (z.B. Pollen, Nektar), Reizmittel (Farbe, Duft) und einen klebrigen Pollen.
- Für die Bestäubung verantwortlich sind Insekten (Entomophilie), Vögel (Ornithophilie) und Fledermäuse (Chiropterophilie).

1.8.2. Windblütigkeit (Anemophilie, Anemogamie):

Voraussetzungen:

- Griffel und Narben müssen stark vergrössert sein, damit sie die Pollenkörner leichter auffangen können.
- Um möglichst lange in der Luft schweben zu können, sind leichte, trockene, glatte und mit Schwebevorrichtungen (z.B. Luftsäcke) versehene Pollenkörner notwendig.
- Lock- und Reizmittel sind nicht mehr notwendig. Damit eine Bestäubung garantiert werden kann, ist eine enorm hohe Pollenproduktion notwendig.
- Durch eine bereits im frühen Frühling einsetzende Pollenreifung kann die Bestäubung vor der hinderlichen Blattentfaltung erfolgen z.B. Haselstrauch, Pappeln, Weiden, Erlen).

1.8.3. Selbstbestäubung (Autogamie):

Bei ungünstigen Umweltbedingungen können zahlreiche Pflanzen zur Selbstbestäubung greifen. Diese findet dabei innerhalb einer Blüte oder aber zwischen verschiedenen Blüten der gleichen Art statt.

1.9. Die Höhenstufen der Vegetation:

87 Von der kollinen bis in die alpine Stufe: Im Hintergrund Eiger, Mönch und Jungfrau (Berner Oberland/Schweiz)

88   89

90   91

Kolline Stufe (= Hügelstufe):

- Bis auf eine Höhe von 600 m im Mittelland, 700 m im Alpenvorland, 800 m und 900 m in den Zentral- und Südalpen
- Mittlere Jahrestemperatur zwischen 8°C und 12°C.
- Dauer der Vegetatationszeit über 250 Tage
- Gekennzeichnet durch Laubmischwälder (Abb. 88):
- In tieferen Lagen Eichen-Hagebuchewälder, in wärmsten Gebieten auf kalkhaltigen Böden Flaumeichenwälder (Abb. 89: Mit Rebberg), in Trockengebieten Föhrenwälder, in höheren Lagen Buchenmischwälder
- Alpensüdfuss auf kalkarmen Böden Eichenmischwälder; heute vielfach durch Kastanienwälder ersetzt

Montane Stufe (Bergstufe):

- Bis auf eine Höhe von 1'200 m und 1'300 m auf der Alpennordseite, bis 1'300 m und 1'500 m in den Zentralalpen, bis 1'500 m und 1'700 m in den Südalpen
- Mittlere Jahrestemperatur zwischen 4° und 8°C.
- Dauer der Vegetationszeit über 200 Tage
- Gekennzeichnet durch Buchen-, Buchen-Tannen- und Tannenwälder (Abb. 90 und 91)
- Föhrenwälder in den Zentralalpen
- In mehr kontinentalen Gebieten bildet die Fichte die natürliche Wald-grenze

Subalpine Stufe (Gebirgsstufe):

- Bis auf eine Höhe von 1'700 m und 1'900 m in den Nordalpen, bis 1'900 m und 2'400 m in den Zentralalpen, bis 1'800 m und 2'000 m in den Südalpen; Vegetationszeit zwischen 100-200 Tage
- Mittlere Jahrestemperatur zwischen 1°C und -2°C.
- Gekennzeichnet durch subalpine Fichtenwälder (Abb. 92)
- In den inneren Alpenketten folgt über dem Fichtenwald der Arven-Lärchenwald; am Uebergang zur alpinen Stufe wachsen Zwerg-strauchgebüsche mit Alpenrose, Wacholder, Krähenbeere u.a.; Al-penerlen an feuchten und schattigen Stellen (meist nordexponierte Lagen); auf Kalkböden Bergföhrenwälder und Legföhrenbestände

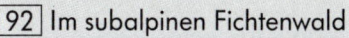

92 Im subalpinen Fichtenwald

Alpine Stufe:

- Sie umfasst die baumlosen oberen Lagen der Alpen und reicht von der Baumgrenze bis zur natürlichen Schneegrenze (= Grenze, bei welcher der Schnee auf horizontalen Flächen im Sommer noch schmilzt)
- In vielen Büchern werden die Gebiete oberhalb der natürlichen Schneegrenze als **nivale Stufe** von der alpinen Stufe abgegrenzt
- Klimatische Schneegrenze zwischen 2'400 m und 3'200 m
- Dauer der Vegetationszeit unter 100 Tage
- Gekennzeichnet in den unteren Lagen durch Zwergstrauchbestände (mit Alpenrose, Krähenbeere, Alpenazalee) und darüber durch alpine Rasen, deren Artenzahl nach oben immer mehr abnimmt

93 Aletschgletscher:VS/Schweiz

Teilschlüssel 1: Farne (S.38–53)

A1

94
Sporangien nicht am Rande oder auf der Unterseite der Fiederblätter (S.38/39)

A1
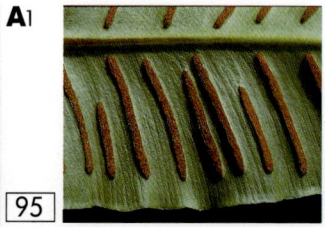
95
Sporangien am Rande oder auf der Unterseite der Fiederblätter zu Häufchen oder Streifen (S.38–53)

A2

96
Im Boden wurzelnde Sumpf – Farne mit kleeblattähnlichen Blättern (S.52/53)

A3

97
Frei schwimmende Wasser – Farne; Pflanzen, die keine Wurzeln besitzen (S.52/53)

Teilschlüssel 2: Kräuter und Stauden mit weissen Blüten (S.54–101)

A1

98
Einfache Blütenhülle aus 6 Perigonblättern oder Perigonborsten; Laubblätter paralleladerig (S.54–59)

A3

99
Einfache Blütenhülle aus 6 Perigonblättern; Laubblätter dreiteilig und fiederaderig (S.76/77)

A4

100
Blütenhülle doppelt: 3 + 3 Perigonblätter (verschieden!) oder je 2–4 Kelch – / Kronblätter (S.58–67)

A5

101
Blütenhülle doppelt und mit je 5 radiär angeordneten, freien Kelch – und Kronblättern (S.66–87)

A13

102
Blütenhülle aus je fünf Kelch – und Kronblättern; diese sind zum Teil oder ganz verwachsen (S.78–89)

A14

103
5 verwachsene Kronblätter; Kelchblätter umgewandelt; Blüten in Köpfchen/Körbchen (S.88–97)

A9
A10
A11

104
Blütenhülle aus 5–33 radiär angeordneten und freien Kronblättern (S.70–73 und S.86/87)

A12
A15

105
Blüten zygomorph mit je 5 Kelch – und Kronblättern (S.86/87 und S.98–101)

Teilschlüssel 3: Kräuter und Stauden mit gelben Blüten (S.102–157)

A1

106
Einfache Blütenhülle aus 6 Perigonblättern; Laubblätter paralleladerig (S.102/103)

A2

107
Pflanzen mit Blüten, deren Blütenhüllen fehlen; Hochblätter als Hüllblätter (S.104/105)

A3

108
Einfache Blütenhülle aus 4 Kelchblättern oder 5 und mehr Perigonblättern; Laubblätter fiederaderig

A4

109
Blütenhülle doppelt: Kronblätter 4, radiär oder zygomorph; Laubblätter fiederaderig (S.104–109)

A5
A6
A7
A8

110
Bis 6 freie Kelch – und Kronblätter oder Aussenkelch/Innenkelch und 5 (oder 6) Kronblätter (S.108–125)

A13
A14

111
5 Kelchblätter ausgebildet oder umgewandelt; 5 Kronblätter verwachsen (S.126–147)

A9
A10
A11

112
Zahl der radiär angeordneten Kronblätter 6–20; Kelchblätter 3 bis 6 (S.124/125)

A12
A15

113
Zygomorphe Blüten mit je 5 Kelch – und Kronblättern (S.124–127; S.148 bis 157)

Teilschlüssel 6: Kräuter und Stauden mit grünen Blüten (S.236–249)

A1
A3

`114`
3 bis 6 Perigonblätter und paralleladerige Blätter oder 2–4 Kelchblätter (S.236/237; S.244–249)

A2

`115`
Pflanze ohne Blütenhülle; Laubblätter fiederaderig; Blüten an einem Kolben übereinander (S.236–239)

A4

`116`
4+4 Perigonblätter; 4 und 4 Kelchblätter oder je 4 Kelch– und Kronblätter (verwachsen) (S.238–243)

A5
A13
A14

`117`
Doppelte Blütenhülle aus je 5 Kelch- und Kronblätter (Kelch auch umgewandelt zu Haaren) (S.244–247)

Teilschlüssel 5: Kräuter und Stauden mit blauen Blüten (S.210–235)

A1

`118 a`
Einfache Blütenhülle aus 6 Perigonblättern; Laubblätter paralleladerig (S.210/211)

A3

`118 b`
Einfache Blütenhülle aus 5–10 Perigonblättern; Laubblätter fiederaderig (S.214/215; S.220/221)

A4

`119`
Doppelte Blütenhüllen mit vier oder fünf Kelchblättern und drei oder vier Kronblättern (S.212–215)

A5

`120`
Blütenhülle doppelt und mit je 5 radiär angeordneten und freien Kelch– und Kronblättern (S.214–215)

A13

`121 a`
Kronblätter verwachsen; Kelchblätter 5; wenn nur Kelchborsten, dann 4 Staubblätter (S.216–229)

A14

`121 b`
5 verwachsene Kronblätter; Kelchblätter umgewandelt; Blüten in Köpfchen/Körbchen (S.230/231)

A12

`122 a`
Blütenhülle zygomorph: Je 5 freie Kelch– und Kronblätter; Blüten einzeln (S.220–223)

A15

`122 b`
Blüten zygomorph: Ober– und Unterlippe oder mit 2 Flügeln, Fahne und Schiffchen (S.232–235)

Teilschlüssel 4: Kräuter und Stauden mit roten Blüten (S.158–209)

A1
A1a
A3a
A3b
A17

`123`
Blütenhülle aus 3–6 Perigonblättern; Blätter paralleladerig / fiederaderig (S.158,160,178,180,206,208)

A3

`124`
Einfache Blütenhülle aus 4 dunkelroten Kelchblättern; Laubblätter unpaarig gefiedert (S.164/165)

A4

`125`
Doppelte Blütenhülle mit zwei oder vier Kelchblättern und 4 Kronblättern (S.162–167)

A5
A16

`126`
Je 5 Kelch– und Kronblätter oder mit 5–10 Kronblätter; Blüten nicht in Köpfchen (S.166–181; S.208/209)

A13

`127`
Kelchblätter 4 oder 5 (zur Fruchtzeit als Borsten); Kronblätter 4 oder 5, verwachsen (S.184/185)

A14

`128`
Radiäre Blüten mit 5 verwachsenen Kronblättern; Blüten in Köpfchen/Körbchen (S.186–195)

A19

`129 a`
Blütenhülle mit je 12–16 radiär angeordneten Kelch– und Kronblättern (S.166/167)

A12
A15

`129 b`
Zygomorphe Blüten mit je 5 Kelch– und Kronblättern (S.182/183; S.194 bis 209)

A1	Im Boden wurzelnde Land-pflanzen	Richtig, siehe **B**1(1) oder **B**1(2) Falsch, siehe **A**2 oder **A**3

B1(1)	Sporangien am oberen Teil des doppelt gefiederten Blattes **C**1(1) oder Sporangienast als abgesonderter Ast des einzigen gefiederten Blattes **C**1(2)	Richtig, siehe **C**1(1) oder **C**1(2) Falsch, siehe **B**1(2)

C1(1)	**Königsfarn – Osmúnda** (S.38/39)
C1(2)	**Mondraute – Botrÿchium** (S.38/39)

B1(2)	Sporangien am Rande oder auf der Unterseite der Fieder-blätter zu bräunlichen Häufchen oder Streifen geordnet	Richtig, siehe **C**1(3)–**C**1(7) Falsch, zurück zu **B**1 oder siehe **A**2

C1(3)	Blatt **ungefiedert**, fast ganzrandig, meist gestielt und 15–60 cm lang	Richtig, siehe **D**1(1) Falsch, siehe **C**1(4)–**C**1(7)

D1(1)	**Hirschzunge – Phyllítis** (S.38/39)

C1(4)	Blatt **1 x gefiedert**	Richtig, siehe **D**1(2) oder **D**1(3) Falsch, siehe **C**1(5)–**C**1(7)

D1(2)	Fiederchen 1. Ordnung ganz-randig oder mehr oder weniger ganzrandig	Richtig, siehe **E**1(1) Falsch, siehe **D**1(3)

E1(1)	**Rippenfarn – Blechnum** (S.38/39) **Schriftfarn – Céterach** (S.38/39) **Onoclea** (S.38/39) **Engelsüss – Polypodium** (S.40/41) **Tüpfelfarn – Polypodium** (S.40/41)

D1(3)	Fiederchen 1. Ordnung spitz gezähnt oder gewellt	Richtig, siehe **E**1(2) Falsch, siehe **C**1(5)

E1(2)	**Lanzenfarne – Polystichum** (S. 44–47) **Streifenfarne – Asplénium** (S.46/47)

C1(5)	Blatt **zwei – oder dreifach gefiedert**	Richtig, siehe **D**1(4) oder **D**1(5) Falsch, siehe **C**1(6)

D1(4)	Fiederblätter der 1. Ordnung nicht oder nur schwach gestielt	Richtig, siehe **E**1(3) oder **E**1(4); Falsch, siehe **D**1(5)

E1(3)	Fiederblätter 2. Ordnung ganzrandig oder nur im oberen Bereich gezäht	Richtig, siehe **F**1(1) Falsch, siehe **E**1(4)

F1(1)	**Wurmfarne – Dryópteris** (S.40/41) **Buchenfarn – Lastrea** (S.46/47) **Straussfarn – Matteúccia** (S.40/41) **Sumpffarn – Thelypteris** (S.40/41)

E1(4)	Fiederblätter der 2. Ordnung überall deutlich gezäht	Richtig, siehe **F**1(2) Falsch, zurück zu **E**1(3) oder siehe **D**1(5)

F1(2)	**Wurmfarn – Dryópteris** (S.42–45) **Waldfarne – Athyrium** (S.44/45) **Streifenfarne – Asplénium** (S.50/51)

D1(5)	Fiedern der 1. Ordnung deutlich gestielt	Richtig, siehe **E**1(5); Falsch, zurück zu **D**1(2) oder siehe **C**1(6)

E1(5)	**Lappenfarne – Lastrea** (48/49) **Streifenfarne – Asplénium** (S.48/49) **Blasenfarne – Cystópteris** (S.50/51) **Rollfarn – Cryptográmma** (S.50/51)

C1(6)	Blatt 3 spaltig bis handförmig geteilt oder regelmässig gabelig geteilt	Richtig, siehe **D**1(6); Falsch, siehe **C**1(7)

D1(6)	**Gabeliger Streifenfarn – Asplénium** (S.52/53)

C1(7)	Blatt mehr als dreimal gefiedert	Richtig, siehe **D**1(7); Falsch, zurück zu **C**1(3)

D1(7)	**Adlerfarn – Pterídium** (S.52/53)

A2	Im Boden wurzelnde Sumpf-pflanzen mit kleeblattartigen Blättern	Richtig, siehe **B**2 Falsch, siehe **A**3

B2	**Kleefarn – Marsílea** (S. 52/53)

A3	Wasserfarne: Pflanzen frei schwimmend	Richtig, siehe **B**3 Falsch, zurück zu **A**1

B3	**Schwimmfarne – Salvínia** (S.52/53) **Algenfarn – Azólla** (S.52/53)

A1	Einfache Blütenhülle mit 4 oder 6 Perigonblättern oder Perigonborsten; Laubblätter paralleladerig	Richtig, siehe **B**1(1)–**B**1(3) Falsch, siehe **A**3
B1(1)	4 radiär angeordnete Perigonblätter	Richtig, siehe **C**1(1) Falsch, siehe **B**1(2)
C1(1)	**Schattenblume – Majánthemum** (S.54/55)	
B1(2)	6 radiär angeordnete Perigonblätter	Richtig, siehe **C**1(2) oder **C**1(3) Falsch, siehe **B**1(3)
C1(2)	Die 3 inneren Perigonblätter kürzer als die 3 äusseren Perigonblätter	Richtig, siehe **D**1(1) Falsch, siehe **C**1(3)
D1(1)	**Schneeglöckchen – Galánthus** (S.54/55)	
C1(3)	Alle 6 Perigonblätter gleich lang	Richtig, siehe **D**1(2)–**D**1(4) Falsch, siehe **B**1(3)
D1(2)	Blüten einzeln am Ende der Stengel	Richtig, siehe **E**1(1); Falsch, siehe **D**1(3)
E1(1)	**Knotenblume – Leucójum** (S.54/55) **Krokus – Crocus** (S.58/59)	
D1(3)	Blüten in kugeligen Dolden oder gewölbten Dolden	Richtig, siehe **E**1(2); Falsch, siehe **D**1(4)
E1(2)	**Lauch – Allium** (S.54/55)	
D1(4)	Mehrere Blüten am Stengel: Einzeln oder zu zweit in den Blattachseln oder in Trauben, Doldentrauben oder Aehren	Richtig, siehe **E**1(3); Falsch, zurück zu **D**1(2) oder siehe **B**1(3)
E1(3)	**Graslilie – Anthéricum** (S.56/57) **Milchstern – Ornithogálum** (S.56/57) **Trichterlilie – Paradísea** (S.56/57) **Maiglöckchen – Convallária** (S.56/57) **Weisswurz – Polygónatum** (S.56/57) **Waldvögelein – Cephalanthéra** (S.58/59)	
B1(3)	Blütenhülle aus Perigonborsten; diese bilden zur Fruchtzeit wollige Köpfchen	Richtig, siehe **C**1(4); Falsch, zurück zu **B**1(1) oder siehe **A**3
C1(4)	**Wollgras – Erióphorum** (S.58/59)	
A3	Blüten mit einfacher Blütenhülle; Blätter fiederaderig	Richtig, **B**3 Falsch, siehe **A**4

B3	Blütenhülle aus 6 Perigonblättern; Laubblätter 3–teilig und mit fiederaderigen Abschnitten	Richtig, siehe **C**3 Falsch, siehe **A**4
C3	**Anemone – Anemóne** (S.76/77)	
A4	Blütenhülle doppelt; Blüten mit 3+3 Perigonblättern oder 2–4 Kelch– und Kronblättern	Richtig, siehe **B**4(1)–**B**4(5) Falsch, siehe **A**5
B4(1)	Wasserpflanzen mit 3 weissen, 3 grünen Perigonblättern oder je 4 Kelch– und Kronblättern; Laubblätter netzaderig oder paralleladerig	Richtig, siehe **C**4(1) Falsch, siehe **B**4(2)
C4(1)	**Froschbiss – Hydrocháris** (S.58/59) **Froschlöffel – Alísma** (S.60/61)	
B4(2)	Landpflanzen mit je 4 freien Kelch– und Kronblättern (radiär); Laubblätter netzaderig	Richtig, siehe **C**4(2); Falsch, siehe **B**4(3)
C4(2)	Laubblätter ganz, ungeteilt, spatelförmig, lanzettlich bis schmal oval und ganzrandig	Richtig, siehe **D**4(1); Falsch, siehe **C**4(3)
D4(1)	**Täschelkraut – Thláspi** (S.60/61)	
C4(3)	Laubblätter ganz, schmal oval bis rundlich und mit gezähntem oder geschweiftem Rand	Richtig, siehe **D**4(2); Falsch, siehe **C**4(4)
D4(2)	**Wolfsfuss – Lycopus** (S.60/61) **Hederich – Alliária** (S.60/61) **Löffelkraut – Cochleária** (S.60/61) **Gänsekresse – Arabis** (S.62/63)	
C4(4)	Grundständige und die meisten Stengelblätter bis zur Mittelader fiederteilig	Richtig, siehe **D**4(3); Falsch, siehe **C**4(5)
D4(3)	**Schaumkresse – Cardaminópsis** (S.62/63) **Hederich – Ráphanus** (S.62/63)	
C4(5)	Laubblätter unpaarig gefiedert	Richtig, siehe **D**4(4); Falsch, siehe **C**4(6)
D4(4)	**Zahnwurz – Dentária** (S.62/63) **Schaumkraut – Cardámine** (S.62/63) **Brunnenkresse – Nastúrtium** (S.64/65)	
C4(6)	Laubblätter zu mehreren quirlständig angeordnet; Blüten in Thyrsen angeordnet	Richtig, siehe **D**4(5); Falsch, siehe **B**4(3)
D4(5)	**Waldmeister – Aspérula** (S.64/65) **Labkraut – Gálium** (S.64/65)	

B4(3)	Blütenhülle radiär, aus 2 freien Kelch– und 4 freien Kronblättern (Kelchblätter zur Blütezeit abfallend); Laubblätter 1–2 fach fiederteilig	Richtig, siehe **C**4(7) / Falsch, siehe **B**4(4)

C4(7) **Mohn – Papáver** (S.64/65)

B4(4)	Blütenhülle zygomorph, aus 4 Kelch– und 4 Kronblättern bestehend; Laubblätter 2–3 fach fiederteilig	Richtig, siehe **C**4(8) / Falsch, siehe **B**4(5)

C4(8) **Lerchensporn – Corydalis** (S.64/65)

B4(5)	Radiäre Blütenhülle aus 4 Kelchblättern und 4 zu einer Röhre verwachsenen Kronblättern; Laubblätter ganz, ganzrandig und mit parallel verlaufenden Hauptadern	Richtig, siehe **C**4(9) / Falsch, zurück zu **B**4(1) oder siehe **A**5

C4(9) **Wegerich – Plantágo** (S.66/67)

A5	Freie Blütenhülle aus je 5 radiär angeordneten Kelch– und Kronblättern	Richtig, siehe **B**5(1)–**B**5(9) / Falsch, siehe **A**9
B5(1)	Pflanzen mit ungeteilten und ganzrandigen Laubblättern	Richtig, siehe **C**5(1)–**C**5(7) / Falsch, siehe **B**5(2)
C5(1)	Blüten einzeln am Ende langer Stiele; Laubblätter schmal ei-förmig bis herzförmig und oft etwas gewellt	Richtig, siehe **D**5(1) / Falsch, siehe **C**5(2)

D5(1) **Zistrose – Cístus** (S.66/67)
Studentenröschen – Parnássia (S.66/67)

C5(2)	Blüten in mehreren blattach-selständigen Aehren; Laub-blätter herz– bis pfeilförmig	Richtig, siehe **D**5(2) / Falsch, siehe **C**5(3)

D5(2) **Buchweizen – Fagopyrum** (S.66/67)

C5(3)	Blüten in Trugdolden oder Knäueln; Laubblätter oval bis herzförmig oder länglich	Richtig, siehe **D**5(3); Falsch, siehe **C**5(4)

D5(3) **Schwalbenwurz – Vincetóxicum** (S.66/67)
Hühnerdarm – Stellária (S.66/67)

C5(4)	Blüten als langgestielte Ein-zelblüten, in doldenartigen Rispen, kopfförmig angeord-net oder zu 2–3 am Ende der Stengel; Laubblätter schmal lanzettlich und gegenständig	Richtig, **D**5(4) / Falsch, siehe **C**5(5)

D5(4) **Gipskraut – Gipsóphila** (S.68/69)
Nelke – Diánthus (S.68/69)
Seifenkraut – Saponária (S.68/69)
Nabelmiere – Moehríngia (S.68/69)

C5(5)	Blüten in doldenartiger Rispe; Laubblätter lineal walzenför-mig, etwas fleischig, sitzend	Richtig, siehe **D**5(5) / Falsch, siehe **C**5(6)

D5(5) **Mauerpfeffer – Sédum** (S.68/69)

C5(6)	Blüten in endständiger Aehre; Laubblätter lanzettlich und mit nach unten umgebogenen Rändern	Richtig, siehe **D**5(6) / Falsch, siehe **C**5(7)

D5(6) **Knöterich – Polygonum** (S.70/71)

C5(7)	Blüten in 2–8 blütigen Dol-den; Laubblätter lanzettlich, mit 2 mm langen Haaren und in Rosetten	Richtig, siehe **D**5(7); Falsch, zurück zu **C**5(1) oder siehe **B**5(2)

D5(7) **Mannschild – Andrósace** (S.70/71)

B5(2)	Laubblätter ungeteilt, aber ge-zähnt; Blüten nicht in Dolden	Richtig, siehe **C**5(8); Falsch, siehe **B**5(3)
C5(8)	Blüten in vielblütiger Rispe oder 3–15 blütiger Traube; grundständige Laubblätter in einer Rosette	Richtig, siehe **D**5(8) / Falsch, siehe **C**5(9)

D5(8) **Steinbrech – Saxífraga** (S.70–73)

C5(9)	Blüten in achselständigen Dol-dentrauben oder einseitswen-digen Trauben; Laubblätter nicht in einer Rosette	Richtig, siehe **D**5(9); Falsch, zurück zu **C**5(8) oder siehe **B**5(3)

D5(9) **Mauerpfeffer – Sédum** (S.70/71)
Wintergrün – Pyrola (S.72/73)

B5(3)	Blüten nicht in Dolden; Laub-blätter 3 zählig und mit ganzrandigen Teilblättern	Richtig, siehe **C**5(10); Falsch, siehe **B**5(4)

C5(10) **Sauerklee – Oxalis** (S.72/73)
Fieberklee – Menjánthes (S.72/73)

B5(4)	Blüten nicht in Dolden; Laub-blätter 3– bis mehrzählig und mit gezähnten oder tief ein-geschnittenen Teilblättern	Richtig, siehe **C**5(11); Falsch, siehe **B**5(5)

C5(11) **Hahnenfuss – Ranúnculus** (S.74/75)
Windröschen – Anemóne (S.74–77)
Fingerhut – Potentílla (S.74/75)
Storchschnabel – Geránium (S.76/77)

B5(5)   Blüten nicht in Dolden; Laubblätter unpaarig gefiedert   Richtig, siehe **C**5(12)   Falsch, siehe **B**5(6)

C5(12)   **Fingerkraut – Potentílla** (S.76/77)
    Spierstaude – Filípendula (S.76/77)
    Holunder – Sambúcus (S.76/77)

B5(6)   Blüten in 4–8 blütigen Trauben; Laubblätter mit 3–7 abgestumpften Abschnitten   Richtig, siehe **C**5(13)   Falsch, siehe **B**5(7)

C5(13)   **Steinbrech – Saxífraga** (S.78/79)

B5(7)   Blüten in Dolden; Laubblätter bis nahe zum Stielende 5 bis 7 teilig   Richtig, siehe **C**5(14)   Falsch, siehe **B**5(8)

C5(14)   **Sanikel – Sanícula** (S.78/79)
    Sterndolde – Astrántia (S.80/81)

B5(8)   Blüten in Dolden; Laubblätter dreizählig und mit gestielten und gelappten Teilblättern   Richtig, siehe **C**5(15)   Falsch, siehe **B**5(9)

C5(15)   **Meisterwurz – Peucédanum** (80/81)

B5(9)   Blüten in Dolden; Laubblätter unpaarig gefiedert   Richtig, siehe **C**5(16); Falsch, zurück zu **B**5(1) oder siehe **A**9

C5(16)   **Engelwurz – Angélica** (S.80/81)
    Bärenklau – Heracléum (S.80/81)
    Laserkraut – Laserpítium (S.82–85)
    Merk – Síum (S.82/83)
    Kerbel – Chaerophyllum (S.82/83)
    Kerbel – Anthríscus (S.82/83)
    Heilwurz – Séseli (S.84/85)
    Kümmel – Cárum (S.84/85)
    Haarstrang – Peucédanum (S.84/85)
    Augenwurz – Anthamánta (S.86/87)
    Möhre – Dáucus (S.84/85)

A9   Freie Kelchblätter 7–9; Kronblätter meist 8; Laubblätter schmal oval, gekerbt bis gezähnt, mit nach unten umgerollten Rändern und unterseits weissfilzig behaart   Richtig, siehe **B**9   Falsch, siehe **A**10

B9   **Silberwurz – Dryas** (S.70/71)

A10   Blütenhülle aus 5–10 freien Kronblättern und 3 kelchblattähnlichen Hochblättern; Laubblätter meist dreilappig   Richtig, **B**10   Falsch, siehe **A**11

B10   **Leberblümchen – Hepática** (S.72/73)

A11   Blütenhülle aus meist 4 freien Kelchblättern und 14–33 freien Kronblättern; Laubblätter breit oval bis rundlich und ganzrandig; Wasserpflanze   Richtig, siehe **B**11   Falsch, siehe **A**12

B11   **Seerose – Nymphaéa** (S.86/87)

A12   Blüten zygomorph und zu 1–2 in den Achseln von Laubblättern; diese sind schmal oval bis lanzettlich und gezähnt; je 5 Kelch- und Kronblätter   Richtig, siehe **B**12   Falsch, siehe **A**13

B12   **Veilchen – Víola** (S.86/87)

A13   Blütenhülle aus radiär angeordneten und zum Teil oder ganz miteinander verwachsenen je 5 Kelch- und Kronblättern; Blüten aber nicht in Körbchen oder Köpfchen vereinigt; bei Kugeldistel und Karde Kugeln oder zylindrische Köpfchen   Richtig, siehe **B**13(1)–**B**13(8)   Falsch, siehe **A**14

B13(1)   Wasserpflanze; Kelchblätter am Grunde verwachsen; Kronblätter im unteren Teil verwachsen; Laubblätter kammförmig fiederteilig   Richtig, siehe **C**13(1)   Falsch, siehe **B**13(2)

C13(1)   **Wasserfeder – Hottónia** (S.78/79)

B13(2)   Kronblätter tief eingeschnitten und mit langer Kronröhre; Blüten in Rispen; Laubblätter ganz, ganzrandig und gegenständig; Landpflanze   Richtig, siehe **C**13(2); Falsch, siehe **B**13(3)

C13(2)   **Nelke – Siléne** (S.78/79)

B13(3)   Blüten in vielblütigen Knäueln und mit weit hinauf verwachsenen Kronblättern; Laubblätter nur noch schuppenförmig und durch Blattgrünverlust weisslich-gelblich gefärbt; Landpflanze ohne Wurzeln   Richtig, siehe **C**13(3); Falsch, siehe **B**13(4)

C13(3)   **Seide – Cuscúta** (S.86/87)

B13(4)   Blüten in gestielten Wickeln; Kronblätter bis zur Mitte miteinander verwachsen und mit zugespitzten Zipfeln; Laubblätter ganz, ganzrandig bis gezähnt und gegenständig angeordnet; Landpflanze   Richtig, siehe **C**13(4); Falsch, siehe **B**13(5)

C13(4)   **Nachtschatten – Solánum** (S.86/87)

B13(5)	Blüten in Wickeln; Kronblätter vollständig miteinander verwachsen; Laubblätter unpaarig gefiedert	Richtig, siehe **C**13(5) Falsch, siehe **B**13(6)
C13(5)	**Kartoffel − Solánum** (S.86/87)	
B13(6)	Kronblätter vollständig miteinander verwachsen; Blüten einzeln an langen Stielen; Laubblätter herz− oder pfeilförmig und ganzrandig	Richtig, siehe **C**13(6) Falsch, siehe **B**13(7)
C13(6)	**Acker−Winde − Convólvulus** (S.88/89) **Zaunwinde − Calystégia** (S.88/89)	
B13(7)	Kronblätter zu Beginn der Blütezeit am Grund und an der Spitze verwachsen; Blüten in eiförmigen bis zylindrischen Aehren; Laubblätter lanzettlich	Richtig, siehe **C**13(7) Falsch, siehe **B**13(8)
C13(7)	**Rapunzel − Phyteúma** (S.88/89)	
B13(8)	Blüten in Kugeln oder zylindrischen Köpfchen; Laubblätter fiederteilig	Richtig, siehe **C**13(8); Falsch, zurück zu **B**13(1) oder siehe **A**14
C13(8)	**Kugeldistel − Echínops** (S.88/89) **Karde − Dípsacus** (S.88/89)	
A14	Blüten in Köpfchen oder Körbchen; Kelchblätter meist zu Haaren oder Borsten umgewandelt; Kronblätter miteinander verwachsen	Richtig, siehe **B**14(1)−**B**14(5) Falsch, siehe **A**15
B14(1)	5−12 cm breites Körbchen mit Röhrenblüten; silbrig gefärbte Hochblätter "Strahlenblüten" imitierend; Laubblätter tief fiederteilig, stachelig und rosettig angeordnet	Richtig, **C**14(1) Falsch, siehe **B**14(2)
C14(1)	**Silberdistel − Carlína** (S.88/89)	
B14(2)	In flachen Köpfchen zahlreiche Strahlen− und Röhrenblüten	Richtig, **C**14(2) Falsch, siehe **B**14(3)
C14(2)	**Masslieb − Bellidiástrum** (S.90/91) **Gänseblümchen − Béllis** (S.90/91) **Berufkraut − Erígeron** (S.90−93) **Margerite − Chrysánthemum** (S.90−93)	

C14(2)	**Hundskamille − Anthemis** (S.90/91) **Kamille − Tripleurospérmum** (S.90/91) **Kamille − Matricária** (92/93)	
B14(3)	Im Köpfchen Röhrenblüten und nur wenige Strahlenblüten	Richtig, siehe **C**14(3); Falsch, siehe **B**14(4)
C14(3)	**Knopfkraut − Galinsóga** (S.92/93) **Schafgarbe − Achilléa** (S.94/95)	
B14(4)	Köpfchen und Körbchen mit fadenförmigen− oder unscheinbaren Röhrenblüten und Strahlenblüten	Richtig, siehe **C**14(4); Falsch, siehe **B**14(5)
C14(4)	**Edelweiss − Leontopódium** (S.92/93) **Katzenpfötchen − Antennária** (S.96/97) **Ruhrkraut − Gnaphálium** (S.96/97) **Berufkraut − Erígeron** (S.96/97)	
B14(5)	Köpfchen nur mit Röhrenblüten	Richtig, siehe **C**14(5); Falsch, zurück zu **B**14(1) oder siehe **A**15
C14(5)	**Pestwurz − Petasítes** (S.96/97) **Kohldistel − Círsium** (S.96/97) **Kratzdistel − Círsium** (S.96/97)	
A15	Zygomorphe Blüten	Richtig, siehe **B**15(1) oder **B**15(2) Falsch, zurück zu **A**1
B15(1)	5 verwachsene Kelchblätter; 5 Kronblätter verwachsen und in Ober− und Unterlippe gegliedert	Richtig, siehe **C**15(1); Falsch, siehe **B**15(2)
C15(1)	**Ysop − Hyssópus** (S.98/99) **Taubnessel − Lámium** (S.98/99) **Hohlzahn − Galeópsis** (S.98/99) **Katzenminze − Népeta** (S.98/99) **Augentrost − Euphrásia** (S.98/99)	
B15(2)	Blüten in Fahne, 2 Flügel und Schiffchen gegliedert	Richtig, siehe **C**15(2); Falsch, zurück zu **A**1
C15(2)	**Backenklee − Doryncium** (S.100/101) **Klee − Trifólium** (S.100/101) **Honigklee − Melilótus** (S.100/101) **Tragant − Astrágalus** (S.100/101) **Wicke − Vícia** (S.100/101)	

A1 Einfache Blütenhülle aus 6 Perigonblättern; Laubblätter paralleladerig; Stbb. 2,3,6 — Richtig, siehe **B**1(1) oder **B**1(2) — Falsch, siehe **A**2

B1(1) Pro Stengel eine Blüte oder mehrere Blüten — Richtig, siehe **C**1(1) — Falsch, siehe **B**1(2)

> **C**1(1) **Frauenschuh – Cypripédium** (S.102/103)
> **Tulpe – Tulípa** (S.102/103)
> **Schwertlilie – Iris** (S.102/103)
> **Osterglocke – Narcíssus** (S.102/103)

B1(2) Am Ende des Stengels eine dichtblütige, zylindrische Traube — Richtig, siehe **C**1(2); Falsch, zurück zu **C**1(1) oder siehe **A**2

> **C**1(2) **Weissorchis – Leucórchis** (S.102/103)
> **Simsenlilie – Tofiéldia** (S.102/103)

A2 Pflanzen ohne Blütenhülle; Blüten durch Hüllblätter umschlossen; Laubblätter ganzrandig und fleischig; 1 Stbb. — Richtig, siehe **B**2 — Falsch, siehe **A**3

> **B**2 **Wolfsmilch – Euphórbia** (S.104/105)

A3 Einfache Blütenhülle aus 4 Kelchblättern oder 5 und mehr Perigonblättern — Richtig, siehe **B**3(1) – **B**3(4)

B3(1) Blüten mit 4 gelblichen Kelchblättern und 8 Staubblättern — Richtig, siehe **C**3(1) — Falsch, siehe **B**3(2)

> **C**3(1) **Milzkraut – Chrysosplénium** (S.104/105)

B3(2) Blütenhülle aus 5 Perigonblättern; Laubblätter ganz und ganzrandig; Wasserpflanze — Richtig, siehe **C**3(2) — Falsch, siehe **B**3(3)

> **C**3(2) **Teichrose – Núphar** (S.108/109)

B3(3) Blütenhülle aus 5–15 Perigonblättern; Laubblätter 3–7 teilig; Blüten einzeln am Stengel; Landpflanze — Richtig, siehe **C**3(3) — Falsch, siehe **B**3(4)

> **C**3(3) **Trollblume – Tróllius** (S.118/119)
> **Anemone – Pulsatílla** (S.124/125)
> **Winterling – Eránthis** (S.122/123)

B3(4) Blütenhülle aus meist 5 Perigonblättern; Laubblätter ganz, gekerbt oder gezähnt, Stengel mehrblütig; Land–/Sumpfpflanzen — Richtig, siehe **C**3(4) — Falsch, zurück zu **B**3(1) oder siehe **A**4

> **C**3(4) **Sumpfdotterblume – Cáltha** (S.114/115)

A4 Blütenhülle doppelt; in Kelch und Krone gegliedert; Blütenhülle mit 4 Kronblättern — Richtig, siehe **B**4(1) oder **B**4(2) — Falsch, siehe **A**5

B4(1) Blütenhülle aus 2 Kelch– und 4 Kronblättern — Richtig, siehe **C**4(1) oder **C**4(2) — Falsch, siehe **B**4(2)

C4(1) Blüten zygomorph; Staubblätter 4; Laubblätter 3 fach dreizählig — Richtig, siehe **D**4(1) — Falsch, siehe **C**4(2)

> **D**4(1) **Lerchensporn – Corydalis** (S.108/109)

C4(2) Blüten radiär; Staubblätter zahlreich; Laubblätter fiederteilig oder 1–2 fach gefiedert — Richtig, siehe **D**4(2) — Falsch, zurück zu **C**4(1) oder siehe **B**4(2)

> **D**4(2) **Schöllkraut – Chelidónium** (S.106/107)
> **Mohn – Papáver** (S.108/109)

B4(2) Radiäre Blütenhülle aus 4 Kelch– und 4 Kronblättern — Richtig, siehe **C**4(3) – **C**4(5) — Falsch, zurück zu **B**4(1)

C4(3) Staubblätter 6; Laubblätter ganz, ganzrandig, etwas gewellt, gezähnt oder fiederteilig — Richtig, siehe **D**4(3) — Falsch, siehe **C**4(4)

> **D**4(3) **Färber–Waid – Isatis** (S.104/105)
> **Raps – Brássica** (S.104/105)
> **Blasenschötchen – Alyssoídes** (S.104/105)
> **Schötchen – Biscutélla** (S.106/107)
> **Felsenblümchen – Dríba** (S.106/107)
> **Labkraut – Gálium** (S.108/109)
> **Kresse – Barbárea** (S.106/107)
> **Senf – Sinápis** (S.106/107)

C4(4) Staubblätter 8; Laubblätter lanzettlich, ganz, ganzrandig oder entfernt gesägt — Richtig, siehe **D**4(4) — Falsch, siehe **C**4(5)

> **D**4(4) **Nachtkerze – Oenothéra** (S.104/105)

C4(5)	Staubblätter zahlreich; Laubblätter 3– oder 5 zählig	Richtig, siehe **D**4(5); Falsch, zurück zu **C**4(1) oder siehe **A**5
D4(5)	**Fingerkraut – Potentílla** (S.106/107)	

A5	Blütenhülle doppelt; je 5 freie, radiär angeordnete Kelch- und Kronblätter	Richtig, siehe **B**5(1) oder **B**5(2) Falsch, siehe **A**6
B5(1)	Wasserpflanze	Richtig, siehe **C**5(1) Falsch, siehe **B**5(2)
C5(1)	**Teichenzian – Nymphoídes** (S.108/109)	

B5(2)	Landpflanzen	Richtig, siehe **C**5(2) – **C**5(6) Falsch, zurück zu **B**5(1)
C5(2)	Staubblätter 5; Blüten nicht in Dolden; Laubblätter ganz, ganzrandig, gewellt oder fein gekerbt, nicht fleischig und länger als 10 mm	Richtig, siehe **D**5(1) Falsch, siehe **C**5(3) – **C**5(6)
D5(1)	**Gilbweiderich – Lysimáchia** (S.108–111) **Königskerze – Verbáscum** (S.110/111)	

C5(3)	Staubblätter 5; Blüten in Dolden; Laubblätter ganz oder gefiedert	Richtig, siehe **D**5(2) Falsch, siehe **C**5(4) – **C**5(6)
D5(2)	**Hasenohr – Bupleúrum** (S.120–123) **Sellerie – Apium** (S.122/123) **Dill – Anéthum** (S.122/123)	

C5(4)	Staubblätter 10; Laubblätter ganz, ganzrandig, auch fleischig oder dreiteilig	Richtig, siehe **D**5(3) Falsch, siehe **C**5(5) oder **C**5(6)
D5(3)	**Steinbrech – Saxífraga** (S.110/111) **Mauerpfeffer – Sédum** (S.112–115) **Sauerklee – Oxalis** (S.114/115)	

C5(5)	Staubblätter zahlreich; Laubblätter ganz, ganzrandig und nicht fleischig	Richtig, siehe **D**5(4) Falsch, siehe **C**5(6)

D5(4)	**Johanniskraut – Hypéricum** (S.110/111) **Sonnenröschen – Heliánthemum** (S.112/113) **Hahnenfuss – Ranúnculus** (S.112/113)	

C5(6)	Staubblätter zahlreich; Laubblätter gelappt, 3 oder 5 teilig oder gefiedert	Richtig, siehe **D**5(5); Falsch zurück zu **C**5(2) oder siehe **A**6
D5(5)	**Hahnenfuss – Ranúnculus** (S.114–121) **Odermenning – Agrimónia** (S.120/121)	

A6	Radiäre Blütenhülle: Aussen- und Innenkelch je 5 blättrig; 5 Kronblätter; Stbb. zahlreich	Richtig, siehe **B**6 Falsch, siehe **A**7
B6	**Fingerkraut – Potentílla** (S.114–121) **Nelkenwurz – Géum** (S.114/115)	

A7	Kelch 2–6 zähnig; radiäre Kronblätter 5 oder 6; Staubblätter meist 5; Laubblätter elliptisch mit parallel verlaufenden Hauptadern	Richtig, siehe **B**7 Falsch, siehe **A**8
B7	**Enzian – Gentiána** (S.122/123)	

A8	Kelch meist 5 zähnig; Kronblätter 5 oder 6, radiär; Staubblätter 5; Laubblätter gefiedert; Blüten in Rispen	Richtig, siehe **B**8 Falsch, siehe **A**9
B8	**Tomate – Solánum** (S.124/125)	

A9	Kelchblätter 6; Kronblätter 6; Staubblätter zahlreich; Laubblätter 3– oder mehrteilig	Richtig, siehe **B**9 Falsch, siehe **A**10
B9	**Reseda – Reséda** (S.124/125)	

A10	Hülle radiär; Kelchblätter 3 bis 5; Kronblätter 8–12; Staubblätter zahlreich	Richtig, siehe **B**10 Falsch, siehe **A**11
B10	**Scharbockskraut – Ficária** (S.124/125)	

A11	Hülle radiär; Kelchblätter 5; Kronblätter 10–20; Staubblätter zahlreich	Richtig, siehe **B**11 Falsch, siehe **A**12

B11	**Adonis – Adónis** (S.124/125)	

A12	Blütenhülle zygomorph; 5 freie Kelchblätter; 5 freie Kronblätter; Blüten einzeln	Richtig, siehe **B**12 Falsch, siehe **A**13
	B12 **Veilchen – Víola** (S.124–127)	

A13	Blütenhülle aus 5 verwachsenen Kelch– und 5 verwachsenen Kronblättern; Blüten nicht in Körbchen / Köpfchen	Richtig, siehe **B**13(1) oder **B**13(2) Falsch, siehe **A**14
B13(1)	Einzelblüten oder Blüten in Dolden zusammengefasst	Richtig, **C**13(1) Falsch, **B**13(2)
	C13(1) **Primel – Prímula** (S.126/127)	

B13(2)	Blüten in Trauben, einzeln in den Achseln von Laubblättern, in Rispen, Aehren oder am Ende zu 1–3 gehäuft	Richtig, siehe **C**13(2); Falsch zurück zu **B**13(1) oder siehe **A**14
	C13(2) **Wachsblume – Cerínthe** (S.128/129) **Steinsame – Lithospérmum** (S.128/129) **Beinwell – Symphytum** (S.128/129) **Fingerhut – Digitális** (S.128/129) **Glockenblume – Campánula** (S.128/129)	

A14	Radiäre Blütenhülle aus 5 verwachsenen Kronblättern; Kelchblätter umgewandelt; Blüten in Köpfchen / Körbchen vereinigt; Staubblätter 5	Richtig, siehe **B**14(1)–**B**14(3) Falsch, siehe **A**15
B14(1)	Blüten röhrenförmig; Köpfchen in Rispen, doldenartigen Rispen, doldenartigen Trauben	Richtig, siehe **C**14(1); Falsch, siehe **B**14(2)
	C14(1) **Kreuzkraut – Senécio** (S.130/131) **Wermut – Artemísia** (S,130/131) **Rainfarn – Chrysánthemum** (S.130/131) **Aster – Aster** (S.130/131)	

B14(2)	Blüten röhren– und strahlenförmig	Richtig, siehe **C**14(2)–**C**14(5) Falsch, siehe **B**14(3)
C14(2)	Blütenköpfe einzeln oder zu 1–5 am Ende der Stengel; Laubblätter ganz, ganzrandig oder gezähnt, gesägt, buchtig gezähnt oder grob gezähnt	Richtig, siehe **D**14(1); Falsch, siehe **C**14(3)
	D14(1) **Arnika – Arnica** (S.130–133) **Alant – Inula** (S. 132/133)	

D14(1)	**Rindsauge – Buphthálmum** (S.132/133) **Zweizahn – Bidens** (S.132/133) **Huflattich – Tussilágo** (S.134/135) **Gemswurz – Dorónicum** (S.134/135) **Kreuzkraut – Senécio** (136/137) **Margerite – Chrysánthemum** (S.136/137)	

C14(3)	Blütenköpfe in lockeren doldenartigen Rispen, einseitswendigen Rispen; Laubblätter ganz, ganzrandig, gezähnt	Richtig, siehe **D**14(2) Falsch, siehe **C**14(4)
	D14(2) **Flohkraut – Pulicária** (S.132/133) **Goldrute – Solidágo** (S.132–135) **Kreuzkraut – Senécio** (S.134/135)	

C14(4)	Einzelköpfe am Ende langer Stengel; Laubblätter fiederteilig	Richtig, siehe **D**14(3); Falsch, siehe **C**14(5)
	D14(3) **Hundskamille – Anthemis** (S.136/137)	

C14(5)	Köpfchen in doldenartigen Rispen; Laubblätter buchtig gezähnt bis fiederteilig	Richtig, siehe **D**14(4); Falsch, zurück zu **C**14(2) oder siehe **B**14(3)
	D14(4) **Kreuzkraut – Senécio** (S.136–139)	

B14(3)	Alle Blüten strahlenförmig und in Köpfchen vereinigt	Richtig, siehe **C**14(6)–**C**14(10) Falsch, zurück zu **B**14(1) oder siehe **A**15
C14(6)	Blütenköpfe meist einzeln am Ende der Stengel; Laubblätter ganz und ganzrandig	Richtig, siehe **D**14(5); Falsch, siehe **C**14(7)
	D14(5) **Bocksbart – Tragopógon** (S.138/139) **Habichtskraut – Hierácium** (S.138/139)	

C14(7)	Blütenköpfe meist einzeln am Ende der Stengel; Laubblätter ganz, gewellt oder gezähnt	Richtig, siehe **D**14(6); Falsch, siehe **C**14(8)
	D14(6) **Pippau – Crepis** (S.140/141) **Löwenzahn – Leóntodon** (S.140/141) **Ferkelkraut – Hypochoéris** (S.140/141) **Habichtskraut – Hierácium** (S.140/141)	

C14(8) Blütenköpfe zu 2 oder mehr oder in Rispen und doldenartigen Rispen; Laubblätter ganz und gezähnt	Richtig, siehe **D**14(7) Falsch, siehe **C**14(9)

| **D**14(7) **Bitterkraut – Picris** (S.140/141) **Habichtskraut – Hierácium** (S.142/143) **Pippau – Crepis** (S.142/143) **Ferkelkraut – Hypochoéris** (S.142/143) | |

C14(9) Blütenköpfe einzeln; Laubblätter stark gezähnt, gesägt, bis zur Mittelader eingeschnitten oder fiederteilig	Richtig, siehe **D**14(8) Falsch, siehe **C**14(10)

| **D**14(8) **Löwenzahn – Leóntodon** (S.144–147) **Löwenzahn – Taráxacum** (S.144/145) **Hainlattich – Apóseris** (S.144/145) **Pippau – Crépis** (S.146/147) | |

C14(10) Blütenköpfe in Rispen	Richtig, siehe **D**14(9); Falsch, zurück zu **C**14(6) oder siehe **A**15

| **D**14(9) **Pippau – Crépis** (S.144/145) **Gänsedistel – Sónchus** (S.146/147) **Lattich – Lactúca** (S.146/147) | |

A15 Zygomorphe Blüten	Richtig, siehe **B**15(1)–**B**15(6) Falsch, zurück zu **A**1

B15(1) Ober– und Unterlippe; mit 4 oder 5 Kelchblättern und 5 Kronblättern; Staubblätter 4	Richtig, siehe **C**15(1); Falsch, siehe **B**15(2)

| **C**15(1) **Leinkraut – Linária** (S.148/149) **Tännelkraut – Linária** (S.146/147) **Augentrost – Euphrásia** (S.152/153) **Wachtelweizen – Melampyrum** (S.148/149) **Klappertopf – Rhinánthus** (S.150/151) **Gauklerblume – Mímulus** (S.150/151) | |

B15(2) Blütenhülle aus 3 Kelchblätter und 5 Kronblätter; die seitlichen Kronblätter paarweise verwachsen, so dass "3" entstehen; Staubblätter 5	Richtig, siehe **C**15(2); Falsch, siehe **B**15(3)

| **C**15(2) **Springkraut – Impátiens** (S.150/151) | |

B15(3) 3 Kelch– und 5 Kronblätter; Staubblätter 4; Blüten in übereinanderliegenden Quirlen	Richtig, siehe **C**15(3); Falsch, siehe **B**15(4)

| **C**15(3) **Ginster – Genísta** (S.148/149) **Betonie – Betónica** (S.148/149) **Ziest – Stáchys** (S.150/151) **Gliedkraut – Siderítis** (S.148/149) **Goldnessel – Lámium** (S.150/151) | |

B15(4) Hülle aus 5 Perigonblättern; oberstes Blatt als Helm ausgebildet; Staubblätter zahlreich	Richtig, siehe **C**15(4) Falsch, siehe **B**15(5)

| **C**15(4) **Eisenhut – Acónitum** (S.152/153) | |

B15(5) Blütenhülle in Fahne, 2 Flügel und Schiffchen gegliedert; Staubblätter 10	Richtig, siehe **C**15(5)–**C**15(7) Falsch, siehe **B**15(6)

C15(5) Laubblätter ganz, ganzrandig oder zweiteilig und mit einer Ranke; Blüten in 3– bis mehrblütigen Trauben	Richtig, siehe **D**15(1) Falsch, siehe **C**15(6)

| **D**15(1) **Ginster – Genísta** (S.148/149) **Platterbse – Láthyrus** (S.154/155) | |

C15(6) Laubblätter 3– oder 5 teilig; Blüten in 2– bis mehrblütigen Trauben oder Dolden	Richtig, siehe **D**15(2); Falsch, siehe **C**15(7)

| **D**15(2) **Spargelerbse – Tetragonólobus** (S.154/155) **Hauhechel – Onónis** (S.154/155) **Hopfenklee – Medicágo** (S.152/153) **Klee – Trifólium** (S.152/153) **Honigklee – Melilótus** (S.152/153) **Schotenklee – Lotus** (S.154/155) | |

C15(7) Laubblätter mehrheitlich unpaarig gefiedert; Blüten in Köpfchen, Dolden oder Trauben	Richtig, siehe **D**15(3); Falsch, zurück zu **C**15(5) oder siehe **B**15(6)

| **D**15(3) **Wundklee – Anthyllis** (S.152/153) **Kronwicke – Coronílla** (S.154–157) **Hufeisenklee – Hippocrépis** (S.154/155) **Spitzkiel – Oxytropis** (S.156/157) **Tragant – Astrágalus** (S.156/157) | |

B15(6) Blütenhülle aus 5 Kelch– und 5 Kronblättern, gegliedert in Ober– und Unterlippe; Staubblätter 4; Blüten in Trauben; Laubblätter fiederteilig	Richtig, siehe **C**15(8); Falsch, zurück zu **B**15(1)

| **C**15(8) **Läusekraut – Pediculáris** (S.156/157) | |

A1	Einfache Blütenhülle aus 6 Perigonblättern; Laubblätter ganz, ganzrandig, parallel-aderig; Land– oder Wasser-pflanze	Richtig, siehe **B**1(1) oder **B**1(2) Falsch, siehe **A**1a
B1(1)	Perigonblätter radiärsymme-trisch angeordnet; Blüten ein-zeln, zu 2–3 am Ende der Stengel, in 3–10 blütigen Trau-ben oder in Dolden	Richtig, siehe **C**1(1) Falsch, siehe **B**1(2)
C1(1)	**Schachblume – Fritillária** (S.158/159) **Lichtblume – Bulbocódium** (S.158/159) **Herbstzeitlose – Cólchicum** (S.158/159) **Türkenbund – Lílium** (S.158/159) **Allium – Lauch** (S.160/161) **Schwanenblume – Bútomus** (S.160/161)	
B1(2)	Blüten zygomorph; 1 Perigon-blatt mit einem Sporn und Blüten in dichtblütigen Aehren	Richtig, siehe **C**1(2); Falsch, zurück zu **B**1(1) oder siehe **A**1a
C1(2)	**Knabenkraut – Dactylorhíza** (S.158/159) **Bränderli – Nigritélla** (S.158/159)	
A1a	Blütenhülle aus 3 verwachse-nen Perigonblättern; Laub-blätter rundlich bis nierenför-mig und netzaderig	Richtig, siehe **B**1a Falsch, siehe **A**3
B1a	**Haselwurz – Asarum** (S.160/161)	
A3	Einfache Blütenhülle aus 4 dunkelroten Kelchblättern; zu-sätzlich 1 Tragblatt und 2 Vor-blätter; Blüten in Trauben; Blätter unpaarig gefiedert	Richtig, siehe **B**3 Falsch, siehe **A**4
B3	**Wiesenknopf – Sanguisórba** (S.164/165)	
A4	Blütenhülle doppelt; in Kelch und Krone gegliedert; Blüten-hülle mit 4 Kronblättern; Laubblätter netzaderig	Richtig, **B**4(1)–**B**4(3) Falsch, siehe **A**5
B4(1)	Blütenhülle aus 2 Kelch– und 4 Kronblättern; Kelchblätter zur Blütezeit abfallend; Laubblätter 1–2 fach gefiedert	Richtig, **C**4(1) Falsch, siehe **B**4(2)
C4(1)	**Mohn – Papáver** (S.162/163)	
B4(2)	Radiäre Blütenhülle aus je 4 Kelch– und Kronblättern; Landpflanzen	Richtig, siehe **C**4(2)–**C**4(4) Falsch, siehe **B**4(3)

C4(2)	Blüten in Dolden oder Trau-ben; Laubblätter ganz- randig oder gezähnt	Richtig, siehe **D**4(1); Falsch, siehe **C**4(3)
D4(1)	**Täschelkraut – Thlaspi** (S.162/163) **Mondviole – Lunária** (S.162/163) **Weidenröschen – Epilóbium** (S.164/165)	
C4(3)	Blüten einzeln in den Achseln von oberen Stengelblättern; Laubblätter ganz und gezähnt	Richtig, siehe **D**4(2); Falsch, siehe **C**4(4)
D4(2)	**Weidenröschen – Epilóbium** (S.162–165)	
C4(4)	Einzelblüten oder Blüten in Trauben; Laubblätter tief ein-geschnitten, dreiteilig oder un-paarig gefiedert	Richtig, siehe **D**4(3); Falsch, zurück zu **C**4(2) oder siehe **B**4(3)
D4(3)	**Steinschmückel – Petrocállis** (S.164/165) **Schaumkraut – Cardámine** (S.164)	
B4(3)	Blüten zygomorph; je 4 Kelch- und Kronblätter; Laubblätter dreiteilig, mit mehrteiligen und gezähnten Abschnitten	Richtig, siehe **C**4(5); Falsch, zurück zu **B**4(1) oder siehe **A**5
C4(5)	**Lerchensporn – Corydális** (S.166/167)	
A5	Blütenhülle doppelt; je 5 radiär angeordnete Kelch– und Kron-blätter; Blüten nicht in Körbchen oder Köpfchen	Richtig, siehe **B**5(1)–**B**5(10) Falsch, siehe **A**6
B5(1)	Laubblätter oval bis eiförmig, ganzrandig, stengelständig und rosettig angeordnet, 10 bis 35 mm lang; Blüten in Trugdolden; Staubblätter 10	Richtig, siehe **C**5(1) Falsch, siehe **B**5(2)
C5(1)	**Wund–Mauerpfeffer – Sedum** (S.166/167)	
B5(2)	Laubblätter oval, meist ganz-randig, bis 25 mm lang und nur grundständig; Stengel ein-blütig oder bis dreiblütige Dol-de; Staubblätter 5	Richtig, siehe **C**5(2) Falsch, siehe **B**5(3)
C5(2)	**Primel – Prímula** (S.168/169)	
B5(3)	Laubblätter oval, ganzrandig, gegenständig angeordnet, über 35 mm lang, stengelstän-dig und ungestielt; Blüten in lockeren Rispen oder Trug-dolden; Staubblätter 10	Richtig, siehe **C**5(3) Falsch, siehe **B**5(4)

C5(3)   **Seifenkraut – Saponária** (S.166/167)
    Kuhnelke – Vaccária (S.166/167)

B5(4)	Laubblätter meist oval, ganzrandig, gegenständig angeordnet, im Durchschnitt über 35 mm lang, stengelständig und behaart; Staubblätter 10	Richtig, siehe **C5(4)** Falsch, siehe **B5(5)**

C5(4)   **Seifenkraut – Siléne** (S.168/169)
    Jupiternelke – Lychnis (S.168/172)

B5(5)	Laubblätter lanzettlich oder grasartig, ganzrandig, gegenständig angeordnet, kahl und im Durchschnitt über 35 mm lang; Staubblätter 10	Richtig, siehe **C5(5)** Falsch, siehe **B5(6)**

C5(5)   **Nelke – Diánthus** (S.168–173)
    Felsennelke – Petrorhágia (S.170/171)
    Pechnelke – Viscária (S.170/171)
    Kornrade – Agrostémma (S.170/171)

B5(6)	Laubblätter schmal lanzettlich, ganzrandig, kahl gegenständig angeordnet und im Durchschnitt über 35 mm lang; Staubblätter 5	Richtig, siehe **C5(6)** Falsch, siehe **B5(7)**

C5(6)   **Grasnelke – Arméria** (S.170/171)

B5(7)	Laubblätter schmal oval bis oval, ganzrandig, kahl oder rauhhaarig behaart, im Durchschnitt über 35 mm lang, netzaderig und wechselständig angeordnet; Staubblätter 5	Richtig, siehe **C5(7)** Falsch, siehe **B5(8)**

C5(7)   **Tabak – Nicotiána** (S.182/183)
    Beinwell – Symphytum (S.182/183)
    Lungenkraut – Pulmonária (S.184/185)
    Tollkraut – Scopólia (S. 184/185)

B5(8)	Laubblätter schmal oval bis oval, ganzrandig, kahl, gegenständig angeordnet, im Durchschnitt über 35 mm lang und mit parallel verlaufenden Hauptadern; Staubblätter 5	Richtig, siehe **C5(8)** Falsch, siehe **B5(9)**

C5(8)   **Enzian – Gentiána** (S.182/183)

B5(9)	Laubblätter lanzettlich bis schmal oval, 2–12 mm lang, ganzrandig, an den Rändern bewimpert, auch rosettig; Staubblätter 10; Einzelblüten an kurzen Stengeln	Richtig, siehe **C5(9)** Falsch, siehe **B5(10)**

C5(9)   **Nelke – Siléne** (S.172/173)
    Steinbrech – Saxífraga (S.174/175)

B5(10)	Laubblätter ganz und fein bis grob gezähnt	Richtig, siehe **C5(10)**–**C5(22)** Falsch, zurück zu **B5(1)** oder siehe **A3a**

C5(10)	Laubblätter 1–2 cm lang, in einer Rosette und wechselständig am Stengel, schmal oval bis spatelförmig, kurz behaart und mit gezähntem Rand; Staubblätter 4	Richtig, siehe **D5(1)** Falsch, siehe **C5(11)**

D5(1)   **Balsam – Erínus** (S.174/175)

C5(11)	Laubblätter über 2 cm lang, unregelmässig grob gezähnt oder gelappt und wechselständig angeordnet; Blüten einzeln oder zu mehreren in den Blattwinkeln; Staubblätter zahlreich	Richtig, siehe **D5(2)** Falsch, siehe **C5(12)**

D5(2)   **Eibisch – Altháea** (S.174/175)
    Malve – Malva (S.174/175)

C5(12)	Laubblätter über 2 cm lang, besonders im oberen Teil gezähnt, mit breitem Stiel und in einer Rosette; Blüten an unbeblätterten Stengeln in einer Rosette; Staubblätter 5	Richtig, siehe **D5(3)** Falsch, siehe **C5(13)**

D5(3)   **Primel – Prímula** (S.172/173)

C5(13)	Laubblätter über 2 cm lang, rundlich bis nierenförmig, regelmässig fein gezähnt und oberseits mit weissen Flecken; Einzelblüten; Staubblätter 5	Richtig, siehe **D5(4)** Falsch, siehe **C5(14)**

D5(4)   **Zyklamen – Cyclámen** (S.172/173)

C5(14)	Laubblätter über 2 cm lang und mit 3,5,7 oder 9 grob gezähnten oder eingeschnittenen Lappen; Einzelblüten oder 2 Blüten am Stiel; oft straussförmiger Gesamtblütenstand; Staubblätter 10	Richtig, siehe **D5(5)** Falsch, siehe **C5(15)**

D5(5)   **Storchschnabel – Geránium** (S.174–177)

C5(15)	Laubblätter über 2 cm lang und 2–3 fach gefiedert; Staubblätter 5; Blüten doldenförmig angeordnet	Richtig, siehe **D5(6)**; Falsch, siehe **C5(16)**

D5(6)   **Reiherschnabel – Eródium** (S.176/177)

| **C**5(16) | Stengelblätter über 2 cm lang, tief 5–7 lappig und mit abgerundeten Lappen; Blüten einzeln in den oberen Blattwinkeln; zahlreiche Staubblätter | Richtig, siehe **D**5(6) Falsch, siehe **C**5(17) |

D5(6)   **Malve – Malva** (S.176/177)

| **C**5(17) | Laubblätter 3–8 cm lang, gefiedert und mit gezähnten Abschnitten; Staubblätter zahlreich | Richtig, siehe **D**5(7) Falsch, siehe **C**5(18) |

D5(7)   **Nelkenwurz – Geum** (S.178/179)

| **C**5(18) | Laubblätter 1–4 cm lang, schmal oval, ganzrandig, gegenständig angeordnet und mit lanzettlichen Nebenblättern; Blüten in Wickeln; Staubblätter zahlreich | Richtig, siehe **D**5(8) Falsch, siehe **C**5(19) |

D5(8)   **Sonnenröschen – Heliánthemum** (S.168/169)

| **C**5(19) | Laubblätter länger als 2 cm, lanzettlich, ganzrandig, gegenständig, zu 3 quirlig oder wechselständig; Blüten in langen Aehren; Kronblätter 5 oder auch 6; Staubblätter 12 | Richtig, siehe **D**5(9) Falsch, siehe **C**5(20) |

D5(9)   **Blut–Weiderich – Lythrum** (S.168/169)

| **C**5(20) | Laubblätter bis nahe zum Grund 3 teilig und mit ganzrandigen, oft 2–5 teiligen Abschnitten; Einzelblüten; Staubblätter zahlreich | Richtig, siehe **D**5(10) Falsch, siehe **C**5(21) |

D5(10)   **Gletscher–Hahnenfuss – Ranúnculus** (S.178/179)

| **C**5(21) | Laubblätter 5– oder 7 teilig und mit gezähnten Abschnitten; doldenartiger Blütenstand; Staubblätter zahlreich | Richtig, siehe **D**5(11) Falsch, siehe **C**5(22) |

D5(11)   **Blutauge – Comárum** (S.178/179)

| **C**5(22) | Laubblätter gefiedert; Abschnitte gezähnt; Blüten in Dolden; Staubblätter 5 | Richtig, siehe **D**5(12); Falsch, zurück zu **C**5(10) oder siehe **A**3a |

D5(12)   **Bibernelle – Pimpinélla** (S.178/179)   **Brustwurz – Angélica** (S.180/181)   **Liebstock – Ligústicum** (S.180/181)

D5(12)   **Kälberkropf – Chaerophyllum** (S.180/181)

| **A**3a | Laubblätter bis zum Grunde 5,7 oder 9 teilig; Perigonblätter 5; Blüten einzeln oder in "zweiblütigen" Dolden; Staubblätter zahlreich | Richtig, siehe **B**3a Falsch, siehe **A**3b |

B3a   **Nieswurz – Helléborus** (S.178/179)

| **A**3b | Laubblätter lanzettlich, 3 bis 20 cm lang, ganzrandig; Perigonblätter 4 oder 5; Staubblätter 4–8; Blüten in zylindrischen, 3–8 cm langen Aehren; Land–/ Wasserpflanzen | Richtig, siehe **B**3b Falsch, siehe **A**12 |

B3b   **Knöterich – Polygonum** (S.180–183)

| **A**12 | Blüten zygomorph; Kelchblätter 5: drei äussere kleine, braunrot gefärbt und kelchblattartig; zwei Kelchblätter bilden violette Flügel; Krone mit gefransten Zipfeln; Staubblätter 8; Blüten in Trauben | Richtig, siehe **B**12 Falsch, siehe **A**13 |

B12   **Kreuzblume – Polygala** (S.182/183)

| **A**13 | Kelchblätter 4 oder 5, zur Fruchtzeit als Borsten; Kronblätter 4 oder 5, verwachsen; Blüten in schirmförmigen Rispen; Staubblätter 3 oder 4; Laubblätter ganzrandig, gezähnt, gelappt oder unpaarig gefiedert | Richtig, siehe **B**13 Falsch, siehe **A**14 |

B13   **Baldrian – Valeriána** (S.184/185)

| **A**14 | Radiäre Blüten mit 5 verwachsenen Kronblättern; Staubblätter 5; Kelchblätter umgewandelt; Blüten in Körbchen oder Köpfchen | Richtig, siehe **B**14(1)–**B**14(3) Falsch, siehe **A**15 |

| **B**14(1) | Alle Blüten faden– oder röhrenförmig | Richtig, siehe **C**14(1); Falsch, siehe **B**14(2) |

C14(1)   **Alpenlattich – Homógyne** (S.186/187)   **Eselsdistel – Onopórdum** (S.188/189)   **Bergscharte – Rhapónticum** (S.188/189)   **Berg–Distel – Cárduus** (S.188/189)   **Flockenblume – Centauréa** (S.190/191)

C14(1) **Kratzdistel – Círsium** (S.190/191)
Pestwurz – Petasítes (S.186/187)
Alpendost – Adenostyles (S.186/187)
Katzenpfötchen – Antennária (S.186/187)
Wasserdost – Eupatórium (S.186/187)
Kratzdistel – Círsium (S.188–191)
Scharte – Serrátula (S.190/191)
Kletten – Distel – Cardúus (S.188/189)
Klette – Arctium (S.188/189)
Schlupfsame – Crupína (S.192/193)

B14(2)	Strahlen– und Röhrenblüten in den Köpfchen/Körbchen	Richtig, siehe **C**14(2) Falsch, siehe **B**14(3)

C14(2) **Aster – Aster** (S.192/193)
Berufkraut – Erígeron (S.192/193)
Schafgarbe – Achilléa (S.192/193)

B14(3)	Alle Blüten strahlenförmig	Richtig, siehe **C**14(3); Falsch, zurück zu **B**14(1) oder siehe **A**15

C14(3) **Hasenlattich – Prenánthes** (S.192/193)
Habichtskraut – Hierácium (S.194/195)
Pippau – Crepis (S.194/195)

A15	Blüten zygomorph: Blüten aus je 5 Kelch– und Kronblättern	Richtig, siehe **B**15(1)–**B**15(6) Falsch, siehe **A**16
B15(1)	Blütenhülle in Schiffchen, Fahne und 2 Flügel gegliedert	Richtig, siehe **C**15(1); Falsch, siehe **B**15(2)

C15(1) **Alle Schmetterlingsblütler:** S.194–199

B15(2)	Blüten in Ober– und Unterlippe gegliedert; die 4 Staubblätter von der Oberlippe eingeschlossen; Laubblätter bis auf die Mittelader fiederteilig	Richtig, siehe **C**15(2) Falsch, siehe **B**15(3)

C15(2) **Läusekraut – Pediculáris** (S.198–201)

B15(3)	Blüten in Ober– und Unterlippe gegliedert; Staubblätter 4; Laubblätter ganzrandig, gezähnt oder 3,5– oder 7 fach gelappt (S.200–207)	Richtig, siehe **C**15(3) Falsch, siehe **B**15(4)

C15(3) **Lippenblütler und Braunwurzgewächse:** Thymian, Bohnenkraut, Quendel, Dost, Immenblatt, Bartschie, Minze, Taubnessel, Betonie, Brunelle, Hohlzahn, Helmkraut, Gamander, Löwenschwanz

B15(4)	Ober– und Unterlippe; die seitlichen Kronblätter paarweise verwachsen; mit Sporn; Laubblätter lanzettlich, oval, ganzrandig / gezähnt; Blüten in Trauben; Staubblätter 5	Richtig, siehe **C**15(4) Falsch, siehe **B**15(5)

C15(4) **Springkraut – Impátiens** (S.206/207)

B15(5)	Ober–/Unterlippe; Krone mit langem Sporn; Staubblätter 4; Laubblätter lanzettlich, zu 3–5 quirlständig oder 5–7 zähnig; Blüten in wenigblütigen Trauben / einzeln in Blattachseln	Richtig, siehe **C**15(5) Falsch, siehe **B**15(6)

C15(5) **Leinkraut – Linária** (S.206/207)
Leinkraut – Cymbalária (S.208/209)

B15(6)	Kronröhre mit einem langen Sporn; 1 Staubblatt; Kronzipfel radiär; Blüten in schirmförmigen Rispen; Laubblätter lanzettlich, sitzend und gegenständig	Richtig, siehe **C**15(6) Falsch, zurück zu **B**15(1) oder siehe **A**16

C15(6) **Spornbaldrian – Centránthus** (S.208/209)

A16	Kelchblätter 5; Kronblätter 5 bis 10; Staubblätter zahlreich und am Grund in einen fleischigen Nektarring verwachsen; Laubblätter doppelt dreizählig	Richtig, siehe **B**16 Falsch, siehe **A**17

B16 **Pfingstrose – Paeónia** (S.208/209)

A17	5 dunkelviolette Perigonblätter; 5 dunkelviolette, kronblattartige und gespornte Honigblätter; zahlreiche Staubblätter; Laubblätter dreiteilig	Richtig, siehe **B**17 Falsch, siehe **A**18

B17 **Akalei – Aquilégia** (S.206/207)

A18	Perigonblätter 4–5, unscheinbar und zur Blütezeit abfallend oder 6 gut ausgebildet; Staubblätter zahlreich; Laubblätter gefiedert; Blüten in reichblütigen Rispen oder einzeln	Richtig, siehe **B**18 Falsch, siehe **A**19

B18 **Wiesenraute – Thalíctrum** (S.178/179)
Küchenschelle – Pulsatílla (S.208/209)

A19	Kelch–/ Kronblätter je 12–16	Richtig, siehe **B**19 Falsch, siehe **A**1

B19 **Hauswurz – Sempervívum** (S.166/167)

A1 Einfache Blütenhülle aus 6 Perigonblättern; Laubblätter paralleladerig; Blüten einzeln, zu mehreren am Ende der Stengel oder in Trauben — Richtig, siehe **B**1 Falsch, siehe **A**3 (**A**2 nicht in diesem Schlüssel)

B1 **Meerzwiebel – Scilla** (S.210/211)
Hasenglöckchen – Scilla (S.210/211)
Bisamhyazinthe – Muscári (S.210/211)
Schwertlilie – Iris (S.210/211)
Commeline – Commelína (S.210/211)

A3 Blütenhülle aus 5–10 Perigonblättern — Richtig, siehe **B**3 Falsch, siehe **A**4

B3 **Schwarz–Kümmel – Nigélla** (S.214/215)
Leberblümchen – Hepática (S.220/221)

A4 Blütenhülle doppelt; Blüte in Kelch und Krone gegliedert; mit 4 oder 5 Kelchblättern und 3 oder 4 Kronblättern — Richtig, siehe **B**4(1) oder **B**4(2) Falsch siehe **A**5

B4(1) Blüten aus 3 kleinen blauen und 2 grossen flügelartigen Kelchblättern und 3 verwachsenen blauen Kronblättern; Laubblätter ganz, lanzettlich — Richtig, siehe **C**4(1) Falsch, siehe **B**4(2)

C4(1) **Kreuzblume – Polygala** (S.212/213)

B4(2) Blüten aus 4 oder 5 Kelchblättern und 4 freien Kronblättern; Staubblätter 2 — Richtig, siehe **C**4(2); Falsch, zurück zu **B**4(1) oder siehe **A**5

C4(2) **Ehrenpreis – Verónica** (S.212–215)

A5 Blütenhülle doppelt; je 5 freie, radiär angeordnete Kelch– und Kronblätter; Bl. in Wickeln — Richtig, siehe **B**5 Falsch, siehe **A**12

B5 **Lein – Linum** (S.214/215)

A12 Blütenhülle zygomorph; 5 freie Kelchblätter; 5 freie Kronblätter; Blüten einzeln — Richtig, siehe **B**12 Falsch, siehe **A**13

B12 **Veilchen – Víola** (S.220–223)

A13 Radiäre, verwachsene Kronblätter; 5 Kelchblätter vorhanden; wenn Kelchborsten, dann nur mit 4 Staubblättern — Richtig, siehe **B**13(1)–**B**13(10) Falsch, siehe **A**14 (S.36)

B13(1) Blütenhülle aus Kelchborsten und mit 4 röhrig verwachsenen Kronblättern; Staubblätter 4; Blüten in Körbchen — Richtig, siehe **C**13(1) Falsch, siehe **B**13(2)

C13(1) **Witwenblume – Knaútia** (S.216/217)

B13(2) Blütenhülle aus Aussenkelch, Kelchborsten und 5 röhrig verwachsenen Kronblättern; Blüten in Körbchen; Staubblätter 4 — Richtig, siehe **C**13(2) Falsch, siehe **B**13(3)

C13(2) **Skabiose – Scabiósa** (S.216/217)

B13(3) 5 lanzettliche Kelchblätter und 5 zuerst verwachsene Kronblätter; diese später in bandförmige Zipfel geteilt — Richtig, siehe **C**13(3) Falsch, siehe **B**13(4)

C13(3) **Jasione – Jasióne** (S.216/217)

B13(4) Kelchblätter 5; verwachsene Kronblätter 5; Kronzipfel meist länger als Kronröhre und flach ausgebreitet — Richtig, siehe **C**13(4); Falsch, siehe **B**13(5)

C13(4) **Immergrün – Vinca** (S.218/219)
Vergissmeinnicht – Myosótis (S.218/219)
Moorenzian – Swértia (S.218/219)
Borretsch – Borágo (S.220/221)
Venusspiegel – Legoúsia (S.220/221)

B13(5) Kelch– und Kronblätter je 5; Blüten in zylindrischen oder kugeligen Köpfchen; Staubblätter 5 — Richtig, siehe **C**13(5) Falsch, siehe **B**13(6)

C13(5) **Mannstreu – Eryngium** (S.220/221)

B13(6) Je 5 verwachsene Kron– und Kelchblätter; Kronröhre meist länger als Kronzipfel; Laubblätter ganzrandig, gezähnt oder fiederteilig — Richtig, siehe **C**13(6) Falsch, siehe **B**13(7)

C13(6) **Enzian – Gentiána** (S.222–225)
Glockenblume – Campánula (S.224–227)
Ochsenzunge – Anchúsa (S.226/227)
Steinsame – Buglossoídes (S.226/227)
Natterkopf – Echium (S.228/229)
Eisenkraut – Verbéna (S.228/229)

B13(7) Je 5 röhrig verwachsene Kelch– und Kronblätter; Blüten in ovalen oder kugeligen Köpfchen; Laubblätter ganz und ganzrandig — Richtig, siehe **C**13(7) Falsch, siehe **B**13(8)

C13(7) **Kugelblume – Globulária** (S.232/233)

B13(8)	Je 5 verwachsene Kelch– und Kronblätter; Kronblätter mit zerschlitzten Zipfeln; Blüten zu 2–3 am Ende der Stengel	Richtig, siehe **C**13(8) Falsch, siehe **B**13(9)

C13(8) **Alpenglöckchen – Soldanélla** (S.228/229)

B13(9)	Je 5 verwachsene Kelch– und Kronblätter; Blüten in 10 bis 20 cm langen Rispen; Laubblätter unpaarig gefiedert	Richtig, siehe **C**13(9) Falsch, siehe **B**13(10)

C13(9) **Sperrkraut – Polemónium** (S.228/229)

B13(10)	5 verwachsene Kelch– und Kronblätter; vielblütige Köpfchen oder zylindrische Aehren; Laubblätter ganz und fein gezähnt	Richtig, siehe **C**13(10) Falsch, zurück zu **B**13(1) oder siehe **A**14

C13(10) **Rapunzel – Phytéuma** (S.228/229)

A14	5 verwachsene Kronblätter; Kelch zu Haaren/Borsten umgewandelt; Blüten in Köpfchen und Körbchen vereinigt; Staubblätter 5	Richtig, siehe **B**14(1)–**B**14(3) Falsch, siehe **A**15

B14(1)	Nur Röhrenblüten im Körbchen; Laubblätter ganz und ganzrandig	Richtig, siehe **C**14(1); Falsch, siehe **B**14(2)

C14(1) **Flockenblume – Centauréa** (S.230/231)

B14(2)	Röhren– und Strahlenblüten vorhanden; Laubblätter ganz, ganzrandig oder etwas gezähnt; Einzelköpfchen oder lockere Köpfchentraube	Richtig, siehe **C**14(2); Falsch, siehe **B**14(3)

C14(2) **Aster – Aster** (S.230/231)

B14(3)	Nur Strahlenblüten im Köpfchen; Laubblätter bis nahe zur Mittelader fiederteilig oder gefiedert; Köpfchen in Aehren oder Trauben	Richtig, siehe **C**14(3); Falsch, zurück zu **B**14(1) oder siehe **A**15

C14(3) **Zichorie – Cichórium** (S.230/231)
Milchlattich – Cicérbita (S.230/231)

A15	Zygomorphe Blüten	Richtig, siehe **B**15(1)–**B**15(6) Falsch, zurück zu **A**1

B15(1)	Blütenhülle in Ober– und Unterlippe gegliedert; Unterlippe deutlich länger als Oberlippe und mit weisser Zeichnung; Laubblätter 1–2 cm lang, ganzrandig und behaart	Richtig, siehe **C**15(1) Falsch, siehe **B**15(2)

C15(1) **Steinquendel – Saturéja** (S.232/233)

B15(2)	Blütenhülle in Ober– und Unterlippe gegliedert; Unterlippe länger als Oberlippe, aber ohne weisse Zeichnung; Laubblätter 2–8 cm lang	Richtig, siehe **C**15(2) Falsch, siehe **B**15(3)

C15(2) **Gundelrebe – Glechóma** (S.234/235)
Günsel – Ajuga (S.234/235)

B15(3)	Unter– und Oberlippe ziemlich gleich lang; Laubblätter ganz und gezähnt; Gesamtblütenstand ähren– oder traubenartig	Richtig, siehe **C**15(3) Falsch, siehe **B**15(4)

C15(3) **Salbei – Sálvia** (S.232/233)
Drachenmaul – Hormínum (S.232/233)

B15(4)	Blütenhülle aus Fahne, 2 Flügeln und Schiffchen zusammengesetzt; Staubblätter 10; Laubblätter dreiteilig	Richtig, siehe **C**15(4) Falsch, siehe **B**15(5)

C15(4) **Luzerne – Medicágo** (S.234/235)

B15(5)	Blütenhülle aus Fahne, 2 Flügeln und Schiffchen zusammengesetzt; Staubblätter 10; Laubblätter unpaarig gefiedert	Richtig, siehe **C**15(5) Falsch, siehe **B**15(6)

C15(5) **Tragant – Astrágalus** (S.234/235)
Wicke – Vícia (S.236/237)

B15(6)	Blütenhülle aus 5 Perigonblättern; Staubblätter zahlreich; Laubblätter bis weit über die Mitte 3–7 teilig oder bis zum Grund 5 teilig	Richtig, siehe **C**15(6) Falsch, zurück zu **B**15(1) oder **A**1

C15(6) **Rittersporn – Delphínium** (S.234/235)
Eisenhut – Aconítum (S.234/235)

A1	Einfache Blütenhülle mit 3–6 Perigonblättern und grasartigen, paralleladerigen Laubblättern; Wasserpflanze	Richtig, siehe **B**1 Falsch, siehe **A**2
B1	**Igelkolben – Spargánium** (S.236/237)	

A2	Pflanzen ohne Blütenhülle; männliche und weibliche Blüten übereinander an einem Kolben liegend und von einem Hüllblatt umschlossen	Richtig, siehe **B**2 Falsch, siehe **A**3
B2	**Aronstab – Arum** (S.238/239) **Wolfsmilch – Euphórbia** (S.236–239)	

A3	Blütenhülle einfach aus Perigon– oder Kelchblättern; Laubblätter fiederaderig	Richtig, siehe **B**3(1)–**B**3(6) Falsch, siehe **A**4
B3(1)	Wasserpflanze mit einer Blütenhülle aus 2–4 buchtigem Kelchsaum	Richtig, siehe **C**3(1) Falsch, siehe **B**3(2)
C3(1)	**Tannenwedel – Hippúris** (S.248/249)	

B3(2)	Blüten mit 3 freien Kelchzipfeln, 3 grünen Staminodien und bei männlichen Blüten bis 20 Staubblättern; Laubblätter länglich eiförmig, gezähnt	Richtig, siehe **C**3(2) Falsch, siehe **B**3(3)
C3(2)	**Bingelkraut – Mercuriális** (S.238/239)	

B3(3)	Blütenhülle aus 4 freien oder am Grunde etwas verwachsenen Kelchblättern; Laubblätter unpaarig gefiedert	Richtig, siehe **C**3(3); Falsch, siehe **B**3(4)
C3(3)	**Wiesenknopf – Sanguisórba** (S.244/245)	

B3(4)	Blütenhülle aus 4 freien Perigonblättern; Blüten in Rispen; Laubblätter gewellt / gezähnt	Richtig, siehe **C**3(4); Falsch, siehe **B**3(5)
C3(4)	**Säuerling – Oxyria** (S.248/249) **Brennessel – Urtica** (S.244/245)	

B3(5)	Blütenhülle aus 3–5 freien Perigonblättern; Blüten einzeln, in Trauben, Scheinrispen oder Rispen; grüne und braune Pflanzen	Richtig, siehe **C**3(5) Falsch, siehe **B**3(6)
C3(5)	**Gänsefuss – Chenopódium** (S.240/241) **Nieswurz – Helléborus** (S.244/245) **Nestwurz – Neóttia** (S.248/249)	

B3(6)	Blütenhülle aus 6 Perigonblättern; Blüten in Rispen; bei den Blättern Netzaderung oder Hauptadern parallel	Richtig, siehe **C**3(6); Falsch, zurück zu **B**3(1) oder siehe **A**4
C3(6)	**Germer – Verátrum** (S.236/237) **Ampfer – Rumex** (S.246–249)	

A4	Blütenhülle doppelt: 4 innere/4 äussere Perigonblätter, 4 innere/4 äussere Kelchblätter oder je 4 Kelch– und Kronblätter	Richtig, siehe **B**4(1) oder **B**4(2) Falsch, siehe **A**5
B4(1)	Blütenhülle aus 4 inneren/4 äusseren Perigonblättern oder 4 inneren/4 äusseren Kelchblättern; Laubblätter ganz oder 7–11 lappig	Richtig, siehe **C**4(1) Falsch, siehe **B**4(2)
C4(1)	**Einbeere – Paris** (S.238/239) **Frauenmantel – Alchemílla** (S.240–243)	

B4(2)	Blütenhülle aus 4 am Grunde verwachsenen Kelch– und 4 verwachsenen Kronblättern; Blüten in langen Aehren; Hauptadern paralleladerig	Richtig, siehe **C**4(2) Falsch, zurück zu **B**4(1) oder siehe **A**5
C4(2)	**Wegerich – Plantágo** (S.242/243)	

A5	Blütenhülle doppelt; je 5 Kelch– und Kronblätter; Kronblätter frei; Laubblätter schmal lanzettlich	Richtig, siehe **B**5 Falsch, siehe **A**13
B5	**Hasenohr – Bupleúrum** (S.246/247)	

A13	Blütenhülle aus je 5 verwachsenen Kelch– und Kronblättern	Richtig, siehe **B**13(1) oder **B**13(2) Falsch, siehe **A**14
B13(1)	Blüten in Dolden oder Rispen; Laubblätter gelappt	Richtig, siehe **C**13(1); Falsch, siehe **B**13(2)
C13(1)	**Zaunrübe – Bryónia** (S.244/245)	

C13(1)	Blüten in Köpfchen; Laubblätter stachelig und 3–zählig fiederschnittig	Richtig, siehe **C**13(2); Falsch, siehe **A**14
C13(2)	**Mannstreu – Eryngium** (S.246/247)	

A14	Blüten in Köpfchen; diese rispenartig zusammengestellt; nur Röhrenblüten; Laubblätter fiederteilig und nicht stachelig	Richtig, siehe **B**14 Falsch, zurück zu **A**1
B14	**Kamille – Matricária** (S.246/247) **Beifuss – Artemísia** (S.246/247)	

130 Mondraute – B. lunária
Pflanze 5–30 cm hoch, oft mannigfache Formen bildend und mit weltweiter Verbreitung

**Botrychium lunária (L.)Sw.
Mondraute**

**Ophioglossáceae –
Natternzungengewächse**

Laubblätter: Der nichtsporentragende Blatteil zwischen 1/3 und 2/3 der Stengelhöhe abzweigend; 3–12 cm lang, bis 4 cm breit, meist kurz gestielt, im Umriss schmal oval, an der Spitze abgerundet, glänzend, kahl, gelbgrün gefärbt und jederseits mit bis 9 Fiedern; diese sich meist überdeckend, im Umriss halbkreisförmig, ganzrandig oder mit stumpfen Zähnen und selten mit Fiedern 2. Ordnung versehen.

Sporentragender Teil: Meist lang gestielt, 1–3 fach gefiedert, im Umriss meist schmal oval, den nichtsporentragenden Teil stark überragend und rispenartig verzweigt

Sporangien: Braun bis rotbraun gefärbt; Sporenreife im Sommer

Standort: Von der kollinen bis in die alpine Stufe zerstreut in Magerrasen, Magerweiden, Bergwiesen, Schutthalden, an Wegrändern und bei Böschungen auf mässig frischen bis trockenen, meist kalkarmen oder entkalkten, mehr oder weniger auch sauren und sandigen bis lehmigen Böden; Lichtpflanze; oft nur vereinzelt oder in kleinen Gruppen anzutreffen

131 Königsfarn – O. regális
Pflanze 60 cm bis 2 m hoch, mit dunkelbraunem, dickem und kurzem Rhizom und weltweit verbreitet

**Osmúnda regális L.
Königsfarn**

**Osmundáceae –
Rispenfarngewächse**

Laubblätter: Im Umriss oval, 30 bis 160 cm lang, bis 40 cm breit, gelbgrün bis dunkelgrün gefärbt und doppelt gefiedert; Fiedern 1. Ordnung gestielt, zu je 7–9, nach vorn gerichtet, die oberen sich oft etwas überdeckend, bis 30 cm lang, bis 15 cm breit und schmal oval bis lanzettlich; Fiedern 2. Ordnung nur kurz gestielt, am Ende stumpf und ganzrandig oder fein gezähnt

Sporentragender Teil: Sporangien in reich verzweigten Rispen

Sporangien: Kugelig, bis 0,5 mm im Durchmesser, mit kurzen Stielen und sich bei der Reife nur bis zur Hälfte öffnend; Sporen meist gleichartig; Sporenreife im Sommer

Standort: In der kollinen Stufe in Erlenbruchwäldern, Weiden, Bruchwaldgebüschen, abflusslosen Mulden, an Gräben, Waldquellmooren auf stausickernassen, durchlüfteten, kalkarmen, sauren und torfig humosen Sand– und Tonböden in luftfeuchter und wintermilder Klimalage; Alpensüdseite auch im trockenen Buschwald; Halbschattenpflanze; geschützt; altertümliche Farnart; auch als Zierpflanze verwendet

132 Hirschzunge – P. scolopéndrium
Pflanze 30–50 cm hoch, deren Rhizome harte Spreuschuppen besitzen; mit mannigfaltigen Varietäten

**Phyllítis scolopéndrium (L.)
NEWMAN
Hirschzunge**

Aspleniáceae – Streifenfarne

Laubblätter: Büschelig angeordnet, bogig aufsteigend und oft übemeigend, dunkelbraun gestielt und meist dicht mit Spreuschuppen besetzt, 15–55 cm lang, schmal lanzettlich, ungeteilt, ganzrandig, am Spreitengrund herzförmig und den Winter überdauernd

Sporentragender Teil: Laubblätter (Unterseite)

Sori: Als Streifen vielfach die ganze Breite zwischen Mittelader und Blattrand ausfüllend und schräg nach vorn gerichtet; Schleier über den Sporangien zuerst farblos, ganzrandig, später bräunlich und zurückgebogen; Sporenreife im Sommer

Standort: Von der kollinen bis in die subalpine Stufe gesellig in Schluchtwäldern, Brunnenschächten, feuchten und beschatteten Kalkschutthalden, in Felsspalten, an schattigen Mauern und Felsen auf sickerfeuchten, meist kalkhaltigen, massig sauren, humosen Fels– und Steinböden in luftfeuchter und wintermilder Klimalage; Schattenpflanze; als Spaltenwurzler eine Pionierfunktion einnehmend; Zierpflanze; geschützt

133 Rippenfarn – B. spícant
Pflanze 20–70 cm hoch, mit aufsteigendem bis senkrecht stehendem Rhizom und verbreitet

**Bléchnum spícant (L.) ROTH
Rippenfarn**

Blechnáceae – Rippenfarngew.

Laubblätter: Nichtsporentragende eine dem Boden anliegende oder leicht aufsteigende Rosette bildend; Spreite lanzettlich, bis 60 cm lang, 4–8 cm breit, lederig, dunkelgrün, kahl und meist einfach gefiedert; jederseits mit 30–50 etwas nach vorn gebogenen, ganzrandigen, stumpfen bis schwach zugespitzten und kammförmig angeordneten Fiedern; sporentragende Blätter erst nach den ersteren erscheinend, bis 70 cm hoch, steif aufrecht, mit langem Blattstiel und sehr schmalen Fiedern

Sporentragender Teil: Steif aufrechte Blätter (Unterseite) aus der Mitte der nichtsporentragenden Blattrosette entspringend

Sori: Zur Zeit der Reife die ganze Unterseite der schmalen Fiedern deckend; Schleier zur Zeit der Sporenreife zurückgebogen; Sporenreife im Sommer

Standort: In der montanen und subalpinen (seltener kollin) Stufe in Fichtenwäldern, artenarmen Tannenwäldern, als Waldrelikt auf Weiden und im Erlenbruchwald auf feuchten bis frischen, nährstoff– und basenarmen, etwas sauren und humosen Böden

134 Schriftfarn – C. officinárum
Pflanze 4–10 cm hoch, mit kurzem und aufrechtem Rhizom, mehrjährig und in Europa nur mit dieser Art

**Céterach officinárum DC.
Asplénium céterach L.
Schriftfarn, Milzfarn**

Aspleniáceae – Streifenfarne

Laubblätter: In dichten Büscheln, im Umriss schmal lanzettlich, 4–10 cm lang, einfach gefiedert oder nur einfach fiederteilig, fleischig, oberseits graugrün und unterseits deutlich mit dachziegelartig angeordneten Spreuschuppen bedeckt; Fiedern ganzrandig oder wellig, wechselständig angeordnet und bei Trockenheit sich nach oben einrollend; Stiel bis 3 cm lang, braun und dicht spreuschuppig

Sporentragender Teil: Fiedern (ganze Unterseite)

Sori: Strichförmig, zuerst durch die Spreuschuppen überdeckt und dann erst bei der Reife sichtbar; kein Schleier vorhanden; Sporenreife im Sommer und Herbst

Standort: In der kollinen (seltener monan) Stufe an Mauern und Felsen in heisser und trockener und wintermilder Lage auf kalk– und kalkfreiem Gestein; als südeuropäische Pflanze Hauptverbreitung im ganzen Mediterrangebiet; nordwärts bis England; auf der Alpennordseite zerstreut in Föhngebieten; häufiger in wärmeren Gebieten der Alpensüdseite

135 Perlfarn – O. sensibilis
Pflanze bis 30 cm hoch und mit lang kriechendem und verzweigtem Rhizom; Blätter fertil und steril

**Onoclea sensibilis L.
Perlfarn**

**Athyriáceae –
Frauenfarngewächse**

Laubblätter: Einzeln am Rhizom entspringend und stark dimorph ausgebildet; sterile Laubblätter bis 30 cm lang, oval bis breit oval, tief fiederteilig oder am Fusse gefiedert, mit nach oben immer breiter geflügelter Spindel und fiederteiliger Spitze; Fiedern krautig, hart berandet und die grösseren mehr oder weniger gelappt; Blattadern netzartig verbunden (keine freien Adern vorhanden); fertile Laubblätter schmäler oval, in der Jugend grünlich gefärbt, später Abschnitte bräunlich und ein– bis doppelt gefiedert; die Abschnitte lanzettlich, perlenartig um die Sori eingerollt und bei der Sporenreife braun bis schwarz aussehend

Sporentragender Teil: Fertile Laubblätter (Unterseite der Fiedern)

Sori: Asymmetrisch aufgebaut und meist über die ganze Fläche der Fiedern verteilt; Sporenreife im Herbst; die Sporen werden aber erst im nächsten Frühling freigelassen

Standort: In der kollinen Stufe vielfach als winterharte Pflanze in Parkanlagen und Gärten angepflanzt; in England und Mitteleuropa verwildert

136 Gemeiner Tüpfelfarn – P. vulgáre
Pflanze 10–40 cm hoch, ausdauernd und mit bis
40 cm langem Rhizom

Polypodium vulgáre L.
Gemeiner Tüpfelfarn
Engelsüss
Polypodiáceae – Tüpfelfarne

Laubblätter: 10–40 cm lang, bis
8 cm breit, lanzettlich bis oval, fiederteilig bis gefiedert und lang gestielt;
Fiederblätter wechselständig angeordnet, 2–5 mal so lang wie breit, lanzettlich, am Ende abgerundet, ganzrandig oder fein gezähnt und mittelgrün
gefärbt; Seitenadern der untersten
Blattabschnitte/Fiedern 1–3 mal gegabelt; an geschützten Orten überwinternd
und erst im Frühling absterbend; im
Vorsommer wieder neu austreibend

Sporentragender Teil: Unterseite
der Laubblätter

Sori: Unreife und reife Sori rund und in
grosser Zahl auf der Unterseite in zwei
Reihen verteilt; Sporenreife im So/He

Standort: Von der kollinen bis in die
subalpine (seltener alpin) Stufe in Laub-
mischwäldern, bei schattigen Felsen und
Baumstrünken, am moosigen Fuss alter
Bäume auf mässig trockenen, kalkar-
men, modgrig–humosen, meist flach-
gründigen, kalkarmen und meist sauren
Böden in wintermilder und luftfeuchter
Lage; Halbschattenpflanze; früher als
Heilpflanze verwendet ; Relikt aus dem
Tertiär

137 Gesägter Tüpfelfarn – P. austrále
Pflanze 10–50 cm hoch, ausdauernd und mit bis
40 cm langem Rhizom

Polypodium austrále Fée
P. serrátum (WILLD.)SAUTER
P. cambrícum
Südlicher Tüpfelfarn
Gesägter Tüpfelfarn
Polypodiáceae – Tüpfelfarne

Laubblätter: 10–50 cm lang, im
Umriss dreieckig bis oval und gefiedert
bis fiederteilig; Fiedern / Abschnitte
schmal lanzettlich, langsam zugespitzt,
deutlich fein gesägt und besonders
unterseits hellgrün; Seitenadern der
untersten Fiedern / Abschnitte 3–6 mal
gegabelt; im Frühsommer absterbend
und erst im Spätsommer / Herbst neu
austreibend

Sporentragender Teil: Laubblätter
(Unterseite)

Sori: Unreife und reife länglich–
elliptisch und in grosser Zahl auf der
Unterseite in zwei Reihen verteilt;
Sporenreife im Frühling

Standort: In der kollinen Stufe
besonders des Mittelmeergebietes in
Fels– und Mauerspalten, schattigen
Wäldern und Schluchten; nördlich der
Alpen in Gebieten mit milden Wintern,
wie z.B. im südlichen Tessin, im Rhonetal
unterhalb von Genf, im oberen Genfersee– und Walenseegebiet; nordwärts
bis England und der nördlichen Balkanhalbinsel

138 Straussfarn M. struthiópteris
Pflanze bis 170 cm hoch, mit bis 8 cm dickem Rhizom
und lange unterirdische Ausläufer treibend

Matteúccia struthiópteris (L.)
TODARO – Straussfarn
Athyriáceae – Frauenfarngew.

Laubblätter: Nichtsporentragende
bis 170 cm lang, 10–30 cm breit, im
oberen Bereich kurz zugespitzt, nach
dem Grunde zu allmählich verschmälert,
kurz gestielt, mit 30–50 Paaren von
sitzenden Fiedern, nicht überwinternd
und einen engen Trichter bildend; Fiedern im oberen Bereich nach vorn gerichtet, im mittleren Bereich des Wedels
waagrecht abstehend, im unteren
Bereich nach unten gerichtet, sehr tief
fiederteilig und sitzend; Abschnitte 3 bis
10 mm lang, am Ende gestutzt oder
abgerundet, ganzrandig oder etwas
wellig und unterseits etwas graufilzig

Sporentragender Teil: Laubblätter
bis 35 cm lang und 5–15 cm breit,
lineal–lanzettlich, kurz zugespitzt, mit
walzlich eingerollten Abschnitten, steif
aufrecht, überwinternd und einfach
gefiedert; Fiedern bis 4 cm lang

Sori: Von den Rändern der Fiedern bis
zur Reife umschlossen und in dichten
Gruppen angelegt; Sporenreife im
Spätsommer und Herbst

Standort: Waldwiesen, an Bächen
und Flüssen und in Quellmulden der
Gebirge auf sickerfeuchten, meist kalkfreien, humosen und sandigen Tonböden

139 Sumpffarn – T. palústris
Pflanze bis 70 cm hoch, mit verlängerten und weit
kriechenden Rhizomen

Thelypteris palústris SCHOTT
Sumpffarn
Thelypteridáceae –
Lappenfarngewächse

Laubblätter: 20–70 cm lang, bis
25 cm breit, der Basis zu kaum oder
nicht verschmälert (das 1. Fiederpaar
sehr oft deutlich kleiner!), steif aufrecht
und einfach gefiedert (seltener doppelt);
Fiedern 1. Ordnung in der Jugend
unterseits behaart und drüsig, gelbgrün,
ganzrandig, wellig oder undeutlich fein
gezähnt und meist stumpf oder schwach
zugespitzt; Blattstiel dünn, kahl und
bräunlich

Sporentragender Teil: Fiedern mit
den Sori deutlich nach unten umgerollt
und damit meist dreieckig erscheinend

Sori: Meist in 2 Reihen angeordnet
zwischen Mittelader und umgerolltem
Rand der Fiedern und sich zur Reifezeit
berührend; Schleier lange vor der Reife
der Sporen abfallend; Sporenreife im
Sommer und Herbst

Standort: In der kollinen und
montanen (seltener subalpin) Stufe in
Erlenbrüchen, Sümpfen, Mooren,
abflusslosen Mulden, im Weidenbruch–
Gebüsch, auf staunassen, nährstoffreichen oder nährstoffarmen, mässig
sauren, modrig–torfigen Ton– oder
Bruchtorfböden; Halbschattenpflanze

140 Gemeiner Wurmfarn – D. fílix–mas
Pflanze bis 110/120 cm hoch, mit dickem, aufsteigendem Rhizom und Blätter im Herbst absterbend

Dryópteris fílix–mas (L.)
SCHOTT
Gemeiner Wurmfarn
Aspidiáceae – Wurmfarngew.

Laubblätter: 30–110 cm hoch, im
Umriss schmal oval, nach dem Grunde
zu deutlich verschmälert, am Ende
langsam zugespitzt und einfach gefiedert; Fiedern zu 20–40 Paaren und mit
Ausnahme der oberen deutlich bis nahe
zur Mittelader geteilt; Abschnitte beinahe rechteckig, am Ende abgerundet
oder stumpf und hier deutlich fein und
spitz gezähnt, gekerbt oder gesägt

Sporentragender Teil: Laubblätter
(Unterseite der Fiedern)

Sori: Meist nur in den beiden unteren
Dritteln ausgebildet; Schleier zuerst grau
und erst später braun, bereits vor der
Reife der Sporen schrumpfend und später abfallend; Sporenreife zwischen Juli
und September

Standort: Von der kollinen bis in die
subalpine Stufe in Laubmisch– und
Nadelwäldern, Hochstaudenfluren, auf
Bergweiden, im subalpinen Hochstaudengebüsch und in Steinschutthalden
auf grund– und sickerfrischen, kalkreichen und kalkarmen, meist stickstoffreichen, lockeren und humosen Lehmböden;
Schattenpflanze; früher als Wurmmittel
verwendet; Mullbodenpflanze

141 Spreuschuppiger Wurmfarn – D. affínis
Pflanze bis 150 cm hoch, mit dickem Rhizom und
Blätter meist überwinternd

Dryópteris affínis FRASER–
JENKINS; D. borréri NEWM.
Schuppiger Wurmfarn
Aspidiáceae – Wurmfarngew.

Laubblätter: 40–150 cm lang, im
Umriss schmal–oval, nach dem Grunde
zu verschmälert, am Ende meist breit
zugespitzt, derb und einfach gefiedert;
Fiedern zu 20–40 Paaren und mit
Ausnahme der oberen deutlich bis zur
Mittelader geteilt; Abschnitte beinahe
rechteckig, am Ende abgerundet oder
stumpf, am Grunde meist miteinander
verbunden und weniger stark gezähnt
als beim gemeinen Wurmfarn; Fieder–
spindel an der Basis in frischem Zustand
schwarzviolett

Sporentragender Teil: Laubblätter
(Unterseite der Fiedern)

Sori: Meist nur in den beiden unteren
Dritteln ausgebildet; Schleier derb, nach
unten und innen umgebogen, die
Sporangien bis zur Reife überdeckend,
nicht schrumpfend und bis zum Frühjahr
bleibend; Sporenreife im Herbst

Standort: Von der kollinen bis in die
subalpine Stufe in Buchen– und Tannenwäldern, an schattigen Böschungen
und Einhängen auf sickerfeuchten,
kalkarmen, etwas sauren, humosen,
sandig–steinigen Böden in luftfeuchter
Lage; auch auf Blockschutt anzutreffen

Dryópteris pseudómas HOLUB u. POUZAR; D. affínis FRASER – JENKINS
Spreuschuppiger Wurmfarn
Aspidiáceae – Wurmfarngew.

Laubblätter: 40–150 cm lang, im Umriss schmal oval, nach dem Grunde zu verschmälert, am Ende meist breit zugespitzt, derb und einfach gefiedert; Fiedern zu 20–40 Paaren und mit Ausnahme der oberen deutlich bis zur Mittelader geteilt; Abschnitte beinahe rechteckig, am Ende abgerundet oder stumpf, am Grunde meist miteinander verbunden (seltener ganz geteilt) und **bei dieser Pflanze deutlicher gezähnt als bei derjenigen der Seite 40**!; Fiederspindel an der Basis in frischem Zustand schwarzviolett

Sporentragender Teil: Laubblätter (Unterseite der Fiedern)

Sori: Meist nur in den beiden unteren Dritteln ausgebildet; Schleier derb, nach unten und innen umgebogen, die Sporangien bis zur Reife überdeckend, nicht schrumpfend und bis zum Frühjahr bleibend; Sporenreife im Herbst

Standort: Von der kollinen bis in die subalpine Stufe in Buchen– und Tannenwäldern, an schattigen Böschungen und Einhängen auf sickerfeuchten, kalkarmen, humosen und sauren Böden

142 Schuppiger Wurmfarn – D. pseudómas
Pflanze bis 150 cm hoch, mit aufsteigendem oder senkrecht stehendem Rhizom und Blätter überwinternd

Dryópteris pseudómas HOLUB u. POUZAR; D. affínis FRASER – JENKINS
Spreuschuppiger Wurmfarn
Aspidiáceae – Wurmfarngew.

Laubblätter: 40–150 cm lang, im Umriss schmal oval, nach dem Grunde zu verschmälert, am Ende meist breit zugespitzt, derb und einfach gefiedert; Fiedern zu 20–40 Paaren und mit Ausnahme der oberen deutlich bis zur Mittelader geteilt; Abschnitte beinahe rechteckig, am Ende abgerundet oder stumpf, am Grunde meist miteinander verbunden (seltener ganz geteilt) und **bei dieser Pflanze deutlicher gezähnt als bei derjenigen der Seite 40**!; Fiederspindel an der Basis in frischem Zustand schwarzviolett

Sporentragender Teil: Laubblätter (Unterseite der Fiedern)

Sori: Meist nur in den beiden unteren Dritteln ausgebildet; Schleier derb, nach unten und innen umgebogen, die Sporangien bis zur Reife überdeckend, nicht schrumpfend und bis zum Frühjahr bleibend; Sporenreife im Herbst

Standort: Von der kollinen bis in die subalpine Stufe in Buchen– und Tannenwäldern, an schattigen Böschungen und Einhängen auf sickerfeuchten, kalkarmen, humosen und sauren Böden

143 Spreuschupp. Wurmfarn – D. affínis
Pflanze bis 150 cm hoch, mit aufsteigendem oder senkrecht stehendem Rhizom und Blätter überwinternd

Dryópteris villárii (BELL.)WOYNAR
Straffer / starrer Wurmfarn
Aspidiáceae – Wurmfarngew.

Laubblätter: 15–60 cm lang, bis 15 cm breit, schmal–oval, in trichterförmigen Büscheln, steif aufrecht, ihre Oberseite mit kleinen, gelblichen und kugelig geformten Drüsen besetzt und zweifach gefiedert; Blattstiel zuunterst schwarz und mit hellrötlichbraunen Spreuschuppen besetzt; Fiedern 1. Ordnung jederseits bis 25 an der Zahl, sich besonders im oberen Bereich berührend oder leicht deckend und durch Drehung des Stiels oft senkrecht zur Blattfläche gestellt; Fiedern 2. Ordnung mit stumpfer aber deutlich gezähnter Spitze und einfach bis doppelt hakig gezähnt

Sporentragender Teil: Laubblätter (Unterseite der Fiedern)

Sori: Rundlich und sich zur Reifezeit meist berührend; Schleier dicht mit gelblich–hellbräunlichen Drüsen besetzt; Sporenreife im Spätsommer oder Herbst

Standort: In der subalpinen Stufe in steilen Kalkgeröllhalden (mit sieben bis acht Monaten Schneebedeckung) in Gebieten mit hoher Luftfeuchtigkeit; oft auf feinererdreichem Untergrund; in den zentralen Gebieten fehlend

144 Straffer Wurmfarn – D. villárii
Pflanze bis 60 cm hoch, mit waagrechtem bis aufsteigendem Rhizom und mit wohlriechenden Blättern

Dryópteris abbreviáta (DC.) NEWM.; D. oreádes
Geröll–Wurmfarn
Aspidiáceae – Wurmfarngew.

Laubblätter: 30–100 cm hoch, im Umriss schmal–oval, nach dem Grunde zu deutlich verschmälert, am Ende zugespitzt und einfach gefiedert; Fiedern zu 20–40 Paaren, deutlich bis zur Mittelader geteilt (obere schwächer geteilt), bei der lebenden Pflanze mehrheitlich nach oben gebogen und beinahe eine Röhre bildend; Abschnitte rechteckig, oben abgerundet, deutlich gezähnt und unterseits mit kleinen Drüsen besetzt

Sporentragender Teil: Laubblätter (Unterseite der Fiedern)

Sori: Meist nur in den beiden unteren Dritteln ausgebildet, kugelförmig, mit derbem Schleier und mit Drüsen besetzt; Sporenreife im Herbst

Standort: In der montanen und subalpinen Stufe auf meist nordexponierten, offenen Blockschutthalden (kalkfreies Gestein) ganze Bestände bildend; ziemlich sicher identisch mit D. abbreviáta NEWM.; nördlich bis nach England, Irland, Island und Grönland reichend; südwärts bis zu den südlichen Alpen, den Pyrenäen, dem Appenin und der Insel Elba

145 Kleiner Wurmfarn – D. abbreviáta
Pflanze bis 100 cm hoch, mit dickem Rhizom und mit im Herbst absterbenden Blättern

Dryópteris cristáta (L.) GRAY
Kamm – Wurmfarn
Aspidiáceae – Wurmfarngew.

Laubblätter: 30–100 cm lang, bis 20 cm breit, sehr schmal oval bis lanzettlich, zugespitzt, gestielt und einfach gefiedert; nicht sporentragende Blätter nach aussen überneigend, mit dünnem, spreuschuppigem Stiel und 10–20 Fiederpaaren, deren Fiedern dreieckig bis eiförmig gestaltet – und bis zur Mittelader mehrmals eingeschnitten sind; unterste Fiedern deutlich gestielt; sporentragende Blätter straff aufrecht und deren Fiedern durch Drehung des Stiels senkrecht zur Blattfläche gestellt

Sporentragender Teil: Fertile Laubblätter (Unterseite der Fiedern)

Sori: Sehr oft die ganze Fläche der Fiedern bedeckend, sehr gross und sich bei der Reife berührend; Sporenreife im Sommer

Standort: In der kollinen und montanen Stufe in Mulden, Torfmooren, Waldsümpfen, Erlen– und Birkenbrüchen, Weidenbruch–Gesellschaften und bei alten Wurzelstöcken auf staunassen, mehr oder weniger nährstoff– und basenreichen, mässig sauren und modrig–torfigen Ton oder Bruchtionböden; Halbschatten–Schattenpflanze; wenig variable Art

146 Kamm Wurmfarn – D. cristáta
Pflanze bis 100 cm hoch, mit waagrechtem bis aufsteigendem Rhizom und Blätter in lockeren Büscheln

Dryópteris carthusiána (VILL.) D. spinulósa (MUELLER) WATT
Dorniger Wurmfarn
Aspidiáceae – Wurmfarngew.

Laubblätter: 50–90 cm lang, zweifach gefiedert und meist steif aufrecht; Blattstiel verhältnismässig dünn, gelblichgrün gefärbt, mit wenigen hellbraunen Spreuschuppen besetzt und oft so lang wie die Blattspreite; diese bis 45 cm lang, 2–4 mal so lang wie breit, im Umriss schmal oval und dem Grunde zu nur wenig oder nicht verschmälert; unterste Fiedern 1. Ordnung 5–15 cm lang, im Umriss meist dreieckig und bis 10 cm voneinander entfernt; Fiedern 2. Ordnung fiederteilig, stumpf, und an der Spitze mit aufgesetzten Zähnen

Sporentragender Teil: Laubblätter (Unterseite der Fiedern)

Sori: Sich bei der Reife nicht berührend; Schleier am Rande sehr oft gezähnt und drüsenlos; Sporenreife im Sommer

Standort: Von der kollinen bis in die subalpine Stufe in artenarmen Eichen– und Kiefernwäldern, Erlenbrüchen, Waldsümpfen, Hochmooren und Heiden auf feuchten bis nassen, sauren, nährstoff– und basenarmen, modrig–torfigen, humosen und moorigen Böden; Halbschattenpflanze

147 Dorniger W. – D. carthusiána
Pflanze bis 90 cm hoch, mit waagrechtem oder schräg aufwärts gerichtetem Rhizom; vereinzelt überwinternd

148 Breiter Wurmfarn – D. dilatáta
Pflanze bis 150 cm hoch, mit senkrechtem oder aufsteigendem Rhizom und bis in den Winter bleibend

Dryópteris dilatáta A. GRAY
Breiter Wurmfarn
Aspidiáceae – Wurmfarngew.

Laubblätter: 10–150 cm lang, weich anzufühlen und bogig überneigend; Blattstiel reich an Spreuschuppen, mit gelblichen Drüsen besetzt und kürzer als die Blattspreite; diese bis 70 cm lang, breit dreieckig bis breit oval, oft beiderseits mit Drüsen besetzt und 2–3 fach gefiedert; Fiedern 2. Ordnung besonders im oberen Bereich sich oft berührend und am Ende abgerundet aber mit kleiner, aufgesetzter Stachelspitze; Fiedern 3. Ordnung fiederteilig und mit stachelspitzig gezähnten Abschnitten

Sporentragender Teil: Laubblätter (Unterseite der Fiedern)

Sori: Sich zur Reifezeit nicht berührend; Schleier am Rande oft gezäht; Sporenreife im Sommer und Herbst

Standort: In der montanen und subalpinen (seltener alpin) Stufe in kraut und grasreichen Buchen–, Tannen – und Fichtenwäldern, auf Geröll in schattigen Lagen auf sickerfrischen bis feuchten, oft durchrieselten, mehr oder weniger nährstoffreichen, mässig sauren, lockeren, modrig–humosen und meist sandig–steinigen Lehm– oder Steinschuttböden; Schattenpflanze; oft grössere Bestände bildend

149 Entferntfiedriger W. – D. remóta
Pflanze bis 90 cm hoch und mit meist aufsteigendem Rhizom; Blätter im Winter abgestorben

Dryópteris remóta DRUCE
Entferntfiedriger Wurmfarn
Entferntfiedriger Dornfarn
Aspidiáceae – Wurmfarngew.

Laubblätter: 15–90 cm lang, nur mit spärlichen Drüsen, in der Jugend gelbgrün – und später dunkelgrün gefärbt; Spreite schmal oval bis schmal dreieckig–lanzettlich und 10 bis 70 cm lang; unterstes Fiederpaar erster Ordnung meist deutlich von den anderen abgerückt und lanzettlich geformt; Fiederchen 1. Ordnung mit deutlich gefurchten Stielchen; Fiederchen 2. Ordnung meist parallelrandig, stumpf oder zugespitzt und leicht gelappt; Abschnitte gestutzt und die grösseren gezähnelt

Sporentragender Teil: Laubblätter (Unterseite der Fiedern)

Sori: Ueber die ganze Unterseite verteilt; Schleier dick, nicht abfallend und drüsenlos

Standort: In der kollinen und montanen Stufe oft gesellig in schattigen Buchen–, Tannen – oder Fichten– Mischwäldern an Steilhängen auf sikkerfrischen bis feuchten, oft blockschuttreichen, auch moorig–quelligen, kalkarmen, nährstoffreichen und modrig–humosen Böden; oft in Runsen und Dobeln zusammen mit Eschen und Bergahorn

150 Gem. Waldfarn – A. filix–fémina
Pflanze bis 120 (150) cm hoch, ausdauernd und mit waagrechtem bis senkrechtem Rhizom

Athyrium filix–fémina (L.) ROTH
Gemeiner Waldfarn
Athyriáceae – Frauenfarne

Laubblätter: 30–120 cm lang, büschelig angeordnet, kurz gestielt und 2–3 fach gefiedert; Blattstiel am Grunde bis 2 cm breit, dunkelbraun bis schwarz gefärbt und mit dunkelbraunen Spreuschuppen bedeckt; Blattspreite bis 100 cm lang, bis 40 cm breit, oval und kahl; bis 30 Fiederpaare 1. Ordnung; diese schmal lanzettlich, fein zugespitzt, etwas nach vorn gerichtet und sich oft berührend oder überdeckend; Fiederchen 2. Ordnung bis 3 cm lang, fein zugespitzt, sich kaum oder nur am Grunde berührend und grob gezähnt bis fiederteilig; Abschnitte deutlich gezähnt

Sporentragender Teil: Laubblätter (Unterseite der Fiedern)

Sori: Länglich, hufeisenförmig oder oval; Schleier am Rande gezähnt oder gewimpert und bei der Sporenreife meist noch vorhanden; Sporenreife im So/He

Standort: Von der kollinen bis in die subalpine (seltener alpin) Stufe verbreitet in krautreichen Laub– und Nadelwäldern, auf Bergweiden, im Steinschutt in Schattenlagen auf frischen bis sickerfeuchten, kalkarmen, humosen, mehr oder weniger basenreichen, sandigen, steinigen oder reinen Lehm / Tonböden

151 Alpen–Waldfarn – A. distentifólium
Pflanze bis 100 cm hoch, ausdauernd und mit waagrechtem bis senkrechtem, meist dickem Rhizom

Athyrium distentifólium OPIZ
TAUSCH – Alpen–Waldfarn
Athyriáceae – Frauenfarne

Laubblätter: 30–100 cm lang, büschelig angeordnet, gestielt und 2 bis 3 fach gefiedert; Blattstiel am Grunde verbreitert, dunkel gefärbt und mit Spreuschuppen bedeckt; Blattspreite bis 80 cm lang, oval und kahl; bis 30 Fiederpaare 1. Ordnung; diese schmal lanzettlich, fein zugespitzt, besonders im vorderen Bereich nach vorn gerichtet und sich sehr oft berührend oder überdeckend; Fiederchen 2. Ordnung sich sehr oft berührend und mit im Umriss meist abgerundeter Spitze

Sporentragender Teil: Laubblätter (Unterseite der Fiedern)

Sori: Rundlich geformt; Schleier sehr klein und bereits vor der Reife der Sporen verschwindend; Sporenreife im Sommer

Standort: In der subalpinen (seltener montan oder alpin) Stufe in staudenreichen Bergmischwäldern, Hochstaudenfluren, Zwergstrauchheiden und im Steinschutt in Schattenlagen auf lockeren, sickerfrischen, mehr oder weniger basenreichen, mässig sauren und vielfach steinigen Lehmböden mit langer Schneebedekkung

152 Lanzenfarn – P. lonchítis
Pflanze bis 50 cm hoch, mit dickem Rhizom und mit erst im Juli des anderen Jahres absterbenden Blättern

Polystichum lonchítis (L.) ROTH
Lanzen–Schildfarn
Aspidiáceae – Wurmfarngew.

Laubblätter: 20–50 cm lang und starr aufrecht; Blattstiel bis 8 cm lang und mit grossen braunen und haarartigen Spreuschuppen; Blattspreite im Umriss lanzettlich, bis 45 cm lang, zugespitzt, nach dem Grunde verschmälert und einfach gefiedert; Fiedern lederig, starr, oberseits glänzend, unterseits mit Spreuschuppen, kurz gestielt, sich meist berührend, sichelförmig aufwärts gekrümmt, stachelig gezähnt und an der Basis (vorderer Rand) mit spitzem und vergrössertem Zahn

Sporentragender Teil: Laubblätter (Unterseite der Fiedern)

Sori: Auf der Unterseite der Fiedern in 2 Reihen angeordnet, oft einander berührend und bis 1,5 mmm breit; Schleier rund; Sporenreife im Spätsommer und Herbst

Standort: Von der montanen bis in die alpine Stufe auf Schutthalden, Felsblökken in Steinschutt–Bergwäldern und Felsspalten auf frischen, feinerdearmen und meist kalkhaltigen oder sonst basenreichen Böden mit lange dauernder Schneebedeckung; Licht–Halbschattenpflanze; geschützte Pflanzenart; Nordgrenze durch Island

153 Dorniger Schildfarn – P. aculeátum
Pflanze bis 70 cm hoch, ausdauernd und mit dickem Rhizom; Blätter überwinternd

Polystichum aculeátum ROTH
Dorniger Schildfarn
Aspidiáceae – Wurmfarngew.

Laubblätter: 20–70 cm lang und starr aufrecht; Blattstiel bis 20 cm lang und wie die Blattspindel mit zahlreichen dunkelbraunen, glänzenden Spreuschuppen besetzt; Blattspreite 15–60 cm lang, im Umriss lanzettlich bis schmal–oval, kurz zugespitzt, gegen den Grund zu verschmälert, derb, nur unterseits mit haarähnlichen, etwas weisslichen Spreuschuppen besetzt und doppelt gefiedert; Fiedern 1. Ordnung im oberen Bereich deutlich nach oben gerichtet, bis 10 cm lang, schmal–lanzettlich, in eine feine Spitze endend und jederseits bis 40 an der Zahl; Fiedern 2. Ordnung schwach gestielt bis sitzend, lanzettlich und am Rande grannig gezähnt; unterstes Fiederchen der jeweils oberen Reihe deutlich grösser als die übrigen

Sporentragender Teil: Laubblätter (Unterseite der Fiedern)

Sori: Gross, sich sehr oft berührend; Sporenreife im Spätsommer und Herbst

Standort: In der montanen und subalpinen Stufe in schattigen Schutthalden, Schluchtwäldern und schattigen Fichtenwäldern auf feuchten, mehr oder weniger basen– und nährstoffreichen, kalkarmen und kalkreichen Böden

154 Borstiger Schildfarn – P. setiferum
Pflanze bis 100 cm hoch, ausdauernd und mit dickem Rhizom; in Gegenden mit milden Wintern

Polystichum setiferum (FORSKAL) MOORE
Borstiger Schildfarn
Aspidiáceae – Wurmfarngew.

Laubblätter: 30–100 cm lang, weichlederig anzufühlen und doppelt gefiedert; Blattstiel bis 30 cm lang und dicht mit gelbbraunen Spreuschuppen bedeckt; Fiedern 1. Ordnung zu 30–40 Paaren, unterseits mit gelblichbraunen, haarähnlichen Spreuschuppen besetzt, oberseits kahl, rechtwinklig abstehend oder leicht nach vorn gerichtet, bis 15 cm lang und fein zugespitzt; Fiedern 2. Ordnung dünn und kurz gestielt, schmal oval, meist etwas nach vorn gerichtet, mit aufgesetzter Grannenspitze, an der Basis oft bis zur Mittelader eingeschnitten und über den weiteren Rand deutlich meist grannig gezähnt

Sporentragender Teil: Laubblätter (Unterseite der Fiedern)

Sori: Kleiner als bei den anderen Arten, aber in grosser Zahl über die ganze Unterseite der Fiedern verteilt (meist 2-reihig) und sich kaum oder nicht berührend; Sporenreife im Sommer

Standort: In der kollinen und montanen Stufe in schattigen Laubmischwäldern, Buchen–Tannenwäldern und an Böschungen auf durchrieselten, kalkfreien, mässig sauren Lehmböden

155 Grünstieliger Streifenfarn – A. víride
Pflanze bis 30 cm hoch, mit waagerechtem, verzweigtem Rhizom und selten grün überwinternd

Asplénium víride HUDSON
Grünstieliger Streifenfarn
Aspleniáceae – Streifenfarne

Laubblätter: 10–30 cm lang, zahlreich in dichten Büscheln zusammengestellt, der Unterlage anliegend oder etwas aufgerichtet und einfach gefiedert; Blattstiel nur mit wenigen Spreuschuppen besetzt und meist grünlich gefärbt (im unteren Bereich auch etwas rotbraun); Blattspreite bis 15 cm lang und 10–15 mm breit, im Umriss schmal lanzettlich, gelblichgrün bis grün und mit jederseits bis 30 Fiedern; diese im Umriss oval bis dreieckig, gegen den Grund zu keilförmig verschmälert, unregelmässig tief gezähnt oder gekerbt und mit abgerundeten Zähnen / Abschnitten

Sporentragender Teil: Laubblätter

Sori: Pro Fieder 4–8, länglich, sich bei der Reife der Sporen berührend und meist unterhalb der Mitte angeordnet; Schleier bei der Reife schrumpfend und dann meist abfallend; Sporenreife im Sommer

Standort: Von der montanen bis in die alpine Stufe an Mauern, Felsen, Blöcken und bei Baumstrünken auf frischen bis feuchten und meist kalkhaltigen Böden in luftfeuchter Lage; aber auch auf kalkfreier Unterlage, wenn diese von kalkhaltigem Wasser überrieselt wird

156 Streifenfarn – A. trichómanes
Pflanze bis 30 cm hoch, ausdauernd, mit dickem Rhizom und grün überwinternd

Asplénium trichómanes L.
Braunstieliger Streifenfarn
Aspleniáceae – Streifenfarne

Laubblätter: 10–30 cm lang, in grösserer Zahl in dichten Büscheln, der Unterlage anliegend oder aufgerichtet und einfach gefiedert; Blattstiel und Blattspindel beiderseits geflügelt und durchgehend glänzend dunkelbraun; Blattspreite bis 25 cm lang, bis 2 cm breit, im Umriss schmal–lanzettlich und dunkelgrün gefärbt; Fiedern jederseits bis zu 40 an der Zahl, oval, mit ungleichen Basisseiten, an der Spitze abgerundet und stumpf gezähnt

Sporentragender Teil: Laubblätter (Unterseite der Fiedern)

Sori: Bis 2 mm lang, 4–6 an der Zahl und von der Mittelader gesehen nach aussen gerichtet, wobei der Rand fast erreicht wird; Schleier auch während der Sporenreife deutlich sichtbar; Sporenreife im Spätsommer

Standort: Von der kollinen bis in die subalpine Stufe bei Mauern, Schutthalden und in Felsspalten auf kalkarmen und kalkreichen, trockenen, aber auch feuchten Böden in sonnigen und schattigen Lagen; in verschiedenen Felsspaltengesellschaften zu finden; an sonnigen Standorten Fiedern kleiner; verschiedene Formen bekannt

157 Streifenfarn – A. adulterínum
Pflanze bis 20 cm hoch, mit horizontalem bis senkrechtem Rhizom und oft grünlich überwinternd

Asplénium adulterínum MILDE
Braungrünstieliger Streifenfarn
Aspleniáceae – Streifenfarne

Laubblätter: 5–20 cm lang, zahlreich in dichten Büscheln zusammengestellt, steif aufrecht und einfach gefiedert; Blattstiel und der überwiegende Teil der Blattspindel glänzend dunkelbraun und nicht geflügelt; oberste 1 bis 3 cm der Spindel grün; Blattspreite bis 18 cm lang, im Umriss schmal lanzettlich, dunkelgrün und jederseits bis 30 Fiedern; diese breit–oval bis rhombisch, mit deutlich gewölbter Oberfläche, am Ende abgerundet und stumpf gezähnt

Sporentragender Teil: Laubblätter (Unterseite der Fiedern)

Sori: Pro Fieder 6–8, länglich, bei der Reife den Rand meist nicht erreichend und sich zu diesem Zeitpunkt oft berührend; Schleier bei der Reife der Sporen zurückgebogen; Sporenreife im Sommer

Standort: Von der kollinen bis in die subalpine Stufe an Felsen und im Geröll (nur auf Serpentin–Gestein); Asplénium serpentíni und Asplénium adulterínum bilden die einzigen typischen Streifenfarne auf Serpentingestein; nördliches Vordringen bis Norwegen und Südschweden

158 Franz. Streifenfarn – A. foreziénse
Pflanze bis 25 cm hoch, mit aufsteigendem bis senkrecht stehendem Rhizom und überwinternd

Asplénium foreziénse LE GRAND – Französischer Streifenfarn
Aspleniáceae – Streifenfarne

Laubblätter: 5–25 cm lang, büschelig angeordnet und 1–2 fach gefiedert; Blattstiel meist kürzer als die Blattspreite und grünlich bis rotbraun gefärbt; Spreite bis 15 cm lang, lanzettlich bis eiförmig, 1–3 cm breit, gegen den Grund zu verschmälert und am Ende meist abgerundet mit kurzer Spitze; Fiedern 1. Ordnung schmal oval, stark gezähnt bis gefiedert und die untersten oft abwärts gerichtet; bei Fiedern zweiter Ordnung rundliche Form und Zähnchen mit aufgesetzter und grannenartiger Spitze

Sporentragender Teil: Laubblätter (Unterseite der Fiedern)

Sori: Meist nahe der Mittelader und bis 1 cm lang; Schleier zur Zeit der Sporenreife noch deutlich sichtbar; Sporenreife während des ganzen Jahres

Standort: In der kollinen und montanen Stufe in Felsspalten und Mauern; auf Silikatgestein; Zentrum der Verbreitung in Südwestfrankreich; nordwärts bis Belgien; südwärts bis Korsika, Sardinien, Spanien, Algerien und Marokko; im Gebiet in den Vogesen, im Elsass, dem Alpensüdfuss entlang bis Tirol

159 Buchenfarn – Lastréa phegópteris
Pflanze bis 30 cm hoch, mit dünnem und kriechendem Rhizom; Laubblätter nicht überwinternd

Phegópteris connéctilis WATT
Buchenfarn
Thelypteridáceae – Lappenfarne

Laubblätter: 10–30 cm lang, auf dem Rhizom in verschieden grossen Abständen stehend und einfach bis doppelt gefiedert; Blattstiel dünn, gelblich bis grünlich und am Grunde dunkelbraun gefärbt; Blattspreite im Umriss pfeilförmig bis dreieckig, bis 20 cm lang, weich anzufühlen, hellgrün gefärbt und beiderseits behaart; unterstes Fiederpaar meist schräg rückwärts gerichtet, die darauf folgenden senkrecht abstehend oder gegen die Spitze zu gerichtet und mit nach oben gerichteten Enden; Fiedern 1. Ordnung schmal lanzettlich, sitzend, abgerundet oder kurz zugespitzt und gefiedert oder gezähnt

Sporentragender Teil: Laubblätter

Sori: Rundlich, meist in der Nähe der Abschnittsränder und stets ohne Schleier; Sporenreife im Sommer

Standort: Von der kollinen bis in die subalpine Stufe bei Baumstrünken, in krautreichen Tannen– und Fichtenwäldern, Laubmischwäldern, Hochstaudenfluren auf frischen bis feuchten, lockeren, kühlen, mehr oder weniger nährstoff– und basenreichen, kalkarmen, auch mässig sauren und steinigen Lehmböden; Schattenpflanze

Gymnocárpium dryópteris (L.) NEWMANN
Lastréa dryópteris (L.) BORY
Eichenfarn
Aspidiáceae – Wurmfarngew.

Laubblätter: 10–50 cm lang, auf dem Rhizom in verschieden grossen Abständen stehend, drüsenlos und doppelt gefiedert; Blattstiel dünn, gelblichgrün und 2–3 mal so lang wie die beinahe waagrecht stehende Spreite; diese dreieckig, bis 25 cm lang und mit einem untersten Fiederpaar, das die anderen an Grösse übertrifft; Fiedern 1. Ordnung im unteren Bereich gestielt, im oberen Teil sitzend und im Umriss breit lanzettlich bis schmal–oval; Fiedern 2. Ordnung oft bis auf die Mittelader eingeschnitten; Abschnitte ganzrandig, gewellt oder mit grob gezähntem Rand (stumpfe Zähne) und an der Spitze abgerundet

Sporentragender Teil: Laubblätter

Sori: Rund, meist nahe dem Rand und jeweils ohne Schleier; Sporenreife im So

Standort: In der montanen und subalpinen (seltener kollin) Stufe ziemlich häufig und gesellig in krautreichen, steinigen Buchen–, Tannen– oder Fichten–Mischwäldern, Hochstaudenfluren, an Mauern, auf Blockschutthalden und bei Böschungen auf frischen bis feuchten, kühlen und nährstoffreichen Böden

160 Eichenfarn – L. dryópteris
Pflanze bis 50 cm hoch, mit dickem, unterirdisch kriechendem Rhizom und ausdauernd

Gymnocárpium robertiánum NEWMAN
Ruprechtsfarn
Aspidiáceae – Wurmfarngew.

Laubblätter: 15–55 cm lang, auf dem Rhizom in verschieden grossen Abständen stehend, mit gelblichen Drüsen besetzt und einfach bis doppelt gefiedert; Blattstiel dünn, gelblichgrün gefärbt, besonders im unteren Bereich zerstreut mit Spreuschuppen bedeckt und 2–3 mal so lang wie die Spreite; diese dreieckig bis rhombisch, mehrheitlich aufrecht stehend und 10–25 cm lang; unterstes Fiederpaar deutlich grösser als die darüber liegenden; Fiedern 1. Ordnung der unteren Spreitenhälfte gestielt, die darüber liegenden sitzend und im Umriss breit lanzettlich bis oval; Fiedern 2. Ordnung bis fast zur Mittelader eingeschnitten und ihre Abschnitte mit glattem, grob gezähntem oder gekerbtem Rand und an der Spitze abgerundet

Sporentragender Teil: Laubblätter

Sori: Rund, meist in der Nähe des Fiedernrandes und ohne Schleier

Standort: In der montanen und subalpinen (seltener kollin) Stufe auf Kalkblockschutt, an Mauern und Felsen und in Steinschutt–Wäldern auf frischen bis feuchten, kalkreichen Böden

161 Ruprechtsfarn – G. robertiánum
Pflanze bis 55 cm hoch, mit dickem, unterirdisch kriechendem Rhizom und in schattigen Lagen wachsend

Asplénium adiántum – nigrum L.
Schwarzstieliger Streifenfarn
Aspleniáceae – Streifenfarne

Laubblätter: 10–50 cm lang, dunkelgrün gefärbt und 2–3 fach gefiedert; Blattstiel kastanienbraun bis schwarzpurpurn und oft länger als die Blattspreite; diese bis 3o cm lang, dreieckig bis eiförmig, zugespitzt und glänzend; Fiedern 1. Ordnung lanzettlich bis oval, allmählich zugespitzt, mit meist nach vorn gerichteter Spitze und gegen den Grund zu meist breitkeilförmig verschmälert; Fiedern 2. Ordnung schmal–oval, keilförmig verschmälert, am Ende abgerundet oder flach und im oberen Teil deutlich gezähnt

Sporentragender Teil: Laubblätter (Unterseite der Fiedern)

Sori: 2–4 mm lang, die Ränder nur zur Reifezeit erreichend und dabei oft die ganze Fläche deckend; Schleier bei der Reife der Sporen meist von den Sporangien überdeckt; Sporenreife im Sommer

Standort: In der kollinen und montanen Stufe an sonnigen Felsen, Mauern, auf Blockschutt und im steinigen Gebüsch und damit in säure– und wärmeliebenden Felsspaltengesellschaften; Licht–Halbschattenpflanze; in wintermilder Klimalage; Pflanze weltweit verbreitet

162 Streifenfarn – A. adiántum – nigrum
Pflanze bis 50 cm hoch, mit aufsteigendem Rhizom, meist in dichten Büscheln und überwinternd

Asplénium onópteris L.
Spitzer – Streifenfarn
Esel – Streifenfarn
Aspleniáceae – Streifenfarne

Laubblätter: 10–50 cm lang, mittel- bis dunkelgrün gefärbt und 2–3 fach gefiedert; Blattstiel oberseits nur im unteren Teil braun; unterseits bis weit hinauf dunkelbraun bis schwarzpurpurn gefärbt; Blattspreite bis 30 cm lang, etwas glänzend, im Umriss dreieckig bis oval und am Ende abgerundet oder kurz zugespitzt; Fiedern 1. Ordnung im oberen Bereich deutlich gegen die Spitze zu gebogen, lanzettlich bis schmal–oval, am Grunde keilförmig und vorn lang zugespitzt; Fiedern 2. Ordnung schmal oval, am Grunde keilförmig und besonders oberhalb der Hälfte deutlich gezähnt bis gelappt mit spitzen Abschnitten

Sporentragender Teil: Laubblätter (Unterseite der Fiedern)

Sori: 2–5 mm lang, schräg nach aussen gerichtet, den Rand nicht immer erreichend und während der Reifezeit den grössten Teil der Fiederfläche bedeckend; Sporenreife im Winter

Standort: In der kollinen Stufe an Mauern und Felsen, in lichten, steinigen Wäldern, Gebüschen und im Blockschutt auf trockenen und sauren Böden

163 Spitzer Streifenfarn – A. onópteris
Pflanze bis 50 cm hoch, mit aufsteigendem Rhizom und überwinternd; Blätter in Büscheln oder rasig

Asplénium cuneifólium VIV.,
A. serpentíni TAUSCH
Keilblättriger Streifenfarn
Aspleniáceae – Streifenfarne

Laubblätter: 10–40 cm lang, hell- bis mittelgrün gefärbt und meist doppelt gefiedert; Blattstiel oberseits nur bis zur Spreite grün, unterseits meist durchgehend braun; Blattspreite bis 30 cm lang, glanzlos, im Umriss dreieckig bis oval, kurz zugespitzt, mit einer oft nach vorn gerichteten Spitze und schwach lederartig; Fiedern 1. Ordnung im Umriss oval, stumpf oder breit abgerundet und gegen den Grund zu keilförmig verschmälert; Fiedern 2. Ordnung oval, abgerundet, keilförmig verschmälert und im oberen Bereich gezähnelt

Sporentragender Teil: Laubblätter (Unterseite der Fiedern)

Sori: 3–5 mm lang, schräg nach aussen gerichtet, den Rand nicht immer erreichend und während der Reifezeit den grössten Teil der Fiederfläche bedeckend; Sporenreife im Sommer

Standort: In der montanen und subalpinen Stufe an Felsen und auf Geröll (nur auf Serpentin) und bei steinigen Abhängen; Vordringen dieser mittel- und südeuropäischen Gebirgspflanze südlich bis Korsika und dem Gebirge der Balkanhalbinsel

164 Keilb. Streifenfarn – A. serpentíni
Pflanze bis 40 cm hoch, mit aufsteigendem Rhizom, mit weichen Blättern und nicht überwinternd

Asplénium rúta – murária L.
Mauerraute
Aspleniáceae – Streifenfarne

Laubblätter: 5–25 cm lang, dunkelgrün gefärbt, matt, derb und 2–3 fach gefiedert; Blattstiel dünn, grün, gleich lang oder länger als die Spreite und an der Basis dunkelbraun gefärbt und mit Spreuschuppen; junge Stiele zusätzlich mit kurzen Drüsen besetzt; Spreite lanzettlich bis oval oder dreieckig, derb, ohne Drüsenhaare und graugrün gefärbt; Fiedern meist deutlich gestielt, lanzettlich, oval oder rhombisch und fein gezähnt oder bis gegen die Mitte 2–3 teilig

Sporentragender Teil: Laubblätter (Unterseite der Fiedern)

Sori: Bis 1,5 mm lang, linealisch, pro Fieder 2–5 an der Zahl, von der Mittelader schräg nach oben gerichtet und zur Reifezeit der Sporen den Rand besonders seitlich oft deutlich erreichend; Schleier gezähnt und bei der Sporenreife von den Sporangien zugedeckt; Sporenreife während des ganzen Jahres

Standort: Von der kollinen bis in die alpine Stufe häufig an Felsen und Mauern besonders auf Kalk an sonnigen, trockenen und lichtexponierten, aber auch schattigen und feuchten Lagen; sehr formenreiche Art

165 Mauerraute – A. rúta – murária
Pflanze bis 25 cm hoch, mit kurzem und oft verzweigtem Rhizom und überwinternd; Blätter büschelig

166 Berg–Blasenfarn – C. montána
Pflanze bis 40 cm hoch und mit meist horizontal liegendem Rhizom; Blätter am Rhizom einzeln stehend

Cystópteris montána DESV.
Berg – Blasenfarn
Athyriáceae – Frauenfarngew.

Laubblätter: 10–40 cm lang, drei bis vierfach gefiedert und auf dem Rhizom einzeln im Abstand von mehreren Zentimetern; Blattstiel 5–30 cm lang, dünn, länger als die Spreite und zuunterst dunkelbraun (sonst gelblich bis grün); Spreite bis 15 cm lang, im Umriss dreieckig und zugespitzt; Fiedern 1. Ordnung im unteren Bereich gestielt, schmal dreieckig bis oval, zugespitzt und gegen die Spitze zu immer weniger stark geteilt; unterstes Fiedernpaar grösser als die daraufolgenden; Fiedern zweiter und dritter Ordnung bis fast zur Mittelader fiederteilig; Abschnitte schmal, abgerundet und zwei bis mehrzähnig

Sporentragender Teil: Laubblätter (Unterseite der Fiedern)

Sori: Klein und sich kaum oder nur wenig berührend; Schleier kahl oder mit wenigen Drüsen bedeckt; Sporenreife im Sommer

Standort: Meist in der subalpinen (seltener montan) Stufe in Felsspalten, Laub– und Nadelwäldern, im Grünerlen–Gebüsch und im Kalk–Steinschutt auf feuchten Böden in schattigen Lagen; nördlich bis ins Südgrönland, südlich bis in die zentralspanischen Gebirge

167 Alpen – Blasenfarn – C. régia
Pflanze bis 30 cm hoch und mit kurzem und horizontal liegendem Rhizom

Cystópteris régia DESV., Cystópteris críspa
Alpen – Blasenfarn
Athyriáceae – Frauenfarngew.

Laubblätter: 5–30 cm lang, rosettig angeordnet (weil Rhizom kurz), sehr zart aufgebaut, oft etwas durchscheinend und zwei bis dreifach gefiedert; Blattstiel meist kürzer als die Blattspreite; diese im Umriss länglich lanzettlich, zugespitzt und mit einem 1. Fiederpaar, das meist kürzer ist als die nachfolgenden; Fiedern 1. Ordnung schmal oval bis länglich, an der Spitze ausgerandet, mit keilförmigem Grund und wiederum gefiedert; Fiedern 2. Ordnung mit tief eingeschnittenen Abschnitten; diese an der Spitze abgerundet oder stumpf und deutlich ausgerandet bis 2–zähnig

Sporentragender Teil: Laubblätter (Unterseite der Fiedern)

Sori: Zur Zeit der Sporenreife sich berührend und vielfach die ganze Fläche der Abschnitte deckend; Sporenreife im Spätsommer und Herbst

Standort: In der subalpinen und alpinen Stufe in feuchten Felsspalten und im Geröll; nur auf Kalk; nördlich bis England und Schweden; südlich bis in die Pyrenäen; im Gebiet in der kollinen Stufe selten und hier nur verschleppt oder angewent

168 Sudeten – Blasenfarn – C. sudética
Pflanze bis 30 cm hoch und mit langem und horizontal kriechendem Rhizom

Cystópteris sudética A.BR. et MILDE
Sudeten – Blasenfarn
Athyriáceae – Frauenfarngew.

Laubblätter: 10–30 cm lang, drei bis vierfach gefiedert und auf dem Rhizom einzeln im Abstand von mehreren Zentimetern; Blattstiel 5–20 cm lang, dünn, mit Spreuschuppen, die keine Drüsen aufweisen und länger als die Blattspreite; diese bis 15 cm lang, im Umriss dreieckig bis breit–eiförmig, hell– bis mittelgrün gefärbt und zugespitzt; Fiedern 1. Ordnung bis weit hinauf gestielt, im Umriss lanzettlich bis schmal oval, zugespitzt und mit Ausnahme des obersten Bereiches ebenfalls gefiedert; Fiedern 2. Ordnung ebenfalls fiederteilig; Abschnitte fiederteilig bis eingeschnitten oder mehrzähnig

Sporentragender Teil: Laubblätter (Unterseite der Fiedern)

Sori: Klein und sich kaum oder nur wenig berührend; Schleier mit vielen Drüsen bedeckt; Sporenreife im Sommer

Standort: In der montanen Stufe in Laubmischwäldern, Steinschutt–Mischwäldern, Schluchten und Felsspalten auf feuchten, humosen, beschatteten und kalkigen Böden; in reinen Herden oder zusammen mit Berg– Blasenfarn / zerbrechlichem Blasenfarn / Ruprechtsfarn

169 Krauser Rollfarn – C. críspa
Pflanze bis 30 cm hoch, mit büschelig angeordneten Blättern und kriechendem Rhizom

Cryptográmma críspa (L.) R.BR.
Krauser Rollfarn
Cryptogrammáceae – Rollfarne

Laubblätter: 15–30 cm lang, meist dreifach gefiedert und als Sporentragende oder Nichtsporentragende verschieden ausgebildet; Blattstiel kahl, gelblich bis grünlich gefärbt und meist länger als die Blattspreite; diese im Umriss dreieckig bis oval, mit 5–9 Fiederpaaren 1. Ordnung (Fiedern der Paare meist wechselständig) und gestielt; Fiedern 2. Ordnung oval und gestielt; Fiedern 3. Ordnung fiederteilig und mit keilförmigem Grund; bei den sporentragenden Blättern Fiedern 3. Ordnung zylindrisch, eingerollt und damit die Sori bei der Reifung der Sporen einhüllend; seltener an nichtsporentragenden Blättern an der Spitze sporentragende Endfiedern

Sporentragender Teil: Laubblätter mit den zylindrisch eingerollten Abschnitten

Sori: Rundlich bis oval, ohne Schleier, zuerst eingehüllt und später frei; Sporenreife im Spätsommer und Herbst

Standort: In der subalpinen und alpinen Stufe in Grobschutt–Halden und an locker gesetzten Steinmauern auf Silikatgestein; auch häufig und gesellig

170 Zerbrechlicher Blasenfarn – C. frágilis
Pflanze bis 40 cm hoch und mit kurzem, meist horizontal liegendem und verzweigtem Rhizom

Cystópteris frágilis (L.) BERNHARDI
Zerbrechlicher Blasenfarn
Athyriáceae – Frauenfarngew.

Laubblätter: 10–40 cm lang, zwei bis dreifach gefiedert und dicht büschelig angeordnet; Blattstiel oft so lang wie die Spreite, im obersten Bereich grünlich bis gelblich, sonst glänzend rotbraun und unten dicht spreuschuppig; Spreite 10–30 cm lang, im Umriss lanzettlich bis oval und zugespitzt; Fiedern 1. Ordnung an der Basis der Spreite voneinander weiter entfernt, als im oberen Bereich, fast gegenständig, zuoberst sehr nahe beieinander liegend und wechselständig, oft etwas gestielt und zugespitzt; Fiedern 2. Ordnung oval bis lanzettlich, fiederteilig oder noch einmal gefiedert

Sporentragender Teil: Laubblätter (Unterseite der Fiedern)

Sori: Bei der Reife der Sporen sich berührend und dann die ganze Unterseite der Abschnitte bedeckend; Sporenreife im Sommer

Standort: Von der kollinen bis in die alpine Stufe (bei Schneeschutz bis 3000 m) bei Felsen und Mauern, in alten Brunnen und Steinschuttwäldern auf frischen bis feuchten, meist schattigen, kalkhaltigen oder sonst basenreichen Böden; Halbschattenpflanze

171 Quell – Streifenfarn – A. fontánum
Pflanze bis 25 cm hoch, mit kurzem und kriechendem Rhizom und nur an geschützten Orten überwinternd

Asplénium fontánum BERNHARD
Quell – Streifenfarn
Aspleniáceae – Streifenfarne

Laubblätter: 10–25 cm lang, doppelt gefiedert und in dichten Büscheln wachsend; Blattstiel im oberen Bereich grünlich–, im unteren Teil rotbraun gefärbt, mit dunklen und haarförmigen Spreuschuppen besetzt (später im Jahr kahl) kürzer als die Blattspreite; diese bis 20 cm lang, im Umriss schmal lanzettlich, gegen den Grund zu verschmälert und dunkelgrün gefärbt; die untersten Fiedern 1. Ordnung im Umriss oval bis rundlich, die oberen mehrheitlich lanzettlich bis schmal oval und meist wechselständig angeordnet; unterste Fiedern deutlich nach unten gerichtet und kürzer als die nachfolgenden; Fiedern 2. Ordnung fiederteilig mit stachelspitzigen Abschnitten

Sporentragender Teil: Laubblätter (Unterseite der Fiedern)

Sori: Bis 1 cm lang und der Mittelader genähert; Schleier zur Zeit der Sporenreife noch sichtbar; Sporenreife im Sommer und Herbst

Standort: In der kollinen und montanen (seltener subalpin) Stufe an Mauern und auf schattige Kalkfelsen; verbreitet

172 Adlerfarn – P. aquilínum
Pflanze bis 3 m hoch, herdenbildend und mit dickem, behaartem und verzweigtem Rhizom

Pterídium aquilínum (L.) KUHN Adlerfarn
Pteridiáceae – Adlerfarngew.

Laubblätter: 20 cm bis 3 m lang, doppelt bis dreifach gefiedert und lang gestielt; Stiel bis 1 m lang, kahl, meist strohgelb bis grünlich und mit 10—20 Gefässbündeln (Querschnitt!); Blattspreite aufgerichtet oder bogig überhängend, bis 1,5 m lang und bis 1 m breit, im Umriss dreieckig, lederig, oberseits glänzend und spärlich behaart bis kahl und unterseits meist mit dichter Behaarung; untere Fiedern 1. Ordnung gegenständig, die oberen meist wechselständig und gestielt; Fiedern 2. Ordnung sitzend und gefiedert oder fiederteilig; Fiedern 3. Ordnung oder Abschnitte gegenständig, kammförmig angeordnet und die untersten oft mit welligem Rand

Sporentragender Teil: Laubblätter (Ränder der Fiederunterseiten)

Sori: Randständig, länglich, mit zwei Schleiern und von den Fiederrändern teilweise bedeckt; die beiden Schleier am Rande behaart; Sporenreife im Herbst

Standort: Von der kollinen bis in die subalpine Stufe in lichten Wäldern, auf vernachlässigten Buschweiden, Heiden, an Waldrändern und Böschungen auf mässig trockenen bis frischen Böden

173 Nord. Streifenfarn – A. septentrionále
Pflanze bis 15 cm hoch, mit verzweigtem und waagrecht liegendem Rhizom

Asplénium septentrionále (L.) HOFFM. Nordischer Streifenfarn
Aspleniáceae – Streifenfarne

Laubblätter: 5—15 cm lang, kahl, zahlreich in dichten Rasen wachsend und in 2—5 aufwärts gerichtete, gestielte Abschnitte geteilt; Blattstiel bis 10 cm lang, grünlich gefärbt und an der Basis braun; Blattspreite bis 5 cm lang, mit sehr schmal lanzettlichen Abschnitten, lederig, kahl und bläulich— bis mittelgrün gefärbt; Abschnitte bis 3 cm lang, auch gegabelt, meist mit verdicktem Rand und ganzrandig oder mit einem bis mehreren aufwärts gerichteten Zähnchen

Sporentragender Teil: Laubblätter (Unterseite der Abschnitte)

Sori: Länglich, zu 1—5 auf jedem Abschnitt und die ganze Unterseite bedeckend; Schleier bei der Sporenreife zurückstehend und am Rand der Abschnitte einen Saum bildend; Sporenreife im Spätsommer

Standort: Von der kollinen bis in die alpine Stufe häufig in Felsspalten, bei Mauerfugen und in Blockfeldern auf kalkfreien Böden in sonniger und lichtexponierter Lage; ausserhalb der kalkfreien Gebirge auch auf erratischen Blöcken lebend

174 Schwimmfarn – S. natans
Pflanze mit verzweigtem oder unverzweigtem Stengel, schwimmend und einjährig

Salvínia natans (L.) ALL. Schwimmfarn
Salviniáceae – Schwimmfarngewächse

Laubblätter: Quirlständig angeordnet; von den drei im Quirl ist das mittlere zu Scheinwurzeln ausgebildet, die beiden seitlichen bilden die grünen Schwimmblätter; diese sind 5—15 mm lang, im Umriss oval bis kreisrund, am Grunde herzförmig, unterseits etwas behaart und oberseits mit warzenähnlichen Erhebungen, die je 3—4 kleine, bis 9—zellige, braune Haare tragen (damit wasserabweisend wirkend); wurzelähnlich zerteilte Wasserblätter mit zahlreichen bis 7 cm langen Abschnitten (Scheinwurzeln); keine eigentlichen Wurzeln vorhanden

Sporentragender Teil: Die Sporokarpien liegen in Gruppen an der Basis der Scheinwurzeln

Sori: Sporangienhüllen bis zu 8 an der Zahl geknäuelt und erbsengross ausgebildet

Standort: In der kollinen Stufe in langsam fliessenden— oder stehenden, kalkfreien Gewässern; nördliche Grenze durch Holland, Norddeutschland; Südgrenze durch Nordafrika und Kleinasien; Pflanzen oft vorübergehend und nicht selten wieder auftauchend

175 Schwimmfarn – S. molésta
Tropische Pflanze bis 10 cm lang, auf der Wasseroberfläche schwimmend und ausdauernd

Salvínia molésta MITCHELL Schwimmfarn
Salviniáceae – Schwimmfarngewächse

Laubblätter: 1—2 cm lang, oval bis rundlich geformt, zu mehreren an einem bis 10 cm langen Stiel, oben abgerundet, gegen den Grund zu keilförmig verschmälert und hellgrün gefärbt; nicht flach auf dem Wasser liegend; äussere Seite der Blätter glatt und weiss geadert, innere Seiten schwammig weiss gefeldert; echte Wurzeln fehlend; 3. Blatt in feine, wurzelähnliche Zipfel zerteilt

Sporentragender Teil: Die Sporokarpien liegen am oberen Ende der Scheinwurzeln

Sporokarpien: Mit zarter, zweischichtiger Wand und entweder mit zahlreichen Mikrosporangien an langen Stielen auf einem stielartigen Rezeptakulum (=Microsori) oder mit weniger zahlreichen kurzgestielten Megasporangien (=Megasori); Megasporen kugelig bis schwach kugeltetraedrisch und glatt; Mikrosporen glatt, kugeltetraedrisch und in schaumig erhärtete Zwischensubstanz eingebettet

Standort: In botanischen Gärten meist als **Salvínia auriculáta AUBL.** kultiviert und hie und da in wärmeren Fischteichen verwildert

176 Kleefarn – Marsílea quadrifólia
Krautartige und ausdauernde Sumpfpflanze bis 15 cm hoch; Sporenhüllen in den Vorkeimen bleibend

Marsílea quadrifólia L. Kleefarn
Marsileáceae – Schlammfarne Kleefarngewächse

Laubblätter: 5—15 cm lang, kahl und sehr lang gestielt; Blattspreite bis zum Grunde vierteilig (kleeblattähnlich), in der Jugend eingerollt und waagrecht ausgebreitet; Teilblätter verkehrt—herzförmig, dem Grunde zu keilförmig verschmälert, vorn breit abgerundet, ganzrandig oder etwas gewellt, fein weisslich behaart und braungrün— bis mattgrün gefärbt

Sporentragender Teil: Am Grunde des Blattstieles auf kurzen Stielchen

Sporokarpien: Bohnenförmig, im Durchmesser 3—5 mm, behaart, mit 2 kleinen Zähnchen am Rande, 2—klappig aufspringend und mit bis 24 Fächern; in jedem dieser Fächer befinden sich Mikro—und Makrosporangien; Sporenreife im Herbst

Standort: In der kollinen Stufe in Sümpfen, Teichen, Lehmgruben, Altwässern in warmen Gegenden auf meist kalkfreiem Untergrund; wo vorhanden Bestände bildend; nordwärts bis Süddeutschland; besonders im mediterranen Raum heimisch; in Nordamerika aus Europa eingeschleppt; nicht sehr häufig anzutreffen

177 Algenfarn – A. filiculoídes
Pflanze 1—10 cm lang, moosähnlich ausgebildet, schwimmend und mit echten Wurzeln

Azólla filiculoídes LAM. Grosser Algenfarn Wasserlinsenfarn
Azolláceae – Algenfarngew.

Laubblätter: Auf der Oberseite des Stämmchens in zwei Reihen alternierend, sehr dicht gestellt und tief zweilappig gefaltet; die grösseren dicken Oberlappen einander dachziegelartig deckend, glänzend, grün und oft gleichzeitig dunkelbraun gefärbt und auf der Wasseroberfläche schwimmend; beiderseits Spaltöffnungen vorhanden; die kleineren Unterlappen untergetaucht

Sporentragender Teil:
Unterlappen der ersten Blätter eines Seitenastes

Sporokarpien: Entweder mit mehreren gestielten Mikrosporangien oder mit einem einzigen ungestielten Megasporangium

Standort: In der kollinen Stufe in ruhigen und windgeschützten Altwasser-Buchten oder langsam fliessenden, nährstoffreichen, aber oft kalkarmen Gewässern in sommerwarmer Klimalage; Licht— Halbschattenpflanze; aus dem warm—gemässigten bis subtropischen Amerika eingeschleppt; Verbreitung vor allem durch Wasservögel; unter günstigen Bedingungen rasche Teilung der Sprosse

178 Schattenblume – M. bifólium
Pflanze 5–20 cm hoch, ausdauernd, im oberen Teil des Stengels mit Borstenhaaren und im Mai blühend

Maiánthemum bifólium (L.) F. W. SCHMIDT – Schattenblume
Liliáceae – Liliengewächse
Laubblätter: An Blütenstengeln je 2, an nichtblühenden Pflanzen nur je ein Blatt; alle 4–8 cm lang, 3–5 cm breit, herzförmig, gestielt, unterseits anfangs locker und abstehend behaart und wechselständig angeordnet
Blütenstand: Mehrblütige Traube 2–4 cm lang, zylindrisch, 10–30 blütig; Tragblätter schuppenförmig
Blüten: Perigonblätter 4, bis 3 mm lang, oval, nicht verwachsen, waagrecht abstehend oder etwas zurückgebogen, mit 3–5 mm langen Stielen und wohlriechend; Staubblätter 4; Fruchtknoten oberständig und mit einem Griffel versehen; Insektenbestäubung
Früchte: Rote Beeren, die durch Tiere verbreitet werden
Standort: Von der kollinen bis in die subalpine (bis 1'800 m) Stufe in artenarmen Laub– und Mischwäldern und Bergwiesen auf frischen bis mässig trockenen, nährstoffarmen, kalkhaltigen oder kalkarmen, auch etwas sauren Lehm– oder bindigen Sandböden; als Mull– und Moderpflanze bis 15 cm tief wurzelnd; bevorzugt Moderhumus; als Wurzelkriecher bald grössere Flächen deckend; Schattenpflanze

179 Sommerglöckchen – L. aestívum
Pflanze 35–60 cm hoch, meist in Gruppen wachsend und im März bis April blühend

Leucójum aestívum L. Sommerknotenblume Sommerglöckchen
Amaryllidáceae – Narzissengewächse
Laubblätter: 30–50 cm lang, bis 2 cm breit, blaugrün gefärbt und zu 3 bis 4 pro Pflanze
Blütenstand: 3 bis 7–blütig
Blüten: Perigonblätter 6, 10–18 mm lang, nicht verwachsen, alle gleich lang, glockenförmig zusammenneigend und an der Spitze gelblich oder grünlich gefleckt; Blüten nickend und ohne Nebenkrone; die längsten Blütenstände länger als das Hochblatt; Staubblätter 6; Fruchtknoten unterständig und mit einem Griffel versehen; Insektenbestäubung
Früchte: Fleischige Kapseln
Standort: In der kollinen Stufe in feuchten oder nassen Wiesen oder Auenwäldern auf nassen, zeitweise überschwemmten, nährstoffreichen (oft gedüngten) und humosen Ton– und Lehmböden; wärmeliebend; geschützte Zierpflanze; in Süd– und Südosteuropa spontan in Nasswiesen (z.B. in der Po-ebene) und in Mitteleuropa eingebürgert, u.a. in den nördlichen Vogesen, im südlichen Schwarzwald und im Mittelland

180 Märzenglöckchen – L. vérnum
Pflanze 20–30 cm hoch, meist in Gruppen wachsend und von Februar bis in den April blühend

Leucójum vérnum L. Frühlings–Knotenblume Märzenglöckchen
Amaryllidáceae – Narzissengewächse
Laubblätter: 20–30 cm lang, bis ein cm breit, breit–lineal und zu 3 bis 5 pro Pflanze
Blütenstand: Pflanzen einblütig, seltener zweiblütig
Blüten: Perigonblätter 6, 20–25 mm lang, nicht verwachsen, alle gleich lang, glockenförmig zusammenneigend und an der Spitze mit je einem grünlichgelben Fleck; Blüten nickend und ohne Nebenkrone; die Blütenstiele nicht länger als das Hochblatt; Staubblätter 6; Fruchtknoten unterständig und mit einem Griffel versehen; Insektenbestäubung (Bienen / Tagfalter)
Früchte: Fleischige Kapseln
Standort: In der kollinen und montanen (seltener subalpin) Stufe in feuchten Laub– und Laubmischwäldern, Wiesen, Bergwiesen, Obstgärten, Gebüschen und an Ufern auf nährstoffreichen, tiefgründigen und lockeren Ton– und Lehmböden; Mullbodenpflanze; an natürlichen Standorten Feuchtigkeitszeiger; Halbschatt– Lichtpflanze; geschützt; giftig; auch in Gärten als Zierpflanze gezogen

181 Schneeglöcklein – G. nivális
Pflanze 10–25 cm hoch, meist in Gruppen auftretend und von Ende März bis Juni blühend

Galánthus nivális L. Schneeglöckchen
Amaryllidáceae – Narzissengewächse
Laubblätter: 10–25 cm lang, bis 1 cm breit, breit–lineal, nach oben meist verbreitert, blaugrün gefärbt und meist zu 2–3 pro Pflanze
Blütenstand: Pflanzen einblütig, seltener zweiblütig
Blüten: Perigonblätter 6 und glockenförmig zusammenneigend; äussere Perigonblätter 14–18 mm lang, oval, oft waagrecht abstehend und rein weiss gefärbt; innere Perigonblätter etwa halb so lang, an der Spitze ausgerandet und auf der Aussenseite mit je einem grünen Fleck; Blüten nickend und ohne Nebenkrone; Blütenstiele nicht länger als das Hochblatt; Staubblätter 6; Fruchtknoten unterständig und mit einem Griffel versehen; Insektenbestäubung
Früchte: Fleischige Kapseln (Ameisenverbreitung)
Standort: In der kollinen und montanen Stufe in Gärten, Gebüschen und feuchten Laubmisch– und Auenwäldern auf feuchten, nährstoffreichen, auch etwas sauren, lockeren, humosen und tiefgründigen Ton– und Lehmböden; Mullbodenpflanze; Halbschatten–pflanze; Bienenblume

182 Allermannsharnisch – A. victoriális
Pflanze 30–60 cm hoch, mit stielrundem Stengel und von Juni bis in den August blühend

Allium victoriális L. Allermannsharnisch
Liliáceae – Liliengewächse
Laubblätter: 10–20 cm lang, 2 bis 5 cm breit, breit–lanzettlich bis schmal-oval, undeutlich 1–2 cm lang gestielt, oft röhrig hohl und zu 1–3 an der Pflanze wachsend; nach Lauch riechend
Blütenstand: Dichtblütige und kugelige Scheindolde, die vor Blühbeginn von einer Hülle umschlossen ist
Blüten: Perigonblätter 6, 3,5–6 mm lang, miteinander nicht verwachsen oder nur am Grunde kurz verwachsen, alle gleich lang, am Ende stumpflich oder zugespitzt und weisslich oder gelbgrün gefärbt; Blütenstiele 2–3 mal so lang wie die Perigonblätter; Staubblätter 6 und aus der Blütenhülle herausragend; Staubfäden nach dem Grunde zu allmählich verbreitert; Fruchtknoten oberständig und mit einem dreinarbigen Griffel
Früchte: Kapseln
Standort: In der subalpinen und alpinen Stufe (seltener montan) in steinigen Matten, Hochstaudenfluren, Zwergstrauchgesellschaften und an felsigen Hängen auf mässig trockenen bis sickerfeuchten, meist basenreichen (meist aber kalkarm) und humosen Stein– und Lehmböden

183 Bärenlauch – A. ursínum
Pflanze 20–50 cm hoch, mit stumpfkantigem Stengel, nach Lauch riechend und von April bis Mai blühend

Allium ursínum L. Bärenlauch, Bärlauch
Liliáceae – Liliengewächse
Laubblätter: 5–20 cm lang, 2–5 cm breit, breit lanzettlich bis elliptisch, lang gestielt und meist zu 2 pro Pflanze wachsend; alle Blätter grundständig
Blütenstand: Mässig gewölbte bis flache und bis 20–blütige Dolde; Hüllblätter die Blüten meist nicht überragend und bald abfallend
Blüten: Perigonblätter 6, 8–12 mm lang, am Ende stumpf oder zugespitzt und schief aufwärts gerichtet; Blütenstiele 1–2 mal so lang wie die Perigonblätter; Staubblätter 6, etwa halb so lang wie die Perigonblätter; Staubfäden nach dem Grunde zu nur wenig verbreitert; Fruchtknoten oberständig und mit dreinarbigem Griffel; Insekten– und Selbstbestäubung
Standort: In der kollinen und montanen Stufe in krautreichen Laub– Bergmisch– und Auenwäldern, Hecken, Mulden, Baumgärten und an Hangfüssen auf frischen bis feuchten, oft wasserzügigen, humosen und nährstoffreichen Ton– und Lehmböden; oft in Massenbeständen anzutreffen; einen Wasserzug oder Grundwasser anzeigende Mullbodenpflanze; Schattenpflanze; Fruchtbarkeits–Zeiger

184 Aestige Graslilie – A. ramósum
Pflanze 20–80 cm hoch, ausdauernd, mit kurzem
Rhizom und von Juni bis August blühend

Anthéricum ramósum L.
Aestige Graslilie
Liliáceae – Liliengewächse

Laubblätter: Grasähnlich, schmal–
linealisch, 15–25 cm lang, 4–6 mm
breit, langsam zugespitzt, flach oder
rinnig und grundständig angeordnet; im
Blütenstand hin und wieder nur kleine
Blätter vorhanden

Blütenstand: Verzweigt, vielblütig
und mit seitenständigen Trauben

Blüten: Perigonblätter 6, miteinander
nicht verwachsen, 8–14 mm lang, die
inneren deutlich breiter als die äusseren
und damit schmal–oval bis oval, aus–
gebreitet, 3–7 aderig und zugespitzt
oder abgerundet; Staubblätter 6, und
kürzer als die Perigonblätter; Frucht–
knoten oberständig und mit einem Grif–
fel; Bienenbestäubung

Früchte: 3–fächerige und kugelige
Kapseln mit bis 8 Samen in jedem Fach
und einem Durchmesser von 5–7 mm

Standort: In der kollinen und monta–
nen (seltener subalpin) Stufe häufig in
Wiesen, Halbtrockenrasen, am Saum
von Gebüschen und Wäldern und an
Böschungen auf warmen, trockenen,
kalkhaltigen, humosen Stein–, Stein–
oder Lössböden; Tiefwurzler; nordwärts
bis Belgien, Norddeutschland und Süd–
schweden

185 Doldiger Milchstern – O. umbellátum
Pflanze 10–35 cm hoch, ausdauernd, mit meist zahl–
reichen Nebenzwiebeln und im April / Mai blühend

Ornithógalum umbellátum L.
Doldiger Milchstern
Dolden–Milchstern
Liliáceae – Liliengewächse

Laubblätter: Grasähnlich, schmal–
linealisch, 10–30 cm lang, 3–7 mm
breit, fleischig, mit einem hellen Längs–
streifen, hohlrinnig und grundständig
angeordnet

Blütenstand: Bis 15–blütige Dol–
dentraube, bei welcher die unteren Blü–
tenstiele auffallend verlängert sind und
die Spitze des Blütenstandes meist
überragen; untere Tragblätter bis 4 cm
lang

Blüten: Perigonblätter 6, miteinander
nicht verwachsen, bis 20 mm lang, ster–
nenförmig abstehend, innerseits weiss
gefärbt und ausserseits mit einem brei–
ten, grünen Mittelstreifen versehen;
Staubblätter 6, mit schmal–dreieckigen
Staubfäden; Fruchtknoten oberständig
und mit einem kurzen Griffel; Insekten–
und Selbstbestäubung

Früchte: 3–fächerige Kapseln mit
jeweils vielen Samen in jedem Fach

Standort: In der kollinen und monta–
nen (seltener subalpin) Stufe in Wein–
bergen, Parkanlagen, Baumgärten,
frischen Wiesen und Aeckern auf fri–
schen, nährstoffreichen, humosen und
tiefgründigen Böden

186 Trichterlilie – P. liliástrum
Pflanze 20–50 cm hoch, mit nicht rübenartig ver–
dickten Wurzeln und von Juni bis Juli blühend

Paradísea liliástrum (L.) BERTOL
Weisse Trichterlilie
Liliáceae – Liliengewächse

Laubblätter: Grasähnlich, schmal–
linealisch, 20–40 cm lang, bis 10 mm
breit, langsam zugespitzt und alle
grundständig; im Bereich des Blüten–
standes nur kleine Blätter vorhanden

Blütenstand: Einseitswendige Traube
aus 3–10 Blüten bestehend; Tragblätter
schmal, zugespitzt und länger als die
Blütenstiele

Blüten: Perigonblätter 6, miteinander
nicht verwachsen, lanzettlich bis oval, bis
6 cm lang, weiss gefärbt und mit 3 sich
an der Spitze vereinigenden Adern;
Staubblätter 6, kürzer als die Perigon–
blätter; Fruchtknoten oberständig; der
Griffel besitzt eine verdickte Narbe

Früchte: 3–fächerige, lederige Kap–
seln mit jeweils vielen Samen in jedem
Fach

Standort: In der montanen und sub–
alpinen (seltener alpin) Stufe in trocken–
warmen Hügeln, Fettwiesen und an
Felsen auf frischen bis feuchten, tief–
gründigen, kalkarmen bis kalkreichen
und auch gedüngten Böden; in den
Alpen besonders in den Zentral– und
Südalpen; in den Nordalen nur verein–
zelt zu finden; ausdauernde Pflanze mit
kurzem Rhizom

187 Astlose Graslilie – A. liliágo
Pflanze 20–70 cm hoch, ausdauernd, mit kurzem
Rhizom und von Mai bis Juni blühend

Anthéricum liliágo L.
Astlose Graslilie
Liliáceae – Liliengewächse

Laubblätter: Grasähnlich, schmal–
linealisch, 15–40 cm lang, 4–8 mm
breit, zugespitzt, flach oder rinnig und
grundständig angeordnet; im Blüten–
stand hin und wieder kleinere Blätter
vorhanden

Blütenstand: Einfache, nicht ein–
seitswendige Traube mit Tragblättern,
die kürzer als die Blütenstiele sind

Blüten: Perigonblätter 6, miteinander
nicht verwachsen, 15–30 mm lang, alle
gleich gestaltet, schmal oval, mit der
grössten Breite oberhalb der Mitte, kurz
zugespitzt und am Ende mit 3 zusam–
menlaufenden Adern; Staubblätter 6
und kürzer als die Perigonblätter;
Fruchtknoten oberständig und mit einem
oft gekrümmten Griffel; Bienenbestäu–
bung

Früchte: 3–fächerige, 10–15 mm
lange und zugespitzte Kapseln mit 4–8
Samen in jedem Fach

Standort: In der kollinen und mon–
tanen (seltener subalpin) Stufe in Wie–
sen, Halbtrocken– und Trockenrasen,
lichten Eichen– und Kiefernwäldern, an
Waldsäumen, Böschungen und heissen
Felshängen auf trockenen und meist
kalkarmen Böden

188 Maiglöckchen – C. majális
Pflanze 10–20 cm hoch, ausdauernd, mit dünnem,
weit kriechendem Rhizom und im Mai blühend

Convallária majális L.
Maiglöckchen
Liliáceae – Liliengewächse

Laubblätter: Unterste schuppenför–
mig; beide (seltener deren 3) obersten
schmal–oval bis breit–lanzettlich,
10–20 cm lang, bis 5 cm breit und am
Ende kurz zugespitzt

Blütenstand: Endständige, einseits–
wendige und lang gestielte Traube mit
5–10 gestielten Blüten; Tragblätter kür–
zer als die Blütenstiele und lanzettlich

Blüten: Glockenförmig, nickend und
wohlriechend; Perigonblätter 6, mitein–
ander verwachsen, 4–7 mm lang, weiss
gefärbt und mit kleinen nach aussen
umgebogenen Zipfeln; Staubblätter 6,
nicht aus der Glocke herausragend;
Fruchtknoten oberständig mit einem
kurzen und dicken Griffel; Insekten–
bestäubung

Früchte: 3–fächerige, rote Beere mit
in jedem Fach bis 8 Samenanlagen;
Verbreitung durch Tiere

Standort: Von der kollinen bis in die
subalpine Stufe häufig und auch gesellig
in Eichen– und Buchenwäldern, Berg–
wiesen, Geröllhalden und Gärten (hier
angepflanzt) auf frischen bis mässig
trockenen, sommerwarmen, kalkreichen,
tiefgründigen, lockeren und humosen
Lehm–, Sand– und Tonböden

189 Salomonssiegel – P. odorátum
Pflanze 15–50 cm hoch, mit überhängendem Stengel,
ausdauernd und von Mai bis Juni blühend

Polygónatum odorátum (MILL.)
DRUCE; P. officinále ALL.
Gemeine Weisswurz
Salomonssiegel
Liliáceae – Liliengewächse

Laubblätter: 10–15 cm lang, breit
lanzettlich bis oval, sitzend, oberseits
dunkelgrün, unterseits meist etwas
graugrün gefärbt, am Ende kurz zuge–
spitzt und wechselständig angeordnet

Blütenstand: Blüten einzeln oder
seltener zu zwei

Blüten: Zu einer Röhre verwachsen;
Perigonblätter 6, weiss und bei den
freien Zipfeln grün; Staubblätter 6, mit
den Perigonblättern bis über die Mitte
verwachsen und erst nach der Blütezeit
oft aus der Blüte herausragend; Staub–
fäden nicht behaart; Fruchtknoten
oberständig mit einem an der Spitze
nicht verdickten Griffel; Hummelblume

Früchte: 3–fächerige und blau–
schwarz gefärbte Beeren; Verbreitung
durch Tiere

Standort: Von der kollinen bis in die
subalpine Stufe in Trockenwiesen, lichten
Eichengebüschen, lichten Wäldern und
an felsigen Orten auf trockenen, ba–
senreichen, meist kalkhaltigen, humosen
und lockeren Stein– und Lehmböden;
Licht–Halbschattenpflanze; giftig;
gerne in Begleitung der Kiefer

Platanthéra bifólia (L.) RICH
Weisses Breitkölbchen
Orchidáceae – Knabenkräuter

Laubblätter: Zwei 5–20 cm lange, bis 5 cm breite, ovale und paralleladerige Blätter kurz oberhalb des Stengelgrundes; am Stengel bis 4 lanzettliche und zugespitzte Blättchen

Blütenstand: Vielblütige und endständige Traube

Blüten: Weisslich oder gelblichgrün; Perigonblätter 6; äussere 3 lanzettlich, bis 15 mm lang, am Ende zugespitzt, stumpf und abstehend; 2 innere kürzer und weniger breit als die äusseren, aufwärts gerichtet und sich zueinander neigend; Lippe abwärts gerichtet, bandförmig, bis 2 cm lang, flach, ungeteilt und meist stumpf; Sporn fadenförmig, und gegen die Spitze zu allmählich dünner werdend; 1 Staubblatt mit dem Griffel zu einer Säule (Gynostegium) verwachsen; Staubbeutelfächer einander genähert und parallel liegend; Fruchtknoten unterständig

Früchte: Kapseln mit Längsspalten aufspringend und mit zahlreichen Samen

Standort: Von der kollinen bis in die montane Stufe in lichten Laub– und Nadelwäldern, Magerrasen und bei Gebüschen auf mässig trockenen bis feuchten Böden

190 Weisses Breitkölbchen – P. bifólia
Pflanze 20–50 cm hoch, mit ungeteilten, rübenartigen Knollen und von Mai bis Juli blühend

Cephalanthéra longifólia (L.) FRITSCH
Langblättriges Waldvögelein
Schwertblättriges Waldvögelein
Orchidáceae – Knabenkräuter

Laubblätter: Lineal–lanzettlich, bis 12 cm lang, gefaltet, paralleladerig, lang zugespitzt, dunkelgrün gefärbt und wechselständig (zweizeilig!) angeordnet

Blütenstand: Wenig bis 14–blütige und lockere Aehre

Blüten: Alle schräg aufwärts gerichtet; Perigonblätter 6, glockenförmig zusammenneigend, weiss gefärbt, zugespitzt und die Lippe meist verdeckend; diese nicht ungeteilt, etwas kürzer als die Perigonblätter und mit einem tiefen Einschnitt zwischen den beiden Hälften; kein Sporn vorhanden; 1 Staubblatt; Fruchtknoten unterständig und kahl oder mit einzelnen Drüsenhaaren; Tragblätter schmal lanzettlich und oft kürzer als der Fruchtknoten

Früchte: Vielsamige Kapseln

Standort: In der kollinen und montanen Stufe in Bergwiesen, Waldlichtungen, lichten Eichen– und Buchenwäldern und Gebüschen auf trockenen, kalkhaltigen, basenreichen, humosen und lockeren Stein– und Lehmböden in sonniger Lage; Halbschattenpflanze; nördlich bis Irland, Südskandinavien

191 Waldvögelein – C. longifólia
Pflanze 15–50 cm hoch, in der ganzen Länge beblättert und von Mai bis Juni blühend

Erióphorum angustifólium HONCKENY
Schmalblättriges Wollgras
Cyperáceae – Scheingräser

Laubblätter: Linealisch, 20–50 cm lang, 3–6 mm breit, rinnig gekielt und am Ende 3–kantig; oberstes Blatt mit einem kurzen, gestutzten Blatthäutchen und die Scheide nach oben trichterförmig erweitert

Blütenstand: Mehrere, nach der Blütezeit überhängende Aehren mit glatten Aehrenstielen und vielblütig; mit einem bis mehreren Hochblättern

Blüten: Zwittrig und schraubig angeordnet; Perigonborsten nach der Blütezeit als lange, weisse Fäden meist eiförmige, weisswollige Köpfe bildend; Staubblätter 3; Fruchtknoten 1, aus 3 Fruchtblättern bestehend; Narben 3

Früchte: 3–kantige und einsamige Nüsschen

Standort: Von der kollinen bis in die alpine Stufe in Flachmooren, Torfmooren, Sumpfwiesen, in Gräben und an Ufern auf nassen, zeitweise überschwemmten, nährstoffarmen, kalkfreien bis sauren Böden; Pionier auf beginnenden Flachmooren; bis 50 cm tief wurzelnd; nordwärts bis Island, Spitzbergen; südwärts bis nach Nordspanien und Süditalien

192 Schmalb. Wollgras – E. angustifólium
Pflanze 20–55 cm hoch, ausdauernd, mit unterirdischen Ausläufern und von April bis Juni blühend

Erióphorum scheuchzéri HOPPE
Scheuchzers Wollgras
Cyperáceae – Scheingräser

Laubblätter: Linealisch, 10–30 cm lang, bis 5 mm breit, mit glatten Rändern und flach oder hohlrinnig; oberste Blattscheide mit einer verkümmerten Spreite

Blütenstand: Einzelne, endständige, aufrechte und kugelige Aehre; Tragblätter mit grauer Spitze und schmalem, weissem Rand

Blüten: Zwittrig und schraubig angeordnet; Perigonborsten nach der Blütezeit als lange, weisse Fäden meist kugelige, weisswollige und 2–4 cm grosse Köpfe bildend; Staubblätter 3; Fruchtknoten 1, aus 3 Fruchtblättern bestehend; Narben 3

Früchte: 3–kantige und einsamige Nüsschen

Standort: In der alpinen (seltener subalpin) Stufe an Tümpeln, kleinen Seen und bei Flachmooren grössere Bestände bildend; Böden nass, nährstoffarm und zum Teil zeitweise überschwemmt; nördliche Verbreitung dieses arktisch–alpinen Scheingrases bis Island, Spitzbergen, Finnland und arktisches Russland; südwärts isoliert in den Pyrenäen, den Alpen, im Nordapennin und in den Karpaten

193 Scheuchzers Wollgras – E. scheuchzéri
Pflanze 10–40 cm hoch, mit langen unterirdischen Ausläufern und von Juni bis August blühend

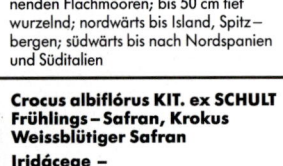

Crocus albiflórus KIT. ex SCHULT
Frühlings–Safran, Krokus
Weissblütiger Safran
Iridáceae – Schwertliliengewächse

Laubblätter: Grasähnlich, 5–15 cm lang, bis 3 mm breit, mit nach unten gewölbten Rändern, mit weisser Mittelader und grundständig angeordnet

Blütenstand: 1–2 blütig, seltener mehrblütig und grundständig

Blüten: Perigonblätter 6, miteinander zu einer langen Röhre verwachsen, mit den freien Teilen einen Trichter bildend, hier 2–4 cm lang und weiss bis violett gefärbt (oft auch gestreift); äussere 3 Perigonblätter meist etwas grösser; im Röhrenschlund behaart; Staubblätter 3; Fruchtknoten unterständig mit einem Griffel und die 3 Narbenschenkel mit krausem Rand; Insektenbestäubung

Früchte: 3–fächerige und vielsamige Kapseln; Ameisenverbreitung

Standort: Vor allem in der montanen und subalpinen Stufe in Wiesen und Weiden auf frischen, nährstoff– und basenreichen, mässig sauren bis neutralen, humosen und tiefgründigen Ton– und Lehmböden; ziemlich häufig und jeweils zahlreich auftretend; südlich bis in die Apennin, den Gebirgen der Balkanhalbinsel und in Sizilien

194 Krokus – C. albiflórus
Pflanze bis 15 cm hoch, ausdauernd, mit Fasern umgebenen Knollen und von März bis Juni blühend

Hydrócharis mórsus–ránae L.
Gewöhnlicher Froschbiss
Hydrocharitáceae – Froschbissgewächse

Laubblätter: Rundlich, am Grunde herzförmig, auf dem Wasser schwimmend (ohne untergetauchte Blätter!), 15–60 mm im Durchmesser und mit 5–10 cm langen Stengeln

Blütenstand: Meist 3 Blütenknospen werden von einer gemeinsamen Spatha umschlossen

Blüten: Eingeschlechtig; Pflanzen 2–häusig; Perigon meist aus 3 äusseren und 3 inneren weiss gefärbten Blättern bestehend; äussere oval und 3–5 mm lang, innere mehr rundlich und mit einem gelben Grund versehen; bei männlichen Blüten 12 Staubblätter; bei weiblichen Blüten nur eine Blütenknospe in der sitzenden Spatha; Fruchtknoten unterständig und aus 6 Fruchtblättern zusammengesetzt; viele Samenanlagen; Narben 6 und 2–teilig

Früchte: Balgfrüchte unter Wasser reifend

Standort: In der kollinen Stufe in stehenden, nährstoffreichen, kalkarmen, windgeschützten, im Sommer stark erwärmten Teichen, Uferbuchten, Altwässern und langsam fliessenden Gewässern; Licht–Halbschattenpflanze

195 Froschbiss – H. mórsus–ránae
Pflanze 5–15 cm lang, schwimmend, mit zwiebelartigen Winterknospen und von Juni bis August blühend

196 Froschlöffel – A. plantágo–aquática
Pflanze 15–100 cm hoch, aufrecht, ausdauernd, mit dickem Rhizom und von Juni bis August blühend

Alísma plantágo–aquática L.
Gemeiner Froschlöffel
Alismatáceae – Froschlöffelgewächse

Laubblätter: 5–30 cm lang, bis 10 cm breit, eiförmig bis lanzettlich, am Ende zugespitzt, an der Spreitenbasis abgerundet oder herzförmig, aus dem Wasser ragend, grundständig und gestielt

Blütenstand: Reichblütige Rispe mit quirlig angeordneten Aesten

Blüten: 6 Perigonblätter mit meist gezähntem Rand; die 3 äusseren grünlich gefärbt und kelchblattartig, die inneren drei 2–3 mal so lang wie die äusseren, rundlich (3–6 mm im Durchmesser), kronblattartig, weiss oder rosa gefärbt und meist mit gezähntem Rand; Staubblätter 6, zu jeweils 2 vor einem inneren Perigonblatt stehend; Fruchtknoten oberständig, zahlreich, nicht verwachsen und in einem Kreis angeordnet; Narbe länger als der Fruchtknoten und aufrecht

Früchte: Nüsschen (1–samig) mit meist einer Rille auf dem Rücken

Standort: In der kollinen und montanen Stufe in 20–50 cm tiefem Wasser in stehenden oder langsam fliessenden, nährstoffreichen Seen und Teichen auf etwas sauren, humosen, sandigen oder reinen Schlammböden

197 Täschelkraut – T. perfoliátum
Pflanze 5–20 cm hoch, 1–2 jährig, mit kahlem Stengel, dünner Pfahlwurzel und von April bis Mai blühend

Thláspi perfoliátum L.
Stengelumfassendes Täschelkraut
Brassicáceae (Crucíferae) – Kreuzblütler

Laubblätter: Bis 4 cm lang, schmal oval, zugespitzt, ganzrandig oder seltener etwas gezähnt, blaugrün gefärbt, kahl, die untersten gestielt, die darüberliegenden sitzend und den Stengel mit abgerundeten, stumpfen oder spitzen Zipfeln umfassend

Blütenstand: Traube; diese nach der Blütezeit deutlich verlängert

Blüten: Kelchblätter 4, grünlich, bis 18 mm lang und kahl; Kronblätter 4, weiss, bis 25 mm lang und kahl; Staubblätter 6, aussen 2 kürzere, innen 4 längere; Staubbeutel gelb; oberständiger Fruchtknoten aus 2 Fruchtblättern zusammengesetzt

Früchte: Schötchen 3–6 mm lang, schmal verkehrt–herzförmig und gegen den Grund zu schmal geflügelt

Standort: In der kollinen und montanen Stufe auf trockenen Hügeln, Mauerkronen, in Aeckern und Weinbergen auf trockenen bis mässig frischen, nährstoffreichen, basen– und kalkreichen und meist nur wenig humosen Lehmböden; Flachwurzler; eine ursprünglich mediterrane Pflanze

---

198 Penn. Täschelkraut – T. sylvium
Pflanze 5–15 cm hoch, mit meist ausläuferartig verlängerten Trieben und von Juni bis August blühend

Thláspi sylvium GAUDIN
Th. alpínum CRANTZ ssp. sýlvium P. FOURNIER
Penninisches Täschelkraut
Brassicáceae (Crucíferae) – Kreuzblütler

Laubblätter: Grundständige 1–5 cm lang, schmal spatelförmig und an der Spitze abgerundet; Stengelblätter 1 bis 2 cm lang, lanzettlich bis schmal oval, zugespitzt, sitzend und den Stengel meist umfassend

Blütenstand: Traube am Ende des Triebes kopfförmig

Blüten: Kelchblätter 4, schmal oval, 2–3 mm lang, grünlich und oft weisslich berandet; Kronblätter 4, oval, 5 bis 12 mm lang und weiss gefärbt; Staubblätter 6 (aussen 2 kurze und innen 4 längere); Staubbeutel gelb; oberständiger Fruchtknoten aus 2 Fruchtblättern zusammengewachsen

Früchte: Schötchen schmal geflügelt, etwas ausgerandet und am Grunde keilförmig verschmälert; Griffel am Schötchen meist über 2 mm lang

Standort: In der subalpinen und alpinen Stufe auf steinigen Weiden und im Felsschutt (auf Silikatgestein); diese alpine Pflanze wurde u.a. im Wallis (z.B. bei Zermatt), im Tessin (z.B. im Val Verzasca) und im Piemont gefunden

199 Wolfsfuss – L. europaéus
Pflanze 15–70 cm hoch, ausdauernd, mit dicken Ausläufern und von Juli bis September blühend

Lycopus europaéus L.
Wolfsfuss
Lamiáceae (Labiátae) – Lippenblütler

Laubblätter: Schmal–eiförmig, 2–8 cm lang, bis 4 cm breit, sitzend oder kurz gestielt, zugespitzt, grob und tief gezähnt mit meist nach vorn gerichteten Zähnen, oberseits mittel– bis dunkelgrün und unterseits graugrün; untere Blätter von Pflanzen an nassen Standorten mehr fiederteilig

Blütenstand: Jeweils zahlreiche Blüten quirlständig angeordnet

Blüten: Kelchblätter 5, verwachsen, 2–4 mm lang und mit 5 steifen und lang zugespitzten Zähnen; Kronblätter 4 und zu einer Röhre verwachsen; Kronzipfel 3–6 mm lang, weiss und die drei unteren mit roten Punkten; Staubblätter 2, aus der Krone herausragend und frei; Fruchtknoten oberständig; Fliegenblume

Früchte: In 4 nussartige Teilfrüchte zerfallend; Wasser– und Wasservögelverbreitung

Standort: In der kollinen und montanen Stufe in Verlandungssümpfen, im Röhricht, Erlengebüsch und in Gräben auf nassen, zeitweise überschwemmten, nährstoff– und basenreichen, modrighumosen, sandigen oder reinen Ton– oder Torfböden

---

200 Lauchkraut – A. petioláta
Pflanze bis 90 cm hoch, 2–jährig, nach Knoblauch riechend und von April bis Juni blühend

Alliária petioláta SCOP.
Knoblauchhederich, Lauchkraut
Brassicáceae (Crucíferae) – Kreuzblütler

Laubblätter: Diejenigen im unteren Bereich nieren– bis herzförmig, lang gestielt, 10–15 cm lang, stumpf gezähnt oder teilweise auch gekerbt und kahl oder am Stiel etwas behaart; darüberliegende nur kurz gestielt, herzförmig, zugespitzt und meist spitz gezähnt

Blütenstand: Traube, die meist scheindoldenartig ausgebildet ist

Blüten: Kelchblätter 4, grünlich, kahl, 2–4 mm lang, und am Grunde nicht ausgebuchtet; Kronblätter 4, weiss, 3–6 mm lang, schmal oval und abgerundet; Staubblätter 6 (aussen 2 kurze und innen 4 längere); Fruchtknoten oberständig und aus zwei 3–aderigen Fruchtblättern zusammengesetzt; Bienen– und Selbstbestäubung

Früchte: Schoten 2–7 cm lang und 2–klappig aufspringend

Standort: In der kollinen und montanen Stufe in Gebüschen, verwilderten Garten– und Parkanlagen, Waldschlägen und an Waldrändern auf frischen, besonders stickstoffreichen, humosen und lockeren Lehmböden vor allem in luftfeuchter Lage; Waldunkraut in Auenwäldern; früher Salatpflanze

201 Echtes Löffelkraut – C. officinális
Pflanze 15–50 cm hoch, meist 2–jährig, kahl mit dünner Pfahlwurzel und von Juni bis August blühend

Cochleária officinális L.
Echtes Löffelkraut
Brassicáceae (Crucíferae) – Kreuzblütler

Laubblätter: Grundständige rosettig angeordnet, lang gestielt, rundlich bis nierenförmig, ohne Stiel bis 2 cm lang, ganzrandig oder geschweift; untere Stengelblätter oval oder keilförmig und sitzend, die oberen mit 2 Zipfeln den Stengel zum Teil umfassend

Blütenstand: Traube, die an der Spitze des Stengels mit zahlreichen Blüten scheindoldig endet

Blüten: Kelchblätter 4, schmal oval, 2–3 mm lang und ausserseits an der Spitze oft bräunlich gefärbt; Kronblätter 4, oval, weiss, 3–6 mm lang, gegen den Grund zu keilförmig verschmälert und am Ende abgerundet; Staubblätter 6, etwas grösser als die Kelchblätter; Fruchtknoten oberständig und aus 2 Fruchtblättern zusammengesetzt; Insektenbestäubung

Früchte: Schoten 3–7 mm lang, mit deutlichen Mitteladern und 4 bis 8–samig

Standort: In der kollinen und montanen Stufe bei Schuttstellen und in Salzwiesen der Küste auf salzhaltigen Böden; früher eine Heilpflanze und heute verwildert

202 Alpen Gänsekresse – A. alpína
Pflanze 10–25 cm hoch, ausdauernd, mit sterilen Blattrosetten und von März bis Oktober blühend

Arabis alpína L.
Alpen Gänsekresse
Brassicáceae (Crucíferae) –
Kreuzblütler

Laubblätter: Grundständige breit–oval bis oval, 1–5 cm lang, kurz gestielt, zugespitzt, mit groben Zähnen und zahlreichen Haaren; Stengelblätter lanzettlich bis oval, zugespitzt, grob gezähnt (mit nach oben gerichteten Zähnen) und mit 2 Zipfeln den Stengel umfassend

Blütenstand: Vielblütige Traube, die sich nach der Blütezeit verlängert

Blüten: Kelchblätter 4, grünlich, 2 bis 4 mm lang und kahl oder mit einzelnen Haaren; Kronblätter 4, weiss, verkehrt-eiförmig, meist kurz gestielt und 5 bis 10 mm lang; Staubblätter 6; Fruchtknoten aus 2 Fruchtblättern verwachsen und oberständig; Insekten– und Selbstbestäubung

Früchte: Schoten 2–6 cm lang, bis 2 mm breit, kahl, ohne deutliche Adern, mit abstehenden Stielen und vielsamig

Standort: Von der montanen bis in die alpine Stufe in Schutthalden, im Geröll, in Felsspalten, in tieferen Lagen in Schluchtwäldern oder herabgeschwemmt im Flusskies auf sickerfrischen, meist kalkhaltigen, wenig humosen und meist ruhenden Steinschuttböden

203 Hallers Schaumkresse – C. hálleri
Pflanze 20–40 cm hoch, ausdauernd, mit oberirdischen Ausläufern und von April bis Juni blühend

Cardaminópsis hálleri
(L.) HAYEK
Hallers Schaumkresse
Brassicáceae (Crucíferae) –
Kreuzblütler

Laubblätter: Grundständige und unterste Stengelblätter schmal–oval, gestielt, meist fiederteilig, mit einem grossen, ovalen und gezähnten Endabschnitt und jederseits mit 1–3 kleinen Seitenabschnitten; obere Stengelblätter lanzettlich, gezähnt oder ganzrandig und mit verschmälertem Grund sitzend

Blütenstand: Traube

Blüten: Kelchblätter 4, schmal–oval bis lanzettlich, gelblich, 2–3 mm lang und mit einzelnen kleinen Haaren; Kronblätter 4, weiss, seltener blasslila, 3–6 mm lang, breit oval und abgerundet, abgeflacht oder schwach gestutzt; Staubblätter 6 (aussen 2 kurze und innen 4 längere); oberständiger Fruchtknoten; die beiden Fruchtblätter mit 3 undeutlichen Adern

Früchte: Schoten mit langen aufrechten oder waagrecht abstehenden Fruchtstielen

Standort: In der montanen und subalpinen Stufe an Ufern, in Bergwiesen und feuchten Felsen auf frischen bis ziemlich feuchten, kalkarmen und nährstoffreichen Böden; Schotterpionier

---

204 Hederich – R. raphanístrum
Pflanze 15–60 cm hoch, 1–jährig, als Kulturbegleiter weltweit verbreitet und von Mai bis Oktober blühend

Ráphanus raphanístrum L.
Acker–Rettich, Hederich
Brassicáceae (Crucíferae) –
Kreuzblütler

Laubblätter: 15–30 cm lang, gestielt, bis zur Mittelader fiederteilig und jederseits mit 2–5 gezähnten Seitenabschnitten; Endabschnitt sehr viel grösser und gezähnt oder zusätzlich noch gelappt; Ober– und Unterseite zerstreut borstig behaart

Blütenstand: Traube mit lang gestielten Blüten

Blüten: Kelchblätter 4, 4–10 mm lang, hin und wieder mit Borstenhaaren und grünlich gefärbt; Kronblätter 4, bis 25 mm lang, weiss oder schwefelgelb gefärbt und violett geadert, schmal-eiförmig und mit keilförmigem Grund; Staubblätter 6; Fruchtknoten oberständig, aus 2 Fruchtblättern zusammengesetzt; Bienenweide

Früchte: Schoten 3–4 mm breit, zwischen den einzelnen Samen eingeschnürt und bei der Reife in 1–samige Teile zerfallend

Standort: In der kollinen und montanen (seltener subalpin) Stufe an Wegrändern, auf Schuttplätzen, in Aeckern, Getreidefeldern und Unkrautfluren auf frischen bis feuchten, kalkarmen, nährstoff– und basenreichen Böden

205 Sand–Schaumkresse – C. arenósa
Pflanze 10–25 cm hoch, oft 2–jährig, ohne sterile Blattrosette und von April bis Oktober blühend

Cardaminópsis arenósa
(L.) HAYEK
Sand–Schaumkresse
Brassicáceae (Crucíferae)
Kreuzblütler

Laubblätter: Grundständige und untere Stengelblätter gestielt, meist bis auf die Mittelader fiederteilig, jederseits mit 1–6 Teilfiedern und einem grossen Endabschnitt; obere Stengelblätter schmal lanzettlich, meist sitzend und gezähnt oder ganzrandig

Blütenstand: Traube

Blüten: Kelchblätter 4, bis 3,5 mm lang, grünlich gefärbt und sehr oft mit Haaren; Kronblätter 4, 5–10 mm lang und weiss oder hell–lila gefärbt; oft schwach dunkelviolett geadert; Staubblätter 6; Fruchtknoten oberständig und aus 2 Fruchtblättern zusammengesetzt; Insektenbestäubung

Früchte: Schoten 20–40 mm lang und meist deutlich von den Fruchtstielen nach oben abgewinkelt

Standort: In der kollinen und montanen Stufe bei Schuttstellen, Bahnarealen, an Dämmen, Waldrändern, in Sandrasen, Steinschutt–Fluren und Torfwiesen auf mässig frischen bis trockenen, basenreichen, oft kalkhaltigen, humosen und lockeren Stein– oder Sandböden; eine typische Pionierpflanze

---

206 Fiederb. Zahnwurz – D. heptaphylla
Pflanze 20–60 cm hoch, mit kahlem Stengel und Rhizom, ausdauernd und von April bis Mai blühend

Dentária heptaphylla VILL.
Cardámine heptaphylla
(VILL.) O.E.SCHULZ
Fiederblättrige Zahnwurz

Laubblätter: Stengelständige wechselständig angeordnet, unpaarig gefiedert, dunkelgrün gefärbt, gestielt und mit 5,7 oder seltener 9 Teilblättern; diese lanzettlich bis schmal oval, fein zugespitzt, gezähnt und ungestielt

Blütenstand: Traube vor dem Aufblühen nickend

Blüten: Kelchblätter 4, bis 9 mm lang, kahl und grünlich–gelb gefärbt; Kronblätter 4, weiss oder blasslila gefärbt, 10–20 mm lang und schmal–verkehrt eiförmig; Staubblätter 6, mit gelben Staubbeuteln; Fruchtknoten oberständig, aus 2 Fruchtblättern bestehend

Früchte: Schoten bis 7 cm lang und 2–5 mm dick; Griffel an der Frucht 3–10 mm lang

Standort: In der kollinen und montanen (seltener subalpin) Stufe in krautreichen Buchen und Buchen–Tannen–wäldern auf frischen bis feuchten, nährstoffreichen, meist kalkhaltigen, humosen, lockeren und meist etwas steinigen Ton– und Lehmböden in schattigen Lagen; in Bergwäldern stellenweise anzutreffen; typische Mullbodenpflanze

207 Bitteres Schaumkraut – C. amára
Pflanze 10–40 cm hoch, ausdauernd, mit Ausläufer treibendem Rhizom und von Mai bis Juni blühend

Cardámine amára L.
Bitteres Schaumkraut
Brassicáceae (Crucíferae) –
Kreuzblütler

Laubblätter: Stengelständige unpaarig gefiedert, gestielt und bis 12 cm lang; Teilblätter 5, 7, 9 oder 11, lanzettlich bis oval und ganzrandig oder buchtig gezähnt; Endteilblatt rundlich bis oval; grundständige Blätter nicht rosettenartig angeordnet, gefiedert und gestielt

Blütenstand: Rispe

Blüten: Lang gestielt; Kelchblätter 4, grünlich, 2–5 mm lang und kahl; Kronblätter 4, weiss, oval, deutlich geadert und bis 10 mm lang; Staubblätter 6, schmal–dreieckig, grünlich und im obersten Abschnitt weisslich; Staubbeutel purpurn bis violett; Fruchtknoten oberständig, aus 2 kahlen Fruchtblättern zusammengesetzt; Insektenbestäubung

Früchte: Schoten 15–40 mm lang, bis 2 mm breit, vielsamig und aufklappend

Standort: Von der kollinen bis in die subalpine Stufe bei Quellen, Bachrändern, in Erlenbruchwäldern und Quellfluren auf sickernassen, oft rasch durchfluteten, kühlen, nährstoff– und basenreichen und humosen Gleyböden; früher eine Heil– und Salatpflanze; besonders an schattigen Orten

208 Gem. Brunnenkresse – N. officinále
Pflanze 20–90 cm hoch, mit kriechenden oder aufsteigenden Stengeln und von Juni bis Sept. blühend

Nastúrtium officinále R.BR.
Gemeine Brunnenkresse

Brassicáceae (Crucíferae) –
Kreuzblütler

Laubblätter: Unpaarig gefiedert,
gestielt und jederseits mit 2–4 ovalen
Teilblättern; diese schmal–oval, ganzrandig, gewellt oder unregelmässig kurz
gezähnt und an der Spitze meist abgerundet; Endteilblatt grösser, oval bis
rundlich und unregelmässig stumpf gezähnt; Blattstieloberseite mit kurzen
Haaren; jeweils im Herbst und Winter
grün bleibend

Blütenstand: Traube

Blüten: Kelchblätter 4, grünlich gefärbt, kahl und 2–3 mm lang; Kronblätter 4, weiss gefärbt, rundlich, 3 bis
5 mm lang und wie die Staubfäden nach
der Blütezeit sich lila verfärbend;
Staubbeutel gelb (nicht wie bei Cardámine amára purpurne Staubbeutel);
Staubblätter 6; Fruchtknoten oberständig; Insekten– und Selbstbestäubung

Früchte: Schoten 12–20 mm lang, bis
2,5 mm breit und kahl; Verbreitung
durch Wasservögel

Standort: In der kollinen und montanen (seltener subalpin) Stufe in Bächen,
Quellfluren, Gräben und im Röhricht mit
fliessendem, gleichmässig kühlem und
nährstoffreichem Wasser

209 Echter Waldmeister – A. odoráta
Pflanze 10–30 cm hoch, ausdauernd, mit verzweigtem Rhizom und von April bis Juni blühend

Aspérula odoráta L.
Gálium odorátum (L.) SCOP.
Echter Waldmeister

Rubiáceae – Krappgewächse

Laubblätter: Zu 6–9 quirlständig
angeordnet; Einzelblätter lanzettlich, mit
der grössten Breite meist oberhalb der
Mitte, 20–45 mm lang, mit einer deutlich ausgeprägten Hauptader, stachelspitzig und am Rande und auf der Mittelader rauh behaart

Blütenstand: Rispenartig (Thyrsen);
schirmförmig; Teilblütenstände wenig-
blütig

Blüten: Stiele 0,5–3 mm lang; Kelchblätter meist zu einem undeutlichen Ring
reduziert; Kronblätter 4, miteinander
verwachsen, weiss gefärbt, flach ausgebreitet oder becherförmig und am
Ende zugespitzt oder abgerundet;
Staubblätter 4, mit den Kronblättern
abwechselnd; Fruchtknoten unterständig, zweifächerig und mit zweiteiligem
Griffel; Insektenbestäubung

Früchte: Spaltfrüchte mit hakenför-
migen Widerhaken, 2–3 mm lang und
in 2 Teilfrüchte zerfallend

Standort: In der kollinen und montanen (seltener subalpin) Stufe verbreitet in
krautreichen Buchen– und Laubmischwäldern auf frischen, humosen, nährstoff– und basenreichen Böden

210 Wiesen–Labkraut – G. mollúgo
Pflanze 20–140 cm hoch, niederliegend, aufsteigend
oder kletternd und von Mai bis September blühend

Gálium mollúgo L.
Gálium elátum THUILL.
Wiesen–Labkraut
Gemeines Labkraut

Rubiáceae – Krappgewächse

Laubblätter: Zu mehreren quirlständig angeordnet; Einzelblätter 10 bis
30 mm lang, bis 7 mm breit, oval bis
breit–lanzettlich, ganzrandig, plötzlich
in die Spitze verschmälert, sehr dünn
und am Rande leicht umgerollt

Blütenstand: Pyramidenförmige,
vielblütige aber lockere Thyrsen; die
Teilblütenstände in den Achseln der
obersten Laubblätter; die letzten Verzweigungen ohne Tragblätter

Blüten: Stiele 3–4 mm lang; Kelchblätter sehr klein ausgebildet; Kronblätter meist 4, miteinander verwachsen,
weiss gefärbt, 1–2 mm lang und mit
grannenartig zugespitzten Zipfeln;
Staubblätter so viele wie Kronblätter;
Staubbeutel bis 3 mm lang; Fruchtknoten unterständig und zweifächerig; Insektenbestäubung

Früchte: Spaltfrüchte bräunlich, ohne
Haare und Haken und mehr oder weniger glatt

Standort: In der kollinen und montanen Stufe in lichten Laubwäldern, Fettwiesen und Gebüschen auf feuchten bis
wechselfeuchten Böden

211 Niedriges Labkraut – G. púmilum
Pflanze 10–30 cm hoch, aufsteigend, meist ohne
nichtblühende Triebe und von Mai bis Juli blühend

Gálium púmilum MURRAY
Gálium silvéstre POLL.
Niedriges Labkraut

Rubiáceae – Krappgewächse

Laubblätter: Zu 5–9 quirlständig
angeordnet; Einzelblätter 1–2 cm lang,
lanzettlich, oft etwas sichelförmig, mit
feiner Spitze, mit mehr oder weniger
stark umgerolltem Rand und mit einzelnen kurzen Haaren

Blütenstand: Vielblütige Thyrsen; ihre
Seitenäste aus den obersten Blattquirlen
ausgehend

Blüten: Gestielt; Kelchblätter sehr klein
ausgebildet und grünlich gefärbt;
Kronblätter 4, miteinander verwachsen,
weiss gefärbt, 1–2 mm lang und zugespitzt; Staubblätter so viele wie
Kronblätter; Fruchtknoten unterständig
und zweifächerig; Insektenbestäubung

Früchte: Spaltfrüchte mehr oder weniger glatt und mit geraden Fruchtstielen

Standort: In der kollinen und montanen Stufe häufig in Silikat–Magerrasen
und –weiden, lichten Gebüschen, auf-
gelichteten Wäldern und Trockenwiesen
auf mässig frischen bis wechselfeuchten,
basenreichen, kalkarmen, mässig sauren, modrig–humosen und gerne sandigen Lehmböden; Versauerungszeiger;
Dünger– und Nässefeind; Licht– und
Halbschattenpflanze

212 Alpen–Mohn – P. alpínum
Pflanze 5–25 cm hoch, ausdauernd, mit mehrköpfigem Rhizom und im Juli blühend

Papáver alpínum L.
Alpen–Mohn

Papaveráceae –
Mohngewächse

Laubblätter: In grundständiger
Rosette; die einzelnen Blätter kahl oder
kurz behaart, bis auf die Mittelader
ein– bis zweifach fiederteilig, graugrün
gefärbt und mit mehreren lanzettlichen
Abschnitten; Blütenstengel unbeblättert

Blütenstand: Stengel einblütig

Blüten: Kelchblätter 2, die Blütenknospe ganz umschliessend, oval,
stumpf, ganzrandig, braun behaart und
zur Blütezeit abfallend; Kronblätter 4,
oval bis rundlich, 15–25 mm lang,
ganzrandig oder wellig, ungestielt und
weiss gefärbt; Staubblätter zahlreich;
Staubfäden hell und fadenförmig;
Fruchtknoten oberständig und aus
zahlreichen Fruchtblättern zusammengesetzt; Insektenbestäubung

Früchte: Kapseln 10–15 mm lang, mit
vorspringenden Längslinien unterhalb
der 4–9 Narbenstrahlen und mit weissen Haaren

Standort: In der alpinen Stufe auf
Moränen, in Kalk–Grobschutthalden
und Alluvionen auf beweglichem Felsschutt mit sehr langer Schneebedeckung;
Schuttkriecher und guter Schutthalter;
selten herabgeschwemmt

213 Lerchensporn – C. ochloreúca
Pflanze 10–40 cm hoch, kahl, mit verzweigtem Rhizom und von Juni bis September blühend

Corydalis ochloreúca KOCH
Blassgelber Lerchensporn

Fumariáceae – Erdrauchgew.

Laubblätter: 10–25 cm lang, oval, 2
bis 3–fach gefiedert und blaugrün gefärbt; Abschnitte oval, meist keilförmig
verschmälert und mit ungleich gekerbt–
eingeschnittenen Abschnitten; Stiele gegen den Grund zu mit schmalem flügel-
artigem Rand

Blütenstand: Die endständige Traube
auch von Seitentrieben überragt

Blüten: Zygomorph, 10–15 mm lang,
weiss bis blassgelb– und an der Spitze
gelb gefärbt; Kelchblätter gezähnt und
2–3 mm lang; äussere Kronblätter 2:
das obere als Oberlippe rückwärts gespornt, nach vorn verbreitert und nach
oben gebogen, das untere als Unterlippe vorn verbreitert und nach unten
gebogen; Sporn meist nach unten gekrümmt; innere 2 Kronblätter gleich gestaltet und im vorderen Teil hell– bis
dunkelgelb gefärbt; Staubblätter 4 (2
innere und 2 äussere); oberständiger
Fruchtknoten aus 2 Fruchtblättern bestehend; auf dem einen Griffel zwei
Narben

Früchte: Schotenförmige Kapsel

Standort: In der kollinen und montanen Stufe bei Felsen, im Geröll und an
Mauern auf feuchten, steinigen Böden

214 Mittlerer Wegerich – P. média
Pflanze 15–40 cm hoch, ausdauernd, häufig und von Mai bis Juli blühend

Plantágo média L.
Mittlerer Wegerich
Plantagináceae – Wegerichgew.
Laubblätter: Alle in grundständiger Rosette, meist dem Boden aufliegend, eiförmig oder oval bis breit–oval, bis 15 cm lang, kurz und vereinzelt gezähnt, kurz gestielt, gegen den Grund zu verschmälert, zugespitzt, 5 bis 9–aderig und zerstreut bis dicht fein behaart
Blütenstand: Aehren vielblütig, lang ausgezogen (2–7 cm lang) und mit anliegend behaartem Stiel
Blüten: Kelchblätter 4, fast bis zum Grunde frei; Kronblätter 4, miteinander zu einer Röhre verwachsen, 2–4 mm lang, kahl und mit weissen Kronzipfeln; Staubblätter 4, mit gleicher Länge, lila gefärbt und in der Kronröhre angewachsen; Fruchtknoten oberständig und aus 2 Fruchtblättern zusammengesetzt; Griffel mit einer behaarten Narbe; Insekten– und Selbstbestäubung
Früchte: Eiförmige und 3 bis 8–samige Kapseln, die sich am oberen Ende mit einem abfallenden Deckel öffnen; Windverbreitung
Standort: Von der kollinen bis in die montane (seltener subalpin) Stufe verbreitet in trockenen Wiesen, Weiden, Halbtrockenrasen und an Wegrändern auf frischen bis trockenen Lehmböden

215 Salbeib. Zistrose – C. salviifólius
Pflanze 20–60 cm hoch, mit Zweigen, die dicht mit Sternhaaren bedeckt sind und im Mai blühend

Cístus salviifólius L.
Salbeiblättrige Zistrose
Cistáceae – Cistrosengewächse
Laubblätter: Gegenständig angeordnet, schmal–eiförmig, 1–4 cm lang, am Ende zugespitzt oder abgerundet, am Grunde meist keilförmig verschmälert oder herzförmig, mit deutlich vertiefter Netzaderung, runzelig und beiderseits dicht mit Sternhaaren besetzt; Blattstiel mit bis 1,5 mm langen Büschelhaaren
Blütenstand: Einzeln, lang gestielt und in den Achseln von Laubblättern
Blüten: Kelchblätter 5 (äussere 2 am Grunde herzförmig, innere 3 abgerundet), miteinander nicht verwachsen, grün, oft etwas rötlich gefärbt und dicht mit Sternhaaren besetzt; Kronblätter 5, bis 2 cm lang, weiss, miteinander nicht verwachsen und am Grunde mit je einem gelben Fleck; Staubblätter zahlreich; Fruchtknoten oberständig, aus 5 Fruchtblättern zusammengesetzt und 5–fächerig; auf einem bis 3 mm langen Griffel fünfteilige Narbe
Früchte: Vielsamige Kapseln
Standort: In der kollinen Stufe an felsigen Südhängen in unbeschatteter Lage auf meist trockenen, steinigen, nährstoffarmen und schwach bis stark sauren Böden (z.B. am Langensee)

216 Herzblatt – P. palústris
Pflanze 5–30 cm hoch, ausdauernd, völlig kahl und von Juli bis September blühend

Parnássia palústris L.
Sumpf–Studentenröschen
Saxifragáceae–Steinbrechgew
Laubblätter: Grundständige herzförmig mit meist abgerundetem Ende, mit dem Stiel (bis 6 cm) 5–10 cm lang und meist blaugrün gefärbt; an den Stielen im unteren Drittel hin und wieder 1 Blatt, das den Stengel umfasst
Blütenstand: Blüten einzeln und endständig an langen Stielen
Blüten: Kelchblätter 5, Kronblätter 5, oval, 2 bis 3 mal so lang wie die Kelchblätter, weiss oder rosa gefärbt, oberseits mit zahlreichen deutlich eingesenkten und parallel verlaufenden Adern und radiär angeordnet; 5 Staminodien mit zahlreichen je 1–4 mm lang gestielten, kugeligen und gelben Drüsen; Staubblätter 5 mit hellgelben bis weisslichen Staubbeuteln und vor den Kelchblättern stehend; Fruchtknoten oberständig oder halbunterständig und aus meist 4 Fruchtblättern bestehend; Insektenbestäubung
Früchte: Kapseln einfächerig
Standort: Von der kollinen bis in die alpine Stufe auf Moorwiesen, bei Quellen, in Flach– und Quellmooren und in der alpinen Stufe auch auf wasserzügigen Schutthängen in feuchten bis nassen und wenig humosen Böden

217 Echter Buchweizen – P. esculéntum
Pflanze 15–70 cm hoch, 1–jährig und von Juli bis September blühend

Polygonum fagopyrum L.
Fagopyrum vulgáre HILL.
Fagopyrum esculéntum
Echter Buchweizen
Polygonáceae –
Knöterichgewächse
Laubblätter: Herz–pfeilförmig, 3 bis 8 cm lang, meist länger als breit, zugespitzt, im unteren Teil des Stengels gestielt, zuoberst meist sitzend, ganzrandig, obersits dunkelgrün– und unterseits graugrün gefärbt
Blütenstand: Meist blattachsel–ständige Aehren
Blüten: Perigonblätter 5, weiss– bis hellrot gefärbt und zur Fruchtzeit bis 4 mm lang; Staubblätter 8, mit rötlichen Staubbeuteln; Fruchtknoten oberständig; die 3 Griffel mit je einer kopfigen Narbe; Insektenbestäubung
Früchte: Kapseln 5–7 mm lang, oval, vom Grunde an allmählich zugespitzt und ohne Höcker und Kanten
Standort: In der montanen Stufe verwildert in Schutt– und Unkrautfluren, an Wegen und Müllstandorten auf frischen bis trockenen, nährstoffreichen, mässig sauren, humosen und leicht lehmigen Sandböden; etwas wärmeliebend; wurde früher kultiviert, heute nur noch spärlich; gute Bienenfutterpflanze

218 Schwalbenwurz – V. officinále
Pflanze 20–120 cm hoch, mit kurzem Rhizom, mit behaarten Stengeln und von Juni bis August blühend

Vincetóxicum hirudinária
MEDIKUS (V. officinális
MOENCH) – Schwalbenwurz
Asclepiadáceae –
Seidenpflanzengewächse
Laubblätter: Gegenständig angeordnet, mit kurzem und flaumig behaartem Stiel, 5–12 cm lang, die unteren mehr herzförmig, die darüberliegenden länglich lanzettlich und lang zugespitzt, grün bis blaugrün gefärbt, unterseits auf den Adern behaart
Blütenstand: In den oberen Blattachseln mehrere langgestielte, von lanzettlichen Hochblättern umgebene und trugdoldenförmige Teilblütenstände
Blüten: Kelchblätter 5, mit bis 2 mm langen, schmalen und spitzen Zipfeln; Kronblätter 5, dreieckig, schmutzigweiss bis gelblichgrün, 2–4 mm lang und mit einwärts eingerolltem Rand der Zipfel; Nebenkrone verwachsen und halbkugelig; Staubblätter 5; Staubfäden mit dem Griffel zu einer Säule (dem Gynostegium) verwachsen; Fruchtknoten oberständig; Insektenbestäubung
Früchte: Balgfrüchte; Samen mit Haarschopf; Windverbreitung
Standort: Von der kollinen bis in die subalpine Stufe in lichten Eichen– oder Kiefern–Wäldern, am Saum von Gebüschen und in Steinschutt–Fluren

219 Vogelmiere – S. média
Pflanze 5–35 cm hoch, Kulturbegleiter seit der jüngeren Steinzeit und durch das ganze Jahr blühend

Stellária média L.
Vogelmiere, Hühnerdarm
Caryophylláceae –
Nelkengewächse
Laubblätter: Oval bis schmal eiförmig/herzförmig, 3–5 cm lang, am Ende zugespitzt, am Grunde etwas abgerundet, mit kurzem und bewimpertem Stiel (die unteren deutlich gestielt) und gegenständig angeordnet
Blütenstand: Blüten in dichten Knäueln
Blüten: Kelchblätter 5, nicht verwachsen, 3–5 mm lang und weiss behaart; Kronblätter 5, weiss und sehr tief hinunter 2–teilig; Staubblätter bis 10, meist 3 bis 5; Fruchtknoten oberständig; Insekten– und Selbstbestäubung
Früchte: Kapseln sich mit Zähnen öffnend; Samen dunkelbraun, bis 1,5 mm lang und mit breiten, stumpfen Höckern
Standort: Von der kollinen bis in die subalpine Stufe in Gärten, Weinbergen, bei Schuttplätzen, Lägerstellen, an Wegen und Ufern auf frischen bis feuchten, humosen, lockeren, oft lehmigen und stickstoffreichen Böden; Stickstoffzeiger; Kulturbegleiter; Flachwurzler; vor allem in Hackunkrautgesellschaften; Pflanze mit weltweiter Verbreitung

220 Kriechendes Gipskraut – G. répens
Pflanze 10–25 cm hoch, niederliegend bis aufsteigend, ausdauernd und von Mai bis August blühend

**Gypsóphila répens L.
Kriechendes Gipskraut**
Caryophylláceae – Nelkengewächse

Laubblätter: Sehr schmal lanzettlich, 1–3 cm lang, bei dieser Pflanze bläulichgrün gefärbt, gegenständig angeordnet und ohne Nebenblätter

Blütenstand: Rispenartig / Doldentraubig

Blüten: Kelchblätter 5, miteinander verwachsen, 2–4 mm lang, kahl und mit 5 spitzen Kelchzähnen (Kelchzähne ungefähr halb so lang wie der verwachsene Kelchteil); Kronblätter 5, weisslich oder rötlich gefärbt, 5–10 mm lang, verkehrt–eiförmig, vorn abgerundet oder etwas ausgerandet, gestielt und nicht verwachsen; Staubblätter 10; Fruchtknoten oberständig und mit zwei Griffeln

Früchte: Kapseln 3–5 mm lang und sich mit 4 Zähnen öffnen; Samen nierenförmig, meist etwas abgeflacht, dunkel gefärbt, höckerig und 1–2 mm im Durchmesser

Standort: In der subalpinen und alpinen Stufe in Schutthalden, Bachrunsen, an Bachufern und im Kies der Alpenflüsse auf feuchten oder zeitweise auch überfluteten, lockeren und kalkreichen Böden

221 Feder–Nelke – D. plumárius
Pflanze 20–50 cm hoch, ausdauernd, mit verzweigtem Rhizom und von Juni bis August blühend

**Diánthus plumárius L.
Feder–Nelke**
Caryophylláceae – Nelkengewächse

Laubblätter: Schmal lanzettlich, 2 bis 6 cm lang, gegenständig angeordnet und mit Blattscheiden, die 1 bis 2 mal so lang sind wie die Blattbreite; ohne Nebenblätter

Blütenstand: Lang gestielte Einzelblüten oder zu wenigen lockerblütig

Blüten: Kelchblätter meist 5, röhrenförmig verwachsen und mit kurzen Kelchschuppen; Kronblätter 5, mit den ausgebreiteten Teilen bis 18 mm lang, nicht verwachsen, lang gestielt, bis etwa zur Mitte zerschlitzt, weiss oder rosa gefärbt und am Grunde des ausgebreiteten Teiles meist dunkelrot gefärbt; Staubblätter 10; Fruchtknoten oberständig mit 2 Griffeln

Früchte: Kapseln sich mit 4 Zähnen öffnend; Samen schildförmig und mit verdickten Rändern

Standort: Von der kollinen bis in die subalpine Stufe in Felsen, felsigen Hängen und Gebüschen auf steinigen und kalkreichen Böden in sonniger Lage; diese Nelke ist sehr vielgestaltig und wird in viele Sippen unterteilt; in Gärten werden die zahlreichen Formen viel angepflanzt; Formen können verwildern

222 Gelbes Seifenkraut – S. lútea
Pflanze 5–12 cm hoch, ausdauernd, mit vielköpfigem Rhizom, kurz behaart und von Juli bis August blühend

**Saponária lútea L.
Gelbes Seifenkraut**
Caryophylláceae – Nelkengewächse

Laubblätter: Linealisch oder schmal lanzettlich, 1–4 cm lang, zugespitzt, unterseits mit einer deutlich hervortretenden Hauptader, kahl auf den Flächen, am Rand bewimpert und gegenständig angeordnet; mit steriler Blattrosette; ohne Nebenblätter

Blütenstand: Kopfförmig mit kurz gestielten Blüten

Blüten: Kelchblätter 5, miteinander verwachsen, 6–12 mm lang, im unteren Bereich mehrheitlich weisslich, darüber grünlich gefärbt, dicht wollig behaart und mit gleichartigen Zähnchen; Kronblätter 5, schmal verkehrt–eiförmig, 10–15 mm lang, hellgelb bis blass– schwefelgelb gefärbt und mit violettem Stiel; am Schlundeingang mit ungefähr 1 mm langer, zweiteiliger Schuppe (=Nebenkrone); Staubblätter 10; Fruchtknoten oberständig mit freien Griffeln

Früchte: Kapseln 6–10 mm lang

Standort: In der alpinen (seltener subalpin) Stufe verbreitet in Felsbändern und bei Schutthängen auf lockeren, steinigen, frischen bis mässig trockenen und kalkreichen Böden

223 Kriechendes Gipskraut – G. répens
Pflanze 10–25 cm hoch, niederliegend bis aufsteigend, ausdauernd und von Mai bis August blühend

**Gypsóphila répens L.
Kriechendes Gipskraut**
Caryophylláceae – Nelkengewächse

Laubblätter: Sehr schmal lanzettlich, 1–3 cm lang; bei dieser Pflanze, die an einem anderen Standort gefunden wurde, Blätter deutlich **hellgrün** gefärbt

Blütenstand: Rispenartig / Doldentraubig

Blüten: Kelchblätter 5, miteinander verwachsen, 2–4 mm lang, kahl und mit 5 spitzen Kelchzähnen (Kelchzähne ungefähr halb so lang wie der verwachsene Kelchteil); Kronblätter 5, weisslich oder rötlich gefärbt, 5–10 mm lang, verkehrt–eiförmig, vorn abgerundet oder etwas ausgerandet, gestielt und nicht verwachsen; Staubblätter 10; Fruchtknoten oberständig und mit zwei Griffeln

Früchte: Kapseln 3–5 mm lang und sich mit 4 Zähnen öffnend; Samen nierenförmig, meist etwas abgeflacht, dunkel gefärbt, höckerig und 1–2 mm im Durchmesser

Standort: In der subalpinen und alpinen Stufe in Schutthalden, Bachrunsen, an Bachufern und im Kies der Alpenflüsse auf feuchten oder zeitweise auch überfluteten, lockeren und kalkreichen Böden

224 Bewimperte Nabelmiere – M. ciliáta
Pflanze 2–15 cm hoch, mit kriechendem bis aufsteigendem Stengel und von Juli bis August blühend

**Moehríngia ciliáta (SCOP.) D.T.
M. polygonoídes M.u.K.
Bewimperte Nabelmiere**
Caryophylláceae – Nelkengewächse

Laubblätter: Schmal lanzettlich, bis 1 cm lang, meist etwas fleischig, mit 1–3 undeutlichen Adern, im oberen Bereich meist kahl, gegen den Grund zu kurz bewimpert, gegenständig angeordnet und dunkelgrün gefärbt

Blütenstand: Vielfach Einzelblüten oder zu 2 bis 3 am Ende der Stengel

Blüten: Stiele zwei– bis viermal so lang wie die kleinen obersten Blätter und grünlich bis dunkelrot gefärbt; Kelchblätter 5, schmal oval, stumpf oder zugespitzt, kahl, undeutlich ein– bis dreiaderig und grün gefärbt; Kronblätter 5, länger als die Kelchblätter, weiss gefärbt, oval, miteinander nicht verwachsen und ganzrandig; Staubblätter 10; Fruchtknoten oberständig mit 3 Griffeln

Früchte: Kapseln; Samen bis 1,5 mm lang und mit einem kleinen, gefransten Anhängsel

Standort: In der alpinen (seltener subalpin) Stufe verbreitet im Felsschutt auf frischen bis feuchten, lockeren, steinigen und kalkreichen Böden; eine mittel– und südeurop. Gebirgspflanze

225 Weisser Mauerpfeffer – S. álbum
Pflanze 5–20 cm hoch, mit zahlreichen niederliegenden Trieben und von Juni bis September blühend

**Sédum álbum L.
Weisser Mauerpfeffer**
Crassuláceae – Dickblattgew.

Laubblätter: Lineal walzenförmig, im Querschnitt rund, am Ende stumpf oder abgerundet, 5–15 mm lang, ungestielt, kahl, grünlich, hellgelb oder rötlich gefärbt und wechselständig angeordnet; bei den niederliegenden sterilen Trieben Blätter enger aneinanderliegend, als bei den blütentragenden Stengeln

Blütenstand: Vielblütige, doldenartige Rispe

Blüten: Kelchblätter meist 5, klein und an der Spitze breit abgerundet; Kronblätter meist 5, bis 6 mm lang, miteinander nicht verwachsen, schmal lanzettlich, stumpf, am Grunde oft rot geadert und weiss oder blassrosa gefärbt; Staubblätter 10, in 2 Kreisen angeordnet; Staubbeutel rot und kugelig; Fruchtknoten oberständig, aus fünf Fruchtblättern bestehend; Insektenbestäubung

Früchte: Mehrsamige Balgfrüchte

Standort: Von der kollinen bis in die subalpine Stufe auf Felsköpfen, Kiesdächern, Mauerkronen, an Dämmen und Felsrasen auf trockenen, nährstoffund feinerdearmen Stein– und Felsböden; Flachwurzler

226 Knöllchen–Knöterich – P. vivíparum
Pflanze 5–30 cm hoch, mit oft schlangenartig ge-
wundenem Rhizom und von Juni bis August blühend

Polygonum vivíparum L.
Knöllchen–Knöterich
Polygonáceae –
Knöterichgewächse

Laubblätter: Lanzettlich oder schmal
oval, 2–7 cm lang, lang zugespitzt, mit
nach unten umgerollten Rändern, oberseits meist etwas vertiefter und weisslicher Mittelader, unterseits meist kurz
behaart, im unteren Teil der Pflanze
gestielt und im oberen Bereich sitzend;
Nebenblattscheiden schmal dreieckig,
lang und oft bräunlich

Blütenstand: Endständige, lockerblütige und schmale Aehre mit im unteren Teil kleinen Bulbillen

Blüten: Zwittrig oder eingeschlechtig;
Pflanzen auch einhäusig und zweihäusig; Perigonblätter 5, weiss und 2–4 mm
lang; Fruchtknoten oberständig

Früchte: Nüsse dreikantig und dunkelbraun gefärbt

Standort: In der subalpinen und alpinen (seltener montan) Stufe in lichten
Wäldern, Wiesen, Borstgras–Weiden
und Magerrasen auf feuchten bis
trockenen, auch basenreichen, oberflächlich meist entkalkten und humosen
Stein– und Lehmböden; auch Brut-
knöllchenvermehrung; Humuswurzler
mit Wurzelpilz; nördlich bis Island und
Spitzbergen

227 Trauben–Steinbrech – S. paniculáta
Pflanze 5–45 cm hoch, ausdauernd, mit den Rosetten
lockere Rasen bildend und von Mai bis Juli blühend

Saxifraga paniculáta MILLER
Saxifraga aizóon JACQ.
Trauben–Steinbrech
Saxifragáceae –
Steinbrechgewächse

Laubblätter: Der oft zahlreichen Rosetten 1–5 cm lang, meist spatelförmig,
am Ende stumpf oder zugespitzt, fein
und regelmässig gezähnt, gegen den
Grund zu abstehend bewimpert, ausgebreitet oder gegen den Blütenstiel
geneigt und auf der Oberseite über
meist jedem Blattzahn eine kalkaus-
scheidende Grube; Blütenstielblätter
ähnlich den Rosettenblätter, aber kleiner
und wechselständig angeordnet

Blütenstand: Vielblütige Rispe mit
1–5 Blüten pro Ast

Blüten: Kelchblätter 5, am Rande mit
Drüsen, bis 3 mm lang, den Kronblättern
anliegend und am Ende zugespitzt oder
stumpf; Kronblätter 5, oval bis rundlich,
weiss gefärbt mit vielfach roten Punkten
und bis 9 mm lang; Staubblätter 10;
Fruchtknoten aus 2 Fruchtblättern
zusammengesetzt und unterständig

Früchte: Vielsamige Kapseln

Standort: In der subalpinen und
alpinen Stufe in Felsspalten und Rasen
auf mässig trockenen bis trockenen,
basenreichen und meist kalkhaltigen,
humosen und feinerdearmen Steinböden

228 Zottiger Mannsschild – A. villósa
Pflanze ausdauernd, grosse und dichte Rasen bildend
und von Juni bis Juli blühend

Andrósace villósa L.
Zottiger Mannsschild
Primuláceae –
Schlüsselblumengewächse

Laubblätter: Lanzettlich, ganzrandig,
5–10 mm lang, am Rande und auf der
Unterseite besonders im oberen Teil mit
zahlreichen bis 2 mm langen Haaren;
die flach ausgebreiteten Rosetten durch
halbkugelige und 2–5 cm über dem
Boden liegende ergänzt (mit roten
Stengeln!)

Blütenstand: Deutlich rot gestielte,
behaarte und 2 bis 8– blütige Dolden

Blüten: Kelchblätter 5, oval, zugespitzt, behaart und gegen die Spitze zu
oft auch rötlich und bis oft tief hinunter
geteilt; Kronblätter 5, im unteren Teil zu
einer bis 5 mm langen Röhre verwachsen, im oberen Bereich mit etwas ausgerandeten Zipfeln, weiss oder rötlich
gefärbt und mit gelbem oder rotem
Fleck; Staubblätter 5; Staubfäden in der
Kronröhre angewachsen; Fruchtknoten
oberständig

Früchte: Kapseln bis 4 mm lang, kugelig oder eiförmig und sich oft bis zur
Mitte mit 5 Zähnen öffnend

Standort: In der subalpinen und alpinen Stufe in Rasen, steinigen Hängen
auf kalkreichen und im Winter oft
schneefreien Böden

229 Grosser Mauerpfeffer – S. teléphium
Pflanze 15–70 cm hoch, ausdauernd, kahl, mit rü-
benartigem Rhizom und von Juni bis Sept. blühend

Sédum teléphium L. ssp.
máximum (HOFFM.)
Grosses Fettkraut,
Grosser Mauerpfeffer
Crassuláceae –
Dickblattgewächse

Laubblätter: Oval, 3–15 cm lang,
etwas stengelumfassend oder sitzend,
meist gegenständig– oder zu 3 quirlständig angeordnet, am Grunde herzförmig oder abgerundet, etwas fleischig
und stengelmässig stumpfzähnig

Blütenstand: Aus mehreren, blatt-
achselständigen, vielblütigen und dichten Doldentrauben

Blüten: Meist 5–zählig; Kelchblätter
1–2 mm lang und zugespitzt; Kronblätter 3–5 mm lang, schmal dreieckig
und weiss oder hell gelbgrün gefärbt;
Staubblätter doppelt so viele wie Kronblätter; Fruchtknoten oberständig;
Fliegen–Bestäubung

Früchte: Mehrsamige Balgfrüchte

Standort: Von der kollinen bis in die
subalpine Stufe in Steinschuttfluren,
Felsspalten, auf felsigen Magerrasen,
Aeckern, an Mauern und in lichten
Wäldern auf mässig trockenen, basenreichen, meist kalkarmen, nur wenig
humosen und lockeren Steinschutt-
oder Felsenböden; Pionierpflanze;
früher als Heilpflanze verwendet

230 Sternblütiger Steinbrech – S. stelláris
Pflanze 5–20 cm hoch, an den Ausläufern Blattrosetten, Rasen bildend und von Juli bis August blühend

Saxifraga stelláris L.
Sternblütiger Steinbrech
Saxifragáceae –
Steinbrechgewächse

Laubblätter: Der Rosetten oval und
keilförmig verschmälert oder spatelförmig, 1–5 cm lang, mit bis 9 groben
Zähnen, ungestielt oder nur kurz gestielt, unterseits weisslich und etwas
fleischig; am drüsigen Blütenstiel nur
kleine Tragblätter vorhanden

Blütenstand: 3 bis 15–blütige
Traube; seitliche Blüten auch zygomorph
mit kürzeren und längeren Kronblättern

Blüten: Kelchblätter 5, oval, grünlich
oder rötlich, 2–3 mm lang und zurückgebogen; Kronblätter 5 oder seltener 6,
schmal oval, zugespitzt und am Grunde mit 2 gelben Punkten; Staubblätter
10; Fruchtknoten aus 2 Fruchtblättern
zusammengesetzt und oberständig;
Fliegenbestäubung

Früchte: Vielsamige Kapseln

Standort: Von der montanen bis in die
subalpine Stufe bei kalten Quellen, an
Bachufern, an feuchten Felsen, in
Schneetälchen und Rinnsalen auf kühlen,
sickernassen, mässig nährstoff– und
basenreichen, humosen und oft moosigen, steinig–sandigen Ton– oder reinen Sandböden; Kaltwasser–Spezialist;
formenreiche Art

231 Silberwurz – D. octopétala
Zwergstrauch bis 10 cm hoch, bis 50 cm lang ausgebreitet, Rasen bildend und von Juni bis Juli blühend

Dryas octopétala L.
Achtkronblättrige Silberwurz
Rosáceae – Rosengewächse

Laubblätter: Meist schmal oval, 1 bis
3 cm lang, gestielt, am Spreitengrund
herzförmig, am Ende meist stumpf,
oberseits kahl (seltener behaart) und
dunkelgrün, unterseits weiss und dicht-
filzig behaart, immergrün und mit grob
gekerbtem oder gezähntem und nach
unten umgerolltem Rand; Blattstiele
behaart

Blütenstand: Einzeln in den Blattachseln

Blüten: Kelchblätter 7–9, schmal lanzettlich, bis 1 cm lang, mit dunklen Drüsenhaaren und am Rande dicht mit
weissen Haaren besetzt; Kronblätter
7–9 (meist 8), oval, weiss und bis 2 cm
lang; Staubblätter viele; zahlreiche
Fruchtknoten auf gewölbtem Fruchtboden; Griffel nach der Blütezeit noch
wachsend und federig behaart

Früchte: Nüsschen mit 2–3 cm langem und dicht federig behaartem Griffel

Standort: In der subalpinen und alpinen Stufe in lichten Rasen, Kalk-
Magerrasen, Steinrasen, an felsigen
Hängen und wenn herabgeschwemmt,
im Flusskies auf frischen bis mässig
trockenen, basenreichen und mehr oder
weniger kalkhaltigen Böden

232 Wintergrün – P. secúnda
Pflanze 5–25 cm hoch, mit weit kriechendem und verzweigtem Rhizom und von Juli bis Sept. blühend

Orthília secúnda (L.) HOUSE
Einseitswendiges Wintergrün
Pyroláceae – Wintergrüngewächse

Laubblätter: Nur im unteren Drittel des Stengels vorhanden, gestielt und glänzend grün gefärbt; Spreite breit lanzettlich bis oval, am Ende zugespitzt und bis 4 cm lang

Blütenstand: Bis 30–blütige und einseitswendige Traube mit nickenden Blüten

Blüten: Kelchblätter 5, ein Dreieck bildend und grün gefärbt; Kronblätter 5, miteinander nicht verwachsen, 2–4 mm lang, glockenförmig zusammenneigend und weiss oder hell gelbgrün gefärbt; Staubblätter 10; Staubfäden etwas gebogen aber ohne Spornfortsätze; Fruchtknoten oberständig und mit einem Griffel; Insektenbestäubung

Früchte: 5–fächerige und hängende Kapseln

Standort: In der montanen und subalpinen Stufe zerstreut aber dann gesellig in Fichten–, Fichten–Tannen–, Kiefern– und Arven– Lärchenwäldern auf feuchten bis trockenen, mageren, neutralen bis sauren und modrig humosen Sand– und Lehmböden; Halbschatten–Schattenpflanze; Heilpflanze; selten in Buchenwäldern

233 Rundb. Steinbrech – S. rotundifólia
Pflanze 20–50 cm hoch, ausdauernd, mit wechselständigen Blättern und von Juni bis Sept. blühend

Saxífraga rotundifólia L.
Rundblättriger Steinbrech
Saxifragáceae – Steinbrechgewächse

Laubblätter: Grundständige lang gestielt, eine Rosette bildend und Spreite im Umriss rundlich bis nierenförmig, bis 5 cm im Durchmesser, am Grunde herzförmig, gezähnt, beiderseits aufgelockert behaart, oberseits dunkel graugrün– und unterseits hell graugrün gefärbt; Blattstiel behaart; Stengelblätter im unteren Bereich gleich gestaltet, im oberen Bereich einfacher ausgebildet und ungestielt

Blütenstand: Rispe

Blüten: Kelchblätter 5, lanzettlich bis oval und bis 5 mm lang; Kronblätter 5, schmal oval, weiss gefärbt und mit roten und gelben Punkten; Staubblätter 10, Fruchtknoten aus 2 Fruchtblättern bestehend und oberständig; Bestäubung durch Fliegen

Früchte: Mehrsamige Kapseln

Standort: In der montanen und subalpinen (seltener kollin und alpin) Stufe in Hochstaudenfluren, stauden– und krautreichen Bergmischwäldern, an Bachufern und zwischen Felsblöcken in schattiger Lage auf frischen bis nassen, nährstoff– und basenreichen, meist kalkhaltigen und humosen Böden

234 Leberblümchen – H. trilóba
Pflanze 5–20 cm hoch, mit beinahe senkrecht stehendem Rhizom und von März bis Mai blühend

Hepática nóbilis SCHREBER
Hepática trilóba GILIB.
Dreilappiges Leberblümchen
Ranunculáceae – Hahnenfussgewächse

Laubblätter: Grundständig, überwinternd und mit langen, behaarten Stielen; Spreite herzförmig bis dreilappig, mit sich oft überlappenden Abschnitten, oberseits mehrheitlich grün und unterseits rotbraun bis violett gefärbt; Stengelblätter 3, oval, stumpf oder zugespitzt, 5–10 mm lang, ganzrandig, den Perigonblättern genähert und damit einen Scheinkelch bildend

Blütenstand: Blütenstengel behaart, dunkelrot gefärbt und einblütig

Blüten: Scheinkelch aus 3 Hochblättern bestehend; Perigonblätter 5–10, oval, kahl und blau, rot oder weiss gefärbt; Staubblätter viele; Fruchtknoten zahlreich, aus je einem Fruchtblatt bestehend und oberständig; Insektenbestäubung

Früchte: Nüsschen

Standort: In der kollinen und montanen Stufe in Eichen– und Buchenwäldern, seltener Nadelwäldern und an buschigen Hängen auf sommerwarmen, frischen bis trockenen, mehr oder weniger nährstoff– und basenreichen, meist kalkhaltigen und neutralen Böden

235 Gemeiner Sauerklee – O. acetosélla
Pflanze 5–15 cm hoch, ausdauernd, mit unterirdischen Ausläufern und von April bis Juni blühend

Oxalis acetosélla L.
Gemeiner Sauerklee
Oxalidáceae – Sauerkleegewächse

Laubblätter: Grundständig, lang gestielt und 3 teilig; Teilblätter verkehrt–herzförmig, zerstreut behaart, miteinander gelenkig verbunden und bei schlechter Witterung und während der Nacht nach unten geklappt

Blütenstand: Einzelblüten, vor dem Aufblühen nickend

Blüten: Kelchblätter 5, schmal oval, dünn, 3–5 mm lang und grünlich gefärbt (oft mit helleren Rändern); Kronblätter 5, oval, am Ende unregelmässig ausgerandet, bis 15 mm lang, weiss gefärbt (seltener rosa oder blau) und mit rötlichen Adern; Staubblätter 10; dabei die äusseren 5 kürzer als die 5 inneren; Fruchtknoten mit 5 verwachsenen Fruchtblättern und oberständig; Insekten– und Selbstbestäubung

Früchte: Fachspaltige Kapseln, deren flache Samen bis 2 m weit weggeschleudert werden

Standort: Von der kollinen bis in die subalpine Stufe verbreitet und gesellig in schattigen und krautreichen Nadelmischwäldern, Buchen– und Eichenmischwäldern auf frischen bis feuchten und mässig nährstoffreichen Böden

236 Fieberklee – M. trifoliáta
Pflanze 10–30 cm hoch, ausdauernd, mit lang kriechendem Rhizom und von Mai bis Juni blühend

Menyánthes trifoliáta L.
Fieberklee
Gentianáceae – Enziangew.

Laubblätter: 3–zählig, wechselständig angeordnet und am Grunde mit einem scheidenartig verbreiterten Stiel; Teilblätter breit lanzettlich bis oval, ganzrandig oder schwach und stumpf gezähnt und netzaderig

Blütenstand: Traube

Blüten: Kelchblätter 5, bis tief hinunter 5–teilig; Kronblätter 5, zu einer kurzen trichterförmigen Röhre verwachsen, weiss oder rötlich, auf der Innenseite bärtig und mit nach aussen zurückgerollten Zipfeln; Staubblätter 5, in der Kronröhre angewachsen; Fruchtknoten aus 2 Fruchtblättern bestehend und oberständig; Griffel mit 2 teiliger Narbe; Bestäubung besonders durch Hummeln

Früchte: Mehrsamige, den Fruchtblättern entlang aufspringende Kapseln; meist Wasserverbreitung

Standort: Von der kollinen bis in die subalpine Stufe in Flach– und Quellmooren, Verlandungssümpfen auf nassen oder überschwemmten, mässig nährstoff– und basenreichen, meist kalkarmen und etwas sauren Torfschlamm–Böden; Pionier in der Verlandungszone

237 Wald–Erdbeere – F. vésca
Pflanze 5–20 cm hoch, ausdauernd, mit oberirdischen Ausläufern und von April bis Juli blühend

Fragária vésca L.
Wald–Erdbeere
Rosáceae – Rosengewächse

Laubblätter: Grundständige eine Rosette bildend, 3–zählig und lang gestielt; Stiele und Stengel behaart; Teilblätter oval, grob gezähnt, unterseits nicht sehr dicht behaart und seidig glänzend; Endzahn jeweils länger als die angrenzenden Zähne

Blütenstand: Einblütig oder mehrblütige Dolde

Blüten: Kelchblätter doppelt; innere 5 oval und lang zugespitzt, äussere schmal lanzettlich; Kronblätter 5, rundlich, weiss gefärbt und meist länger als der Kelch; Staubblätter viele; viele Fruchtknoten aus jeweils einem Fruchtblatt bestehend und an einem fleischigen Blütenboden; Insektenbestäubung

Früchte: Zahlreiche Nüsschen auf dem kegelförmigen und fleischigen Blütenboden (Scheinbeere = Erdbeere) verteilt; Tierverbreitung

Standort: Von der kollinen bis in die subalpine Stufe in Waldschlägen, Waldlichtungen, an Waldwegen und Waldrändern auf frischen bis mässig trockenen, nährstoffreichen, humosen, steinigen, sandiger oder reinen Lehmböden; Licht–Halbschattpflanze; Heilpflanze

238 Alpen–Hahnenfuss – R. alpéstris
Pflanze 5–15 cm hoch, ausdauernd, kahl, mit kurzem Rhizom und von Juni bis August blühend

Ranúnculus alpéstris L.
Alpen–Hahnenfuss
Ranunculáceae – Hahnenfussgewächse

Laubblätter: Grundständige lang gestielt; Spreite im Umriss rundlich bis nierenförmig, meist bis sehr tief 3 bis 5–teilig und glänzend; Abschnitte verschieden tief und unregelmässig gezähnt (Zähne stumpf); wo vorhanden, Stengelblätter einfach oder dreiteilig mit schmal lanzettlichen Abschnitten

Blütenstand: Stengel meist 1–blütig

Blüten: Weiss und 10–25 mm im Durchmesser; Kelchblätter 5, oval, grün gefärbt und den Kronblättern anliegend; Kronblätter 5, oval und dabei deutlich ausgerandet oder verkehrt–herzförmig; Staubblätter zahlreich; Fruchtknoten zahlreich, auf einem kahlen und gewölbten Blütenboden und oberständig

Früchte: Nüsschen bis 2 mm lang, kahl und mit einem langen Schnabel versehen

Standort: In der subalpinen und alpinen (seltener montan) Stufe auf Felsbändern, in Schneetälchen, Schneerunsen und offenen Rasen auf feuchten, lange vom Schnee bedeckten, kalkhaltigen und lehmreichen Rohböden und Feinschuttböden; in den Nordalpen häufiger als in den Zentralalpen

239 Weisses Fingerkraut – P. álba
Pflanze 10–25 cm hoch, ausdauernd und von April bis Juni blühend

Potentílla álba L.
Weisses Fingerkraut
Rosáceae – Rosengewächse

Laubblätter: Grundständige fünf–zählig (seltener 7–zählig) und mit anliegend oder abstehend behaarten Stielen; Teilblätter breit lanzettlich, 2 bis 6 cm lang, zugespitzt, mit der grössten Breite in oder oberhalb der Mitte, am Ende mit mehreren kleinen Zähnen, oberseits meist kahl, unterseits anliegend behaart und hellgrau glänzend; stengelständige Blätter einfacher gebaut

Blütenstand: 1 bis 2–blütig, seltener mehrblütig

Blüten: Kelchblätter 10; äussere 5 schmal lanzettlich und viel kleiner als die inneren 5; Kronblätter 5, weiss gefärbt, verkehrt–herzförmig und die Kelch–blätter nur wenig überragend; Staubblätter zahlreich; Fruchtknoten zahlreich auf gewölbtem Blütenboden; Insekten–bestäubung

Früchte: Nüsschen 2–3 mm lang; Verbreitung durch Ameisen

Standort: In der kollinen Stufe in lichten Eichen– und Eichen–Kiefern–wäldern, an Waldrändern und Gebüschsäumen auf mässig trockenen bis trockenen, oft kalkarmen und sandigen bis steinigen Lehm– oder Tonböden; wärmeliebend

240 Hügel–Windröschen – A. silvéstris
Pflanze 20–40 cm hoch, ausdauernd, mit abstehend behaarten Stengeln und von April bis Mai blühend

Anemóne silvéstris L.
Hügel–Windröschen
Ranunculáceae – Hahnenfussgewächse

Laubblätter: Grundständige bis zum Grunde 3– oder 5teilig, 5 bis 10 cm im Durchmesser, beiderseits locker behaart und im Umriss 5– oder 7eckig; Abschnitte ebenfalls geteilt und an ihrem Ende grob gezähnt; Stengelblätter gleich geformt wie die grundständigen Blätter

Blütenstand: Meist 1–blütig

Blüten: Perigonblätter 5 oder 6, weiss gefärbt und auf der Aussenseite behaart; Staubblätter zahlreich; Fruchtknoten zahlreich an einem gewölbten Blütenboden; Windverbreitung

Früchte: Nüsschen mehr oder weniger flach, dicht stehend und weiss behaart; Haare länger als die Früchte

Standort: In der kollinen (seltener montan) Stufe an trockenwarmen Hügeln, Waldrändern, in Föhren–Eichenwäldern und Buschwäldern auf sommerwarmen, sommertrockenen, kalkreichen, humosen, lockeren, tiefgründigen und sandigen bis lehmigen Böden; Wurzelkriecher; diese eurosibirische Pflanze reicht nördlich bis Norddeutschland, westlich bis Lothringen und südwärts bis Nordspanien

241 Busch–Windröschen – A. nemorósa
Pflanze 10–25 cm hoch, ausdauernd, mit horizontal kriechendem Rhizom und von März bis Mai blühend

Anemóne nemorósa L.
Busch–Windröschen
Ranunculáceae – Hahnenfussgewächse

Laubblätter: Zur Blütezeit normalerweise keine grundständigen Blätter vorhanden; stengelständige 3, im obersten Drittel der Pflanze, meist gestielt, im Umriss rhombisch bis 5–eckig, 2–6 cm lang und 3 teilig; Abschnitte tief eingeschnitten und zusätzlich grob gezähnt

Blütenstand: 1–blütig, seltener 2–blütig

Blüten: Im Durchmesser 2–4 cm und mit kraus behaarten Stielen; Perigon–blätter meist 6–8 (seltener bis 12), schmal oval, am Ende abgerundet oder schwach eingeschnitten, weiss gefärbt und oft rosa überlaufen; Staubblätter zahlreich; Fruchtknoten zahlreich auf gewölbtem Blütenboden und oberständig; Insektenbestäubung

Früchte: Einsamige Nüsschen mit kurzen und borstigen Haaren besetzt; Ameisenverbreitung

Standort: In der kollinen und montanen (seltener subalpin) Stufe in Baumgärten, schattigen Wiesen, krautreichen Laub– und Nadelwäldern und Hecken auf frischen, nährstoffreichen, neutralen bis mässig sauren und humosen Böden

242 Hahnenfuss – R. platanifólius
Pflanze 40–130 cm hoch, ästig verzweigt, mit kräftigem Rhizom und von Juni bis Juli blühend

Ranúnculus platanifólius L.
Platanenblättriger Hahnenfuss
Ranunculáceae – Hahnenfussgewächse

Laubblätter: Grundständige lang gestielt, beinahe bis zum Grunde 3 bis 7–teilig und kahl; Abschnitte unregelmässig gezähnt (mit nach vorn gerichteten Zähnen), breit lanzettlich bis schmal oval, fein zugespitzt, gegen den Grund zu keilförmig verschmälert, ungestielt und am Grunde miteinander verbunden; oberste Stengelblätter ungestielt; ihre Abschnitte schmal lanzettlich, grob gezähnt und in eine ganzrandige Spitze ausgezogen

Blütenstand: Stengel verzweigt und vielblütig

Blüten: Ihre Blütenstiele mehr oder weniger parallel verlaufend, schlank und unter der Blüte stets kahl; Kelchblätter 5, kahl, etwas rötlich angelaufen und abfallend; Kronblätter 5 oder mehr, schmal oval und weiss gefärbt; Staubblätter zahlreich; Fruchtknoten zahlreich

Früchte: Nüsschen 3–4 mm lang und mit einem bis 1,5 mm langen Schnabel

Standort: Meist in der subalpinen Stufe in hochstaudenreichen Wäldern, Gebüschen, Hochgrasfluren und Schluchtwäldern auf frischen, basen– und nährstoffreichen Böden

243 Hahnenfuss – R. aconitifólius
Pflanze 20–100 cm hoch, abstehend ästig verzweigt, mit kräftigem Rhizom und von Mai bis Juli blühend

Ranúnculus aconitifólius L.
Eisenhutblättriger Hahnenfuss
Ranunculáceae – Hahnenfussgewächse

Laubblätter: Grundständige lang gestielt, beinahe bis zum Grunde 3 bis 7–teilig und kahl; Abschnitte meist gleichmässig gezähnt, vielfach rhombisch, über der Mitte am breitesten, oft kurz gestielt und gegen den Grund zu plötzlich verschmälert; oberste Stengelblätter ungestielt; ihre Abschnitte schmal rhombisch und fast bis zur Spitze gleichmässig gezähnt

Blütenstand: Stengel verzweigt und vielblütig

Blüten: Ihre Blütenstiele mehr spreizend als parallel verlaufend, meist etwas dick und unter der Blüte kurz behaart; Kelchblätter 5, kahl, rötlich angelaufen und abfallend; Kronblätter 5 oder mehr, breit oval und weiss gefärbt; Staubblätter zahlreich; Fruchtknoten zahlreich

Früchte: Nüsschen 2–4 mm lang und mit einem oft nicht einmal o,5 mm langen Schnabel

Standort: In der montanen und subalpinen Stufe in feuchten Fettwiesen, Nasswiesen, staudenreichen Wäldern, an Bachufern und Quellen auf nassen bis feuchten, nährstoffreichen, meist kalkarmen und humosen Böden

Geránium riváláre VILL.
Blassblütiger Storchschnabel
Geraniáceae – Storchschnabelgewächse

Laubblätter: Untere Blätter beinahe bis zum Grund 5 bis 7–spaltig, 5 bis 10 cm breit und lang gestielt; Abschnitte ebenfalls tief eingeschnitten und zusätzlich gezähnt; Zähne und Zipfel viel länger als breit; Blätter im oberen Bereich ungestielt

Blütenstand: Straussförmig mit zweiblütigen Teilblütenständen; Blütenstiele mit rückwärts anliegenden Haaren

Blüten: Die obersten Blätter weit überragend; Kelchblätter 5, schmal oval, 6–9 mm lang und mit bis 2 mm langer Spitze; Kronblätter 5, miteinander nicht verwachsen, 10–15 mm lang, weiss gefärbt und mit rötlich–violetten Adern; Staubblätter 10; Staubfäden am Grunde verbreitert und am Rande deutlich bewimpert; Fruchtknoten oberständig

Früchte: In 5 einsamige Teilfrüchte zerfallend; Samen werden herausgeschleudert

Standort: In der subalpinen (seltener montan und alpin) Stufe an Bachrändern, bei Gebüschen, in Zwergstrauchheiden und lichten Lärchen– und Arvenwäldern auf frischen, kalkarmen und steinigen Böden

244 Blassbl. Storchschnabel – G. riváláre
Pflanze 20–60 cm hoch, ausdauernd, mit gabelig verzweigtem Stengel und von Juli bis August blühend

Anemóne narcissiflóra L.
Narzissenblütiges Windröschen
Berghähnlein
Ranunculáceae – Hahnenfussgewächse

Laubblätter: Grundständige mit langen und behaarten Stielen; Spreite im Umriss rundlich, 3–8 cm im Durchmesser, 3– oder 5–teilig und unterseits auf den Adern und am Rande behaart; Abschnitte mehrmals tief eingeschnitten und die schmalen Zipfel oft noch zusätzlich gesägt; Stengelblätter gleich gestaltet

Blütenstand: 3 bis 8–blütige Dolde; Blütenstiele behaart

Blüten: Durchmesser 15–30 mm; Perigonblätter 5–7, vor dem sich Oeffnen ausserseits rötlich, später weiss und kahl; Staubblätter zahlreich; zahlreiche Fruchtknoten auf einem schwach gewölbten Blütenboden oberständig

Früchte: Flache und kahle Nüsschen ohne verrlängerte Griffel

Standort: In der subalpinen (seltener montan und alpin) Stufe in Bergwiesen, alpine Steinrasen, Hochgrasfluren, bei Staudenhalden und an Gebüschrändern auf frischen bis wasserzügigen, meist kalkhaltigen und steinigen oder lockeren Lehm– und Tonböden; giftige Pflanze; nicht auf Urgestein

245 Berghähnchen – A. narzissiflóra
Pflanze 15–40 cm hoch, ausdauernd, mit meist senkrechtem Rhizom und von Mai bis Juli blühend

Pulsatílla alpína (L.) SCHRANK
Anemóne alpína L.
Alpen–Anemone
Ranunculáceae – Hahnenfussgewächse

Laubblätter: Zur Blütezeit das eine grundständige Blatt noch kaum entwickelt; dieses später lang gestielt; Spreite im Umriss dreieckig, 10–30 cm breit und 3–teilig; lang gestielte Abschnitte ebenfalls 3– teilig; Abschnitte 2. Ordnung fiederteilig; die 3 Stengelblätter (=Hochblätter) miteinander nicht verwachsen, aber gleich gestaltet wie das grundständige Blatt, nur etwas kleiner

Blütenstand: Einzelblüte

Blüten: Im Durchmesser bis 6 cm; Perigonblätter meist 6, oval, am Ende abgerundet oder unregelmässig eingeschnitten, weiss gefärbt (ausserseits auch bläulich oder rötlich), innerseits kahl und ausserseits etwas behaart; Staubblätter zahlreich; Fruchtknoten zahlreich; Griffelspitze zur Fruchtzeit kahl

Früchte: Nüsschen

Standort: Vor allem in der subalpinen Stufe auf Wiesen, Weiden und in Zwergstrauchheiden auf frischen bis trockenen, sommerwarmen, nährstoff– und basenreichen, kalkhaltigen, neutral– milden, humosen, lockeren und steinigen bis tonigen Böden

246 Alpen–Anemone – P. alpína
Pflanze 15–50 cm hoch, mit aufrechtem und behaartem Stengel und von Mai bis August blühend

Potentílla rupéstris L.
Felsen–Fingerkraut
Rosáceae – Rosengewächse

Laubblätter: Grundständige mit abstehend behaarten Stielen und einfach gefiedert; Teilblätter oval bis rundlich, bis 3 cm lang, gegen den Grund zu keilförmig verschmälert, beiderseits behaart und doppelt gezähnt; Stengelblätter einfacher geformt

Blütenstand: Stengel im oberen Teil verzweigt; Teilblütenstände trugdoldig

Blüten: Je 5 Aussen– und Innenkelchblätter; äussere schmal lanzettlich und kürzer als die inneren, ovalen Kelchblätter; Kronblätter 5, oval bis rundlich, am Ende nicht ausgerandet und weiss gefärbt; Staubblätter zahlreich, mit kahlen Staubfäden; Fruchtknoten zahlreich, oberständig und einsamig

Früchte: Nüsschen kahl; Windverbreitung

Standort: In der kollinen und montanen (seltener subalpin) Stufe an Felsen, Mauern, Rainen, Wald– und Buschrändern, in lichten Eichen– oder Kiefern–Wäldern und Trockenwiesen auf frischen bis trockenen, basenreichen, oft kalkarmen, humosen, steinigen oder sandigen Lehm– oder Steinböden; Licht–Halbschattpflanze

247 Felsen–Fingerkraut – P. rupéstris
Pflanze 15–30 cm hoch, mit meist rot überlaufenen und behaarten Stengeln und von Mai bis Juli blühend

Filípendula ulmária (L.) MAXIM
Moor – Spierstaude, Mädesüss
Rosáceae – Rosengewächse

Laubblätter: Grund– und stengelständige 1 fach unpaarig gefiedert, oberseits dunkelgrün und unterseits hellgrün oder durch dichte Behaarung weisslich; Endfiederblatt grösser als die anderen Teilblätter und gelappt; zwischen den ovalen, bis 6 cm langen und fein doppelt gezähnten Teilblättern kleinere Blätter

Blütenstand: Vielblütig, rispig, mit verkürzter Hauptachse und verlängerten Seitenzweigen

Blüten: Kelchblätter 5 oder 6; Kronblätter 5 oder 6, weisslich oder hellgelb gefärbt; Staubblätter zahlreich und meist viel länger als die Kronblätter; auf kegelförmigem Blütenboden bis 15 Fruchtknoten; Insektenbestäubung

Früchte: Nüsschen kahl, hart und schraubig gedreht

Standort: Von der kollinen bis in die subalpine Stufe an Gräben, Ufern, Quellen, in Nasswiesen, Moorwiesen, Auenwäldern und im Hochstaudenried auf nassen bis feuchten, nährstoffreichen, humosen, sauren bis basischen, sandigen oder reinen Lehm– und Tonböden; Licht–Halbschattenpflanze; begleitet gerne Eschen und Erlen

248 Mädesüss – F. ulmária
Pflanze bis 2 m hoch, ausdauernd, mit kurzem und dickem Rhizom und von Juni bis August blühend

Sambúcus ébulus L.
Zwerg – Holunder
Caprifoliáceae – Geissblattgewächse

Laubblätter: Kurz gestielt, dunkelgrün gefärbt und unpaarig gefiedert mit 5, 7 oder 9 Teilblättern; diese länglich–lanzettlich, bis 15 cm lang, anliegend oder kurz gestielt, am Grunde abgerundet und oft asymmetrisch und regelmässig fein gezähnt

Blütenstand: Flache oder schwach gewölbte Rispen; erst nach den Blättern erscheinend

Blüten: Kelchblätter 5, verwachsen und bei den Zipfelspitzen rötlich; Kronblätter 5, schmal oval, kurz zugespitzt, mit nach oben gewölbten Rändern, weiss gefärbt und unterseits oft im oberen Bereich rosa; Staubblätter 5, mit weissen Staubfäden und roten, nach aussen gerichteten Staubbeuteln; Fruchtknoten unterständig; Insektenbestäubung

Früchte: Beerenartige Steinfrüchte mit 3–5 Steinkernen; Vogelverbreitung

Standort: In der kollinen und montanen Stufe in Waldschlägen, Auen, bei Hecken, an Wegrändern und Schuttstellen auf sickerfeuchten bis frischen, nährstoff– und basenreichen, meist kalkhaltigen und tiefgründigen Böden

249 Zwerg–Holunder – S. ébulus
Pflanze bis 2 m hoch, mit tief im Boden kriechendem Rhizom und von Juli bis August blühend

Saxífraga exaráta VILL.
Gefurchter Steinbrech
Saxifragáceae – Steinbrechgewächse

Laubblätter: Rosettig angeordnet, 5–20 mm lang, mit 3 bis 7 abgestumpften Abschnitten und dicht mit Drüsen besetzt; im getrockneten Zustand zwischen den Adern deutlich gefurcht

Blütenstand: 4 bis 8–blütige Traube

Blüten: Kelchblätter 5, oval, stumpf, an den Rändern behaart, grünlich gefärbt und gegen die Spitze zu auch etwas dunkler; Kronblätter 5, länger und bis doppelt so breit wie die Kelchblätter, an der Spitze abgerundet, weiss, rötlich oder seltener gelb gefärbt und sich gelegentlich bei den Rändern überdeckend; Staubblätter 10, mit rötlichgelben Staubbeuteln; Fruchtknoten aus 2 Fruchtblättern zusammengesetzt, mit 2 am Grunde verwachsenen Griffeln und nicht oberständig

Früchte: Mehrsamige Kapseln

Standort: In der subalpinen und alpinen Stufe auf offenen Rasen, ruhendem Schutt und in Spalierstrauchteppichen auf mässig frischen, kalkarmen, sauren und feinerdearmen Stein– oder Felsböden; gelegentlich auch in die montane Stufe absteigend; in den Alpen auf Urgestein zemlich häufig

250 Gefurchter Steinbrech – S. exaráta
Pflanze 2–10 cm hoch, ausdauernd, Polster bildend und von Juni bis August blühend

Hottónia palústris L.
Sumpf–Wasserfeder
Primuláceae – Schlüsselblumengewächse

Laubblätter: Wechselständig oder beinahe quirlig angeordnet, im Wasser untergetaucht, bis nahe der Mittelader kammartig fiederteilig, hellgrün und unterseits mit Drüsen besetzt; Abschnitte bis 5 cm lang und gelegentlich gegabelt

Blütenstand: Traubenartig, aus übereinanderliegenden Teilblütenständen zusammengesetzt und über die Wasseroberfläche ragend

Blüten: Gestielt und in den Achseln von schmalen Tragblättern; Kelchblätter 5, schmal lanzettlich, nur am Grunde miteinander verwachsen und 3–6 mm lang; Kronblätter 5, im unteren Teil verwachsen, hier einen gelbgrünen Trichter bildend und mit 5 ovalen, ganzrandigen oder schwach gezähnten, abgerundeten oder ausgerandeten, 6–9 mm langen und weisslich oder rötlich gefärbten Kronzipfeln; Staubblätter 5; Fruchtknoten oberständig;

Früchte: Kapseln bis 5 mm lang und sich mit Schlitzen öffnend

Standort: In der kollinen Stufe in ziemlich nährstoffreichen, oft kalkarmen Gewässern über torfigen Schlammböden; bei beschatteten Standorten

251 Wasserfeder – Hottónia palústris
Pflanze 20–80 cm lang, unter der Wasseroberfläche verzweigt und von Mai bis Juli blühend

Siléne álba (MILLER) KRAUSE
Weisse Waldnelke
Caryophylláceae – Nelkengew.

Laubblätter: Breit lanzettlich bis oval, 3 bis 8 mal so lang wie breit, am Ende zugespitzt oder stumpf und am Stengel gegenständig angeordnet; auch grundständige Rosette vorhanden

Blütenstand: Blüten locker rispenartig angeordnet

Blüten: Kelchblätter 5, miteinander verwachsen, grün oder weisslichrot gefärbt und rot geadert, deutlich behaart, bis 20 mm lang und mit 5 zugespitzten Kelchzähnen; Kelch bei weiblichen Blüten stärker aufgeblasen; Kronblätter 5, 20–35 mm lang, weiss und tief eingeschnitten; Staubblätter 10; Fruchtknoten oberständig und mit 5 Griffeln; Blüten am Nachmittag und in der Nacht geöffnet und duftend; Nachtfalterblume

Früchte: Kapseln bis 16 mm lang und mit aufrechten oder etwas auswärts gebogenen Zähnen

Standort: In der kollinen und montanen Stufe an Wegrändern, auf Schuttplätzen, in Aeckern und Hecken auf trockenen, nährstoffreichen und humosen oder rohen Stein–, Sand– oder Lehmböden; etwas wärmeliebend; bis 60 cm tief wurzelnd

252 Weisse Waldnelke – S. álba
Pflanze 30–80 cm hoch, ohne Nebenblätter, mit eingeschlechtigen Blüten und von Juni bis Sept. blühend

Siléne vulgáris GARCKE
Gewöhnliches Leimkraut
Caryophylláceae – Nelkengew.

Laubblätter: Lanzettlich oder eiförmig, 2–12 cm lang, gegenständig angeordnet, anliegend, zugespitzt und blaugrün gefärbt

Blütenstand: Blüten locker rispenartig angeordnet

Blüten: Zwittrig, männlich oder weiblich; Kelchblätter 5, miteinander verwachsen, 10–20 mm lang, grünlichweiss oder rötlich, kahl, rötlich geadert, aufgeblasen und mit kurzen Zipfeln; Kronblätter 5, verwachsen, weiss, bis 25 mm lang, vorn sehr tief eingeschnitten und mit schmalen, gelegentlich gezähnten Zipfeln; Staubblätter 10, mit dunklen Staubbeuteln; Fruchtknoten oberständig; Nachtfalter– und Bienenblume

Früchte: Kapseln bis 10 mm lang und sich mit 6 Zähnen öffnend

Standort: Von der kollinen bis in die subalpine Stufe auf Weiden, an Wegen und Böschungen, in lückigen Magerrasen, Steinschuttfluren und Gebüschsäumen auf mässig frischen bis trockenen, mässig nährstoffreichen, etwas sauren und humosen oder rohen Böden; Rohbodenpionier; früher als Heilpflanze verwendet

253 Gewöhnl. Leimkraut – Siléne vulgáris
Pflanze 20–50 cm hoch, ausdauernd, kaum behaart, mit sterilen Trieben und von Juni bis Sept. blühend

Siléne nútans L.
Nickendes Leimkraut
Caryophylláceae – Nelkengew.

Laubblätter: Stengelständige lanzettlich oder spatelförmig, 3–10 cm lang, zugespitzt, mittelgrün gefärbt und gegenständig angeordnet; Stengel im oberen Bereich klebrig; sterile Triebe rosettenartig beblättert

Blütenstand: Rispenähnlich (locker vielblütig und einseitswendig)

Blüten: Nickend; Kelchblätter 5, miteinander verwachsen, 6–18 mm lang, grünlich oder rötlich gefärbt, mit dunklen Adern, drüsig behaart und mit Kelchzähnen; Kronblätter 5, im unteren Teil verwachsen, bis 25 mm lang, oberseits weiss und unterseits weiss, rötlich oder grünlich, bis tief hinunter gespalten und mit schmalen, abgerundeten Zipfeln; Staubblätter 10; Fruchtknoten oberständig; Nachtfalterblume

Früchte: Vielsamige Kapseln bis 16 mm lang und sich mit 6 abstehenden oder zurückgebogenen Zähnen öffnend

Standort: Von der kollinen bis in die subalpine Stufe an Waldsäumen, in lichten Gebüschen oder Eichenwäldern, in Kalkmagerrasen, Felsspalten und Weiden auf trockenen, mässig nährstoff– und basenreichen, oft kalkarmen und humosen Steinböden

254 Nickendes Leimkraut – S. nútans
Pflanze 20–50 cm hoch, ausdauernd, ziemlich dicht behaart und von Mai bis Juli blühend

Sanícula europaéa L.
Sanikel, Heilkraut
Apiáceae – Doldengewächse

Laubblätter: Grundständige lang gestielt; Spreite bis 10 cm breit, im Umriss 5 eckig, meist bis nahe dem Stielende 5 teilig und dunkelgrün gefärbt; Abschnitte grob gezähnt bis gelappt und Zähne mit grannenartiger Spitze; Stengelblätter ähnlich gebaut, doch nur kurz gestielt oder sitzend

Blütenstand: Hauptachse doldenartig verzweigt; Seitentriebe mit meist dreiteiliger Verzweigung; Blüten dann in kopfigen Dolden 2. Ordnung

Blüten: In jedem Köpfchen zahlreiche, lang gestielte männliche Blüten; zwittrige Blüten einzeln oder zu mehreren in einem Kopf und sitzend bis kurz gestielt; Kelchblätter 5, bei den zwittrigen Blüten frei, bei den männlichen Blüten oft verwachsen, bis 1 mm lang und zugespitzt; Kronblätter 5, meist weiss oder hellgelb, seltener rötlich; Staubblätter 5; Fruchtknoten unterständig

Früchte: Spaltfrüchte

Standort: In der kollinen und montanen Stufe häufig in krautreichen Buchenwäldern, Laubmischwäldern und seltener Tannenwäldern auf frischen bis feuchten, nährstoff– und basenreichen, kalkhaltigen und humosen Böden

255 Sanikel – S. europaéa
Pflanze 20–45 cm hoch, ausdauernd, mit dickem Rhizom und von Mai bis Juli blühend

256 Grosse Sterndolde – A. major
Pflanze 20–90 cm hoch, mit meist einem aufrechten Stengel und von Juni bis August blühend

Astrántia major L.
Grosse Sterndolde
Apiáceae – Doldengewächse

Laubblätter: Grundständige lang gestielt und dunkelgrün gefärbt; Spreite im Umriss 5 bis 7 eckig, bis 20 cm breit und bis nahe dem Spreitengrund 5 oder 7-teilig; Abschnitte 1 oder 2 mal tief eingeschnitten, zusätzlich unregelmässig gezähnt und keilförmig verschmälert; auf den Zähnen oft mit einer Grannen-spitze; Stengelblätter den grundständi-gen ähnlich und im oberen Teil ungestielt

Blütenstand: Stengel doldenartig verzweigt; endständige Dolde 2. Ord-nung die seitenständigen überragend; Dolden 2. Ordnung von zahlreichen lanzettlichen, bis 25 mm langen und weiss oder rötlich gefärbten Hochblät-tern umgeben

Blüten: Männliche Blüten lang gestielt und in jeder Dolde zahlreich; zwittrige Blüten auf kurzen Stielen; Kelchblätter 5, in eine feine Spitze verschmälert, frei und bis 2,5 mm lang; Kronblätter 5 und weisslich bis rötlich gefärbt; Staubblätter 5; Fruchtknoten unterständig

Früchte: Spaltfrüchte bis 7 mm lang

Standort: In der montanen und sub-alpinen Stufe verbreitet in Bergwiesen, an Waldsäumen und in Wäldern auf frischen und nährstoffreichen Böden

257 Kleine Sterndolde – A. minor
Pflanze 15–40 cm hoch, mit meist einem aufrechten Stengel und von Juli bis August blühend

Astrántia minor L.
Kleine Sterndolde
Apiáceae – Doldengewächse

Laubblätter: Grundständige sehr lang gestielt und dunkelgrün gefärbt; Spreite im Umriss 5 bis 7 eckig, höchstens bis 7 cm breit und bis zum Grunde 5 oder 7 teilig; Abschnitte lanzettlich, zugespitzt und spitz gezähnt; Stengelblätter den grundständigen ähnlich aber viel kürzer gestielt

Blütenstand: Stengel doldenartig verzweigt; endständige Dolde 2. Ord-nung die seitenständigen überragend; Dolden 2. Ordnung von zahlreichen lanzettlichen, bis 10 mm langen und weisslich grün gefärbten Hochblättern umgeben

Blüten: Blüten lang gestielt und in jeder Dolde zahlreich; Kelchblätter 5, schmal oval, frei und bis 1 mm lang; Kronblätter 5 und länger als die Kelch-blätter; Staubblätter 5; Fruchtknoten unterständig

Früchte: Spaltfrüchte 3–4 mm lang, mit 5 Hauptrippen und aufwärts ge-richteten Zähnen

Standort: In der montanen und sub-alpinen Stufe in Rasen, Felsspalten und im Gebüsch auf frischen bis trockenen, meist kalkfreien, besonders sauren Bö-den; besonders Zentral- und Südalpen

---

258 Meisterwurz – P. ostrúthium
Pflanze 25–100 cm hoch, ausdauernd, mit knolligem Rhizom und von Juni bis August blühend

Peucédanum ostrúthium (L.)KOCH
Meisterwurz
Apiáceae – Doldengewächse

Laubblätter: Unterste 3 zählig; Teilblätter gestielt, im Umriss oval oder rundlich, bis 15 cm im Durchmesser und sehr tief hinunter 2 bis 3 fach gelappt; Abschnitte schmal oval, meist im oberen Teil am breitesten, plötzlich kurz zuge-spitzt und unregelmässig fein gezähnt; Spitzen grannenartig

Blütenstand: Dolden 1. Ordnung mit bis 50 Dolden 2. Ordnung

Blüten: Kronblätter 5, weisslich oder rosa gefärbt und bis 1,5 mm lang; Staubblätter 5; Fruchtknoten aus 2 Fruchtblättern zusammengesetzt und unterständig

Früchte: Spaltfrüchte rund mit bis 5 mm Durchmesser; Randrippen etwa so breit wie das Fruchtgehäuse

Standort: In der subalpinen und al-pinen Stufe an fliessendem Wasser, Lä-gerstellen, auf Steinhaufen, in Hoch-staudenfluren und im Grünerlengebüsch auf frischen bis feuchten, humosen, nährstoff- und basenreichen, tiefgrün-digen und lockeren Ton- und Lehm-böden; Halbschatten–Lichtpflanze; eine alte Arznei- und Gewürzpflanze; in den Alpen häufig und verbreitet

259 Wald – Engelwurz – A. silvéstris
Pflanze 50 cm bis 2 m hoch, grauhaarig nur unter den Aesten der Dolde und von Juli bis September blühend

Angélica silvéstris L.
Wald (Wilde) – Brustwurz
Wald – Engelwurz
Apiáceae – Doldengewächse

Laubblätter: Gestielt, bis 60 cm lang und meist doppelt gefiedert; Teilblätter der letzten Ordnung lanzettlich bis oval, 10–14 cm lang, am Grunde oft asymmetrisch, auch 2 oder 3 teilig und fein doppelt gezähnt; Hauptstiel am Grunde mit grosser und blasig erwei-terter Scheide

Blütenstand: 20 bis 40-strahlige, etwas gewölbte Dolden

Blüten: Kronblätter 5, 5–15 mm lang, weiss, grünlich oder seltener rötlich ge-färbt; Staubblätter 5; Fruchtknoten aus 2 Fruchtblättern zusammengesetzt und unterständig; Insektenbestäubung

Früchte: Spaltfrüchte oval, bis 4 mm lang, 2–4 mm breit und mit Randrippen

Standort: Von der kollinen bis in die subalpine Stufe in Flachmooren, feuch-ten Wiesen, Hochstaudenfluren, Auen-wäldern und an Ufern auf sickernassen bis wechselfeuchten, nährstoffreichen, meist basischen, humosen, kiesig–san-digen oder reinen Ton- und Lehm-böden; sehr tief wurzelnd; Halbschat-tenpflanze; Wurzel früher zu Heil-zwecken verwendet; Gley- und Nähr-stoffzeiger

---

260 Wiesen – Bärenklau – H. sphondýlium
Pflanze 50–150 cm hoch, mit dicht und borstig be-haartem Stengel und von Juli bis Oktober blühend

Heracléum sphondýlium L.
Wiesen – Bärenklau
Apiáceae – Doldengewächse

Laubblätter: Grundständige einfach gefiedert und gestielt; Stiel fast voll-ständig von einer hellgrünen Scheide umgeben; Teilblätter 3 oder 5, meist gestielt, unregelmässig gelappt oder fiederteilig, mit grob gezähnten Rändern und beiderseits mit Borstenhaaren (rauh anzufassen!)

Blütenstand: Dolden 1. Ordnung mit 15–30 Dolden 2. Ordnung

Blüten: Der grösste Teil ist zwittrig; Kronblätter 5 und weiss, rosa oder grünlich gefärbt; die nach aussen ge-richteten zygomorph und bis 1 cm lang; Staubblätter 5; Fruchtknoten aus 2 Fruchtblättern zusammengesetzt und unterständig

Früchte: Spaltfrüchte oval oder rund, bis 10 mm lang und mit Randrippen

Standort: Von der kollinen bis in die subalpine Stufe in Fettwiesen, Hoch-staudenfluren, Auenwäldern, an Waldrändern und u.a. bei gut gedüng-ten Stellen um Häuser und Ställe auf frischen bis sickernassen, nährstoff- und basenreichen, humosen, tiefgründigen Tiefwurzler; Nährstoff- und Ueber-düngungszeiger

261 M. Bärenklau – H. mantegazziánum
Pflanze 1 m bis 3,5 m hoch, als Zierpflanze und Bie-nenweide kultiviert und von Juli bis Sept. blühend

Heracléum mantegazziánum SOMMIER
Mantegazzis Bärenklau
Apiáceae – Doldengewächse

Laubblätter: Unterste ohne Stiel bis 1 m lang, tief 3 oder 5 teilig und mit tief fiederteiligen Abschnitten; diese zusätzlich gezähnt; Stengeldurchmesser am Grunde bis 10 cm

Blütenstand: Dolden 1. Ordnung mit zahlreichen Dolden 2. Ordnung; Ge-samtdoldenstand bis 50 cm im Durch-messer

Blüten: Der grösste Teil ist zwittrig; Kronblätter 5 und weiss gefärbt; die nach aussen gerichteten zygomorph und bis 15 mm lang; Staubblätter 5; Fruchtknoten aus 2 Fruchtblättern zusammengesetzt und unterständig

Früchte: Spaltfrüchte oval bis rundlich, 9–15 mm lang, bis 8 mm breit und mit borstig behaarten Randrippen

Standort: In der kollinen Stufe (angepflanzt in Gärten auch höher hinauf) in gedüngten Wiesen, Parkan-lagen, Gärten und bei Schuttablage-rungen auf frischen bis mässig trocke-nen, nährstoffreichen, tiefgründigen und lockeren Ton- und Lehmböden; diese kaukasische Pflanze wurde Ende des 19. Jahrhunderts als Gartenpflanze nach Europa gebracht; heute verwildert

262 Berg–Laserkraut – L. síler
Pflanze 40–150 cm hoch, mit bis 2 cm dickem und fein gerilltem Stengel und von Juni bis August blühend

Laserpítium síler L.
Berg–Laserkraut
Apiáceae – Doldengewächse
Laubblätter: Mit dem Stiel bis 1 m lang; Spreite im Umriss dreieckig, 3 bis 4 fach gefiedert und blaugrün gefärbt; Teilblätter der letzten Ordnung lanzettlich bis schmal oval, 2–6 cm lang, am Grunde meist keilförmig verschmälert, ganzrandig, kahl und fiederaderig
Blütenstand: Dolden 1. Ordnung bis 25 cm im Durchmesser und mit 20–40 Dolden 2. Ordnung; Hochblätter 1. und 2. Ordnung pfriemenförmig und mit häutigem und kahlem Rand
Blüten: Meist alle gleich gross und zwittrig; Kelchblätter 5, klein und lanzettlich; Kronblätter 5 und weiss bis rötlich gefärbt; Staubblätter 5; Fruchtknoten aus 2 Fruchtblättern zusammengesetzt
Früchte: Spaltfrüchte bis 12 mm lang und kahl
Standort: In der montanen und subalpinen Stufe in Felsspalten, lichten Wäldern (z.B. Föhrenwälder), Staudenhalden und im Saum sonniger Büsche auf mässig trockenen bis trockenen, kalkreichen, steinigen, meist feinerdearmen und mittelflachgründigen Lehmböden; Licht–Halbschattpflanze; Pionierpflanze

263 Grosser Merk – S. latifólium
Pflanze 50–150 cm hoch, ohne Ausläufer, kahl und von Juli bis August blühend

Síum latifólium L.
Grosser Merk
Apiáceae – Doldengewächse
Laubblätter: Diejenigen über dem Wasser bis 40 cm lang, hell– bis dunkelgrün gefärbt, unpaarig gefiedert und mit 4 bis 10 Teilblattpaaren; Teilblätter lanzettlich bis oval, sitzend, bis 6 cm lang und mit fein regelmässig spitz gezähntem Rand; unterstes Paar von den anderen nicht abgerückt; Endfiederblatt von gleicher Gestalt wie die anderen; wo untergetauchte Blätter vorhanden, diese in feine, lineale Zipfel zerteilt
Blütenstand: Dolden 1. Ordnung mit bis 25 Dolden 2. Ordnung und endständig; Hochblätter 1. Ordnung meist ganzrandig
Blüten: Kronblätter 5 und weiss gefärbt; Staubblätter 5; Fruchtknoten aus 2 Fruchtblättern zusammengesetzt (Insektenbestäubung; besonders durch Fliegen)
Früchte: Spaltfrüchte oval bis rundlich, bis 3 mm lang und mit grossen, stumpfen Hauptrippen
Standort: In der kollinen Stufe entweder im Röhricht stehend oder in langsam fliessenden nährstoffreichen Gewässern mit stark wechselndem Wasserstand auf humosen Schlammböden; bis zu einer Wassertiefe von 60 cm

264 Berg–Kerbel – Ch. cicutária
Pflanze 30–100 cm hoch, ausdauernd, mit dickem Stengel und von Mai bis August blühend

Chaerophyllum cicutária VILL.
Ch. hirsútum ssp. cicutária (VILL.) BRIQ.
Berg–Kerbel
Apiáceae – Doldengewächse
Laubblätter: 3 bis 4 fach gefiedert und gestielt; Scheiden der obersten Blätter 1–6 cm lang; Teilblätter letzter Ordnung nur wenig tief geteilt oder nur unregelmässig gezähnt; bei den untersten Blättern die beiden untersten Teilblätter 1. Ordnung beinahe so gross wie der Rest der anschliessenden Spreite
Blütenstand: Dolden 1. Ordnung mit 10–20 Dolden 2. Ordnung
Blüten: Kronblätter 5, am Rande gewimpert und weiss bis rosa gefärbt; Staubblätter 5; Fruchtknoten aus 2 Fruchtblättern zusammengesetzt; Insektenbestäubung
Früchte: Spaltfrüchte 8–12 mm lang, mit hellen Rippen, kahl und ohne Schnabel
Standort: Von der montanen bis in die alpine Stufe häufig in Berg–Auenwäldern, Hochstaudenfluren, an Bach– und Quellrändern und Bergwiesen auf feuchten bis sickernassen, nährstoffreichen, meist kalkarmen und humosen Tonböden in luftfeuchter Lage; Nährstoffzeiger; Halbschatt–Lichtpflanze; Tiefwurzler

265 Hecken–Kerbel – Ch. témulum
Pflanze 25–100 cm hoch, mit ausladend verzweigtem Stengel und von Mai bis Juli blühend

Chaerophyllum témulum L.
Hecken–Kerbel
Taumel–Kerbel
Apiáceae – Doldengewächse
Laubblätter: 2 bis 3 fach gefiedert und gestielt; Teilblätter letzter Ordnung nur wenig tief fiederteilig; Zipfel und Zähne abgerundet und mit kleiner aufgesetzter Spitze
Blütenstand: Dolden 1. Ordnung mit 6–13 Dolden 2. Ordnung; Stiele der Dolden 2. Ordnung mit nach vorn gerichteten Borstenhaaren
Blüten: Kronblätter 5, nicht gewimpert und weiss oder seltener rosa oder gelblich gefärbt; Staubblätter 5; Fruchtknoten aus 2 Fruchtblättern zusammengesetzt; Insektenbestäubung
Früchte: Spaltfrüchte bis 8 mm lang, mit fadenförmigen Längsrippen, ohne Schnabel und kahl; Griffel an der reifen Frucht vielfach senkrecht abstehend oder einen stumpfen Winkel bildend
Standort: In der kollinen und montanen Stufe in Gebüschen, Waldlichtungen, Hecken, Gärten und Parkanlagen, bei Schuttstellen, an Waldrändern, um Häuser und an Wegen in schattiger Lage auf frischen, nährstoffreichen, lockeren und humosen Böden; Halbschattpflanze; Stickstoffzeiger; nordwärts bis Dänemark und Südschweden

266 Gold–Kerbel – Ch. aúreum
Pflanze 25–120 cm hoch, am dicken Stengel rückwärts gerichtete Haaren und von Juni bis Aug. blühend

Chaerophyllum aúreum L.
Goldfrüchtiger Kerbel
Apiáceae – Doldengewächse
Laubblätter: 3 bis 4 fach gefiedert und gestielt; Teilblätter letzter Ordnung fiederteilig und unterseits an den Stielen vielfach behaart; Zähne und Zipfel fein zugespitzt
Blütenstand: Dolden 1. Ordnung mit 7–20 Dolden 2. Ordnung und deren Stiele kahl; Hochblätter der kleineren Dolden lanzettlich und langsam lang zugespitzt
Blüten: Kronblätter 5, nicht gewimpert, kahl und weiss gefärbt; Staubblätter 5; Fruchtknoten aus 2 Fruchtblättern zusammengesetzt; Insektenbestäubung
Früchte: Spaltfrüchte 7–12 mm lang, mit deutlich sichtbaren, fadenförmigen Längsrippen, kahl und ohne Schnabel; Griffel an der reifen Frucht zurückgebogen oder senkrecht abstehend
Standort: In der montanen und subalpinen (seltener kollinen) Stufe in Unkrautfluren bei Dörfern, überdüngten Bergwiesen, an Gräben, Hecken, Ufern, bei Müllplätzen und an Weg– und Ackerrändern auf feuchten bis trockenen, nährstoff– und basenreichen, kalkhaltigen, humosen, steinigen und lockeren Ton– und Lehmböden; Stickstoffzeiger; Licht– Halbschattpflanze

267 Wiesen–Kerbel – A. silvéstris
Pflanze 20–150 cm hoch, 2–jährig bis ausdauernd und von April bis August blühend

Anthríscus silvéstris (L.) HOFFM.
Chaerophyllum silvéstre
Wiesen–Kerbel
Apiáceae – Doldengewächse
Laubblätter: 2 bis 3 fach gefiedert; die beiden unteren Abschnitte 1. Ordnung kleiner als der übrige Teil des Blattes; ohne Flecken am Stengel
Blütenstand: Dolden 1. Ordnung mit 6–18 Dolden 2. Ordnung und deren Stiele kahl; Hochblätter der Dolden 2. Ordnung breit lanzettlich, am Rand bewimpert und zuoberst in eine lange Spitze ausgezogen
Blüten: Kronblätter 5, kahl und weiss gefärbt; Staubblätter 5; Fruchtknoten aus 2 Fruchtblättern zusammengesetzt; Insektenbestäubung (besonders durch Käfer und Fliegen)
Früchte: Spaltfrüchte 5–10 mm lang, ohne deutliche Rippen, braun, glänzend und am Grunde oft mit einem Kranz von langen Borstenhaaren; Griffel an der reifen Frucht nur wenig gespreizt
Standort: Von der kollinen bis in die subalpine Stufe in Fettwiesen, an Hecken– und Wegrändern auf frischen, nährstoffreichen, lockeren, humosen, tiefgründigen und oft gedüngten Ton– und Lehmböden; Nährstoffzeiger; Licht–Halbschattpflanze; nur mässiger Futterwert

268 Heilwurz – S. libanótis
Pflanze 30–120 cm hoch, mehrjährig, mit Faserschopf besitzendem Rhizom und von Juli bis Sept. blühend

Séseli libanótis (L.) KOCH
Heilwurz, Hirschheil
Apiáceae – Doldengewächse
Laubblätter: Grundständig, 2 bis 3 fach gefiedert, gestielt und besonders unterseits blaugrün gefärbt; Zipfel meist lanzettlich, zugespitzt und kahl; unterstes Fiedernpaar 1. Ordnung nicht nach unten abgerückt; am oft verzweigten Stengel keine oder nur wenige reduzierte Blätter

Blütenstand: Dolden 1. Ordnung mit 20–40 Dolden 2. Ordnung; deren Stiele oberseits dicht bewimpert; Hochblätter 2. Ordnung sehr oft länger als die Fruchtstiele

Blüten: Kelchblätter bis 1 mm lang; Kronblätter 5, breit oval, etwa 1 mm lang und weiss, gelblich oder rötlich gefärbt; Staubblätter 5; Fruchtknoten aus 2 Fruchtblättern zusammengesetzt; Insektenbestäubung (besonders Fliegen und Käfer)

Früchte: Spaltfrüchte 3–5 mm lang, mit schmalen, gelben Hauptrippen

Standort: Von der kollinen bis in die subalpine Stufe in lichten Trockenwäldern, Staudenhalden, an Wald– und Wegrändern, Felsen und im Felsschutt auf sommerwarmen, mässig trockenen bis trockenen, mageren, oft kalkhaltigen, humosen oder rohen Böden

269 Wiesen–Kümmel – C. cárvi
Pflanze 25–80 cm hoch, 2–jährig, sparrig verzweigt, mit dickem Rhizom und von Mai bis Juli blühend

Cárum cárvi L.
Wiesen–Kümmel
Apiáceae – Doldengewächse
Laubblätter: 2 bis 3 mal gefiedert, gestielt und dunkelgrün bis blaugrün gefärbt; Zipfel und Zähne fein zugespitzt; unterstes Fiedernpaar 1. Ordnung deutlich nach unten abgerückt; Stengel mit mehreren Blättern

Blütenstand: Dolden 1. Ordnung mit 6–18 Dolden 2. Ordnung; keine Hochblätter bei Dolden 1. Ordnung

Blüten: Kronblätter 5, bis 1,5 mm lang, weiss, rosa oder besonders im Gebirge lebhaft rot gefärbt; Staubblätter 5; Fruchtknoten aus 2 Fruchtblättern zusammengesetzt; Insektenbestäubung (besonders durch Fliegen und Käfer); mit zwittrigen und männlichen Blüten

Früchte: Spaltfrüchte 3–4 mm lang, nur wenig abgeflacht, mit deutlich hervorstehenden Rippen und mit zurückgebogenen Griffeln; Stiele deutlich verschieden lang

Standort: Von der kollinen bis in die subalpine Stufe in Fettwiesen, Weiden, an Wegrändern und Waldrändern auf frischen, nährstoff– und basenreichen, mittel– bis tiefgründigen und humosen Ton– und Lehmböden in kühl–humider Klimalage; Nährstoffzeiger; noch heute als Nutz– und Heilpflanze (Kümmel)

270 Sumpf–Haarstrang – P. palústre
Pflanze 50–150 cm hoch, 2–jährig, ohne Faserschopf an der Stengelbasis und von Juli bis August blühend

Peucédanum palústre (.L.) MOENCH
Sumpf–Haarstrang
Apiáceae – Doldengewächse
Laubblätter: Die Grundständigen 2– bis mehrfach gefiedert; Teilblätter letzter Ordnung 1– oder 2 fach fiederteilig, mit schmalen, zugespitzten Zipfeln, einem glatten oder rauhen Rand und unterseits mit einem deutlich sichtbaren Adernetz

Blütenstand: Dolden 1. Ordnung mit 15–30 Dolden 2. Ordnung; Hochblätter der Dolden 1. Ordnung in grosser Zahl vorhanden und mit rauhem, häutigem Rand; Stiele der Dolden letzter Ordnung zur Zeit der Fruchtreife bis 3 cm lang

Blüten: Die meisten zwittrig; Kronblätter 5, bis 3 mm lang, tief ausgerandet und weiss, rosa, gelblich oder grünlich gefärbt; Staubblätter 5; Fruchtknoten aus 2 Fruchtblättern zusammengesetzt; Insektenbestäubung

Früchte: Spaltfrüchte oval, flach, bis 6 mm lang und mit deutlich sichtbaren Rippen; Griffel bis 1 mm lang und meist zurückgebogen

Standort: In der kollinen und montanen Stufe in Riedwiesen, Erlenwäldern und an Ufern auf nassen, zeitweise überschwemmten, mässig nährstoff– und basenreichen Torf–/Sumpfböden Licht–Halbschattenpflanze

271 Möhre – D. caróta
Pflanze 20–80 cm hoch, nach erstmaligem Fruchten absterbend und von Juni bis Aug. blühend

Daúcus caróta L.
Möhre, wilde Rübe
Apiáceae – Doldengewächse
Laubblätter: Meist 2 fach gefiedert; Teilblätter letzter Ordnung mit fiederteiligen Abschnitten; Zipfel schmal und spitz oder stumpf gezähnt

Blütenstand: Dolden 1. Ordnung mit zahlreichen Dolden 2. Ordnung; Dolden 1. Ordnung zur Blütezeit gewölbt oder flach, während der Fruchtzeit in der Mitte eingesenkt; Hochblätter am Rande häutig, hell und bewimpert

Blüten: Kronblätter 5, weiss oder auch rosa gefärbt; Staubblätter 5; Fruchtknoten aus 2 Fruchtblättern zusammengesetzt; Insektenbestäubung (besonders Fliegen, Käfer)

Früchte: Spaltfrüchte oval, im Querschnitt rundlich und mit am Grunde miteinander nicht verwachsenen Stacheln

Standort: In der kollinen und montanen Stufe in Mager– und Fettwiesen, Steinbrüchen, an Böschungen, Ruderalstellen, Dämmen und Wegen auf mässig trockenen bis frischen, mehr oder weniger nährstoff– und basenreichen, humosen oder rohen Ton– und Lehmböden; Pionierpflanze; heute mit Ausnahme der Tropen und der arktischen Zonen über die ganze Erde verbreitet

272 Hallers Laserkraut – L. hálleri
Pflanze 10–60 cm hoch, an der Grundachse mit grossem Faserschopf und von Juni bis August blühend

Laserpítium hálleri CRANTZ
Hallers Laserkraut
Apiáceae – Doldengewächse
Laubblätter: Hauptstengel vielfach bereits am Grunde verzweigt und mit vielen, feinen Rillen; Blattstiel nur einige wenige Zentimeter lang; Spreite 2 bis 3 fach gefiedert, 20–50 cm lang, im Umriss rhombisch oder dreieckig und dunkelgrün bis blaugrün gefärbt; Teilblätter letzter Ordnung tief 2 fach fiederteilig; Zipfel stets zugespitzt

Blütenstand: Dolden 1. Ordnung mit 10–40 Dolden 2. Ordnung; Hochblätter lanzettlich, zugespitzt, mit weissem oder durchsichtigem Rand und dort auch abstehend bewimpert

Blüten: Kronblätter 5, weiss und ausserseits oft bewimpert; Staubblätter 5; Fruchtknoten aus 2 Fruchtblättern verwachsen

Früchte: Spaltfrüchte 4–9 mm lang, oval, mit nur schwach hervortretenden Hauptrippen, etwas geflügelt und mit Borstenhaaren; Griffel meist aufgerichtet

Standort: In der subalpinen und alpinen Stufe auf sonnigen, trockenen, sauren bis neutralen, nährstoffarmen und steinigen Böden; in den Alpen in den Urgesteinsketten ziemlich häufig anzutreffen; auch in den kottischen Alpen bis Tirol und den Dolomiten

273 Berg–Haarstrang – P. oreoselínum
Pflanze 20–100 cm hoch, ausdauernd und von Juli bis September blühend

Peucédanum oreoselínum (L.) MOENCH
Berg–Haarstrang
Apiáceae – Doldengewächse
Laubblätter: Fein ausgebildet, 2 bis 3 fach gefiedert, lang und fein gestielt und blaugrün gefärbt; Teilblätter erster Ordnung meist rechtwinklig abstehend und lang gestielt; Teilblätter letzter Ordnung im Umriss breit lanzettlich, oval, 3–eckig oder rhombisch, grob gezähnt oder 3 teilig und ebenfalls gezähnt

Blütenstand: Dolden 1. Ordnung mit 10–25 Dolden 2. Ordnung; Hochblätter 1. Ordnung nach hinten gerichtet

Blüten: Kronblätter 5, bis 1 mm lang und weiss oder rosa gefärbt; Staubblätter 5; Fruchtknoten aus 2 Fruchtblättern zusammengesetzt; Insektenbestäubung

Früchte: Spaltfrüchte rundlich, bis 8 mm breit und mit breiten Randrippen

Standort: In der kollinen und montanen (seltener subalpin) Stufe im Saum sonniger Büsche, lichten Eichen– und Kiefernwäldern, Staudenhalden und an Wegrainen auf sommerwarmen, mässig trockenen bis trockenen, basenreichen, oft kalkarmen, lockeren, neutralen, humosen und steinigen oder sandigen Böden; Halbschatt–Lichtpflanze

274 Augenwurz – A. creténsis
Pflanze 10–30 cm hoch, ausdauernd, durch Behaarung oft graugrün und von Mai bis Juli blühend

Athamánta creténsis L.
Behaarte Augenwurz
Apiáceae – Doldengewächse

Laubblätter: 3 fach gefiedert, gestielt und am Grunde mit verbreiterter Scheide; Teilblätter letzter Ordnung fiederteilig und mit schmalen, bis 3–5 (–10) mm langen und zugespitzten Zipfeln

Blütenstand: Dolden 1. Ordnung mit 4–15 Dolden 2. Ordnung und 1–4 Hochblättern, die je einen grünen Mittelstreifen aufweisen; Dolden 2. Ordnung mit zahlreichen, länglichen und häutigen Hochblättern

Blüten: Meist zwittrig; Kronblätter 5, auf der Aussenseite etwas behaart und weiss gefärbt; Staubblätter 5; Fruchtknoten aus 2 Fruchtblättern zusammengesetzt

Früchte: Spaltfrüchte schmal oval, im unteren Bereich am breitesten, dicht mit langen Haaren besetzt und die Teilfrüchte mit 5 gut sichtbaren Hauptrippen

Standort: Von der montanen bis in die alpine Stufe in Kalkspalten, Steinschutt- und Felsfluren auf feuchten bis trockenen, kalkreichen, humosen und feinerdearmen Steinböden in sonniger Lage; Lichtpflanze; Pionierpflanze auf beweglicher oder ruhender Unterlage; bis zu den spanischen Gebirgen reichend

275 Weisse Seerose – N. álba
Pflanze bis 3 m hoch, mit bis 10 cm dickem und verzweigtem Rhizom und von Juni bis August blühend

Nympháea álba L.
Weisse Seerose
Nymphaeáceae – Seerosengewächse

Laubblätter: Im Umriss breit oval oder rundlich, mit einem Durchmesser von 10–30 cm, tief herzförmig, mehr oder weniger ganzrandig, mit einem bis 3 m langen Stiel und schwimmend

Blütenstand: Einzelblüten

Blüten: Sehr gross, bis 9 cm im Durchmesser; Kelchblätter meist 4 und sich mit den Rändern nicht überdeckend; Kronblätter 14–33, schmal oval, meist zugespitzt und weiss gefärbt; Staubblätter bis 125; Staubfäden in der Mitte nicht oder nur schwach verbreitert; Fruchtknoten oberständig, mehr oder weniger kugelig und bis 25 fächerig; Narbenstrahlen bis 25 und gelb; Insekten- und Selbstbestäubung

Früchte: Mehrheitlich kugelige Kapseln mit zahlreichen Samen in jedem Fach

Standort: In der kollinen (seltener montan) Stufe in stehenden oder langsam fliessenden Gewässern, wie in Teichen, Altwässern oder ruhigen Seebuchten mit einer Wassertiefe von bis 3 m über humosen Schlammböden; als Zierpflanze in rosa Formen kultiviert; in Skandinavien bis 61 Grad NB

276 Stiefmütterchen – V. arvénsis
Pflanze 10–20 cm hoch, 1- oder 2-jährig, mit einzelnen Haaren und von März bis September blühend

Viola arvénsis MURRAY
Acker – Stiefmütterchen
Violáceae – Veilchengewächse

Laubblätter: Die unteren gestielt und mit einer ovalen, grob gezähnten oder gekerbten und vielfach abgerundeten Spitze; diejenigen im oberen Bereich schmal oval bis lanzettlich und ebenfalls gezähnt; Nebenblätter gross und oft fiederteilig

Blütenstand: Blüten zu 1 bis 2 in den Achseln der Blätter

Blüten: Zygomorph; Kelchblätter 5, frei, meist hellgrün und mit den Anhängseln 6–12 mm lang; Kronblätter 5 und frei; die oberen zwei weiss bis bläulich, die darunterliegenden weiss bis hellgelb; unterstes verbreitert, mit gelbem Fleck und mit dem Sporn bis 16 mm lang; Staubblätter 5 und mit kurzen, am Grunde verdickten Staubfäden; die beiden unteren mit je einem keulenartigen Fortsatz; Fruchtknoten oberständig und aus 3 Fruchtblättern

Früchte: 3 klappig aufspringende Kapseln

Standort: Von der kollinen bis in die subalpine Stufe in Gärten, Weinbergen, Aeckern, Getreidefeldern und an Wegen auf frischen bis mässig trockenen, nährstoff- und basenreichen und meist humusarmen Lehm- und Tonböden

277 Flachs – Seide – C. epilínum
Pflanze bei Wirtsstengeln emporwachsend und von Juni bis Juli blühend

Cúscuta epilínum WEIHE
Flachs – Seide
Lein – Seide
Cuscutáceae – Seidegewächse

Laubblätter: Pflanze ohne Wurzeln, mit fadenförmigen und verzweigten Stengeln und die Wirtspflanze umhüllend; Blätter nur noch schuppenförmig und wie alle übrigen Pflanzenteile durch reduzierten Chlorophyllgehalt (=Blattgrüngehalt) gelblich gefärbt

Blütenstand: Vielblütige Knäuel

Blüten: Kelchblätter 5 (oder 4), sehr breit und kurz vor dem Ende in eine kleine Spitze verschmälert; Kronblätter 5 (oder 4), sehr hoch hinauf verwachsen, glockenförmig und mit geteilten oder gefransten Schuppen; Staubblätter 5 (oder 4); Fruchtknoten oberständig und aus 2 Fruchtblättern zusammengesetzt; Griffel 2

Früchte: Kapseln abgeflacht und mehr oder weniger zweifächerig

Standort: In der kollinen und montanen Stufe in sommerwarmen Gegenden an Lein- oder Flachskulturen schmarotzend; als Wirte kommen auch die Nesseln und der Hopfen in Frage; diese eurasiatische Pflanze ist im Gebiet selten geworden, weil der Flachsanbau seit dem 2. Weltkrieg wiederum aufgegeben wurde

278 Schwarzer Nachtschatten – S. nígrum
Pflanze 10–70 cm hoch, kahl oder dicht anliegend steifhaarig und von Juni bis September blühend

Solánum nígrum L.
Schwarzer Nachtschatten
Solanáceae – Nachtschattengewächse

Laubblätter: Breit oval bis dreieckig und kurz gestielt; Spreite fein zugespitzt und zum Teil ganzrandig, häufiger aber buchtig gezähnt

Blütenstand: Lang gestielte Wickel, die in den Winkeln von Blättern stehen

Blüten: Ihre Stiele bis 25 mm lang; Kelchblätter 5, stumpf bis zugespitzt und mit zur Fruchtzeit nach rückwärts abstehenden Zähnen; Kronblätter 5 (seltener 6), schmal dreieckig, aussen kurz behaart, 3–6 mm lang und weiss gefärbt; Staubblätter 5 und Staubbeutel zu einer Röhre verbunden; Fruchtknoten oberständig und 2-fächerig; Insektenbestäubung

Früchte: Schwarze Beeren; Vogelverbreitung

Standort: In der kollinen und montanen Stufe auf Schuttplätzen, in Aeckern, Gärten, Unkrautfluren, an Wegrändern und um Flussufer auf frischen bis feuchten, nährstoffreichen, meist neutralen, humosen und lockeren Lehm- und Tonböden; Stickstoffzeiger; Bodenfestiger; Halbschatt–Schattpflanze; in Europa verbreitet und häufig; heute fast über die ganze Erde verbreitet

279 Kartoffel – S. tuberósum
Pflanze 30–60 cm hoch, 1-jährig, mit unterirdischen Knollen und von Juni bis August blühend

Solánum tuberósum L.
Kartoffel, Erdapfel
Solanáceae – Nachtschattengewächse

Laubblätter: An verzweigten Stengeln unpaarig und unregelmässig gefiedert, gestielt und besonders unterseits behaart; Teilblätter breit lanzettlich bis oval, ganzrandig oder stellenweise gewellt und mit verschiedenen Grössen; Endfiederblatt meist zugespitzt

Blütenstand: Gestielte Wickel

Blüten: Kelchblätter 5; Kronblätter 5, miteinander verwachsen, zusammen im Durchmesser 2–3 cm, meist weiss gefärbt und sehr oft mit am Ende nach oben gewölbtem Rand; Staubblätter 5, Staubbeutel zu einer Röhre verbunden; Fruchtknoten oberständig und zweifächerig

Früchte: Saftige, kugelige und bis 2 cm grosse Beeren

Standort: In der kollinen und montanen (seltener subalpin) Stufe auf Schuttplätzen und in Aeckern auf frischen, nährstoffreichen und humosen Lehmböden in kühler Klimalage; in verschiedenen Sorten angepflanzt; seit dem 16. Jahrh. in Europa; in der Schweiz begann der grossflächige Anbau erst im 18. Jahrh.; heute eine unserer wichtigsten Kulturpflanzen

280 Acker−Winde − C. arvénsis
Pflanze 20−70 cm lang, ausdauernd, mit kriechendem Rhizom und von Juni bis September blühend

Convólvulus arvénsis L.
Acker−Winde
Convolvuláceae − Windengew.

Laubblätter: Am Stengel wechsel−ständig angeordnet und gestielt; Spreite pfeil− oder spiessförmig, ganzrandig und bis 4 cm lang; Stengel dem Boden entlang wachsend

Blütenstand: Blüten einzeln oder bis 3 (die beiden anderen aber kleiner!) in den Achseln von Vorblättern

Blüten: Kelchblätter 5, oval, bis 5 mm lang; dabei 3 längere und 2 kürzere; Kronblätter 5, miteinander verwachsen und einen Trichter bildend, weiss bis rosa gefärbt und bis 25 mm lang; Staub−blätter 5 und mit innerseits im unteren Teil kopfigen Drüsenhaaren; Frucht−knoten oberständig, mit 2 fadenförmi−gen Narben am Griffel; Insektenbe−stäubung (besonders durch Fliegen und Bienen)

Früchte: Kapseln eiförmig und 4 bis 8 mm lang; auch Verbreitung durch Ausläufer

Standort: In der kollinen und monta−nen (seltener subalpin) Stufe an Weg−rändern, Ruderalstellen, Schuttplätzen, in Aeckern und Weinbergen auf frischen bis mässig trockenen, nährstoff− und basenreichen, meist humusarmen Ton− und Lehmböden; bis 2 m tief wurzelnd

281 Zaunwinde − C. sépium
Pflanze 1−3 m lang, ausdauernd, windend, seltener niederliegend und von Juni bis September blühend

Calystégia sépium (L.) BR.
Convólvulus sépium L.
Zaunwinde
Convolvuláceae − Windengew.

Laubblätter: Am Stengel wechsel−ständig angeordnet und gestielt; Spreite herz− oder pfeilförmig, meist ganzran−dig, 5−15 cm lang und stumpf oder mehrheitlich zugespitzt; Stiel jeweils kürzer als die Spreite

Blütenstand: Blüten einzeln in den Blattachseln

Blüten: Lang gestielt (Stiele länger als die Blüten!) und Kelch durch 2 Vorblätter meist überdeckt; Kelchblätter 5, bis zehn mm lang und zugespitzt; Kronblätter 5, miteinander verwachsen, einen grossen Trichter bildend, weiss und bis 4 cm lang; Staubblätter 5; an den Staubfäden im untersten Teil Drüsenhaare; Frucht−knoten oberständig und mit 2 ovalen Narben am Griffel; Insektenbestäubung (beso. durch Schwärmer)

Früchte: Kapseln eiförmig und 6 bis 12 mm lang

Standort: In der kollinen und monta−nen Stufe in Hecken, Gärten, Gebü−schen, an Zäunen, Ufern und im Saum von Auenwäldern auf feuchten bis fri−schen, nährstoff− und basenreichen, mässig sauren und lehmigen Böden; Lichtpflanze; Linkswinder

282 Aehrige Rapunzel − P. spicátum
Pflanze 20−80 cm hoch, ausdauernd, mit rübenför−mig verdickter Wurzel und von Mai bis Juni blühend

Phyteúma spicátum L.
Aehrige Rapunzel
Campanuláceae −
Glockenblumengewächse

Laubblätter: Grundständige gestielt, herzförmig, einfach oder doppelt ge−sägt und kahl; obere Blätter kaum oder nur kurz gestielt, länglich lanzettlich, am Spreitenbeginn abgerundet, lang zuge−spitzt und gesägt

Blütenstand: Zuerst eiförmige−später zylindrische Aehre mit schmal lanzettlichen Hüllblättern

Blüten: Kelchzipfel 5 und schmal lan−zettlich; Kronblätter 5, bandförmig ge−staltet, bis 15 mm lang, weiss oder gelblich gefärbt und zu Beginn der Blü−tezeit am Grund und an der Spitze mit−einander verwachsen; Staubblätter 5, nicht verwachsen und mit am Grunde verbreiterten, behaarten und den Griffel umschliessenden Staubfäden; Frucht−knoten unterständig und 2 Narben auf−weisend; Insektenbestäubung

Früchte: Mit Löchern sich öffnende Kapseln; Windverbreitung

Standort: In der kollinen und monta−nen (seltener subalpin) Stufe in kraut−reichen Laubmischwäldern, Gebüschen und Fettwiesen auf mässig feuchten bis frischen, nährstoff− und basenreichen, lockeren und humosen Böden

283 Silberdistel − C. acaúlis
Pflanze 2−10 cm hoch, ausdauernd, mit dicker, hol−ziger Pfahlwurzel und von Juli bis September blühend

Carlína acaúlis L.
Silberdistel, Eberwurz
Asteráceae (Compositae)
Korbblütler, Köpfchenblütler

Laubblätter: Meist rosettig ange−ordnet, kurz, rinnig und breit gestielt, schmal oval, oft etwas gekrümmt, sehr tief fiederteilig und mit jederseits 6−12 stacheligen Abschnitten

Blütenstand: Köpfchen 5−12 cm im Durchmesser und mit silbrig gefärbten Hüllblättern

Blüten: Pappus (=umgewandelte Kelchblätter) 10−15 mm lang, weiss ge−färbt, am Grunde etwas gelblich, ein−reihig und aus 9−11 Borsten bestehend; Kronblätter 9−12 mm lang, röhrenför−mig verwachsen (= Röhrenblütler) und weiss oder rötlich gefärbt; Staubblätter 5; Fruchtknoten unterständig, aus zwei Fruchtblättern zusammengesetzt, mit einem Griffel und 2 Narben; Bestäu−bung vor allem durch Bienen, Hummeln

Früchte: Achäne (die Samenschale ist mit der Fruchtwand verwachsen) 4 bis 6 mm lang; Wind / Vogelverbreitung

Standort: Von der kollinen bis in die subalpine Stufe in lichten Wäldern, auf mageren Wiesen und Weiden auf som−merwarmen, mässig trockenen, mittel− bis tiefgründigen und neutralen Lehm− und Tonböden; Tiefwurzler

284 Kugeldistel − E. sphaerocéphalus
Pflanze 40−150 cm hoch, ausdauernd, mit kantigem Stengel und von Juli bis September blühend

Echínops sphaerocéphalus L.
Kugeldistel
Asteráceae (Compositae)
Korbblütler, Köpfchenblütler

Laubblätter: Im Umriss lanzettlich bis oval, gestielt, oberseits grün, unterseits dicht weissfilzig behaart und jederseits bis nahe zur Mittelader fiederteilig; Abschnitte 3 eckig, entfernt gezähnt und stachelig bewimpert; obere lanzettlich und sitzend

Blütenstand: Gesamtblütenstand kugelig und 2−6 cm im Durchmesser

Blüten: Hüllblätter 1−2 cm lang, kurz behaart und lanzettlich; Pappus später bis 1 mm lang und aus bewimperten Schuppen bestehend; Kronblätter 5, verwachsen, aber bis fast zum Grund 5 teilig, bis 1 cm lang und hellblau ge−färbt; Staubblätter 5 und mit blaugrau−en Staubbeuteln; Fruchtknoten unter−ständig

Früchte: Achäne zylindrisch, meist 5 kantig, anliegend behaart, grau und 6−8 mm lang

Standort: Meist in der kollinen Stufe an Wegrändern, Bahndämmen und in Hochstaudenfluren auf sommertrocke−nen, nährstoff− und basenreichen, neutralen, humosen und gern steinigen Lehm− und Tonböden; auch als Zier−pflanze in Gärten; Bienenweide

285 Schlitzblättrige Karde − D. laciniátus
Pflanze 40−200 cm hoch, 2−jährig, im oberen Teil verzweigt, stachelig und von Juli bis Aug. blühend

Dípsacus laciniátus L.
Schlitzblättrige Karde
Dipsacáceae − Kardengew.

Laubblätter: Stengelständige ge−genständig angeordnet, bis nahe der Hauptader unregelmässig fiederteilig, mit fiederteiligen oder gesägten Ab−schnitten und borstig berandet

Blütenstand: Eiförmige bis zylind−rische, 3−8 cm lange und aufrechte Blütenköpfe mit abstehenden Hüllblät−tern; diese sind kürzer als die Blüten−köpfe und am Rande borstig bewim−pert; Spreuschuppen auf dem Frucht−boden mit stechenden Spreublättern

Blüten: Aussenkelch unscheinbar; Kelch fast 4−kantig, nach oben gebo−gen, ganzrandig und vielzähnig; Kron−blätter 4, zu einer Röhre verwachsen, weiss gefärbt, 8−14 mm lang und am Ende 4−zipfelig; Staubblätter 4, die in der Kronröhre angewachsen sind; die Staubbeutel sind frei; Fruchtknoten unterständig

Früchte: Nussartig und bis 5 mm lang

Standort: In der kollinen Stufe an Dämmen, Weg− und Waldrändern, Ufern und in Unkrautfluren auf feuchten bis frischen, nährstoff− und basenrei−chen, kalkhaltigen und humosen Lehm− und Tonböden; wärmeliebend; vor allem in Südeuropa; auch in Gärten zu finden

286 Alpenmasslieb – B. michélii
Pflanze 5–20 cm hoch, ausdauernd, mit mehrköpfigem Rhizom und von Mai bis Juli blühend

Bellidiástrum michélii CASS.
Aster bellidiástrum (L.) SCOP.
Alpenmasslieb

Asteráceae (Compositae)
Korbblütler, Köpfchenblütler

Laubblätter: In einer grundständigen Rosette und lang gestielt oder in einen schmal geflügelten Stiel verlängert; Spreite lanzettlich, eiförmig oder verkehrt eiförmig, mit gewelltem oder stumpf gezähntem Rand und besonders unterseits behaart

Blütenstand: Stengel blattlos und mit einem 2–4 cm breiten, spreublattlosen Blütenkopf; Hüllblätter grünlich bis rötlich gefärbt, lanzettlich, in 2 Reihen angeordnet und zerstreut behaart

Blüten: Strahlenblüten (= Zungenblüten) einreihig, weiss und ausserseits oft rötlich; Röhrenblüten hell- bis dunkelgelb

Früchte: 2–3 mm lange Achänen, die einen aus rauhen Borsten bestehenden Pappus besitzen

Standort: Von der montanen bis in die alpine Stufe an Rutschhängen, Quellfluren, waldigen Hängen, in Flachmooren und an Felsbändern auf feuchten, basenreichen, meist kalkhaltigen und humosen Stein-, Lehm- oder Sumpfhumusböden in kühl-humider Lage; Licht-Halbschattpflanze

287 Gänseblümchen – B. perénnis
Pflanze 3–15 cm hoch, ausdauernd, mit mehrköpfigem Rhizom und von Februar bis November blühend

Béllis perénnis L.
Gänseblümchen, Massliebchen

Asteráceae (Compositae)
Korbblütler, Köpfchenblütler

Laubblätter: Alle in grundständiger Rosette, oval oder spatelförmig, lang gestielt oder plötzlich in den geflügelten Stiel verschmälert, ganzrandig, gebuchtet oder stumpf gezähnt und etwas behaart oder kahl

Blütenstand: Stengel blattlos und am Ende mit einem 1–3 cm breiten Blütenkopf; Hüllblätter 3–6 mm lang, kahl oder am Rand zerstreut behaart, stumpf oder zugespitzt und grün bis dunkel blaugrün gefärbt

Blüten: Zungenblüten (= Strahlenblüten) meist einreihig, oberseits weiss bis leicht gerötet und unterseits weisslich bis intensiv rot gefärbt; Röhrenblüten zwittrig und gelb; Insektenbestäubung

Früchte: Bis 1 mm lange, eiförmige, etwas behaarte, aber ohne Pappus versehene Achänen; Windverbreitung

Standort: In der kollinen und montanen (seltener subalpin) Stufe in Fettwiesen, Weiden, Parkanlagen und Gartenrasen auf frischen, nährstoffreichen, humosen, oft auch dichten, sandigen oder reinen Lehm- und Tonböden; deutlicher Nährstoffzeiger; sonnenwendige Lichtpflanze

288 Berufkraut – E. karvinskiánum
Pflanze 5–20 cm hoch, ausdauernd, mit aufsteigendem Stengel und von April bis November blühend

Erígeron karvinskiánus DC.
Karwinskis Berufkraut

Asteráceae (Compositae)
Korbblütler, Körbchenblütler

Laubblätter: Lanzettlich bis oval, im unteren Bereich tief grob gezähnt bis 3 lappig, im oberen Teil mit verschmälertem Grund sitzend, mit fein ausgezogener Spitze, zerstreut anliegend behaart und grün oder rötlich gefärbt

Blütenstand: Köpfchen am Ende der Zweige bis 15 mm breit; Hüllblätter grünlich und 3–5 mm lang

Blüten: Strahlenblüten (= Zungenblüten) ausgebreitet, innerseits weiss- und ausserseits mehrheitlich rosa gefärbt; Röhrenblüten gelblich

Früchte: Achänen bis 1 mm lang und mit einem 2–3 mm langen und weissen Pappus versehen; derjenige bei den Strahlenblüten ist kurz und einreihig, derjenige bei den Röhrenblüten ist zweireihig ausgebildet

Standort: In der kollinen Stufe an Mauern, Felshängen und feuchten Felsspalten auf feuchten bis frischen und meist etwas steinigen Böden besonders in südlichen Gebieten; stammt aus Mittel- und Südamerika; im südlichen Grenzgebiet der Schweiz sehr verbreitet; auch an Felshängen am Genfersee anzutreffen

289 Gew. Margerite – Ch. leucánthemum
Pflanze 20–70 cm hoch, mit mehrköpfigem Rhizom, aufrechten Stengeln und von Mai bis Oktober blühend

Chrysánthemum leucánthemum
Leucánthemum vulgáre LAM.
Gewöhnliche Margerite

Asteráceae (Compositae)
Korbblütler, Körbchenblütler

Laubblätter: Untere länglich, verkehrt-eiförmig bis spatelförmig, bis 3 cm lang, gekerbt, gesägt oder fiederteilig und allmählich in den Stiel verschmälert; obere sitzend und mit groben Zähnen

Blütenstand: Am Ende der Stengel je ein bis 5 cm breites Köpfchen; Hüllblätter lanzettlich bis schmal lanzettlich, meist kahl und mit meist schwarzbraunen Rändern

Blüten: Strahlenblüten (=Zungenblüten) weiss und bis 6 mm breit; Röhrenblüten gelblich; Insektenbestäubung (besonders durch Käfer, Fliegen und Falter)

Früchte: Achänen bis 4 mm lang, meist 10-rippig und zwischen den Rippen mit schwarzen Harzdrüsen; Wind- und Verdauungsverbreitung

Standort: Von der kollinen bis in die subalpine Stufe in Fettwiesen, Aeckern, Schuttplätzen, auf Weiden und an Wegrändern auf frischen, nährstoff- und basenreichen, lockeren und meist etwas lehmigen Böden aller Art; Tiefwurzler

290 Feld-Hundskamille – A. arvénsis
Pflanze 10–40 cm hoch, 1-jährig, kaum aromatisch riechend und von Mai bis Oktober blühend

Anthemis arvénsis L.
Feld-Hundskamille

Asteráceae (Compositae)
Korbblütler, Körbchenblütler

Laubblätter: 2 bis 3 fach fiederteilig, ungestielt, meist wechselständig angeordnet und kahl oder zerstreut behaart; Abschnitte letzter Ordnung schmal lanzettlich, oft etwas gezähnt und stachelig zugespitzt

Blütenstand: Am Ende der Stengel 2–3 cm breite Köpfchen; ihre Hüllblätter hellgrün gefärbt und anliegend behaart; Boden des Blütenkopfes kegelförmig; Spreublätter lanzettlich

Blüten: Strahlenblüten (=Zungenblüten) weiss, bis 1,3 cm lang, mehrreihig und am Ende mit deutlicher Kerbe; Röhrenblüten gelb gefärbt; Insektenbestäubung (Fliegen und Wespen)

Früchte: Achänen bis 3 mm lang, kahl, mit 5–10 Rippen oder Furchen und am Ende oft mit einem gezähnten Rand

Standort: In der kollinen und montanen (seltener subalpin) Stufe auf Schuttplätzen, Aeckern, an Wegrändern, in Getreidefeldern und Weinbergen auf frischen bis mässig frischen, nährstoff- und basenreichen, meist kalkarmen und oft lehmigen Lehm- und Tonböden; Versauerungszeiger; bis 30 cm tief wurzelnd; Kulturbegleiter

291 Geruchlose Kamille – T. inodórum
Pflanze 15–50 cm hoch, mit niederliegenden oder aufrechten Stengeln und von Juni bis Juli blühend

Tripleurospérmum inodórum
(L.) SCH.–BIP.
Chrysánthemum inodórum L.
Geruchlose Kamille

Asteráceae (Compositae)
Korbblütler, Körbchenblütler

Laubblätter: Meist kahl, 2 bis 3 fach fiederteilig und mit schmal linealen bis fadenförmigen, etwas stachelspitzigen Abschnitten letzter Ordnung

Blütenstand: Am Ende der Zweige je ein bis 5 cm breites Köpfchen; Hüllblätter kahl, oft hellgrün gefärbt und mit häutigem Rand

Blüten: Strahlenblüten (=Zungenblüten) weiss und bis 2 cm lang; Röhrenblüten gelblich; Insektenbestäubung

Früchte: Achänen bis 2 mm lang, ausserseits zwischen den Rippen dunkel und zerstreut warzig und im oberen Teil oft mit 2 runden, schwarzen Harzdrüsen

Standort: Von der kollinen bis in die subalpine Stufe auf Schuttplätzen, an Wegrändern, in Getreidefeldern, Aeckern und häufig in Unkrautgesellschaften auf frischen bis mässig trockenen, nährstoffreichen, meist kalkarmen, mehr oder weniger humosen, neutralen und sandigen oder reinen Ton- und Lehmböden; Pionierpflanze; Kulturbegleiter; bis über einen Meter tief wurzelnd

292 Alpen–Margerite – Ch. alpínum
Pflanze 5–15 cm hoch, ausdauernd, sehr oft ganze Polster bildend und von Juli bis August blühend

Chrysánthemum alpínum L.
Leucánthemum alpínum (L.)
Alpen–Margerite
Asteráceae (Compositae)
Korbblütler, Körbchenblütler

Laubblätter: Grundständige gestielt, kammförmig fiederteilig, mit deutlich voneinander getrennten und 4 bis 8 mal so langen wie breiten Abschnitten; Mittelteil des Blattes nach oben nicht verschmälert

Blütenstand: Am Ende der Stengel je ein bis 3 cm breites Köpfchen; Hüllblätter schmal dreieckig, kahl oder etwas behaart und mit dunkelbraunen Rändern

Blüten: Strahlenblüten (=Zungenblüten) weiss, bis 15 mm lang und beim Verblühen oft etwas rosa angelaufen; Röhrenblüten gelblich; Insektenbestäubung

Früchte: Achänen bis 3 mm lang, 5–rippig und oben mit einem gezähnten Rand

Standort: In der alpinen (seltener subalpin) Stufe in Rasen, Schutthalden, Schneetälchen und auf lange mit Schnee bedeckten Böden auf schneefeuchten, kalkarmen oder entkalkten, mässig sauren, modrig humosen und steinigen oder reinen Lehm– und Tonböden; hin und wieder auch in die Täler herabgeschwemmt

293 Echte Kamille – M. chamomílla
Pflanze 15–40 cm hoch, kahl, aromatisch duftend, mit aufrechten Stengeln und von Mai bis Sept. blühend

Matricária chamomílla L.
Echte Kamille
Asteráceae (Compositae)
Korbblütler, Körbchenblütler

Laubblätter: Wechselständig angeordnet, kahl, 2 bis 3 fach fiederteilig und mit schmal lanzettlichen bis fadenförmigen Abschnitten letzter Ordnung

Blütenstand: Pflanze im oberen Bereich verzweigt und am Ende der Zweige je ein 15–25 mm breites Köpfchen; Hüllblätter grünlich und kahl

Blüten: Strahlenblüten (=Zungenblüten) weiss, mehrreihig, schmal eiförmig, am Ende deutlich gestutzt und gegen Ende der Blütezeit gegen den Stiel zu umgebogen; Röhrenblüten gelblich; Boden des Blütenstandes immer kegelförmig, hohl und ohne Spreublätter; Insektenbestäubung (besonders durch Fliegen)

Früchte: Achänen bis 1,5 mm lang, oft drüsig und mit kurzem gezähntem Rand

Standort: Von der kollinen bis in die subalpine Stufe auf Schuttplätzen, Oedland, in Aeckern, Feldern, Rebbergen, bei Mauern und an Wegen auf frischen, nährstoffreichen, meist aber weniger humosen, meist kalkarmen und sandigen oder reinen Lehm– und Tonböden in wärmeren Lagen; seit längerer Zeit als Kulturbegleiter bekannt

294 Alpen–Berufkraut – E. alpínus
Pflanze 3–25 cm hoch, ausdauernd, mit knotigem Rhizom, rötlichen Stengeln und bis Aug. blühend

Erígeron alpínus L.
Alpen–Berufkraut
Asteráceae (Compositae)
Korbblütler, Körbchenblütler

Laubblätter: Grundständige lanzettlich bis schmal spatelförmig, ganzrandig, langsam in den Stiel verschmälert und beiderseits behaart; Stengelständige lanzettlich, im oberen Bereich des Stengels mit verschmälertem Grund sitzend, beiderseits behaart und ganzrandig; Hauptader oft etwas rötlich

Blütenstand: Stengel meist 1 bis 5–köpfig; Köpfchen 15–30 mm breit; Hüllblätter schmal dreieckig, fein zugespitzt, mit oft rötlich gefärbten Spitzen und behaart

Blüten: Strahlenblüten (=Zungenblüten) rosa oder purpurrot gefärbt, vor der Blütezeit aufrecht und länger als die Hüllblätter; Röhrenblüten gelblich oder rötlich gefärbt; zwischen Röhren– und Strahlenblüten verkümmerte, weibliche Blüten; Insektenbestäubung

Früchte: Achänen 2–3 mm lang mit 3–5 mm langem, weisslich oder rötlich gefärbtem Pappus; Windverbreitung

Standort: In der subalpinen und alpinen Stufe in Wiesen, Weiden und Steinrasen auf frischen, oft kalkarmen, lockeren und steinigen Lehm– und Tonböden; in den Alpen verbreitet

295 Einjähriges Berufkraut – E. ánnuus
Pflanze 20–140 cm hoch, mit verholzter Wurzel, einem oft kantigen Stengel und bis Okt. blühend

Erígeron ánnuus (L.) PERS.
Einjähriges Berufkraut
Asteráceae (Compositae)
Korbblütler, Körbchenblütler

Laubblätter: Wechselständig angeordnet, hellgrün gefärbt und beiderseits zerstreut behaart; untere Blätter eiförmig bis verkehrt–eiförmig oder elliptisch, plötzlich in den langen Stiel verschmälert und mit grob gezähnten, länger als 3 cm langen Spreiten; mittlere und obere Stengelblätter länglich lanzettlich und ganzrandig oder entfernt fein gezähnt

Blütenstand: Vielköpfige doldenartige Rispe; Köpfchen 1–2 cm breit und vor dem Aufblühend nickend; Hüllblätter hellgrün, zerstreut behaart oder kahl und bis 5 mm lang

Blüten: Strahlenblüten (=Zungenblüten) schmal lanzettlich, zahlreich, ausgebreitet und lila oder weiss gefärbt; Röhrenblüten gelblich gefärbt

Früchte: Achänen bis 1 mm lang mit bis 2 mm langem Pappus

Standort: In der kollinen (seltener montanen) Stufe an Ufern, Dämmen Wegrändern, auf Schuttplätzen, in Auwald–Verlichtungen und bei Gebüschen auf sickerfrischen bis feuchten, nährstoffreichen und oft sandigen oder steinigen Lehmböden; Pionierpflanze

296 Franzosenkraut – G. ciliáta
Pflanze 10–50 cm hoch, 1–jährig, mit einer Pfahlwurzel versehen und von Juli bis Oktober blühend

Galinsóga ciliáta (RAFIN.)BLAKE
Bewimpertes Knopfkraut
Franzosenkraut
Asteráceae (Compositae)
Korbblütler, Körbchenblütler

Laubblätter: Gegenständig, beiderseits zerstreut behaart, oval bis lanzettlich, zugespitzt, kurz gestielt und unregelmässig grob gezähnt

Blütenstand: Köpfchen einzeln oder in kleinen doldenartigen Trauben und Rispen; Köpfchen 3–6 mm breit; Hüllblätter schmal oval, 2–4 mm lang und zerstreut drüsig behaart

Blüten: Strahlenblüten (=Zungenblüten) 4 oder 5, weiblichen Geschlechts und weiss oder purpurn gefärbt; Röhrenblüten zahlreich, zwittrig, ausserseits behaart und gelb gefärbt

Früchte: Achänen etwa 1 mm lang, dunkel gefärbt, behaart und mit einem kurzen Pappus; Wind– und Klettverbreitung

Standort: In der kollinen (seltener montan) Stufe in Unkrautfluren, gehackten Aeckern, Gärten, Weinbergen und an Wegen auf frischen bis mässig trockenen, nährstoffreichen, vorzugsweise sandreichen, besonders stickstoffreichen, lockeren, neutralen, mehr oder weniger humosen und sandigen oder reinen Lehm– und Tonböden

297 Edelweiss – L. alpínum
Pflanze 5–20 cm hoch, ausdauernd, weissfilzig behaart, ohne Ausläufer und von Juli bis August blühend

Leontopódium alpínum CASS.
Edelweiss
Asteráceae (Compositae)
Korbblütler, Körbchenblütler

Laubblätter: Schmal lanzettlich, wechselständig angeordnet, gegen den Grund zu allmählich verschmälert, 2 bis 5 cm lang, zugespitzt, oberseits blaugrün– und unterseits durch filzige Behaarung graugrün gefärbt

Blütenstand: Blütenköpfe zu 1–10 doldenförmig gehäuft, 4–7 mm breit und von zahlreichen häutigen, braun berandeten Hüllblättern umgeben; kraus weiss behaarte, schmal lanzettliche und zugespitzte Hochblätter umgeben die Köpfchen

Blüten: Röhrenförmig und fadenförmig; äussere Köpfchen des gesamten Blütenstandes und die äusseren Blüten der inneren Köpfchen fadenförmig und weiblichen Geschlechts; innere Blüten der Köpfchen scheinbar zwittrig, wobei nur die Staubblätter fertil sind; Insektenbestäubung

Früchte: Achänen ungefähr 1 mm lang, zerstreut und kurz behaart

Standort: In der alpinen (seltener subalpin) Stufe auf sommerwarmen, mässig frischen, basenreichen, meist kalkhaltigen, neutralen, humosen, lockeren und steinigen Böden

298 Gemeine Schafgarbe – A. milléfolium
Pflanze 15–50 cm hoch, zerstreut behaart, im oberen Teil verzweigt und von Juni bis Oktober blühend

Achilléa milléfolium L.
Gemeine Schafgarbe
Asteráceae (Compositae)
Korbblütler, Körbchenblütler

Laubblätter: Lanzettlich bis lineal-lanzettlich und bis zur Mittelader 2 bis 3 fach fiederteilig mit jederseits bis 50 Abschnitten; Abschnitte letzter Ordnung mit schmal lanzettlichen Zipfeln; sterile Blattrosette vorhanden

Blütenstand: Vielköpfige, dolden-artig geformte Traube; Köpfchen mit zahlreichen braun berandeten, dach-ziegelartig angeordneten, bis 6 mm langen und stumpfen Hüllblättern

Blüten: Strahlenblüten (=Zungenblü-ten) weiss oder rosa gefärbt, weiblichen Geschlechts und nach den Blühen nur wenig nach unten gebogen; Röhren-blüten weisslich, zwittrig und ohne Sporn; Insekten– und Selbstbestäubung

Früchte: Achänen bis 2 mm lang, flach eiförmig, ohne gezähnten Rand und ohne Pappusborsten; Wind– und Ameisenverbreitung

Standort: Von der kollinen bis in die subalpine Stufe in Fettwiesen, Weiden, Aeckern, Erdanrissen, Wäldern, an Wegrändern und Sandrasen auf frischen bis mässig trockenen, nährstoffreichen, meist sandigen, steinigen oder reinen Lehmböden

299 Edle Schafgarbe – A. nóbilis
Pflanze 10–50 cm hoch, ausdauernd, mit kurzem, verzweigtem Rhizom und von Juni bis Sept. blühend

Achilléa nóbilis L.
Edle Schafgarbe
Asteráceae (Compositae)
Korbblütler (Körbchenblütler)

Laubblätter: Im Umriss breit oval und bis nahe der meist geflügelten Mittel-ader 2 bis 3 fach fiederteilig; auf der Mittelader zwischen den Hauptab-schnitten einzelne schmale Zipfel; je-derseits mit 4–12 gefiederten und be-haarten Abschnitten

Blütenstand: Vielköpfige, dolden-artig geformte Traube; Hüllblätter zer-streut behaart und hellbraun berandet

Blüten: Strahlenblüten(=Zungenblü-ten) weiss oder gelblichweiss gefärbt, rundlich, am Ende eingeschnitten und zu 4–6 pro Blüte; Röhrenblüten weisslich, zwittrig und ohne Sporn; Insektenbe-stäubung

Früchte: Achänen bis 1 mm lang, flach eiförmig, ohne gezähnten Rand und ohne Pappusborsten; Windverbreitung

Standort: In der kollinen und monta-nen Stufe in Felsbandgesellschaften, Halbtrocken– und Trockenrasen, an Böschungen, Wegrändern und als Kul-turfolger in Erdanrissen auf trockenen, basenreichen, meist kalkhaltigen, wenig humosen und lockeren Steinböden oder sandigen Lössböden; Pionierpflanze; licht– und wärmeliebend

300 Schafgarbe – A. atráta
Pflanze 5–25 cm hoch, ausdauernd, mit stark ver-zweigtem Rhizom und von Juli bis August blühend

Achilléa atráta L.
Schwarzrandige Schafgarbe
Asteráceae (Compositae)
Korbblütler, Körbchenblütler

Laubblätter: Lanzettlich oder schmal rechteckig, bis nahe zur Mittelader fie-derteilig und zerstreut behaart; geflü-gelte Mittelader höchstens 2 mm breit; jederseits mit 6–12 zwei bis fünfzähni-gen Zipfeln

Blütenstand: Wenigköpfige, dol-denartig geformte Traube; Köpfchen mit 5–8 mm langen, zerstreut behaarten und dunkelbraun bis schwarz berande-ten Hüllblättern

Blüten: Strahlenblüten (=Zungenblü-ten) weiss gefärbt, weiblichen Ge-schlechts, am Ende mit oft 2 deutlichen Kerben und zu 6–12 im Köpfchen; Röhrenblüten weisslich bis bräunlich, zwittrig und ohne Sporn; Insektenbe-stäubung

Früchte: Achänen bis 2 mm lang, flach eiförmig, ohne gezähnten Rand und ohne Pappusborsten; Windverbreitung

Standort: In der alpinen (seltener subalpin) Stufe in Schiefer– und Kalk-schutthalden auf feuchten bis sicker-frischen, steinigen und auch kalkreichen Böden; in den Alpen verbreitet und häufig; diese Ostalpenpflanze gilt als guter Schuttkriecher und Schuttwanderer

301 Moschus–Schafgarbe – A. moscháta
Pflanze 5–20 cm hoch, ausdauernd, mit verzweigtem Rhizom, aromatisch riechend und bis August blühend

Achilléa moscháta WULF
Moschus–Schafgarbe
Asteráceae (Compositae)
Korbblütler, Körbchenblütler

Laubblätter: Im Umriss länglich, bis nahe zur Mittelader fiederteilig und kahl oder etwas behaart; geflügelte Mittel-ader höchstens 2 mm breit; jederseits mit 5–12 ganzrandigen oder seltener etwas gezähnten Zipfeln

Blütenstand: Wenigköpfige dolden-artig geformte Trauben; Köpfchen mit hellen, aber dunkelbraun berandeten, 3–5 mm langen und zerstreut behaar-ten Hüllblättern

Blüten: Strahlenblüten (=Zungenblü-ten) weiss gefärbt, weiblichen Ge-schlechts, am Ende etwas gekerbt und zu 5–8 in den Köpfchen; Röhrenblüten weisslich gefärbt, zwittrig und ohne Sporn; Insekten– und Selbstbestäubung

Früchte: Achänen bis 2 mm lang, flach eiförmig, ohne gezähnten Rand und ohne Pappusborsten; Windverbreitung

Standort: In der alpinen (seltener subalpin) Stufe im Geröll, Felsschutt, auf grasigen Hängen, in steinigen Rasen und Steinschutt– Fluren auf sickerfri-schen, kalkarmen, bewegten oder ru-henden und lehmigen Steinschuttbö-den; Pionierpflanze; Schuttkriecher und Schuttfestiger

302 Bittere Schafgarbe – A. clavénae
Pflanze 10–25 cm hoch, ausdauernd, mit verzweigtem Rhizom , steriler Blattrosette und bis Aug. blühend

Achilléa clavénae L.
Clavenas Schafgarbe
Asteráceae (Compositae)
Korbblütler, Körbchenblütler

Laubblätter: Oval, unregelmässig bis nahe der Mittelader fiederteilig und anliegend seidig behaart; geflügelte Mittelader 2–5 mm breit und beiderseits anliegend und seidig behaart; jederseits mit 3 bis 8 zwei bis fünfzipfligen Ab-schnitten

Blütenstand: Wenigköpfige , dol-denartig geformte Traube; Köpfchen bis 1,5 cm breit, mit hellgrauen, behaarten und schwarz berandeten Hüllblättern und zu 3–20 an einem Stengel

Blüten: Strahlenblüten (=Zungenblü-ten) weiss gefärbt, am Ende mit oft etwas gewelltem Rand und zu 5–9 im Köpfchen; Röhrenblüten weiss, zwittrig und ohne Sporn; Insektenbestäubung

Früchte: Achänen bis 2 mm lang, flach eiförmig, ohne gezähnten Rand und ohne Pappusborsten; Insektenbestäu-bung

Standort: In der alpinen (seltener subalpin) Stufe im Felsschutt, auf steini-gen Weiden und in sonnigen Steinrasen auf frischen, kalkreichen, neutralen, humosen, lockeren und steinigen Lehm-böden; vor allem in den Ostalpen und westlich bis Bayern und dem Luganersee

303 Zwerg–Schafgarbe – A. nána
Pflanze 5–15 cm hoch, ausdauernd, mit reich ver-zweigtem Rhizom und von Juli bis August blühend

Achilléa nána L.
Zwerg–Schafgarbe
Asteráceae (Compositae)
Korbblütler, Körbchenblütler

Laubblätter: Schmal lanzettlich, bis nahe an die Mittelader fiederteilig, fein wollig behaart und mit jederseits 4–12 ungeteilten oder 2 bis 5–zähnigen Zipfeln; Mittelader dicht wollig behaart

Blütenstand: 5 bis 20–köpfige, doldenartig geformte Traube; Köpfchen bis 1 cm breit und mit bis 5 mm langen, fein wollig behaarten und schwarz be-randeten Hüllblättern

Blüten: Strahlenblüten (=Zungenblü-ten) weiss gefärbt, schmal oval, am Ende mit wenigen Zähnen, weiblichen Geschlechts und zu 5–8 im Köpfchen; Röhrenblüten zwittrig und hellgelb– bis hellbraun gefärbt

Früchte: Achänen bis 2 mm lang, flach eiförmig, ohne gezähnten Rand und ohne Pappusborsten; Insektenbestäu-bung

Standort: In der alpinen Stufe ver-breitet auf Moränen, in Schutthängen und auf Schieferschuttfluren auf schneefeuchten, basenreichen, lockeren und auch mässig sauren Böden; diese Westalpenpflanze ist besonders in den Zentral– und Südalpen verbreitet; in den Nordalpen seltener anzutreffen

304 Gem. Katzenpfötchen – A. dioéca
Pflanze 5–20 cm hoch, ausdauernd, mit oberirdischen Ausläufern und von Mai bis Juli blühend

Antennária dioéca GAERTNER
Gemeines Katzenpfötchen
Asteráceae (Compositae)
Korbblütler, Körbchenblütler

Laubblätter: Untere schmal oval, gegen den Grund zu verschmälert oder spatelförmig, kurz zugespitzt und unterseits weissfilzig behaart; obere schmal lanzettlich, zugespitzt und oft rötlich gefärbt; Pflanze mit Blattrosetten

Blütenstand: Mehrere bis 8 mm breite Köpfchen am Ende der Stengel doldenartig angeordnet; Hüllblätter oval, dachziegelartig angeordnet, spinnwebig behaart, in der oberen Hälfte trockenhäutig, bei weiblichen Köpfchen rot oder seltener weiss und bei männlichen Köpfchen meist weiss

Blüten: Pflanzen zweihäusig; bei weiblichen Köpfchen alle Blüten weiblich und mit fadenförmiger Krone; bei männlichen Köpfchen Blüten scheinbar zwittrig, aber nur der Pollen fertil und mit röhrenförmiger Krone; Insektenbestäubung (besonders durch Falter)

Früchte: Achänen bis 1 mm lang, zylindrisch bis eiförmig und mit 6–10 mm langen Pappusborsten

Standort: In der subalpinen und alpinen Stufe in mageren Wiesen, Weiden, lichten Wäldern und Heiden auf mässig frischen bis trockenen Böden

305 Ruhrkraut – G. norvégicum
Pflanze 10–40 cm hoch, ausdauernd, mit dünnem, mehrköpfigem Rhizom und von Juli bis August blühend

Gnaphálium norvégicum GUNNERUS
Norwegisches Ruhrkraut
Asteráceae (Compositae)
Korbblütler, Körbchenblütler

Laubblätter: Lanzettlich, nach unten verschmälert, bis 15 cm lang und 2 cm breit, zugespitzt, 3–aderig (deutliche Hauptader und 2 weitere Längsadern) und beiderseits filzig behaart

Blütenstand: Köpfchen bis 7 mm lang und in ährenartigen, lockeren Trauben zusammengefasst; Hüllblätter der Köpfchen meist stumpf, ganzrandig und mit breiten dunkelbraunen bis schwarzen Rändern; unterste Blätter des Gesamtblütenstandes länger als dieser

Blüten: Aeussere weiblich und fadenförmig, innere röhrenförmig, zwittrig und fertil; Staubbeutelhälften im unteren Bereich mit verlängerter Spitze; Insekten– und Selbstbestäubung

Früchte: Achänen bis 3 mm lang und mit einreihigem Pappus, der aus sehr feinen Borsten besteht; Windverbreitung

Standort: In der subalpinen Stufe in lichten Wäldern, Zwergstrauchgesellschaften, Weiden, an grasigen Hängen und Wegrainen auf mässig feuchten bis frischen, kalkarmen und humosen Lehmböden; gern in Rasenlücken wachsend

306 Berufkraut – E. canadénsis
Pflanze 20–100 cm hoch, mit einer Pfahlwurzel, glatten oder gerippten Stengeln und bis Sept. blühend

Erígeron canadénsis L.
Conyza canadénsis (L.) CRONQ.
Kanadisches Berufkraut
Asteráceae (Compositae)
Korbblütler, Körbchenblütler

Laubblätter: Lanzettlich, ganzrandig oder mit wenigen kleinen Zähnen und anliegend behaart; die unteren in einen geflügelten Stiel verschmälert, diejenigen im oberen Bereich der Pflanze mit einem verschmälerten Grund sitzend

Blütenstand: Vielköpfige Rispe; Köpfchen 3–5 mm lang und mit bis 4 mm langen, zugespitzten, grünen und fast kahlen Hüllblättern

Blüten: Strahlenblüten (=Zungenblüten) unscheinbar, aufrecht und weisslich; keine Fadenblüten vorhanden; Röhrenblüten gelblichweiss; Selbstbestäubung

Früchte: Achänen bis 1,5 mm lang, zerstreut behaart, gelblich gefärbt und mit 2–3 mm langem Pappus; Windverbreitung

Standort: In der kollinen und montanen Stufe in wärmeren Lagen auf Schuttplätzen, Aeckern, an Bahndämmen, Waldrändern und in Waldschlägen auf frischen bis mässig trockenen, nährstoffreichen, meist wenig humosen und tonigen oder lehmigen Böden; diese ursprünglich nordamerikanische Pflanze ist heute weltweit verbreitet

307 Weisse Pestwurz – P. albus
Pflanze zur Blütezeit bis 30 cm–, zur Früchtezeit bis 70 cm hoch, ausdauernd und bis Mai blühend

Petasítes albus (L.) GAERTNER
Weisse Pestwurz
Asteráceae (Compositae)
Korbblütler, Körbchenblütler

Laubblätter: Grundständige erst nach der Blütezeit erscheinend; diese Blätter lang gestielt, rundlich–herzförmig, bis 40 cm breit, doppelt flachbuchtig gezähnt, unterseits auch im Alter noch graufilzig und oberseits zuerst filzig, später verkahlend; Schuppenblätter am Stengel hellgrün gefärbt und lanzettlich bis oval

Blütenstand: Köpfchen in kurzer und dichter Traube; Köpfchen gestielt, bis 1 cm breit und mit 12–18 hellgrünen und dicht drüsig behaarten Hüllblättern

Blüten: Alle röhrenförmig, mit gelblichweissen Kronen; Insektenbestäubung

Früchte: Achänen 2–3 mm lang und mit bis 12 mm langem und weissem Pappus; Windverbreitung

Standort: In der montanen (seltener kollin und subalpin) Stufe in krautreichen Buchen–, Tannen– und Fichtenwäldern, Schluchtwäldern, Gebüschen, an Wegrändern und steilen Böschungen auf sickerfeuchten, kalkhaltigen, humusarmen, meist feinerde– und nährstoffreichen und tonigen Böden; Sickerwasserzeiger; Schatt–Halbschattpflanze; Rohbodenpionier

308 Kohldistel – C. oleráceum
Pflanze 30–140 cm hoch, ausdauernd, mit dickem, knotigem Rhizom und von Juni bis September blühend

Círsium oleráceum (L.) SCOP.
Kohldistel
Asteráceae (Compositae)
Korbblütler, Körbchenblütler

Laubblätter: Ungeteilt oder bis weit über die Mitte fiederteilig, stengelumfassend, mit gezähntem Rand und weichstachelig; Endabschnitt breiter als die Seitenabschnitte; alle Abschnitte zugespitzt

Blütenstand: Mehrere Blütenköpfe in kurzen Trauben und von breit–eiförmigen, blassen Deckblättern umgeben; Hüllblätter fein zugespitzt, grünlich und meist weichstachelig

Blüten: Alle röhrenförmig mit trichterförmig erweitertem Kronensaum, bis 2 cm lang und hellgelb gefärbt; Insektenbestäubung;

Früchte: Achänen 3–5 mm lang, gelbbraun gefärbt und mit etwa 15 mm langem Pappus; Windverbreitung

Standort: In der kollinen und montanen (seltener subalpin) Stufe in nassen Fettwiesen, Sümpfen, Auenwäldern, Gräben, Hochstaudenfluren, an Bachufern und Quellen auf nassen, nährstoff– und basenreichen, lockeren, modrig–humosen, sandigen oder reinen Tonböden; Licht–Halbschattpflanze; Tiefwurzler; Bienenweide; auch Düngungszeiger

309 Alpen–Kratzdistel – C. spinosíssimum
Pflanze 20–50 cm hoch, ausdauernd, durchgehend beblättert, mit Rhizom und von Juli bis Aug. blühend

Círsium spinosíssimum SCOP.
Alpen–Kratzdistel
Asteráceae (Compositae)
Korbblütler, Körbchenblütler

Laubblätter: Lanzettlich, ungeteilt, zugespitzt, bis über die Mitte der Blatthälfte fiederteilig, mit stacheligen Abschnitten und steif anzufassen; die oberen Blätter umfassen den Stengel herzförmig; Haupt– und Seitenadern sich deutlich hellgelb von der grünen Blattfläche abhebend

Blütenstand: Köpfe zu mehreren geknäuelt am Ende der Stengel von zahlreichen, bleichgrünen, steif stechenden, im Umriss lanzettlichen und fiederteiligen Blättern umgeben; Hüllblätter mit strichförmiger Harzdrüse und besonders die äusseren mit Stachel

Blüten: Alle röhrenförmig, 1–2 cm lang und hellgelb gefärbt; Insektenbestäubung

Früchte: Achänen 3–5 mm lang, gelblichbraun gefärbt und mit einem bis 15 mm langem Pappus; Wind– und Klettverbreitung

Standort: In der subalpinen und alpinen Stufe auf Weiden, Lägerstellen, Gesteinsschutt und bei Gebüschen auf feuchten bis frischen, nährstoffreichen, humosen, steinigen Lehm– und Tonböden; Stickstoffzeiger

310 Ysop – H. officinális
Halbstrauch (im unteren Teil verholzt) 20–50 cm hoch, ausdauernd und von Juli bis September blühend

Hyssópus officinális L.
Ysop
Lamiáceae (Labiátae) –
Lippenblütler

Laubblätter: Lineal–lanzettlich, gegen den Grund zu langsam verschmälert, am Ende kurz zugespitzt, fast sitzend, ganzrandig, bis 25 mm lang und mit etwas nach unten umgebogenen Rändern

Blütenstand: Aehrenartig und 3 bis 10 cm lang, wobei mehrere Büschel von 3–7 Blüten am Ende der Stengel in den Achseln von Blätter stehen

Blüten: Kurz gestielt; Kelchblätter 5, miteinander verwachsen, mit 5 gleichartigen Zähnen, 4–8 mm lang, mit etwa 15 deutlich hervortretenden Adern und grün gefärbt; Kronblätter 5, meist blau, seltener weiss, 8–12 mm lang, aussen behaart und mit 2–lippigem Rand; Oberlippe flach und Unterlippe dreiteilig; Staubblätter 4, aus der Krone tretend; Fruchtknoten oberständig und aus 2 Fruchtblätter zusammengesetzt

Früchte: 4 Teilfrüchte eiförmig, dreikantig und je 2 mm lang

Standort: In der kollinen (seltener montan) Stufe in Trockenwiesen, Felsensteppen und an sonnigen Hängen auf trockenen, steinigen, flachgründigen und kalkarmen Böden

311 Weisse Taubnessel – L. álbum
Pflanze 15–45 cm hoch, ausdauernd, mit vierkantigem Stengel und von Mai bis August blühend

Lámium álbum L.
Weisse Taubnessel
Lamiáceae (Labiátae) –
Lippenblütler

Laubblätter: Eiförmig, lang zugespitzt, nur kurz gestielt oder anliegend, grob unregelmässig gezähnt, zerstreut behaart und gegenständig angeordnet; Zähne meist stumpf

Blütenstand: In den Achseln der oberen Blattpaare quirlähnliche Teilblütenstände mit sitzenden Blüten

Blüten: Kelchblätter 5, miteinander verwachsen, 6–11 mm lang, am Grunde meist mit violetten Flecken, zerstreut behaart und lang zugespitzt; Kronblätter 5, miteinander verwachsen, meist weiss gefärbt, bis 25 mm lang und 2–lippig; Oberlippe helmförmig; Unterlippe 3 teilig; Staubblätter 4, unter der Oberlippe aufsteigend, mit schwarzen, weiss behaarten Staubbeuteln; Pollen hellgelb; Fruchtknoten oberständig und aus 2 Fruchtblättern zusammengesetzt

Früchte: 4 Teilfrüchte eiförmig, dreikantig, glatt und bis 3 mm lang

Standort: Von der kollinen bis in die subalpine Stufe bei Mauern, Lägerstellen, an Wegrändern, in Hecken, Gebüschen und Gräben auf frischen, nährstoffreichen, lockeren, humosen und lehmigen oder tonigen Böden

312 Gelblicher Hohlzahn – G. ségetum
Pflanze 10–30 cm hoch, 1 bis 2–jährig, mit vierkantigem, behaartem Stengel und von Juli bis Aug. blühend

Galeópsis ségetum NECKER
Gelblicher Hohlzahn
Lamiáceae (Labiátae)
Lippenblütler

Laubblätter: Eilanzettlich bis eiförmig, zugespitzt, kurz gestielt, jederseits mit 3–9 ausgeprägten Zähnen und besonders unterseits samtig behaart

Blütenstand: In den Achseln der oberen Blattpaare quirlähnliche Teilblütenstände mit sitzenden Blüten

Blüten: Kelchblätter 5, hellgelb, mit grünen Streifen, 8–10 mm lang und abstehend behaart; Kelchzähne meist dunkelgrün; Kronblätter 5, bis 35 mm lang, weisslich bis hellgelb und 2 lippig; Oberlippe helmförmig, aufrecht, ganzrandig und behaart; Unterlippe 3–teilig und mit sehr grossem Mittelabschnitt, der eine gelbe oder purpurne Zeichnung trägt; Staubblätter 4, unter der Oberlippe aufsteigend und mit weissen Staubfäden; Fruchtknoten oberständig; Insektenbestäubung

Früchte: 4 Teilfrüchte eiförmig, leicht 3 kantig, glatt und bis 3 mm lang

Standort: In der kollinen und montanen Stufe im Geröll, in Kiesgruben, Waldlücken, Aeckern und an Wegrändern auf mässig frischen, mehr oder weniger nährstoffreichen und kalkarmen Steinschuttböden; Pionierpflanze

313 Echte Katzenminze – N. catária
Pflanze 40–130 cm hoch, ausdauernd, mit Pfahlwurzel und von Juli bis September blühend

Népeta catária L.
Echte Katzenminze
Lamiáceae (Labiátae)
Lippenblütler

Laubblätter: Schmal oval bis eiförmig–herzförmig, gestielt, zugespitzt, grob gezähnt und unterseits graugrün gefärbt; Zähne nach vorn gerichtet

Blütenstand: Am Ende der Zweige quirlähnliche Teilblütenstände mit kurz gestielten Blüten; Teilblütenstände im unteren Bereich deutlich gestielt

Blüten: Kelchblätter 5, hell– bis dunkelgrün, 5–8 mm lang und dicht behaart; Kelchzähne schmal und lang zugespitzt; Kronblätter 5, mit langer, zu einer vorn erweiterten Röhre zusammengewachsen und weisslich oder gelblich (bis rötlich) gefärbt; Oberlippe flach oder nur wenig gewölbt; Unterlippe dreiteilig; Staubblätter 4; Fruchtknoten oberständig; Insektenbestäubung

Früchte: Teilfrüchte eiförmig, dreikantig und bis 2 mm lang

Standort: In der kollinen und montanen Stufe bei Bahnanlagen, Mauern, Schuttplätzen, an Wegrändern und in Gebüschen auf mässig trockenen bis trockenen, nährstoffreichen und meist sandigen oder steinigen Lehmböden in wärmeren Lagen; alte Heilpflanze

314 Rostkovs Augentrost – E. rostkoviána
Pflanze 5–25 cm hoch, 1–jährig, kraus behaart, mit rötlichen Stengeln und von Juni bis Oktober blühend

Euphrásia rostkoviána HAYNE
Rostkovs Augentrost
Scrophulariáceae –
Braunwurzgewächse

Laubblätter: Eiförmig bis breiteiförmig, kurz und breit gestielt, mit jederseits 3–7 zugespitzten Zähnen, einem stumpfen oder abgerundeten Endzahn und drüsig behaart

Blütenstand: Blüten einzeln oder zu mehreren gehäuft in den Achseln der oberen Stengelblätter

Blüten: Kelch glockenförmig, 4 teilig, 4–6 mm lang, meist drüsig behaart und mit 4 zugespitzten Zähnen; Kronblätter 5, zu einer Röhre verwachsen, bis 14 mm lang und 2 lippig; Oberlippe weiss, meist violett geadert, gewölbt und am Ende ausgerandet; Unterlippe länger als die Oberlippe, flach ausgebreitet, 3 teilig, weiss, mit violetten Adern und einem gelben Fleck; Kronröhre innerseits auch gelb; Staubblätter 4, von der Oberlippe eingeschlossen und mit im unteren Teil behaarten Staubbeuteln; Fruchtknoten oberständig

Früchte: Mehrsamige und 2 klappig aufspringende Kapseln

Standort: Von der kollinen bis in die alpine Stufe auf Wiesen, Weiden, in Flachmooren und Moorwiesen auf feuchten bis trockenen Böden

315 Niedlicher Augentrost – E. pulchélla
Pflanze 2–10 cm hoch, mit dunkelroten bis braunen Stengeln und von Juli bis August blühend

Euphrásia pulchélla KERNER
Niedlicher Augentrost
Scrophulariáceae –
Braunwurzgewächse

Laubblätter: Eiförmig bis rundlich, mit jederseits 1–3 stumpfen oder kurz zugespitzten Zähnen und deutlich behaart; Endzahn stumpf oder abgerundet

Blütenstand: Blüten meist zu mehreren gehäuft in den Achseln der oberen Stengelblätter; seitliche Teilblütenstände gestielt

Blüten: Kelch eng glockenförmig, 4–teilig, 2–4 mm lang, behaart und mit 4 zugespitzten Zähnen; Kronblätter 5, zu einer Röhre verwachsen, 6–8 mm lang und 2 lippig; Oberlippe weisslich bis hellrot, meist dunkelrot geadert und schwach gewölbt; Unterlippe länger als die Oberlippe, meist flach ausgebreitet, weiss, 3 teilig, im unteren Bereich oft mit roten Streifen und gelbem Fleck; Abschnitte der Unterlippe deutlich ausgerandet; Staubblätter 4, von der Oberlippe eingeschlossen; Fruchtknoten oberständig

Früchte: Mehrsamige und 2–klappig aufspringende Kapseln

Standort: In der subalpinen und alpinen Stufe auf Wiesen, Weiden und am Rande von Sträuchern auf feuchten bis frischen und humosen Böden

316 Krautiger Backenklee – D. herbáceum
Halbstrauch 25–60 cm hoch, am Grunde verholzt, oft Teppiche bildend und von Juni bis Juli blühend

Dorycnium herbáceum VILL.
Krautiger Backenklee
Fabáceae (Papilionáceae)
Schmetterlingsblütler

Laubblätter: Teilblätter lanzettlich, zugespitzt und zerstreut abstehend behaart

Blütenstand: Zahlreiche 5 bis 15–blütige, lang gestielte und kugelige Dolde

Blüten: Kelchblätter 5, miteinander verwachsen, bis 2 mm lang und zuge-spitzt; Kronblätter 5, weiss und 3–5 mm lang; Schiffchen mit einer dunkelpur-purnen Spitze und etwas nach oben gebogen; Fahne geigenförmig geformt; die beiden Flügel an der Spitze mit-einander verwachsen; Staubblätter 10; die Staubfäden umschliessen den Fruchtknoten; dieser ist oberständig und besteht aus 2 Fruchtblättern

Früchte: 2 klappig aufspringende Hülsen

Standort: In der kollinen (seltener montan) Stufe in lichten Wäldern, stei-nigen Hängen, auf Magerwiesen und an buschigen Stellen auf trockenen und kalkhaltigen Lehm- und Steinböden in warmer Klimalage; eine südosteuro-päische Pflanze, die westwärts bis zur Rhone reicht; nordwärts bis ins Donau-becken

317 Schnee–Klee – T. nivále
Pflanze 5–20 cm hoch, ausdauernd, mit niederliegen-dem oder aufsteigendem Stengel und bis Okt. blühend

Trifólium nivále SIEBER
Schnee–Klee
Fabáceae (Papilionáceae)
Schmetterlingsblütler

Laubblätter: Dreiteilig und lang ge-stielt; Teilblätter schmal eiförmig bis eiförmig, ganzrandig, bis 3 cm lang, zugespitzt, abgerundet oder etwas ein-geschnitten und etwas behaart

Blütenstand: 20–35 mm breite, vielblütige und kopfartige Traube

Blüten: Kelchblätter 5, miteinander verwachsen, dicht behaart, im unteren Teil hell gefärbt und bei den langen Zähnen mittel- bis dunkelgrün und oft etwas rötlich überlaufen; Kronblätter 5, weiss, gelblich oder auch etwas rötlich gefärbt, 15–20 mm lang, miteinander verwachsen und 2 schmale Flügel, ein Schiffchen und eine etwas nach aussen gewölbte Fahne bildend; Staubblätter 10, Fruchtknoten oberständig und aus 2 Fruchtblättern zusammengesetzt

Früchte: 2 klappig aufspringende Hülsen

Standort: In der subalpinen und alpinen Stufe auf Wiesen, Weiden und in der Nähe der Waldränder auf fri-schen, ziemlich nährstoffreichen und lehmigen Böden; südlich bis in die nordspanischen Gebirge und den Pyre-näen reichend

318 Weissklee – T. répens
Pflanze 5–20 cm hoch, ausdauernd, mit kriechendem und wurzelndem Stengel und bis in den Sept. blühend

Trifólium répens L.
Kriechender Wiesenklee
Fabáceae (Papilionáceae)
Schmetterlingsblütler

Laubblätter: Dreiteilig und lang ge-stielt; Teilblätter schmal eiförmig bis ei-förmig, sehr fein gezähnt, bis 4 cm lang, abgerundet oder etwas eingeschnitten, kahl und gelegentlich mit einer weissen Zeichnung in der Mitte

Blütenstand: 15–25 mm breite, viel-blütige und kopfartige Aehre

Blüten: Deutlich gestielt; Kelchblätter 5, miteinander verwachsen, zerstreut behaart, im unteren Teil hell gefärbt und bei den langen Zähnen mittel- bis dunkelgrün und oft etwas rötlich über-laufen; Kelchröhre 10–aderig; Kron-blätter 5, weisslich bis schwach rötlich gefärbt, 6–12 mm lang, miteinander verwachsen und 2 schmale Flügel, ein Schiffchen und eine etwas nach aussen gewölbte Fahne bildend; Staubblätter 10; Fruchtknoten oberständig und aus 2 Fruchtblättern zusammengesetzt

Früchte: Hülsen

Standort: Von der kollinen bis in die subalpine Stufe in Gartenrasen, auf Mähwiesen, Sportplätzen, Wiesen, Weiden u.a.m. auf feuchten bis frischen, dichten, nährstoffreichen und auch rohen Lehm- und Tonböden

319 Weisser Honigklee – M. álbus
Pflanze 30–140 cm hoch, bis 2–jährig, beim Trock-nen süsslich duftend und von Juni bis Aug. blühend

Melilótus álbus DESR.
Weisser Honigklee
Fabáceae (Papilionáceae)
Schmetterlingsblütler

Laubblätter: Dreiteilig und kurz ge-stielt; Teilblätter der unteren Blätter länglich eiförmig, die der oberen fast lineal; alle ganzrandig oder fein ge-zähnt und zugespitzt

Blütenstand: Reichblütige, gestielte und zur Fruchtzeit verlängerte Traube

Blüten: Hängend und kurz gestielt; Kelchblätter 5, miteinander verwachsen, hellgrün gefärbt und zugespitzt; Kron-blätter 5, verwachsen und weiss ge-färbt; Fahne deutlich länger als die bei-den Flügel und das Schiffchen; Staub-blätter 10; Fruchtknoten oberständig und aus 2 Fruchtblättern zusammenge-setzt

Früchte: Hülse 3–4 mm lang, kahl, mit netzartigen Rippen und vielfach 4 samig

Standort: In der kollinen und monta-nen Stufe auf Erdanrissen, bei Schutt-plätzen, Steinbrüchen, an Wegrändern und in Kiesgruben auf mässig trockenen, nährstoff- und basenreichen und hu-mosen oder rohen Böden aller Art; bis 90 cm tief wurzelnd; Rohbodenpio-nier; Bienenweide; Kulturbegleiter; auch als Gründüngung verwendet

320 Alpen–Tragant – A. alpínus
Pflanze 5–15 cm hoch, ausdauernd, mit aufsteigen-dem Stengel und von Juli bis August blühend

Astrágalus alpínus L.
Alpen–Tragant
Fabáceae (Papilionáceae)
Schmetterlingsblütler

Laubblätter: Unpaarig gefiedert und mit 7–12 Paaren von Seitenfiedern; Fiederblätter schmal oval, ganzrandig, stumpf und beiderseits zerstreut behaart oder kahl

Blütenstand: Langgestielte und ku-gelige Traube

Blüten: Kelchblätter 5, miteinander verwachsen und grünlich bis rötlich ge-färbt; Kelchzähne fast so lang wie die Kelchröhre; Kronblätter 5 und mit-einander verwachsen; Schiffchen vorn violett und fast so lang wie die Fahne, weissliche Flügel kürzer als das Schiff-chen; Staubblätter 10; Fruchtknoten oberständig und aus 2 Fruchtblättern zusammengesetzt

Früchte: Hülsen bis 15 mm lang, bis 5 mm dick und dicht, kurz und dunkel behaart

Standort: In der subalpinen und al-pinen Stufe in Wiesen, Weiden und Steinrasen auf frischen bis mässig trok-kenen, nährstoffreichen bis mässig sauren, humosen und tonigen Steinböden; als arktisch–alpine Pflanze im arktischen Europa, in Asien und Nordamerika verbreitet; südlich bis zu den Pyrenäen

321 Wald–Wicke – V. silvática
Pflanze 40–140 cm hoch, ausdauernd, mit niederlie-gendem / kletterndem Stengel und bis im Aug. blühend

Vícia silvática L.
Wald–Wicke
Fabáceae (Papilionáceae)
Schmetterlingsblütler

Laubblätter: Unpaarig gefiedert und mit 6–12 Paaren von Seitenfiedern; Fiederblätter länglich bis schmal oval, 6–18 mm lang, mit zahlreichen schräg abstehenden Seitenadern, wechselstän-dig angeordnet und kahl; Endfieder als verzweigte Ranke ausgebildet

Blütenstand: 10 bis 20–blütige, ge-stielte und nickende Traube

Blüten: Kelchblätter 5, miteinander verwachsen, meist hellgrün gefärbt, zu-gespitzt und ungleich lang endend; Kronblätter 5, miteinander verwachsen und bis 18 mm lang; Fahne und Flügel weiss und blau bis violett geadert; Schiffchen oft mit violetter Schiffchen-spitze; Staubblätter 10; Fruchtknoten oberständig

Früchte: Hülsen 2–3 cm lang, flach, kahl und 4 bis 8–samig

Standort: In der montanen und sub-alpinen (seltener kollin) Stufe in lichten Wäldern, Waldschlägen, bei Gebü-schen und an Waldwegen auf frischen bis mässig trockenen, mehr oder weni-ger nährstoffreichen, humosen, oft steinigen oder sandigen Lehm- und Tonböden; Licht–Halbschattpflanze

322 Frauenschuh – C. calcéolus
Pflanze 20–50 cm hoch, mit kriechendem Rhizom, nicht häufig anzutreffen und von Mai bis Juni blühend

Cypripédium calcéolus L.
Frauenschuh
Orchidáceae – Knabenkräuter (Orchideen)

Laubblätter: 5–13 cm lang, oval, mit der grössten Breite in der Mitte, im untersten Bereich den Stengel umfassend, paralleladerig, zu 2–4 an der Pflanze, hell– bis mittelgrün gefärbt und oft an den Adern und am Rande fein behaart

Blütenstand: 1 bis 3–blütig

Blüten: Perigonblätter 6; 4 davon sind breit lanzettlich, von der Mitte an spitz zusammenlaufend, bis 5 cm lang, abstehend und braunrot gefärbt; 2 Perigonblätter zu 4/5 verwachsen und einen 3–4 cm langen gelben Schuh oder Pantoffel bildend; Staubblätter 2; Fruchtknoten unterständig; die dreiteilige Narbe von einem in die Oeffnung der Lippe hineinragenden sterilen Staubblatt (=Staminodium) überdeckt

Früchte: Kapseln

Standort: In der kollinen und montanen Stufe in gras– oder krautreichen, mehr oder weniger lichten Laub– und Nadelwäldern und in Hecken auf wechselfrischen, sommertrockenen, basenreichen und meist kalkhaltigen Lehm– und Tonböden; geschützte und milde Lagen bevorzugend; Halbschattenpflanze; Bienen–Fallenblume

323 Weissorchis – L. álbida
Pflanze 10–25 cm hoch, mit handförmig geteilter Knolle und von Juni bis Juli blühend

Leucórchis álbida E. Meyer
Pseudórchis a. Ség
Gymnadénia álbida C. Rich
Weissorchis, Weisszüngel
Orchidáceae – Knabenkräuter (Orchideen)

Laubblätter: 5–15 cm lang, schmal oval, mit der grössten Breite oberhalb der Mitte, im untersten Bereich den Stengel umfassend, paralleladerig und hell– bis mittelgrün gefärbt

Blütenstand: Traube 3–6 cm lang, zylindrisch und dichtblütig

Blüten: Hellgelb oder weisslich gefärbt; Perigonblätter oval, 2–3 cm lang; Lippe etwas länger als die äusseren Perigonblätter, nach dem Grunde keilförmig verschmälert und tief dreiteilig; Sporn walzenförmig, abwärts gebogen und so lang wie der Fruchtknoten; Staubblätter 2; Fruchtknoten unterständig; Insektenbestäubung

Früchte: Kapseln

Standort: In der subalpinen Stufe (seltener montan und alpin) in Magerrasen, Magerweiden und lichten Nadelwäldern auf mässig frischen, kalkfreien, modrig torfigen, humosen, etwas sauren, nährstoffarmen und steinigen oder reinen Lehmböden; gern mit Arnika zusammen wachsend; häufig im Jura, Schwarzwald, den Vogesen und Alpen

324 Wilde Tulpe – T. sylvéstris
Pflanze 20–50 cm hoch, mit Ausläufern (ihr Ende mit Zwiebeln) und von Mai bis Juni blühend

Tulípa silvéstris L.
Wilde Tulpe
Liliáceae – Liliengewächse

Laubblätter: 10–20 cm lang, bis 2 cm breit, schmal lanzettlich, grün bis blaugrün gefärbt, paralleladerig, wechselständig angeordnet und zu zwei bis drei an der Pflanze wachsend

Blütenstand: Einzelblüten

Blüten: Vor dem Aufblühen meist nickend; Perigonblätter 6; diese nicht immer mit der gleichen Grösse, 4–6 cm lang, gelb gefärbt, zugespitzt und am Ende fein behaart; Staubblätter 6; Staubfäden am Grunde meist dicht behaart; Fruchtknoten oberständig; Narbenkopf klein, schmäler als der Fruchtknoten und diesem aufsitzend

Früchte: Kapseln

Standort: In der kollinen Stufe in Obstgärten, Gebüschen, Aeckern und Weinbergen auf warmen, mässig frischen, nährstoff– und basenreichen, tiefgründigen und lockeren Lehm– oder Kalkböden; aber auch in feuchten Gebüschen zu finden; Bienenblume; oft mit Muscari oder Ornithogalum zusammen wachsend; alte Zierpflanze aus Südeuropa stammend und auf der Alpennordseite eingebürgert; besonders in Gegenden mit Weinklima zu finden, sonst selten anzutreffen

325 Osterglocke – N. pseudonarcíssus
Pflanze 10–40 cm hoch und von März bis April blühend; seit dem Mittelalter eine Gartenpflanze

Narcíssus pseudonarcíssus L.
Osterglocke
Amaryllidáceae – Narzissengewächse

Laubblätter: Alle grundständig, 10–30 cm lang, grasähnlich, etwas fleischig, am Ende abgestumpft und blaugrün gefärbt

Blütenstand: Meist einblütig; seltener mehrblütig und jeweils mit häutigem Hochblatt; hier eine Gartenform

Blüten: Mehr oder weniger aufrecht bis abstehend, gestielt und 5–10 cm im Durchmesser; Perigonblätter 6, gelb gefärbt; Perigonröhre 5–15 mm lang; freier Abschnitt der Perigonblätter meist oval und hellgelb; Nebenkrone so lang wie die hellgelbe Hauptkrone, am Ende erweitert, mit gekraustem Rand und dunkelgelb gefärbt; Staubblätter 6, in der Nebenkrone sichtbar und nicht immer auf gleicher Höhe eingefügt; Fruchtknoten unterständig; 1 Griffel mit 3 Narben

Früchte: 3 fächerige Kapseln mit vielen Samen in jedem Fach

Standort: Von der kollinen bis in die subalpine Stufe in Gärten als kultivierte Form angepflanzt oder verwildert in Wiesen und lichten Waldstellen auf kalkarmen, mässig nährstoff– und basenreichen Lehmböden

326 Gelbe Schwertlilie – I. pseudácorus
Pflanze bis 1 m hoch wachsend, mit dickem Rhizom und von Mai bis Juni blühend

Iris pseudácorus L.
Gelbe Schwertlilie
Iridáceae – Schwertliliengew.

Laubblätter: 30–110 cm lang, 1 bis 3 cm breit, gegen das Ende zu allmählich zugespitzt, grundständig angeordnet und blaugrün gefärbt

Blütenstand: Meist mit mehreren Einzelblüten pro Stengel; diese jeweils von einem Hochblatt (=Spatha) umschlossen

Blüten: Perigonblätter 6, gelb und am Grunde in eine kurze Röhre verwachsen; 3 äussere Perigonblätter 3–8 cm lang, ohne abstehende Haare und zurückgebogen oder abstehend; 3 innere Perigonblätter meist aufrecht, etwas schmäler und die Griffeläste nicht überragend; Staubblätter 3; Staubbeutel so lang wie die Staubfäden; Fruchtknoten unterständig; beide Zipfel der Narbenoberlippe fein zugespitzt und gezähnt

Früchte: 3 fächerige Kapseln mit zahlreichen Samen; Schwimmfrucht

Standort: In der kollinen (seltener montan) Stufe in Wald– und Wiesensümpfen, an Gräben und Ufern, in der Verlandungszone der Seen (typische Verlandungspflanze) auf zeitweise oder meist überschwemmten Sumpfhumus–Böden; Licht– und Halbschattpflanze; etwas wärmeliebend

327 Kelch–Liliensimse – T. calyculáta
Pflanze 10–35 cm hoch, ausdauernd, mit kurzem Rhizom und von Juni bis September blühend

Tofiéldia calyculáta (L.) Wahl.
Kelch–Liliensimse
Gewöhnliche Simsenlilie
Liliáceae – Liliengewächse

Laubblätter: Grasähnlich, 2–5 mm breit, allmählich zugespitzt und grundständig zweizeilig angeordnet; Stengelblätter bis 4, gegen den Blütenstand zu immer kleiner werdend oder auch fehlend

Blütenstand: 2–7 cm lange und zylindrisch gestaltete Traube

Blüten: Bis 1 mm lang gestielt und im unteren Bereich der Traube locker stehend; Perigonblätter 6, lanzettlich, 3 bis 4 mm lang, leicht ausgebuchtet, gelbgrün bis weisslich gefärbt und oft mit rötlicher Spitze; unterhalb der Blütenstiele je ein kleines, gewölbtes und oft leicht 3 teiliges Vorblatt; Staubblätter 6; Fruchtknoten oberständig

Früchte: Vielsamige Kapseln

Standort: Von der montanen (seltener kollin) bis in die alpine Stufe in Moorwiesen, Flach– und Quellmooren, feuchten Wiesen, steinigen Alpenrasen und an schattigen Böschungen auf wechselfeuchten bis feuchten, kalkreichen, wasserzügigen und mässig nährstoffreichen Sumpfhumusböden oder humosen Lehm– oder Tonböden; Kalk– und Feuchtigkeitszeiger

328 Walzen–Wolfmilch – E. myrsinítes
Pflanze 10–20 cm hoch, ausdauernd, kahl, mit niederliegenden Stengeln und von April bis Juli blühend

Euphórbia myrsinítes L.
Walzen–Wolfsmilch

Euphorbiáceae – Wolfsmilchgewächse

Laubblätter: Meist sitzend, 2–3 cm lang, rechteckig oder verkehrt–eiförmig, kurz zugespitzt, schraubig angeordnet (dachziegelartig angeordnet), fleischig, blaugrün gefärbt, etwas bereift und wintergrün

Blütenstand: 7 bis 10–strahlig, kopfig und doldenförmig

Blüten: Hochblätter grünlichgelb und eine meist lang gestielte, heraushängende weibliche Blüte und mehrere männliche Blüten (nur aus einem Staubblatt bestehend) umschliessend; Fruchtknoten 3 fächerig, mit 3 am Grunde verwachsenen, 2 teiligen Griffeln; keine Blütenhülle vorhanden

Früchte: In 3 Teilfrüchte zerfallend

Standort: In der kollinen Stufe an trockenen und sonnigen Hängen auf trockenen, lockeren, mehr oder weniger nährstoff– und basenreichen und porösen Böden mit gutem Wasserzug; eine dekorative und auffällige Wolfsmilchart, die für Steingärten und Trokkenmauern sehr empfohlen werden kann; sie stammt aus dem Mittelmeergebiet und wird bei uns in Gärten angepflanzt

329 Milzkraut – Ch. oppositifólium
Pflanze 5–20 cm hoch, ausdauernd, mit fadenförmigen Ausläufern und von April bis Juli blühend

Chrysosplénium oppositifólium L. / Gegenblättriges Milzkraut

Saxifragáceae – Steinbrechgewächse

Laubblätter: Grundständige breit oval (breiter als lang) bis rundlich, 10–25 mm im Durchmesser, an der Basis breit keilförmig verschmälert oder gestutzt, am Rande flach wellig gezähnt bis gekerbt und oberseits meist behaart; Stengelblätter ein– bis dreipaarig, gegenständig angeordnet und gestielt oder sitzend

Blütenstand: Wenigblütige Dolde

Blüten: Kelchblätter meist 4, bis 2 mm lang und grünlichgelb bis gelb gefärbt; Kronblätter keine vorhanden; Staubblätter 8; Fruchtknoten unterständig und aus 2 Fruchtblättern zusammengesetzt; Insekten– und Selbstbestäubung

Früchte: Kapseln mit seidig glänzenden und rotbraunen Samen

Standort: In der montanen (seltener kollin und subalpin) Stufe bei schattigen Quellen, an Bächen, überrieselten Felsen, in Schluchten und Bach–Eschenwäldern auf kühlen, sickernassen, mässig nährstoff– und basenreichen, kalkarmen, humosen und steinigen oder sandigen Tonböden; früher als Heilpflanze (gegen Erkrankung der Milz) verwendet

330 Gemeine Nachtkerze – O. biénnis
Pflanze 50–150 cm hoch, meist 2–jährig, mit im oberen Teil kantigem Stengel und bis Okt. blühend

Oenothéra biénnis L.
Gemeine Nachtkerze

Onagráceae – Nachtkerzengewächse

Laubblätter: Lanzettlich, 5–15 cm lang, zugespitzt, ganzrandig oder entfernt gezähnt, sitzend oder in den rötlichen Stiel verschmälert und wechselständig angeordnet

Blütenstand: Blüten einzeln in den Blattachseln oder in endständigen Rispen

Blüten: Kelchblätter 4, vor der Blütezeit miteinander verwachsen, oft rötlich gefärbt, fein zugespitzt und später dem Stengel anliegend; Kronblätter 4, 15 bis 30 cm lang, hellgelb gefärbt, am Ende abgerundet, sich mit den Rändern überdeckend und länger als die Staubblätter; Staubblätter 8; Fruchtknoten unterständig und 4–fächerig; Insekten– und Selbstbestäubung

Früchte: Kapseln bis 3 cm lang, grün gefärbt und ohne rote Flecken

Standort: In der kollinen Stufe an Schuttplätzen, Eisenbahndämmen, Böschungen, in Unkrautfluren, Hafenanlagen und bei Steinbrüchen auf nassen bis trockenen, mehr oder weniger nährstoffreichen, meist steinigen, kiesigen oder sandigen Lehmböden; sehr tief wurzelnd; Pionierpflanze

331 Färber–Waid – I. tinctória
Pflanze 25–120 cm hoch, 2–jährig oder ausdauernd, mit dicker Pfahlwurzel und von April bis Juni blühend

Isatis tinctória L.
Färber–Waid

Brassicáceae (Crucíferae) Kreuzblütler

Laubblätter: Stengelständige länglich–pfeilförmig, meist ganzrandig, im oberen Teil sitzend, oberseits blaugrün, unterseits meist graugrün und den Stengel mit spitzen Zipfeln umfassend; die unteren auch gezähnt

Blütenstand: Die reichblütigen Teilblütenstände bilden zusammen einen halbkugeligen Gesamtblütenstand

Blüten: Gestielt; Kelchblätter 4, bis 2 mm lang und gelblichgrün; Kronblätter 4, kurz gestielt, am Ende abgerundet und gelb gefärbt; Staubblätter 6 (aussen 2 kurze, innen 4 längere); Fruchtknoten oberständig und aus 2 Fruchtblättern zusammengesetzt; Insektenbestäubung

Früchte: Schote länglich–keilförmig, hängend, bis 20 mm lang und bei der Reife sich schwarz verfärbend

Standort: In der kollinen und montanen Stufe an Wegrändern, Dämmen, bei Schuttstellen, im Bahngelände und in Steinbrüchen auf sommerwarmen, trockenen, mehr oder weniger nährstoff– und basenreichen und meist kalkhaltigen Böden; früher als Färberpflanze verwendet (Erhalt von Indigo durch Gärung der Pflanze)

332 Raps – B. nápus
Pflanze 50–120 cm hoch, 1 bis 2–jährig, mit verdickter Pfahlwurzel und von April bis Mai blühend

Brássica nápus L.
Raps

Brassicáceae (Crucíferae) – Kreuzblütler

Laubblätter: Obere Stengelblätter schmal–pfeilförmig, gewellt oder ganzrandig, meist stumpf, bläulich bereift, ohne oder nur mit wenigen Haaren und den Stengel mit abgerundeten Lappen oft mehrheitlich umfassend; untere Stengelblätter oft grob buchtig gezähnt

Blütenstand: Lockerblütige Traube, die nicht beblättert ist

Blüten: Gestielt; Kelchblätter 4, blaugrün, aufrecht abstehend und bis 8 mm lang; Kronblätter 4, lang gestielt, bis 15 mm lang und gelb gefärbt; Staubblätter 6; Fruchtknoten oberständig und aus 2 Fruchtblättern zusammengesetzt

Früchte: Schoten 5–10 mm lang und bis 40–samig

Standort: In der kollinen und montanen Stufe in Aeckern und gelegentlich verwildert an Schuttstellen auf frischen, nährstoff– und basenreichen, tiefgründigen, sandigen oder reinen Lehmböden; als Oel–, Futter– und Gemüsepflanze häufig angepflanzt; verschiedene Kulturrassen bekannt wie z.B.: ssp. nápus, der Oelraps oder ssp. rapifera, die Kohlrübe – eine Futterpflanze

333 Blasenschötchen – A. utriculátum
Pflanze 20–50 cm hoch, ausdauernd, mit einem holzigen, verzweigten Rhizom und im April blühend

Alyssoídes utriculátum (L.) MEDIKUS
Schlauch–Blasenschötchen

Brassicáceae (Crucíferae) – Kreuzblütler

Laubblätter: Stengelständige lanzettlich, zugespitzt, 2–4 cm lang, sitzend oder in einen schmalen Stiel verschmälert, ganzrandig, zahlreich und blaugrün gefärbt; grundständige schmal oval bis lanzettlich und in einen kurzen Stiel verschmälert

Blütenstand: Vielblütige und oft etwas gedrungene Traube

Blüten: Gestielt; Kelchblätter 4, aufrecht stehend, kahl oder mit vereinzelten Sternhaaren, bis 12 mm lang und hellgrün gefärbt; die inneren am Grunde sackförmig ausgebuchtet; Kronblätter 4, oval, 15–20 mm lang und gelb gefärbt; Staubblätter 6; Fruchtknoten oberständig und aus 2 Fruchtblättern zusammengesetzt

Früchte: Schoten bis 12 mm lang und 10 mm breit, aufgeblasen und vielsamig

Standort: In der kollinen und montanen Stufe im Gesteinsschutt und in Felsspalten auf mehr oder weniger trockenen und meist steinigen Böden; diese Westalpen–Pflanze ist im Gebiet im Appenin, Rhonetal, Aostatal und unteren Rhonetal zu finden

334 Gem. Brillenschötchen – B. laevigáta
Pflanze 10–35 cm hoch, mit bis 25 mm dickem Stengel, meist steifhaarig und von Mai bis Juli blühend

Biscutélla laevigáta L.
Glattes Brillenschötchen
Gemeines Brillenschötchen
Brassicáceae (Crucíferae) –
Kreuzblütler

Laubblätter: Grundständige länglich, bis 13 cm lang, höchstens 2 cm breit, rosettenartig gehäuft, ganzrandig oder etwas gezähnt und vielfach behaart

Blütenstand: Lockere Traube, die aus mehreren lang gestielten Teilblütenständen aufgebaut ist

Blüten: Lang gestielt; Kelchblätter 4, hellgelb gefärbt und am Grunde oft sackförmig ausgebuchtet; Kronblätter 4, vorn abgerundet, etwas gestielt und gelb gefärbt; Staubblätter 6, davon 4 längere und 2 kürzere; Staubfäden am Grunde ohne Zähne; Fruchtknoten oberständig und aus 2 Fruchtblättern zusammengesetzt; Fliegenbestäubung

Früchte: Schötchen brillenförmig und mit 3–5 mm langen Griffeln; Fruchtstiele so lang wie die Früchte

Standort: In der subalpinen und alpinen (seltener kollin und montan) Stufe auf steinigen Weiden, Felsbändern, Alluvionen, in Felsspalten und Steinrasen auf sommerwarmen, frischen bis mässig trockenen, meist kalkhaltigen, neutralen und humosen Steinböden; auch bei Quellmooren zu finden; lichtliebend

335 Felsenblümchen – D. aizoídes
Pflanze 2–10 cm hoch, ausdauernd, mit verzweigtem Rhizom und von Mai bis Juli blühend

Dríba aizoídes L.
Immergrünes Felsenblümchen
Brassicáceae (Crucíferae) –
Kreuzblütler

Laubblätter: In dichter, grundständiger Rosette; einzelne Blätter bis 2 cm lang, schmal lanzettlich, steif, lederig und kammförmig behaart; keine Stengelblätter vorhanden

Blütenstand: 3 bis 20–blütige "Traube"

Blüten: Gestielt; Kelchblätter 4, kahl, 2–4 mm lang, etwas gebogen und gelbgrün gefärbt; Kronblätter 4, zu Beginn der Blütezeit gelb, später auch weisslich werdend; Staubblätter 6, davon 4 längere und 2 kürzere und so lang wie die Kronblätter; Fruchtknoten oberständig, aus 2 Fruchtblättern zusammengesetzt und mit einem langen Griffel versehen; Insektenbestäubung

Früchte: Schötchen 5–15 mm lang, mit bis 20 mm langen und kahlen Stielen und mit je einem 1–3 mm langen Griffel; Samen bis 1,5 mm lang

Standort: In der subalpinen und alpinen (seltener montan) Stufe auf ruhendem Felsschutt, offenen Rasen, in alpinen Steinrasen, Felsspalten und an sonnigen Felsen auf mehrheitlich trockenen, kalkreichen und feinerdearmen Steinböden; formenreich

336 Acker–Senf – S. arvénsis
Pflanze 15–60 cm hoch, 1–jährig, mit langer Pfahlwurzel und von Mai bis Oktober blühend

Sinápis arvénsis L.
Acker–Senf
Brassicáceae (Crucíferae) –
Kreuzblütler

Laubblätter: Bis 15 cm lang; grundständige und untere Stengelblätter leiererförmig, gestielt, unregelmässig buchtig gezähnt bis fiederteilig, mit einem grossen Endabschnitt und unterseits auf den Adern rauhhaarig; obere Stengelblätter sitzend, ungeteilt und ungleich buchtig gezähnt

Blütenstand: Traube

Blüten: Gestielt; Kelchblätter 4, meist kahl, 4–6 mm lang und gelbgrün gefärbt; Kronblätter 4, lang gestielt, 7 bis 12 mm lang und schwefelgelb gefärbt; Staubblätter 6, davon 4 längere und 2 kürzere; Fruchtknoten oberständig und aus 2 Fruchtblättern zusammengesetzt

Früchte: Schoten kahl oder mit abwärts gerichteten Haaren versehen

Standort: In der kollinen und montanen (seltener subalpin) Stufe bei Bahnarealen, Schuttplätzen, an Wegrändern und in Ackerunkrautfluren auf mässig trockenen bis frischen, nährstoff– und basenreichen, meist neutralen und sandigen oder reinen Lehmböden; aber auch auf kalkreichen Böden; wurzelt oft tiefer als 1 m; Lehmzeiger; gute Bienenweide

337 Mittlere Winterkresse – B. intermédia
Pflanze 10–70 cm hoch, 2–jährig, kahl, mit dünner Pfahlwurzel und von April bis Juni blühend

Barbárea intermédia BOREAE
Mittlere Winterkresse
Brassicáceae (Crucíferae) –
Kreuzblütler

Laubblätter: Alle fiederteilig; grundständige mit jederseits 1–6 Abschnitten; obere Stengelblätter ebenfalls bis zur Mittelader fiederteilig, den Stengel mit 2 Zipfeln etwas umfassend und mit geflügeltem Stiel; Endabschnitt jeweils sehr gross

Blütenstand: Traube

Blüten: Gestielt; Kelchblätter 4, lanzettlich bis schmal oval, 2–4 mm lang und meist gelblich oder gelblichgrün gefärbt; Kronblätter 4, gelb gefärbt und 4–6 mm lang; Staubblätter 6, davon 4 längere und 2 kürzere; Fruchtknoten oberständig und aus 2 Fruchtblättern zusammengesetzt

Früchte: Schoten 1,5–4 cm lang, einander genähert, gestreckt und in grosser Zahl vorhanden

Standort: Von der kollinen bis in die subalpine Stufe in wärmeren Lagen an Ufern, Schuttplätzen, Wegen, in Aeckern und Gärten auf feuchten bis frischen, nährstoff– und basenreichen und humosen oder reinen Böden aller Art; Pionierpflanze; eine westmediterrane Pflanze, die in Ausbreitung begriffen ist

338 Schöllkraut – Ch. május
Pflanze 20–80 cm hoch, mit orangegelbem Milchsaft und von April bis September blühend

Chelidónium május L.
Schöllkraut
Papaveráceae – Mohngew.

Laubblätter: Unregelmässig fiederteilig oder gefiedert, gestielt, meist blaugrün gefärbt und unterseits zerstreut behaart; Fiederblätter oval, unregelmässig doppelt gekerbt oder gelappt und mit abgerundeten Abschnitten

Blütenstand: 2 bis 8–blütige Dolde, die vor dem Aufblühen aufrecht steht

Blüten: Kelchblätter 2, zerstreut behaart und gelblichgrün gefärbt; Kronblätter 4, goldgelb gefärbt und bis 15 mm lang; Staubblätter zahlreich und mit nach oben keulenförmig verdickten Staubbeuteln; Fruchtknoten oberständig, aus 2 Fruchtblättern zusammengesetzt und 1einfächerig; Insektenbestäubung

Früchte: Bis 5 cm lange, lineale, 2–lappig aufspringende und schotenförmige Kapseln; Ameisenverbreitung

Standort: In der kollinen und montanen Stufe in Unkrautfluren, auf Schuttplätzen, bei Parkplätzen, Mauern, an Wegrändern, in Gebüschen und um Häuser auf frischen, nährstoffreichen, lockeren, steinigen, sandigen, tonigen oder sandigen Böden; Stickstoffzeiger; Kulturbegleiter; früher zum Aetzen von Warzen verwendet

339 Gem. Tormentill – P. erécta
Stengel der Pflanze 10–50 cm lang, niederliegend bis aufsteigend; Blütezeit zwischen Juni und September

Potentílla erécta (L.) RAEUSCH.
Gemeiner Tormentill, Blutwurz
Aufrechtes Fingerkraut
Rosáceae – Rosengewächse

Laubblätter: Grundständige dreizählig, sitzend oder sehr kurz gestielt und beiderseits grün gefärbt; Teilblätter oval, nach dem Grunde keilförmig verschmälert, bis 2 cm lang, mit der grössten Breite oberhalb der Mitte, zerstreut und anliegend behaart und grob gezähnt mit vorstehenden Endzähnen; Stengelblätter meist 5–zählig und grösser; Nebenblätter angedrückt behaart und fingerförmig eingeschnitten

Blütenstand: Einzelblüten am Ende von auffallend dünnen Stielen

Blüten: Meist vierzählig und bis 1 cm im Durchmesser; äussere Kelchblätter schmal– bis breitanzettlich, innere Kelchblätter etwas breiter; Kronblätter meist 4, herzförmig und gelb gefärbt; Staubblätter zahlreich; auf einem etwas gewölbten Blütenboden zahlreiche Fruchtknoten; Insektenbestäubung

Früchte: Kahle Nussfrüchte; Wind– und Tierverbreitung

Standort: Von der kollinen bis in die subalpine Stufe in lichten Wäldern, Wiesen, Magerweiden und Moorwiesen auf frischen, humosen und oft auch sauren Lehm– und Tonböden

340 Gelbes Labkraut – G. vérum
Pflanze 10–80 cm hoch, mit rundem und 4 erhabene Linien aufweisendem Stengel und bis Sept. blühend

Gálium vérum L.
Gelbes Labkraut, echtes L.
Rubiáceae – Krappgewächse
Laubblätter: 15–25 mm lang, schmal lineal, (nadelförmig), 1–2 mm breit, stachelspitzig, am Rande umgerollt, oberseits meist dunkelgrün, unterseits hellgrün, oft dicht kurzhaarig und in 6 bis 12–zähligen Wirteln

Blütenstand: Dichte, reichblütige und endständige Rispe

Blüten: Nach Honig duftend; Blütenstiele 1–3 mm lang und meist mit Tragblättern; Kelchblätter 4; Kronblätter 4, goldgelb gefärbt, plötzlich zugespitzt und mehr oder weniger flach ausgebreitet; Staubblätter 4; Fruchtknoten unterständig; Insektenbestäubung

Früchte: Spaltfrüchte in 2 Teilfrüchte zerfallend

Standort: In der kollinen und montanen Stufe (seltener subalpin) an Wald– und Wegrändern, Bahndämmen, in Föhrenwäldern, Ried– und Halbtrockenwiesen, trockenen Halden und Gebüschsäumen auf mässig trockenen, nährstoff– und basenreichen, meist kalkhaltigen, humosen und lockeren Lehm– und Lössböden; auch auf Sandböden zu finden; etwas wärmeliebende Pflanze; Wurzelkriecher; Lichtpflanze; nur mit geringem Futterwert

341 Gelber Lerchensporn – C. lútea
Pflanze 10–30 cm hoch, mit einem verzweigten Rhizom und von März bis September blühend

Corydalis lútea (L.) DC
Gelber Lerchensporn
Fumariáceae – Erdrauchgew.
Laubblätter: Lang gestielt, blaugrün gefärbt und vielfach 3 fach dreizählig; Abschnitte ganzrandig oder ungleich gekerbt

Blütenstand: Endständige Traube

Blüten: In den Achseln von kleinen, schmal lanzettlichen, fein gezähnten Tragblättern und bis 2 cm lang; Kelchblätter 2, gezähnt und 3–6 mm lang; Kronblätter 4, im vorderen Abschnitt dunkelgelb und beim Blütenstiel hellgelb; von den 2 äusseren Kronblättern das obere rückwärts gespornt, vorn verbreitert und nach oben gebogen, das untere vorn verbreitert, etwas nach unten gebogen und am Grunde nicht ausgebuchtet; die beiden inneren Kronblätter gleichartig gestaltet; Staubblätter 4; dabei sind die inneren Staubblätter halbiert und je eine Hälfte ist mit dem benachbarten äusseren bis unter den Staubbeutel verwachsen, so dass zwei 3 teilige Staubblätter entstehen; Fruchtknoten oberständig

Früchte: Schotenförmige Kapseln

Standort: In der kollinen und montanen Stufe auf Felsen, an Mauern, im Geröll und Bachschotter auf ziemlich feuchten und steinigen Kalkböden

342 Gelber Alpenmohn – P. alpínum
Pflanze 5–20 cm hoch, ausdauernd, mit mehrköpfigem Rhizom und im Juli blühend

Papáver alpínum L.
ssp. kérneri (Hayek) FEDDE
P. kérneri HAYEK
Gelber Alpenmohn
Papaveráceae – Mohngew.
Laubblätter: Stengel ohne Blätter; diese in grundständiger Rosette vereinigt, bis auf die Mittelader 1 bis 2 fach gefiedert, blaugrün gefärbt und mit 2–6 lineal lanzettlichen, stumpfen oder vorn nur ganz kurz zugespitzten und behaarten Abschnitten

Blütenstand: Einzelblüten

Blüten: Kelchblätter 2, die Blüte ganz umschliessend und dicht braun behaart; Kronblätter 4, bis 4 cm lang, mit oben gewelltem Rand und goldgelb gefärbt; Staubblätter zahlreich; Staubfäden fadenförmig; Fruchtknoten oberständig und mit 5–7 Narbenstrahlen

Früchte: Kapseln mit vorspringenden Längslinien und sich mit Löchern öffnend

Standort: In der alpinen Stufe; wenn unterhalb, dann herabgeschwemmt; auf Schutthalden, Moränen, Alluvionen und in beweglichem Felsschutt mit langer Schneebedeckung auf Kalk und Urgestein in den Zentral– und Südalpen; Schuttkriecher; eine mittel– und südeuropäische Gebirgspflanze; in den Gebirgen der Balkanhalbinsel, den Ostpyrenäen und den südlichen Alpen

343 Teichenzian – N. peltáta
Pflanze gesellig in Schwimmblattgesellschaften wachsend und von Juli bis September blühend

Nymphoídes peltáta O. KTZE.
Seekanne, Teichenzian
Menyantháceae –
Fieberkleegewächse
Laubblätter: Lang gestielt, beinahe kreisrund, seerosenähnlich, am Spreitengrund herzförmig eingeschnitten, gross, unterseits drüsig punktiert und graugrün oder rötlich violett, oberseits dunkelgrün und schwimmend

Blütenstand: Doldenrispe

Blüten: Kelchblätter 5, lanzettlich bis schmal oval und grünlich bis rötlich gefärbt; Kronblätter 5, bis 3 cm lang, goldgelb gefärbt, breit oval, mit gewimperten und gezähnten Rändern und im Schlunde bärtig; Staubblätter 5; Staubbeutel pfeilförmig; Fruchtknoten oberständig und aus 2 Fruchtblättern zusammengesetzt; Insektenbestäubung (vor allem durch Hummel)

Früchte: Mehrsamige Kapseln; dank der Schwimmfrucht vor allem Wasserverbreitung

Standort: In der kollinen (seltener montan) Stufe gesellig in Schwimmblatt–Gesellschaften bei ruhigem Wasser oder in langsam fliessenden, sommerwarmen, nährstoff– und basenreichen und eutrophen Gewässern über einem humosen Schlammboden; auch in Altwässern; Verlandungspionier

344 Gelbe Teichrose – N. lúteum, N. lútea
Pflanze bis 6 m tief wurzelnd, mit 3–8 cm dickem Rhizom und von Juni bis August blühend

Núphar lútea (L.) SM
Grosse Teichrose, gelbe Seerose
Nymphaeáceae –
Seerosengewächse
Laubblätter: 10–30 cm lang, schwimmend, im Umriss breit oval, ganzrandig, oft aber etwas wellig, seerosenähnlich und am Spreitengrund herzförmig eingeschnitten; Seitenadern dreimal gabelig verzweigt und strahlig zum Blattrand verlaufend (ohne querverbindende Adern)

Blütenstand: Einzelblüten

Blüten: Bis 5 cm im Durchmesser und mit einer einfachen Blütenhülle; Perigonblätter 5, goldgelb gefärbt und 2 bis 3 cm lang; Honig– und Staubblätter zahlreich; Fruchtknoten oberständig, vielfächerig und mit einer schildförmigen und 15 bis 20 strahligen Narbenscheibe versehen, die in der Mitte trichterförmig vertieft ist; Insekten– und Selbstbestäubung

Früchte: Birnenförmige und 2–4 cm lange Kapseln

Standort: In der kollinen und montanen Stufe in stehenden bis langsam fliessenden Gewässern über humosen Sand– und Kiesböden; bis 6 m tief wachsend; optimale Wassertiefe 80 bis 200 cm; nordwärts bis Schottland und in Skandinavien bis 67 Grad NB

345 Hain–Gilbweiderich – L. némorum
Pflanze ohne unterirdische Ausläufer, mit aufsteigenden Stengeln und von Mai bis Juli blühend

Lysimáchia némorum L.
Wald–Lysimachie
Hain–Gilbweiderich
Primuláceae –
Schlüsselblumengewächse
Laubblätter: 1–3 cm lang, gegenständig angeordnet, breit oval bis eiförmig, stumpf zugespitzt, ganzrandig, kahl und durchscheinend punktiert

Blütenstand: Lang gestielt und einzeln in den Achseln der oberen Blätter; Pflanze im untersten Teil an den Blattansatzstellen wurzelnd

Blüten: 5 Kelchblätter schmal lanzettlich, nicht rot punktiert, kahl und bis 5 mm lang; Kronblätter 5, gelb, 4 bis 8 mm lang und elliptisch bis lanzettlich; Staubblätter 5; Fruchtknoten oberständig

Früchte: 3–5 mm lange und nicht punktierte Kapseln

Standort: In der kollinen und montanen (seltener subalpin) Stufe in feuchten und krautreichen Buchen–oder Schluchtwäldern, im Grünerlengebüsch, an Waldwegen oder bei Waldquellen auf sickerfeuchten, nährstoffreichen, kalkarmen, neutralen bis mässig sauren, humosen, sandig– steinigen oder reinen Lehm–und Tonböden in humider Klimalage; Schattenpflanze; nordwärts bis 62 Grad NB

346 Mehlige Königskerze – V. lychnítis
Pflanze bis 1,5 m hoch, im oberen Teil mit deutlich kantigem Stengel und von Juni bis September blühend

Verbáscum lychnítis L.
Lampen–Königskerze
Mehlige Königskerze
Scrophulariáceae/Rachenblütler

Laubblätter: 10–30 cm lang, bis 15 cm breit, fein gekerbt, oberseits zerstreut behaart, unterseits dicht angedrückt grau –bis weissfilzig ("mehlstaubig"), sitzend und mit gerundetem Grund (obere Blätter) oder kurz gestielt (untere Blätter)

Blütenstand: Zu 2–8 Blüten in den Achseln der oberen Blätter

Blüten: Bis 10 mm lang gestielt; Kelchblätter 5, je 2–4 mm lang; Kronblätter 5, flach ausgebreitet oder trichterförmig, bis 2 cm in Durchmesser, gelb (seltener weiss) und aussen mit Sternhaaren; Staubblätter 5, mit nierenförmigen und quergestellten Staubbeuteln; Staubfadenwolle weisslich–gelb; Fruchtknoten oberständig; Griffel mit kopfiger Narbe; Insektenbestäubung

Früchte: Kapseln

Standort: Von der kollinen bis in die subalpine Stufe in Waldschlägen, Trockenrasen, Hecken, Eichenwäldern, an Wegrändern und Böschungen in wärmeren Lagen auf trockenen, mehr oder weniger nährstoff–und basenreichen, meist kalkhaltigen, humosen, lockeren und steinigen Böden; Tiefwurzler

347 Gew. Gilbweiderich – L. vulgáris
Pflanze 20–130 cm hoch, unverzweigt oder im oberen Teil verzweigt und von Juni bis August blühend

Lysimáchia vulgáris L.
Gewöhnlicher Gilbweiderich
Primuláceae –
Schlüsselblumengewächse

Laubblätter: Bis 15 cm lang, gegenständig –oder zu 3 bis 4 quirlig angeordnet, länglich–eiförmig, sehr kurz gestielt oder mit verschmälertem Grund sitzend; am Rande leicht umgerollt, zugespitzt, mit roten Punkten, oberseits zerstreut –und unterseits dicht behaart

Blütenstand: Kurz gestielte Trauben oder Rispen, die in den Achseln von oberen Stengelblättern stehen oder endständig sind

Blüten: Kelchblätter meist 5, lanzettlich, drüsig bewimpert, am Grunde behaart und rot berandet; Kronblätter 5, bis 14 mm lang, oval, kurz zugespitzt, gelb und nur auf der Innenseite mit kurzen Drüsenhaaren; Staubblätter 5; Fruchtknoten oberständig; Insekten–und Selbstbestäubung

Früchte: 4–5 mm lange Kapseln

Standort: In der kollinen und montanen Stufe in Moor –und Auenwäldern, Gräben, Moor –und Streuwiesen, an Ufern und im Weidengebüsch auf sikkernassen oder staunassen, mehr oder weniger basenreichen, tiefgründigen Lehm –und Tonböden; Bodenfestiger; Tiefwurzler

348 Strauss–Gilbweiderich – L. thyrsiflóra
Pflanze 30–70 cm hoch, mit langen unterirdischen Ausläufern und von Mai bis Juli blühend

Lysimáchia thyrsiflóra L.
Strauss–Gilbweiderich
Primuláceae –
Schlüsselblumengewächse

Laubblätter: 5–12 cm lang, kreuzweise gegenständig angeordnet, schmal elliptisch bis lanzettlich, zugespitzt, mit gewelltem und etwas eingerolltem Rand, gegen den Spreitengrund zu verschmälert, sitzend, meist rot punktiert und unterseits auf der Mittelader behaart

Blütenstand: Trauben bis 3 cm lang, dichtblütig und in den Achseln der mittleren Stengelblätter stehend; Tragblätter bis 4 mm lang, lanzettlich und kahl

Blüten: Kelchblätter 5 oder 6, schmal lanzettlich und kahl; Kronblätter meist 5 oder 6, bis 6 mm lang, schmal lanzettlich, gelb gefärbt und gegen die Spitze zu rötlich punktiert; Staubblätter 5, die Kronblätter meist überragend; Fruchtknoten oberständig

Früchte: Kapseln 2–4 mm lang und rot punktiert

Standort: In der kollinen und montanen Stufe in Gräben, Sümpfen, bei Teichen und Tümpeln oder langsam fliessenden Gewässern auf nassen, zeitweise überschwemmten, torfig–humosen, mässig nährstoff –und basenreichen Böden; Halbschattpflanze; Frostkeimer

349 Bewimperter Steinbrech – S. aizoídes
Pflanze 3–25 cm hoch, mit aufsteigenden Stengeln, Rasen bildend und von Juni bis August blühend

Saxifrága aizoídes L.
Mauerpfeffer – Steinbrech
Fetthennen–Steinbrech
Bewimperter–Steinbrech
Saxifragáceae –
Steinbrechgewächse

Laubblätter: 1–3 cm lang, lineal bis lineal lanzettlich, fleischig, zugespitzt, im Querschnitt halbkreisförmig, gegen den Grund zu am Rande fein und abstehend bewimpert

Blütenstand: 3–10 blütige und drüsig behaarte Traube oder Rispe

Blüten: Lang gestielt; Kelchblätter 5, kahl, 4–6 mm lang, eiförmig und den Kronblättern anliegend; Kronblätter 5, schmal elliptisch, gelb, länger als die Kelchblätter und häufig mit dunklen Punkten; Staubblätter 10; Fruchtknoten oberständig; Insektenbestäubung (meist durch Fliegen)

Früchte: Kapseln

Standort: Von der montanen bis in die alpine Stufe an Bachufern, Quellfluren und feuchten Schutthängen, an nassen und überrieselten Felsen auf sickernassen, basenreichen, meist kalkhaltigen, reinen oder steinig–kiesigen Ton –und Mergelböden, aber auch auf feinerdearmen Steinböden; auch vegetative Vermehrung; diese arktisch–alpine Art reicht bis Island und Spitzbergen

350 Bewimperter Steinbrech – S. aizoídes
Pflanze 3–25 cm hoch, mit aufsteigenden Stengeln, Rasen bildend und von Juni bis August blühend

Saxifrága aizoídes L.
Mauerpfeffer – Steinbrech,
Fetthennen–Steinbrech (Form
mit gelb–roten Kronblättern)
Saxifragáceae –
Steinbrechgewächse

Laubblätter: 1–3 cm lang, lineal bis lineal lanzettlich, fleischig, zugespitzt, im Querschnitt halbkreisförmig, gegen den Grund zu am Rande fein und abstehend bewimpert

Blütenstand: 3–10 blütige, drüsig behaarte Traube oder Rispe

Blüten: Lang gestielt; Kelchblätter 5, kahl, 4–6 mm lang, eiförmig und den Kronblättern anliegend; Kronblätter 5 schmal elliptisch, rötlichgelb, länger als die Kelchblätter und häufig mit dunklen Punkten; Staubblätter 10, Fruchtknoten rötlich gefärbt und oberständig; Insektenbestäubung (vor allem durch Fliegen)

Früchte: Kapseln

Standort: Von der montanen bis in die alpine Stufe an Quellfluren, feuchten Schutthängen, nassen und überrieselten Felsen auf sickernassen, basenreichen, meist kalkhaltigen, reinen oder steinig-kiesigen Ton –und Mergelböden, aber auch auf feinerdearmen Steinböden; auch vegetative Vermehrung; diese arktisch–alpine Art reicht bis Island und Spitzbergen

351 Gemeines Johanniskraut – H. perf.
Pflanze bis 100 cm hoch, mit zwei Längskanten an jungen Stengeln und von Juni bis September blühend

Hypéricum perforátum L.
Tüpfel – Johanniskraut
Gemeines Johanniskraut
Hypericáceae –
Johanniskrautgewächse

Laubblätter: 1–3 cm lang, oval bis länglich oval oder schmal lineal, dicht und fein durchscheinend punktiert, ganzrandig, ungestielt und gegenständig angeordnet

Blütenstand: Rispe mit langgestielten Blüten

Blüten: Kelchblätter 5, lanzettlich, 3–5 mm lang und in einer feinen Spitze endend; Kronblätter 5, viel länger als die Kelchblätter, gelb gefärbt und jeweils auf der einen Seite gezähnt; zahlreiche Staubblätter, die in Büscheln zusammengefasst sind; Fruchtknoten oberständig und mit meist 3 Griffeln; Insekten –und Selbstbestäubung

Früchte: Kapseln, die sich mit Klappen öffnen

Standort: In der kollinen und montanen (seltener subalpin) Stufe in Gebüschen, Trockenrasen, Waldlichtungen, Heidekrautheiden als Pionier auf frischen bis mässig trockenen, mässig sauren bis neutralen, humosen und auch tiefgründigen Böden aller Art; bis 50 cm tief wurzelnd; Magerkeitszeiger; alte Heilpflanze; Halbschattpflanze

352 Sonnenröschen – H. nummulárium
Pflanze 10–40 cm hoch, ausdauernd, im unteren Teil
verholzt und von Mai bis Oktober blühend

Heliánthemum nummulárium (L.) MILL.
Gemeines Sonnenröschen
Cistáceae – Cistrosengewächse

Laubblätter: 1–5 cm lang und bis
1 cm breit, schmal oval bis linealisch,
ganzrandig, am Rande etwas umgerollt,
gegenständig angeordnet, mit lanzett–
lichen Nebenblättern, die länger als die
Blattstiele sind, lederig, oberseits mit
Borstenhaaren und unterseits mit einem
dichten Filz von Sternhaaren

Blütenstand: Traubenähnlich
(Wickel)

Blüten: Gestielt; Kelchblätter 5 und
ungleich gross; die drei inneren 4–7 mm
lang, mit Borstenhaaren auf den Adern
und Sternhaaren zwischen diesen und
grösser als die beiden äusseren; Kron–
blätter 5–12 mm lang und goldgelb
gefärbt; Staubblätter viele; Fruchtknoten
oberständig, aus 3 Fruchtblättern zu–
sammengesetzt und mit einem Griffel;
Insekten– und Selbstbestäubung

Früchte: Kapseln

Standort: In der kollinen und monta–
nen (seltener subalpin) Stufe auf Trok–
kenwiesen, Trockenweiden, an Bö–
schungen, Rainen und in Kiefern–Trok–
kenwäldern in wärmeren Lagen auf
sommertrockenen und basenreichen
Löss– und Lehmböden; Tiefwurzler

353 Sumpf–Hahnenfuss – R. língua
Pflanze 40–130 cm hoch, reich verzweigt, ausdauernd
und von Juni bis August blühend

Ranúnculus língua L.
Grosser Sumpf–Hahnenfuss
Zungenblättriger Hahnenfuss
**Ranunculáceae –
Hahnenfussgewächse**

Laubblätter: Bei nicht blühenden
Pflanzen grundständige Blätter oval und
am Grunde der Spreite oft herzförmig;
bei schwimmenden Sprossen ovale
Blätter; sonst grundständige Blätter und
Stengelblätter bis 25 cm lang, lanzett–
lich, zugespitzt und meist ganzrandig

Blütenstand: Einzelblüten

Blüten: 3–4 cm im Durchmesser
(grösste unserer Hahnenfussblüten);
Kelchblätter 5, gelb gefärbt und den
Kronblättern anliegend; Kronblätter 5,
gelb gefärbt und mit der grössten Breite
oberhalb der Mitte; viele Staubblätter;
zahlreiche Fruchtknoten, die auf einem
gewölbten Blütenboden stehen; Insek–
tenbestäubung

Früchte: Nüsschen

Standort: In der kollinen (seltener
montan) Stufe in Teichen, Gräben und
Sumpfwiesen auf flachen, mit stehendem
oder langsam fliessendem Wasser
überschwemmten, zeitweise auch trok–
kenen, basenreichen, meist kalkarmen
und humosen Schlammböden; giftig;
geschützt; Fliegenblume; etwas wärme–
liebend

354 Grasb. Hahnenfuss – R. gramíneus
Pflanze 10–40 cm hoch, ausdauernd, kahl, ohne Rhi–
zom und von April bis Mai blühend

Ranúnculus gramíneus L.
Grasblättriger Hahnenfuss
**Ranunculáceae –
Hahnenfussgewächse**

Laubblätter: Grundständige gras–
ähnlich, schmal lineal bis lanzettlich,
10–20 cm lang, bis 1 cm breit und all–
mählich in eine feine Spitze auslaufend;
Stengelblätter gleich geformt, aber
höchstens 3 cm lang; am Grunde der
Pflanze ein dichter Faserschopf aus
verwitterten Blattscheiden

Blütenstand: Einzelblüten

Blüten: 1,5–2 cm im Durchmesser;
Kelchblätter 5, schmal oval, grünlich
gefärbt, oft gelb berandet, plötzlich
zugespitzt und den Kronblättern anlie–
gend; Kronblätter 5, gelb gefärbt und
mit der grössten Breite oberhalb der
Mitte; viele Staubblätter; zahlreiche
Fruchtknoten, die auf einem gewölbten
Blütenboden stehen; Insektenbestäu–
bung

Früchte: Bis 2,5 mm lange, einsamige,
gekielte und kahle Nüsschen; reife
Früchtchen einen zylindrischen oder
mehr oder weniger eiförmigen Kopf
bildend

Standort: In der kollinen und monta–
nen Stufe in trockenen, mageren Wiesen
und trockenwarmen Rasen auf tiefgrün–
digen und kalkreichen Böden

355 Kl. Sumpf–Hahnenfuss – R. flámmula
Pflanze 15–65 cm hoch, meist bogig aufsteigend,
reich verzweigt und von Juni bis August blühend

Ranúnculus flámmula L.
Kleiner Sumpf–Hahnenfuss
Brennender Hahnenfuss
**Ranunculáceae –
Hahnenfussgewächse**

Laubblätter: Alle ganzrandig oder
schwach gezähnt; grundständige
schmal–eiförmig bis lanzettlich und
lang gestielt; Stengelblätter schmal
lanzettlich, mit kurzem Stiel oder sitzend

Blütenstand: Einzelblüten

Blüten: 0,5–1,5 cm im Durchmesser;
Kelchblätter 5, gelb gefärbt und den
Kronblättern anliegend; Kronblätter 5,
gelb gefärbt und mit der grössten Breite
oberhalb der Mitte; viele Staubblätter;
zahlreiche Fruchtknoten, die auf einem
gewölbten Blütenboden stehen; Insek–
tenbestäubung

Früchte: Nüsschen rundlich, bis
1,5 mm im Durchmesser, mit glatter
Oberfläche und einem kurzen und
geraden Schnabel

Standort: In der kollinen und monta–
nen (seltener subalpin) Stufe in Gräben,
Sumpfwiesen, Flachmooren, an Quel–
len, Ufern und Gräben auf nassen, oft
mehr oder weniger sauren, sandigen
oder reinen Sumpfhumusböden; Erst–
besiedler; Kriechpionier; Wasservö–
gelverbreitung; giftig; fast in ganz Eu–
ropa, fehlt aber in Island

356 Scharfer Mauerpfeffer – S. ácre
Pflanze 3–15 cm hoch, teilweise unterirdisch krie–
chend, ausdauernd und von Juni bis Juli blühend

Sédum ácre L.
Scharfer Mauerpfeffer
**Crassuláceae –
Dickblattgewächse**

Laubblätter: 2–5 mm lang, bis 3 mm
breit, schmal eiförmig, am Ende ab–
gerundet, fleischig, oberseits flach, un–
terseits gewölbt, ungestielt, wechsel–
ständig angeordnet und von scharfem
Geschmack

Blütenstand: Aus 2 bis mehreren
doldenartig zusammengestellten Aesten
(Trugdolde)

Blüten: Kelchblätter 5, eiförmig, bis
3 mm lang und grünlich gefärbt; Kron–
blätter 5, schmal oval bis lanzettlich, fein
zugespitzt, fast waagerecht abstehend
und goldgelb gefärbt; Staubblätter 10,
in 2 Kreisen angeordnet; 5 oberständige
und freie Fruchtblätter; Fliegenbe–
stäubung

Früchte: 3–5 mm lange Balgfrüchte

Standort: Von der kollinen bis in die
subalpine Stufe an trockenen und son–
nigen Orten, wie bei Felsfluren, Kies–
gruben, Mauern, in Felsen, Sandfeldern,
Kiesgruben, bei Dämmen, im Bahn–
schotter, auf Kiesdächern und Felsköpfen
auf warmen, trockenen, mehr oder we–
niger nährstoff–und basenreichen,
feinerdearmen und lockeren Sand–und
Steinböden; Flachwurzler

Sédum sexanguláre L.
Sédum míte GILIB.
Milder Mauerpfeffer
Crassuláceae – Dickblattgew.

Laubblätter: 3–6 mm lang, bis
1,5 mm breit, schmal eiförmig, am Ende
stumpf, fleischig, wechselständig
angeordnet und an der Basis mit einem
ungefähr 0,3 mm langen Ansatz ver–
sehen

Blütenstand: Aus 2 bis mehreren
doldenartig zusammengestellten Aesten,
die meist reichblütig sind (Trugdolde)

Blüten: Kelchblätter 5, 2–3 mm lang,
eiförmig bis schmal oval und grünlich
gefärbt; Kronblätter 5, 4–8 mm lang,
schmal oval bis lanzettlich, zugespitzt,
fast waagerecht abstehend und zitro–
nengelb gefärbt; Staubblätter 10 und in
2 Kreisen angeordnet; 5 oberständige
und freie Fruchtblätter

Früchte: 2–6 mm lange Balgfrüchte

Standort: Von der kollinen bis in die
subalpine Stufe; wie der scharfe Mau–
erpfeffer an trockenen und sonnigen
Orten bei Mauern, Kiesgruben, Felsen,
Dämmen, im Bahnschotter, in Felsrasen,
auf Kiesdächern und Felsköpfen auf
warmen, mässig nährstoffreichen, meist
kalkhaltigen, humosen und feinerde–
armen Sand–und Steinböden; Flach–
wurzler; Licht–Halbschattpflanze

357 Milder Mauerpfeffer – S. sexanguláre
Pflanze 5–10 cm hoch, aufrecht oder aufsteigend,
ohne Drüsen und von Juni bis Juli blühend

358 Alpen—Mauerpfeffer – S. alpéstre
Pflanze 2—9 cm hoch, niederliegend oder bogig auf-steigend und von Juli bis August blühend

Sédum alpéstre VILL.
Alpen Mauerpfeffer, Fettkraut
Crassuláceae – Dickblattgew.

Laubblätter: 2—6 mm lang, schmal verkehrt eiförmig, am Ende breit ab-gerundet, fleischig, wechselständig an-geordnet, im unteren Bereich des Sten-gels weit auseinander liegend, in der Nähe der Blüten eng aneinander lie-gend und am Spreitengrund nicht ge-spornt

Blütenstand: In wenigblütigen Wickeln

Blüten: Kelchblätter 5, seltener 6, ei-förmig, 2—3 mm lang und oft gelblich-grün gefärbt; Kronblätter 5, 4—6 mm lang, schmal eiförmig bis eiförmig, stumpf oder nur kurz zugespitzt und gelb gefärbt; Staubblätter 10, in 2 Kreisen angeordnet; 5 freie, unabhängige und oberständige Fruchtblätter mit gelber oder roter Färbung

Früchte: 1—4 mm lange Balgfrüchte

Standort: In der alpinen (selten sub-alpin) Stufe in Alpenrasen, im Felsschutt und an steinigen Erdabrissen auf fri-schen, basenreichen, kalkfreien, hu-musarmen, lehmigen, schwach sauren, lange mit Schnee bedeckten und ständig durchfeuchteten Böden; vor allem in Schneetälchengesellschaften; auch als Pionier auf noch nackten Felsen

359 Sumpf—Dotterblume – C. palústris
Pflanze bis 50 cm hoch, aufrecht oder bogig aufstei-gend, mit hohlem Stengel und bis Juli blühend

Cáltha palústris L.
Sumpf – Dotterblume
Ranunculáceae – Hahnenfussgewächse

Laubblätter: Lang gestielt, dunkel-grün gefärbt, wechselständig ange-ordnet und glänzend; Spreite rundlich, bis 15 cm im Durchmesser, am Grunde herz—oder nierenförmig und mit ge-kerbtem bis gezähntem Rand; obere Stengelblätter sitzend

Blütenstand: Stengel im oberen Teil verzweigt und mehrblütig

Blüten: Perigonblätter meist 5, breit oval, 1—2 cm lang, dottergelb, glänzend und nach der Blütezeit sofort abfal-lend; bis 40 Staubblätter; keine Honig-blätter; auf dem gewölbten Blütenboden 3—9 vielsamige und oberständige Fruchtblätter; Insektenbestäubung

Früchte: Balgfrüchte flach, bis 2,5 cm lang, oft etwas gebogen und sternför-mig ausgebreitet

Standort: Von der kollinen bis in die alpine Stufe in Sumpfwiesen, Waldlich-tungen, Bruch—und Auenwäldern, Gräben, feuchten Gebüschen, an Quellen und entlang von Bächen auf mässig sauren Sumpfhumus—Böden oder humosen Lehm—oder Tonböden; nordwärts bis in die Arktis bei 76 Grad NB; südwärts bis Griechenland

360 Aufrechter Sauerklee – O. fontána
Pflanze 10—30 cm hoch, ausdauernd, mit knolligen Ausläufern und von Juni bis September blühend

Oxalis fontána BUNGE,
Oxalis europaéa JORDAN
Aufrechter Sauerkle
Oxalidáceae – Sauerkleegew.

Laubblätter: Mit drei herzförmigen (dabei die Spitze gegen den Blattstiel gerichtet) Teilblättern (kleeblattartig); Teilblätter 5—20 mm lang und bis 25 mm breit, mit dem Stiel gelenkig verbunden, ganzrandig und am Ende ausgerandet; Blätter gegenständig—oder quirlständig angeordnet

Blütenstand: Wenigblütige Dolde; Stiel zu Beginn knotig verdickt

Blüten: Gestielt und vor dem Aufblü-hen nickend; Blütenstiele nach dem Verblühen aufrecht; Kelchblätter 5, zu-gespitzt und grün; Kronblätter 5, vorn abgerundet, 4—8 mm lang und mittel—bis hellgelb gefärbt; Staubblätter 10, wobei die äusseren 5 etwas kürzer sind; Fruchtknoten oberständig und mit fünf freien Griffeln

Früchte: Samen ausschleudernde Kapseln

Standort: In der kollinen Stufe in wärmerer Lage bei Gartenbeeten, Bahnarealen, Aeckern, auf Schutt-plätzen, in Unkrautfluren auf frischen, nährstoffreichen, meist kalkarmen, lok-keren, humosen Sand—oder Lehmbö-den; Kulturbegleiter

361 Grossbl. Fingerkraut – P. grandiflóra
Pflanze 20—40 cm hoch, ausdauernd, mit behaarten Stengeln und von Juli bis August blühend

Potentílla grandiflóra L.
Grossblütiges Fingerkraut
Rosáceae – Rosengewächse

Laubblätter: Grundständige mit 4 bis 8 cm langen und abstehend behaarten Stielen und meist 3 radiär angeordneten Teilblättern; diese oval bis rundlich, 1 bis 3 cm lang, mit der grössten Breite in oder oberhalb der Mitte, leicht behaart, gegen den Grund zu meist keilförmig verschmälert und jederseits mit 4—9 stumpfen Zähnen; obere Stengelblätter oft sitzend

Blütenstand: Stengel reich verzweigt und wenig—bis vielblütig

Blüten: die 10 behaarten Kelchblätter hellgrün—bis dunkelgrün gefärbt; je-weils 5 kürzere und 5 längere; Kron-blätter 5, goldgelb gefärbt, 1—2 mal so lang wie die Kelchblätter und mitein-ander nicht verwachsen; viele Staub-blätter mit kahlen Staubfäden und nach aussen gerichtete und sich öffnende Staubbeutel; zahlreiche Fruchtblätter; Insektenbestäubung

Früchte: Zahlreiche einsamige Nüsschen

Standort: In der subalpinen und al-pinen Stufe auf Magerweiden, an son-nigen, oft felsigen Hängen oder in Ra-sen auf basenreichen, meist kalkarmen und steinigen Lehmböden

362 Gemeine Nelkenwurz – G. urbánum
Pflanze 25—85 cm hoch, ausdauernd, mit dickem Rhizom und von Mai bis August blühend

Géum urbánum L.
Gemeine Nelkenwurz
Rosáceae – Rosengewächse

Laubblätter: Stengelblätter dreizäh-lig, mit grossen Nebenblättern und ge-stielt, dreilappig, mit Nebenblättern und ungestielt oder zuoberst auch lineallisch; bei den grundständigen Blättern das äusserste Fiederpaar mit dem endstän-digen Teilblatt verwachsen; Abschnitte jeweils grob gezähnt; Fiederblätter oval

Blütenstand: Stengel ein—bis mehrblütig

Blüten: Kelch doppelt; Kelchblätter schmal—und breitlanzettlich bis drei-eckig, behaart, grün gefärbt, bis 8 mm lang und nach der Blütezeit zurückge-bogen; Kronblätter meist 5, breit oval bis rundlich, bis 8 mm lang und goldgelb gefärbt; viele Staubblätter; zahlreiche Fruchtblätter oberständig angeordnet; Griffel im oberen Teil hakig gegliedert und borstig behaart; Insektenbestäu-bung

Früchte: Harte Nüsschen

Standort: In der kollinen und monta-nen (seltener subalpin) Stufe auf Schutt-plätzen, in feuchten Wäldern, Gebü-schen, bei schattigen Zäunen und Mauern, Waldwegen und Wildlägern auf frischen, nährstoffreichen und hu-mosen Lehm— und Tonböden

363 Wolliger Hahnenfuss – R. lanuginósus
Pflanze 20—100 cm hoch, ausdauernd, mit dicht be-haarten Stengeln und von Mai bis August blühend

Ranúnculus lanuginósus L.
Wolliger Hahnenfuss
Ranunculáceae – Hahnenfussgewächse

Laubblätter: Grundständige Blätter 5—7 lappig oder beinahe dreiteilig; oberste Stengelblätter oft bis zum Grunde dreiteilig; Abschnitte oder Teilblätter grob gezähnt bis dreilappig und fein wollig behaart

Blütenstand: Einzelblüten mit runden und nicht gefurchten Stielen

Blüten: 1,5—3 cm im Durchmesser; Kelchblätter 5, grünlichgelb gefärbt und den Kronblättern anliegend; Kronblätter 5, dunkelgelb gefärbt und mit der grössten Breite oberhalb der Mitte; viele Staubblätter; auf kahlem und wenig gewölbtem Blütenboden zahlreiche Fruchtknoten (diese oberständig); In-sektenbestäubung

Früchte: Rundliche oder ovale, bis 4 mm lange, flache und kahle Nüsschen mit hakig gebogenem bis eingerolltem Schnabel

Standort: In der montanen und sub-alpinen Stufe in Hochstaudenfluren, Berg—und Auenwäldern auf sicker-feuchten, nährstoff—und kalkreichen, lockeren, humosen, steinigen oder reinen Ton—und Lehmböden; typische Mullbodenpflanze

364 Berg–Hahnenfuss – R. montánus
Pflanze 20–50 cm hoch, ausdauernd, mit kahlem Rhizom und von Mai bis August blühend

Ranuncúlus montánus WILLD. s.l. , R. grenieránus WILLD. Berg–Hahnenfuss
Ranunculáceae – Hahnenfussgewächse

Laubblätter: Grundständige im Umriss queroval, rundlich oder 5–eckig und dreiteilig, wobei die seitlichen Abschnitte bis weit zum Grunde hinunter eingeschnitten sind; alle Abschnitte gezähnt; obere Stengelblätter mit 3 oder 5 Abschnitten, die in der Mitte die grösste Breite aufweisen

Blütenstand: Stengel ein –bis mehrblütig

Blüten: 2–3 cm im Durchmesser; Kelchblätter 5, gelblich und gegen das Ende zu grünlich gefärbt, behaart und den Kronblättern anliegend; Kronblätter 5, gelb gefärbt und am Ende abgerundet; viele Staubblätter mit kahler Staubfadenansatzstelle; auf dem behaarten Blütenboden zahlreiche Fruchtknoten; Insektenbestäubung

Früchte: Rundliche und kahle Nüsschen mit einem hakig gebogenen Schnabel

Standort: In der subalpinen und alpinen (seltener montan) Stufe in Schutthalden, Fettwiesen, Weiden, lichten Wäldern und Moorwiesen auf kalkarmen und humosen Böden

365 Gold–Fingerkraut – P. aúrea
Pflanze 5–20 cm hoch, mit bogig aufsteigenden oder aufrechten Stengeln und von Juni bis August blühend

Potentílla aúrea L. Gold–Fingerkraut
Rosáceae – Rosengewächse

Laubblätter: Grundständige mit einem 2–5 cm langen, anliegend behaarten Stiel und 5 radiär angeordneten Teilblättern; diese sind oval, bis 2,5 cm lang, mit der grössten Breite oberhalb der Mitte, nach dem Grunde zu keilförmig verschmälert, oberseits kahl, unterseits nur auf den Adern zerstreut behaart, an den Rändern mit anliegenden Haaren und jederseits im oberen Teil 2–5 gegen das Ende zu gerichtete Zähnchen; Endzahn sehr klein; oberste Stengelblätter oft lanzettlich

Blütenstand: Stengel 1 bis 5–blütig

Blüten: Je 5 schmal ovale und gleich grosse Aussen– und Innenkelchblätter; Kronblätter 5, breit herzförmig, am Grunde meist mit einem dunkelgelben Fleck, 5–10 mm lang und goldgelb gefärbt; Staubblätter zahlreich; Fruchtblätter zahlreich; Bestäubung vor allem durch Fliegen

Früchte: Kahle Nüsschen

Standort: In der subalpinen und alpinen Stufe auf Wiesen, Weiden, Magerrasen, in Schneemulden und bei Zwergsträuchern auf mässig trockenen bis wechselfeuchten, basen– und kalkarmen, sauren und humosen Böden

366 Frühzeitiges Fingerkraut – P. praecox
Pflanze 10–30 cm hoch, mit zerstreut abstehend behaartem Stengel und von April bis Juli blühend

Potentílla praecox F.SCHULTZ Frühzeitiges Fingerkraut
Rosáceae – Rosengewächse

Laubblätter: Fünfzählig; Teilblätter länglich, gegen den Grund zu keilförmig verschmälert, jederseits mit 3–7 stumpfen Zähnen und unterseits an den Adern zottig behaart (lockerer Haarfilz); Endzahn meist gleich gross, wie die seitlichen Zähne; obere Stengelblätter auch dreiteilig; mit zahlreichen nichtblühenden Blattrosetten

Blütenstand: Stengel ein –bis mehrblütig

Blüten: 10–15 mm im Durchmesser; mit je 5 grünlichen, schmal ovalen Aussen –und Innenkelchblättern; Kronblätter 5, breit herzförmig, vorn oftmals auch abgerundet und goldgelb gefärbt; viele Staubblätter; zahlreiche Fruchtblätter; Insektenbestäubung

Früchte: Nüsschen

Standort: In der kollinen Stufe in Rainen, bei Dämmen und trockenen Matten auf trockenen, sandigen bis kiesigen Böden; eine in der Gegend des Hochrheins endemische Sippe mit kleinem Verbreitungsgebiet; es handelt sich dabei um eine postglazial entstandene Pflanze; heute im Elsass und im Raum von Schaffhausen, aber nicht häufig zu finden

367 Hohes Fingerkraut – P. récta
Pflanze 25–70 cm hoch, steif aufrecht, nur im oberen Teil stark verzweigt und von Juni bis Juli blühend

Potentílla récta L. Hohes Fingerkraut Aufrechtes Fingerkraut
Rosáceae – Rosengewächse

Laubblätter: Grundständige mit bis 20 cm langen und behaarten Stielen und 5 oder 7 radiär angeordneten Teilblättern; diese schmal oval, oft dicht behaart und jederseits mit 7–18 groben und stumpfen Zähnen; oberste Blätter 3–zählig

Blütenstand: Reichverzweigt, vielblütig und doldenähnlich

Blüten: 2–2,5 cm im Duchmesser und Stiele mit deutlich erkennbaren Borstenhaaren; äussere 5 Kelchblätter schmal lanzettlich, innere 5 Kelchblätter breit lanzettlich; Kronblätter 5, herzförmig, meist länger als die Kelchblätter und hell –bis goldgelb gefärbt; viele Staubblätter mit kahlen Staubfäden; zahlreiche Fruchtblätter oberständig; Insektenbestäubung

Früchte: Kahle Nüsschen

Standort: In der kollinen (seltener montan) Stufe bei trockenwarmen Hügeln, an Dämmen, sonnigen Hängen, in Kiesgruben und wärmebedürftigen Unkrautgesellschaften auf sommertrockenen, mehr oder weniger nährstoff –und basenreichen, kalkarmen Sand –und Kiesböden

368 Sternhaariges Fingerkraut – P. pusilla
Pflanze 5–15 cm hoch, ausdauernd, mit zahlreichen Büschelhaaren und von April bis Mai blühend

Potentílla pusilla HOST, Potentilla pubérula KRAS Grauflaumiges Fingerkraut Sternhaariges Fingerkraut
Rosáceae – Rosengewächse

Laubblätter: Grundständige 5 oder 7–teilig; Teilblätter länglich verkehrt–eiförmig, beiderseits dicht sternhaarig und jederseits mit 4–8 stumpfen Zähnen; Blattstiele behaart; alle Blätter mehr oder weniger graugrün gefärbt

Blütenstand: 3–8 blütig, mit meist aufrechten Blüten

Blüten: 1–2 cm im Durchmesser; äussere 5 Kelchblätter schmal oval, innere 5 Kelchblätter etwas breiter und meist zugespitzt; Kronblätter 5, herzförmig und hell –bis goldgelb gefärbt und meist etwas länger als die Kelchblätter; viele Staubblätter; zahlreiche Fruchtblätter

Früchte: Kahle Nüsschen

Standort: Von der kollinen bis in die subalpine Stufe auf Grasplätzen, Magerrasen und bei trockenwarmen Hügeln auf warmen, trockenen, basenreichen, meist kalkhaltigen und steinigen Lehmböden in sonniger Lage; auch an extrem trockenen Standorten vorkommend; eine Mittel– und südeuropäische Gebirgspflanze; in der ganzen Alpenkette vor allem in wärmeren Gebieten

369 Silber–Fingerkraut – P. argéntea
Pflanze 10–40 cm hoch, mit weissfilzigen Stengeln und von Juni bis August blühend

Potentílla argéntea L. Silber–Fingerkraut
Rosáceae – Rosengewächse

Laubblätter: 5–zählig und mit langen, behaarten Stielen; Teilblätter schmal–elliptisch, gegen den Grund zu keilförmig verschmälert, beiderseits mit 2–5 stumpfen Zähnen, oberseits dunkelgrün, unterseits dicht weissfilzig behaart und mehr oder weniger lederartig

Blütenstand: 2 bis mehrblütig; Blütenstiele auch zur Fruchtzeit aufrecht

Blüten: 1–2 cm im Durchmesser; äussere 5 Kelchblätter lanzettlich; innere 5 Kelchblätter breiter und etwa gleich lang; Kronblätter 5, breit–oval, meist etwas ausgerandet und gelb gefärbt; viele Staubblätter mit kahlen Staubfäden; zahlreiche Fruchtblätter; Bestäubung vor allem durch Bienen und Hummeln

Früchte: Kahle Nüsschen; ein Schüttelfrüchtler

Standort: Von der kollinen bis in die subalpine Stufe auf Felsköpfen, an Mauern, Wegrändern, Felsen, in steppenähnlichen Wiesen ohne geschlossene Pflanzendecke, sommerwarmen, trockenen, mässig nährstoff –und basenreichen, kalkarmen, etwas sauren, lockeren oder festen Sand – oder Steinböden; Sandzeiger; Tiefwurzler

370 Schlitzb. Fingerkraut – P. multifída
Pflanze 4–30 cm hoch, mit ausgebreiteten und auf–
steigenden Stengeln und von Juni bis Juli blühend

Potentílla multifída L.
Schlitzblättriges Fingerkraut
Vielteiliges Fingerkraut
Rosáceae – Rosengewächse

Laubblätter: Grundständige im Um–
riss oval bis rundlich, bis 3 cm lang und
fingerförmig zusammengesetzt; Fiedern
der 1. Ordnung 1–2 cm lang und meist
bis auf die Mittelader gefiedert; Fiedern
2. Ordnung ganzrandig, mit stumpfen
Enden, mit nach unten gebogenem Rand
und unterseits dicht weissfilzig behaart;
obere Stengelblätter ebenfalls stark ge–
fiedert

Blütenstand: Stengel anliegend be–
haart und vielblütig

Blüten: 7–15 mm im Durchmesser;
äussere 5 Kelchblätter schmal lanzettlich
bis schmal keilförmig und zugespitzt;
innere 5 Kelchblätter breiter und etwas
länger; alle Kelchblätter deutlich sicht–
bar behaart; Kronblätter 5, oval, aus–
gerandet, so gross oder etwas länger als
die Kelchblätter und hellgelb gefärbt;
viele Staubblätter mit kahlen Staubfä–
den; Fruchtblätter zahlreich

Früchte: Kahle Nüsschen

Standort: In der alpinen Stufe bei
Schaf –und Wildtierlägern, in Weiden
und bei Felsen auf stickstoffreichen,
kalkarmen oder kalkreichen Böden; bis
nach Spitzbergen reichend

371 Trollblume – T. europaéus
Pflanze 20–60 cm hoch, ausdauernd, mit horizonta–
lem Rhizom und von Mai bis Juli blühend

Tróllius europaéus L.
Europäische Trollblume
Ranunculáceae –
Hahnenfussgewächse

Laubblätter: Grundständige lang
gestielt und 5 teilig; Fiedern oval, ge–
gen den Grund zu keilförmig ver–
schmälert und besonders im oberen
Bereich ungleich gezähnt; untere Sten–
gelblätter gleich aussehend und noch
gestielt; obere Stengelblätter sitzend und
von einfacherer Form

Blütenstände: 1–3 endständige
Blüten

Blüten: Perigonblätter 5–15, oval, bis
2,5 cm lang und kugelförmig zusam–
menneigend; die zahlreichen Honig–
blätter bis 7 mm lang, oben abgerundet
und nach dem Grund zu verschmälert;
viele Staubblätter; zahlreiche Frucht–
knoten mit schnabelartigen Narben;
Insektenbestäubung

Früchte: Mehrsamige, bis 1 cm lange
Balgfrüchte

Standort: Meist in der montanen und
subalpinen Stufe auf moorigen Wiesen,
in Flachmooren, Bergfettwiesen, auf
Lägerstellen, an Bachrändern und bei
Quellen auf –oder grundfeuch–
ten, oft nährstoff –und basenreichen,
auch kalkarmen Lehm –und Tonböden;
geschützt

372 Berg–Hahnenfuss – R. montánus
Pflanze 20–50 cm hoch, ausdauernd, aufsteigend und
bis Aug. blühend (niedere Form in der alpinen Stufe)

Ranuncúlus montánus WILLD.
Berg–Hahnenfuss
Ranunculáceae –
Hahnenfussgewächse

Laubblätter: Grundständige im
Umriss queroval, rundlich oder 5 eckig
und dreiteilig, wobei die seitlichen
Abschnitte bis weit zum Grunde hinunter
eingeschnitten sind; alle Abschnitte
gezähnt; obere Stengelblätter mit 3, 5
oder 7 Abschnitten, die in der Mitte die
grösste Breite aufweisen

Blütenstand: Stengel ein –bis mehr–
blütig

Blüten: 2–3 cm im Durchmesser;
Kelchblätter 5, gelblich und gegen das
Ende zu grünlich gefärbt, behaart und
den Kronblättern anliegend; Kronblätter
5, gelb gefärbt und am Ende abgerun–
det; viele Staubblätter mit kahler
Staubfadenansatzstelle; auf dem be–
haarten Blütenboden zahlreiche
Fruchtknoten; Insektenbestäubung

Früchte: Rundliche und kahle Nüss–
chen mit einem hakig gebogenen
Schnabel

Standort: In der subalpinen und al–
pinen (seltener montan) Stufe in Schutt–
halden, Fettwiesen, Weiden, lichten
Wäldern und Moorwiesen auf nähr–
stoffreichen, kalkhaltigen, neutralen und
humosen Böden

373 Scharfer Hahnenfuss – R. ácris
Pflanze 15–90 cm hoch, ausdauernd, mit kurzem
Rhizom und von April bis September blühend

Ranúnculus ácris L. s.l.
Scharfer Hahnenfuss
Ranunculáceae –
Hahnenfussgewächse

Laubblätter: Grundständige 3 oder
5 teilig und gestielt; Fiedern tief ein–
geschnitten und gegen den Grund zu
keilförmig verschmälert; Abschnitte auch
eingeschnitten und sich oft überdeckend;
obere Stengelblätter meist ungestielt und
mit schmal lanzettlichen Abschnitten

Blütenstand: Einzelblüten an langen,
runden und nicht gefurchten Stielen

Blüten: 2–3 cm im Durchmesser;
Kelchblätter 5, schmal oval, gelb und
grünlich gefärbt und den Kronblättern
anliegend; Kronblätter 5, oben abge–
rundet oder leicht eingeschnitten und
goldgelb gefärbt; viele Staubblätter;
zahlreiche Fruchtblätter; Fliegen –und
Bienenbestäubung

Früchte: Nüsschen kahl und mit ge–
radem oder wenig gebogenem Schna–
bel

Standort: Von der kollinen bis in die
subalpine Stufe auf Wiesen, Weiden, an
Wegrändern, im Alpengebiet an Vieh–
lägerstellen auf sickerfeuchten bis trok–
kenen, nährstoff –und kalkreichen,
lockeren, humosen, steinigen oder rei–
nen Ton –und Lehmböden; Nährstoff–
zeiger; in frischem Zustand giftig

374 Windröschen – A. ranunculoídes
Pflanze 10–25 cm hoch, mit horizontal kriechendem
Rhizom und von März bis April blühend

Anemóne ranunculoídes L.
Gelbes Windröschen
Ranunculáceae –
Hahnenfussgewächse

Laubblätter: Während der Blütezeit
kaum grundständige Blätter ausgebil–
det; Stengelblätter 3, quirlständig an–
geordnet, im oberen Teil der Pflanze nur
kurz gestielt oder sitzend, 3–8 cm lang,
im Umriss rhombisch oder 5 eckig und
dreiteilig; Fiedern grob gezähnt und oft
noch tief eingeschnitten

Blütenstand: Ein –oder zweiblütig

Blüten: 2–3 cm im Durchmesser; an
behaarten Blütenstielen meist 5 (auch
bis 9!) ovale, ausserseits behaarte und
gelbe Perigonblätter; Staubblätter viele;
zahlreiche Fruchtknoten; Insektenbe–
stäubung

Früchte: Dicht mit kurzen Haaren be–
setzte und flache Nüsschen

Standort: In der kollinen und monta–
nen (seltener subalpin) Stufe in Gebü–
schen, frischen Wiesen, Obstgärten,
gesellig in Auen –und feuchten Laub–
mischwäldern auf frischen bis feuchten,
humosen, nährstoff –und basenreichen
lockeren und mehr oder weniger tief–
gründigen Lehm –und Tonböden;
Mullbodenpflanze, giftig; Ameisenver–
breitung; Stromtalpflanze; in Skandi–
navien bis 69 Grad NB

375 Kriechender Hahnenfuss – R. répens
Pflanze 15–50 cm hoch, niederliegend oder bogig
aufsteigend und von Mai bis September blühend

Ranúnculus répens L.
Kriechender Hahnenfuss
Ranunculáceae –
Hahnenfussgewächse

Laubblätter: Grundständige kahl
oder behaart und vielgestaltig; meist
1–2 fach gefiedert; die unteren Fiedern
1. Ordnung meist gestielt; Abschnitte
oder Fiedern 2. Ordnung unregelmässig
gezähnt; untere Stengelblätter den
Grundblättern gleichend; obere Sten–
gelblätter einfacher, mit schmäleren
Abschnitten

Blütenstand: Blüten an langen und
gefurchten Stielen

Blüten: 2–3 cm im Durchmesser;
Kelchblätter 5, linealisch, behaart, an
den Enden oft grünlich gefärbt und den
Kronblättern anliegend; Kronblätter 5,
breit oval, gegen den Grund zu keil–
förmig verschmälert, am Ende meist
abgerundet und gelb gefärbt; viele
Staubblätter; auf behaartem Blüten–
boden zahlreiche Fruchtknoten

Früchte: Ovale und kahle Nüsschen

Standort: Von der kollinen bis in die
subalpine Stufe in Aeckern, Auenwäl–
dern, Gräben, Gärten, Wiesen, an
Ufern, Wegrändern und bei Schuttstel–
len auf frischen, nährstoffreichen, hu–
mosen, lehmigen und tonigen Böden;
Bodenverdichtigkeitszeiger

376 Knolliger Hahnenfuss – R. bulbósus
Pflanze 15–50 cm hoch, ausdauernd, mit am Grunde verdicktem Stengel und von Mai bis Juli blühend

Ranúnculus bulbósus L.
Knolliger Hahnenfuss
Ranunculáceae – Hahnenfussgewächse

Laubblätter: Grundständige kahl oder behaart, gestielt und 3–zählig; Fiederblätter stark gezähnt und oft noch zusätzlich tief eingeschnitten; mittleres Fiederblatt oft gestielt; untere Stengel–blätter den ersteren ähnlich, aber oft sitzend; obere Blätter mit schmalen und tief eingeschnittenen Abschnitten

Blütenstand: Blüten einzeln auf ab–stehend oder anliegend behaarten und gefurchten Blütenstielen

Blüten: 2–3 cm im Durchmesser; Kelchblätter 5, keilförmig, gelblich ge–färbt, behaart und nach unten gerich–tet; Kronblätter 5, breit oval, nach unten keilförmig verschmälert und goldgelb gefärbt; viele Staubblätter; zahlreiche Fruchtknoten

Früchte: Ovale, bis 4 mm lange, kahle und flache Nüsschen mit abgesetztem Rand und gekrümmtem Schnabel

Standort: Von der kollinen bis in die subalpine Stufe an Rainen, Böschungen, in trockenen Wiesen, mageren Weiden und besonders häufig in Kalkmager–rasen auf mässig trockenen, nicht allzu nährstoffreichen, basenreichen, humo–sen, lockeren und lehmigen Böden

377 Gold–Hahnenfuss – R. auricomus
Pflanze 15–30 cm hoch, ausdauernd, mit kurzem Rhizom und von April bis Juni blühend

Ranúnculus auricomus L.
Gold–Hahnenfuss
Ranunculáceae – Hahnenfussgewächse

Laubblätter: Grundständige ver–schieden gestaltet, im Umriss rundlich oder nierenförmig, nur gezähnt oder geteilt; stengelständige fingerförmig geteilt und mit meist linealen, ganzran–digen oder schwach gezähnten Ab–schnitten

Blütenstand: Stiele rundlich und mit einer Einzelblüte endend

Blüten: 1–3 cm im Durchmesser; Kelchblätter 5; Kronblätter 5, gelb ge–färbt und nicht selten teilweise verküm–mert; Staubblätter zahlreich; an leicht gewölbtem Blütenboden zahlreiche Fruchtknoten; Insektenbestäubung

Früchte: Nüsschen bis 4 mm lang, etwas aufgeblasen und meist mit einem gekrümmten Schnabel; Ameisenver–breitung

Standort: In der kollinen (seltener montan) Stufe in krautreichen, feuchten Laubmisch– und Auenwäldern, feuchten Fettwiesen, Wald– und Wiesenmooren und im Bachgehölz auf frischen, nährstoff– und basenreichen, oft kalkhaltigen und humosen Ton– und Lehmböden; Licht–Halbschattpflanze; Mullbodenpflanze

Ranúnculus aurícomus L.
Gold–Hahnenfuss
Ranunculáceae – Hahnenfussgewächse

Laubblätter: Grundständige ver–schieden gestaltet, im Umriss rundlich oder nierenförmig, nur gezähnt oder geteilt; stengelständige fingerförmig geteilt und mit meist linealen, ganzran–digen oder schwach gezähnten Ab–schnitten

Blütenstand: Stiele rundlich und mit einer Einzelblüte endend

Blüten: 1–3 cm im Durchmesser; Kelchblätter 5; Kronblätter 5, gelb ge–färbt und nicht selten teilweise verküm–mert; Staubblätter zahlreich; an leicht gewölbtem Blütenboden zahlreiche Fruchtknoten; Insektenbestäubung

Früchte: Nüsschen bis 4 mm lang, etwas aufgeblasen und meist mit einem gekrümmten Schnabel; Ameisenver–breitung

Standort: In der kollinen (seltener montan) Stufe in krautreichen, feuchten Laubmisch– und Auenwäldern, feuchten Fettwiesen, Wald– und Wiesenmooren und im Bachgehölz auf frischen, nährstoff– und basenreichen, oft kalkhaltigen und humosen Ton– und Lehmböden; Licht–Halbschattpflanze; Mullbodenpflanze

378 Acker–Hahnenfuss – R. arvénsis
Pflanze 15–60 cm hoch, einjährig, ohne Rhizom, auf–recht wachsend und von Mai bis Juli blühend

Ranúnculus arvénsis L.
Acker–Hahnenfuss
Ranunculáceae – Hahnenfussgewächse

Laubblätter: Unterste grundständige spatelförmig, grob gezähnt und gestielt; die folgenden Blätter 3–zählig, gestielt und mit schmalen, grob gezähnten oder auch geteilten Abschnitten; obere Sten–gelblätter sitzend und 3–zählig mit tief eingeschnittenen Fiedern

Blütenstände: Reich verzweigte Stengel mit zahlreichen Blüten

Blüten: 0.5–1,5 cm im Durchmesser; Kelchblätter 5, schmal oval, grünlich–gelb gefärbt und den Kronblättern anliegend; Kronblätter 5, oval, gegen den Grund zu keilförmig verschmälert und goldgelb gefärbt; viele Staubblät–ter; zahlreiche Fruchtknoten auf zer–streut behaartem Blütenboden

Früchte: 4–8 Nüsschen; diese bis 7 mm lang, oval, flach und berandet; auf den Flächen innerhalb dieses Ran–des mehrere hakig gekrümmte Stacheln

Standort: In der kollinen und monta–nen Stufe auf Oedland, in Getreide–feldern auf mässig trockenen, nährstoff–und basenreichen und humosen Ton–und Lehmböden; Lehmzeiger; Fliegen–blume; nordwärts bis Schottland; süd–wärts bis nach Nordafrika

379 Gänse–Fingerkraut – P. anserína
Pflanze bis 1 m lang, niederliegend, ausdauernd, an den Knoten wurzelnd und von Mai bis Sept. blühend

Potentílla anserína L.
Gänse–Fingerkraut
Rosáceae – Rosengewächse

Laubblätter: Grundständige bis 20 cm lang, mit 2–5 cm langen, an–liegend behaarten Stielen und unpaarig gefiedert; Fiedern schmal oval, 2–4 cm lang, mit zahlreichen spitzen Zähnen, oberseits dunkelgrün, unterseits dicht behaart und silbrig glänzend; gegen die Blattbasis zu die Fiedern immer kleiner werdend

Blütenstand: Einzelblüte auf 4 bis 20 cm langem und aufrechtem Stiel

Blüten: 2–3 cm im Durchmesser; äussere 5 Kelchblätter meist 3–zählig; innere 5 Kelchblätter breit lanzettlich; Kronblätter 5, oval, vorn meist abge–rundet (seltener ausgerandet) und doppelt so lang als die Kelchblätter; viele Staubblätter mit kahlen Staubfä–den; viele Fruchtknoten

Früchte: Junge Nüsschen gelegentlich behaart; reife Früchtchen kahl; Säuge–tier– und Ameisenverbreitung

Standort: In der kollinen und monta–nen Stufe an Wegrändern, Gräben, auf Weiden, Brachland und an Ufern auf feuchten bis trockenen nährstoff –und basenreichen, dichten Lehm –und Tonböden; Kriechpionier; salzertragend; fast weltweit verbreitet

380 Gem. Odermenning – A. eupatória
Pflanze 50–140 cm hoch, mit abstehend behaarten Stengeln und von Juni bis September blühend

Agrimónia eupatória L.
Gemeiner Odermenning
Rosáceae – Rosengewächse

Laubblätter: Alle stengelständig; untere Stengelblätter bis 20 cm lang und mit 5–8 Paaren einfacher Fiedern; diese sind oval, bis 6 cm lang, breit gezähnt, oberseits dunkelgrün und behaart, un–terseits auf der ganzen Fläche kurz grauhaarig; obere Blätter weniger stark gefiedert

Blütenstand: Mehrere 10–40 cm hohe Trauben mit kurz gestielten Blüten

Blüten: Kelchblätter 5, auf der Aus–senseite am oberen Rand mit zahlrei–chen hakig gebogenen Borsten, grünlich gefärbt und nach der Blütezeit zusam–menneigend; Kelchbecher mit deutlichen Rillen; Kronblätter 5, oval, länger als die Kelchblätter und gelb gefärbt; viele Staubblätter (10–20); Fruchtknoten oberständig, aus 2 Fruchtblättern be–stehend

Früchte: Von harten und zehnrilligen Fruchtbechern umschlossen

Standort: In der kollinen und monta–nen (seltener subalpin) Stufe in Hecken, trockenen und mageren Wiesen, lichten Wäldern, an Wegrändern auf mässig trockenen, mehr oder weniger nähr–stoff –und basenreichen Böden; wär–meliebend

381 Hasenohr – B. falcátum
Pflanze 30–80 cm hoch, ästig verzweigt, zerstreut anzutreffen und von Juli bis September blühend

Bupleúrum falcátum L.
Sichelblättriges Hasenohr
Apiáceae (Umbelliferae) Doldengewächse

Laubblätter: Grundständige lang gestielt, schmal oval oder spatelförmig, ganzrandig, 5–7 aderig und mit der grössten Breite oberhalb der Mitte; obere Blätter linealisch oder lineal–lanzettlich, oft etwas gebogen und mit dem Stiel den Stengel umfassend

Blütenstand: Dolden/Döldchen an End –und Seitensprossen

Blüten: Pro Dolde 3–12 Blüten; Kelchblätter 5, grünlich gefärbt und schmal oval; Kronblätter 5, miteinander nicht verwachsen und gelb gefärbt; Staubblätter 5, zwischen den Kron–blättern liegend; Fruchtknoten unter–ständig, aus 2 Fruchtblättern bestehend

Früchte: Spaltfrüchte zerfallen in 2 einsamige Teilfrüchte; diese mit 5 deut–lich entwickelten Hauptrippen

Standort: In der kollinen und monta–nen (seltener subalpin) Stufe an trocke–nen Hängen, Rainen, auf Trockenwiesen und in lichten Wäldern wie z.B. Eichen –und Kiefernwäldern auf mageren, meist trockenen, kalkreichen und humo–sen Böden; bis 120 cm tief wurzelnd; nördlich bis Norddeutschland und Süd–england reichend; südwärts bis Spanien

Bupleúrum ranunculoídes L.
Hahnenfuss – Hasenohr

Apiáceae (Umbelliferae)
Doldengewächse

Laubblätter: Grundständige lan-zettlich oder lineal, 5–10 cm lang, ge-gen den Grund zu verschmälert, ganz-randig, mit 5–20 Seitenadern, mehr oder weniger gestielt und den Stengel zum Teil umfassend; Stengelblätter line-alisch, meist ungestielt und kleiner als die grundständigen Blätter; Hochblätter 1. Ordnung (an der Ansatzstelle der Dolde) zu 2–5 und den Stengelblättern ähnlich; Hochblätter 2. Ordnung meist 5, breit oval bis rundlich, vorn kurz zugespitzt, mit 5–7 Längesadern und hell gelbgrün gefärbt

Blütenstand: Dolde

Blüten: In den Dolden 2. Ordnung bis 20 Blüten, mit je 5 kleinen Kelch –und Kronblättern; diese gelbgrün bis gelb gefärbt; Staubblätter 5; unterständiger Fruchtknoten

Früchte: Spaltfrüchte; die beiden Teil-früchte 2–4 mm lang, dunkelbraun gefärbt und mit 5 schmalen Hauptrippen

Standort: Von der montanen bis in die subalpine Stufe auf Felsen und in subal-pinen Steinrasen auf sonnigen, frischen bis trockenen, meist kalkhaltigen und mehr oder weniger steinigen Böden

382 Hasenohr – B. ranunculoídes
Pflanze bis 50 cm hoch, ausdauernd, fast ohne abge-storbene Blattscheiden und von Juli bis August blühend

Apium gravéolens L.
Sellerie

Apiáceae (Umbelliferae)
Doldengewächse

Laubblätter: Einfach gefiedert (bei Kulturorten oft zweimal gefiedert), dunkelgrün gefärbt und glänzend; Fiederblätter keilförmig bis rhombisch, deutlich gezähnt und oft auch tief ein-geschnitten

Blütenstand: Dolden 1. und 2. Ord-nung ohne Hochblätter

Blüten: Kelchblätter 5, klein; Kron-blätter 5, gelblich, weisslich oder grün-lich gefärbt, klein und rundlich; Staub-blätter 5; Fruchtknoten aus zwei Frucht-blättern zusammengesetzt; Insekten-und Selbstbestäubung

Früchte: Spaltfrüchte; Teilfrüchte mit 5 wenig vorstehenden, kantigen und gelblichen Rippen

Standort: In der kollinen und monta-nen Stufe sehr selten verwildert auf Schuttplätzen; die wilde Sippe wächst an der Küste, an Salzstellen, auf Oedland, bei Ufern und an Gräben auf feuchten bis nassen, nährstoffreichen, kalkhal-tigen oder salzhaltigen Schlammböden; die Kulturpflanze kam bereits im achten Jahrhundert aus dem südeuropäischen Raum nach Mitteleuropa; wärmelie-bende Pflanze

383 Sellerie – A. gravéolens
Pflanze 30–90 cm hoch, bei Kulturformen mit knolli-gem Rhizom und von Juni bis Oktober blühend

Anéthum gravéolens L.
Echter Dill

Apiáceae (Umbelliferae)
Doldengewächse

Laubblätter: 3–4 fach fein gefiedert; fadenförmige Fiederblätter 2–7 cm lang und meist weniger breit als 1 mm; Blattscheiden 1–2 cm lang und an der Spitze beiderseits geöhrt

Blütenstand: Dolden sehr gross und vielstrahlig; Dolden 2. Ordnung eben-falls vielstrahlig

Blüten: Lang gestielt; Kronblätter 5, klein und gelblich gefärbt; Staubblätter 5, zwischen den Kronblättern angeord-net; Fruchtknoten aus 2 Fruchtblättern zusammengesetzt; Griffel kürzer als das Griffelpolster und zurückgebogen; Selbstbestäubung

Früchte: Spaltfrüchte; die beiden Teilfrüchte bis 4 mm lang, linsenförmig und mit breiten Randrippen

Standort: In der kollinen Stufe kulti-viert und hie und da an steinigen Orten, Müll –und Verladeplätzen und in Weinbergen verwildert; wärmeliebend; als Gewürz –und Heilpflanze wahr-scheinlich bereits von den Römern ver-wendet; die ursprünglich ostmediterran südwestasiatische Pflanze ist heute über die ganze Erde verbreitet; sie weist keine Zwiebel auf

384 Dill – A. gravéolens
Pflanze 40–120 cm hoch, kahl, bläulich bereift und von Juni bis Oktober blühend

Gentiána lútea L.
Gelber Enzian

Gentianáceae – Enziangewächse

Laubblätter: 6–20 cm lang, elliptisch bis breit elliptisch, paralleladerig (mit 5–7 Adern), gegenständig angeordnet und blaugrün gefärbt

Blütenstand: Blüten zu 3–10 in den Achseln der oberen Blätter angeordnet

Blüten: Die Stiele halb –oder so lang wie die Blüten; Kelch häutig, 2 bis 6–zähnig und auf einer Seite scheidenför-mig aufgeschlitzt; Kronblätter 5 oder 6, schmal elliptisch, zugespitzt, 2–3,5 cm lang und gelb gefärbt; Staubblätter frei, meist 5, oder so viele wie Kelchblätter; Fruchtknoten oberständig, aus zwei Fruchtblättern zusammengesetzt und vielsamig; Bestäubung durch Fliegen und Hummeln

Früchte: An den Rändern der Frucht-blätter sich öffnende Kapseln

Standort: In der montanen und sub-alpinen (seltener kollin) Stufe in Berg-wiesen, Weiden, Magerrasen, Hoch-staudenfluren, Fettwiesen, lichten Wäldern und an Flachmooren auf wechselfeuchten bis ziemlich feuchten, basen –und nährstoffreichen, meist kalkhaltigen und tonigen Böden; Tief-wurzler; Pflanze mancherorts zurück-gehend (Schnapsgewinnung!)

385 Gelber Enzian – G. lútea
Pflanze 50–130 cm hoch, ausdauernd, mit dickem Rhizom und von Juni bis August blühend

Géum montánum L.
Berg – Nelkenwurz

Rosáceae – Rosengewächse

Laubblätter: Gefiedert und bis 8 cm lang; seitliche Fiederblätter klein und mit 3–5 grossen Zähnen; Endfiederblatt sehr gross, etwas gelappt, mit breit ab-gerundeten Zähnen versehen und am Grunde oft schwach herzförmig; grundständige Blätter eine Rosette bil-dend

Blütenstand: Einblütig

Blüten: 5–6 zählig; Kelchblätter doppelt so viele wie Kronblätter, be-haart und grün gefärbt; äussere und innere Kelchblätter verschieden gross; Kronblätter 5–6, rundlich, bis 2 cm lang und gelb gefärbt; viele Staubblätter; zahlreiche Fruchtblätter; Insektenbe-stäubung

Früchte: Einsamige Nüsschen mit auffallend verlängertem und federig behaartem Griffel, der nach der Blüte-zeit bleibt; Windverbreitung

Standort: In der subalpinen und alpinen (seltener montan) Stufe in Wie-sen, Weiden, Magerrasen und Zwerg-strauchgesellschaften auf mässig trok-kenen bis frischen oder auch feuchten, kalkfreien, mehr oder weniger basen-armen, dafür aber etwas sauren und meist steinigen Böden

386 Berg – Nelkenwurz – G. montánum
Pflanze 10–40 cm hoch, ohne Ausläufer, mit dickem Rhizom, ausdauernd und von Mai bis August blühend

Eránthis hiemális (L.) SALISB.
Winterling

Ranunculáceae –
Hahnenfussgewächse

Laubblätter: Grundblätter im Umriss rundlich, 3–7 teilig, lang gestielt, mit radiär angeordneten Teilblättern und meist erst nach der Blütezeit erscheinend

Blütenstand: Einblütig; unterhalb der Blüte ein Quirl von 3 handförmig ge-teilten Stengelblättern

Blüten: Perigonblätter meist 6 (auch 5–8), oval, bis 2 cm lang, mit der grössten Breite oberhalb der Mitte, kronblattartig und goldgelb gefärbt; Honigblätter gestielt, becherförmig und oft halb so lang wie die Perigonblätter; viele Staubblätter; Fruchtknoten 4–8, mit mehreren Samen und geschnäbelt

Früchte: Mehrsamige Balgfrüchte

Standort: In der kollinen Stufe in Weingärten, Obstgärten, Parkanlagen und als Zierpflanze häufig im Blumen-garten angepflanzt; auf frischen bis mässig trockenen, nährstoffreichen, tiefgründigen, meist neutralen, humosen und lockeren Lehmböden; Licht – Halb-schattpflanze; vorwiegend Fliegenbe-stäubung; diese südeuropäische Pflanze ist nur selten verwildert; in West – und Zentraleuropa später eingeführt

387 Winterling – E. hiemális
Pflanze 5–20 cm hoch, ausdauernd, kahl, mit knolli-gem Rhizom und von Januar bis März blühend

388 Schwefel–Anemone – P. sulphúrea
Pflanze 15–25 cm hoch, mit aufrechtem und abstehend
behaartem Stengel und von Mai bis Okt. blühend

Pulsatílla sulphúrea (L.) DT. et S.
Pulsatílla apiifólia(Scop.)Schult.
Schwefel–Anemone
Ranunculáceae –
Hahnenfussgewächse

Laubblätter: Meist nur ein grund–
ständiges Blatt, das zur Fruchtzeit lange
gestielt, im Umriss dreieckig, dreiteilig
und bis 25 cm breit ist; Fiederblätter
ebenfalls dreizählig; ihre Abschnitte
stark gezähnt, eingeschnitten und un–
terseits behaart; die 3 Stengelblätter
(=Hochblätter) am Grunde nicht ver–
wachsen, gleich gestaltet wie das
grundständige Blatt, doch nur etwas
kleiner ausgebildet

Blütenstand: Einzelblüte auf be–
haartem Stengel

Blüten: 2–6 cm im Durchmesser; Pe–
rigonblätter meist 6, radiär angeordnet,
innerseits kahl, ausserseits meist behaart
und beiderseits schwefelgelb; viele
Staubblätter; keine Honigblätter vor–
handen; Fruchtblätter zahlreich

Früchte: Nüsschen; zur Fruchtzeit sind
die behaarten Griffel 3–5 cm lang

Standort: Meist in der subalpinen
Stufe in Zwergstrauchgesellschaften und
Weiden auf mässig frischen, kalk– und
nährstoffarmen, etwas sauren und
modrig–humosen Böden; in den Alpen
vor allem in den Urgesteinsketten

389 Tomate – S. lycopérsicum
Pflanze einjährig, 30–160 cm hoch, stark verzweigt
und von Juli bis Oktober blühend

Solánum lycopérsicum L.
Tomate
Solanáceae –
Nachtschattengewächse

Laubblätter: Unterbrochen und un–
regelmässig gefiedert; Fiederblätter
gestielt, oval bis schmal oval, drüsig
behaart, gezähnt und auch oft gefiedert

Blütenstand: Zahlreiche Blüten in
mehreren rispenähnlichen Blütenständen
zusammengefasst

Blüten: Blütenstiele und Kelchblätter
drüsenhaarig; Kronblätter 5 oder 6,
schmal keilförmig, flach ausgebreitet, im
unteren Teil miteinander verwachsen, bis
1 cm lang, aussen behaart und gelb
gefärbt; Staubblätter 5, mit kurzen
Staubfäden und Staubbeutel zu einer
Röhre verbunden; Fruchtknoten ober–
ständig und zweifächerig

Früchte: Saftige, 2–10 cm breite,
ovale, eiförmige bis kugelige, orange,
gelbe oder leuchtend rote Beeren

Standort: In der kollinen (seltener
montan) Stufe besonders in vielen kul–
tivierten Sorten in den Gärten; bevor–
zugt mässig feuchte, nährstoffreiche und
kalkhaltige Böden in wärmeren Lagen;
gelegentlich auf Schuttplätzen verwil–
dert; die hier abgebildeten Tomaten
wachsen zusammen mit Buschbohnen
auf einem Balkon

390 Gelbe Reseda – R. lútea
Pflanze 20–55 cm hoch, mit Pfahlwurzel, zwei bis
mehrjährig und von Juni bis September blühend

Reséda lútea L.
Gelbe Reseda
Resedáceae – Resedagewächse

Laubblätter: Wechselständig ange–
ordnet, mit schmal geflügeltem Stiel und
drei –oder mehrteilig; Fiederblätter
ihrerseits mit 1, 2 oder 3 schmal lanzett–
lichen bis schmal ovalen Abschnitten;
Ränder mit kleinen Zähnchen

Blütenstand: Vielblütige Traube mit
2–3 mm langen Tragblättern

Blüten: Blütenstiele 3–5 mm lang;
Kelchblätter 6, bis 3 mm lang und grün–
lich gefärbt; Kronblätter 6 und gelblich
gefärbt; die beiden oberen bis 5 mm
lang, 3 teilig und mit kurzem Mittel–
abschnitt; die vier unteren ungeteilt oder
mit nur einem kleinen seitlichen Zipfel;
viele Staubblätter; Fruchtknoten ober–
ständig, 3 blättrig und mit 3 Narben

Früchte: Vielsamige Kapseln

Standort: In der kollinen (seltener
montan) Stufe bei Schuttplätzen, Weg–
rändern, Kiesgruben, Aeckern, in
Weinbergen, Hafenanlagen u.a.m. auf
warm–trockenen, nährstoff –und
basenreichen, meist sandigen, wenig
humosen und lockeren Stein –und
Lehmböden; Rohbodenpionier; Insek–
ten –und Selbstbestäubung; bis 75 cm
tief wurzelnd; eine ursprünglich medi–
terrane Pflanze

391 Scharbockskraut – R. ficária
Pflanze 5–25 cm hoch, ausdauernd, an den Knoten
oft wurzelnd und von März bis April blühend

Ranúnculus ficária L.
Ficária vérna HUDSON
Scharbockskraut
Feigenwurz–Hahnenfuss
Ranunculáceae –
Hahnenfussgewächse

Laubblätter: Grundständige herz–
oder nierenförmig, lang gestielt, kahl,
fettig glänzend, breit und flach gekerbt
bis ganzrandig und fleischig; Stengel–
blätter ähnlich ausgebildet, in ihren
Achseln oft mit Brutknospen; Blätter zu–
weilen schwarz gefleckt

Blütenstand: Lang gestielte Einzel–
blüten

Blüten: 2–3 cm im Durchmesser;
Kelchblätter 3–5, seltener bis 7, oval
und am Grunde mit einem sackartigen
Sporn; Kronblätter 8–12, schmal oval,
stumpf und mittel –bis dunkelgelb ge–
färbt; viele Staubblätter; zahlreiche
Fruchtblätter

Früchte: Nüsschen meist kugelig, ge–
stielt und etwas behaart

Standort: In der kollinen und monta–
nen Stufe in feuchten Wiesen, Hecken,
lichten und feuchten Laubmischwäldern
und Baumgärten auf feuchten, lehmigen
und tonigen Böden; Pflanze ohne Rhi–
zom; Wurzeln keulenförmig vergrössert;
in ganz Europa, aber ohne arktische
Gebiete

392 Frühlings–Adonis – A. vernális
Pflanze 10–30 cm hoch, ausdauernd, auch mit ver–
zweigtem Stengel und von April bis Mai blühend

Adónis vernális L.
Frühlings–Adonis,
Blutströpfchen, Teufelsauge
Ranunculáceae –
Hahnenfussgewächse

Laubblätter: Meist sitzend, dicht
stehend, 2–3 fach fiederteilig; Fiedern
lang und sehr schmal linealisch gestaltet

Blütenstand: Endständige Einzel–
blüten

Blüten: 3–7 cm im Durchmesser;
Kelchblätter 5, anliegend behaart und
grün gefärbt; Kronblätter 1o–2o,
schmal oval, ganzrandig oder schwach
gezähnt, goldgelb gefärbt und unter–
seits gegen das Ende zu oft mit braun–
roten Flecken; viele Staubblätter; auf
dem zylindrischen Blütenboden zahl–
reiche Fruchtknoten

Früchte: Nüsschen eiförmig, bis 5 mm
lang, zerstreut und weiss behaart;
Ameisenverbreitung

Standort: In der kollinen und monta–
nen Stufe auf Magerwiesen, in Trocken–
wiesen, lichten Föhrenwäldern, an
trockenwarmen und buschigen Hügeln
auf trockenen, basen –und kalkreichen,
neutralen, humosen und lockeren Lehm–
und Lössböden; Tiefwurzler; giftig, aber
als Heilpflanze verwendet; geschützt; oft
als Zierpflanze in den Gärten ange–
pflanzt

393 Zweiblütiges Veilchen – V. biflóra
Pflanze 5–15 cm hoch, mit dünnem Stengel, aus–
dauernd und von Mai bis August blühend

Víola biflóra L.
Zweiblütiges Veilchen
Violáceae – Veilchengewächse

Laubblätter: 3–4 cm im Durchmes–
ser, nierenförmig, nur wenig tief ge–
zähnt, schwach behaart, wechselständig
angeordnet und dunkelgrün gefärbt;
pro Stengel nur 2–4 Blätter; Neben–
blätter nur klein, lanzettlich, kahl oder
mit kleinen randständigen Haaren und
ganzrandig

Blütenstand: Blüten einzeln, lang
gestielt und in den Achseln eines Blattes

Blüten: Kelchblätter 5, schmal keil–
förmig, 4–6 mm lang und hellgrün ge–
färbt; Kronblätter 5, nicht verwachsen
und gelb gefärbt; die seitlichen am
Grunde mit dunklen Strichen, unbehaart
und aufwärts gerichtet; das unterste mit
dem geraden Sporn bis 15 mm lang;
Staubblätter 5; Fruchtknoten oberstän–
dig, aus 3 Fruchtblättern zusammenge–
setzt und mit zweiteiliger Narbe

Früchte: 3 klappig aufspringende
Kapseln

Standort: Von der montanen bis in die
alpine Stufe im Erlengebüsch, in Hoch–
staudenfluren, im Steinschutt und an
Bachrändern auf sickerfrischen bis
feuchten, nährstoff –und basenreichen,
meist kalkhaltigen und neutralen Böden
in luftfeuchter Lage; im Schatten

394 Feld–Veilchen – V. tricolor
Pflanze 5–30 cm hoch, im unteren Teil verzweigt und von März bis September blühend

Víola tricolor L.
Feld–Veilchen, echtes Veilchen
Gewöhnliches Stiefmütterchen
Violáceae – Veilchengewächse

Laubblätter: Oval bis lanzettlich, jederseits mit 2–5 Zähnen, selten ganzrandig, gestielt und 1–3 cm lang; Nebenblätter tief eingeschnitten, oft so lang wie die übrigen Blätter und mit stumpf gezähntem Endblatt

Blütenstand: Lang gestielte Blüten einzeln in den Achseln eines Blattes

Blüten: Kelchblätter 5, nicht verwachsen, lanzettlich, zugespitzt und mit den Anhängseln bis 16 mm lang; Kronblätter 5, frei, rundlich, violett, gelb oder weiss gefärbt, aber auch mehrfarbig gescheckt; unterstes Kronblatt mit dem Sporn 1o–25 mm lang; Staubblätter 5; Fruchtknoten oberständig, 3 blätterig und mit einer Narbe versehen, die eine deutlich nach vorn verlängerte Unterlippe aufweist

Früchte: 3 klappig aufspringende Kapseln

Standort: In der montanen und subalpinen (seltener kollinen) Stufe auf Wiesen, Aeckern, Dünen, an grasigen Hängen, Wegrändern und gedüngten Wiesen auf frischen, nährstoffreichen, oft kalkhaltigen, humosen und sandigen Lehmböden; ziemlich häufig

395 Gebirgsveilchen – V. tri. ssp. subalpína
Pflanze 10–30 cm hoch, ausdauernd, wohlriechend und von Mai bis September blühend

Víola tricolor ssp. subalpína GAUDIN
Gebirgsveilchen
Violáceae – Veilchengewächse

Laubblätter: Untere rundlich, mit herzförmigem Grund und gekerbtem Rand; obere lanzettlich und am Grunde keilförmig verschmälert; Nebenblätter tief fiederspaltig und mit grossem Endabschnitt

Blütenstand: Lang gestielte Blüten einzeln in den Achseln eines Blattes

Blüten: Kelchblätter 5, nicht verwachsen, lanzettlich, zugespitzt und mit den Anhängseln bis 20 mm lang; Kronblätter 5, frei, oval bis rundlich, viel länger als der Kelch und gelb bis blau gefärbt; untere 3 Kronblätter mit dunklen Strichen; unterstes Kronblatt mit einem kräftigen dunkelgelben Fleck; Staubblätter 5; Fruchtknoten oberständig, dreiblätterig und mit einer gelblichen Narbe, die eine deutlich nach vorn verlängerte Unterlippe aufweist

Früchte: 3 klappig aufspringende Kapseln

Standort: In der montanen und subalpinen Stufe auf Wiesen, in Feldern und Weiden auf frischen, nährstoff–und basenreichen, meist kalkarmen und humosen Lehm–und Torfböden; in fast ganz Europa heimisch

396 Wald–Schlüsselblume – P. elátior
Pflanze 10–30 cm hoch, mit beharten Blütenstielen und von März bis August blühend

Prímula elátior (L.) HILL.
Wald–Schlüsselblume
Primuláceae – Primelgewächse

Laubblätter: 10–20 cm lang, bis 6 cm breit, länglich eiförmig, rasch in den oben breiter und unten sehr schmal geflügelten Stiel verschmälert, etwas runzelig, in der Jugend am Rande umgerollt, unregelmässig und fein gezähnt, besonders auf den Adern behaart und hell –bis dunkelgrün gefärbt

Blütenstand: Vielblütige und einseitswendige Dolde

Blüten: Kelchblätter 5, miteinander verwachsen, 6–15 mm lang, scharfkantig und hellgrün gefärbt; Kelchzähne bis 6 mm lang und schmal dreieckig; Kronblätter 5, verwachsen, hellgelb gefärbt, ohne orangegelbe Flecken, wenig duftend und mit 5 trichterförmig ausgebreiteten, wenig tief ausgerandeten Kronzipfeln; 5 in der Krone angewachsene Staubblätter; Fruchtknoten oberständig, einfächerig, mit einem Griffel und einer kopfförmigen Narbe

Früchte: 10–15 mm lange Kapseln

Standort: Von der kollinen bis in die subalpine Stufe in schattigen Wiesen, Gebüschen, Auenwäldern, an Lägerstellen und Böschungen auf sickerfrischen, neutralen, nährstoff –und basenreichen Böden

397 Frühlings–Schlüsselblume – P. véris
Pflanze 10–30 cm hoch, samtig behaart und von April bis August blühend

Prímula véris L.
Frühlings–Schlüsselblume
Primuláceae – Primelgewächse

Laubblätter: 5–15 cm lang, bis 4 cm breit, länglich–eiförmig, oft abrupt in den geflügelten Stiel verschmälert, am Spreitengrund gestutzt bis herzförmig, etwas runzelig, in der Jugend am Rande umgerollt, unregelmässig fein und auch gröber gezähnt (ohne feine Spitzen), leicht behaart und hell –bis dunkelgrün gefärbt

Blütenstand: Vielblütige und einseitswendige Dolde

Blüten: Wohlriechend; Kelchblätter 5, verwachsen, bis 15 mm lang, scharfkantig, behaart, zusammen etwas aufgeblasen und hellgrün gefärbt; Kelchzähne 3–5 mm lang und lanzettlich; Kronblätter 5, verwachsen, dunkelgelb und bei langgrifligen Pflanzen oft mit einem orangegelben Flecken; Kronensaum vertieft; Kronzipfel nur wenig ausgerandet; Staubblätter 5; Fruchtknoten oberständig

Früchte: 10–15 mm lange Kapseln

Standort: Von der kollinen bis in die subalpine Stufe in mageren Wiesen, an Rainen, Waldrändern, in lichten Eichenwäldern, bei Hecken und Streuwiesen auf mässig trockenen bis frischen, kalkhaltigen und neutralen Böden

398 Aurikel – P. aurícula
Pflanze 10–25 cm hoch, mit nur wenigen Drüsenhaaren an den Stengeln und im Mai blühend

Prímula aurícula L.
Aurikel, gelbe Felsen–Primel
Flühblümchen
Primuláceae – Primelgewächse

Laubblätter: 6–12 cm lang, bis 6 cm breit, verkehrt eiförmig, allmählich in den kurzen und geflügelten Blattstiel verschmälert, fleischig, ganzrandig oder besonders im oberen Teil breit gezähnt, mit wenig bis viel Mehlstaub und mit besonders randständigen Drüsenhaaren

Blütenstand: Gestielte Dolde; Tragblätter oval

Blüten: Kelchblätter 5, miteinander verwachsen, nicht kantig, bis 6 mm lang und mehlig; Kelchzähne bis 2 mm lang und meist zugespitzt; Kronblätter 5, verwachsen, leuchtend gelb gefärbt, am Schlundeingang mit einem mehligen Ring und duftend; Kronzipfel trichterförmig ausgebreitet, bis 10 mm lang und etwas ausgerandet; Staubblätter 5; Fruchtknoten oberständig; Insektenbestäubung

Früchte: 6–15 mm lange Kapseln

Standort: In der subalpinen und alpinen Stufe an Felsen, in alpinen Steinrasen und auch in Moorwiesen des Alpenvorlandes auf sickerfrischen, meist kalkhaltigen, neutralen und humusarmen Steinböden; geschützt; Spaltenwurzler

399 Schaftlose Primel – P. vulgáris
Pflanze 5–10 cm hoch, mit grundständigen Blüten und von März bis April blühend

Prímula vulgáris HUDSON
Schaftlose Schlüsselblume
Primuláceae – Primelgewächse

Laubblätter: 10–15 cm lang, bis 6 cm breit, schmal verkehrt–eiförmig, allmählich in den geflügelten Stiel verschmälert, etwas runzelig, mit leicht umgerolltem Rand, unregelmässig und grob gezähnt (Zähne mit feinen Spitzen) und hell –bis dunkelgrün gefärbt

Blütenstand: Stengel reduziert, so dass Blüten scheinbar einzeln aus der Rosette entspringen

Blüten: Blütenstiele 4–10 cm lang und mehr oder weniger stark behaart; Kelchblätter 5, verwachsen, behaart, bis 15 mm lang und scharfkantig; Kelchzähne bis 10 mm lang und schmal dreieckig; Kronblätter 5, verwachsen, oval, ausgerandet, hellgelb gefärbt und gegen den Schlund zu mit dunkelgelbem oder orangem Fleck; Kronzipfel flach ausgebreitet; Staubblätter 5; Fruchtknoten oberständig

Früchte: 8–15 mm lange Kapseln

Standort: In der kollinen und montanen Stufe in Hecken, mageren Wiesen, lichten Laubwäldern, Baumgärten und an Böschungen auf sickerfrischen, basen –und nährstoffreichen, meist kalkfreien, humosen und steinigen Lehmböden in wintermilder Klimalage

Andrósace vitaliána (L.) LAPEYR.
Douglásia vitaliána (L.) BENTHAM et HOOKER
Goldprimel
Primuláceae – Primelgewächse

Laubblätter: 4–12 mm lang, bis 2 mm breit, schmal lanzettlich, mit der grössten Breite unterhalb der Mitte, mit randständigen Haaren, hellgrün gefärbt, mit weisslichem Belag und behaart

Blütenstand: In den obersten Blattachseln einzelne Blüten mit 2–5 mm langen und behaarten Stielen

Blüten: Kelchblätter 5, verwachsen, 3–7 mm lang, behaart und mit 2–4 mm langen Zähnen; Kronblätter 5, verwachsen, hell –bis dunkelgelb gefärbt, mit 4–8 mm langen, schmal –oder breit ovalen und vorn abgerundeten Zipfeln; Staubblätter 5 und in der bis 15 mm langen Kronröhre angewachsen; Insektenbestäubung Fruchtknoten oberständig

Früchte: Bis 5 mm lange Kapseln, die sich bis zur Mitte mit 5 Zähnen öffnen

Standort: In der alpinen Stufe bis über 3'000 m steigend; auf Felsabsätzen, in ruhendem Schutt und Rasen auf ziemlich feuchten, meist kalkhaltigen und feinerdereichen Böden; unterhalb der Rosette viele abgestorbene Blätter

400 Goldprimel – D. vitaliána
Pflanze 4–10 cm hoch, Rasen mit zahlreichen Rosetten bildend und von Juni bis Juli blühend

Cerínthe major L. / C. glábra
Grosse Wachsblume
Boragináceae – Borretschgew. Rauhblattgewächse

Laubblätter: Diejenigen der sterilen Blattrosetten oval, bis 30 cm lang, 2 bis 4 cm breit und in den geflügelten Stiel verschmälert; Stengelblätter oval, bis 15 cm lang, mit abgerundeter Spitze und am Grunde mit stumpfen Zipfeln

Blütenstand: Traubenartig

Blüten: Kelchblätter 5, nur am Grunde verwachsen, schmal oval, 8–12 mm breit und meist stumpf; Kronblätter 5, verwachsen, 8–12 mm lang, gelblich gefärbt und ausserseits braunrot oder blau gefleckt und mit kleinen, nach aussen gebogenen Kronzipfeln; Staubblätter 5, in der Kronröhre angewachsen; Staubbeutel am Grunde mit fadenförmigen Anhängseln; Fruchtknoten oberständig, aus 2 Fruchtblättern bestehend; diese durch eine Scheidewand je 2–teilig, so dass der Fruchtknoten 4–teilig erscheint

Früchte: Zerfallen bei der Reife in je 4 Nüsschen

Standort: In der subalpinen Stufe in Hochstaudenfluren, im Grünerlenbüsch, an steinigen Hängen und bei Viehlägern auf frischen, nährstoffreichen und meist kalkhaltigen Böden

401 Grosse Wachsblume – C. major
Pflanze 25–60 cm hoch, ausdauernd, kahl, mit dickem Rhizom und von Juni bis August blühend

Lithospérmum officinále L.
Gebräuchlicher Steinsame
Boragináceae – Borretschgew. Rauhblattgewächse

Laubblätter: 5–10 cm lang, schmal oval bis lanzettlich, ganzrandig, gegen den Grund und die Spitze zu allmählich verschmälert, unterseits mit deutlich hervortretenden Seitenadern und wechselständig angeordnet

Blütenstand: Untere Blüten einzeln in Blattachseln; obere Blüten oberhalb von Hochblättern meist zu mehreren zusammen

Blüten: Kelchblätter 5, nur am Grunde miteinander verwachsen, linealisch, stark behaart und am Ende abgestumpft; Kronblätter 5, verwachsen, gelblich, gelblich–weiss bis grünlich gefärbt und in der bis 5 mm langen Kronröhre mit 5 behaarten Falten; Staubblätter 5, nicht aus der Röhre herausragend; Fruchtknoten oberständig; Insektenbestäubung

Früchte: Je 4 glatte Nüsschen

Standort: In der kollinen (seltener montan) Stufe in lichten Auen –und Laubmischwäldern, im Ufergebüsch, an steinigen Hängen, sonnigen Hügeln auf frischen bis trockenen, humösen, gern sandigen, nährstoff –und basenreichen Böden

402 Steinsame – L. officinále
Pflanze 20–90 cm hoch, mit mehreren Stengeln beim gleichen Rhizom und von Mai bis Juli blühend

Symphytum officinále L.
Gemeine Wallwurz, Beinwell
Boragináceae – Borretschgew.

Laubblätter: 10–25 cm lang, eiförmig bis schmal eiförmig, langsam nach oben zugespitzt, gegen den Spreitengrund zu in den geflügelten Blattstiel verschmälert und rauhhaarig; Flügel bis 4 mm breit und jeweils bis zum nächsten Blatt herablaufend

Blütenstand: Dichte, vielblütige und rundliche Rispe

Blüten: Kelchblätter 5, schmal dreieckig, behaart und nur im unteren Bereich miteinander verwachsen; Kronblätter 5, verwachsen, bis 2 cm lang, gelb, rötlich oder rotviolett gefärbt, in der Mitte erweitert und gegen die fünf schmalen Zipfeln zu wiederum verengt; Staubblätter 5; Schlundschuppen 5, zugespitzt, nicht behaart und nicht aus der Krone herausragend; Fruchtknoten oberständig; Insekten – und Selbstbestäubung

Früchte: Nüsschen mehr oder weniger warzig

Standort: In der kollinen und montanen Stufe in feuchten bis nassen Wiesen, Moorwiesen, Gräben und Auenwäldern auf wechselnassen, nährstoff –und basenreichen, kiesig–sandigen oder reinen Lehmböden und Tonböden

403 Beinwell – S. officinále
Pflanze 40–140 cm hoch, mit langem Rhizom, abstehend behaart und von Mai bis August blühend

Digitális grandiflóra MILLER
Grossblütiger Fingerhut
Scrophulariáceae – Braunwurzgewächse

Laubblätter: Schmal bis breit lanzettlich, nach oben spitz zusammenlaufend, unregelmässig fein gezähnt, am Rande und unterseits auf den Adern deutlich behaart und nur im unteren Bereich gestielt

Blütenstand: Eine lange, meist einseitswendige Traube mit kurz gestielten Blüten

Blüten: Kelchblätter 5, lanzettlich, zugespitzt und drüsig behaart; Kronblätter 5, glockenförmig verwachsen, hellgelb, 2,5–4 cm lang, an der Mündung bis 2 cm breit, an der Aussenseite drüsig behaart und im Innern mit einer hellbrauner Zeichnung; 4 nicht aus der Kronröhre herausragende Staubblätter (die beiden unteren länger); Fruchtknoten oberständig; Insekten – und Selbestbestäubung

Früchte: Kapseln

Standort: In der montanen und subalpinen Stufe (seltener kollin) in Waldlichtungen, lichten und krautreichen Wäldern, Hochstaudenfluren, Böschungen und an sonnigen Steinhalden auf sommerwarmen, frischen, humosen, nährstoff- und basenreichen Böden

404 Grossbl. Fingerhut – D. grandiflóra
Pflanze 30–80 cm hoch, ausdauernd, im oberen Bereich drüsig behaart und von Juni bis Aug. blühend

Campánula thyrsoídes L.
Strauss – Glockenblume
Campanuláceae – Glockenblumengewächse

Laubblätter: 5–15 cm lang, schmal oval bis länglich, rauhhaarig, am Ende stumpf, meist ganzrandig und kaum gestielt; die stengelständigen Blätter umfassen den Stengel zur Hälfte

Blütenstand: Blüten zu 1–3 in den Achseln der Blätter und zu einer dichten, endständigen Aehre zusammengefasst

Blüten: Ungestielt; Kelchblätter im unteren Bereich verwachsen; Kelchzipfel lanzettlich, stumpf und behaart; Kronblätter 5, glockenförmig verwachsen, bis 2,5 cm lang, gelblich und dicht behaart; Staubblätter 5, am Grunde verbreitert, behaart und den Griffel umschliessend; Fruchtknoten unterständig; Insektenbestäubung

Früchte: Kapseln behaart, aufrecht und sich in der Nähe des Grundes mit 3 Löchern öffnend

Standort: In der subalpinen und alpinen Stufe in Bergwiesen, sonnigen Rasenhängen auf sommerwarmen, frischen, mehr oder weniger nährstoff- und basenreichen, meist kalkhaltigen und oft steinigen Ton –und Lehmböden; geschützt; Tiefwurzler; lichtliebend; Gebirgspflanze in Mittel – und Südeuropa

405 Glockenblume – C. thyrsoídes
Pflanze 10–50 cm hoch, 2–jährig, dicht beblättert und von Juni bis Juli blühend

406 Getüpfelter Enzian – G. punctáta
Pflanze 20–60 cm hoch, ausdauernd, mit einem dicken Rhizom und von Juli bis August blühend

Gentiána punctáta L.
Getüpfelter Enzian
Gentianáceae – Enziangew.
Laubblätter: 10–20 cm lang, bis 8 cm breit, breit lanzettlich bis oval, zugespitzt, meist mit 5 parallel verlaufenden Hauptadern, ganzrandig, glänzend grün, ungestielt oder nur kurz gestielt
Blütenstand: Blüten am Ende des Stengels zu mehreren gehäuft oder zu 1–3 oberhalb der oberen Blätter angeordnet
Blüten: Ungestielt; Kelch unregelmässig 5 bis 8 teilig und mit aufrechten, lanzettlichen Zipfeln; Kronblätter glockenförmig verwachsen, hellgelb gefärbt, schwarz punktiert und mit 5–8 ovalen, stumpfen Zipfeln; Staubblätter so viele wie Kelchzipfel; Staubbeutel meist aneinander geklebt; Fruchtknoten oberständig und aus 2 Fruchtblättern zusammengesetzt; Insektenbestäubung
Früchte: Kapseln, die an den Verwachsungsnähten aufspringen; Windverbreitung
Standort: In der subalpinen und alpinen Stufe auf Magerweiden, bei Wildheuplanken und Zwergstrauchgebüschen auf frischen, kalkarmen, meist sauren, humosen, mehr oder weniger tiefgründigen und lehmigen oder tonigen Böden; Windverbreitung; besonders in den Zentral– und Südalpen

407 Gewöhnl. Kreuzkraut – S. vulgáris
Pflanze 5–35 cm hoch, mit dünner Pfahlwurzel und durch das ganze Jahr hindurch blühend

Senécio vulgáris L.
Gewöhnliches Kreuzkraut
Asteráceae (Compositae) – Korbblütler
Laubblätter: Lanzettlich, jederseits bis über die Mitte der Blatthälfte fiederteilig, im oberen Bereich des Stengels geöhrt, wechselständig angeordnet und unterseits zerstreut spinnwebig behaart; alle Zipfel gezähnt
Blütenstand: Blütenköpfchen in doldenartigen Rispen
Blüten: Blütenköpfe 5–8 mm lang; Aussenhüllblätter schwärzlich und bis 3 mm lang; Innenhüllblätter grünlich und meist mit dunkler Spitze; Kelchblätter zu einem Pappus (Haaren) umgewandelt; Kronblätter röhrenförmig verwachsen (Röhrenblüten) und meist 5–zipfelig; Staubblätter 5; Staubbeutel zu einer Röhre verwachsen; Fruchtknoten unterständig und aus 2 Fruchtblättern verwachsen; Selbstbestäubung
Früchte: Nüsse mit verwachsener Frucht– und Samenwand (Achänen)
Standort: In der kollinen und montanen (seltener subalpin) Stufe in Rebbergen, Waldschlägen, Gärten, Aeckern, an Wegen und Schuttplätzen auf frischen bis mässig feuchten, nährstoffreichen, lockeren und tonigen Böden; bis 40 cm tief wurzelnd

408 Wermut – A. absínthium
Pflanze 30–100 cm hoch, ausdauernd, mit mehrköpfigem Rhizom und von Juli bis August blühend

Artemísia absínthium L.
Wermut, Absinth
Asteráceae (Compositae) – Korbblütler
Laubblätter: 5–15 cm lang, breit–oval, dreifach fiederteilig und besonders unterseits angedrückt graufilzig behaart; Zipfel lanzettlich und zugespitzt; untere Blätter lang gestielt, obere Blätter sitzend, einfacher geteilt oder ungeteilt
Blütenstand: Köpfchen 4–8 mm lang, mit graufilzig behaarten Stielen und in einer Rispe vereinigt; innere Hüllblätter gelbbraun und etwas graufilzig behaart
Blüten: Boden des Blütenbodens flach, behaart, ohne Spreuschuppen; alle röhrenförmig und gelb; Staubblätter 5; Staubbeutel miteinander verklebt; die inneren Blüten zwittrig, die äusseren weiblich; Fruchtknoten unterständig
Früchte: Achänen zylindrisch bis eiförmig und längs fein gerillt
Standort: Von der kollinen bis in die subalpine Stufe an unbebauten Orten, Wegen, Dämmen oder Mauern, auf beweideten Felshängen und bei Gebüschen auf mässig trockenen, nährstoff– und basenreichen, neutralen und sandig steinigen Lehm– und Tonböden; alte Arznei –und Gewürzpflanze, sommerwarmes Klima bevorzugend

409 Rainfarn – Ch. vulgáre
Pflanze 30–120 cm hoch, ausdauernd, mit einem mehrköpfigen Rhizom und von Juni bis Sept. blühend

Chrysánthemum vulgáre B.
Tanacétum vulgáre L.
Rainfarn
Asteráceae (Comositae) – Korbblütler
Laubblätter: Bis 40 cm lang und gefiedert; obere Blätter anliegend, untere Blätter lang gestielt; Fiedern lanzettlich, mit nach vorn gerichteten groben Zähnen und mittelgrün gefärbt
Blütenstand: Köpfchen in dichten und doldenartigen Rispen
Blüten: Alle röhrenförmig und goldgelb gefärbt; Boden des Blütenbodens ohne Spreublätter; Kronblätter röhrenförmig verwachsen; Staubblätter 5; Staubbeutel miteinander verklebt; Fruchtknoten unterständig und aus zwei Fruchtblättern verwachsen; Insektenbestäubung
Früchte: Achänen bis 2 mm lang, drüsig punktiert und meist 5 kantig
Standort: In der kollinen und montanen (seltener subalpin) Stufe auf Schuttplätzen, in Auenwäldern, Gebüschen, Waldschlägen, staudenreichen Unkrautfluren, an Dämmen und Ufern auf sommerwarmen, frischen, nährstoffreichen, neutralen und sandigen Lehm– und Tonböden; Kulturbegleiter; Heil– und Nutzpflanze (früher als Wurmmittel und Mottenkraut verwendet)

410 Goldschopf – A. linósyris
Pflanze 20–55 cm hoch, ausdauernd, mit kurzem, dickem Rhizom und von August bis September blühend

Aster linósyris (L.)BERNH.
Linósyris vulgáris Cass.
Gold – Aster, Goldschopf
Asteráceae (Compositae) – Korbblütler
Laubblätter: Bis 5 cm lang, schmal lanzettlich, ganzrandig, einaderig und sitzend
Blütenstand: Köpfchen in einer doldenartigen Traube
Blüten: Alle röhrenförmig und gelb gefärbt; Hüllblätter am Rande behaart und zugespitzt; Kronblätter röhrenförmig verwachsen; Staubblätter 5; Staubbeutel miteinander verklebt; Fruchtknoten unterständig, aus 2 Fruchtblättern verwachsen; Insektenbestäubung
Früchte: Achänen 2–3 mm lang, dicht behaart; Pappus gelblich und bis 7 mm lang; Windverbreitung
Standort: In der kollinen (seltener montan) Stufe bei trockenwarmen Hügeln, Felsen, in Trockenwiesen, lichten Föhren– und Flaumeichenwäldern und an Waldrändern auf trockenen, basenreichen, meist kalkhaltigen, humosen und lockeren Lehm– und Tonböden; bis 55 cm tief wurzelnd; herdenbildend; lichtliebend; wärmere Lagen bevorzugend; eine südeuropäische Pflanze, die nordwärts vereinzelt bis Südengland, Südbelgien und Gotland reicht

411 Arnika – A. montána
Pflanze 15–60 cm hoch, ausdauernd, mit einem kurzen Rhizom und von Juni bis August blühend

Arnica montána L.
Arnika, Wohlverleih
Asteráceae (Compositae) – Korbblütler
Laubblätter: Verkehrt eiförmig oder oval bis schmal oval, ganzrandig (seltener etwas gezähnt), gegenständig angeordnet und am Rande meist behaart; grundständige Blätter eine Rosette bildend; Stengelblätter zu 1–3 Paaren (gegenständig angeordnet)
Blütenstand: Mit den Strahlenblüten bis 8 cm im Durchmesser; pro Pflanze 1–5 Köpfchen mit zahlreichen Strahlen– und Röhrenblüten; Köpfchenboden flach, ohne Spreuschuppen und behaart
Blüten: Zungenförmige nur weiblich, mit 2–3 cm langen Kronen und behaarter Kronröhre; röhrenförmige zwittrig und mit 5 Staubblättern, deren Staubbeutel miteinander verklebt sind
Früchte: Achänen zylindrisch, 5 bis 10 rippig und mit bis 8 mm langem Pappus
Standort: In der subalpinen und alpinen Stufe in Bergwiesen, Silikat–Magerrasen, Weiden, bei lichten Waldstellen und auch in sauren Mooren auf frischen bis wechselfrischen, nährstoff– und kalkarmen, sauren, modrig–humosen Ton– und Lehmböden; als Arzneipflanze verwendet; auch auf Torf wachsend

412 Arnika – A. montána
Pflanze 15–60 cm hoch, ausdauernd, mit einem kurzen Rhizom und von Juni bis August blühend

Arnica montána L.
Arnika, Wohlverleih
Asteráceae (Compositae) – Korbblütler

Laubblätter: Verkehrt eiförmig oder oval bis schmal oval, ganzrandig (seltener etwas gezähnelt), gegenständig angeordnet und am Rande meist behaart; grundständige Blätter eine Rosette bildend; Stengelblätter zu 1–3 Paaren (meist gegenständig)

Blütenstand: Mit den Strahlenblüten bis 8 cm im Durchmesser; pro Pflanze 1–5 Köpfchen mit zahlreichen Strahlen- und Röhrenblüten; Köpfchenboden flach, ohne Spreuschuppen und behaart

Blüten: Zungenförmige nur weiblich, mit 2–3 cm langen Kronen und behaarter Kronröhre; röhrenförmige zwittrig und mit 5 Staubblättern, deren Staubbeutel miteinander verklebt sind

Früchte: Achänen zylindrisch, 5 bis 10 rippig und mit bis 8 mm langem Pappus

Standort: In der subalpinen und alpinen Stufe in Bergwiesen, Silikat–Magerrasen, Weiden, bei lichten Waldstellen und auch in sauren Mooren auf frischen bis wechselfrischen, nährstoff- und kalkarmen, sauren, modrig–humosen Ton- und Lehmböden; als Arzneipflanze verwendet; bei Abb. 412 eine mehrköpfige Pflanze

413 Wiesen–Alant – I. británnica
Pflanze 20–80 cm hoch, mit kurzem Rhizom, nach Knoblauch riechend und von Juli bis August blühend

Inula británnica L.
Wiesen–Alant
Asteráceae (Compositae) – Korbblütler

Laubblätter: Lanzettlich, mit der grössten Breite in der Mitte, ganzrandig oder mit feinen Zähnen, im oberen Teil der Pflanze sitzend, im unteren Teil in den kurzen Stiel verschmälert, am Ende stumpf oder zugespitzt, mit wenig hervortretenden Adern und kahl bis behaart

Blütenstand: Köpfchen 3–5 cm im Durchmesser und einzeln oder in lockeren und doldenartigen Rispen; äussere Hüllblätter meist einreihig, aussen anliegend behaart und oft mit zurückgebogener Spitze; innere Hüllblätter kahl

Blüten: Strahlenblüten 15–25 mm lang, weiblich, gelb und abstehend; Röhrenblüten zwittrig und gelb; Staubblätter 5; Fruchtknoten unterständig

Früchte: Achänen bis 1,5 mm lang, gerippt, anliegend behaart und mit einem 4–6 mm langen Pappus

Standort: In der kollinen und montanen Stufe in Sumpfwiesen, bei Gebüschen, Schuttstellen, an Ufern und entlang von Wegrändern auf feuchten bis sommertrockenen, nährstoff- und basenreichen, meist kalkhaltigen und sandigen oder reinen Tonböden; südwärts bis Mittelitalien reichend

---

414 Rindsauge – B. salicifólium
Pflanze 15–60 cm hoch, mit einfachen oder verzweigten Stengeln und von Juni bis Sept. blühend

Buphthálmum salicifólium L.
Weidenblättriges Rindsauge
Asteráceae (Compositae) – Korbblütler

Laubblätter: 8–15 cm lang, oval bis lanzettlich, ganzrandig oder fein gezähnt, am Ende stumpf oder kurz zugespitzt, schwach behaart und im oberen Teil ungestielt; untere Blätter in einen langen Stiel verschmälert

Blütenstand: Blütenköpfe 3–6 cm im Durchmesser, einzeln oder in lockeren Trauben am Ende der Zweige; Hüllblätter dachziegelartig angeordnet, breit lanzettlich, anliegend behaart und zugespitzt; Spreublätter lanzettlich und zugespitzt

Blüten: Randblüten weiblich, gelb und zungenförmig; innere Röhrenblüten zwittrig und gelb; Staubblätter 5; Staubbeutelhälften unten zugespitzt; Fruchtknoten unterständig

Früchte: Achänen kahl, 2–4 mm lang, dreikantig und mit geflügelten Kanten oder zylindrisch; Pappus bis 6 mm lang

Standort: Von der kollinen bis in die subalpine Stufe in wärmeren Lagen bei Flachmooren, in Trockenwiesen, Staudenhalden, lichten Wäldern und an steinigen Hängen auf sommerwarmen, mässig trockenen, kalkhaltigen, steinigen oder reinen Lehm- und Tonböden

415 Flohkraut – P. dysentérica
Pflanze 20–60 cm hoch, ausdauernd, mit Rhizomen mit kurzen Ausläufern und von Juni bis Aug. blühend

Pulicária dysentérica BERNH.
Grosses Flohkraut, Ruhrwurz
Asteráceae (Compositae) – Korbblütler

Laubblätter: 4–10 cm lang, schmaloval bis lanzettlich, ganzrandig oder entfernt buchtig gezähnt, zugespitzt, etwas wellig, oberseits zerstreut weiss behaart und unterseits weiss graufilzig; Blätter im unteren Bereich sitzend; obere Blätter mit herzförmigem Grund den Stengel umfassend

Blütenstand: Köpfchen 1–3 cm im Durchmesser und in einer doldenartigen Rispe angeordnet; Hüllblätter lanzettlich und abstehend behaart

Blüten: Zungenförmige bis 1 mm breit, gelb, weiblich, ausgebreitet und deutlich länger als die Hüllblätter; röhrenförmige zwittrig, mit 5 Staubblättern und einem unterständigen Fruchtknoten

Früchte: Achänen 1–2 mm lang, behaart und 8–10 rippig; Pappusborsten 2–4 mm lang; Windverbreitung

Standort: In der kollinen und montanen Stufe bei Gräben, an feuchten Waldstellen, Ufern, in Moorwiesen, Feuchtwiesen und nassen Weiden auf nassen bis wechselfeuchten, nährstoff- und basenreichen, neutralen, humosen, tonigen oder lehmigen Böden; Wurzelkriechpionier

---

416 Nickender Zweizahn – B. cérnua
Pflanze 15–120 cm hoch, 1–jährig, einfach oder ästig, mit dünner Wurzel und von Juli bis Sept. blühend

Bidens cérnua L.
Nickender Zweizahn
Asteráceae (Compositae) – Korbblütler

Laubblätter: 5–15 cm lang, lanzettlich, mit weit auseinanderliegenden Zähnen, zugespitzt, sitzend, gegenständig angeordnet und am Grunde paarweise etwas verwachsen

Blütenstand: Köpfchen nach der Blütezeit nickend, 2–5 cm im Durchmesser und meist einzeln; äussere Hüllblätter bis 3,5 cm lang, lanzettlich und am Rande bewimpert; innere Hüllblätter 5–10 mm lang und gelb

Blüten: Strahlenblüten oval, 10–15 mm lang und bis 5 mm breit, unfruchtbar (ohne Griffel) und gelb gefärbt; innere Blüten röhrenförmig, zwittrig und bräunlichgelb gefärbt; Staubbeutel unten abgerundet; Fruchtknoten unterständig; Insektenbestäubung

Früchte: Achänen flach, 4 kantig und mit vereinzelten Haaren

Standort: In der kollinen (seltener montan) Stufe bei Schuttstellen, Mooren, an Ufern, Gräben und in Siedlungsnähe beim Dorf- und Fischteich auf nährstoff- und stickstoffreichen, zeitweise überschwemmten, humosen Sand- oder Tonböden; Kulturbegleiter; Schlammpionier

417 Goldrute – S. gigantéa
Pflanze 40–130 cm hoch, ausdauernd, Ausläufer treibend und von August bis Oktober blühend

Solidágo gigantéa AITON
Spätblühende Goldrute
Asteráceae (Compositae) – Korbblütler

Laubblätter: 8–15 cm lang, lanzettlich, an beiden Enden lang zugespitzt, kahl oder unterseits den Adern entlang kurzhaarig, ganzrandig oder schwach gesägt und unterseits meist graugrün gefärbt

Blütenstand: Gestielte Blütenköpfe im Durchmesser 3–8 mm lang und in einseitswendigen Rispen zusammengefasst; diese überhängend; Blütenköpfchenboden ohne Spreuschuppen; Hüllblätter bis 4 mm lang und kahl oder zerstreut behaart

Blüten: Die 8–15 gelben und nur weiblichen Strahlenblüten nur wenig länger als die ebenfalls gelben und zwittrigen Röhrenblüten; Fruchtknoten unterständig

Früchte: Achänen 1–2 mm lang, zylindrisch und mit einem aus 1 bis 2 Reihen von Borsten bestehenden Pappus

Standort: In der kollinen Stufe auf Schuttplätzen, in Kiesgruben, Auenwäldern und im Ufergebüsch auf sommerwarmen, grund- oder sickerfeuchten, nährstoff- und basenreichen, meist tiefgründigen Lehm- und Tonböden; Zierpflanze aus den USA

418 Alpen–Goldrute – S. alpéstris
Pflanze 10–40 cm hoch, ausdauernd, im Innern des Stengels mit Mark und von Juli bis August blühend

Solidágo virgaúrea L. ssp. minúta (L.) ARCANG
Alpen–Goldrute
Asteráceae (Compositae) – Korbblütler

Laubblätter: Lanzettlich, im unteren und mittleren Teil der Pflanze gestielt, im oberen Bereich nur kurz gestielt oder sitzend, am Ende zugespitzt, meist ganzrandig und am Rand zerstreut behaart oder kahl

Blütenstand: Köpfchen seitenständig in den Achseln von Laubblättern und endständig in einer dichten und allseitswendigen Rispe; Köpfchen bis 20 mm lang; Hüllblätter lanzettlich, allmählich zugespitzt und 6–10 mm lang; Boden des Blütenkopfes ohne Spreublätter und kahl oder kurz behaart

Blüten: Strahlenblüten weiblich und viel länger als die zwittrigen Röhrenblüten; ihre 5 Kronblätter sind zu einer Röhre verwachsen; Staubblätter 5 und mit unten abgerundeten Staubbeutelhälften; Fruchtknoten unterständig; Insekten– und Selbstbestäubung

Früchte: Achänen 4–6 mm lang und mit 5 mm langem Pappus

Standort: In der subalpinen und alpinen Stufe in Magerrasen, Wiesen, Weiden, bei Zwergsträuchern, Hochstaudenfluren und im Bachgeröll auf mässig feuchten bis frischen Böden

419 Fuch's Kreuzkraut – S. fúchsii
Pflanze 50–130 cm hoch, ausdauernd, mit einem dünnen Rhizom und von Juli bis September blühend

Senécio fúchsii GMELIN
Fuch's Kreuzkraut
Asteráceae (Compositae) – Korbblütler

Laubblätter: Lanzettlich, in den schmal geflügelten Stiel verschmälert, zugespitzt, ganzrandig bis fein gezähnelt, kahl oder etwas behaart und oft mit rötlich gefärbter Hauptader

Blütenstand: Zahlreiche Köpfchen in einer doldenartigen Rispe; die 3 bis 5 äusseren Hüllblätter schmal lanzettlich; die meist 8 inneren Hüllblätter oft kahl und am Ende vielfach mit einer dunkelbraun gefärbten Spitze; Boden des Blütenkopfes etwas gewölbt, ohne Spreublätter und ohne Haare

Blüten: Strahlenblüten weiblich, bis 20 mm lang und gelb gefärbt; Röhrenblüten zwittrig, mit 5 verwachsenen Kronblättern, 5 Staubblättern und einem unterständigen Fruchtknoten; Insektenbestäubung

Früchte: Achänen bis 4 mm lang, 10–15 rippig und zur Fruchtzeit mit einem 8–12 mm langen Pappus

Standort: Meist in der montanen Stufe in lichten Wäldern, Waldschlägen und bei Gebüschen auf frischen, nährstoffreichen, humosen und meist mittelgründigen Lehmböden; Licht–Halbschattpflanze; nordwärts bis Schlesien

420 Huflattich – T. fárfara
Pflanze 5–20 cm hoch, ausdauernd, mit einem kriechenden Rhizom und von März bis Mai blühend

Tussilágo fárfara L.
Huflattich
Asteráceae (Compositae) – Korbblütler

Laubblätter: Grundständige rundlich bis herzförmig, mit langen, meist rötlich gefärbten, seitlich abgeflachten Stielen, am Rande mit tiefen Buchten, die fein gesägt sind, unterseits grau– bis weissfilzig und erst nach der Blütezeit erscheinend; stengelständige Blätter klein, lanzettlich und rötlich bis braun gefärbt

Blütenstand: Am Ende des Stengels ein 2–3 cm breiter Blütenkopf; Hüllblätter einreihig, 10–15 mm lang, rotbraun gefärbt und von schuppenförmigen Stengelblättern umgeben; Boden des Blütenkopfes ohne Haare und ohne Spreublätter

Blüten: Strahlenblüten weiblich, zahlreich und bis 10 mm lang; Röhrenblüten zwittrig, aus 5 verwachsenen Kronblättern, 5 Staubblättern und einem unterständigen Fruchtknoten

Früchte: Achänen 3–5 mm lang, zylindrisch und mit mehreren Reihen weisser Pappusborsten; Windverbreitung

Standort: Von der kollinen bis in die subalpine Stufe an Rutschhängen, bei Schuttstellen, in Kiesgruben und bei Erdanrissen auf feuchten bis frischen, basenreichen, meist kalkhaltigen Böden

421 Alpen–Kreuzkraut – S. alpínus
Pflanze 20–120 cm hoch, ausdauernd, mit zerstreut behaarten Stengeln und von Juli bis Aug. blühend

Senécio alpínus (L.) SCOP.
Alpen–Kreuzkraut
Asteráceae (Compositae) – Korbblütler

Laubblätter: Dreieckig oder eiförmig bis herzförmig, gestielt, am Spreitengrund oft breit herzförmig, am Ende stumpf, unregelmässig grob gezähnt und unterseits graufilzig behaart

Blütenstand: Lang gestielte Köpfchen in einer doldenartigen Rispe; äussere Hüllblätter schmal lanzettlich; die ungefähr 20 inneren Hüllblätter bis 10 mm lang und am Grunde filzig behaart; Boden des Blütenkopfes etwas gewölbt, ohne Spreublätter und ohne Haare

Blüten: Strahlenblüten weiblich, bis 15 mm lang und gelb gefärbt; Röhrenblüten zwittrig, mit 5 verwachsenen Kronblättern, 5 Staubblättern und einem unterständigen Fruchtknoten; Insektenbestäubung (durch Fliegen und Falter)

Früchte: Achänen 2–4 mm lang, undeutlich achtrippig, kahl und mit einem bis 5 mm langen gelblichen Pappus

Standort: Meist in der subalpinen Stufe besonders um Alphütten, entlang von Bächen, auf Alpweiden und in Hochstaudenfluren auf feuchten bis frischen, nährstoffreichen, meist kalkhaltigen und tiefgründigen Lehm– und Tonböden; guter Stickstoffzeiger

422 Gemswurz – D. grandiflórum
Pflanze 20–50 cm hoch, ausdauernd, mit hohlen Stengeln und von Juli bis August blühend

Dorónicum grandiflórum LAM.
Grossköpfige Gemswurz
Asteráceae (Compositae) – Korbblütler

Laubblätter: Grundständige breit oval, gestielt, am Spreitengrund gestutzt oder schwach herzförmig, am Ende abgerundet oder stumpf, meist buchtig gezähnt und etwas behaart; untere Stengelblätter den grundständigen ähnlich, aber mit verbreitertem Grund den Stengel etwas umfassend; obere Stengelblätter mit einem breiten Grund sitzend

Blütenstand: Am Ende der Stengel meist ein bis 4 cm breiter Blütenkopf; die 20–30 Hüllblätter bis 20 mm lang, lanzettlich, grün gefärbt und behaart

Blüten: Strahlenblüten weiblich; Röhrenblüten zwittrig, mit 5 verwachsenen Kronblättern, 5 Staubblättern und einem unterständigen Fruchtknoten; Insektenbestäubung

Früchte: Achänen zylindrisch, bis 4 mm lang und mit rauhen Pappushaaren; Windverbreitung

Standort: In der alpinen Stufe verbreitet in lockeren Steinschuttböden auf feuchten bis frischen, durchsickerten, lange mit Schnee bedeckten, meist kalkreichen und lockeren Böden; Schuttkriecher; in den Pyrenäen und Alpen

423 Clusius' Gemswurz – D. clúsii
Pflanze 10–30 cm hoch, ausdauernd, mit hohlen und behaarten Stengeln und von Juli bis August blühend

Dorónicum clúsii (ALL.) TAUSCH
Clusius' Gemswurz
Asteráceae (Compositae) – Korbblütler

Laubblätter: Grundständige schmal oval bis oval, meist in den Stiel verschmälert, buchtig gezähnt bis ganzrandig und besonders am Rand mit einem dichten Haarkleid; stengelständige Blätter schmal oval bis lanzettlich und meist mit einem verschmälerten Grund sitzend

Blütenstand: Am Ende der Stengel meist ein bis 6 cm breiter Blütenkopf; die 20–30 Hüllblätter bis 15 mm lang, lanzettlich, grün gefärbt und behaart

Blüten: Strahlenblüten weiblich und bis 20 mm lang; Röhrenblüten zwittrig, mit 5 verwachsenen Kronblättern, 5 Staubblättern und einem unterständigen Fruchtknoten; Insektenbestäubung

Früchte: Achänen zylindrisch, bis 4 mm lang und mit rauhen Pappusborsten; Windverbreitung

Standort: In der alpinen Stufe auf Moränen, in Schutt– und Geröllhalden auf feuchten, kalkarmen und lange mit Schnee bedeckten Grobschuttböden; eine mittel– und südeuropäische Gebirgspflanze, die in den nordspanischen Gebirgen, den Alpen und in den Karpaten wächst

424 Kreuzkraut – S. dorónicum
Pflanze 20–60 cm hoch, ausdauernd, mit verzweigten und behaarten Stengeln und bis August blühend

Senécio dorónicum L.
Gemswurz – Kreuzkraut
Asteráceae (Compositae) – Korbblütler

Laubblätter: Schmal oval bis lanzettlich, besonders im unteren Teil des Stengels in einen Stiel verschmälert, im oberen Teil der Pflanze sitzend und den Stengel zum Teil umfassend, gezähnt, am Ende stumpf oder zugespitzt, oft etwas lederig und unterseits graufilzig

Blütenstand: Am Ende der Stengel meist 1–5 Blütenköpfe; äussere Hüllblätter meist mehr als 10, klein und schmal lanzettlich; die etwa 20 inneren Hüllblätter 10–15 mm lang, filzig behaart und an der Spitze bärtig; Boden des Blütenkopfes meist gewölbt, ohne Spreublätter und ohne Haare

Blüten: Strahlenblüten weiblich, 15 bis 20 mm lang und gold– oder orangegelb gefärbt; Röhrenblüten zwittrig, mit 5 verwachsenen Kronblättern, 5 Staubblättern und einem unterständigen Fruchtknoten; Insektenbestäubung

Früchte: Achänen 4–6 mm lang, zylindrisch, 10–12 rippig, kahl und mit einem 6–10 mm langen, weissen und einreihigen Pappus; Windverbreitung

Standort: In der subalpinen und alpinen Stufe in Zwergsträuchern und Kalkmagerrasen auf frischen, kalkhaltigen und neutralen Böden

425 Saat–Margerite – Ch. ségetum
Pflanze 1–jährig, mit dünnen Wurzeln, kahlen, einfachen oder verzweigten Stengeln und bis Aug. blühend

Chrysánthemum ségetum L.
Saat – Margerite
Asteráceae (Compositae) – Korbblütler

Laubblätter: Schmal oval bis lanzettlich, jederseits unregelmässig grob gezähnt oder nicht ganz bis zur Mitte der Blatthälfte fiederteilig, im unteren Bereich der Pflanze gestielt, im oberen Teil sitzend und den Stengel zum Teil umfassend, kahl und blaugrün gefärbt

Blütenstand: 2–5 cm breite Köpfchen am Ende der Stengel; Hüllblätter schmal oval, hellgrün gefärbt, hell berandet, am Ende etwas dunkel gefärbt und dem Körbchen anliegend

Blüten: Zungenblüten 10–20 mm lang und goldgelb gefärbt; Röhrenblüten mit 5 verwachsenen Kronblättern, 5 Staubblättern und einem unterständigen Fruchtknoten; Insektenbestäubung (Fliegenblume)

Früchte: Achänen 2–3 mm lang, meist zehnrippig und ohne gezähnten Rand

Standort: In der kollinen Stufe in Aeckern, Unkrautfluren, bei Schuttplätzen und beim Bahnareal auf frischen, nährstoffreichen, kalkarmen und sandigen oder reinen Ton– und Lehmböden; Kulturbegleiter; auch als Zierpflanze in Gärten angepflanzt; im Gebiet eingeschleppte mediterrane Pflanze

426 Wasser–Kreuzkraut – S. aquáticus
Pflanze 15–50 cm hoch, meist 2–jährig, ohne Ausläufer und von Juli bis September blühend

Senécio aquáticus HILL.
Wasser – Kreuzkraut
Asteráceae (Compositae) – Korbblütler

Laubblätter: Grundständige oval bis lanzettlich, buchtig gezähnt oder fiederteilig, gestielt und gelbgrün gefärbt; stengelständige alle fiederteilig, oft sitzend und mit gezähnten Abschnitten

Blütenstand: Am Ende der Stengel Köpfchen in einer doldenartigen Rispe; Seitenäste schräg aufwärts gerichtet; äussere Hüllblätter 2–4 mm lang und schmal lanzettlich; die 12–15 inneren Hüllblätter zur Fruchtzeit auf dem Rücken mit 1–3 Harzdrüsen und zerstreut behaart; Boden des Blütenkopfes meist etwas gewölbt, ohne Spreublätter und ohne Haare

Blüten: Die 12–15 Strahlenblüten weiblich und bis 15 mm lang; Röhrenblüten zwittrig, mit 5 verwachsenen Kronblättern, 5 Staubblättern und einem unterständigen Fruchtknoten

Früchte: Achänen 1–3 mm lang, bis achtrippig und mit weissem Pappus

Standort: In der kollinen Stufe zerstreut in gedüngten Nass– und Moorwiesen, Flachmooren, an Gräben und Quellen auf staunasse bis feuchten, mehr oder weniger nährstoffreichen, meist kalkarmen oder entkalkten Böden

427 Jakobs Kreuzkraut – S. jacobaéa
Pflanze 30–90 cm hoch, meist mehrjährig, ohne Ausläufer und von Juni bis August blühend

Senécio jacobaéa L.
Jakobs Kreuzkraut
Asteráceae (Compositae) – Korbblütler

Laubblätter: Untere Stengelblätter leierförmig, die darüberliegenden bis nahe der Mittelader fiederteilig, kahl oder zerstreut behaart und mit rechtwinklig abstehenden und gezähnten Abschnitten; obere Stengelblätter den Stengel mit mehreren Zipfeln zum Teil umfassend

Blütenstand: Köpfchen in doldenartiger Rispe; äussere Hüllblätter 2 bis 4 mm lang und schmal lanzettlich; die 12–15 inneren Hüllblätter zur Fruchtzeit auf dem Rücken mit 1–3 Harzdrüsen und zerstreut behaart; Boden des Blütenkopfes meist etwas gewölbt, ohne Spreuschuppen und ohne Haare

Blüten: Die 12–15 Strahlenblüten weiblich und bis 12 mm lang; Röhrenblüten zwittrig, mit 5 verwachsenen Kronblättern, 5 Staubblättern und einem unterständigen Fruchtknoten

Früchte: Achänen 2–3 mm lang und mit bis 5 mm langem Pappus

Standort: In der kollinen und montanen Stufe in Wiesen, Weiden, bei Gebüschen, entlang von Waldrändern und an grasigen Böschungen auf mässig frischen und nährstoffreichen Böden

428 Felsen–Kreuzkraut – S. rupéstris
Pflanzen 20–50 cm hoch, meist 2–jährig, unangenehm riechend und von Juni bis September blühend

Senécio rupéstris W.u.K.
Felsen – Kreuzkraut
Asteráceae (Compositae) – Korbblütler

Laubblätter: Schmal oval bis lanzettlich, jederseits bis über die Mitte der Blatthälfte fiederteilig, mit deutlich nach vorn gerichteten Abschnitten, sitzend, oberseits dunkelgrün und unterseits graugrün gefärbt; Abschnitte gezähnt

Blütenstand: Die 2–3 cm breiten Köpfchen in unregelmässigen und doldenartigen Rispen; äussere Hüllblätter klein, lanzettlich und in einer langen, schwarzen Spitze endend; die ungefähr 20 inneren Hüllblätter 6–10 mm lang, lanzettlich, hellgrün gefärbt und mit einer schwarzen Spitze endend

Blüten: Die 12–15 Strahlenblüten weiblich und bis 15 mm lang; Röhrenblüten zwittrig, mit 5 verwachsenen Kronblättern, 5 Staubblättern und einem unterständigen Fruchtknoten

Früchte: Achänen 2–3 mm lang und mit einem bis 6 mm langen Pappus

Standort: In der montanen und subalpinen Stufe bei Schuttstellen, Lägerstellen, an steinigen Hängen, entlang von Wegen und um Sennhütten auf frischen, mehr oder weniger nährstoff– und basenreichen, humosen oder rohen, steinigen und oft kalkhaltigen Böden

429 Färber–Hundskamille – A. tinctória
Pflanze 20–50 cm hoch, 2–jährig oder ausdauernd, mit etwas behaartem Stengel und bis Aug. blühend

Anthemis tinctória L.
Färber – Hundskamille
Asteráceae (Compositae) – Korbblütler

Laubblätter: Oval, meist sitzend, fiederteilig, zerstreut behaart und unterseits graugrün gefärbt; Abschnitte lanzettlich und mit nach vorn gerichteten Zähnen

Blütenstand: Lang gestielte Einzelköpfe; Boden des Blütenkopfes halbkugelig und mit lanzettlichen Spreublättern; Hüllblätter filzig behaart

Blüten: Die 12–25 Zungenblüten bis 10 mm lang und goldgelb gefärbt; Röhrenblüten zwittrig, mit 5 verwachsenen Kronblättern, 5 Staubblättern und einem unterständigen Fruchtknoten; Insektenbestäubung

Früchte: Achänen 2–4 mm lang, kahl und jederseits mit 5–7 Längsrippen

Standort: In der kollinen und montanen Stufe im Oedland, in Trockenwiesen, Aeckern, entlang von Wegen, an Dämmen und Böschungen auf trockenen, sommerwarmen, oft humus– und feinerdearmen und flachgründigen Steinböden; lichtliebende Pionierpflanze; früher als Färberpflanze verwendet; eine europäisch–westasiatische Pflanze, die nordwärts bis Skandinavien reicht; in England und den USA eingeschleppt

Senécio abrotanifólius L.
Eberreis – Kreuzkraut
Asteráceae (Compósitae) – Korbblütler

Laubblätter: Oval, bis schmal oval, bis zur Mittelader 1–2 fach fiederteilig, im unteren Teil der Pflanze gestielt, im oberen Teil sitzend, kahl oder kurz behaart und mit lanzettlichen Abschnitten

Blütenstand: Einzelköpfchen seitenständig in den Achseln von Laubblättern und zu 2–8 in einer doldenartigen Rispe am Ende der Stengel; äussere Hüllblätter lanzettlich, 2–3 mm lang und zerstreut bewimpert; die ungefähr 20 inneren Hüllblätter 5–8 mm lang und am Grunde bärtig behaart; Boden des Blütenkopfes etwas gewölbt, ohne Spreublätter und ohne Haare

Blüten: Strahlenblüten weiblich, 10 bis 15 mm lang und orangegelb bis orangerot gefärbt; Röhrenblüten zwittrig, mit 5 verwachsenen Kronblättern, 5 Staubblättern und einem unterständigen Fruchtknoten; Insektenbestäubung

Früchte: Achänen 2–4 mm lang, undeutlich 5–7 rippig, kahl und mit einem 5–8 mm langen und gelblich gefärbten Pappus; Windverbreitung

Standort: In der subalpinen Stufe in Weiden, Bergföhrenwäldern und Trockenrasen auf mässig frischen, meist kalkarmen und etwas humosen Böden

430 Kreuzkraut – S. abrotanifólius
Pflanze 10–40 cm hoch, ausdauernd, mit einem mehrköpfigen Rhizom und von Juli bis September blühend

Senécio incánus L.
Graues Kreuzkraut
Asteráceae (Compósitae) – Korbblütler

Laubblätter: Oval bis lanzettlich, bis nahe zur Mittelader fiederteilig, in den breiten Stiel verschmälert und dicht grau– bis weissfilzig behaart; Abschnitte mit stumpfen Zähnen oder tief eingeschnitten

Blütenstand: Bis 15 Köpfchen am Ende der Stengel in einer doldenartigen Traube; äussere Hüllblätter kurz und schmal lanzettlich; die 6–10 inneren Hüllblätter lanzettlich, bis 4 mm lang und mit einer rötlichen Spitze; Boden des Blütenkopfes etwas gewölbt, ohne Spreublätter und ohne Haare

Blüten: Die 3–8 Strahlenblüten weiblich, dunkelgelb bis orangegelb und 4–8 mm lang; Röhrenblüten zwittrig, mit 5 verwachsenen Kronblättern, 5 Staubblättern und einem unterständigen Fruchtknoten; Insektenbestäubung

Früchte: Achänen 2–4 mm lang, bis 9 rippig, oft im oberen Teil zerstreut behaart und mit einem 3–5 mm langen, gelblichen Pappus

Standort: In der alpinen Stufe im Felsschutt und in steinigen Rasen auf frischen bis mässig trockenen, kalkarmen, humosen und lockeren Böden

431 Graues Kreuzkraut – S. incánus
Pflanze 5–15 cm hoch, ausdauernd, mit graufilzig behaartem Stengel und von Juli bis August blühend

Tragopógon praténsis L.
Wiesen – Bocksbart, Habermark
Asteráceae (Compósitae) – Korbblütler

Laubblätter: Schmal dreieckig, aus breitem Grund in eine lange und dünne Spitze auslaufend, sitzend, ganzrandig, kahl, den Stengel zum Teil umfassend und besonders im unteren Teil mit einem rötlich gefärbten Rand

Blütenstand: Am Ende der Stiele bis 45 mm breite Köpfchen; die meist acht Hüllblätter lanzettlich, am Grunde verwachsen, innerseits kahl und zur Fruchtzeit bis 45 mm lang; Boden des Blütenkopfes kahl und ohne Spreublätter

Blüten: Alle strahlenförmig und zwittrig; die 5 Kronblätter zu einer gelben Zunge verwachsen; Staubblätter 5; Fruchtknoten unterständig und aus zwei Fruchtblättern verwachsen

Früchte: Achänen mit dem Schnabel bis 25 mm lang; Pappus mehrreihig und gelblichweiss; Pappusborsten wie Federn behaart; Windverbreitung

Standort: In der kollinen und montanen Stufe verbreitet in Fettwiesen, Unkrautfluren und entlang von Wegen auf frischen bis mässig trockenen, mehr oder weniger nährstoff– und basenreichen, humosen, lockeren und mittelgründigen Ton– und Lehmböden

432 Wiesen – Bocksbart – T. praténsis
Pflanze 30–60 cm hoch, 2– bis mehrjährig, mit vorjährigen Blattresten am Grunde und bis Juli blühend

Hierácium villósum L.
Zottiges Habichtskraut
Asteráceae (Compósitae) – Korbblütler

Laubblätter: Grundständige lanzettlich bis schmal oval, gegen den Grund zu allmählich verschmälert, ungestielt oder in einen kurzen Stiel verschmälert, ganzrandig oder fein gezähnt und lang behaart; die 3 bis 8 stengelständigen Blätter schmal oval, sitzend, den Stengel zum Teil umfassend, am Ende zugespitzt oder stumpf und dicht behaart

Blütenstand: Meist Einzelköpfe am Ende der Stengel; Hüllblätter lanzettlich, zugespitzt, bis 25 mm lang und mit langen, am Grunde meist dunklen Haaren

Blüten: Alle strahlenförmig und zwittrig; die 5 Kronblätter zu einer gelben Zunge verwachsen; Staubblätter 5; Fruchtknoten unterständig und aus zwei Fruchtblättern verwachsen

Früchte: Achänen 30–45 mm lang, dunkelbraun und mit gelblichweissem Pappus; Windverbreitung

Standort: In der subalpinen und alpinen Stufe in Wiesen, Weiden, sonnigen Steinrasen und an Felsbändern auf frischen, kalkreichen, lockeren, mittelgründigen und steinigen Ton– und Lehmböden; lichtliebende Pflanze

433 Zottiges Habichtskraut – H. villósum
Pflanze 10–30 cm hoch, ausdauernd, 1–4 köpfig, weiss behaart und von Juli bis August blühend

Hierácium pilosélla L.
Langhaariges Habichtskraut
Asteráceae (Compósitae) – Korbblütler

Laubblätter: Grundständige lanzettlich bis schmal oval, gegen den Grund zu allmählich verschmälert, am Ende stumpf oder spitz, meist ganzrandig, **oberseits mittel – bis dunkelgrün**, mit bis 7 mm langen Haaren und unterseits grau– bis weissfilzig; meist keine Stengelblätter vorhanden

Blütenstand: Einzelköpfchen am Ende der Stengel; Hüllblätter schmal lanzettlich, im unteren Teil am breitesten, gegen das Ende zu fein zugespitzt, mit Sternhaaren, dunklen Drüsenhaaren und bis 7 mm langen, einfachen Haaren

Blüten: Alle strahlenförmig und zwittrig; die 5 Kronblätter zu einer meist hellgelben Zunge verwachsen; Staubblätter 5; Fruchtknoten unterständig und aus 2 Fruchtblättern verwachsen

Früchte: Achänen bis 2,5 mm lang, schwarz und mit gelblichweissem Pappus; Windverbreitung

Standort: Meist in der kollinen und montanen Stufe in Weiden, Trockenwiesen, Geröllhalden, lichten Kiefernwäldern, Heiden und bei Grasplätzen auf mässig trockenen, kalkarmen, mageren, sandigen und lockeren Böden

434 Habichtskraut – H. pilosélla
Pflanze 5–30 cm hoch, ausdauernd, mit dünnen Ausläufern und von Mai bis Oktober blühend

Hierácium pilosélla L.
Langhaariges Habichtskraut
Asteráceae (Compósitae) – Korbblütler

Laubblätter: Grundständige lanzettlich bis schmal oval, gegen den Grund zu allmählich verschmälert, am Ende stumpf oder spitz, meist ganzrandig, **oberseits blaugrün** (Abb. 435: Pflanze eines trockenen Standortes), mit bis 7 mm langen Haaren und unterseits grau– bis weissfilzig

Blütenstand: Einzelköpfchen am Ende der Stengel; Hüllblätter schmal lanzettlich, im unteren Teil am breitesten, gegen das Ende zu fein zugespitzt, mit Sternhaaren, dunklen Drüsenhaaren und bis 7 mm langen, einfachen Haaren

Blüten: Alle strahlenförmig und zwittrig; die 5 Kronblätter zu einer meist hellgelben Zunge verwachsen; Staubblätter 5; Fruchtknoten unterständig und aus 2 Fruchtblättern verwachsen

Früchte: Achänen bis 2,5 mm lang, schwarz und mit gelblichweissem Pappus; Windverbreitung

Standort: Meist in der kollinen und montanen Stufe in Weiden, Trockenwiesen, Geröllhalden, lichten Kiefernwäldern, Heiden und bei Grasplätzen auf mässig trockenen, kalkarmen, mageren, sandigen und lockeren Böden

435 Habichtskraut – H. pilosélla
Pflanze 5–30 cm hoch, an den dünnen Ausläufern Blätter immer kleiner werdend und bis Okt. blühend

436 Wald–Habichtskraut – H. murórum
Pflanze 20–35 cm hoch, ausdauernd, mit behaarten Stengeln und von Mai bis September blühend

Hierácium silváticum L.
Hierácium murórum L. em.
HUDSON / Wald – Habichtskraut
Asteráceae (Compositae) – Korbblütler

Laubblätter: Grundständige oval bis schmal oval, lang gestielt, am Spreitengrund herzförmig, gestutzt oder abgerundet, besonders im unteren Teil buchtig gezähnt, am Ende stumpf oder zugespitzt, behaart, oberseits dunkelgrün, gelegentlich dunkel gefleckt und unterseits graugrün und seltener etwas rötlich; meist nur ein Stengelblatt vorhanden

Blütenstand: Köpfchen in einer bis 15 blütigen Rispe; Hüllblätter lanzettlich, zugespitzt, 6–12 mm lang, mit zahlreichen dunkleren Drüsenhaaren und zusätzlich längeren einfachen Haaren

Blüten: Alle strahlenförmig und zwittrig; die 5 Kronblätter zu einer hellgelben Zunge verwachsen; Staubblätter 5; Fruchtknoten unterständig und aus 2 Fruchtblättern verwachsen

Früchte: Achänen 3–4 mm lang, schwarz und mit gelblichweissem Pappus

Standort: Von der kollinen bis in die subalpine Stufe in lichten, grasreichen Laub- und Nadelwäldern, Waldwiesen, an schattigen Felsen, Mauern, im Geröll und entlang von Waldwegen auf frischen, mässig nährstoff- und basenreichen und steinigen Ton- / Lehmböden

437 Berg–Pippau – C. pontána
Pflanze 25–50 cm hoch, ausdauernd, mit langer holziger Pfahlwurzel und von Juli bis August blühend

Crepis pontána (L.) D.T.
Crepis montána TAUSCH
Berg–Pippau
Asteráceae (Compositae) – Korbblütler

Laubblätter: Breit lanzettlich bis schmal oval, im unteren Teil der Pflanze in den kurzen Stiel verschmälert, im oberen Teil sitzend und den Stengel mit abgerundetem Grund etwas umfassend, entfernt und spitz gezähnt, am Ende zugespitzt und besonders unterseits entlang der Adern behaart

Blütenstand: Einköpfig; Hüllblätter lanzettlich, 10–20 mm lang und mit zahlreichen gekrausten und weissen Haaren; Boden des Blütenkopfes vereinzelt behaart

Blüten: Alle strahlenförmig und zwittrig; die 5 Kronblätter zu einer mittelgelben Zunge verwachsen; Staubblätter 5; Fruchtknoten unterständig und aus 2 Fruchtblättern verwachsen

Früchte: Achänen bis 12 mm lang, mit 17 ungleichen Rippen, gegen das Ende zu verschmälert und mit bis 9 mm langem, gelblichweissem Pappus

Standort: In der subalpinen Stufe in sonnigen Wildgrashalden auf frischen, sommerwarmen, basenreichen, meist kalkhaltigen, humosen und steinigen oder reinen Lehm- und Tonböden

---

438 Ferkelkraut – H. uniflóra
Pflanze 15–50 cm hoch, ausdauernd, mit einem holzigen Rhizom und von Juli bis August blühend

Hypochoéris uniflóra VILL. s.l.
Einköpfiges Ferkelkraut
Asteráceae (Compositae) – Korbblütler

Laubblätter: Lanzettlich bis oval, sitzend, am Ende stumpf oder abgerundet, mit entfernt liegenden spitzen Zähnen, nicht gefleckt und beiderseits steif rauhhaarig

Blütenstand: Am Ende des oben deutlich verdickten Stengels ein vielblütiges Köpfchen; äussere Hüllblätter gefranst; innere Hüllblätter bis 25 mm lang, schwarz und weiss behaart und lanzettlich; Boden des Blütenkopfes ohne Haare; Spreublätter kurz behaart

Blüten: Alle strahlenförmig und zwittrig; die 5 Kronblätter zu einer hell- bis mittelgelben Zunge verwachsen; Staubblätter 5; Fruchtknoten unterständig und aus 2 Fruchtblättern verwachsen

Früchte: Achänen mit dem Schnabel bis 20 mm lang, braun gefärbt, undeutlich gerippt und mit einem gelblichweissen Pappus; die Pappusborsten sind federig behaart; Windverbreitung

Standort: In der subalpinen und alpinen Stufe in sonnigen Silikatmagerrasen, Wiesen und Weiden auf frischen, basenreichen, kalkfreien, sauren, humosen und mittelgründigen Lehm- und Tonböden; Säure- / Magerkeitszeiger

439 Steifhaariger Löwenzahn – L. híspidus
Pflanze 10–50 cm hoch, ausdauernd, mit einem knotigen Rhizom und von Juni bis August blühend

Leóntodon híspidus L. s.l.
Steifhaariger Löwenzahn
Asteráceae (Compositae) – Korbblütler

Laubblätter: Grundständige lanzettlich bis schmal oval, in den Stiel verschmälert, am Ende stumpf oder abgerundet, ganzrandig oder buchtig gezähnt und aufrecht oder dem Boden aufliegend; stengelständige Blätter nur schuppenförmig ausgebildet

Blütenstand: Meist einköpfig; Hüllblätter 10–20 mm lang, kurz anliegend behaart und innerseits an der Spitze gekräuselt behaart

Blüten: Alle strahlenförmig und zwittrig; die 5 Kronblätter zu einer hellgelben Zunge verwachsen; Staubblätter 5; Fruchtknoten unterständig und aus 2 Fruchtblättern verwachsen

Früchte: Achänen bis 8 mm lang, bräunlich, undeutlich 12–18 rippig, gegen das Ende zu verschmälert und mit einem gelblichweissen Pappus; die Pappusborsten federig behaart

Standort: Von der kollinen bis in die alpine Stufe in Wiesen, Weiden, lichten Wäldern, Halbtrockenrasen, Moor- und Nasswiesen und im Steinschutt auf frischen, mehr oder weniger nährstoff- und basenreichen und humosen Lehm- oder Steinböden

---

440 Bitterkraut – P. hieracioídes
Pflanze 20–80 cm hoch, 2- bis mehrjährig, mit einem mehrköpfigen Rhizom und von Juli bis Okt. blühend

Picris hieracioídes L. s.l.
Habichtskrautartiges Bitterkraut
Asteráceae (Compositae) – Korbblütler

Laubblätter: Lanzettlich bis schmal oval, im unteren Teil der Pflanze in einen geflügelten Stiel verschmälert, im oberen Teil sitzend und den Stengel zum Teil umfassend, am Ende zugespitzt, ganzrandig / buchtig gezähnt und steifhaarig

Blütenstand: Köpfe in doldenartigen Rispen; äussere Hüllblätter zahlreich, dachziegelartig, abstehend und behaart; innere Hüllblätter bis 15 mm lang, weisslichgrün gefärbt und behaart

Blüten: Alle strahlenförmig und zwittrig; die 5 Kronblätter zu einer mittelgelben Zunge verwachsen, die an der Aussenseite oft etwas rötlich gefärbt ist; Staubblätter 5; Fruchtknoten unterständig und aus 2 Fruchtblättern verwachsen; Insektenbestäubung

Früchte: Achänen mit dem Schnabel bis 5 mm lang, etwas sichelförmig gebogen, braun bis schwarz gefärbt und mit Längsrippen

Standort: In der kollinen und montanen Stufe an Dämmen, in Steinbrüchen, Wiesen, Halbtrockenrasen und bei Kiesgruben auf mässig frischen, nährstoff- und basenreichen, kalkhaltigen Böden

441 Habichtskraut – H. pilíferum
Pflanze 5–20 cm hoch, ausdauernd, mit deutlich behaarten Stengeln und von Juli bis August blühend

Hierácium pilíferum HOPPE s.l.
Hierácium glandulíferum HOPPE s.l.
Grauzottiges Habichtskraut
Asteráceae (Compositae) – Korbblütler

Laubblätter: Grundständige lanzettlich bis zungenförmig, allmählich in den Grund verschmälert, ganzrandig, gewellt oder mit einzelnen Zähnen, am Rand oft wellig, deutlich lang behaart und am Ende abgerundet oder stumpf; mit 3–8 sitzenden Stengelblättern

Blütenstand: Meist einköpfig; Hüllblätter lanzettlich, 10–15 mm lang und mit zahlreichen, bis 6 mm langen, am Grunde dunklen und einfachen Haaren

Blüten: Alle strahlenförmig und zwittrig; die 5 Kronblätter zu einer hell- bis mittelgelben Zunge verwachsen; Staubblätter 5; Fruchtknoten unterständig und aus 2 Fruchtblättern verwachsen

Früchte: Achänen 2–3 mm lang, dunkelbraun und mit gelblichweissem Pappus; Windverbreitung

Standort: In der alpinen (seltener subalpin) Stufe auf Moränen, in Geröllhalden und Silikat–Magerrasen auf frischen, basenreichen, kalkarmen, sauren, etwas humosen und steinigen Ton- und Lehmböden; ziemlich häufig in den Zentral- und Südalpen

442 Niedriges Habichtskraut – H. húmile
Pflanze 10–30 cm hoch, ausdauernd, bereits unterhalb der Mitte gabelig verzweigt und bis Aug. blühend

**Hierácium húmile JACQ.
Niedriges Habichtskraut**

Asteráceae (Compositae) – Korbblütler

Laubblätter: Grundständige oval bis lanzettlich, sehr schnell in den Stiel verschmälert, am Ende meist zugespitzt und unregelmässig grob gezähnt; stengelständige Blätter schmal oval bis lanzettlich, gegen den Grund zu verschmälert und sitzend

Blütenstand: Zwei– bis achtköpfig; Hüllblätter lanzettlich, 10–15 mm lang, mit einzelnen Drüsenhaaren und mit bis 2 mm langen einfachen Haaren; Sternhaare meist nicht vorhanden

Blüten: Alle strahlenförmig und zwittrig; die 5 Kronblätter zu einer hell– bis mittelgelben Zunge verwachsen; Staubblätter 5; Fruchtknoten unterständig und aus 2 Fruchtblättern verwachsen; Insektenbestäubung

Früchte: Achänen 3–4 mm lang, dunkelbraun bis schwarz gefärbt und mit gelblichweissem Pappus; Windverbreitung

Standort: In der montanen und subalpinen Stufe in steinigen Hängen, Felsspalten und im Geröll auf frischen bis mässig trockenen, meist kalkhaltigen, basenreichen und steinigen Böden; ein typischer Spaltenwurzler; licht– und ein wenig wärmeliebend

443 Habichtskraut – H. amplexicáule
Pflanze 10–40 cm hoch, ausdauernd, bereits im unteren Drittel verzweigt und von Juni bis August blühend

**Hierácium amplexicáule L.
Stengelumfassendes Habichtskraut**

Asteráceae (Compositae) – Korbblütler

Laubblätter: Grundständige lanzettlich bis oval, meist deutlich in einen geflügelten Stiel verschmälert, am Ende zugespitzt oder stumpf, gezähnt (besonders unterhalb der Mitte gegen den Grund zu mit immer grösseren Zähnen), oft etwas behaart, gelbgrün– bis blaugrün gefärbt und durch Drüsenhaare etwas klebrig; die 3–6 Stengelblätter den Stengel zum Teil umfassend

Blütenstand: Bis zwölfköpfig; Hüllblätter lanzettlich, 10–15 mm lang, zugespitzt, mit Drüsenhaaren und am Ende bärtig behaart

Blüten: Alle strahlenförmig und zwittrig; die 5 Kronblätter zu einer mittelgelben Zunge verwachsen; Staubblätter 5; Fruchtknoten unterständig

Früchte: Achänen 3–4 mm lang, schwarz gefärbt und mit einem gelblichweissen Pappus; Windverbreitung

Standort: In der montanen und subalpinen (seltener kollin) Stufe in Fels– und Mauerspalten, im Geröll und an steinigen Hängen auf mässig frischen bis mässig trockenen, kalkarmen oder kalkreichen und steinigen Böden

444 Pyrenäen–Pippau – C. blattarioídes
Pflanze 20–50 cm hoch, ausdauernd, **hier bis weit hinauf dicht beblättert** und bis Aug. blühend

**Crepis pyrenáica (L.) GREUTER
Crepis blattarioídes VILL.
Schabenkraut – Pippau**

Asteráceae (Compositae) – Korbblütler

Laubblätter: Grundständige zur Blütezeit verdorrt; stengelständige schmal oval bis lanzettlich, sitzend, den Stengel mit 2 lang zugespitzten Zipfeln umfassend, am Ende zugespitzt und buchtig und unregelmässig gezähnt

Blütenstand: Bis nahe zu den Blütenständen meist beblättert; zwei– bis achtköpfig; äussere Hüllblätter beinahe so lang wie die inneren, lanzettlich und behaart; innere Hüllblätter lanzettlich, 10–15 mm lang und gelblich bis schwarz behaart

Blüten: Alle strahlenförmig und zwittrig; die 5 Kronblätter zu einer gelben Zunge verwachsen und im äusseren Teil des Kopfes bis 25 mm lang; Kronröhre kahl; Staubblätter 5; Fruchtknoten unterständig

Früchte: Achänen 5–8 mm lang, ungefähr 20–rippig, gegen das Ende zu verschmälert und mit weissem Pappus

Standort: In der subalpinen Stufe in Hochstaudenfluren, Wildgrashalden und Mähwiesen auf feuchten bis frischen, meist kalkreichen, nährstoff– und basenreichen und humosen Böden

445 Pyrenäen–Pippau – C. blattarioídes
Pflanze 20–50 cm hoch, ausdauernd, **hier nicht weit hinauf beblättert** und bis Aug. blühend

**Crepis pyrenáica (L.) GREUTER
Crepis blattarioídes VILL.
Schabenkraut – Pippau**

Asteráceae (Compositae) – Korbblütler

Laubblätter: Grundständige zur Blütezeit verdorrt; stengelständige schmal oval bis lanzettlich, sitzend, den Stengel mit 2 lang zugespitzten Zipfeln umfassend, am Ende zugespitzt und buchtig und unregelmässig gezähnt

Blütenstand: Bis nahe zu den Blütenständen meist beblättert; zwei– bis achtköpfig; äussere Hüllblätter beinahe so lang wie die inneren, lanzettlich und behaart; innere Hüllblätter lanzettlich, 10–15 mm lang und gelblich bis schwarz behaart

Blüten: Alle strahlenförmig und zwittrig; die 5 Kronblätter zu einer gelben Zunge verwachsen und im äusseren Teil des Kopfes bis 25 mm lang; Kronröhre kahl; Staubblätter 5; Fruchtknoten unterständig

Früchte: Achänen 5–8 mm lang, ungefähr 20–rippig, gegen das Ende zu verschmälert und mit weissem Pappus

Standort: In der subalpinen Stufe in Hochstaudenfluren, Wildgrashalden und Mähwiesen auf feuchten bis frischen, meist kalkreichen, nährstoff– und basenreichen und humosen Böden

446 Gew. Ferkelkraut – H. radicáta
Pflanze 20–50 cm hoch, ausdauernd, mit fleischigen Seitenwurzeln, kurzem Rhizom und bis Okt. blühend

**Hypochoéris radicáta L.
Gewöhnliches Ferkelkraut**

Asteráceae (Compositae) – Korbblütler

Laubblätter: Grundständige lanzettlich bis schmal oval, tief gezähnt bis fiederteilig, ungestielt, gegen den Grund zu verschmälert, am Ende meist stumpf, kahl oder behaart, nicht gefleckt und dem Boden meist anliegend

Blütenstand: Stengel einfach oder verzweigt und dann mehrköpfig; Hüllblätter lanzettlich, 5–20 mm lang, kahl oder etwas behaart und am Ende oft etwas dunkler gefärbt; äussere Hüllblätter viel kleiner als die inneren

Blüten: Alle strahlenförmig und zwittrig; die 5 Kronblätter zu einer gelben Zunge verwachsen; Ausserseite der Zunge oft rötlich oder grünlich gefärbt; Staubblätter 5; Fruchtknoten unterständig und aus 2 Fruchtblättern bestehend

Früchte: Achänen mit dem Schnabel bis 15 mm lang, dunkelbraun gefärbt, mit bis 15 deutlichen Längsrippen und mit gelblichweissem Pappus

Standort: In der kollinen und montanen Stufe verbreitet in mageren Wiesen, Weiden, Parkrasen, Heiden und lichten Wäldern auf frischen bis mässig trokkenen, mässig nährstoff– und basenreichen und kalkarmen Böden

447 Weissl. Habichtskraut – H. intybáceum
Pflanze 5–30 cm hoch, ausdauernd, einfach oder gabelig verzweigt und von Juli bis August blühend

**Hierácium intybáceum ALL.
Weissliches Habichtskraut**

Asteráceae (Compositae) – Korbblütler

Laubblätter: Schmal lanzettlich bis lanzettlich, mit verschmälertem Grund, oft den Stengel umfassend, gegen den Grund der Pflanze oft einander rosettig genähert, am Ende zugespitzt, unregelmässig gezähnt, meist heller grün gefärbt, durch zahlreiche Drüsenhaare klebrig und nur stengelständig

Blütenstand: Bis sechsköpfig; Hüllblätter schmal lanzettlich, zugespitzt und mit zahlreichen Drüsenhaaren; Leisten auf dem Blütenkopfboden bewimpert

Blüten: Alle strahlenförmig und zwittrig; die 5 Kronblätter zu einer gelblichweissen Zunge verwachsen; Staubblätter 5; Fruchtknoten unterständig; Insektenbestäubung

Früchte: Achänen 3–4 mm lang, dunkelbraun gefärbt und mit einem meist gelblichweissen Pappus; Windverbreitung

Standort: In der subalpinen und alpinen Stufe verbreitet an sonnigen Felsen, im Geröll, in Rasen und bei Zwergsträuchern auf frischen bis mässig trokkenen, kalkarmen, silikatreichen, lokkeren und steinigen Böden; besonders in den Zentral– und Südalpen

448 Alpen–Löwenzahn – L. montánus
Pflanze 3–10 cm hoch, ausdauernd, mit aufrechtem / bogig aufsteigendem Stengel und bis Aug. blühend

Leóntodon montánus LAM.
Alpen – Löwenzahn
Asteráceae (Compositae) – Korbblütler

Laubblätter: Grundständige lanzettlich, in den oft rötlichen Stiel verschmälert, am Ende meist abgerundet, gesägt oder bis nahe zur Mittelader fiederteilig und kahl oder unterseits etwas behaart; Stengelblätter, wenn vorhanden, nur schuppenförmig

Blütenstand: Stengel meist einköpfig und unter dem Kopf verdickt; Hüllblätter 10–15 mm lang, dicht, schwarz und abstehend behaart; Boden des Blütenkopfes ohne Spreublätter und meist ohne Haare

Blüten: Alle strahlenförmig, bis 20 mm lang und zwittrig; die 5 Kronblätter zu einer gelben Zunge verwachsen; Aussenseite der Zunge oft etwas rötlich überlaufen; Staubblätter 5; Fruchtknoten unterständig und aus 2 Fruchtblättern verwachsen; Insektenbestäubung

Früchte: Achänen 4–8 mm lang, bis 20 rippig, braun gefärbt und mit gelblichweissem Pappus

Standort: In der alpinen Stufe zerstreut im Felsschutt auf feuchten bis frischen, basenreichen, kalkhaltigen, lockeren, rohen und oft bewegten Kalk- und Kalkschieferschuttböden

449 Löwenzahnb. Pippau – C. taraxifólia
Pflanze 20–70 cm hoch, 1 bis 2–jährig, nach bitteren Mandeln riechend und von Mai bis Juni blühend

Crepis taraxifólia THUILL.
Löwenzahnblättriger Pippau
Asteráceae (Compositae) – Korbblütler

Laubblätter: Lanzettlich bis schmal oval, im unteren Teil der Pflanze in den geflügelten Stiel verschmälert, im oberen Teil sitzend und mit kleinen spitzen Zipfeln den Stengel zum Teil umfassend, buchtig gezähnt bis fiederteilig und kahl oder mit wenigen gelblichen Haaren

Blütenstand: Stengel verzweigt und vielköpfig; äussere Hüllblätter lanzettlich, zugespitzt, mit weisslichen Rändern und sich mit diesen nicht überdeckend; innere Hüllblätter mit anliegend behaarten Innenseiten

Blüten: Alle strahlenförmig und zwittrig; die 5 Kronblätter zu einer gelben Zunge verwachsen; Kronröhre ausserseits behaart; Staubblätter 5; Fruchtknoten unterständig und aus 2 Fruchtblättern verwachsen

Früchte: Achänen mit dem Schnabel 5–9 mm lang, 10 rippig, kurz behaart und mit einem 4–6 mm langen Pappus

Standort: In der kollinen und montanen Stufe in Unkrautfluren, Wiesen, an Mauern, Böschungen und entlang von Wegen auf frischen bis mässig trockenen, nährstoff- und basenreichen, meist kalkhaltigen und humosen Böden

450 Wiesen–Löwenzahn – T. officinális
Pflanze 5–30 cm hoch, ausdauernd, mit vielgestaltigen Blättern und von April bis Mai (bis Okt.) blühend

Taráxacum officinále WEBER s.l.
Pfaffenröhrlein, Kuhblume, Wiesen – Löwenzahn
Asteráceae (Compositae) – Korbblütler

Laubblätter: Lanzettlich, meist bis zur Mittelader geteilt, mit dreieckigen, oft gezähnten Seitenabschnitten und einem grossen Endabschnitt, gestielt und kahl; am Grunde der Blattrosette weissflockig behaart

Blütenstand: Am Ende eines hohlen und dünnwandigen Stengels ein Köpfchen; äussere Hüllblätter schmal lanzettlich, während der Blütezeit abstehend oder nach unten gebogen und ohne hellen Rand; innere Hüllblätter lanzettlich und länger als die äusseren

Blüten: Alle strahlenförmig und zwittrig; die 5 Kronblätter zu einer gelben Zunge verwachsen; Kronröhre kahl; Staubblätter 5; Fruchtknoten unterständig und aus 2 Fruchtblättern verwachsen

Früchte: Achänen zylindrisch, bräunlich gefärbt und mit einem weisslichen Pappus; Windverbreitung

Standort: Von der kollinen bis in die subalpine Stufe verbreitet in Wiesen, Weiden, Aeckern, entlang von Wegen, auf Schuttplätzen und bei Unkrautfluren auf mässig feuchten bis mässig frischen, nährstoffreichen und neutralen Böden

451 Kleinköpfiger Pippau – C. capilláris
Pflanze 15–80 cm hoch, ein– oder zweijährig, mit dünner Pfahlwurzel und von Juni bis Sept. blühend

Crepis capilláris (L.) WALLR.
Kleinköpfiger Pippau
Asteráceae (Compositae) – Korbblütler

Laubblätter: Schmal oval bis lanzettlich, **im mittleren und unteren Teil oft parallelrandig**, im oberen Teil der Pflanze sitzend und den Stengel mit 2 zugespitzten Zipfeln umfassend und im unteren Teil in den geflügelten Stiel verschmälert (Blätter vielgestaltig)

Blütenstand: Vielköpfige Rispe; äussere Hüllblätter schmal lanzettlich, 2–4 mm lang und behaart; innere Hüllblätter lanzettlich, zugespitzt, 4 bis 8 mm lang, mit weissen und gelegentlich dunklen Haaren und einigen Drüsen

Blüten: Alle strahlenförmig und zwittrig; die 5 Kronblätter zu einer gelben Zunge verwachsen; Kronröhre kahl; Staubblätter 5; Fruchtknoten unterständig; Insektenbestäubung

Früchte: Achänen 1–3 mm lang, zehnrippig, im oberen Teil verschmälert und behaart; Windverbreitung

Standort: In der kollinen und montanen Stufe bei Schuttstellen, an Dämmen, in Wiesen, Weiden, Aeckern, Brachen und entlang von Wegrändern auf frischen bis mässig trockenen, humosen, lehmigen, meist kalkarmen, mässig nährstoff- und basenreichen Böden

452 Kleinköpfiger Pippau – C. capilláris
Pflanze 15–80 cm hoch, ein– oder zweijährig, mit dünner Pfahlwurzel und von Juni bis Sept. blühend

Crepis capilláris (L.) WALLR.
Kleinköpfiger Pippau
Asteráceae (Compositae) – Korbblütler

Laubblätter: Schmal oval bis lanzettlich, **mit der grössten Breite oberhalb der Mitte**, im oberen Teil der Pflanze sitzend und den Stengel mit 2 zugespitzten Zipfeln umfassend und im unteren Teil in den geflügelten Stiel verschmälert (Blätter vielgestaltig)

Blütenstand: Vielköpfige Rispe; äussere Hüllblätter schmal lanzettlich, 2–4 mm lang und behaart; innere Hüllblätter lanzettlich, zugespitzt, 4 bis 8 mm lang, mit weissen und gelegentlich dunklen Haaren und einigen Drüsen

Blüten: Alle strahlenförmig und zwittrig; die 5 Kronblätter zu einer gelben Zunge verwachsen; Kronröhre kahl; Staubblätter 5; Fruchtknoten unterständig; Insektenbestäubung

Früchte: Achänen 1–3 mm lang, zehnrippig, im oberen Teil verschmälert und behaart; Windverbreitung

Standort: In der kollinen und montanen Stufe bei Schuttstellen, an Dämmen, in Wiesen, Weiden, Aeckern, Brachen und entlang von Wegrändern auf frischen bis mässig trockenen, kalkarmen, humosen, lehmigen, mässig nährstoff- und basenreichen Böden

453 Hainlattich – A. foétida
Pflanze 5–25 cm hoch, ausdauernd, im oberen Teil mit mehligem Ueberzug und von Juni bis Juli blühend

Apóseris foétida (L.) LESSING
Hainlattich
Asteráceae (Compositae) – Korbblütler

Laubblätter: Lanzettlich, bis nahe zur Mittelader oder bis zu ihr fiederteilig, mit grossem, gezähntem Endabschnitt, mit gegen den Stiel zu immer kleiner werdenden seitlichen Abschnitten, meist kahl und rosettig angeordnet

Blütenstand: Einzelköpfchen am Ende der Stengel; äussere Hüllblätter lanzettlich, 1–2 mm lang und am Grunde etwas behaart; innere Hüllblätter lanzettlich, 5–10 mm lang, am Grunde etwas kraus behaart und etwas mehlig bestäubt; Boden des Blütenkopfes kahl

Blüten: Alle strahlenförmig und zwittrig; die 5 Kronblätter zu einer gelben Zunge verwachsen und 15–20 mm lang; Staubblätter 5; Fruchtknoten unterständig; Insektenbestäubung

Früchte: Achänen eiförmig, etwas abgeflacht, 3–5 mm lang, kurz und dicht behaart, ohne Schnabel und ohne Pappushaare; Ameisenverbreitung

Standort: In der montanen und subalpinen Stufe auf schattigen Weiden und in lichten Bergwäldern auf mässig feuchten bis mässig frischen, nährstoff- und basenreichen, meist kalkhaltigen, neutralen, humosen, lockeren Böden

454 Alpen–Löwenzahn – L. montánum
Pflanze 5–10 cm hoch, ausdauernd, mit dickem, knotigem und kurzem Rhizom und bis Aug. blühend

Leóntodon montánus LAM.
Alpen–Löwenzahn
Alpen–Milchkraut

Asteráceae (Compositae) – Korbblütler

Laubblätter: Grundständige lanzettlich, beinahe bis zur Mittelader eingeschnitten oder nur entfernt und fein gesägt, beiderseits kahl oder unterseits auch etwas behaart; Abschnitte meist breit dreieckig; Stengelblätter, wenn vorhanden, schuppenförmig

Blütenstand: Blüten in endständigen Köpfchen; diese einzeln am Stengel

Blüten: Hüllblätter bis 15 mm lang, lanzettlich, zugespitzt, dicht und dunkel behaart; alle Blüten gelb und zungenförmig; Zunge aus 5 Kronblättern verwachsen und am Ende 5–zähnig; Staubblätter 5; Fruchtknoten unterständig und aus 2 Fruchtblättern verwachsen

Früchte: Achänen mit weissem Pappus

Standort: In der alpinen Stufe im Felsschutt auf mässig feuchten bis frischen, basenreichen, meist kalkhaltigen, rohen, lockeren, auch bewegten und lange vom Schnee bedeckten Kalk –und Kalkschieferböden; eine verbreitete und ziemlich häufig anzutreffende Alpen–Pflanze, die ostwärts bis Niederösterreich reicht

455 Wiesen–Pippau – C. biénnis
Pflanze 30–100 cm hoch, 2–jährig, mit holziger Pfahlwurzel und von Mai bis Juli blühend

Crepis biénnis L.
Wiesen–Pippau

Asteráceae (Compositae) – Korbblütler

Laubblätter: Schmal oval bis lanzettlich, unregelmässig buchtig gezähnt bis fiederteilig, beiderseits der Hauptader mit langen oft etwas gelblichen Haaren, im unteren Bereich in den geflügelten Stiel verschmälert, im oberen Teil sitzend, mit verschmälertem Grund und hier den Stengel auch umfassend

Blütenstand: Rispen mit zahlreichen lang gestielten Köpfchen; Hüllblätter der Köpfchen 2–reihig (verschieden lang), bis 14 mm lang und kurz weiss und anliegend behaart; Boden des Blütenkopfes zerstreut behaart

Blüten: Goldgelbe und lanzettliche Zungenblüten (=Strahlenblüten) aus 5 verwachsenen Kronblättern, 5 Staubblättern und einem unterständigen Fruchtknoten

Früchte: Achänen bis 18–rippig, 4 bis 7 mm lang, oft kurz behaart und mit einem weissen Pappus; Insekten –und Selbstbestäubung

Standort: In der kollinen und montanen Stufe verbreitet in Fettwiesen und entlang von Wegen auf mässig feuchten bis frischen, nährstoffreichen, humosen und mittel –bis tiefgründigen Böden

456 Zwerg–Pippau – C. pygmaéa
Pflanze 5–15 cm hoch, ausdauernd, mit kurzem Rhizom, meist bogig aufsteigend und bis Aug. blühend

Crepis pygmaéa L.
Zwerg–Pippau

Asteráceae (Compositae) – Korbblütler

Laubblätter: 3–8 cm lang, lanzettlich bis schmal oval, meist kahl, unregelmässig gezähnt oder fiederteilig mit grossem Endabschnitt, oft weissfilzig, grünviolett gefärbt und mit geflügeltem Stiel

Blütenstand: Blütenköpfe mit weissfilzig behaarten Stielen; Hüllblätter verschieden lang ausgebildet (2 Kreise bildend), bis 15 mm lang, weissfilzig, dunkelgrün bis schwärzlich gefärbt und meist etwas weiss berandet; Blütenkopfboden kurz behaart

Blüten: Zungenblüten (=Strahlenblüten) gelb, aus 5 Kronblättern verwachsen, auf der Aussenseite oft rötlich überlaufen und bis 15 mm lang; Staubblätter 5; Fruchtknoten unterständig und aus 2 Fruchtblättern verwachsen

Früchte: Achänen bis 6 mm lang, bis 25–rippig und mit weissem zwei –bis vierreihigem Pappus

Standort: In der alpinen (seltener subalpin) Stufe auf mässig feuchten bis frischen, meist ruhenden kalkreichen Schuttböden; eine mittel – und südeuropäische Gebirgspflanze, die bis zu den Pyrenäen reicht

457 Gemeine Gänsedistel – S. oleráceus
Pflanze 20–100 cm hoch, ein– bis zweijährig, mit dünner Pfahlwurzel und von Juni bis Oktober blühend

Sónchus oleráceus L.
Gemeine Gänsedistel

Asteráceae (Compositae) – Korbblütler

Laubblätter: Oval bis lanzettlich, ungeteilt oder beiderseits bis nahe der Mittelader fiederteilig; Blattrand jeweils ungleich und spitz gezähnt; Stengelblätter sitzend und den Stengel mit breiten Zipfeln umfassend

Blütenstand: Gestielte Blütenköpfe in einer Rispe; oberste Blütenköpfe doldenartig gehäuft; Hüllblätter verschieden lang, am Grunde weissflockig, hellgrün gefärbt und 10–15 mm lang

Blüten: Zungenblüten (=Strahlenblüten) gelb, aus 5 Kronblättern verwachsen, im oberen Abschnitt ausserseits oft etwas rötlich und bis 2 cm lang; Staubblätter 5; Fruchtknoten unterständig und aus 2 Fruchtblättern verwachsen; Insektenbestäubung

Früchte: Achänen braun, schmal verkehrt eiförmig und bis 3 mm lang

Standort: In der kollinen und montanen (seltener subalpin) Stufe in Aeckern, Gärten, auf Schuttplätzen, entlang von Wegen und bei Mauern auf frischen bis mässig trockenen, nährstoffreichen und humosen Böden; bis 1 m tief wurzelnd; ein alter Kulturbegleiter; früher eine Gemüsepflanze

458 Wilder Lattich – L. serríola
Pflanze 30–140 cm hoch, ein– bis zweijährig, mit Pfahlwurzel und von Juli bis September blühend

Lactúca serríola L.
Wilder Lattich

Asteráceae (Compositae) – Korbblütler

Laubblätter: Grob gezähnt bis fiederteilig, unterseits bei der Mittelader mit borstenförmigen Haaren, blaugrün gefärbt und steif; Abschnitte unregelmässig geformt und gezähnt; Stengelblätter sitzend und den Stengel mit 2 Zipfeln pfeilförmig umfassend

Blütenstand: Kegelförmige Rispe mit zahlreichen gestielten Blütenköpfen; Hüllblätter lanzettlich, verschieden lang, hellgrün, meist mit weissen Rändern und am Ende meist etwas dunkelrot

Blüten: Zungenblüten (=Strahlenblüten) hellgelb gefärbt, aus 5 Kronblättern verwachsen, 1–2 cm lang und am oberen flachen Ende 5–zähnig; Staubblätter 5; Fruchtknoten unterständig und aus 2 Fruchtblättern verwachsen; Insekten/Selbstbestäubung

Früchte: Achänen schmal eiförmig, mit dem Schnabel bis 7 mm lang, graubraun gefärbt und jederseits mit 5–7 Längsrippen

Standort: In der kollinen und montanen Stufe häufig in sonnigen Unkrautfluren, Hecken, bei Wegrändern, Bahnanlagen u.a.m. auf mässig trockenen, nährstoff–/basenreichen Böden

459 Schlangenmaul – K. spúria
Pflanze 10–30 cm hoch, 1–jährig, mit vielen Drüsenhaaren und von Juli bis Oktober blühend

Kíckxia spúria DUMORTIER
Linária spúria (L.) MILLER
Eiblättriges Schlangenmaul
Tännelkraut

Scrophulariáceae – Braunwurzgewächse

Laubblätter: Eiförmig, am Spreitengrund abgerundet oder herzförmig, kurz gestielt, wechselständig angeordnet, ganzrandig und stumpf

Blütenstand: Einzelblüten mit langen und zottig behaarten Stielen

Blüten: Kelchblätter 5, oval, zugespitzt, etwas behaart und im oberen Bereich am Rand oft etwas rötlich verfärbt; Kronblätter 5, in Ober –und Unterlippe gegliedert; Oberlippe innerseits violett gefärbt; Unterlippe dunkelgelb; Sporn weiss und deutlich gekrümmt; 4 Staubblätter in der Krone eingeschlossen; Fruchtknoten oberständig mit 2 miteinander verwachsenen Fruchtblättern; Insekten – und Selbstbestäubung

Früchte: Kapseln öffnen sich mit zwei seitlichen Deckeln

Standort: In der kollinen Stufe in Getreidefeldern, Aeckern und Brachen auf mässig frischen, nährstoff –und basenreichen, meist kalkarmen, nur wenig humosen, mehr oder weniger neutralen und oft sandigen Böden

460 Ginsterb. Leinkraut – L. genistifólia
Pflanze 30–80 cm hoch, einjährig und von Juni bis
September blühend

Linária genistifólia (L.) MILLER
Ginsterblättriges Leinkraut
Scrophulariáceae – Braunwurzgewächse

Laubblätter: 2–6 cm lang, oval, zugespitzt, ungestielt, an der Basis abgerundet, unbehaart, blaugrün gefärbt
und wechselständig angeordnet

Blütenstand: Pflanze im oberen Teil
stark verzweigt und mit zahlreichen,
vielblütigen und endständigen Trauben,
die immer im unteren Teil zu Blühen beginnen

Blüten: Kelchblätter 5, zugespitzt und
blaugrün; Kronblätter 5, gelb gefärbt
und in 2 Lippen gegliedert; Oberlippe 2
teilig; Unterlippe 3 teilig; Sporn sehr
lang ausgezogen; 4 Staubblätter in der
Krone eingeschlossen; Fruchtknoten
oberständig, aus 2 Fruchtblättern zusammengesetzt; Insektenbestäubung

Früchte: Mehrsamige und zweiklappig
aufspringende Kapseln

Standort: Meist in der kollinen Stufe
bei trockenen Wiesen, in Rasengesell-
schaften, Hafenanlagen und Unkrautfluren auf trockenen, sandigen und oft
kiesigen Böden; formenreiche Art; aus
Südosteuropa eingewandert; im Gebiet
besonders die Formen Linária genistifólia ssp. dalmática (L.) Maire et Pet. und
ssp. genistifólia (Mn)

461 Gem. Leinkraut – L. vulgáris
Pflanze 20–60 cm hoch, ausdauernd, aufrecht, am
Grunde auch verzweigt und von Juni bis Sept. blühend

Linária vulgáris MILLER
Gemeines Leinkraut
Scrophulariáceae – Braunwurzgewächse

Laubblätter: Lineal–lanzettlich,
nach unten keilförmig verschmälert,
1,5–3 cm lang, dicht stehend, am Rande
etwas nach unten eingerollt, wechselständig angeordnet und graugrün gefärbt

Blütenstand: Der Stengel endet mit
einer dichtblütigen Traube

Blüten: Blütenstandsachse und Blütenstiele meist drüsig; Kelchblätter 5, mit
dreieckigen Zipfeln und kürzer als der
Blütenstiel; Kronblätter 1–2 cm lang,
hellgelb gefärbt, mit einem orangegelben Gaumen und zweilippig; Sporn
etwas kürzer als die Krone; 4 Staubblätter in der Krone eingeschlossen;
Fruchtknoten oberständig, aus zwei
Fruchtblättern zusammengesetzt; In-
sekten- und Selbstbestäubung

Früchte: Kapseln sich mit 4–10 grossen Zähnen öffnend; Ameisen- und
Windverbreitung

Standort: In der kollinen und montanen Stufe an steinigen Orten, Wegrändern, Schuttplätzen, im Bahngelände, in
Steinbrüchen, Aeckern und Waldlichtungen auf mässig frischen bis trockenen und nährstoffreichen Böden

---

462 Wald–Wachtelweizen – M. silváticum
Pflanze 5–25 cm hoch, 1–jährig, mit aufrechtem und
vierkantigem Stengel und von Juni bis Sept. blühend

Melampyrum silváticum L.
Wald–Wachtelweizen
Scrophulariáceae – Braunwurzgewächse

Laubblätter: Schmal–lineal, oft kurz
gestielt, gegen das Ende zu langsam
zugespitzt, ganzrandig, zerstreut behaart oder kahl und meist gegenständig
angeordnet; im Blütenstand Blätter nach
oben allmählich kleiner werdend

Blütenstand: Blüten einzeln in den
Achseln der oberen Stengelblätter; einseitswendige Anordnung

Blüten: Kelch vierteilig, 6–12 mm
lang, so lang oder länger wie die Kronblätter und hellgrün gefärbt; Kronblätter
5, zweilippig gestaltet, gelb gefärbt und
mit gekrümmter Kronröhre, die ihrerseits
keinen Haarring besitzt; Unterlippe am
Grunde mit zwei nach oben gerichteten
Höckern; Staubblätter 4, in der Oberlippe eingeschlossen; Fruchtknoten
oberständig und aus 2 Fruchtblättern
zusammengesetzt

Früchte: Kapseln; Ameisenverbreitung

Standort: In der montanen und subalpinen Stufe verbreitet in lichten Wäldern, Gebüschen, Weiden, Fichten-
und Fichten–Tannenwäldern und
Zwergstrauchbeständen auf mehr oder
weniger frischen, basenreichen, kalkarmen und sauren Böden

463 Kugelginster – Genísta radiáta
Strauch 30–70 cm hoch, stark verzweigt, dornenlos
und von Mai bis Juli blühend

Genísta radiáta (L.) SCOP.
Cytisus radiátus (L.) M.u.K.
Kugelginster, Rutenginster
Fabáceae (Papilionáceae) – Schmetterlingsblütler

Laubblätter: An den zahlreichen
rutenförmigen und quirlig angeordneten
Zweigen sind die Blätter gegenständig
angeordnet; diese weisen kleine, scheidenartig verwachsene Nebenblätter
und 3 schmal lanzettliche Teilblätter auf

Blütenstand: Kurze, kopfartige
Traube

Blüten: Gelb gefärbt und aus mehr
oder weniger gleich langer Fahne,
Schiffchen und den beiden Flügeln
bestehend; Kelchblätter 5, verwachsen,
dicht behaart, 3–6 mm lang und mit
einer zweiteiligen Ober- und dreitei-
ligen Unterlippe; Krone 1–2 cm lang;
Fahne um die Mittelader etwas behaart;
Staubblätter 10; alle Staubfäden miteinander verwachsen; Fruchtknoten
oberständig

Früchte: Hülse 10–15 mm lang, am
Grunde etwas behaart und mit zahlreichen Samen

Standort: In der kollinen und montanen Stufe auf trockenwarmen Hängen,
in lichten Wäldern, Weiden und Felsen
auf trockenen und kalkreichen Böden in
warmer Lage

464 Gliedkraut – S. hyssopifólia
Pflanze 10–30 cm hoch, mit unterirdischen und holzigen Stengeln und von Juli bis September blühend

Siderítis hyssopifólia L.
Ysopblättriges Gliedkraut
Lamiáceae (Labiátae) – Lippenblütler

Laubblätter: Oval bis breit lanzettlich, im oberen Teil am breitesten,
ganzrandig oder mit einzelnen groben
Zähnen, am Ende oft abgerundet, zerstreut behaart, gegenständig angeordnet und nur im unteren Teil kurz gestielt

Blütenstand: Scheinähre mit zahlreichen übereinanderliegenden, bis 6-
blütigen Teilblütenständen

Blüten: Kelchblätter 5, verwachsen,
mit stachelig begrannten Zähnen, deutlich behaart, bis 10 mm lang und 5–10
aderig; Kronblätter 5, verwachsen, in
Ober- und Unterlippe gegliedert,
hellgelb gefärbt und 6–10 mm lang;
Oberlippe meist im oberen Teil etwas
gebogen; Unterlippe deutlich dreiteilig;
Staubblätter 4 und nicht aus der Kronröhre herausragend; Staubbeutelhälften
gespreizt; Fruchtknoten oberständig und
aus 2 Fruchtblättern bestehend; Griffel
nicht aus der Röhre herausragend; meist
Selbstbestäubung

Früchte: Teilfrüchte eiförmig, bis 2 mm
lang und glatt

Standort: In der subalpinen Stufe auf
Kalkfelsen und im Kalkgeröll auf trockenen Böden in wärmeren Lagen; z.B. Jura

465 Blassgelbe Betonie – B. alopecúros
Pflanze 20–50 cm hoch, ausdauernd, mit knotigem
Rhizom und von Juni bis August blühend

Betónica alopecúros L.
Stáchys alopecúros (L.) BENTHAM
Blassgelbe Betonie
Lamiáceae (Labiátae) – Lippenblütler

Laubblätter: Breit oval bis herzförmig, gestielt, am Grunde herzförmig,
ohne Stiel 3–7 cm lang, grob spitz oder
stumpf gezähnt und behaart

Blütenstand: Mehrere bis 14–blütige
Teilblütenstände ähren- oder kopfförmig am Ende der Stengel

Blüten: Kelchblätter 5, verwachsen,
6–10 mm lang, behaart und mit borstig
begrannten Zähnen; Kronblätter 5,
verwachsen, bis 15 mm lang, blassgelb
gefärbt, mit zweiteiliger Oberlippe und
dreiteiliger Unterlippe; Staubblätter 4;
Fruchtknoten oberständig, aus zwei
Fruchtblättern zusammengesetzt; Insektenbestäubung

Früchte: Teilfrüchte bis 2,5 mm lang
und glatt

Standort: In der montanen und subalpinen Stufe in Schutthalden, lichten
Wäldern, Wiesen und steinigen Hängen
auf ziemlich feuchten bis frischen, meist
kalkreichen, mehr oder weniger humosen und lockeren Ton- und Lehmböden; Licht–Halbschattpflanze; formenreiche Art; z.B. Bergamasker Alpen

466 Kleinbl. Springkraut – I. parviflóra
Pflanze 15–80 cm hoch, 1–jährig, kahl, einfach oder ästig und von Juni bis Oktober blühend

Impátiens parviflóra DC
Kleinblütiges Springkraut
Balsamináceae –
Balsaminengewächse

Laubblätter: 4–12 cm lang, oval bis breit lanzettlich, gestielt, zugespitzt, wechselständig angeordnet und grob gezähnt; Blattzähne mit deutlicher Spitze

Blütenstand: Aufrechte Traube

Blüten: Zwittrig, zygomorph (Blüten mit nur einer Symmetrieebene) und mittel – bis hellgelb gefärbt; Kelchblätter 3; 2 davon verkümmert, das 3. mit einem bis 1 cm langen und geraden Sporn; Kronblätter 5; die seitlichen paarweise verwachsen, so dass 3 Kronblätter entstehen; grösstes Kronblatt bis 1 cm lang; Staubblätter 5, mit den Kronblättern abwechselnd; Staubfäden frei; Staubbeutel verwachsen; Fruchtknoten oberständig und aus 5 Fruchtblättern zusammengesetzt

Früchte: Keulenförmige, bis 2 cm lange und bei Berührung aufspringende Kapseln

Standort: In der kollinen und montanen (seltener subalpin) Stufe in Parkanlagen, Lichtungen von Laubwäldern, Gärten, Hecken, an Wegrändern und bei Schuttstellen auf frischen bis feuchten, nährstoffreichen, meist kalkarmen, mässig sauren und humosen Böden in luftfeuchter Lage

467 Rührmichnichtan – I. nóli–tángere
Pflanze 30–90 cm hoch, 1–jährig, kahl, mit Schleuderverbreitung und von Juni bis August blühend

Impátiens nóli–tángere L.
Wald–Springkraut,
Rührmichnichtan
Balsamináceae –
Balsaminengewächse

Laubblätter: 3–12 cm lang, schmal–eiförmig bis eiförmig, gestielt, am Ende nur mit einer kurzen Spitze, wechselständig angeordnet und sehr grob gezähnt; Blattzähne stumpf, vielfach mit feiner aufgesetzter Spitze

Blütenstand: Blüten einzeln oder in wenigblütigen, hängenden Trauben

Blüten: Zwittrig, zygomorph und gelb gefärbt; Kelchblätter 3, davon 2 klein, das 3. mit einem bis 3 cm langen und gekrümmten Sporn; Kronblätter 5; die seitlichen paarweise verwachsen, so dass 3 Kronblätter entstehen; grösstes Kronblatt 2–2,5 cm lang, oft genau so breit, abgerundet und gegen den Schlund zu rot punktiert; Staubblätter 5; Fruchtknoten oberständig

Früchte: Spindelförmige, bis 3 cm lange aufspringende Kapseln

Standort: In der kollinen und montanen Stufe in Buchen–und Fichtenmischwäldern, Schlucht–und Auenwäldern, an Bachquellen, Waldbächen und an Waldrändern auf feuchten bis nassen, nährstoffreichen, humosen, gut durchlüfteten Lehm–und Tonböden

468 Gauklerblume – M guttátus
Pflanze 25–60 cm hoch, ausdauernd, oft mit einzelnen Drüsenhaaren und von Juli bis Sept. blühend

Mímulus guttátus DC.
Gauklerblume
Scrophulariáceae –
Braunwurzgewächse

Laubblätter: Rundlich oder oval bis breit lanzettlich, unregelmässig gezähnt, im unteren Pflanzenteil gestielt mit kleinen Nebenblättern und im oberen Teil ungestielt und den Stengel zum Teil umfassend

Blütenstand: Gestielt und einzeln in den Achseln der oberen Laubblätter

Blüten: Kelchblätter 5, röhrig verwachsen, mit Kanten und zweilippig; Kronblätter 5, verwachsen, gelb gefärbt und 2–4 cm lang; Oberlippe zweiteilig; Unterlippe dreiteilig, mit meist flachen Abschnitten und rotbraunen Punkten und Flecken; Staubblätter 4 (2 längere und 2 kürzere); Fruchtknoten oberständig und aus zwei Fruchtblättern zusammengesetzt; Bienenblume

Früchte: Zweiklappig aufspringende Kapseln; Verbreitung meist durch das Wasser

Standort: In der kollinen und montanen Stufe bei Kiesbänken, Ufern von Flüssen, in Gräben und an Quellen auf nassen, zeitweise überschwemmten, nährstoffreichen, meist kalkarmen und kiesig–sandigen Tonböden; Pionierpflanze; selten; häufiger in Gärten

469 Aufrechter Ziest – S. récta
Pflanze 20–70 cm hoch, ausdauernd, mit Rhizom und langer Pfahlwurzel und von Juni bis Oktober blühend

Stachys récta L.
Aufrechter Ziest
Lamiáceae – Lippenblütler

Laubblätter: 2–5 cm lang, lanzettlich bis oval, kurz gestielt (dann in den Stiel verschmälert) oder sitzend, gezähnt (Zähne nach vorn gerichtet) und zerstreut behaart oder kahl

Blütenstand: Zahlreiche übereinanderliegende 4–8 blütige Quirlen

Blüten: Mehr oder weniger sitzend; Kelchblätter 5, verwachsen, 6–8 mm lang, grün, behaart und mit stechend begrannten Zähnen; Kronblätter zu 2 Lippen verwachsen, weisslichgelb bis gelb und 10–20 mm lang; Kronröhre leicht gebogen und behaart; Oberlippe gerade oder nur leicht gewölbt, ganzrandig, aussen behaart und oft mit dunkelrot gefärbten Streifen; Unterlippe 5–8 mm lang, dreiteilig und bräunlich gezeichnet; die 4 Staubblätter in der Kronröhre angewachsen; Fruchtknoten oberständig, aus 2 Fruchtblättern

Früchte: 4 Zerfallfrüchte

Standort: In der kollinen und montanen (seltener subalpin) Stufe bei trockenwarmen Hügeln, an Felsen, Wald–und Wegrändern, in Aeckern, Brachen, sonnigen Gebüschen und lichten Wäldern auf sommerwarmen und ziemlich trockenen, kalkhaltigen und lockeren Böden; Insektenbestäubung

470 Klappertopf – R. alectoróphus
Pflanze 10–50 cm hoch, auch verzweigt, mit vierkantigem Stengel und von Mai bis August blühend

Rhinánthus alectoróphus
(SCOP.) POLLICH
Zottiger Klappertopf
Scrophulariáceae –
Braunwurzgewächse

Laubblätter: 2–6 cm lang, schmal–dreieckig bis lanzettlich, regelmässig gezähnt (mit nach vorn gerichteten stumpfen bis schwach zugespitzten Zähnen), anliegend, gegenständig angeordnet und behaart

Blütenstand: Blüten einzeln in Achseln der oberen Stengelblätter (den Tragblättern)

Blüten: Kelchblätter verwachsen, bauchig, seitlich abgeflacht, 4 zähnig und anliegend behaart; Kronblätter 15–25 mm lang, verwachsen, mit langer Röhre und 2 lippig; Kronröhre leicht nach oben gebogen; Oberlippe helmförmig und mit einem bis 2,5 mm langen, meist violetten Zahn; Unterlippe kürzer als die Oberlippe und dreiteilig; Staubblätter 4; Fruchtknoten oberständig

Früchte: 2 klappig aufspringende Kapseln

Standort: Von der kollinen bis in die subalpine Stufe auf eher feuchten, meist kalkhaltigen, nährstoff–und basenreichen, neutralen und humosen Böden; Lehmzeiger; formenreich

471 Berg–Goldnessel – L. montánum
Pflanze 30–50 cm hoch, zur Blütezeit oder kurz danach Ausläufer treibend und von Mai bis Juli blühend

Lámium galeóbdolon L. ssp.
montánum (PERS.) HAYEK
Berg–Goldnessel
Lamiáceae – Lippenblütler

Laubblätter: Oberste schmal–bis eilanzettlich, gegenständig angeordnet, gestielt, am Ende zugespitzt und mit scharf zugespitzten Zähnen; diejenigen der Ausläufer breit lanzettlich, meist mit langer Spitze und ab und zu weiss gefleckt

Blütenstand: Zahlreiche übereinander liegende 8–16 blütige Quirlen im oberen Teil des Stengels

Blüten: Sitzend; Kelchblätter 5, verwachsen, grün und mit lang zugespitzten, nicht stechenden Zähnen; Kronblätter 5, verwachsen und gelb; Oberlippe gebogen, ganzrandig, aus 2 Kronblättern und aussen behaart; Unterlippe deutlich 3 teilig, wobei der Mittelabschnitt grösser ist als die zugespitzten seitlichen Abschnitte; Mittelabschnitt mit braunroten Flecken; Staubblätter4; Fruchtknoten oberständig

Früchte: 4 Zerfallfrüchte bis 3 mm lang und kahl

Standort: Von der kollinen bis in die subalpine Stufe in feuchten Laubmisch–und Buchenwäldern und Hecken auf frischen bis feuchten, nährstoffreichen, humosen und lockeren Böden

472 Kleinbl. Augentrost – E. mínima
Pflanze 2–10 cm hoch, selten im unteren Teil verzweigt, 1–jährig und von Juli bis September blühend

Euphrásia mínima JACQ. ex DC
Kleinblütiger Augentrost
Scrophulariáceae –
Braunwurzgewächse

Laubblätter: 1–2 cm lang, rundlich, behaart, jederseits mit 2–4 stumpfen oder fein zugespitzten, aber nicht begrannten Zähnen, meist ungestielt und besonders im unteren Bereich gegenständig angeordnet

Blütenstand: Blüten in den Achseln der obersten Stengelblätter

Blüten: Kaum oder nur sehr kurz gestielt; Kelchblätter 3–5 mm lang, verwachsen, auch mit kurzen Drüsenhaaren und mit 4 zugespitzten Kelchzähnen; Krone 4–8 mm lang und mit 2–4 mm langer Röhre; Oberlippe gelblich, bläulich oder rötlich; Unterlippe gelblich, weisslich oder lilafarbig; Staubblätter 4; Staubbeutel im unteren Teil zugespitzt; Fruchtknoten oberständig; Insekten– und Selbstbestäubung

Früchte: Zweiklappig aufspringende Kapseln

Standort: In der subalpinen und alpinen Stufe in Magerrasen und alpinen Weiden auf frischen, kalkarmen, silikathaltigen, sauren, mageren und humosen Lehmböden; diese mittel– und südeuropäische Gebirgspflanze ist eine vielgestaltige Art

473 Gelber Eisenhut – A. vulpária
Pflanze 30–80 cm hoch, ausdauernd, mit rübenförmiger Wurzel und von Juni bis August blühend

Aconítum vulpária s.l.
Gelber Eisenhut
Ranunculáceae –
Hahnenfussgewächse

Laubblätter: Grundständige bis 15 cm im Durchmesser, tief 5 bis 7–spaltig und unterseits auf den Adern zerstreut behaart; Abschnitte rauten– bis keilförmig, meist 3 spaltig und mit zugespitzten oder stumpfen Zipfeln; die 1–3 Stengelblätter mit den Grundständigen übereinstimmend

Blütenstand: Meist verzweigt, mit bogig aufgerichteter und lockerblütiger Traube

Blüten: Zygomorph, gestielt, schwach behaart, mit 5 Perigonblättern und gelb gefärbt; oberstes Perigonblatt als Helm ausgebildet, der in der Mitte am kleinsten ist; übrige Perigonblätter rundlich bis oval; Honigblätter 2; Staubblätter zahlreich; 3–5 Fruchtknoten; Hummelblume

Früchte: Mehrsamige Balgfrüchte

Standort: In der montanen und subalpinen Stufe in Bergwäldern, Hochstaudenfluren, staudenreichen Auenwäldern und feuchten Laubmischwäldern auf kühlen, frischen bis nassen, nährstoff–und basenreichen, mässig sauren, humosen und lockeren Lehm – und Tonböden; Schattenpflanze; auch in tieferen Lagen

---

474 Gem. Wundklee – A. vulnerária
Pflanze 10–60 cm hoch, mit meist aufrechtem Stengel, oft nur 2–jährig und von Mai bis August blühend

Anthyllis vulnerária L.
Gemeiner Wundklee
Fabáceae (Papilionáceae)
Schmetterlingsblütler

Laubblätter: Unpaarig gefiedert bis schmal oval, ganzrandig und die unteren gestielt; Endteilblatt viel grösser als die 2–6 seitlichen Teilblätter; diese oval bis lanzettlich und bis 6 cm lang

Blütenstand: Dichte, kopfartige Blütenstände, die von gefransten oder geteilten Blättern umhüllt sind

Blüten: Fast ungestielt; Kelch oft etwas bauchig erweitert, anliegend bis abstehend behaart, weiss und gelblich gefärbt und mit 5 kurzen, spitzen Zähnen; Krone 1–2 cm lang und goldgelb gefärbt; Fahne etwas länger als die Flügel und das Schiffchen; Staubblätter 10; Staubfäden meist alle miteinander verwachsen; Fruchtknoten oberständig; Hummelblume

Früchte: Meist einsamige, 4–6 mm lange und gestielte Nüsschen

Standort: Von der kollinen bis in die subalpine Stufe auf Wiesen, Weiden, in sonnigen Kalk–Magerrasen, Steinbrüchen, lichten Kiefernwäldern und an Wegen auf sommerwarmen, mässig trockenen, basenreichen, meist kalkhaltigen, humosen und lockeren Lehm – und Lössböden

475 Hopfenklee – M. lupulína
Pflanze 5–30 cm hoch, 1– bis mehrjährig und von Mai bis September blühend

Medicágo lupulína L.
Hopfenklee
Fabáceae (Papilionáceae)
Schmetterlingsblütler

Laubblätter: Die 3 Teilblätter verkehrt–eiförmig oder rautenförmig, besonders im oberen Bereich fein gezähnt, zerstreut anliegend behaart und stumpf oder etwas ausgerandet; oberstes Teilblatt gestielt und oft etwas grösser als die beiden seitlichen

Blütenstand: Gestielte, kopfartige Trauben, die in Achseln von Stengelblättern stehen

Blüten: Kurz gestielt; Kelchblätter 5, grün gefärbt und mit 5 schmalen, je in eine Spitze ausgezogenen Zipfeln; Kronblätter 5 (Fahne = oberstes Kronblatt, 2 Flügel = seitliche Kronblätter, Schiffchen = 2 untere Kronblätter verwachsen), gelb, bis 3,5 mm lang und nach der Blütezeit abfallend; Staubblätter 10, wobei der oberste Staubfaden frei ist; Fruchtknoten oberständig

Früchte: Nieren / sichelförmige Hülsen

Standort: In der kollinen und montanen Stufe an Wegrändern, Dämmen, in trockenen Wiesen, Schuttplätzen, sonnigen Gebüsch – und Waldsäumen und Kalk–Magerrasen auf sommerwarmen, basenreichen, meist kalkhaltigen, humosen und tiefgründigen Böden

---

476 Braun–Klee – T. bádium
Pflanze 10–20 cm hoch, ausdauernd, ohne Ausläufer und von Juli bis August blühend

Trifólium bádium SCHREBER
Braun–Klee
Fabáceae (Papilionáceae)
Schmetterlingsblütler

Laubblätter: Die 3 Teilblätter oval bis schmal oval, mit der grössten Breite in der Mitte, meist kahl, fein gezähnt, 1 bis 2 cm lang und vorn meist abgerundet; Nebenblätter fast eilänglich

Blütenstand: 20–50 blütige und kopfartige Traube am Ende der Stengel oder in den Achseln der obersten Stengelblätter

Blüten: Kurz gestielt; Kelchzipfel der verwachsenen 5 Kelchblätter schmal dreieckig, kahl oder mit einzelnen Wimperhaaren; Kronblätter goldgelb, 5–9 mm lang und nach dem Verblühen dunkelbraun gefärbt; Fahne 2–3 mal so lang wie das Schiffchen; Staubblätter 10; oberster Staubfaden frei; Fruchtknoten oberständig; Insektenbestäubung

Früchte: Hülsen 2–4 mm lang; Wind – und Tierverbreitung

Standort: In der subalpinen (montan oft heruntergeschwemmt) Stufe in Wiesen, Weiden, Schneetälchen, bei Quellfluren und an Lagerplätzen auf frischen bis feuchten, nährstoff –und basenreichen, humösen, meist etwas dichten Lehm –und Tonböden; gute Futterpflanze;

477 Echter Honigklee – M. officinális
Pflanze 20–140 cm hoch, 1–2 jährig, fast über die ganze Erde verschleppt und von Juni bis Okt. blühend

Melilótus officinális (L.) LAM
Echter Honigklee
Fabáceae (Papilionáceae)
Schmetterlingsblütler

Laubblätter: Die 3 Teilblätter verkehrt eiförmig bis lanzettlich, im untersten Bereich meist ganzrandig, sonst grob gezähnt und stumpf oder etwas ausgerandet; oberstes Teilblatt länger gestielt als die beiden seitlichen

Blütenstand: Gestielte und reichblütige Traube 4–10 cm lang und 30 bis 70 blütig

Blüten: Mit dünnen Stielchen; Kelchblätter 5, grün gefärbt und mit fünf schmalen, zugespitzten Zipfeln; Kronblätter gelb und 4–7 mm lang; Fahne und Flügel länger als das Schiffchen; Staubblätter 10; Fruchtknoten oberständig

Früchte: Hülsen 3–4 mm lang, kahl, 4–8 samig und mit quer zur Längsrichtung verlaufenden Rippen

Standort: In der kollinen und montanen Stufe auf Erdanrissen, an Wegrändern, Ufern, Schuttplätzen, Wegen, Dämmen, beim Bahngelände und in Steinbrüchen auf sommerwarmen, mässig trockenen, nährstoff – und basenreichen, neutralen und steinigen Böden aller Art; Bienenweide; Rohbodenpionier; bis 90 cm tief wurzelnd

478 Gelbe Hauhechel – O. nátrix
Pflanze 20–40 cm hoch, ausdauernd, mit holzigem, verzweigtem Rhizom und von Juni bis Juli blühend

Onónis natrix L.
Gelbe Hauhechel
Fabáceae (Papilionáceae) – Schmetterlingsblütler

Laubblätter: Gestielt; die je 3 Teil-blätter 1,5–2,5 cm lang, schmal oval bis oval, besonders oberhalb der Mitte gezähnt und stumpf oder etwas ausgerandet; das mittlere Teilblatt gestielt; Nebenblätter ganzrandig

Blütenstand: Einzelblüten oder 2 bis 3–blütige und gestielte Trauben in den Achseln der oberen Stengelblätter

Blüten: Kelchblätter 5, verwachsen, 5–8 mm lang, drüsig behaart und mit zugespitzten Kelchzipfeln; Krone 1,5–2,5 cm lang und gelb gefärbt; Fahne mit deutlich sichtbaren, roten Längsstreifen; Schiffchen am Ende deutlich nach oben gekrümmt und schnabelförmig verschmälert; Staubblätter 10, alle miteinander verwachsen; Fruchtknoten oberständig; Insektenbestäubung

Früchte: 1–2 cm lange, vielsamige und drüsig behaarte Hülsen

Standort: In der kollinen und montanen Stufe in warmen Lagen bei Trockenwiesen, steinigen Hängen an sonnigen Wegen, Böschungen und in Kalk–Magerrasen auf warmen, trockenen, basenreichen und humosen Tonböden

479 Wiesen–Hornklee – L. corniculátus
Pflanze 10–30 cm hoch, aufrecht oder bogig aufsteigend, fast kahl und von Mai bis Juli blühend

Lotus corniculátus L.
Wiesen–Hornklee, Schotenklee
Fabáceae (Papilionáceae) – Schmetterlingsblütler

Laubblätter: Teilblätter verkehrt eiförmig bis schmal eiförmig, 1–2 cm lang, kahl oder am Rand leicht bewimpert und stumpf oder leicht zugespitzt

Blütenstand: 4 bis 8–blütige Dolde

Blüten: Kelchblätter 5, verwachsen, 5–7 mm lang, meist kahl und mit oft behaarten Zähnen, die vor dem Aufblühen zusammengeneigt sind; Krone 10–15 mm lang und gelb gefärbt; Schiffchenspitze meist hellgelb gefärbt und aufwärts gekrümmt; Staubblätter 10; oberster Staubfaden frei; Fruchtknoten oberständig

Früchte: Hülsen mit mehreren und glatten Samen

Standort: Von der kollinen bis in die subalpine Stufe in Fettwiesen, Kalk–Magerrasen, Kiesgruben, Weiden, Gebüschsäumen, an trockenen Hängen, Wegrändern und Böschungen auf warmen, mäsig trockenen bis frischen, nährstoff–und basenreichen und lockeren Lehmböden; Rohbodenbesiedler; Bodenverbesserer; Bienenweide; gute Futterpflanze; bis 90 cm tief wurzelnd; diese europäische Pflanze ist im Gebiet verbreitet und häufig

480 Spargelerbse – T. marítimus
Pflanze 5–30 cm hoch, zerstreut behaart, ausdauernd, mit Rhizom und von Mai bis Juli blühend

Tetragonólobus marítimus (L.) ROTH
Spargelerbse
Fabáceae (Papilionáceae) – Schmetterlingsblütler

Laubblätter: Gestielt; Teilblätter meist ungestielt, keil–oder verkehrt-eiförmig, mit der grössten Breite oberhalb der Mitte, fleischig, schwach bewimpert und blaugrün gefärbt; Nebenblätter etwas kleiner als Teilblätter

Blütenstand: Gestielte Einzelblüten

Blüten: 5 Kelchblätter verwachsen; Kelchröhre kahl; zugespitzte Kelchzipfel behaart; Krone 2–3 cm lang, hellgelb gefärbt und beim Verblühen oft rot angelaufen; Schiffchen aufwärts gekrümmt und oft dunkel gefärbt; Fahne viel grösser als Flügel und Schiffchen; Staubblätter 10; oberster Staubfaden frei; Fruchtknoten oberständig

Früchte: Hülsen 4–5 cm lang und mit vier bis 1 mm breiten Längsflügeln

Standort: In der kollinen und montanen Stufe in trockenen Wiesen, lichten Föhrenwäldern, Moorwiesen, Kalkmagerrasen und an tuffigen Quellen auf sommerwarmen, wechselfeuchten, auch sommertrockenen, basenreichen, humosen und dichten Ton–, Mergel–und Tuffböden; Tonzeiger; Hummelblume; hoher Futterwert; salzertragend

481 Wiesen–Platterbse – L. praténsis
Pflanze 20–90 cm hoch, ausdauernd, mit kurzen Ausläufern und von Juni bis Juli blühend

Láthyrus praténsis L.
Wiesen–Platterbse
Fabáceae (Papilionáceae) – Schmetterlingsblütler

Laubblätter: Einpaarig und besonders im oberen Bereich mit einer unverzweigten oder verzweigten Ranke; Blattstiel nicht geflügelt; die beiden Teilblätter schmal oval bis lanzettlich, 1–4 cm lang, paralleladerig, zugespitzt und kahl oder kurz behaart

Blütenstand: 3 bis 12–blütige Traube

Blüten: Gestielt; Kelchblätter 5, verwachsen, 5–6 mm lang, kahl oder auch etwas behaart und mit 5 ungleich langen, zugespitzten Zähnen; Krone 1 bis 1,5 cm lang und gelb gefärbt; Schiffchen aufwärts gekrümmt; Staubblätter 10, alle miteinander gleich hoch verwachsen; Fruchtknoten oberständig; Insektenbestäubung (Bienenweide)

Früchte: Hülsen bis 4 cm lang, 5 bis 12–samig; Samen glatt und bis 4 mm lang

Standort: In der kollinen und montanen Stufe in Fett–, Moor –und Nass–wiesen, Hecken, bei Waldrändern, Waldlichtungen, an Wegrändern und Ufern auf frischen bis wechselfeuchten, nährstoffreichen, meist neutralen, humosen Lehm –und Tonböden; stickstoffliebend; Tiefwurzler

482 Kleine Kronwicke – C. mínima
Pflanze 10–25 cm hoch, niederliegend und aufsteigend und von Juni bis Juli blühend

Coronílla mínima L.
Kleine Kronwicke
Fabáceae (Papilionáceae) – Schmetterlingsblütler

Laubblätter: Unpaarig gefiedert und ungestielt; Fiederblätter 5,7 oder 9, schmal oval bis verkehrt eiförmig, ganzrandig und stumpf oder kurz zugespitzt; Nebenblätter ungefähr halb so lang wie die untersten Fiederblätter

Blütenstand: Mehrblütige Dolden, die in den Achseln von Blättern stehen

Blüten: Mit meist rötlichen Stielchen; Kelchblätter 5, miteinander glockenförmig verwachsen und mit 5 kurzen Zähnchen; Krone 5–8 mm lang und gelb gefärbt; Fahne länger als das Schiffchen; dieses deutlich gebogen und in einen kurzen Schnabel ausgezogen; Staubblätter 10; oberstes Staubblatt frei, alle anderen miteinander verwachsen; Fruchtknoten oberständig

Früchte: 1,5–2,5 cm lange und vielsamige Hülsen; ihre Glieder mit 4 stumpfen Kanten und zur Reifezeit auseinanderbrechend

Standort: In der kollinen (seltener montan) Stufe in Felsensteppen, lichten Föhrenwäldern, an sandigen und trockenwarmen Orten auf trockenen, sandigen, kalkhaltigen Böden in wärmeren Lagen; selten; z.B. im Wallis

483 Hufeisenklee – H. comósa
Pflanze 5–25 cm hoch, niederliegend–ausgebreitet, ausdauernd und von Mai bis Juli blühend

Hippocrépis comósa L.
Hufeisenklee
Fabáceae (Papilionáceae) – Schmetterlingsblütler

Laubblätter: Unpaarig gefiedert, lang gestielt, oft zerstreut behaart und mit 4 bis 8 Paaren von Fiederblättern; diese kurz gestielt oder anliegend, 5 bis 15 mm lang, oval bis schmal oval, ganzrandig, vorn abgerundet und oft mit einer aufgesetzten Spitze

Blütenstand: Lang gestielte, 5 bis 12–blütige Dolde

Blüten: Blütenstiele sehr kurz und grün gefärbt; Kelchblätter 5, miteinander glockenförmig verwachsen und mit 5 schmal dreieckigen Kelchzähnen; Krone 8–12 mm lang und gelb gefärbt; Stiel (d.h. Nagel) der Kronblätter 1–2 mal so lang wie der Kelch; Schiffchen deutlich gekrümmt; Staubblätter 10; oberstes Staubblatt frei; Fruchtknoten oberständig

Früchte: Hülsen 1–3 cm lang und mit hufeisenförmigen Gliedern

Standort: Von der kollinen bis in die subalpine Stufe in wärmeren Lagen in lichten Wäldern, Steinbrüchen, auf trockenen Wiesen, Rasen, an Wegen und Böschungen auf ziemlich trockenen, basenreichen, auch kalkfreien, humosen oder rohen Lehm –und Lössböden

484 Scheiden–Kronwicke – C. vaginális
Pflanze 10–30 cm hoch, niederliegend, aufstrebend,
ausdauernd und von Mai bis Juli blühend

Coronílla vaginális LAM.
Scheiden–Kronwicke

Fabáceae (Papilionáceae) –
Schmetterlingsblütler

Laubblätter: Unpaarig gefiedert,
kurz gestielt, blaugrün gefärbt und mit 2
bis 6 Paaren von Fiederblättern; diese
sind anliegend oder sehr kurz gestielt,
5–13 mm lang, oval, etwas fleischig, mit
knorpeligem Rand und oft mit aufge–
setzter Spitze

Blütenstand: Lang gestielte und 3 bis
10–blütige Dolde

Blüten: Kurz gestielt; Kelchblätter 5,
verwachsen und mit 3 eckigen Zähnen;
Krone 6–10 mm lang und gelb gefärbt;
Stiel (Nagel) der Kronblätter länger als
der Kelch; Schiffchen stark nach oben
gekrümmt; Staubblätter 10; oberstes
Staubblatt frei; Fruchtknoten ober–
ständig

Früchte: Glieder der Hülsen mit 6
Kanten, von denen 4 wellig geflügelt
sind

Standort: In der montanen und sub–
alpinen (seltener kollin) Stufe in wärme–
ren Lagen in steinigen Rasen, Kiefern–
Trockenwäldern, Blaugrashalden, stei–
nigen Weiden und über Felsköpfen auf
sommerwarmen, meist trockenen, ba–
senreichen, kalkhaltigen, steinigen und
humosen Stein– und Kiesböden

485 Berg–Kronwicke – C. coronáta
Pflanze 20–50 cm hoch, aufrecht wachsend, kahl,
ausdauernd und von Juni bis Juli blühend

Coronílla coronáta L.
Berg–Kronwicke

Fabáceae (Papilionáceae) –
Schmetterlingsblütler

Laubblätter: Unpaarig gefiedert,
sehr kurz gestielt und mit 3 bis 6 Paaren
von Fiederblättern; diese sind nur sehr
kurz gestielt, 15–25 mm lang, oval, mit
sehr kurz aufgesetzter Spitze, etwas
fleischig und unterseits oft blaugrün
gefärbt

Blütenstand: Lang gestielte 10 bis
20 blütige Dolden

Blüten: Mit oft rötlichen Stielen;
Kelchblätter 5, mit in eine Spitze aus–
gezogene dreieckige Zähnchen; Krone
7–10 mm lang und gelb gefärbt; Stiel
(Nagel) der Kronblätter so lang oder
länger als der Kelch; Schiffchen stark
nach oben gewölbt; Staubblätter 10;
oberstes Staubblatt frei; Fruchtknoten
oberständig

Früchte: Hülsen gerade, bis 3 cm lang
und deutlich eingeschnürt; Glieder mit 4
stumpfen Kanten

Standort: In der kollinen und monta–
nen Stufe in warmen, halbschattigen
Lagen auf Felsen, in Bergwäldern,
Waldsäumen, im lichten Eichen –und
Kieferngebüsch auf sommerwarmen,
trockenen und basenreichen Lehm –
oder Tonböden; Tiefwurzler

486 Alpenlinse – A. penduliflórus
Pflanze 10–45 cm hoch, bogig aufsteigend oder
aufrecht, verzweigt und von Juli bis August blühend

Astrágalus penduliflórus (LAM.)
Alpenlinse, Blasen–Tragant

Fabáceae (Papilionáceae) –
Schmetterlingsblütler

Laubblätter: Unpaarig gefiedert,
kurz gestielt und mit 7 bis 12 Paaren von
Fiederblättern; diese sind kurz gestielt,
5–20 mm lang, stumpf oder nur kurz
zugespitzt und unterseits und am Rande
schwach behaart; Nebenblätter klein

Blütenstand: Gestielte Traube 5 bis
20–blütig

Blüten: Nickend und kurz gestielt; Stiel
oft länger als der Kelch; Kelchblätter 5,
verwachsen, 5–7 mm lang, mit kurzen
und anliegenden, dunklen Haaren;
Kelchzähne breit dreieckig; Krone 9 bis
13 mm lang und gelb gefärbt; Schiffchen
so lang wie die Flügel; Staubblätter 10;
oberstes Staubblatt frei; Fruchtknoten
oberständig; Insekten– und Selbstbe–
stäubung

Früchte: Hülsen nickend, blasenförmig
erweitert, 2–3 cm lang und dicht dun–
kel behaart; Tierverbreitung

Standort: In der subalpinen und al–
pinen Stufe an trockenen Hängen, in
Lärchenwäldern, alpinen Steinrasen und
lichten Föhrenwäldern auf mässig troc–
kenen bis frischen, basenreichen, locke–
ren, neutralen, humosen und steinigen
Lehm –und Tonböden

487 Feld–Spitzkiel – O. campéstris
Pflanze 5–15 cm hoch, mit grundständiger Blattro–
sette, drüsenlos und von Juni bis August blühend

Oxytropis campéstris L. (DC)
Feld–Spitzkiel

Fabáceae (Papilionáceae) –
Schmetterlingsblütler

Laubblätter: Unpaarig gefiedert,
gestielt und mit 10 bis 15 Paaren von
Fiederblättern; diese sind 5–15 mm
lang, lanzettlich, meist zugespitzt, oft
beiderseits zerstreut behaart und nicht
immer gleichmässig gegenständig;
Nebenblätter bis fast zur Mitte mit dem
Stiel verwachsen

Blütenstand: Aufrechte und lang
gestielte Traube 8 bis 18–blütig

Blüten: Aufwärts gerichtet und nur
sehr kurz gestielt; Kelchblätter 5, ver–
wachsen und mit kurzen, schwarzen und
weissen Haaren; Kelchzähne meist
dunkler gefärbt; Krone 15–20 mm lang,
gelblichweiss gefärbt und selten bläulich
bis violett überlaufen; Schiffchen vorn
mit einer deutlich aufgesetzten Spitze
und beiderseits 2 schwarzvioletten
Flecken; Staubblätter 10; oberstes
Staubblatt frei; Fruchtknoten oberst.

Früchte: Hülsen 1–2 cm lang, blasen–
artig erweitert, an der oberen Naht
gefurcht und dicht, zum Teil auch dunkel
behaart

Standort: Meist in der alpinen Stufe
auf Wiesen und Weiden auf mässig
trockenen und oft entkalkten Böden

488 Blattreiches Läusekraut – P. foliósa
Pflanze 15–50 cm hoch, ausdauernd, kahl oder zer–
streut behaart und von Juni bis Juli blühend

Pediculáris foliósa L.
Blattreiches Läusekraut

Scrophulariáceae –
Braunwurzgewächse

Laubblätter: Bis auf die Mittelader
fiederteilig, 10–25 cm lang, bis 8 cm
breit, kahl oder unterseits zerstreut be–
haart, im Blütenstand länger als die
Blüten und mit behaartem Blattstiel;
Fiederblätter ebenfalls tief fiederteilig
und mit bis 2 cm langen, gezähnten
Zipfeln

Blütenstand: Dichtblütige Traube

Blüten: Kelchblätter 5, verwachsen,
8–10 mm lang, am Grunde abgerun–
det, behaart und mit kurzen und ganz–
randigen Zähnen; Krone 20–30 mm
lang und hell –bis schwefelgelb gefärbt;
Unterlippe so lang wie die Oberlippe,
dreiteilig und im oberen Bereich stark
abstehend; Oberlippe leicht gewölbt
und behaart; 4 Staubblätter von der
Oberlippe eingeschlossen; Fruchtknoten
oberständig; Hummelblume

Früchte: Kapseln eiförmig, mit schief
aufgesetzter Spitze und einseitig auf–
springend

Standort: Von der montanen bis in die
alpine Stufe in Hochstaudenfluren und
grasigen Berghängen auf frischen bis
wechselfrischen, basenreichen und meist
kalkhaltigen Lehm– und Tonböden

489 Knolliges Läusekraut – P. tuberósa
Pflanze 10–20 cm hoch, mit bogenmässig aufstei–
gendem Stengel und von Juni bis August blühend

Pediculáris tuberósa L.
Knolliges Läusekraut

Scrophulariáceae –
Braunwurzgewächse

Laubblätter: 3–15 cm lang, schmal
oval bis lanzettlich und bis zur Mittel–
ader fiederteilig; Fiederblätter ebenfalls
tief fiederteilig und mit fein gezähnten
Zipfeln; Blätter im Blütenstand kürzer als
die Blüten

Blütenstand: Kurze Trauben, die zu
Beginn der Blütezeit so dick wie lang
sind

Blüten: Bis 90 Grad um ihre Achse
gedreht; Kelchblätter 5, verwachsen,
6–10 mm lang, am Grunde meist
allmählich verschmälert, mit schmal
lanzettlichen, fein gezähnten Zipfeln,
aussen und am Rande mit einzelnen
Haaren und innen kahl; Krone 15 bis
20 mm lang und hellgelb gefärbt;
Oberlippe ohne Zähne und vorn deut–
lich in einen 3–4 mm langen Schnabel
verschmälert; Unterlippe so lang wie die
Oberlippe, kahl und nur wenig ab–
stehend; 4 Staubblätter von der Ober–
lippe eingeschlossen

Früchte: Kapseln länger als der Kelch

Standort: In der subalpinen und al–
pinen Stufe in Wiesen und Weiden auf
trockenen, humosen, kalkarmen und
sauren Lehmböden

490 Türkenbundlilie – L. mártagon
Pflanze 20–90 cm hoch, ausdauernd, mit Zwiebel und von Juni bis Juli blühend

Lílium mártagon L.
Türkenbundlilie
Liliáceae – Liliengewächse

Laubblätter: 4–15 cm lang, bis 4 cm breit, schmal oval, in der Mitte am breitesten, zugespitzt, sitzend, im mittleren Abschnitt zu 4–8 quirlständig zusammengedrängt; Anordnung im unteren und oberen Bereich wechselständig

Blütenstand: 3 bis 10–blütige Traube

Blüten: An lang gestielten, schief aufwärts gerichteten Stengeln hängend; Perigonblätter 6, schmal oval, ausgezogen bis 7 cm lang, von der Mitte an zurückgebogen, schmutzig–hellpurpurn und mit dunkelroten Flecken; Staubblätter 6 und kürzer als die Perigonblätter; Fruchtknoten oberständig, aus 3 miteinander verwachsenen Fruchtblättern zusammengesetzt; Insektenbestäubung

Früchte: 3–fächerige Kapseln mit zahlreichen Samen; Windverbreitung

Standort: Von der kollinen bis in die subalpine Stufe in Laubmisch–, Buchen–und Schluchtwäldern, Wiesen und Hochstaudengesellschaften auf wasserzügigen bis sickerfrischen, nährstoff–und basenreichen, humosen, lockeren und mehr oder weniger tiefgründigen Ton–und Lehmböden; Halbschattenpflanze

491 Gewöhnl. Schachblume – F. meléagris
Pflanze 15–35 cm hoch, ausdauernd, mit Zwiebel, nicht verzweigt und von April bis Mai blühend

Fritillária meléagris L.
Gewöhnliche Schachblume
Liliáceae – Liliengewächse

Laubblätter: 5–15 cm lang, bis 1 cm breit, linealisch, grasähnlich, jedoch etwas fleischig verdickt, rinnig, zu 4–6 am Stengel verteilt, wechselständig angeordnet und graugrün gefärbt

Blütenstand: Blüten meist einzeln, seltener zu 2 bis 3 und dann jeweils eine Traube bildend

Blüten: Bis 4 cm lang und 3–4 cm breit, jeweils nickend, glockenförmig und endständig; Perigonblätter 6, miteinander nicht verwachsen, schmal oval, stumpf endend; purpurbraun gefärbt und mit schachbrettartig gezeichneten helleren Feldern; Staubblätter 6, kürzer als die Perigonblätter; Fruchtknoten oberständig und aus 3 Fruchtblättern zusammengesetzt; Bienenblume

Früchte: 3 fächerige Kapseln mit zahlreichen Samen in jedem Fach

Standort: In der kollinen und montanen Stufe in nassen Wiesen und entlang von Bächen und Flüssen auf sickernassen bis wechselfeuchten, auch zeitweise überschwemmten, grundwassernahen, nährstoffreichen, neutralen und humosen Lehm–und Tonböden; Nässezeiger; Zierpflanze; giftig; gelegentlich wird sie angepflanzt

492 Gefl. Knabenkraut – D. maculáta
Pflanze 20–50 cm hoch, mit handförmig geteilten Knollen und von Juni bis Juli blühend

Dactylorhíza maculáta L.
Dactylórchis maculáta (L.) Soo
Geflecktes Knabenkraut
Orchidáceae – Orchideen
Knabenkräuter

Laubblätter: Untere 5–10 cm lang, lanzettlich, vielfach zugespitzt, den Blütenstand nie erreichend und oberseits mit dunkelbraunen oder schwarzen Flecken; obere schmal und klein; oberstes Laubblatt weit vom Blütenstand entfernt; unterhalb der Aehre 2–6 tragblattähnliche Blätter

Blütenstand: 3–8 cm lange, dichtblütige und zylindrische Aehre

Blüten: 2 seitliche Perigonblätter waagrecht abstehend oder zurückgebogen; 3 Perigonblätter zusammenneigend; Lippe 4–8 mm lang; Sporn kegelförmig bis zylindrisch, gerade und abwärts gerichtet; Fruchtknoten unterständig und aus 3 Fruchtblättern zusammengesetzt

Früchte: Mit Längsspalten aufspringende Kapseln, die zahlreiche Samen enthalten

Standort: Von der kollinen bis in die subalpine Stufe in feuchten Magerrasen, Weiden, Wiesen, Hecken, Wäldern und Flachmooren auf wechselfeuchten, feuchten bis nassen, neutralen bis sauren und humosen Lehm–und Tonböden

493 Männertreu – N. nígra
Pflanze 10–25 cm hoch, ausdauernd, mit handförmig geteilten Knollen und von Juni bis August blühend

Nigritélla nígra (L.) RCHB.
Schwarzblütiges Männertreu
Bränderli
Orchidáceae – Orchideen
Knabenkräuter

Laubblätter: 5–15 cm lang, linealisch, hohlrinnig und aufwärts gerichtet

Blütenstand: Aehre 1–2 cm lang, dichtblütig, zu Beginn der Blütezeit kegelförmig, später länglich eiförmig bis kugelig

Blüten: Meist schwarzrot, dunkelrotbraun oder leuchend rot gefärbt und mit starkem Vanilleduft; Perigonblätter 5–7 mm lang und sternförmig abstehend; innere Perigonblätter nur halb so breit wie die äusseren Perigonblätter; Lippe oberhalb des Grundes etwas hohlrinnig; Sporn sackartig erweitert; Fruchtknoten unterständig und aus 3 Fruchtblättern zusammengesetzt; Insektenbestäubung (besonders durch Schmetterlinge)

Früchte: Vielsamige Kapseln

Standort: In der subalpinen und alpinen Stufe in Weiden, Zwergstrauchgesellschaften und Magerrasen auf mässig frischen, basenreichen, meist auch kalkhaltigen, neutralen und modrig humosen Lehmböden; eine europäische Gebirgspflanze, die in Skandinavien bis 65 Grad NB reicht

494 Lichtblume – B. vernum
Pflanze 4–20 cm hoch, ausdauernd, mit verdicktem Stengelinternodium und von Febr. bis Mai blühend

Bulbocódium vernum L.
Cólchicum bulbocódium KERGAWL.
Lichtblume
Liliáceae – Liliengewächse

Laubblätter: 10–20 cm lang, 1 bis 1,5 cm breit, deutlich rinnig nach oben gefaltet, hellbraun bis rötlichbraun gefärbt, stumpf und im Frühling zusammen mit den Blüten erscheinend

Blütenstand: Blüten meist einzeln und nur selten zu zwei oder drei

Blüten: Perigonblätter 6; oberer ausgebreiteter Teil 2–5 cm lang, bis 1 cm breit, am Grunde mit einem zahnartigen Absatz und meist rosa gefärbt; unterer Teil röhrenförmig, bis 10 cm lang, nicht verwachsen und tief ins Erdreich reichend; 6 Staubblätter an den Perigonblättern angewachsen; äussere Staubblätter meist etwas kürzer als die inneren; Fruchtknoten oberständig und mit 3 Griffeln, die bis zu den Narben verwachsen sind

Früchte: Dreifächerige Kapseln mit zahlreichen Samen in jedem Fach

Standort: In der subalpinen (seltener kollin oder montan) Stufe in sommertrockenen Wiesen und Weiden (doch von Schmelzwasser durchnässten Frühlingsböden) auf trockenen und sandigen Böden

495 Herbstzeitlose – C. autumnále
Pflanze 8–30 cm hoch, ausdauernd, mit einer Knolle versehen und von August bis Oktober blühend

Cólchicum autumnále L.
Herbstzeitlose
Liliáceae – Liliengewächse

Laubblätter: 10–25 cm lang, 2 bis 5 cm breit, schmal oval bis lanzettlich, glänzend dunkelgrün gefärbt, mehr oder weniger flach und im Frühling zusammen mit den Früchten erscheinend

Blütenstand: Blüten meist einzeln

Blüten: 6 Perigonblätter 4–7 cm lang, 1–1,5 cm breit, verkehrt eiförmig bis länglich, rosa oder lila gefärbt (selten weiss) und am Grunde ohne zahnartigen Absatz; unterer Teil der Perigonblätter zu einer 8–25 cm langen und tief in die Erde hinabreichenden Röhre verwachsen; Staubblätter 6, an den Perigonblättern angewachsen; Fruchtknoten oberständig und aus 3 Fruchtblättern verwachsen; 3 Griffel miteinander nicht verwachsen und an der Spitze verdickt; Narben herablaufend

Früchte: 3 fächerige Kapseln mit jeweils zahlreichen Samen in jedem Fach

Standort: Von der kollinen bis in die subalpine Stufe in feuchten bis nassen Fett–und Riedwiesen und Auenwäldern auf nährstoffreichen, tiefgründigen und humosen Lehm–und Tonböden; giftig; ein Wiesen–und Heuunkraut; häufig anzutreffen; diese mitteleuropäische Pflanze reicht nordwärts bis Irland und südwärts bis Nordspanien

496 Niedlicher Lauch – A. pulchéllum
Pflanze 25 – 60 cm hoch, mit Zwiebelhäuten, die in Fasern zerfallen und von Juli bis August blühend

Allium pulchéllum G. DON
Niedlicher Lauch, schöner Lauch, zierlicher Lauch
Liliáceae – Liliengewächse

Laubblätter: Schmal lineal, glatt, 1 – 2 mm breit und sehr lang ausgebildet

Blütenstand Halbkugelige bis kugel-artige Dolde

Blüten: Blütenstiele 2 – 4 mal so lang wie die Perigonblätter und hellviolett bis rosa gefärbt; Perigonblätter 6, am Ende stumpf, 4 – 6 mm lang und rot bis pur-purrosa gefärbt; Staubblätter 6, die Perigonblätter deutlich überragend; Fruchtknoten oberständig, aus drei Fruchtblättern zusammengesetzt und mit einem Griffel versehen; Insektenbe-stäubung

Früchte: Häutige und 3 fächerige Kapseln

Standort: In der kollinen Stufe auf warmen und trockenen Magerrasen, Trockenwiesen und in lichten Gebüschen auf trockenen, kalkreichen, humosen und steinigen Böden (Stein – und Kiesböden); diese aus dem östlichen mediterranen Raum stammende Pflanze reicht nordwärts bis zu den West – und Südalpen; ostwärts bis zum Kaukasus; in der Gegend vor allem im Jura, im süd-lichen Tessin, im Veltlin und im Vintsch-gau

497 Schnittlauch – A. schoenóprasum
Pflanze 10 – 50 cm hoch, mit länglichen Zwiebeln und von Mai bis August blühend

Allium schoenóprasum L.
Schnittlauch
Gartenschnittlauch
Liliáceae – Liliengewächse

Laubblätter: 10 – 40 cm hoch, alle grundständig, röhrenförmig, hohl und glatt

Blütenstand: Viel – und dichtblütige kugelige Dolde; Hüllblätter jeweils kür-zer als der Blütenstand

Blüten: Stiele kürzer als die 6 Peri-gonblätter; diese 7 – 15 mm lang, läng-lich, allmählich zugespitzt, hell – bis dunkelrot gefärbt und mit dunklerem Kiel; Staubblätter 6, ohne seitliche Zähne an der Spitze und kürzer als die Perigonblätter; Staubfäden gegen den Grund zu etwas verbreitert; Fruchtkno-ten oberständig und aus 3 Fruchtblät-tern bestehend

Früchte: 3 fächerige Kapseln mit meist je 2 Samen pro Fach

Standort: Die wildwachsenden Sippen leben in der subalpinen und alpinen Stufe in Flachmooren, feuchten Wiesen und feuchten, steinigen bis felsigen Hängen auf frischen, nährstoffreichen und bindigen Sand – und Kiesböden; der Gartenschnittlauch (hier abgebildet) bevorzugt frische und nährstoffreiche Böden und wird als Gewürzpflanze sehr häufig angepflanzt; verwildert auch an Flussufern

498 Wohlriechender Lauch – A. suavéolens
Pflanze 20 – 55 cm hoch, ausdauernd, mit zylindri-scher Zwiebel und von Juli bis September blühend

Allium suavéolens JACQ.
Wohlriechender Lauch
Liliáceae – Liliengewächse

Laubblätter: 10 – 30 cm lang, bis fünf mm breit, flach, unterseits scharf gekielt und nie röhrenförmig

Blütenstand: Dichtblütige, meist halbkugelige Dolde

Blüten: Die meisten Blütenstiele 2 – 3 mal so lang wie die 6 fleischroten Peri-gonblätter; diese sind 3 – 5 mm lang, linealisch, am Ende zugespitzt oder stumpf; Staubblätter 6 und bis doppelt so lang wie die Perigonblätter; Staub-fäden nach dem Grunde allmählich verbreitert und ohne Zähne; Frucht-knoten oberständig und aus 3 Frucht-blättern zusammengesetzt; Insekten-bestäubung

Früchte: Kapseln dreifächerig mit meist 2 Samen pro Fach

Standort: In der kollinen Stufe in Sumpfwiesen, Mooren und auf unge-düngten, im Frühling überschwemmten und später an der Oberfläche trockenen Wiesen auf nassen, wechselfeuchten, kalkarmen bis kalkhaltigen, humosen und sandigen oder reinen Lehm – und Tonböden; etwas Wärme bevorzugend; mitteleuropäische Pflanze; wenn sie auftritt, dann in Herden; südwärts bis ins Gebiet von Triest

499 Kugelköpfiger Lauch – A. sphaeroc.
Pflanze 25 – 80 cm hoch, ausdauernd, mit kugeliger bis eiförmiger Zwiebel und von Juni bis Juli blühend

Allium sphaerocéphalon L.
Kugelköpfiger Lauch
Liliáceae – Liliengewächse

Laubblätter: 30 – 80 cm hoch, halb-kreisförmig und oberseits mit breiter Rinne

Blütenstand: Kugelförmige Dolde mit 2 kleinen Hüllblättern

Blüten: Blütenstiele kurz oder bis 2 mal so lang wie die Perigonblätter; Peri-gonblätter 6, purpurn gefärbt, 4 – 5 mm lang, gekielt, stumpf und zusammen-neigend; Staubblätter 6, im Blühzustand die Perigonblätter überragend und mit roten Staubbeuteln versehen; Frucht-knoten oberständig und aus 3 Frucht-blättern zusammengesetzt; Insekten-und Selbstbestäubung

Früchte: Häutige, dreifächerige Kapseln

Standort: In der kollinen und monta-nen (seltener subalpin) Stufe zerstreut an felsigen Hängen, in Trockenwiesen und Trockenrasen auf warmen, trockenen, basenreichen, lockeren, kalkfreien bis kalkhaltigen und sandigen bis lehmigen Böden in heisser Lage; diese mediter-rane Pflanze reicht nordwärts bis Eng-land, ostwärts bis in den Iran und süd-wärts bis nach Nordafrika und Klein-asien; in niederschlagsarmen Gegen-den und im insubrischen Gebiet

500 Haselwurz – A. europáeum
Pflanze 5 – 10 cm hoch, bogig aufsteigend, flaumig behaart und von April bis Mai blühend

Asarum europáeum L.
Europäische Haselwurz
Aristolochiáceae – Osterluzeigewächse

Laubblätter: Rundlich bis nierenför-mig, am Grunde herzförmig, im Durch-messer 2 – 8 cm, ledrig, lang gestielt und dunkelgrün gefärbt; Blattstiele flaumig behaart

Blütenstand: Blüten einzeln, an kur-zen Stielen sitzend und endständig

Blüten: Perigonblätter 3, miteinander verwachsen, 1 – 1,5 cm lang, glockig, ausserseits grünlich gefärbt, innerseits braun bis dunkelpurpurn, unterhalb der freien Perigonabschnitte etwas verengt und besonders ausserseits behaart; die 3 Perigonabschnitte mit einwärts gebo-gener Spitze; Staubblätter 12, in zwei Reihen angeordnet; äussere kürzer als die inneren; Fruchtknoten unterständig und 6 fächerig; Selbstbestäubung und Fremdbestäubung (Käfer)

Früchte: Kugelige Kapseln, die in je-dem Fach 2 – 3 Samen entwickeln; Ameisenverbreitung

Standort: In der kollinen und monta-nen Stufe in krautreichen Laub – oder Nadelmischwäldern und Auenwäldern auf sickerfrischen bis feuchten, nähr-stoffreichen, meist kalkhaltigen, neutra-len und humosen Lehm –und Tonböden; Lehmzeiger; bodenlockernd

501 Schwanenblume – B. umbellátus
Pflanze 50 – 120 cm hoch, ausdauernd, mit horizontal liegendem Rhizom und von Juni bis Juli blühend

Bútomus umbellátus L.
Schwanenblume
Butomáceae – Schwanenblumengewächse

Laubblätter: Zahlreich, in grund-ständiger Rosette 20 – 120 cm lang, am Grunde 6 – 10 mm breit, linealisch, von der scheidenartigen Basis nach oben verschmälert, im unteren Bereich drei-kantig, im oberen Teil flach und dunkel – bis fast olivgrün gefärbt

Blütenstand: Doldenartig mit 20 – 50 verschieden lang gestielten Blüten; mit meist 3 schmal lanzettlichen, quirlig angeordneten und 2 – 3 cm langen Hochblättern umgeben

Blüten: Im Durchmesser 2 – 3 cm; Perigonblätter 6; innere oval, rosa und weiss gefärbt und mit dunkelroten Adern; äussere schmal dreieckig, dun-kelrot gefärbt, mit hellen Rändern und etwas kürzer als die inneren; Staubblät-ter 9, in 3 Kreisen angeordnet; Frucht-knoten oberständig

Früchte: 6 oder 9, bis 10 mm lange und bauchseitig aufspringende Balg-früchte

Standort: In der kollinen Stufe in stehenden oder langsam fliessenden Gewässern mit geringen Wasser-schwankungen, Gräben, an Ufern und neuerdings an gestauten Flüssen sich ausbreitend

502 Klatsch–Mohn – P. rhoeas
Pflanze 20–70 cm hoch, aufrecht oder aufsteigend, auch verzweigt und von Mai bis September blühend

Papáver rhoeas L.
Klatsch–Mohn
Papaveráceae – Mohngew.

Laubblätter: Im unteren Bereich der Pflanze meist doppelt–, im mittleren und oberen Bereich einfach gefiedert; End–abschnitt gezähnt; Zipfel zugespitzt; untere Blätter gestielt, in der Mitte und oben meist sitzend oder nur kurz gestielt

Blütenstand: Blüten einzeln am Ende der Stengel und vor dem Aufblühen nickend

Blüten: Kelchblätter 2, oval, am Ende stumpf, behaart, ganzrandig, die Kron–blätter ganz umschliessend und zur Blütezeit abfallend; Kronblätter 4, 2 bis 4 cm lang und rot gefärbt; Staubblätter viele; Staubfäden dunkelviolett gefärbt und fadenförmig; Fruchtknoten ober–ständig und aus vielen Fruchtblättern zusammengesetzt

Früchte: Kapseln kahl, 10–20 mm lang, zu Beginn abgerundet, mit 8–18 Narbenstrahlen und meist ebenso vielen oft undeutlichen Längslinien

Standort: In der kollinen und monta–nen Stufe auf Schuttplätzen, in Getrei–defeldern, Aeckern, an Wegrändern, beim Bahnhofsgelände auf sommer–warmen, frischen bis mässig trockenen, nährstoff–und basenreichen, neutralen und humosen Lehmböden

503 Rundb. Täschelkraut – T. rotundifólium
Pflanze 5–12 cm hoch, ausdauernd, mit langen und kriechenden Stengeln und von Juni bis Juli blühend

Thlaspi rotundifólium (L.)
GAUDIN ssp. rotundifólium
Rundblättriges Täschelkraut
Brassicáceae (Cruciferae) – Kreuzblütler

Laubblätter: An den nichtblühenden Stengeln gegenständig bis wechselstän–dig angeordnet; an den blühenden Trieben am Grunde in einer Rosette und im oberen Teil meist wechselständig angeordnet; Blätter oval bis rundlich, im unteren Teil breit gestielt, im oberen Teil sitzend, unbehaart, blaugrün gefärbt und ganzrandig oder schwach gezähnt

Blütenstand: Vielblütige Dolde mit grünlichrot gefärbten Blütenstielen

Blüten: Kelchblätter 4, 2–5 mm lang, rotgrün gefärbt, kahl und weiss beran–det; Kronblätter 4, bis 10 mm lang, lila gefärbt, meist etwas dunkel geadert und am Ende abgerundet oder etwas ein–geschnitten; Staubblätter 6; Fruchtkno–ten oberständig; Insekten– und Selbst–bestäubung

Früchte: Schoten 3–8 mm lang

Standort: In der subalpinen und alpinen Stufe in Steinschuttfluren auf sickerfrischen, humus– und feinerde–armen, lockeren, sich bewegenden und meist groben Kalkschuttböden; in den südlichen Karpaten, in den Nord– und Südalpen und den Bergamasker Alpen

504 Wilde Mondviole – L. redivíva
Pflanze 30–130 cm hoch, ausdauernd, mit kriechen–dem Wurzelstock und von Mai bis Juni blühend

Lunária redivíva L.
Wilde Mondviole
Ausdauerndes Silberblatt
Brassicáceae (Cruciferae) – Kreuzblütler

Laubblätter: Gestielt, bis 25 cm lang, schmal herzförmig, ungeteilt, gezähnt und behaart; die unteren Blätter fast gegenständig angeordnet; Blätter im oberen Bereich immer wechselständig angeordnet

Blütenstand: Vielblütige und auf–rechte Traube

Blüten: Stiele lang und kurz anliegend behaart; Kelchblätter 4, kurz behaart und 4–6 mm lang; Kronblätter 4, schmal oval, bis 20 mm lang und weiss, lila oder hellviolett gefärbt; Staubblätter 6; 2 äussere sind kurz, 4 innere sind länger; Fruchtknoten oberständig und zweifächerig; die beiden Fächer durch eine Mittelwand getrennt; Narben 2; Nachtfalter– und Bienenblume

Früchte: Schoten 3–9 cm lang, 1 bis 3 cm breit, schmal oval und gestielt

Standort: In der montanen Stufe (seltener kollin und subalpin) in luft–feuchter Klimalage an steilen Wald–hängen und in schattigen Schluchtwäl–dern auf sickerfrischen bis feuchten, nährstoff–und basenreichen, lockeren, humosen, feinererdereichen Steinschutt–böden

505 Zweijährige Mondviole – L. ánnua
Pflanze 20–90 cm hoch, mit dickem Wurzelstock, meist 2–jährig und von April bis Mai blühend

Lunária ánnua L.
Zweijährige Mondviole
Brassicáceae (Cruciferae) – Kreuzblütler

Laubblätter: Schmal oval, zuge–spitzt, mit abgerundetem Grunde und weit auseinanderliegenden, feinen Zähnen; untere mehr oder weniger gegenständig und etwas gestielt; obere wechselständig und sitzend

Blütenstand: Vielblütige und auf–rechte Traube

Blüten: Stiele kurz und abstehend behaart; Kelchblätter 4, 7–12 mm lang, mit kurzen Haaren und bei den inneren am Grunde mit je 2 mm langen Aus–buchtungen; Kronblätter 4, 10–25 mm lang und purpurn gefärbt; Staubblät–ter 6; 2 äussere sind kurz, 4 innere sind länger; Fruchtknoten oberständig und zweifächerig; die beiden Fächer durch eine Mittelwand getrennt; Falter– und Bienenblume

Früchte: Ovale bis rundliche und durchsichtige Schoten 3–4,5 cm lang mit langen Stielen; Samen 4–8 mm im Durchmesser

Standort: In der kollinen Stufe in warmen Lagen auf Schuttstellen, an Wegrändern, buschigen Hängen, in Bauerngärten als Zierpflanze und in Ruderalgesellschaften verwildert; weit verschleppte südosteuropäische Pflanze

506 Zottiges Weidenröschen – E. hirsútum
Pflanze 40–150 cm hoch, vielästig, zottig und drüsig behaart und von Juni bis September blühend

Epilóbium hirsútum L.
Zottiges Weidenröschen
Onagráceae (Oenotheráceae) – Nachtkerzengewächse

Laubblätter: Schmal oval bis lan–zettlich, 6–15 cm lang, bis 3 cm breit, mit vielen 0,5–1 cm langen, nach vorn gerichteten Zähnen und meist den Sten–gel bis zur Hälfte umfassend

Blütenstand: Einzeln in Achseln von Stengelblättern

Blüten: Lang gestielt; Kelchblätter 4, den Kronblättern anliegend, 8–10 mm lang, allmählich zugespitzt und stachel–spitzig; Kronblätter 4, 10–18 mm lang, ganzrandig, vorn ausgerandet und rot gefärbt; Staubblätter 8; Fruchtknoten unterständig; Insektenbestäubung

Früchte: Durch Längsspalten sich öffnende Kapseln; Samen mit Haar–schopf; beim Oeffnungsvorgang reissen die Früchte von oben nach unten auf und die 4 Teile der Fruchtwand werden nach aussen umgebogen; Windver–breitung

Standort: In der kollinen und monta–nen Stufe in feuchten Wäldern, Gräben, Staudenfluren, an Bächen, Quellen und im Weidengebüsch auf nassen, nähr–stoff–und basenreichen und humosen Tonböden; Licht–Halbschattpflanze; Bodenfestiger; nordwärts bis England und Südskandinavien

507 Weidenröschen – E. montánum
Pflanze 20–100 cm hoch, ohne Ausläufer, einfach– oder wenigästig und von Juni bis August blühend

Epilóbium montánum L.
Berg–Weidenröschen
Onagráceae (Oenotheráceae) – Nachtkerzengewächse

Laubblätter: Schmal oval, am Spreitengrund meist abgerundet, zugespitzt, mit spitzem oder schwach abgerundetem Ende, 3–10 cm lang, ungleich gezähnt und mit bis 1 mm langen Zähnen

Blütenstand: Blüten einzeln in den Achseln von Stengelblättern

Blüten: Lang gestielt; Kelchblätter 4, 3–5 mm lang und am Ende zuge–spitzt; Kronblätter 4, 7–12 mm lang, ganzrandig, vorn deutlich ausgerandet, weisslich–rosa und oberseits mit dun–kelrosa gefärbten Streifen; Staubblätter 8, in 2 Kreisen angeordnet; Fruchtknoten unterständig; meist Selbstbestäubung

Früchte: Durch Längsspalten sich öff–nende Kapseln; diese mit gebogenen, anliegenden Haaren und abstehenden Drüsenhaaren besetzt; Samen mit Haarschopf; Windverbreitung

Standort: Von der kollinen bis in die subalpine Stufe in krautreichen Laub–und Nadelmisch–Wäldern, Hecken, Garten– und Parkanlagen; bei Wald–wegen und Waldschlägen auf frischen, nährstoffreichen, humosen, steinigen bis lehmigen Böden in schattigen Lagen; Mullbodenpflanze

508 Quirliges Weidenröschen – E. alpéstre
Pflanze 25–80 cm hoch, unverzweigt, mit kurzem Rhizom, ohne Ausläufer und von Juni bis Aug. blühend

Epilóbium alpéstre (JACQ.) KROCKER
Quirliges Weidenröschen
Onagráceae (Oenotheráceae) – Nachtkerzengewächse

Laubblätter: Im mittleren und oberen Bereich des Stengels zu 3 oder seltener 4 quirlständig angeordnet; im unteren Teil meist zu 2 gegenständig; Blätter breit lanzettlich bis schmal oval, 4–10 cm lang, im unteren Bereich am breitesten, am Grunde abgerundet, sitzend oder kurz gestielt und deutlich gezähnt

Blütenstand: Blüten einzeln in den Achseln von Stengelblättern

Blüten: Kelchblätter 4, den Kronblättern anliegend, 2–5 mm lang, lanzettlich, gegen oben schmäler werdend, hellgrün gefärbt mit oft rötlicher Spitze und deutlich weiss behaart; Kronblätter 4, bis 10 mm lang, tief ausgerandet, rötlich gefärbt und mit dunklen Adern; Staubblätter 8 und mit hellgelben Staubbeuteln; Fruchtknoten unterständig; meist Selbstbestäubung

Früchte: Durch Längsspalten sich öffnende, leicht behaarte Kapseln

Standort: In der montanen und subalpinen Stufe in Hochstaudenfluren, an Lägerstellen und im Grünerlengebüsch auf nassen bis frischen, nährstoffreichen und meist kalkhaltigen Böden

509 Weidenröschen – E. angustifólium
Pflanze 40–140 cm hoch, mit stumpfkantigen Stengeln und von Juni bis August blühend

Epilóbium angustifólium L.
Wald–Weidenröschen
Onagráceae (Oenotheráceae) Nachtkerzengewächse

Laubblätter: Lanzettlich, 5–15 cm lang, bis 2 cm breit, nach dem abgerundeten Spreitengrund zu allmählich verschmälert, zugespitzt, mit nach unten umgebogenem Rand, kahl, oberseits dunkelgrün, unterseits blaugrün, mit kurzem Stiel und mit deutlich hervorstehenden Haupt –und Seitenadern

Blütenstand: Endständige, vielblütige und aufrechte Traube; daneben Blüten einzeln in Blattachseln

Blüten: Kelchblätter 4, schmal lanzettlich, oft so lang wie die Kronblätter und meist dunkelrot gefärbt; Kronblätter 4, 10–15 mm lang, rundlich bis breitoval, abgerundet oder schwach ausgerandet, flach ausgebreitet und purpurrot gefärbt; Staubblätter 8; Fruchtknoten unterständig

Früchte: Durch Längsspalten sich öffnende, leicht behaarte Kapseln

Standort: Von der kollinen bis in die subalpine Stufe auf Schuttplätzen, im Felsschutt, an Waldwegen, Ufern, in Staudenfluren und entlang von Wegen auf frischen, nährstoffreichen und humosen Lehmböden; tiefwurzelnd; nordwärts bis Nordnorwegen und Südfinnland

510 Weidenröschen – E. fleíscheri
Pflanze 20–50 cm hoch, mit zahlreichen Stengeln, bogig aufsteigend und von Juli bis August blühend

Epilóbium fleíscheri HOECHST
Fleischers Weidenröschen
Onagráceae (Oenotheráceae) – Nachtkerzengewächse

Laubblätter: Lineal lanzettlich, 3 bis 5 cm lang, bis 5 mm breit, kahl, mit vielen zahnähnlichen Drüsen am seltener umgerollten Rand und einer deutlich sichtbaren Mittelader; Seitenadern kaum sichtbar

Blütenstand: Meist Blüten einzeln in Blattachseln

Blüten: Lang gestielt; Kelchblätter 4, schmal lanzettlich, meist so lang wie die Kronblätter und braunrot gefärbt; Kronblätter 4, oval, bis 2 cm lang, stumpf und dunkelrosa gefärbt; Staubblätter 8; Fruchtknoten unterständig; Griffel bis zur oder auch über die Mitte behaart; Insektenbestäubung

Früchte: Durch Längsspalten sich öffnende Kapseln; zahlreiche Samen mit Haarschopf; Windverbreitung

Standort: In der subalpinen und alpinen (seltener montan)Stufe auf Moränen, Felsschutt, bei Gletscherbächen, im Kies der Gebirgsflüsse auf wechseltrockenen, basenreichen, meist kalkarmen, lockeren und feinerdearmen Sand –und Kiesböden; Pionier auf Schwemmsand; Wurzelkriechpionier und Bodenfestiger; ziemlich häufig anzutreffende Alpenpflanze

511 Wiesen–Schaumkraut – C. praténsis
Pflanze 15–60 cm hoch, vielfach unverzweigt und von April bis Juli blühend

Cardámine praténsis L.
Wiesen–Schaumkraut
Brassicáceae (Cruciferae) – Kreuzblütler

Laubblätter: Grundständige rosettenartig angeordnet, mit 2–7 Teilblattpaaren und einem grösseren Endblatt; Stengelblätter mit 7,9,11 oder 13 schmal ovalen Teilblättern

Blütenstand: Endständige Traube mit lang gestielten Blüten

Blüten: Kelchblätter 4, 2,5–4 mm lang und hellgelb –bis hellgrün gefärbt; Kronblätter 4, 7–14 mm lang, schmaloval und violett, lila, rosa oder weiss gefärbt; 2 äussere kürzere und 4 innere längere Staubblätter; Fruchtknoten oberständig, mit einer Scheidewand versehen; Insektenbestäubung

Früchte: Stabförmige und vielsamige Schoten; bei der Reife werden die Samen weggeschleudert

Standort: In der kollinen und montanen Stufe besonders in Fettwiesen, Nasswiesen, Auen –oder feuchten Laubmischwäldern und an Ufern auf frischen bis feuchten, nährstoffreichen, leicht sauren bis neutralen und humosen Ton –und Lehmböden; auch auf torfigen Böden anzutreffen; wichtiger Nährstoffzeiger; guter Wiesenbildner; nordwärts bis Südschweden; auch in die USA verschleppt

512 Steinschmückel – P. pyrenáica
Pflanze ausdauernd, rasenbildend, mit dünnem und verzweigtem Rhizom und von Juni bis Juli blühend

Petrocállis pyrenáica (L.) R. BR.
Steinschmückel
Brassicáceae (Cruciferae) – Kreuzblütler

Laubblätter: Alle in einer grundständigen Rosette, keilförmig, dreiteilig, (seltener fünfteilig), 5–9 mm lang, und bewimpert

Blütenstand: Einzelblüten oder wenigblütige Trauben; Stengel fast nur aus dem Blütenstand bestehend

Blüten: Kelchblätter 4, 2–3 mm lang, schmal oval und rötlich gefärbt; Kronblätter 4, 4–6 mm lang, breit oval, vorn abgerundet, hell lila gefärbt, mit dunkleren Streifen und flach ausgebreitet; ältere Blüten heller gefärbt; 2 äussere kürzere und 4 innere längere Staubblätter; diese deutlich über den Kronrand hervortretend; Fruchtknoten oberständig, mit einer Scheidewand

Früchte: Schoten 4–6 mm lang, netzaderig, kahl und mit kurzem Griffel versehen; Fruchtstiele behaart

Standort: In der alpinen (seltener subalpin) Stufe auf Felsschutt, in Felsspalten, Steinrasen auf sonnigen, feinerdearmen Kalk –oder Dolomitgesteinen; besonders in den nördlichen Alpenketten; fehlt in der Schweiz auf der Alpensüdseite; geschützt; eine mittel –und südeuropäische Gebirgspflanze in den Pyrenäen, Alpen und den Karpaten

513 Grosser Wiesenknopf – S. officinális
Pflanze 30–90 cm hoch, meist kahl, ausdauernd und von Juni bis September blühend

Sanguisórba officinális L.
Grosser Wiesenknopf
Rosáceae – Rosengewächse

Laubblätter: Gefiedert; Teilblätter 7,9,11,13 oder 15, schmal oval, am Ende abgerundet und mit feiner Spitze, gestielt, bis 5 cm lang, mit groben und spitzen Zähnen, oberseits dunkelgrün –und unterseits blaugrün gefärbt; grundständige Blätter eine Rosette bildend; Stengelblätter nur mit wenigen Fiederblättern

Blütenstand: Kugelige bis zylindrische, dichtblütige und 1,5–5 cm lange Traube

Blüten: Jede Blüte mit einem Tragblatt und 2 Vorblättern; Kelchblätter 4, oval, bis 4 mm lang und dunkelrot gefärbt; Staubblätter 4, so lang wie die Kelchblätter; Narbe auf dem Griffel als narbenförmiges Köpfchen ausgebildet; Insektenbestäubung

Früchte: Einsamig und vom harten Kelchbecher umschlossen; Windverbreitung

Standort: Von der kollinen bis in die subalpine Stufe in Fettmatten, Wiesen, bei Wegrändern, auf Flachmooren und an Wegrändern auf sicker –bis wechselfeuchten, mehr oder weniger nährstoffreichen, neutralen bis leicht sauren und humosen Lehm –und Tonböden; Tiefwurzler; Feuchtigkeitszeiger

514 Hohlknolliger Lerchensporn – C. cava
Pflanze 10–30 cm hoch, mit kugeliger und hohler Knolle und von März bis April blühend

Corydális cava (MILL.)
Hohlknolliger Lerchensporn
Fumariáceae – Erdrauchgew.
Laubblätter: Gestielt, blaugrün gefärbt, aus 3 Teilblättern zusammengesetzt, die ebenfalls gestielt sind; Teilblätter 3 teilig mit mehrteiligen und gezähnten Abschnitten
Blütenstand: Vielblütige Traube
Blüten: In den Achseln von ovalen, ganzrandigen Tragblättern und 1,5 bis 3 cm lang; Kelchblätter nur sehr klein; Kronblätter 4 und purpurn oder seltener weiss gefärbt; von den 2 äusseren das obere rückwärts und am Ende nach unten gespornt, vorn verbreitert und nach oben gebogen, das untere vorn verbreitert und nach unten gebogen; innere 2 Kronblätter gleich gestaltet und vorn verwachsen; Staubblätter 4; Fruchtknoten oberständig und aus 2 Fruchtblättern zusammengesetzt; Griffel mit 2 Narben; Bienenblume
Früchte: Zweiklappig aufspringende Kapseln 2–2,5 cm lang und mehrsamig
Standort: In der kollinen und montanen Stufe in Parkanlagen, krautreichen Buchen –und Eichenwäldern, Auenwäldern, Obstgärten und Weinbergen auf frischen bis feuchten, nährstoff –und basenreichen, tiefgründigen und humosen Lehmböden; guter Nährstoff –und Lehmzeiger

515 Rundb. Fettkraut – S. anacámpseros
Pflanze 10–25 cm hoch, bogig aufsteigend, ausdauernd und von Juli bis September blühend

Sedum anacámpseros L.
Rundblättriges Fettkraut
Wund –Mauerpfeffer
Crassuláceae – Dickblattgew.
Laubblätter: 1–3,5 cm lang, oval bis verkehrt eiförmig, flach, ganzrandig, am Ende stumpf oder abgerundet, sitzend, wechselständig angeordnet, fleischig und am Grunde mit einem etwa 1 mm langen, spornartigen Fortsatz; nichtblühende Triebe gegen die Spitze zu dicht beblättert
Blütenstand: Vielblütige, halbkugelige Trugdolde
Blüten: Kelchblätter 5, 3–5 mm lang, schmal oval, zugespitzt, auf hellgelbem Grund oft mit roten Flecken und mit einwärts gebogener hakenförmiger Spitze; Kronblätter 5, bis 8 mm lang, zugespitzt mit undeutlichem, grünlich gefärbtem Kiel und schmutzigrot bis schmutzigrosa gefärbt; oberseits mit roten Flecken oder Längsstreifen; Staubblätter 10, in 2 Kreisen angeordnet; die einzelnen Fruchtblätter oberständig
Früchte: Mehrsamige Balgfrüchte auf der Innenseite in der Längsrichtung aufspringend
Standort: In der subalpinen und alpinen Stufe an Felsen, in Schutthalden und an felsigen Hängen; kalkfliehend; auf saurer Gesteinsunterlage

Saponária officinális L.
Echtes Seifenkraut
Caryophylláceae – Nelkengew.
Laubblätter: 5–15 cm lang, elliptisch bis lanzettlich, zugespitzt, ganzrandig und gegenständig angeordnet
Blütenstand: Rispenähnlich oder Blüten in den Achseln der oberen Blätter büschelig gehäuft
Blüten: Kelchblätter 1,5–2,5 cm lang, verwachsen, kahl oder fein behaart und mit ungleichen Zähnen; Kronblätter 5, rosa, hell fleischfarbig bis seltener weiss gefärbt, schmal verkehrt eiförmig und am Ende abgerundet oder schwach eingeschnitten; beim Schlundeingang mit bis 2 mm hoher Schuppe; Staubblätter 10; Fruchtknoten oberständig
Früchte: Vielsamige, bis 20 mm lange und mit Zähnen aufspringende Kapseln
Standort: In der kollinen (seltener montan oder subalpin) Stufe bei Wegrändern, Dämmen, Kiesbänken, an Schuttplätzen, Flussufern und in Unkrautfluren auf mässig trockenen bis frischen, nährstoffreichen, mässig sauren und humosen Stein –, Sand –oder Kiesböden in wärmeren Lagen; Stromtalpflanze, Nachtfalterpflanze; als Nutz –und Heilpflanze; Wurzelauszüge werden für die Herstellung von Seifen verwendet

516 Echtes Seifenkraut – S. officinális
Pflanze 30–70 cm hoch, ausdauernd, mit kriechendem Rhizom und von Juli bis September blühend

517 Kuhkraut – V. hispánica
Pflanze 30–60 cm hoch, 1–jährig, mit einer Pfahlwurzel versehen und von Juni bis Juli blühend

Vaccária pyramidáta MEDIKUS
Vaccária hispánica (MILL.) RAUSCHERT
Kuhkraut, Kuhnelke
Caryophylláceae – Nelkengew.
Laubblätter: 5–10 cm lang, herzförmig bis lanzettlich, am Grunde verwachsen, ganzrandig, kahl, zugespitzt und blaugrün gefärbt
Blütenstand: Lockerblütige, rispenartige/trugdoldenähnliche Blütenstände mit lang gestielten Blüten
Blüten: Kelchblätter 5, miteinander verwachsen, 10–17 mm lang, kahl, mit meist rötlich berandeten Zähnen, scharf 5 kantig und besonders zur Fruchtzeit aufgeblasen; Kronblätter 5, rosa gefärbt, schmal verkehrt eiförmig, am Ende deutlich eingeschnitten, 15–20 mm lang und am stielartig verschmälerten Teil – dem Nagel – mit 2 häutigen Flügelleisten; Staubblätter 10; Fruchtknoten oberständig; Schmetterlings –und Selbstbestäubung
Früchte: Vielsamige, bis 1cm lange Kapseln
Standort: In der kollinen und montanen Stufe auf Schuttplätzen, in Getreidefeldern und bei Aeckern in warmen Lagen auf trockenen, kalkreichen, mehr oder weniger humosen und steinigen Lehm –und Tonböden; bis 50 cm tief wurzelnd; nicht häufig anzutreffen

Sempervívum tectórum L.
Gemeine Hauswurz
Crassuláceae –
Dickblattgewächse
Laubblätter: Rosettenblätter rasch zugespitzt, grünlich bis hellrot gefärbt, auf den Flächen meist kahl und am Rande deutlich gewimpert; Stengelblätter meist langsam zugespitzt, grün gefärbt, unterseits an der Spitze oft dunkelrot und am Rande deutlich gewimpert
Blütenstand: Mehrere doldenartig angeordnete Aeste endständig angeordnet; meist über 30 Blüten
Blüten: Kelchblätter 12–16 und am Grunde meist miteinander verwachsen; Kronblätter lanzettlich, 12–16, purpurrosa bis schmutzigrot gefärbt, 8–12 mm lang, deutlich gewimpert und fein zugespitzt; Staubblätter doppelt so viele wie Kronblätter, in 2 Kreisen angeordnet und mit purpurrosa Staubfäden; 12–16 freie Fruchtblätter ringförmig angeordnet
Früchte: Mehrsamige Balgfrüchte
Standort: Von der montanen bis in die alpine Stufe in Felsbandrasen und trockenen Wiesen in sonniger Lage auf einer kalkfreien Unterlage (auch auf trockenen Silikatfelsen); eine mittel –und südeuropäische Gebirgspflanze

518 Echte Hauswurz – S. tectórum
Pflanze 30–60 cm hoch, ausdauernd, mit fleischigen Blättern und von Juli bis September blühend

519 Gemeine Hauswurz – S. tectórum
Pflanze 5–20 cm hoch, ausdauernd, mit kleiner Rosette und von Juni bis August blühend

Sempervívum arachnoídeum L.
Spinnweb –Hauswurz
Crassuláceae –
Dickblattgewächse
Laubblätter: Rosettenblätter lanzettlich, mit rotbrauner Spitze und bei Pflanzen an sonnigen Standorten mit einem dichten Haarüberzug; Stengelblätter schmal oval, langsam zugespitzt, am Grunde abgerundet, anliegend, fleischig, drüsig und gelblich bis rötlich gefärbt
Blütenstand: Einzelne Dolde oder mehrere doldenartige Aeste
Blüten: Kelchblätter 6–12, am Grunde meist verwachsen und halb so lang wie die Kronblätter; diese schmal oval, kurz und fein zugespitzt, hellrot bis karminrot gefärbt, meist mit je einem dunkelroten Streifen und am Rande drüsig bewimpert; Staubblätter doppelt so viele wie Kronblätter (in zwei Kreisen angeordnet); Staubbeutel dunkelrot; Staubfäden mittelrot; die freien Fruchtblätter kreisförmig angeordnet; Insektenbestäubung
Früchte: Vielsamige Balgfrüchte
Standort: Von der kollinen bis in die alpine Stufe auf Felsköpfen, in Silikatmagerrasen, Steinschutthalden und Blockfeldern auf sommerwarmen, trockenen, nährstoff –und basenarmen, kalkfreien und feinerdearmen Böden

520 Ganzb. Primel – P. integrifólia
Pflanze 3–6 cm hoch, ausdauernd, mit kurzem, senk–rechtem Rhizom und von Juni bis Juli blühend

Prímula integrifólia L. em. GAUDIN
Ganzblättrige Primel
Primuláceae – Schlüsselblumengewächse

Laubblätter: Elliptisch, meist ganz–randig, bis 2,5 cm lang und 1 cm breit, gegen den Grund zu langsam ver–schmälert, an der Spitze stumpf oder abgerundet, am Rande mit zahlreichen, kurzen, farblosen Drüsenhaaren und ohne Mehlstaub

Blütenstand: Aufrechte und 1 bis 3–blütige Dolde

Blüten: Kelchblätter 5, bis weit hinauf verwachsen, bis 9 mm lang und braunrot gefärbt; Zipfel meist abgerundet; Kelch und Blütenstiele mit farblosen Drüsen–haaren; Kronblätter 5, verwachsen, rotviolett, am Schlund mit hellem Ring, mit Drüsenhaaren und deutlich einge–schnitten; Kronzipfel 5–10 mm lang und trichterförmig ausgebreitet; Staubblätter 5; Fruchtknoten oberständig

Früchte: 4–6 mm lange Kapseln

Standort: Meist in der alpinen (selte–ner subalpin) Stufe in Flachmooren, feuchten Mulden, frischen Magerrasen, am Rande von Schneetälchen auf ziem–lich feuchten, bodensauren, feinerde–reichen und lange vom Schnee bedeck–ten Böden; Vorarlberg–Schweiz

521 Blut–Weiderich – L. salicária
Pflanze 30–150 cm hoch, am Grunde verholzt, aus–dauernd und von Juli bis August blühend

Lythrum salicária L.
Blut–Weiderich
Lythráceae – Weiderichgew.

Laubblätter: 5–15 cm lang, lanzett–lich, ganzrandig, am Grunde abgerun–det oder ausgerandet, sitzend und am Ende zugespitzt; Blattadern deutlich hervortretend; Blätter im unteren Bereich gegenständig oder zu 3 quirlständig, in der Mitte und oben wechsel –bis ge–genständig

Blütenstand: Ueber 10 cm lange Aehre

Blüten: In der Aehre zu mehreren in den Blattachseln; Kelchbecher 4–7 mm lang, behaart, mit 12 Rippen, 2–3 mm langen Zwischenzähnen und 6 Kelch–zähnen; Kronblätter 6, dunkelpurpurn gefärbt (seltener weiss), lanzettlich und 6–12 mm lang; Staubblätter 12; Fruchtknoten oberständig; Insekten–bestäubung

Früchte: 3–6 mm lange, vielsamige und vom Fruchtbecher umschlossene Kapseln

Standort: In der kollinen (seltener montan) Stufe in feuchten und stauden–reichen Wiesen, bei Gräben und in Flachmooren auf feuchten bis nassen, nährstoff –und basenreichen, mässig sauren und humosen Lehm –und Ton–böden; Sumpfhumuspflanze; Tiefwurzler

522 Rote Waldnelke – S. dióica
Pflanze 20–90 cm hoch, dicht behaart, 1–bis mehrblütig und von April bis September blühend

Siléne dióica (L.) CLAIRV.
Rote Waldnelke
Caryophylláceae – Nelkengew.

Laubblätter: Grundständige oval bis breit lanzettlich; Stengelblätter oval, ganzrandig, zugespitzt, 5–10 cm lang, behaart und ungestielt

Blütenstand: Blüten locker rispen–artig angeordnet

Blüten: Geruchlos; Kelchblätter 5, verwachsen, 10–15 mm lang, behaart und braunrot gefärbt; Kelchzähne fein zugespitzt; Kronblätter 5, vorn oft bis in die Mitte eingeschnitten, mit abgerun–deten Abschnitten, hellpurpurn gefärbt und 10–25 mm lang; am Schlund–gang mit 2 teiliger, bis 2 mm hoher Schuppe (Nebenkrone); die Blüten sind eingeschlechtig und zweihäusig verteilt; männliche Blüten nur mit 10 Staubblät–tern; weibliche Blüten mit oberständi–gem Fruchtknoten und 5 Griffeln; Hummelblume

Früchte: Kapseln 8–14 mm lang und sich mit 10 Zähnen öffnend

Standort: Von der kollinen bis in die subalpine Stufe in Laubmisch –und Auenwäldern, feuchten Fettwiesen, Hochstaudenfluren und bei Lägerstellen auf frischen bis feuchten, nährstoff –und basenreichen, humosen und lockeren Lehm –und Tonböden; Tiefwurzler

523 Jupiternelke – S. flos–jóvis
Pflanze 20–60 cm hoch, dicht weiss behaart, aus–dauernd und von Juni bis Juli blühend

Lychnis flos–jóvis (L.)DESR.
Siléne Flos–Jóvis CLAIRV.
Jupiternelke
Caryophylláceae – Nelkengew.

Laubblätter: Schmal oval bis läng–lich, 5–10 cm lang, zugespitzt, ganz–randig, weiss behaart, ungestielt und gegenständig angeordnet

Blütenstand: Blüten am Ende des Stengels trugdoldenartig (kopfig) angeordnet

Blüten: Kelch bis 15 mm lang, dicht weisswollig behaart, gleichmässig zehn–rippig (Rippen meist dunkler gefärbt) und mit feinen, zugespitzten Zähnen; Kronblätter 5, 15–30 mm lang, ober–seits purpurn gefärbt, ausgerandet und mit abgerundeten Abschnitten; am Schlundeingang mit bis zwei langen, noch oft gezähnten Schuppen (Neben–krone); Staubblätter 10; Fruchtknoten oberständig und mit 5 Griffeln

Früchte: Kapseln 10–15 mm lang, kurz gestielt und sich mit 5 Zähnen öffnend; Samen bis 1 mm im Durchmesser, ab–geflacht, dunkel gefärbt und mit körniger Oberfläche

Standort: In der montanen und sub–alpinen Stufe in lichten Wäldern und Gebüschen auf lockeren, kalkarmen, meist etwas trockeneren Böden in wär–meren Lagen

524 Sonnenröschen – Heliánthem
Pflanze 10–30 cm hoch, mit Drüsenhaaren, kleinere Teppiche bildend und von Juni bis August blühend

Heliánthemum–Hybrid
Sonnenröschen (Gartenform)
Cistáceae – Cistrosengewächse

Laubblätter: Schmal oval, kurz gestielt, meist stumpf, 1–4 cm lang, dunkelgrün gefärbt und gegenständig angeordnet; Nebenblätter lanzettlich und zugespitzt

Blütenstand: Traubenähnlich (Wickel)

Blüten: Im Durchmesser Kelchblätter 5, ungleich gross (drei innere grösser als die beiden äusseren), schmal oval und meist mittelgrün gefärbt; Kronblätter 5 (–6), breit oval, am oberen Rand un–regelmässig gewellt, im oberen Bereich hell–dunkelgelb und im unteren Bereich dunkelgelb bis rotbraun gefärbt; Staubblätter zahlreich; Fruchtblätter 3; diese zu einem oberständigen Frucht–knoten verwachsen; Insektenbestäubung

Früchte: Vielsamige und fachspaltige Kapseln; Samen meist eiförmig und mit undeutlichen Kanten

Standort: In der kollinen und auch montanen Stufe in Gärten und Park–anlagen hin und wieder angepflanzt; die Gattung Sonnenröschen umfasst über 80 Pflanzenarten und hat das Verbreitungsschwergewicht im Mittel–meerraum

525 Gletscher–Nelke – D. glaciális
Pflanze 2–6 cm hoch, ausdauernd, mit mehrköpfigem Rhizom, sterilen Blattrosetten und bis Aug. blühend

Diánthus glaciális HAENKE
Gletscher–Nelke
Caryophylláceae – Nelkengewächse

Laubblätter: Lineal lanzettlich, 2 bis 5 cm lang, kurz zugespitzt oder stumpf und sitzend; Blattscheiden bis 2 mal so lang wie die Blattbreite

Blütenstand: Blüten einzeln am Ende der Stengel

Blüten: Kelchblätter 5, röhrenförmig verwachsen, bis 15 mm lang und kahl; Kelchschuppen oval, gleich lang oder länger als die Kelchröhre und langsam in eine Spitze verschmälert; Kronblätter 5, breit oval, bis 10 mm lang, oberseits hellviolett bis purpurn, gegen den Schlund zu mit dunkelroten Strichen, Streifen und Punkten, mit hellen Haaren um den Schlundeingang und vorn deutlich gezähnt; Staubblätter 10; Fruchtknoten oberständig; Griffel 2; Insektenbestäubung

Früchte: Sich mit Zähnen öffnende Kapseln

Standort: In der alpinen Stufe in Rasen und bei windexponierten Graten auf steinigen und kalkhaltigen Böden; diese ostalpin–karpatische Pflanze reicht westwärts bis Tirol, Graubünden und ins Veltlin; eine nicht sehr häufig anzutreffende Art

526 Felsennelke – P. saxífraga
Pflanze 10–25 cm hoch, mit kurzem Wurzelstock, meist kahl, ausdauernd und von Juni bis Sept. blühend

Petrorhágia saxífraga (L.) LINK
Túnica saxífraga SCOP.
Steinbrech – Felsennelke
Caryophylláceae – Nelkengew.
Laubblätter: 5–10 mm lang, schmal lanzettlich, ganzrandig, zugespitzt und gegenständig angeordnet

Blütenstand: Blüten einzeln in lokkeren, rispenförmigen Blütenständen

Blüten: Kelchblätter 5, verwachsen, grünlich gefärbt, 4–6 mm lang, kahl, zusammen glockenförmig und von 4 häutigen, schuppenförmigen Blättern umgeben; Kelchzähne etwa halb so lang wie die Kelchröhre, zugespitzt und oft am Ende rötlich gefärbt; Kronblätter 5, hell lila bis satt rosa gefärbt, verkehrt–eiförmig, am Ende ausgerandet, 6 bis 10 mm lang und im unteren Bereich mit violetten Streifen; an ihren Stielen sind keine Flügelleisten vorhanden; Staubblätter 10; Fruchtknoten oberständig; Insektenbestäubung

Früchte: Vielsamige, bis 6 mm lange Kapseln

Standort: In der kollinen und montanen (seltener subalpin) Stufe auf Trokkenwiesen, in Felsen – und Trockenrasen auf warmen, trockenen, kalkreichen, neutralen, humosen und feinerdearmen Stein –, Kies –oder Sandböden; eine südeuropäische Pflanze; nordwärts bis Mittelfrankreich / fränkischer Jura

527 Karthäusernelke – D. carthusianórum
Pflanze 10–40 cm hoch, ausdauernd, mit verzweigtem Rhizom, sterilen Blattrosetten und bis Okt. blühend

Diánthus carthusianórum L.
Karthäuser – Nelke
Caryophylláceae – Nelkengew.
Laubblätter: Schmal lineal, höchstens 2–3 mm breit, fein zugespitzt, etwas herablaufend, gegenständig angeordnet und blaugrün gefärbt

Blütenstand: Einzeln oder zu mehreren am Ende des Stengels kopfartig gehäuft; Hüllblätter lanzettlich, lang begrannt und braun bis gelblich braun gefärbt

Blüten: Kelchblätter meist 5, bis 18 mm lang und kahl; Kelchschuppen jeweils in eine Granne ausgezogen; Kronblätter 5; ausgebreitete Teile verkehrt eiförmig, 5–15 mm lang, dunkelpurpurn gefärbt, seitlich ganzrandig, am oberen Ende unregelmässig gezähnelt und mit einzelnen Haaren; Staubblätter 10, mit dunkelvioletten Staubbeuteln; Fruchtknoten oberständig; Tagfalterblume

Früchte: Sich mit 4 Zähnen öffnende Kapseln; Samen bis 2,5 mm lang

Standort: Von der kollinen bis in die subalpine Stufe in lichten Wäldern, Trockenwiesen, Weiden, Kalk – Magerrasen, an Felsen, Waldrändern und Böschungen auf ziemlich trockenen, warmen, basen – und kalkreichen, humosen und gern steinigen und lockeren Lehm – und Lössböden

528 Gewöhnliche Pechnelke – V. vulgáris
Pflanze 20–60 cm hoch, mit grundständiger Blattrosette, ausdauernd und von Mai bis Juli blühend

Viscária vulgáris BERNH.
Lychnis viscária L.
Gewöhnliche Pechnelke
Pechnelken – Leimkraut
Caryophylláceae – Nelkengew.
Laubblätter: 1–4 cm lang, schmal lanzettlich, ganzrandig, zugespitzt und gegenständig angeordnet

Blütenstand: Blüten rispenartig/traubig angeordnet

Blüten: Kurz gestielt; Kelchblätter 5, verwachsen, rötlich gefärbt, 10–15 mm lang und kahl; Kelch 10 rippig; Kelchzähne sehr kurz und zugespitzt; Kronblätter 5, spatelförmig, vorn abgerundet (seltener etwas ausgerandet) und 15–20 mm lang; am Schlundeingang mit bis 3 mm hohen Schuppen (Nebenkrone); Staubblätter 10; Fruchtknoten oberständig; Griffel 5; Tagfalterblume

Früchte: Gestielte Kapseln bis 7 mm lang und sich mit 5 Zähnen öffnend; Samen bis 0,5 mm im Durchmesser und dunkel gefärbt

Standort: In der kollinen (seltener montan) Stufe in lichten Wäldern, lichten Gebüschen, Trockenwiesen, Magerrasen, Magerweiden und Heiden auf trockenen, mässig nährstoff –und basenreichen, neutralen bis mässig sauren, kalkarmen, humosen und sandigen Lehmböden

529 Kornrade – A. githágo
Pflanze 20–80 cm hoch, 1–jährig, mit verzweigten Stengeln und von Juni bis August blühend

Agrostémma githágo L.
Kornrade
Caryophylláceae – Nelkengew.
Laubblätter: 2–5 cm lang, sehr schmal lanzettlich, ganzrandig, zugespitzt und gegenständig angeordnet; Blätter ohne Nebenblätter

Blütenstand: Lang gestielte Einzelblüten

Blüten: Kelchblätter 5, 3–5 cm lang (seltener bis 10 cm), verwachsen und behaart; Kelchzipfel länger als der verwachsene Kelchteil; Kronblätter 5, oval, 2–4 cm lang, trüb purpurn gefärbt, im unteren Teil weisslich, mit dunkelroten Streifen, am Ende etwas ausgerandet, ohne Nebenkrone und kürzer als die Kelchzipfel; Staubblätter 10; Fruchtknoten oberständig, mit 5 Griffeln und behaarten Narben; Schmetterlings –und Bienenblume

Früchte: Vielsamige Kapseln; Samen bis 3,5 mm im Durchmesser und giftig

Standort: In der kollinen und montanen Stufe auf Schuttplätzen in Getreidefeldern in wärmeren Lagen auf frischen bis trockenen, etwas sauren, humosen, sandigen oder reinen Lehmböden; bis 80 cm tief wurzelnd; durch Reinigung des Saatgutes ging die Pflanze in den letzten Jahren stark zurück

530 Rauhe Nelke – D. arméria
Pflanze 25–45 cm hoch, im oberen Teil rauhhaarig, ohne sterile Triebe und von Juni bis August blühend

Diánthus arméria L.
Rauhe Nelke
Caryophylláceae – Nelkengew.
Laubblätter: Schmal lanzettlich, zugespitzt, rauhhaarig, gegenständig angeordnet und grün bis blaugrün gefärbt

Blütenstand: 2–10 Blüten am Ende der Zweige büschelig oder kopfig angeordnet und von schmal lanzettlichen Blättern umgeben

Blüten: Kelchblätter 5, bis 20 mm lang, dicht und kurz behaart und zugespitzt; Kronblätter 5; ausgebreiteter Teil jeweils 3–6 mm lang, schmal verkehrt–eiförmig, im oberen Teil unregelmässig gezähnt, oberseits purpurn gefärbt und mit zahlreichen weissen Punkten und Flekken; gegen den Schlund zu Punkte dunkler und mit einzelnen hellen Haaren; Staubblätter 10; Staubbeutel dunkelpurpurn; Fruchtknoten oberständig; Tagfalterblume

Früchte: Mit 4 Zähnen sich öffnende Kapseln; Samen 1–1,5 mm lang

Standort: In der kollinen (seltener montan) Stufe in Trockenwiesen, Gebüschen, an Wegrändern, Waldrändern und bei Schuttplätzen auf mässig frischen bis ziemlich trockenen, mässig nährstoff –und basenreichen, humosen und reinen oder etwas sandigen Lehmböden; wärmeliebend

531 Alpen – Grasnelke – A. alpína
Pflanze 10–20 cm hoch, ausdauernd, mit Pfahlwurzel, Blattrosette und von Juli bis August blühend

Arméria alpína WILLD.
Statíce montána MILLER
Alpen – Grasnelke
Plumbagináceae –
Bleiwurzgewächse
Laubblätter: Schmal lineal, 1–3 aderig, parallelrandig, zugespitzt, 1 bis 3 mm breit, gegen den Grund zu etwas verschmälert und kahl

Blütenstand: Blütenköpfe 2–3 cm im Durchmesser, vielblütig, mit stumpfen oder spitzen äusseren –und stumpfen inneren Hüllblättern; Blütenstiele 2 bis 3 mm lang und weisslich bis grün gefärbt

Blüten: Kelchblätter 5, röhrig verwachsen, gefaltet, auf den 10 Adern dicht behaart, weisslich und trockenhäutig; Kronblätter 5 und nur am Grunde verwachsen; ausgebreitete Teile schmal verkehrt–eiförmig, rosa gefärbt und oft mit dunkelroten Streifen; Staubblätter 5, vor den Kronblättern stehend; Fruchtknoten oberständig und aus 5 Fruchtblättern verwachsen

Früchte: Trockene Schliessfrüchte am Grunde sich ringförmig öffnend

Standort: In der alpinen (seltener subalpin) Stufe zerstreut in Magerrasen und im Felsschutt auf steinigen, kalkarmen Böden wärmerer Lagen; eine mittel –und südeuropäische Gebirgspflanze der Alpen und der Pyrenäen

532 Kuckucksnelke – L. flos–cucúli
Pflanze 20–80 cm hoch, ausdauernd, mit unver–
zweigten Stengeln und von Mai bis August blühend

Lychnis flos – cucúli L.
Siléne flos – cucúli L.
Kuckucksnelke
Caryophylláceae – Nelkengew.
Laubblätter: Schmal lineal, 4–8 cm
lang, ganzrandig, vorn meist abgerun–
det und gegenständig angeordnet; ne–
ben den Stengelblättern grundständige
Blattrosette vorhanden
Blütenstand: Gestielte Blüten ris–
penartig angeordnet
Blüten: Kelchblätter 5, verwachsen,
5–9 mm lang und kahl; Kelchzähne
spitz dreieckig; die 10 Rippen dunkelrot
gefärbt; Kronblätter 5, rosa gefärbt
(selten ganz weiss), 10–25 mm lang und
tief 4 teilig; einzelne Abschnitte schmal–
lineal, zugespitzt oder stumpf; am
Schlundeingang mit oft noch gezähnten
bis 3mm langen Schuppen (Nebenkro–
ne); Staubblätter 10; Fruchtknoten
oberständig, mit 5 Griffeln
Früchte: Kapseln bis 8 mm lang und
sich mit 5 Zähnen öffnend; Samen im
Durchmesser bis 1 mm, dunkel und mit
körniger Oberfläche
Standort: In der kollinen und monta–
nen (seltener subalpin) Stufe in feuchten
Fettwiesen, Riedwiesen und Flachmoo–
ren auf wechselfeuchten bis nassen,
nährstoffreichen, mässig sauren und
humosen Lehm –und Tonböden

533 Pracht–Nelke – D. supérbus
Pflanze 20–60 cm hoch, ausdauernd, mit dünnem
Rhizom und von Juni bis September blühend

Diánthus supérbus L.
Pracht – Nelke
Caryophylláceae – Nelkengew.
Laubblätter: Schmal lanzettlich, 3 bis
5 cm lang (seltener bis 15 cm), ganz–
randig, fein zugespitzt und gegenstän–
dig angeordnet; Blattscheiden 1–2 mal
so lang wie die Blattbreite
Blütenstand: Gestielte Blüten einzeln
oder in wenigblütiger Traube
Blüten: Kelchblätter 5, verwachsen,
20–30 mm lang und kahl; Kelchschup–
pen 3–4 mal kürzer als die Kelchröhre
und kurz begrannt; Kronblätter 5, bis
über die Mitte hinaus fiederartig zer–
schlitzt, 10–35 mm lang, gegen den
Schlund zu grünlich und mit dunkleren
Haaren und oberseits lila bis hellpurpurn
gefärbt; Staubblätter 10; Fruchtknoten
oberständig und mit 2 Griffeln
Früchte: Kapseln sich mit 4 Zähnen
öffnend; Samen 2–3 mm lang und mit
verdickten Rändern
Standort: In der subalpinen (seltener
montan und alpin) Stufe auf Weiden,
Moorwiesen, in Wiesen, bei lichten
Waldstellen und an Grabenrändern auf
wechselnassen bis wechselfeuchten, oft
steinigen, mehr oder weniger nähr–
stoffreichen, aber stickstoffarmen,
kalkhaltigen und neutralen Ton– und
auch Torfböden

534 Felsen–Primel – P. hirsúta
Pflanze ausdauernd, mit kurzem, mehr oder weniger
senkrechtem Rhizom und von Juni bis Juli blühend

Prímula hirsúta ALL.
Prímula viscósa VILL.
Felsen – Primel
Behaarte Schlüsselblume
Primuláceae –
Schlüsselblumengewächse
Laubblätter: Oval bis rundlich,
plötzlich in den kurzen, geflügelten
Blattstiel verschmälert, von der Mitte
an buchtig gezähnt, beiderseits klebrig und
weisslich grün bis mittelgrün gefärbt
Blütenstand: Mehrblütige Dolde mit
3–10 mm langen Blütenstielen
Blüten: Kelchblätter 5, verwachsen
und hellgrün gefärbt; Kelchzähne bis
2,5 mm lang; Kronblätter 5, miteinander
verwachsen und violettrosa gefärbt;
ausgebreiteter Teil der Kronblätter ver–
kehrt eiförmig, keilförmig verschmälert
und am oberen Ende deutlich einge–
schnitten; Staubblätter 5; Fruchtknoten
oberständig
Früchte: Kapseln
Standort: In der subalpinen und al–
pinen Stufe an Felsen, in Rasen und
ruhendem Schutt auf steinigen, kalk–
armen und schwach sauren bis basischen
Böden; eine alpine und pyrenäische
Pflanze, die in den Alpen besonders in
den Zentral – und den nördlichen Süd–
alpen zu finden ist; Pyrenäen und östlich
bis Hohe Tauern

535 Mehlprimel – P. farinósa
Pflanze 5–20 cm hoch, ausdauernd, mit kurzem
Rhizom und von Mai bis Juli blühend

Prímula farinósa L.
Mehlprimel
Primuláceae –
Schlüsselblumengewächse
Laubblätter: 2–8 cm lang, bis 2 cm
breit, länglich verkehrt–eiförmig,
allmählich in den geflügelten Blattstiel
verschmälert, vorn stumpf oder abge–
rundet, oberseits dunkelgrün, unterseits
weisslich mit ”Mehlstaub” bedeckt, kahl
und unregelmässig fein gezähnt oder
ganzrandig
Blütenstand: Wenig– bis vielblütige
Dolde
Blüten: Tragblätter, Blütenstiele und
Kelch mit Mehlstaub bedeckt; Kelch–
blätter 5, verwachsen und 3–6 mm
lang; Kelchzähne bis 2 mm lang; Kron–
blätter 5, im unteren Bereich verwach–
sen, vorn deutlich ausgerandet, lila rosa
oder purpurn gefärbt, beim Schlund–
eingang mit einem gelben und weiss
umrandeten Ring und flach ausgebrei–
tet; Staubblätter 5, in der Krone ange–
wachsen; Fruchtknoten oberständig
Früchte: Kapseln 5–10 mm lang
Standort: In der montanen, subal–
pinen und alpinen Stufe bei Quellfluren,
Flach– und Wiesenmooren, in
sumpfigen Wiesen und Steinrasen auf
ziemlich feuchten bis nassen, mageren,
kalkhaltigen und neutralen Böden

536 Stengelloses Leimkraut – S. acaúlis
Pflanze 1–3 cm hoch, ausdauernd, dichte, flache
Polster bildend und von Juni bis August blühend

Siléne acaúlis (L.) JACQ.
Stengelloses Leimkraut
Kalk – Polsternelke
Cayophylláceae – Nelkengew.
Laubblätter: Schmal lanzettlich,
4–12 mm lang, stumpf oder zugespitzt
und an den Rändern bewimpert
Blütenstand: Blüten einzeln am Ende
von 1–3 cm langen und nicht geflügel–
ten Stengeln
Blüten: Zwittrige, männliche und
weibliche Blüten vorhanden; Kelch–
blätter 5, bis weit hinauf verwachsen,
3–8 mm lang, kahl, vielfach rötlich
gefärbt und zehnaderig; Kelchzähne
meist abgerundet; Kronblätter 5 und
verwachsen; Kronröhre bis 12 mm lang
und meist weisslich gefärbt; ausgebrei–
tete Teile schmal verkehrt–eiförmig,
purpurrot gefärbt und am oberen Ende
deutlich ausgerandet; Staubblätter 10;
Staubfäden weisslich bis rötlich gefärbt;
Staubbeutel hellgelb gefärbt; Frucht–
knoten oberständig; Falterblume
Früchte: Kapseln 6–12 mm lang und
sich mit 6 Zähnen öffnend; Samen im
Durchmesser bis 1 mm
Standort: In der alpinen (seltener
subalpin) Stufe in steinigen Rasen, bei
Graten, Schutthängen und lückigen
Steinrasen auf mässig frischen, steinigen,
lockeren und meist kalkhaltigen Böden

537 Alpenveilchen – C. purpuráscens
Pflanze 5–15 cm hoch, mit scheibenförmiger oder
kugeliger Knolle und von Juni bis Oktober blühend

Cyclámen purpuráscens MILL.
Cyclámen europaéum L.
Europäische Zyklamen
Primuláceae –
Schlüsselblumengewächse
Laubblätter: Rundlich, nieren– oder
herzförmig, 5–15 cm lang, vorn zuge–
spitzt oder stumpf, kahl, stumpf gezähnt
bis gekerbt, oberseits dunkelgrün mit
hellen Flecken und unterseits rötlich
gefärbt
Blütenstand: Blüten einzeln
Blüten: Lang gestielt und nickend;
Kelchblätter 5, verwachsen, aber bis
über die Mitte geteilt und mit 5 drei–
eckigen Zipfeln; Kronblätter 5, im
unteren Teil verwachsen, mit kurzer
Röhre, weiss–, rosa– oder karminrot
gefärbt und mit 1,5–2,5 cm langen
rückwärts gerichteten, ganzrandigen
Zipfeln; Staubblätter 5; Fruchtknoten
oberständig; Insektenbestäubung
Früchte: Kapseln kugelig mit 0,5 bis
1 cm Durchmesser; Ameisenverbreitung
Standort: In der kollinen Stufe in
Laubmischwäldern auf mässig frischen,
nährstoff– und basenreichen, kalkhal–
tigen, neutralen, humosen, lockeren und
meist etwas steinigen Ton– und Lehm–
böden; wärmere Lagen bevorzugend;
geschützt; Halbschatt–Schattpflanze;
mittel / südeuropäische Gebirgspflanze

538 Echter Eibisch – A. officinális
Pflanze 50–150 cm hoch, ausdauernd, sehr dicht und weich behaart und von Juli bis Auguast blühend

Althaéa officinális L.
Gebräuchlicher Eibisch
Malváceae – Malvengewächse

Laubblätter: Oval, rhombisch oder dreieckig, zugespitzt, unregelmässig und grob gezähnt und oft jederseits mit ein bis mehreren Einschnitten, zwischen den Adern meist gefaltet und graugrün gefärbt

Blütenstand: Blüten kurz gestielt und zu mehreren in den Blattwinkeln

Blüten: Aussenkelchblätter mehr als 5, 5–10 mm lang, am Grunde verwachsen und nach oben langsam verschmälert; Kronblätter 5, verkehrt eiförmig, gegen den Grund zu keilförmig verschmälert, bis 2,5 cm lang, am oberen Ende ganzrandig, wenig ausgerandet oder unregelmässig gekerbt und weiss bis rosa gefärbt; Staubblätter zahlreich, untereinander und mit den Kronblättern verwachsen; Fruchtknoten oberständig

Früchte: Radiär angeordnete Teilfrüchte zerfallend

Standort: In der kollinen Stufe an Gräben, entlang der Küsten auf Salzweiden, in Weinbergen, Aeckern und Ruderalstellen auf trockenen bis feuchten, nährstoff- und basenreichen, dichten, sandigen oder reinen Tonböden; als Heilpflanze seit längerer Zeit kultiviert

539 Leberbalsam – E.alpínus
Pflanze 5–20 cm hoch, lockere Rasen bildend, ausdauernd und von Juni bis Juli blühend

Erínus alpínus L.
Leberbalsam, Steinbalsam
Scrophulariáceae –
Braunwurzgew., Rachenblütler

Laubblätter: In grundständiger Rosette; am Stengel wechselständig angeordnet; schmal oval bis spatelförmig, 1–2 cm lang, allmählich in den kurzen Stiel verschmälert, mit kurz gezähntem Rand, vorn etwas gekerbt und zerstreut behaart

Blütenstand: Blüten einzeln in den Achseln der obersten Stengelblätter (traubenförmig erscheinend)

Blüten: Kelchblätter 5, verwachsen, aber fast bis zum Grund 5 teilig, drüsig behaart und grünlich gefärbt; Kronblätter 5, im unteren Teil verwachsen, verkehrt eiförmig, mit 5 mm langer Röhre, 4–6 mm lang, am Ende ausgerandet, beim Schlundeingang gelblich und meist flach ausgebreitet; 4 in der Kronröhre eingeschlossene Staubblätter; Fruchtknoten oberständig

Früchte: Eiförmige Kapseln 3–4 mm lang und 2 klappig aufspringend; mit zahlreichen Samen

Standort: In der subalpinen Stufe auf Alluvionen, in Felsspalten, Steinrasen und im Felsschutt auf kalkreichem Gestein; in die montane Stufe auch heruntergeschwemmt; eine mittel- und südeuropäische Gebirgspflanze

540 Gegenb. Steinbrech – S. oppositífolia
Pflanze 1–6 cm hoch, mit aufrechten blühenden Stengeln, ausdauernd und von Mai bis Juli blühend

Saxífraga oppositífolia L.
Gegenblättriger Steinbrech
Saxifragáceae –
Steinbrechgewächse

Laubblätter: Lanzettlich bis schmal oval, 2–4 mm lang, zugespitzt, mit einem kalkausscheidenden Grübchen, bewimpertem Rand und meist gerader Spitze

Blütenstand: Einzelblüten

Blüten: Kelchblätter 5, schmal oval, weisslich bis hellgrün gefärbt und mit meist drüsenlosen Wimpern; Kronblätter 5, oval, zugespitzt, violett oder lila gefärbt und mit je 5 Adern; Staubblätter 10 (in 2 Kreisen angeordnet); Staubfäden grauviolett; Staubbeutel dunkelviolett mit dunkelgelbem Blütenstaub; Fruchtknoten aus 2 Fruchtblättern zusammengesetzt und fast oberständig; Insekten- und Selbstbestäubung

Früchte: Mehrsamige Kapseln

Standort: In der alpinen Stufe (im Wallis z.B. bis 3'800 m.ü.M.) in Hängen, Mulden, im Steinschutt, an Felsen und bei Graten auf feuchten bis frischen, basenreichen, meist kalkhaltigen und vom Schmelzwasser durchfeuchteten Steinschuttböden; bezüglich Blätter, Habitus, Grösse, Behaarung und Farbe der Kronblätter eine vielgestaltige Pflanzenart; bis nach Spitzbergen

541 Wilde Malve – M silvéstris
Pflanze 20–110 cm hoch, 2–jährig bis ausdauernd und von Juni bis September blühend

Malva silvéstris L.
Wilde Malve
Malváceae – Malvengewächse

Laubblätter: Lang gestielt, rundlich, gelappt, am Spreitengrund herzförmig, mit stumpfen Zähnen und abgerundeten Lappen

Blütenstand: Blüten zu 2–5 oberhalb der Blattachseln

Blüten: 2–3 freie Aussenkelchblätter; Kelchblätter 5, bis zur Mitte verwachsen und grün gefärbt; Kronblätter 5, 2–3 cm lang, verkehrt eiförmig, am Grunde verwachsen, tief und breit ausgerandet, rotviolett bis weisslich gefärbt und mit dunklen Streifen; Staubblätter zahlreich; Staubfäden zu einer Röhre verwachsen; zahlreiche Fruchtblätter oberständig; pro Fach je eine Samenanlage; Insektenbestäubung

Früchte: Bei der Reife in zahlreiche, einsamige und nierenförmige Spaltfrüchte zerfallend

Standort: In der kollinen (seltener montan) Stufe in warmen Lagen bei Weinbergen, Aeckern, Dämmen, Schuttstellen, Mauern, an Ruderalstellen und Wegrändern auf sommertrockenen, nährstoffreichen und humosen Ton-, Lehm- und Sandböden; lichtliebend; Kulturbegleiter; seit der Steinzeit alte Heilpflanze; in beiden Hemisphären verbreitet und auch kultiviert

542 Storchschnabel – G. pyrenáicum
Pflanze 20–60 cm hoch, mit dicker Pfahlwurzel, ausdauernd und von Mai bis August blühend

Geránium pyrenáicum
BURMANN
Pyrenäen – Storchschnabel
Geraniáceae –
Storchschnabelgewächse

Laubblätter: Rundlich bis nierenförmig, 3–8 cm breit, weich anzufühlen, gegenständig angeordnet und tief eingeschnitten mit 5,7 oder 9 Abschnitten; diese sind nur wenig tief geteilt oder gezähnt

Blütenstand: 2 blütig, drüsenhaarig und mit lang gestielten Blüten

Blüten: Kelchblätter 5, drüsenhaarig, schmal oval, miteinander nicht verwachsen, deutlich behaart, blaugrün gefärbt und nur kurz stachelspitzig; Kronblätter 5, violett gefärbt, tief und breit ausgerandet, 5–10 mm lang und zuunterst an den Rändern bewimpert; Staubblätter 10, mit meist violetten Staubfäden; Fruchtknoten oberständig; meist Insektenbestäubung

Früchte: 1,5–2 cm lang und in 5 einsamige, trockene Teilfrüchte zerfallend; Schleuder- und Verdauungsverbreitung

Standort: In der kollinen und montanen Stufe in Fettwiesen, Weiden, auf Schuttplätzen an Wegrändern und Böschungen auf frischen bis mässig trockenen, nährstoffreichen, humosen oder rohen Lehmböden

543 Wald–Storchschnabel – G. silváticum
Pflanze 20–60 cm hoch, ausdauernd, mit dickem Rhizom und von Juni bis Juli blühend

Geránium silváticum L.
Wald–Storchschnabel
Geraniáceae
Storchschnabelgewächse

Laubblätter: Nierenförmig bis viereckig, bis 16 cm breit, 5 bis 7 teilig, beiderseits kurz und zerstreut behaart; Abschnitte unregelmässig geteilt und gezähnt; Nebenblätter zugespitzt

Blütenstand: Gestielte Blüten zu einem straussförmigen Gesamtblütenstand vereinigt

Blüten: Gestielt; Kelchblätter 5, schmal oval, grünlich mit weissem Rand und mit 2–4 mm langer, aufgesetzter Spitze; Kronblätter 10–18 mm lang, breit oval, vorn abgerundet, an der Basis fein bewimpert und rotviolett gefärbt; Staubblätter 10; Staubfäden am Grunde auf 1 mm verbreitert und am Rande deutlich bewimpert; Staubbeutel rotviolett gefärbt; Fruchtknoten oberständig

Früchte: In 5 einsamige und trockene Teilfrüchte zerfallend; Blütenstiele zur Fruchtreife aufrecht

Standort: Mehrheitlich in der montanen und subalpinen Stufe in lichten Gehölzen, Wäldern, Bergfettwiesen und Hochstaudenfluren auf frischen bis feuchten, humosen, nährstoff- und basenreichen tiefgründigen Ton- und Lehmböden; bis 50 cm tief wurzelnd; bis nach Island reichend

544 Knotiger Storchschnabel – G. nodósum
Pflanze 15–40 cm hoch, ausdauernd, mit dünnem Rhizom und von Mai bis August blühend

Geránium nodósum L.
Knotiger Storchschnabel
Geraniáceae – Storchschnabelgewächse

Laubblätter: Gegenständig angeordnet und beiderseits kurz und anliegend behaart; unterste im Umriss fünfeckig und 4–12 cm breit mit unregelmässig gezähnten Abschnitten; mittlere und obere 3 teilig mit ebenfalls gezähnten Abschntten; Nebenblätter lang zugespitzt

Blütenstand: Meist 2 blütig

Blüten: Gestielt; Kelchblätter 5, schmal oval, 5–10 mm lang und mit 2–4 mm langer aufgesetzter Spitze; Blütenstiele und Kelch kurz behaart; Kronblätter 5, verkehrt eiförmig, 10–18 mm lang, bei der Basis an den Rändern bewimpert, vorn ausgerandet, hell– bis mittelviolett gefärbt und mit dunkelroten Streifen; oft im unteren Bereich etwas weisslich; Staubblätter 10; Fruchtknoten oberständig

Früchte: In 5 einsamige, trockene und 2–3,5 cm lange Teilfrüchte zerfallend; Samen mit netzartiger Struktur

Standort: In der kollinen (seltener montan) Stufe in schattigen Lagen in Laubmischwäldern, Waldrändern und Hecken auf frischen bis feuchten, lehmigen, humosen, nährstoff– und basenreichen Böden; z.B. im südlichen Tessin

545 Blassbl. Storchschnabel – G. rivuláre
Pflanze 15–50 cm hoch, ausdauernd, mit gabelig verzweigten Stengeln und von Juli bis August blühend

Geránium rivuláre VILL.
Geránium aconitifólium
Blassblütiger Storchschnabel
Geraniáceae – Storchschnabelgewächse

Laubblätter: 5–10 cm breit, 5 bis 7 spaltig, im oberen Bereich nur sehr kurz gestielt, mit unregelmässig tief eingeschnittenen Abschnitten und blaugrün

Blütenstand: Meist 2 blütig; Gesamtblütenstand straussförmig; Blütenstiele auch zur Fruchtzeit aufrecht stehend

Blüten: Kelchblätter 5, schmal oval, kurz und lang behaart, 6–9 mm lang, meist hellgrün gefärbt und mit 1–2 mm langer Spitze; Kronblätter 5, verkehrt eiförmig, keilförmig verschmälert, am oberen Rand mit kurzen Kerben oder schwach ausgerandet, 10–15 mm lang, weiss oder schwach rosa gefärbt und mit roten Adern; Staubblätter 10; Staubfäden am Grunde etwas erweitert und am Rande deutlich bewimpert; Fruchtknoten oberständig und aus 5 Fruchtblättern

Früchte: In 5 einsamige, trockene und 2–4 cm lange Teilfrüchte zerfallend;

Standort: In der subalpinen Stufe an Bachrändern, in Hochstauden, Zwergstrauchheiden, bei Gebüschen und in lichten Nadelwäldern auf frischen und kalkarmen Böden; ostwärts bis Südtirol

546 Storchschnabel – G. sanguíneum
Pflanze 20–50 cm hoch, ausdauernd, mit dickem Rhizom und von Mai bis Juli blühend

Geránium sanguíneum L.
Blutroter Storchschnabel
Geraniáceae – Storchschnabelgewächse

Laubblätter: Handförmig 7 teilig, im Umriss nierenförmig, meist beiderseits zerstreut behaart und gegenständig angeordnet; Abschnitte mit 2–4 ganzrandigen Zipfeln; Nebenblätter stumpf oder spitz

Blütenstand: Meist einblütig mit lang gestielten Blüten

Blüten: Jeweils die nächststehenden Blätter weit überragend; Blütenstiele mit kurzen Haaren; Kelchblätter 5, behaart, 7–12 mm lang und mit aufgesetzter Spitze; Kronblätter 10–20 mm lang, verkehrt eiförmig, an den Rändern der Basis bewimpert, vorn unregelmässig ausgerandet und purpurrot gefärbt; Staubblätter 10; Fruchtknoten oberständig

Früchte: Teilfrüchte 3–4 mm lang und im unteren Teil drüsig behaart; Samen mit netzartiger Oberfläche

Standort: In der kollinen und montanen Stufe in wärmeren Lagen in Eichen– und Föhrenwäldern, Hecken, an südexponierten Hängen auf sommerwarmen, trockenen, meist kalk– oder basenreichen lockeren, humosen, steinigen oder auch tiefgründigen Lehm– und Kalksandböden

547 Ruprechtskraut – G. robertiánum
Pflanze 15–50 cm hoch, 1–2 jährig, mit einer Pfahlwurzel und von Mai bis Oktober blühend

Geránium robertiánum L.
Ruprechtskraut
Geraniáceae – Storchschnabelgewächse

Laubblätter: Im Umriss 3–5 eckig, 3–8 cm breit, bis zur Hauptader 3–5 teilig, beiderseits schwach behaart und gegenständig angeordnet; Fiederblätter gestielt und ebenfalls gefiedert; Fiedern 2. Ordnung gezähnt

Blütenstand: Meist 2 blütig

Blüten: Gestielt, die nächststehenden Blätter aber nicht überragend; Kelchblätter 5, 5–8 mm lang, schmal oval, mit aufgesetzter Spitze und behaart; Kronblätter 5, oval, ganzrandig, vorn abgerundet (seltener ausgerandet), lang gestielt, rosa bis dunkelrosa gefärbt und bei der Basis der Ränder kahl; Staubblätter 10; Staubbeutel orange; Fruchtknoten oberständig; Insekten– und Selbstbestäubung

Früchte: Einsamige Teilfrüchte 1,5 bis 2,5 cm lang; Samen ohne Netzstruktur

Standort: In der kollinen und montanen (seltener subalpin) Stufe in Laubwäldern, Hecken, an Mauern, bei Schuttstellen, im Geröll und in Felsen auf frischen bis feuchten, nährstoffreichen, lockeren, humosen und lehmigen Böden in schattiger und luftfeuchter Klimalage; Nährstoffzeiger; Mottenpflanze

548 Reiherschnabel – E. absinthoídes
Pflanze 20–50 cm hoch, niederliegend und aufsteigend und von Mai bis August blühend

Eródium absinthoídes WILLD.
Reiherschnabel
Geraniáceae – Storchschnabelgewächse

Laubblätter: Schmal oval, 2–3 fach gefiedert, lang gestielt und gegenständig angeordnet; im oberen Bereich auch kurz gestielt oder sitzend; Fiedern 1. Ordnung gegen– oder wechselständig angeordnet; Abschnitte letzter Ordnung lanzettlich, oft auch etwas eingeschnitten und zugespitzt

Blütenstand: Am Ende langer und hell– bis braunrot gefärbter Stiele mehrblütige und gestielte Blüten doldenförmig angeordnet; nur sehr kurze und hellrötlichbraune Hochblätter beim Doldenansatz

Blüten: Kelchblätter 5, schmal oval bis oval, hellgrün bis schmutziggrün gefärbt mit dunkelgrünen Adern und in je eine lange Spitze ausgelaufen; Kronblätter 5, oval bis rundlich, hell– bis mittelrosa oder violett gefärbt, mit dunkleren Adern und miteinander nicht verwachsen; Staubblätter 5; Staubbeutel dunkelgelb; Staubfäden weisslich bis rosa gefärbt; Fruchtknoten oberständig; Insektenbestäubung

Früchte: Einsamige Teilfrüchte

Standort: Aus Macedonien stammend; selten in Gärten und Parkanlagen

549 Sigmarswurz – M. álcea
Pflanze 30–110 cm hoch, ausdauernd, mit angedrückten Sternhaaren und von Juli bis Sept. blühend

Malva álcea L.
Sigmarswurz, Rosen–Malve
Malváceae – Malvengewächse

Laubblätter: Stengelständige tief handförmig 5–7 spaltig (= ahornartig gelappt), mit rundlicher Spreite und gestielt; Lappen im oberen Bereich oft eingeschnitten und am Ende meist abgerundet; Blätter vielgestaltig

Blütenstand: Gestielte Blüten einzeln in den Blattwinkeln; Blüten im oberen Bereich einander oft zu 3–4 genähert

Blüten: Die 3 Aussenkelchblätter länglich eiförmig oder eiförmig; Kelchblätter 5, oval, hellgrün gefärbt und kurz zugespitzt; Kronblätter 5, nicht verwachsen, oval, 20–35 mm lang, am oberen Rand tief und unregelmässig eingeschnitten, hellrosa bis weiss gefärbt und mit dunklen Adern; Staubblätter zahlreich und zu einer Röhre verwachsen; Fruchtknoten oberständig; Insektenbestäubung

Früchte: Spaltfrüchte

Standort: In der kollinen und montanen Stufe entlang von Wegrändern, in staudenreichen Unkrautfluren, an Böschungen und Dämmen auf frischen, nährstoffreichen, oft kalkhaltigen, humosen und oft sandigen Lehmböden; Lichtpflanze; früher als Zier– und Heilpflanze verwendet

550 Gletscher – Hahnenfuss – R. glaciális
Pflanze 5–20 cm hoch, ausdauernd, mit kurzem
Rhizom und von Juli bis August blühend

Ranúnculus glaciális L.
Oxygraphis vulgáris FREYN
Gletscher – Hahnenfuss

Ranunculáceae –
Hahnenfussgewächse

Laubblätter: Vielfach bis nahe zum
Grunde 3 teilig, fleischig und dunkelgrün
gefärbt; Abschnitte schmal oval, zuge–
spitzt oder stumpf und oft 2–5 teilig

Blütenstand: Lang gestielte Blüten
einzeln oder zu mehreren angeordnet

Blüten: Zuerst weiss, später mit rosa bis
braunroter Farbe und 1–3 cm im
Durchmesser; Kelchblätter meist 5 und
dicht rötlichbraun behaart; Kronblätter
5; Staubblätter viele; Fruchtknoten
zahlreich und oberständig; Blütenboden
ohne Haare

Früchte: Nüsschen kahl und mit gera–
dem Schnabel

Standort: In der alpinen Stufe (bis
4250 m.ü.M.) auf Moränenböden, in
offenen Steinschuttfluren, Felsspalten
und Geröllfeldern auf sickerfrischen,
nährstoff– und kalkarmen, mehr oder
weniger rohen und lockeren Silikat–
schuttböden; Pionierpflanze und Schutt–
kriecher; eine arktisch–alpine Pflanze,
die bis Island, Ostgrönland und nach
Spitzbergen reicht; in den Alpen ist diese
Hahnenfussart besonders in den zen–
tralen Ketten anzutreffen

551 Bach – Nelkenwurz – G. rivále
Pflanze 20–50 cm hoch, ausdauernd, mit dickem
Rhizom und von April bis Juli blühend

Geum rivále L.
Bach – Nelkenwurz
Rosáceae – Rosengewächse

Laubblätter: Gefiedert; Endteilblatt
halbkreisförmig, 3–8 cm im Durchmes–
ser, oft bis gegen den Grund zu 3 teilig
und mit gezähnten Abschnitten; die
unteren Teilblätter kleiner und ebenfalls
gezähnt

Blütenstand: 2–6 blütig

Blüten: Kelchblätter schmal dreieckig,
behaart und dunkelrotbraun gefärbt;
1–1,5 cm lange Kronblätter so lang wie
die inneren Kelchblätter, aufgerichtet,
herzförmig, nach dem Grund ver–
schmälert, gelblich gefärbt, mit röti–
chem Rand und meist zu 5 kreisförmig
angeordnet; Staubblätter zahlreich;
Fruchtknoten zahlreich, oberständig

Früchte: Einsamige und harte Nüss–
chen mit federig behaartem und im
oberen Teil hakenförmig gebogenem
Griffel

Standort: Von der kollinen bis in die
subalpine Stufe an Bachufern, bei
Quellfluren, in Flachmooren, Hoch–
staudenfluren, feuchten Wiesen und
Berg – Auenwäldern auf feuchten bis
zeitweise überfluteten, nährstoff– und
basenreichen, kalkhaltigen, aber auch
schwach sauren, lehmigen und tonigen
Böden; Nährstoffzeiger; im Mittel–
meerraum auf die Gebirge beschränkt

552 Sumpf – Blutauge – C. palústris
Pflanze 15–30 cm hoch, bogig aufsteigend, aus–
dauernd und von Mai bis Juli blühend

Cómarum palústre L.
Potentílla palústris SCOP.
Rosáceae – Rosengewächse

Laubblätter: Gefiedert, lang gestielt
und mit 5–7 Teilblättern; diese schmal
oval, spitz gezähnt, kurz gestielt, ober–
seits mittel– bis dunkelgrün, zerstreut
behaart oder kahl, unterseits graugrün
und locker anliegend behaart

Blütenstand: Doldenähnlich; bei den
Verzweigungen mit Hochblättern

Blüten: 5 bis seltener 7 zählig, mit
doppeltem Kelch; Aussenkelchblätter 5,
schmal lanzettlich und oft etwas ge–
franst; Innenkelchblätter 5, breit lan–
zettlich und fein zugespitzt; Kronblät–
ter 5, oval, 4–8 mm lang, fein zuge–
spitzt und dunkelrot oder dunkelpurpurn
gefärbt; bei den Spitzen oft etwas heller;
nach der Blütezeit nicht abfallend;
Staubblätter viele (ungefähr 20); auf
hochgewölbtem, schwammigem und
behaartem Fruchtboden 20–50
Fruchtknoten; Insektenbestäubung

Früchte: Einsamige, harte Nüsschen
kahl, glatt und glänzend; mit seiten–
ständigen Griffeln

Standort: Von der kollinen bis in die
subalpine Stufe in Hoch– und Flach–
mooren auf nassen, zeitweise über–
schwemmten, mässig nährstoffreichen,
etwas sauren Torf–Moorböden; nörd–
lichste Verbreitung durch Island

553 Nieswurz – Hybrid – Helléborus
Pflanze 15–35 cm hoch, ausdauernd und von De–
zember bis April blühend

Helléborus – Hybrid
Nieswurz – Hybrid
(Gartenform)

Ranunculáceae –
Hahnenfussgewächse

Laubblätter: Grundständige lang
gestielt, im Umriss nierenförmig bis
rundlich und bis zum Grunde 5,7 oder
9 teilig; Abschnitte lanzettlich bis schmal
oval, keilförmig verschmälert, zuge–
spitzt, kurz gestielt oder sitzend, ganz–
randig und/oder fein gezähnelt; Hoch–
blätter einfacher ausgebildet

Blütenstand: Einzeln oder in zwei–
blütigen "Dolden" in den Achseln von
Hochblättern

Blüten: Perigonblätter 5, breit oval bis
rundlich, 1–3 cm lang, am Rande ge–
wellt, sich deutlich mit den Rändern
überlappend und rötlichgrün gefärbt;
Staubblätter zahlreich; Staubfäden meist
hellgelb bis weiss; Staubbeutel hellgelb
gefärbt; mehrere oberständige Frucht–
knoten, die aus jeweils einem Fruchtblatt
bestehen; die Fruchtblätter sind am
Grunde miteinander verwachsen

Früchte: Mehrsamige, sich längs der
Bauchnaht öffnende Balgfrüchte mit
einem langen schnabelartigen Griffel

Standort: In der kollinen Stufe in
Gärten und Parkanlagen angepflanzt;
wintergrüne Art

554 Wiesenraute – T. aquilegiifólium
Pflanze 30–130 cm hoch, kahl, mit beblättertem
Stengel und von Mai bis Juli blühend

Thalíctrum aquilegiifólium L.
Akaleiblättrige Wiesenraute
Ranunculáceae –
Hahnenfussgewächse

Laubblätter: 1–3 fach gefiedert;
Fiederblätter oval, rundlich oder
herzförmig, grob und stumpf gezähnt,
oft auch gelappt und mittel– bis blau–
grün gefärbt

Blütenstand: Rispen reich verzweigt
und vielblütig; mit aufrechten Blüten

Blüten: Gelbgrüne bis hellviolette
Perigonblätter 3–6 mm lang, unschein–
bar und meist schon zur Blütezeit ab–
fallend; Staubblätter zahlreich und län–
ger als die Perigonblätter; Staubfäden
oben verdickt; Fruchtknoten zu mehre–
ren und jeweils 1 samig; Pollenblume
(Bienenfutter)

Früchte: Nüsschen auf langen, dün–
nen Stielchen, 4–7 mm lang, mit 3 flü–
gelartigen Kanten und mit hakig gebo–
gener Narbe

Standort: Von der kollinen bis in die
subalpine (seltener alpin) Stufe im Er–
lengebüsch, in Hochstaudenfluren,
Auenwäldern und schattigen Wiesen auf
wechselnassen bis zeitweise über–
schwemmten, nährstoffreichen, meist
kalkhaltigen, mehr oder weniger hu–
mosen Ton– und Lehmböden; Nähr–
stoff– und Nässezeiger; nordwärts bis
Norddeutschland

555 Grosse Bibernelle – P. major
Pflanze 30–100 cm hoch, mit kantig gefurchtem Sten–
gel, ausdauernd und von Juni bis September blühend

Pimpinélla major (L.) HUDSON
Grosse Bibernelle
Apiáceae (Umbelliferae) –
Doldengewächse

Laubblätter: Unpaarig gefiedert;
Fiederblätter schmal oval, zugespitzt,
ungestielt, unregelmässig gezähnt und
am Grunde herzförmig bis abgerun–
det; Endteilblatt auch dreiteilig

Blütenstand: Dolden mit Döldchen 1.
(=20–30) und 2. Ordnung verhanden;
keine Hochblätter

Blüten: Kelchblätter 5, klein und un–
scheinbar; Kronblätter 5, miteinander
nicht verwachsen, 1–1,5 mm lang, oval
und weiss oder vielfach rosa gefärbt;
Staubblätter 5; diese zwischen den
Kronblättern liegend; Fruchtknoten aus
2 Fruchtblättern verwachsen und un–
terständig angeordnet; Insektenbe–
stäubung

Früchte: Trockene Spaltfrüchte, die in
zwei einsamige und 2–3 mm lange
Teilfrüchtchen zerfallen

Standort: In der montanen und sub–
alpinen Stufe auf Weiden, in Hoch–
staudenfluren, Fettwiesen und an Lä–
gerstellen auf frischen, nährstoff– und
basenreichen, humosen und tiefgrün–
digen Lehmböden in luftfeuchter Lage;
Nährstoffzeiger; nur mit einem mittleren
Futterwert

556 Wald–Brustwurz – A. silvéstris
Pflanze bis 2 m hoch, meist zweijährig, nur bei den
Dolden etwas behaart und von Juli bis Sept. blühend

**Angélica silvéstris L.
Wilde (oder Wald –) Brustwurz
Apiáceae (Umbelliferae) –
Doldengewächse**

Laubblätter: Im Umriss dreieckig,
ohne Stiel bis 45 cm lang und zwei – bis
seltener dreifach gefiedert; Abschnitte
letzter Ordnung schmal oval bis eiför–
mig, kurz zugespitzt, bis 15 cm lang, kurz
gestielt oder sitzend, ungeteilt oder 2–3
teilig, am Grunde oft asymmetrisch und
einfach oder doppelt gezähnt

Blütenstand: Dolden 1. Ordnung mit
15–40 Dolden 2. Ordnung

Blüten: Kronblätter 5 und weisslich
oder rötlich gefärbt; Staubblätter 5;
Fruchtknoten aus 2 Fruchtblättern ver–
wachsen und unterständig angeord–
net; Griffel 2; Insektenbestäubung

Früchte: Spaltfrüchte 3–6 mm lang,
mit Randrippen und in 2 einsamige
Teilfrüchte (Achänen) zerfallend

Standort: Von der kollinen bis in die
subalpine Stufe verbreitet in Auenwäl–
dern, Hochstaudenfluren, Nasswiesen,
Flachmooren, Waldlichtungen und an
Ufern auf wechselfeuchten, nährstoff–
reichen, lockeren, humosen, tiefgrün–
digen und kiesig–sandigen Ton– und
Lehmböden; früher als Heilpflanze ver–
wendet; bis 1 m tief wurzelnd; nordwärts
bis Island und Nordfinnland

557 Berg–Kälberkropf – Ch. hirsútum
Pflanze 20–110 cm hoch, ausdauernd, verzweigt, mit
dickem Stengel und von Mai bis August blühend

**Chaerophyllum hirsútum L.
s.str. / Berg–Kälberkropf
Berg–Kerbel
Apiáceae (Umbelliferae) –
Doldengewächse**

Laubblätter: Im Umriss dreieckig und
zwei – bis seltener dreifach gefiedert;
Abschnitte letzter Ordnung oval, zuge–
spitzt, ungestielt und gezähnt

Blütenstand: Dolden 1. Ordnung mit
10–20 Dolden 2. Ordnung

Blüten: Kronblätter 5, verkehrt eiför–
mig oder oval, am oberen Ende ganz–
randig, eingeschnitten oder ausgeran–
det, weisslich oder rosa gefärbt und
deutlich bewimpert; Staubblätter 5;
Fruchtknoten aus 2 Fruchtblättern ver–
wachsen und unterständig angeord–
net; Griffel 2 und Narbe oft etwas
rötlich gefärbt; Insektenbestäubung

Früchte: Spaltfrüchte bis 20 mm lang

Standort: Von der kollinen bis in die
alpine Stufe in feuchten Wiesen, Hoch–
staudenfluren, Berg–Auenwäldern,
Fichtenwäldern, an Bächen, Quellen,
Ufern und im Erlengebüsch auf sicker–
nassen bis feuchten, kühlen, nährstoff–
reichen und humosen Tonböden in luft–
feuchter Lage; guter Nährstoffzeiger;
Halbschatt–Lichtpflanze; Tiefwurzler;
eine mittel– und südeuropäische Ge–
birgspflanze

558 Berg–Kälberkropf – Ch. hirsútum
Pflanze 20–110 cm hoch, ausdauernd, verzweigt, mit
dickem Stengel und von Mai bis August blühend

**Chaerophyllum hirsútum L.
s.str. / Berg–Kälberkropf
Berg–Kerbel
Apiáceae (Umbelliferae) –
Doldengewächse**

Laubblätter: Im Umriss dreieckig und
zwei – bis seltener dreifach gefiedert;
Abschnitte letzter Ordnung oval, zuge–
spitzt, ungestielt und gezähnt

Blütenstand: Dolden 1. Ordnung mit
10–20 Dolden 2. Ordnung

Blüten: Kronblätter 5, verkehrt eiför–
mig oder oval, am oberen Ende ganz–
randig, eingeschnitten oder ausgeran–
det, weisslich oder rosa gefärbt und
deutlich bewimpert; Staubblätter 5;
Fruchtknoten aus 2 Fruchtblättern ver–
wachsen und unterständig angeord–
net; Griffel 2 und Narbe oft etwas
rötlich gefärbt; Insektenbestäubung

Früchte: Spaltfrüchte bis 20 mm lang

Standort: Von der kollinen bis in die
alpine Stufe in feuchten Wiesen, Hoch–
staudenfluren, Berg–Auenwäldern,
Fichtenwäldern, an Bächen, Quellen,
Ufern und im Erlengebüsch auf sicker–
nassen bis feuchten, kühlen, nährstoff–
reichen und humosen Tonböden in luft–
feuchter Lage; guter Nährstoffzeiger;
Halbschatt–Lichtpflanze; Tiefwurzler;
eine mittel– und südeuropäische Ge–
birgspflanze (siehe auch bei Abb. 557)

559 Alpen–Liebstock – L. mutellína
Pflanze 10–50 cm hoch, ausdauernd, kahl, mit einem
Rhizom und von Juni bis August blühend

**Ligústicum mutellína CRANTZ
Meum mutellína GAERTNER
Alpen–Liebstock, Muttern
Apiáceae (Umbelliferae) –
Doldengewächse**

Laubblätter: Grundständige lang
gestielt; ihre Spreiten im Umriss drei–
eckig, bis 10 cm lang, mehrfach gefie–
dert und blaugrün gefärbt; Abschnitte
letzter Ordnung gefiedert und zugespitzt

Blütenstand: Stengel mit 1–3 Dolden
1. Ordnung und mit 1–2 Stengelblätter;
Dolden 1. Ordnung mit 6–10 Dolden 2.
Ordnung

Blüten: Mit zwittrigen und männlichen
Blüten; Kronblätter 5, verkehrt eiförmig
oder oval, am oberen Ende meist aus–
gerandet oder eingeschnitten, bis 2 mm
lang und weiss oder rot gefärbt; Staub–
blätter 5; Fruchtknoten, wo vorhanden,
aus 2 Fruchtblättern verwachsen und
unterständig angeordnet; Insekten–
bestäubung (meist durch Fliegen)

Früchte: Spaltfrüchte 4–6 mm lang,
bis 4 mm breit und mit flügelartig her–
vortretenden Hauptrippen

Standort: In der subalpinen und al–
pinen Stufe in Fettwiesen, Hochstau–
denfluren, Weiden, Rieselfluren und
Wildheuplanken auf sickerfrischen,
meist kalkarmen, mehr oder weniger
nährstoff– und basenreichen Böden

560 Schlangen–Knöterich – P. bistórta
Pflanze 30–70 cm hoch, ausdauernd, mit gewun–
denem Rhizom und von Mai bis Juli blühend

**Polygonum bistórta L.
Schlangen–Knöterich
Wiesen–Knöterich
Polygonáceae – Knöterichgew.**

Laubblätter: Oval, bis 20 cm lang,
mit der grössten Breite am gestutzten
oder herzförmigen Spreitengrund, vorn
meist stumpf und bei den unteren mit
geflügeltem Stiel; obere Stengelblätter
sitzend und meist zugespitzt; am Stengel
weit voneinander stehend; Nebenblatt–
scheiden zugespitzt und lang

Blütenstand: Endständig, ährenartig,
zylindrisch, 3–8 cm lang und bis 2 cm
breit

Blüten: Perigonblätter 5, rosa bis röt–
lich gefärbt und 3–5 mm lang; Staub–
blätter 4–8; Fruchtknoten oberständig,
mit kopfiger Narbe

Früchte: 3 kantige, 4–5 mm lange,
dunkelbraune und glänzende Nüsse

Standort: In der montanen und sub–
alpinen Stufe in Fettwiesen, Hochstau–
denfluren, Auenwäldern, im Erlenge–
büsch und an Ufern auf kühlen, nassen
bis feuchten, zeitweise auch über–
schwemmten, nährstoffreichen, kalk–
armen und humosen Lehm– und Ton–
böden; Tiefwurzler; gute Bienenweide;
wichtige Futterpflanze in Nasswiesen;
häufig und gesellig auftretend; nie auf
trockenen Böden anzutreffen

561 Ampferb. Knöterich – P. lapathifólium
Pflanze 20–80 cm hoch, einjährig, niederliegend bis
aufrecht und von Juli bis Oktober blühend

**Polygonum lapathifólium L.
Ampferblättriger Knöterich
Polygonáceae – Knöterichgew.**

Laubblätter: Lanzettlich, 3–8 cm
lang, zugespitzt, in den Stiel verschmä–
lert, kurz gestielt oder sitzend, beider–
seits grün, meist schwarz gefleckt und
kahl oder unterseits schwach behaart;
Nebenblattscheiden eng anliegend und
kahl oder nur am Rande sehr kurz be–
wimpert; Pflanze meist schon am Grun–
de verzweigt

Blütenstand: Endständig, ährenartig,
zylindrisch, bis 6 cm lang und bis 1 cm
breit

Blüten: Zwittrig; Perigonblätter 4 oder
5, rosa oder weisslich rosa gefärbt und
2–3 mm lang; Fruchtknoten oberstän–
dig mit kopfiger Narbe

Früchte: Nüsse 2–3 mm lang und
flach oder 3 kantig; auf derselben
Pflanze verschiedene Formen vorhanden

Standort: In der kollinen und monta–
nen Stufe in Aeckern, auf Schuttplätzen,
an schlammigen Orten, Ufern, in Grä–
ben und bei Gärten auf frischen bis
feuchten, nährstoffreichen, leicht neu–
tralen bis leicht sauren und humosen
Sand–, Lehm– und Tonböden; Pio–
nierpflanze; 30–40 cm tief wurzelnd;
Ackerunkraut; mit Ausnahme der arkti–
schen Gebiete über die ganze Erde

562 Sumpf–Knöterich – P. amphíbium
Pflanze mit 20–30 cm langen und verzweigten Stengeln und von Juni bis September blühend

Polygonum amphíbium L.
Sumpf / Wasser – Knöterich
Polygonáceae – Knöterichgew.
Laubblätter: Bis 10 cm lang gestielt, schmal oval, vorn zugespitzt, am Spreitengrund abgerundet oder herzförmig und beiderseits grün; Blattstiele zweigen in der oder oberhalb der Mitte der Nebenblattscheiden ab
Blütenstand: Endständige, dichtblütige und zylindrische Aehren
Blüten: Perigonblätter 4 oder 5, rosa bis weiss–rosa gefärbt und 4–5 mm lang; die Blüten sind männlich, weiblich oder zwittrig; bei zwittrigen Formen 5 Staubblätter und 2 Griffel; Fruchtknoten oberständig mit kopfiger Narbe
Früchte: Nüsse linsenförmig bis dreikantig; Fruchtbildung aber nur selten
Standort: In der kollinen und montanen (seltener subalpin) Stufe in Tümpeln, Gräben, Laichkraut– und Seggengesellschaften, Nasswiesen und an Ufern auf überfluteten oder nassen, nährstoffreichen, meist kalkfreien, neutralen bis mässig sauren und oft schlammigen Ton– und Lehmböden; Lichtpflanze; Wasserverbreitung; bei Wasserformen Stengel kahl; bei Landformen Pflanze mit borstigen Haaren besetzt und auf nassen Schuttplätzen; mit Ausnahme der Tropen ist der Wasser–Knöterich über die ganze Erde verbreitet

563 Gemeine Kreuzblume – P. vulgáris
Pflanze 10–30 cm hoch, ausdauernd, mit verzweigtem Rhizom, dünner Pfahlwurzel und bis Juli blühend

Polygala vulgáris L.
Gemeine Kreuzblume
Polygaláceae – Kreuzblumengewächse
Laubblätter: Untere wechselständig angeordnet und keine Rosette bildend; obere Laubblätter 10–25 mm lang, lanzettlich, meist stumpf, kurz gestielt oder anliegend, ganzrandig, meist in der Mitte am breitesten und wechselständig angeordnet
Blütenstand: 5–30 blütige Traube mit rot, blau oder violett gestielten Blüten; Tragblätter 1–2,5 mm lang
Blüten: Zygomorph; Kelchblätter 5; die 3 äusseren sind klein, kelchblattartig, schmal dreieckig und braunrot gefärbt; die beiden äusseren Kelchblätter bilden ovale, 6–8 mm lange und rote, blaue bis violette Flügel, deren Adern stark verzweigt sind; Krone rinnenförmig mit 2 freien– und einem stark gefransten Zipfel; Staubblätter 8; Fruchtknoten oberständig, mit einem Griffel und zweiteiliger Narbe; Insektenbestäubung
Früchte: Kapseln an den Seiten abgeflacht und meist herzförmig
Standort: In der kollinen und montanen Stufe in mageren Wiesen und Weiden, Heiden, an Wegrändern und Waldrändern auf frischen bis mässig trockenen, nährstoffarmen Lehmböden

564 Echter Tabak – N. tabácum
Pflanze 70–200 cm hoch, meist einjährig, drüsig behaart und von Juli bis Oktober blühend

Nicotiána tabácum L.
Echter Tabak
Virginischer Tabak
Solanáceae – Nachtschattengewächse
Laubblätter: Schmal oval bis oval, ganzrandig, zugespitzt, gegen den Grund zu verschmälert, bis über 50 cm lang und besonders die unteren am Stengel herablaufend
Blütenstand: Am Ende der Zweige trauben– oder rispenähnliche Blütenstände
Blüten: Blüten gestielt; Kelchblätter 5, röhrenförmig verwachsen und grün gefärbt; Kelchzähne schmal dreieckig, ungleich lang und fein zugespitzt; Kronblätter 5, verwachsen, nach oben trichterförmig erweitert, 4–5 cm lang und rosarot gefärbt; Zipfel fein zugespitzt; Staubblätter 5, so lang wie die Kronröhre; Fruchtknoten oberständig und 2 fächerig
Früchte: Eiförmige, meist 2 klappig aufspringende Kapseln; Samen zahlreich, mit warziger Oberfläche und sehr klein
Standort: In der kollinen Stufe an Schuttplätzen auf eher feuchten, lockeren, nährstoffreichen und lehmigen Böden in wärmeren Lagen; heute auf der ganzen Welt kultiviert; im Gebiet in verschiedenen Sippen als Kulturpflanze

565 Purpur–Enzian – G. purpúrea
Pflanze 10–60 cm hoch, ausdauernd, mit dickem Rhizom und von Juli bis August blühend

Gentiána purpúrea L.
Purpur–Enzian
Gentianáceae – Enziangew.
Laubblätter: Oval, ganzrandig, zugespitzt oder stumpf, bis 25 cm lang, 5–15 cm breit und 5–7 aderig; obere Stengelblätter schmal lanzettlich
Blütenstand: Zu 1–3 in den Achseln der oberen Blätter und am Ende des Stengels kopfig gehäuft
Blüten: Kelch 2 zipflig und auf der einen Seite bis fast zum Grunde tief eingeschnitten; Kronblätter verwachsen, bis weit hinunter 5–8 teilig, 2–4 cm lang, purpurrot gefärbt, deutlich dunkelrot punktiert und innen gelblich; Staubblätter in der Kronröhre angewachsen; Fruchtknoten oberständig und aus 2 Fruchtblättern zusammengesetzt; Insektenbestäubung
Früchte: An den verwachsenen Rändern der Fruchtblätter aufspringende Kapseln
Standort: In der subalpinen und seltener alpinen Stufe auf Magerweiden, in Hochstaudenfluren, Zwergstrauch–heiden und bei Alpenerlen auf frischen, basenreichen, meist kalkarmen, humosen, tonigen und lange mit Schnee bedeckten Böden; Licht–Halbschatt–pflanze; Heil– und Nutzpflanze; geschützt; eine skandinavisch–alpine Pflanze; in den Alpen und im Appenin

566 Beinwell – S. officinále
Pflanze 20–120 cm hoch, dicht und abstehend behaart, mit Rhizom und von Mai bis August blühend

Symphytum officinále L.
Gemeine Wallwurz, Beinwell
Boragináceae – Borretschgew.
Laubblätter: Schmal oval, mit der grössten Breite unterhalb der Mitte, langsam nach oben zugespitzt, ganzrandig, nach dem Grunde zu allmählich in den geflügelten Blattstiel verschmälert (mit Flügeln, die bis zum nächst unteren Blatt reichen) und rauhhaarig
Blütenstand: Klein, dichtblütig und rispenartig / traubenartig
Blüten: Kurz gestielt; Kelchblätter 5, nur im unteren Bereich verwachsen, schmal dreieckig, behaart und mit oft dunkler gefärbter Spitze; Kronblätter 5, verwachsen, gelblich–, purpurn– oder rotviolett gefärbt, 1–2 cm lang, mit kurzen und rückwärts gebogenen Zipfeln und oft mit dunkleren Streifen; Schlundschuppen nicht aus der Krone herausragend; Staubblätter 5; Staubfäden ungefähr in der Mitte der Kronröhre angewachsen; Fruchtknoten oberständig, aus 2 Fruchtblättern bestehend; Griffel aus der Kronröhre herausragend
Früchte: In 4 Nüsschen zerfallend
Standort: In der kollinen und montanen Stufe in Nasswiesen, Auen– und Bruchwäldern, im Ufergebüsch und bei Gräben auf feuchten und nassen Böden

567 Knotige Wallwurz – S. tuberósum
Pflanze 10–40 cm hoch, ausdauernd, mit verdicktem Rhizom und von April bis Juli blühend

Symphytum tuberósum L.
Knotige Wallwurz
Boragináceae – Borretschgew.
Laubblätter: Schmal oval, 3–15 cm lang, meist zugespitzt und dem Grunde zu verschmälert; untere Blätter lang gestielt
Blütenstand: Traubig / rispig mit Hochblättern
Blüten: Gestielt; Kelchblätter 5, nur am Grunde verwachsen, schmal dreieckig, zugespitzt, hellgrün gefärbt und im unteren Bereich oft dunkler; Kronblätter 5, verwachsen, 1,5–2 cm lang, gelblichweiss und schmutzigrot gefärbt und mit 5 kurzen, zurückgebogenen Zipfeln; Schlundschuppen nie aus der Kronröhre herausragend; Staubblätter 5; Fruchtknoten oberständig; Insektenbestäubung
Früchte: In 4 Nüsschen zerfallend; Teilfrüchte mehr oder weniger warzig und mit einem gezähnten Rand um die Anwachsstelle; Ameisenverbreitung
Standort: In der kollinen und montanen Stufe in Wiesen, Laubmischwäldern, Hecken, an Waldrändern und im Hochstaudengebüsch auf frischen, nährstoff– und basenreichen, neutralen und meist tiefgründigen Lehm– und Tonböden; Halbschatt–Schattpflanze; eine südeuropäische Pflanze, die bis England reicht

Pulmonária montána LEJEUNE
Berg – Lungenkraut

Boragináceae – Borretschgew.

Laubblätter: Rosettenblätter meist schmal oval bis oval, zugespitzt, 5 bis 15 cm lang, lang gestielt, ohne Flecken, beiderseits behaart und beim Spreitengrund in den Stiel verschmälert; Stengelblätter schmal oval, zugespitzt, bis 10 cm lang, beiderseits behaart, am Spreitengrunde oft abgerundet und den Stengel zum Teil umfassend

Blütenstand: Kurz gestielte Blüten in Wickeln

Blüten: Kelchblätter 5, glockenförmig verwachsen, grünlich bis rötlichbraun gefärbt, mit 5 zugespitzten Zipfeln und zahlreichen Borstenhaaren; Kronblätter 5, verwachsen, oben trichterförmig, am Schlundeingang mit 5 Haarbüscheln und zuerst hellrot dann violett gefärbt; Staubblätter 5; diese nicht aus der Krone ragend; Fruchtknoten oberständig, aus 2 Fruchtblättern verwachsen

Früchte: Spaltfrüchte mit 4 nussartigen Teilfrüchten; Ameisenverbreitung

Standort: In der montanen und subalpinen Stufe in lichten Laubmischwäldern, Hecken, Hochstaudenfluren und an Waldrändern auf feuchten bis wechselfrischen, basenreichen, meist kalkarmen, humosen und oft sandigen Böden

568 Berg – Lungenkraut – P. montána
Pflanze 10 – 40 cm hoch, ausdauernd, mit weit kriechendem Rhizom und von März bis Mai blühend

Scopólia carniólica JACQ.
Tollkraut

Solanáceae – Nachtschattengewächse

Laubblätter: Verkehrt eiförmig, unterhalb der Mitte am breitesten, 10 – 30 cm lang, ganzrandig oder mit schwachen Buchten versehen, mit deutlich ausgeprägter Mittelader und in den Stiel verschmälert; Stengel am Grunde mit schuppenartigen Niederblättern

Blütenstand: Lang gestielte Einzelblüten in den Achseln von Laubblättern

Blüten: Nickend; Kelchblätter 5, verwachsen, glockenförmig und grünlich gefärbt; Kelchzähne dreieckig; Kronblätter 5, röhrig glockenförmig verwachsen, 1,5 – 2,5 cm lang, aussen glänzend braun – und innen mattolivgrün gefärbt; Staubblätter 5, nicht aus der Kronröhre herausragend; Fruchtknoten oberständig und aus 2 Fruchtblättern zusammengewachsen

Früchte: Beeren

Standort: In der kollinen (seltener montan) Stufe in steinigen und buschigen Hügeln auf eher trockenen, mehr oder weniger nährstoffreichen, neutralen bis schwach sauren und humosen Böden in wärmeren Lagen; giftig; zuweilen aus Gärten verwildert; westlich bis Kärnten vordringend

569 Tollkraut – S. carniólica
Pflanze 20 – 60 cm hoch, aufrecht, gabelig verästelt, reichblättrig und von April bis Mai blühend

Valeriána montána L.
Berg – Baldrian

Valerianáceae – Baldriangewächse

Laubblätter: Spreite der grundständigen Blätter klein, rundlich und deutlich gestielt; Blätter der sterilen Triebe breit lanzettlich, unterhalb der Mitte am breitesten, bis 12 cm lang, ungeteilt, ganzrandig oder schwach gezähnt und am Spreitengrund gestutzt oder in den Stiel verschmälert; Stengelblätter grösser als die grundständigen, meist oval, ganzrandig bis gezähnt und meist zugespitzt; alle Blätter gegenständig angeordnet

Blütenstand: Schirmförmige Rispe

Blüten: Kelch nach der Blüte lange Pappusborsten bildend; Kronblätter 4 oder 5, verwachsen, bis 6 mm lang, im oberen Teil flach ausgebreitet und weiss bis rosa gefärbt; zwittrige und männliche Blüten vorhanden; Staubblätter 3 oder 4; Fruchtknoten unterständig; Insektenbestäubung

Früchte: Bis 7 mm lange mit Pappus versehene Nüsschen; Windverbreitung

Standort: In der subalpinen (seltener montan oder alpin) Stufe bei Felsen, beim Bachgeröll und in Kalkschuttwäldern auf mässig feuchten bis frischen, oft feinerdereichen, steinigen und auch bewegten Kalkschuttböden; Lichtpflanze

570 Berg – Baldrian – V. montána
Pflanze 10 – 50 cm hoch, ausdauernd, mit mehreren Trieben am Rhizom und von Mai bis Juli blühend

Valeriána trípteris L.
Dreischnittiger Baldrian

Valerianáceae – Baldriangewächse

Laubblätter: Bei sterilen Trieben oval bis rundlich, deutlich grob und unregelmässig gezähnt, stumpf oder zugespitzt, lang gestielt und ihr Spreitengrund herzförmig; stengelständige Blätter meist bis zum Grunde 3 teilig; seitliche Seitenabschnitte gezähnt, lanzettlich und deutlich kleiner als der mittlere breit lanzettliche Abschnitt

Blütenstand: Schirmförmige Rispe

Blüten: Kelch nach der Blüte lange Pappusborsten bildend; Kronblätter 4 oder 5, verwachsen, bis 6 mm lang, im oberen Teil flach ausgebreitet, weisslich bis rosa gefärbt und am Ende meist abgerundet; Staubblätter 3 oder 4; Fruchtknoten unterständig; Insektenbestäubung

Früchte: Bis 7 mm lange und mit Pappus versehene Nüsschen; Insektenbestäubung; Windverbreitung

Standort: In der montanen und subalpinen Stufe auf Felsböden, in Felsspalten und in steilen Bergwäldern auf mässig feuchten bis frischen, basenreichen und steinigen Kalk – und Silikatböden; Licht – Halbschattpflanze; eine mittel –/südeuropäische Pflanze

571 Dreischnittiger Baldrian – V. trípteris
Pflanze 10 – 50 cm hoch, ausdauernd, mit Stärke gefüllten Stengeln und von April bis Juli blühend

Valeriána dioica L.
Sumpf – Baldrian

Valerianáceae – Baldriangewächse

Laubblätter: Grundständige oval bis rundlich, bis 25 mm lang, ganzrandig oder nur wenig tief eingeschnitten, auch gezähnt, gestielt, kahl und gegenständig angeordnet; stengelständige besonders im oberen Bereich mit jederseits 2 – 4 ovalen Seitenabschnitten und einem grossen, etwas gezähnten Endabschnitt

Blütenstand: Pro Stengel wenigblütige und schirmförmige Rispen

Blüten: Kelch nach der Blüte lange Pappusborsten (10 – 15) bildend; Kronblätter 4 oder 5; diejenigen der männlichen Blüten 2 – 3 mm lang, rosa gefärbt und mit ovalen Abschnitten, die ausgebreitet sind; diejenigen der weiblichen Blüten 1 – 2 mm lang und meist weiss gefärbt; Staubblätter 3 oder 4; Fruchtknoten unterständig; Insektenbestäubung

Früchte: Nüsschen kahl und 2 bis 3,5 mm lang; Windverbreitung

Standort: In der kollinen und montanen Stufe an Gräben, Ufern, bei Quellmooren, in Bruchwäldern, Nass – und Moorwiesen auf nassen bis wechselnassen, mehr oder weniger nährstoffreichen, aber auch mässig sauren Böden

572 Sumpf – Baldrian – V. dioica
Pflanze 10 – 20 cm hoch, ausdauernd, mit Ausläufern am Rhizom und von April bis Juni blühend

Valeriána officinális L.
Echter Baldrian

Valerianáceae – Baldriangewächse

Laubblätter: Unpaarig gefiedert; Fiederblätter 5,7 oder 9, lanzettlich, 4 – 8 cm lang, deutlich gezähnt, an der Blattachse herablaufend und besonders unterseits anliegend behaart

Blütenstand: Schirmförmige Rispe

Blüten: Kelchblätter 5, sehr klein, zur Blütezeit als eingerollte Zipfel vorhanden und dabei einen wulstigen Rand bildend; zur Fruchtzeit entstehen daraus ungefähr zehn 3 – 7 mm lange und federig behaarte Borsten; Kronblätter 5, verwachsen, 3 – 6 mm lang und hellrosa gefärbt; Staubblätter meist 3, selten 4 und am Grunde mit der Kronröhre verwachsen; Fruchtknoten unterständig und dreifächerig, dabei ist jeweils nur 1 Fach fruchtbar; Insektenbestäubung

Früchte: Nussartige Früchte 2 – 4 mm lang, meist kahl, seltener behaart

Standort: Von der kollinen bis in die subalpine Stufe in feuchten Wäldern, Hecken, Gräben, feuchten Wiesen, auf Moorwiesen und im Saum von Bächen und Flüssen auf wechselfeuchten bis nassen, mässig nährstoffreichen, mehr oder weniger basenreichen, humosen und neutralen Lehm – und Tonböden auch auf Kalkschuttböden

573 Echter Baldrian – V. officinális
Pflanze 30 – 160 cm hoch, ausdauernd, mit Rhizom, ohne Ausläufer und von Mai bis August blühend

574 Alpenlattich – H. alpína
Pflanze 15–35 cm hoch, ausdauernd, mit dünnem, wollig behaartem Rhizom und von Mai bis Juli blühend

Homógyne alpína (L.) CASS. Alpenlattich
Asteráceae (Compositae) – Korbblütler

Laubblätter: Grundständige rundlich bis nierenförmig, lang gestielt, lederig, kahl oder leicht behaart, bis 3 cm im Durchmesser, am Spreitengrunde herzförmig, flach gezähnt und oberseits dunkelgrün mit deutlich hervortretenden Adern; stengelständige schuppenförmig

Blütenstand: Stengel einköpfig; Blütenköpfe 1–3 cm lang und mit 10–20 grünlich bis rötlich gefärbten, am Grunde wollig behaarten Hüllblättern

Blüten: Röhrenblüten 6–10 mm lang, rötlich gefärbt, mit einer kahlen Kronröhre (aus 5 Kronblättern) und purpurnen Kronzipfeln; Staubblätter 5; Fruchtknoten unterständig und aus 2 Fruchtblättern zusammengesetzt; Insekten- und Selbstbestäubung

Früchte: Achänen 3–6 mm lang, bis 10 rippig und mit einem 6–10 mm langen, weissen Pappus; Windverbreitung

Standort: In der subalpinen und alpinen (seltener kollin) Stufe in Fichtenwäldern, bei Zwergsträuchern, Silikatmagerrasen und im Tiefland in sauren Mooren auf feuchten bis frischen, mehr oder weniger basenarmen, modrig torfigen und humosen Böden

575 Gemeine Pestwurz – P. hybridus
Pflanze 10–50 cm hoch, ausdauernd, mit oben knollig verdicktem Rhizom und von März bis April blühend

Petasítes hybridus (L.) G.M.SCH. Gemeine Pestwurz
Asteráceae – Korbblütler

Laubblätter: Grundständige nierenförmig, herzförmig oder rundlich, flachbuchtig gezähnt, mit rötlichem und gerilltem Stiel, anfangs graufilzig behaart, später besonders oberseits verkahlend, bis 60 cm im Durchmesser und am Ende der Blütezeit erscheinend; am Blütenstengel lanzettliche, rötlich gefärbte, im unteren Teil fast stengelumfassende und filzig behaarte Schuppenblätter

Blütenstand: Zahlreiche Blütenköpfe wohlriechend in kurzen, dichten Trauben; Hülle der Köpfchen von 2–3 Reihen kleiner Hüllblätter und aussen von schuppenförmigen Schuppenblättern umgeben

Blüten: Alle röhrenförmig; Pappus gelblichweiss; Kronblätter 5, verwachsen und meist rötlich gefärbt; Staubblätter 5; Fruchtknoten unterständig und aus 2 Fruchtblättern verwachsen

Früchte: Achänen 2–3 mm lang und mit 5–8 mm langem Pappus

Standort: In der kollinen und montanen Stufe an Bach– und Flussufern, im Erlengebüsch, auf quelligen Mergelrutschhängen auf sickernassen und nährstoffreichen Böden

577 Grüner Alpendost – A. glábra
Pflanze 30–90 cm hoch, ausdauernd, mit knotigem Rhizom und von Juni bis August blühend

Adenostyles alliária KERNER Grauer Alpendost
Asteráceae (Compositae) – Korbblütler

Laubblätter: Herz– oder nierenförmig, lang gestielt, am Spreitengrunde meist herzförmig, unregelmässig gezähnt, unterseits filzig behaart und meist mit kurzer Spitze; Stengelblätter sitzend oder kurz gestielt und dabei mit 2 breiten Zipfeln den Stengel umfassend

Blütenstand: Schirmförmige, doldenartige und vielköpfige Rispe; Köpfchen 3–6 blütig und mit bis 6 lanzettlichen, 4–6 mm langen und an der Spitze bewimperten Hüllblättern; Boden des Blütenbodens ohne Haare

Blüten: Röhrenblüten alle zwittrig, mit Pappus, 5 verwachsenen und blassrosa gefärbten Kronblättern, 5 Staubblättern und einem unterständigen Fruchtknoten; Insektenbestäubung

Früchte: Achänen 2–5 mm lang und mit einem 4–8 mm langen Pappus; Windverbreitung

Standort: In der montanen und subalpinen (seltener alpin) Stufe in Hochstaudenfluren, Bergmischwäldern und an Bachufern auf sickerfeuchten, nährstoff– und basenreichen, neutralen bis schwach sauren, steinigen und oft kalkarmen Lehmböden; Licht–Schattenpflanze; auch über der Waldgrenze

Adenostyles glábra (MILLER) DC. / Grüner Alpendost
Asteráceae (Compositae) – Korbblütler

Laubblätter: Herz– oder nierenförmig, lang gestielt, am Spreitengrunde unregelmässig herzförmig, grob und meist regelmässig gezähnt, unterseits mit nichtfilziger Behaarung und sehr kurz zugespitzt; Stengelblätter immer deutlich gestielt und am Grunde ohne Zipfeln

Blütenstand: Schirmförmige, doldenartige und vielblütige Rispe; Köpfchen meist 3 blütig und mit meist 3 lanzettlichen bis ovalen, kahlen, bis 6 mm langen, rötlich gefärbten und an der Spitze etwas bewimperten Hüllblättern

Blüten: Röhrenblüten alle zwittrig, mit Pappus, 5 verwachsenen und blassrosa bis lila gefärbten Kronblättern, fünf Staubblättern und einem unterständigen Fruchtknoten; Insektenbestäubung

Früchte: Achänen 2–3 mm lang und mit einem 3–5 mm langen Pappus; Windverbreitung

Standort: Meist in der subalpinen Stufe in Schutthalden, steinigen Wäldern und steinigen Weiden auf feuchten bis frischen, steinigen, lockeren, mehr oder weniger feinerdereichen und kalkhaltigen Kalkschuttböden; Licht–Halbschattpflanze

576 Grauer Alpendost – A. alliária
Pflanze 50–150 cm hoch, ausdauernd, mit gerilltem Stengel und von Juni bis September blühend

Antennária dioéca (L.) GAERTNER Gemeines Katzenpfötchen
Asteráceae – Korbblütler

Laubblätter: In den Rosetten schmal oval, gegen den Grund zu keilförmig verschmälert, anfangs beiderseits filzig behaart und meist im oberen Drittel am breitesten; Stengelblätter lanzettlich und weissfilzig behaart

Blütenstand: Am Ende der Stengel 3–12 Blütenköpfe doldenartig gehäuft; äussere Hüllblätter stark behaart und oval, innere Hüllblätter meist lanzettlich; Hüllblätter bei weiblichen Köpfchen dunkelrot, rosa oder seltener weiss gefärbt, Hüllblätter bei männlichen Köpfchen weiss, seltener rosa oder rot; Köpfchen 4–8 mm lang

Blüten: Kronblätter 5, meist fadenförmig und weisslich gefärbt, Staubblätter 5 (bei männlichen Köpfchen) und Fruchtknoten unterständig (bei weiblichen Köpfchen); Insektenbestäubung

Früchte: Achänen 1 mm lang und mit 4–10 mm langen, weissen Pappusborsten; Wind–/ Ausläuferverbreitung

Standort: In der subalpinen und alpinen (seltener kollin und montan) Stufe in Magerrasen, Weiden, Heiden und lichten Wäldern auf mässig frischen bis trockenen und meist kalkarmen Böden

579 Wasserdost – E. cannábinum
Pflanze 70–150 cm hoch, ausdauernd, mit knotigem Rhizom, fast überall drüsig und bis Sept. blühend

Eupatórium cannábinum L. Wasserdost
Asteráceae (Compositae) – Korbblütler

Laubblätter: Bis zum Grund 3– oder 5 teilig, zerstreut behaart, meist nur kurz gestielt und gegenständig angeordnet; Abschnitte schmal oval bis lanzettlich, zugespitzt und unregelmässig gezähnt (Zähne nach vorn gerichtet)

Blütenstand: Wenigblütige Köpfchen (4–6 blütig) in einer doldenartigen Rispe; Hüllblätter 4–6 mm lang, stumpf, etwas behaart und dachziegelartig übereinanderliegend

Blüten: Alle röhrenförmig; Pappus 1reihig; Kronblätter 5, verwachsen und hellrot bis rosa gefärbt; Fruchtknoten unterständig; Insektenbestäubung

Früchte: Achänen 2–3 mm lang, 5kantig und mit einem 3–5 mm langen, weissen Pappus; Windverbreitung

Standort: In der kollinen und montanen Stufe bei feuchten Waldstellen, Wegen, an Ufern, Böschungen und in Riedwiesen auf sickerfeuchten bis frischen, nährstoff– und basenreichen, meist kalkhaltigen, humosen und lockeren Lehm– und Tonböden; Feuchtigkeitszeiger; eine eurasiatische Pflanze, die bis Nordirland und Südschweden reicht; südwärts bis Marokko

578 Gem. Katzenpfötchen – A. dioéca
Pflanze 5–20 cm hoch, ausdauernd, zweihäusig, mit unterirdischen Ausläufern und bis Juli blühend

580 Filzige Klette – A. tomentósum
Pflanze 50–120 cm hoch, zweijährig, mit verholzender Pfahlwurzel und von August bis September blühend

Arctium tomentósum MILLER
Láppa tomentósa LAM.
Filzige Klette
Asteráceae (Compositae) – Korbblütler

Laubblätter: Breit oval bis herzförmig, stumpf oder kurz zugespitzt, am Spreitengrunde meist abgerundet, ganzrandig oder buchtig gezähnt, bis 45 cm lang und unterseits spinnwebig behaart

Blütenstand: Köpfchen in aufrechten oder schräg aufwärts gerichteten Rispen; Hüllblätter dicht spinnwebig behaart; innere Hüllblätter mit langer, roter Spitze

Blüten: Alle zwittrig und am Blütenboden mit zahlreichen borstenförmigen Spreuschuppen; Pappus weisslich; Kronblätter 5, zu einer langen Röhre verwachsen, im oberen Teil 5 teilig und meist purpurrot gefärbt; Staubbeutelhälften; Fruchtknoten unterständig und aus 2 Fruchtblättern bestehend

Früchte: Achänen schmal eiförmig bis eiförmig, seitlich etwas abgeflacht, kahl und etwas dreikantig

Standort: Meist in der montanen Stufe in staudenreichen Unkrautfluren, Gebüschen, an Schuttplätzen, Ufern und entlang von Wegen auf frischen bis mässig trockenen Ton– und Lehmböden

581 Bergscharte – R. scariósum
Pflanze ausdauernd, 30–140 cm hoch, mit bis 5 cm dickem Stengel und von Juli bis Juli blühend

Rhapónticum scariósum LAM.
Centauréa rhapónticum L.
Bergscharte
Riesen – Flockenblume
Asteráceae (Compositae) – Korbblütler

Laubblätter: Schmal oval bis lanzettlich, im untersten Drittel am breitesten, langsam zugespitzt, fein und buchtig gezähnt, mit verschmälertem Grund sitzend, oberseits grün mit einzelnen Haaren und unterseits dicht weissfilzig behaart

Blütenstand: Sehr grosse Einzelköpfe am Ende der Stengel; Hülle bis 10 cm breit und mit zahlreichen braunen, am Rande unregelmässig gefransten Hüll– blattanhängseln

Blüten: Röhrenblüten mit gleicher Länge, rosa bis purpurn gefärbt und mit doppeltem Pappus; Staubblätter 5; Fruchtknoten unterständig

Früchte: Achänen bis 9 mm lang, zylindrisch, braun gefärbt und mit rötlichen Pappusborsten

Standort: Meist in der subalpinen Stufe in feuchten Wiesen, Hochstaudenfluren und bei Gebüschen auf feuchten, nährstoff– und basenreichen, meist kalkhaltigen und tonigen Böden; eine nicht sehr häufig anzutreffende Alpenpflanze

582 Kletten – Distel – C. personáta
Pflanze 40–160 cm hoch, ausdauernd, mit dickem Rhizom, verzweigtem Stengel und bis Aug. blühend

Cárduus personáta (L.) JACQ.
Kletten – Distel
Asteráceae (Compositae) – Korbblütler

Laubblätter: Obere schmal eiförmig bis eiförmig, lang zugespitzt, buchtig gezähnt, oberseits etwas behaart oder kahl, unterseits nur wenig oder aber dicht und graufilzig behaart und am Stengel oft etwas herablaufend; untere tief fiederteilig, lang zugespitzt, mit nach vorn gerichteten Zähnen und mit einem verschmälerten Grund am Stengel etwas herablaufend

Blütenstand: Köpfe am Ende der Stengel aufrecht und knäuelförmig gehäuft; äussere Hüllblätter besonders im oberen Bereich mit nach aussen gebogenen und nicht stechenden Stacheln

Blüten: Pappus rauh, nicht federig behaart; Kronblätter 5, verwachsen, mit Kronzipfeln, die so lang sind, wie die Kronröhre und dunkelrot gefärbt; Fruchtknoten unterständig

Früchte: Achänen 2–4 mm lang und mit bis 15 mm langem Pappus

Standort: In der montanen und subalpinen Stufe im Staudensaum der Bäche, Weidengebüsch, in Hochstaudenfluren, Erlenwäldern, feuchten Schuttplätzen und nassen Wiesen auf sickernassen bis feuchten, nährstoff– und basenreichen Tonböden

583 Ackerdistel – C. arvénse
Pflanze 30–120 cm hoch, ausdauernd, im oberen Teil verzweigt und von Juli bis September blühend

Círsium arvénse (L.) SCOP.
Ackerdistel, Acker – Kratzdistel
Asteráceae (Compositae) – Korbblütler

Laubblätter: Schmal oval bis lanzettlich, etwas steif, oberseits kahl, unterseits kahl bis behaart, ungeteilt und buchtig gezähnt oder bis über die Mitte gefiedert und sitzend; Abschnitte dreieckig bis oval und stachelig

Blütenstand: Einzelne Köpfchen oder diese in doldenartigen Rispen vereinigt; Köpfchen bis 2 cm lang; äussere Hüllblätter mit nichtstechendem Stachel

Blüten: Alle röhrenförmig; Kronblätter 5, verwachsen, bis weit hinunter geteilt und lila gefärbt; Staubblätter 5; Fruchtknoten unterständig

Früchte: Achänen 2–3 mm lang, bräunlich gefärbt und mit bis 3 cm langem Pappus; Windverbreitung

Standort: In der kollinen und montanen Stufe entlang von Wegrändern, in Aeckern, Waldschlägen, auf Schutt– plätzen und an Ufern auf frischen bis mässig trockenen, nährstoffreichen, kalkarmen und kalkreichen, humosen, auch tiefgründigen, steinigen, sandigen oder lehmigen Böden; Pionier; Kulturbegleiter; in den Aeckern unbeliebt; Lichtpflanze; nordwärts bis 65 Grad NB reichend; in den USA eingeschleppt

584 Eselsdistel – O. acánthium
Pflanze 40–140 cm hoch, zweijährig, im oberen Teil stark verzweigt und von Juli bis September blühend

Onopórdum acánthium L.
Eselsdistel, Stachel – Eselsdistel
Asteráceae (Compositae) – Korbblütler

Laubblätter: Schmal oval bis oval, jederseits bis zur Spreitenmitte fiederteilig, oberseits dunkelgrün und behaart, unterseits graugrün und dicht filzig behaart, sitzend und am Grund dem Stengel herablaufend; Abschnitte dreieckig, stachelig gezähnt und mit einer Stachelspitze endend

Blütenstand: Köpfe 2–4 cm breit, aufrecht und einzeln; Hüllblätter kugelig angeordnet, mit 2–4 mm breiter Basis, im unteren Teil dunkelgrün gefärbt und in einem langen Stachel endend

Blüten: Pappus mit rötlichen Borsten; Kronblätter verwachsen, bis 2 cm lang und purpurn gefärbt; Staubblätter 5; Fruchtknoten unterständig;

Früchte: Achänen 3–5 mm lang, mit Längsrippen und mit einem 4–10 mm langen Pappus, der direkt an der Frucht angewachsen ist

Standort: In der kollinen und montanen Stufe in staudenreichen Unkrautgesellschaften, an Schutt– und Verladeplätzen, Dämmen, bei Lägerstellen und entlang von Wegen auf trockenen, nährstoffreichen, humosen, steinigen, sandigen oder reinen Ton–/Lehmböden

585 Berg – Distel – C. deflorátus
Pflanze 15–80 cm hoch, ausdauernd, mit aufsteigendem oder aufrechtem Rhizom und bis August blühend

Cárduus deflorátus L. s.l.
Berg – Distel
Asteráceae (Compositae) – Korbblütler

Laubblätter: Lanzettlich, stumpf oder zugespitzt, meist beiderseits kahl, ungeteilt und stachelig gezähnt oder ausgebuchtet bis fiederteilig und gezähnt, sitzend und nur kurz am Stengel herablaufend; Stacheln nur wenig stechend

Blütenstand: An langen Stielen einzelne, zur Blütezeit meist nickende, kugelige und bis 3 cm breite Köpfchen; Hüllblätter lanzettlich, bis 10 mm lang und in einen kurzen Stachel verschmälert

Blüten: Pappus rauh, nicht federig behaart; Kronblätter 5, verwachsen, bis 2 cm lang und purpurn gefärbt; Fruchtknoten unterständig

Früchte: Achänen 3–5 mm lang und mit einem bis 15 mm langen Pappus

Standort: Von der montanen bis in die alpine Stufe in Geröllhalden, sonnigen Steinrasen, trockenen Wäldern und Halbtrockenrasen auf frischen bis mässig trockenen, meist kalkhaltigen, mehr oder weniger humosen, nährstoffreichen, lockeren und steinigen Lehm – und Tonböden; Rohbodenpionier; Bodenfestiger; eine mittel – und südeuropäische Gebirgspflanze, die äusserst vielgestaltig ist

586 Federige Flockenblume – C. nervósa
Pflanze 10–35 cm hoch, ausdauernd, bei dichter
Behaarung grau erscheinend und bis Aug. blühend

Centauréa nervósa WILLD.
C. uniflóra TURRA ssp. nervósa ROUY
Federige Flockenblume
Asteráceae (Compositae) – Korbblütler

Laubblätter: Breit lanzettlich bis schmal oval, ganzrandig, fein– oder buchtig gezähnt, lang zugespitzt, im oberen Teil sitzend, im unteren Bereich in einen Stiel verschmälert oder auch jederseits bis zur Mitte fiederteilig

Blütenstand: Einzelne Köpfe am Ende der Zweige; Hüllblätter 1–3 mm breit, gefranst und mit ihren braunen Anhängseln die grünen Teile der Hüllblätter völlig überdeckend

Blüten: Röhrenförmig und die randständigen etwas grösser als die inneren; Kronblätter 5, verwachsen und meist dunkel purpurn gefärbt; Staubblätter 5; Fruchtknoten unterständig

Früchte: Achänen 2–4 mm lang, graubraun gefärbt und mit bis 3 mm langen Pappusborsten

Standort: In der subalpinen (seltener montan oder alpin) Stufe in Bergwiesen, bei Wildheuplanken, Gebüschen und Weiden auf mässig feuchten, nährstoff– und basenreichen, meist kalkarmen und humosen Böden; eine mittel– und südeuropäische Gebirgspflanze

587 Wiesen–Flockenblume – C. jácea
Pflanze 10–50 cm hoch, ausdauernd, mit kantigen
Stengeln und von Juni bis September blühend

Centauréa jácea L. s.l.
Gemeine Flockenblume
Asteráceae (Compositae) – Korbblütler

Laubblätter: Untere eiförmig oder oval bis lanzettlich, stumpf, abgerundet oder nur kurz zugespitzt, in einen kurzen Stiel verschmälert, ganzrandig, fein gezähnt oder besonders im unteren Spreitenteil unregelmässig fiederteilig; obere Stengelblätter schmal oval bis lanzettlich, sitzend und meist zugespitzt

Blütenstand: Köpfe einzeln am Ende der Zweige; Anhängsel der Hüllblätter bis 4 mm lang, hell– bis dunkelbraun gefärbt und die grünen Teile der Hüllblätter meist völlig überdeckend

Blüten: Röhrenförmig und die randständigen vergrössert; Kronblätter 5, verwachsen und purpurn gefärbt; Staubblätter 5; Fruchtknoten unterständig; Bienenweide

Früchte: Achänen bis 3 mm lang und ohne Pappus

Standort: Von der kollinen bis in die subalpine Stufe in Wiesen, Weiden, Magerrasen, Moorwiesen, auf Schuttplätzen und bei Gebüschen auf mässig feuchten bis mässig trockenen, auch wechselfeuchten, nährstoff– und basenreichen, meist tiefgründigen, humosen, kalkhaltigen und lehmigen Böden

588 Färber–Scharte – S. tinctória
Pflanze 20–90 cm hoch, ausdauernd, im oberen Teil
verzweigt und von Juli bis September blühend

Serrátula tinctória L.
Färber–Scharte
Asteráceae (Compositae) – Korbblütler

Laubblätter: Untere oval bis lanzettlich, ungeteilt, gestielt, spitz gezähnt und zugespitzt; mittlere– und obere Stengelblätter bis nahe der Mittelader fiederteilig und sitzend oder kurz gestielt; Abschnitte spitz gezähnt; Endabschnitt grösser als die Seitenabschnitte

Blütenstand: Köpfe in doldenartigen Rispen; Hülle meist zylindrisch; Hüllblätter grünlich bis bräunlich gefärbt und mit violetter Spitze

Blüten: Zwittrige und weibliche Blüten vorhanden; röhrenförmig; Kronblätter 5, im oberen Abschnitt 5 teilig und purpurn gefärbt; Staubblätter 5; Fruchtknoten unterständig

Früchte: Achänen 3–6 mm lang, grünlich gefärbt und mit bis 8 mm langem Pappus; Windverbreitung

Standort: In der kollinen und montanen Stufe in Hochstaudenfluren, Moorwiesen, Gräben, lichten Laubwäldern und Riedwiesen auf feuchten bis wechseltrockenen, nur mässig nährstoff– und basenreichen, modrig humosen, meist kalkhaltigen und oft torfigen Lehm– und Tonböden; früher als Färberpflanze verwendet; Licht–Halbschattpflanze; nordwärts bis Südskandinavien

589 Sumpf–Kratzdistel – C. palústre
Pflanze 30–120 cm hoch, zweijährig, mit einem kurzen
Rhizom und von Juli bis Oktober blühend

Círsium palústre (L.) SCOP.
Sumpf–Kratzdistel
Asteráceae (Compositae) – Korbblütler

Laubblätter: Steif, schmal oval bis lanzettlich, breitbuchtig fiederteilig, oberseits dunkelgrün und schwach behaart, unterseits graugrün und besonders anfangs weissfilzig behaart, sitzend und am Stengel weit herablaufend; Abschnitte in kurzen Stacheln endend

Blütenstand: Köpfe in einer doldenartigen Rispe vereinigt; Hüllblätter schmal oval, zugespitzt, dunkelgrün gefärbt, oft mit weissen Rändern und einer dunklen Spitze

Blüten: Röhrenförmig; Kronblätter 5, im oberen Abschnitt 5 teilig und purpurn gefärbt; Staubblätter 5; Fruchtknoten unterständig

Früchte: Achänen 2–3 mm lang, gelblichbraun gefärbt, ohne Flecken und mit einem 5–10 mm langen Pappus

Standort: In der kollinen und montanen Stufe in Nass– und Moorwiesen, Flachmooren, Auenwäldern, Waldschlägen und an Quellen auf nassen bis wechselfeuchten, mässig nährstoff– und basenreichen, neutralen oder etwas sauren, humosen, sandigen oder reinen Ton– und Lehmböden; Licht–Halbschattpflanze; Vernässungszeiger

590 Stengellose Kratzdistel – C. acaúle
Pflanze 5–20 cm hoch, ausdauernd, mit einem
Rhizom und von Juli bis September blühend

Círsium acaúle SCOP.
Stengellose Kratzdistel
Asteráceae (Compositae) – Korbblütler

Laubblätter: Steif, schmal oval, bis nahe der Hauptader fiederteilig, rosettig angeordnet, auf den Adern etwas behaart und mit stachelig gezähnten Abschnitten

Blütenstand: Einzelner und fast ungestielter Blütenkopf; Hüllblätter lanzettlich, grün gefärbt, kaum stechend und zugespitzt

Blüten: Röhrenförmig; Kronblätter 5, verwachsen, bis 35 mm lang und purpurn gefärbt; Krone im oberen Abschnitt 5 teilig; Staubblätter 5; Fruchtknoten unterständig; Bestäubung besonders durch Hummeln

Früchte: Achänen 2–4 mm lang, gelblichbraun gefärbt, ohne Flecken und mit einem 2–3 mm langen Pappus

Standort: In der montanen und subalpinen Stufe in Magerwiesen und Weiden auf wechselfeuchten bis mässig trockenen, meist kalkhaltigen, humosen, mässig nährstoffreichen und oft etwas steinigen Ton– und Lehmböden; Tiefwurzler; als Weidepflanze nicht gern gesehen; Lehmzeiger; eine mitteleuropäische Pflanze, die nordwärts bis Südschweden reicht

591 Kratzdistel – C. erióphorum
Pflanze 40–140 cm hoch, zweijährig, mit einer dicken
Pfahlwurzel und von Juli bis September blühend

Círsium erióphorum (L.) SCOP.
s.l. / Wollköpfige Kratzdistel
Asteráceae (Compositae) – Korbblütler

Laubblätter: Steif, jederseits bis nahe zur Mittelader fiederteilig, oberseits dunkelgrün und rauh behaart, unterseits dicht und weiss behaart und die Ränder oft etwas nach unten eingerollt; Abschnitte lanzettlich und in einen langen, stechenden, gelblich gefärbten Stachel endend; Adern weisslich bis hellgelb gefärbt

Blütenstand: 4–8 cm breite Köpfe einzeln am Ende der Stengel; Hülle dicht und weisslich behaart; Hüllblätter mit langen Stacheln

Blüten: Röhrenblüten; Kronblätter 5, im unteren Teil verwachsen, 2–4 cm lang und purpurn bis violettrot gefärbt; Staubblätter 5; Fruchtknoten unterständig; Insektenbestäubung

Früchte: Achänen 4–6 mm lang, mit strichförmigen Flecken und einem 2 bis 3 cm langen Pappus

Standort: In der montanen und subalpinen Stufe in staudenreichen Unkrautfluren, entlang von Wegen, an Schuttplätzen, Ufern und in Waldschlägen auf frischen bis mässig trockenen, nährstoff– und basenreichen, kalkhaltigen und humosen Ton– / Lehmböden

592 Schlupfsame – C. vulgáris
Pflanze 15–60 cm hoch, einjährig, mit kantigen Stengeln, einer Pfahlwurzel und von Mai bis Juli blühend

Crupína vulgáris CASS.
Schlupfsame
Asteráceae (Compositae) – Korbblütler

Laubblätter: Bis auf die Mittelader fiederschnittig; Abschnitte schmal lanzettlich, fein gesägt und drüsig bewimpert

Blütenstand: Gestielte Köpfen meist zu mehreren in lockeren Trauben oder Rispen; Hülle bis 2 cm lang, zylindrisch, nach oben etwas verschmälert und mit wenigen, dachziegelartig angeordneten, lanzettlichen, am Rande weisslich häutigen und mit kugeligen Drüsen versehenen Hüllblättern; Spreublätter beim Blütenboden zerschlitzt

Blüten: Röhrenförmig; pro Kopf 3–8 und nur im Zentrum zwittrig (am Rand geschlechtslos); Pappus aus mehreren Reihen rauher und dunkler Borsten bestehend; Kronblätter 5, verwachsen und im oberen Teil einen 5 teiligen Trichter bildend; Staubblätter 5; Fruchtknoten unterständig; Insektenbestäubung

Früchte: Achänen 3–5 mm lang, dunkelbraun gefärbt und mit einem ebenso langen Pappus versehen

Standort: In der kollinen (seltener montan) Stufe auf steinigen, trockenwarmen Hügeln und in Felsentreppen auf trockenen und steinigen Böden

593 Alpen–Aster – A. alpínus
Pflanze 5–20 cm hoch, ausdauernd, mit dünnem Rhizom und von Juni bis August blühend

Aster alpínus L.
Alpen–Aster
Asteráceae (Compositae) – Korbblütler

Laubblätter: Schmal oval bis lanzettlich, mit der grössten Breite meist im oberen Drittel, ganzrandig, langsam in den Stiel verschmälert, im oberen Teil aber sitzend und an der Spitze abgerundet oder stumpf

Blütenstand: Am Ende der Stengel 3–5 cm breite Einzelköpfe; Hüllblätter dem Kopf anliegend, am Rande behaart und 6–12 mm lang

Blüten: Strahlenblüten (=Zungenblüten) lanzettlich, flach ausgebreitet, einreihig und meist blauviolett gefärbt; innere Röhrenblüten gelblich gefärbt, mit 5 Staubblättern und einem unterständigen Fruchtknoten; Insektenbestäubung

Früchte: Achänen bis 3 mm lang, etwas behaart und mit einem bis 6 mm langen und gelblichen Pappus; Windverbreitung

Standort: In der subalpinen und alpinen Stufe in sonnigen Steinrasen, Wiesen, Weiden und an Felsbändern auf frischen bis trockenen, meist kalkhaltigen, humosen, flachgründigen und steinigen Ton– und Lehmböden; eine häufige arktisch–alpine Pflanze

594 Reichdrüsiges Berufkraut – E. átticus
Pflanze 15–50 cm hoch, ausdauernd, mit undeutlich kantigem Stengel und von Juli bis September blühend

Erígeron átticus VILL.
Reichdrüsiges Berufkraut
Asteráceae (Compositae) – Korbblütler

Laubblätter: Schmal oval bis lanzettlich, ganzrandig, im oberen Teil meist am breitesten, im unteren Bereich in den geflügelten Stiel verschmälert und im oberen Bereich meist sitzend

Blütenstand: 3–10 Köpfe in einer lockeren doldenartigen Rispe vereinigt; Köpfchen bis 35 mm im Durchmesser und mit einer 5–10 mm langen Hülle; Hüllblätter lanzettlich, zugespitzt, grünlich gefärbt und dicht mit Drüsenhaaren besetzt

Blüten: Strahlenblüten (=Zungenblüten) deutlich aufrecht stehend, 3–6 mm lang und purpurrot gefärbt; innere randständige Blüten mit verkümmerter Zunge und daher als Fadenblüten bezeichnet; Röhrenblüten vor Beginn der Blühzeit bräunlich, später gelb, mit 5 Staubblättern und einem unterständigen Fruchtknoten; Insektenbestäubung

Früchte: Achänen 2–3 mm lang, behaart und mit einem 4–6 mm langen Pappus; Windverbreitung

Standort: In der subalpinen (seltener alpin) Stufe auf Moränen, in steinigen Rasen und Wiesen auf meist trockenen, steinigen und oft kalkarmen Böden in wärmerer Lage

595 Einköpfiges Berufkraut – E. uniflórus
Pflanze 3–10 cm hoch, ausdauernd, mit rötlichen dicht behaarten Stengeln und bis September blühend

Erígeron uniflórus L.
Einköpfiges Berufkraut
Asteráceae (Compositae) – Korbblütler

Laubblätter: Grundständige schmal oval, zungen– oder spatelförmig, an der Spitze stumpf oder abgerundet, oberseits meist kahl, unterseits behaart und am Rande lang gewimpert; stengelständige sitzend und wechselständig angeordnet

Blütenstand: Stengel stets einköpfig; Hüllblätter lanzettlich, bräunlich oder rötlich gefärbt, zugespitzt und dicht weisswollig behaart

Blüten: Strahlenblüten (=Zungenblüten) ausgebreitet und weiss, lila oder rosa gefärbt; keine Fadenblüten vorhanden; Röhrenblüten gelblich, mit 5 verwachsenen Kronblättern, 5 Staubblättern und einem unterständigen Fruchtknoten; Insektenbestäubung

Früchte: Achänen 2–3 mm lang, behaart und mit einem 3–5 mm langen Pappus

Standort: In der alpinen (seltener subalpin) Stufe in Steinrasen und windgepeitschten Gratlagen auf frischen bis wechseltrockenen, basenreichen, meist kalkarmen, humusreichen, neutralen bis schwach sauren, flachgründigen und steinigen Lehm– und Tonböden

596 Gemeine Schafgarbe – A. millefólium
Pflanze 15–50 cm hoch, zerstreut behaart, im oberen Teil verzweigt und von Juni bis Oktober blühend

Achilléa milléfolium L.
Gemeine Schafgarbe
Asteráceae (Compositae) – Korbblütler

Laubblätter: Lanzettlich bis lineal–lanzettlich und bis zur Mittelader 2 bis 3 fach fiederteilig mit jederseits bis 50 Abschnitten; Abschnitte letzter Ordnung mit schmal lanzettlichen Zipfeln; sterile Blattrosette vorhanden

Blütenstand: Vielköpfige, doldenartig geformte Traube; Köpfchen mit zahlreichen braun berandeten, dachziegelartig angeordneten, bis 6 mm langen und stumpfen Hüllblättern

Blüten: Strahlenblüten (=Zungenblüten) weiss oder **rosa** gefärbt, weiblichen Geschlechts und nach dem Blühen nur wenig nach unten gebogen; Röhrenblüten rosa, zwittrig und ohne Sporn; Insekten– und Selbstbestäubung

Früchte: Achänen bis 2 mm lang, flach eiförmig, ohne gezähnten Rand und ohne Pappusborsten; Wind– und Ameisenverbreitung

Standort: Von der kollinen bis in die subalpine Stufe in Fettwiesen, Weiden, Aeckern, Erdanrissen, Wäldern, an Wegrändern und Sandrasen auf frischen bis mässig trockenen, nährstoffreichen, und meist sandigen, steinigen oder reinen Lehmböden

597 Hasenlattich – P. purpúrea
Pflanze 20–120 cm hoch, ausdauernd, mit verzweigten Stengeln und von Juli bis Sept. blühend

Prenánthes purpúrea L.
Hasenlattich
Asteráceae (Compositae) – Korbblütler

Laubblätter: Schmal oval bis lanzettlich, buchtig gezähnt bis fiederteilig, zugespitzt, mit herzförmigem Grund, den Stengel zum Teil umfassend, kahl, oberseits mittelgrün, unterseits graugrün und im unteren Teil der Pflanze in den geflügelten Stiel verschmälert; obere Blätter sitzend

Blütenstand: Zahlreiche 2–5 köpfige Rispen; äussere Hüllblätter viel kleiner als die inneren; beide Sorten kahl und grünlich gefärbt

Blüten: In den Köpfchen nur Zungenblüten vorhanden; Zunge aus den 5 Kronblättern verwachsen, fünfzähnig und violett bis purpurn gefärbt; Staubblätter 5, rötlich und weiss gefärbt; Fruchtknoten unterständig

Früchte: Achänen 3–5 mm lang, 3 bis 5 kantig und mit weissem Pappus

Standort: Von der kollinen bis in die subalpine Stufe in krautreichen Wäldern, Hochstaudenfluren und entlang von Waldwegen auf mässig feuchten bis frischen, nährstoffreichen, meist kalkarmen, etwas sauren und humosen Lehmböden in luftfeuchter Lage; eine Schatt–Halbschattpflanze

598 Habichtskraut – H. aurantíacum
Pflanze 15–40 cm hoch, ausdauernd, mit ober– und unterirdischen Ausläufern und bis Aug. blühend

Hierácium aurantíacum L.
Orangerotes Habichtskraut
Asteráceae (Compositae) – Korbblütler

Laubblätter: Schmal oval bis lanzettlich, in den Grund verschmälert, ganzrandig und / oder mit einzelnen feinen Zähnen, meist beiderseits kurz behaart und grün gefärbt

Blütenstand: 2–12 köpfige, oft schirmförmige Rispe; Hüllblätter lanzettlich, mit Stern–, Drüsen– und bis 3 mm langen, einfachen und dunkel gefärbten Haaren

Blüten: Nur Strahlenblüten (=Zungenblüten) vorhanden; diese sind gelborange bis bräunlichrot gefärbt; Staubblätter 5; Fruchtknoten unterständig

Früchte: Achänen bis 2,5 mm lang, dunkel gefärbt und mit einem gelblichweissen Pappus; Windverbreitung und Vermehrung durch Ausläufer

Standort: In der montanen und subalpinen Stufe in Silikat–Magerweiden, Magerrasen und Wildheuhängen auf frischen bis wechselfrischen, kalkarmen, oft etwas sauren und humosen Lehm– und Tonböden; auch als Zierpflanze in Gärten angepflanzt; Lichtpflanze; eine europäische Gebirgspflanze; oft in mageren Parkrasen und entlang von Wegen verwildert

599 Berg–Pippau – C. aúrea
Pflanze 5–25 cm hoch, ausdauernd, mit einem Rhizom, aufrecht und von Juni bis August blühend

Crepis aúrea (L.) CASS.
Crepis montána TAUSCH
Berg – Pippau
Asteráceae (Compositae) – Korbblütler

Laubblätter: Grundständige schmal verkehrt–eiförmig, schmal oval oder lanzettlich, gezähnt bis fiederteilig, in den geflügelten Stiel verschmälert und kahl; Stengel blattlos oder mit 1–2 kleinen und lanzettlichen Blättern

Blütenstand: Einköpfig; Boden des Köpfchens nur mit wenigen und kurzen Haaren; Hülle bis 13 mm und schwarz behaart

Blüten: Nur Strahlenblüten (=Zungenblüten) vorhanden; diese sind rot bis orangegelb gefärbt; Staubblätter 5; Fruchtknoten unterständig; Insektenbestäubung

Früchte: Achänen 4–6 mm lang, bis 20 rippig, gegen das obere Ende zu verschmälert und mit einem 5–7 mm langen Pappus; Windverbreitung

Standort: In der subalpinen und alpinen (seltener montan) Stufe um Sennhütten, entlang von Wegen, an Lägerstellen, in Fettwiesen und Weiden auf frischen, basen– und stickstoffreichen, neutralen bis schwach sauren, humosen und lehmigen Böden; guter Nährstoffzeiger

600 R. Wiesen–Klee – T. praténse
Pflanze 10–25 cm hoch, meist ausdauernd, mit meist aufrechtem Stengel und von Mai bis Oktober blühend

Trifólium praténse L.
Roter Wiesen–Klee
Fabáceae (Papilionáceae) – Schmetterlingsblütler

Laubblätter: Dreiteilig und gestielt; Teilblätter elliptisch bis eiförmig, am Ende stumpf, abgerundet, etwas zugespitzt oder leicht ausgerandet, meist ganzrandig, oft mit weisslicher, hellgrüner oder rötlicher Zeichnung, auch etwas behaart und bis 3 cm lang

Blütenstand: Traube eiförmig bis kugelig und einzeln oder zu mehreren am Ende der Stengel und Zweige

Blüten: 5 Kelchblätter verwachsen, weisslichgrün gefärbt und etwas behaart; mit fadenförmigen und grünlich gefärbten Kelchzipfeln; 5 Kronblätter rot gefärbt und bis 5 mal so lang wie die Kelchröhre (10–15 mm lang); Fahne deutlich länger als Flügel und Schiffchen; Staubblätter 10; oberster Staubfaden frei, die restlichen miteinander verwachsen; Fruchtknoten oberständig; Insektenbestäubung

Früchte: Hülsen

Standort: In der kollinen und montanen Stufe verbreitet in Fettwiesen, Weiden, in lichten Staudenfluren und lichten Wäldern auf frischen, nährstoff– und basenreichen, mehr oder weniger humosen und tiefgründigen Ton– und Lehmböden

601 Purpur–Klee – T. rúbens
Pflanze 15–65 cm hoch, ausdauernd, mit unterirdischen Ausläufern und von Juni bis Juli blühend

Trifólium rúbens L.
Purpur–Klee
Fabáceae (Papilionáceae) – Schmetterlingsblütler

Laubblätter: Dreiteilig, kurz gestielt und meist kahl; Teilblätter lanzettlich, 3–6 cm lang, am Ende stumpf, zugespitzt oder etwas ausgerandet und fein gezähnt; Nebenblätter krautig und sehr lang

Blütenstand: Köpfchen eiförmig bis zylindrisch, gestielt, 2–6 cm lang und am Ende der Stengel angeordnet

Blüten: 5 Kelchblätter verwachsen, grünlich gefärbt, im oberen Teil deutlich lang behaart und am Innenrand der Kelchröhre mit deutlichem Haarring; Kelchzipfel fadenförmig und deutlich lang behaart; 5 Kronblätter purpurn gefärbt und bis 15 mm lang; Fahne so lang wie die Flügel und das Schiffchen; Staubblätter 10; oberster Staubfaden frei, die restlichen miteinander verwachsen; Fruchtknoten oberständig; Insektenbestäubung

Früchte: Hülsen

Standort: In der kollinen und montanen Stufe bei Gebüschen, in lichten Wäldern und an trockenen Hängen auf wechseltrockenen, warmen, basenreichen, neutralen, humosen, lockeren und etwas sandigen Böden

602 Alpen–Klee – T. alpínum
Pflanze 5–15 cm hoch, ausdauernd, mit braunen Fasern um das Rhizom und von Juni bis Aug. blühend

Trifólium alpínum L.
Alpen–Klee
Fabáceae (Papilionáceae) – Schmetterlingsblütler

Laubblätter: Dreiteilig und gestielt; Teilblätter lineal–lanzettlich bis schmal oval, meist zugespitzt, 2–7 cm lang, mehrheitlich ganzrandig, kahl und mit der grössten Breite unterhalb der Mitte oder in der Mitte

Blütenstand: Bis 12–blütige, lang gestielte und kopfartige Traube, die am Ende der Stengel liegt

Blüten: Gestielt und duftend; 5 Kelchblätter verwachsen, weisslichgrün gefärbt und kahl; Kelchzipfel sehr schmal dreieckig und kahl; 5 Kronblätter fleischrot gefärbt und bis achtmal so lang wie die Kelchröhre; Fahne deutlich länger als die Flügel und das Schiffchen; Staubblätter 10; oberster Staubfaden frei; die restlichen miteinander verwachsen; Fruchtknoten oberständig; Insektenbestäubung

Früchte: Hülsen

Standort: In der subalpinen und alpinen Stufe bei Zwergstrauchbeständen, in Weiden und Magerrasen auf meist trockenen und kalkarmen Böden in sommerwarmer Lage; mehr als 1 m tief wurzelnd; eine mittel– und südeuropäische Gebirgspflanze

603 Frühlings–Platterbse – L. vernus
Pflanze 15–30 cm hoch, ausdauernd, mit kurzem, verzweigtem Rhizom und von April bis Mai blühend

Láthyrus vernus (L.) BERNH.
Frühlings–Platterbse
Fabáceae (Papilionáceae) – Schmetterlingsblütler

Laubblätter: Gestielt, mit 4–8 Teilblättern und oft einer grannenartigen Spitze; Teilblätter lineal lanzettlich bis eiförmig, langsam zugespitzt, meist ungestielt, mit der grössten Breite unterhalb der Mitte, oft etwas kurz behaart und bis 7 cm lang

Blütenstand: Lang gestielte und 3 bis 7–blütige Traube

Blüten: Kelchblätter 5, verwachsen, weisslichgrün gefärbt, oft etwas rötlich angelaufen und mit ungleich langen Kelchzähnen; Kronblätter 5, bis 2 cm lang, in Fahne, 2 Flügel und einem Schiffchen gegliedert und zuerst rot–, dann blau– und zuletzt grünlichblau gefärbt; Staubblätter 10; alle Staubfäden miteinander verwachsen; Fruchtknoten oberständig; Insektenbestäubung (besonders durch Hummeln)

Früchte: Hülsen bis 6 cm lang und kahl

Standort: In der kollinen und montanen Stufe in krautreichen Buchen– und Tannenwäldern auf feuchten bis frischen, nährstoff– und basenreichen, kalkhaltigen, lockeren, humosen und mittelgründigen Ton– und Lehmböden; Schatt– und Halbschattpflanze

604 Jacquins Spitzkiel – O. jacquínii
Pflanze 5–20 cm hoch, ausdauernd, mit verzweigtem Rhizom und von Juli bis August blühend

Oxytropis jacquínii BUNGE
Oxytropis montána DC.
Jacquins Spitzkiel
Fabáceae (Papilionáceae) –
Schmetterlingsblütler

Laubblätter: Schmal oval bis lanzettlich, unpaarig gefiedert und rötlich-braun gestielt; Teilblattpaare 13–20; Teilblätter schmal oval, zugespitzt oder stumpf und zerstreut behaart oder kahl

Blütenstand: Lang gestielte und kugelige bis eiförmige Traube

Blüten: Nicht– oder nur sehr kurz gestielt; Kelchblätter 5, verwachsen, rötlich gefärbt und mit kurzen schwarzen Haaren; Kelchzähne schmal dreieckig und kürzer als die Kelchröhre; Kronblätter 5, meist purpurviolett gefärbt, bis 1,4 cm lang und in Fahne, Flügel und Schiffchen gegliedert; Schiffchen am vorderen Ende mit einer aufgesetzten Spitze; Fahne viel grösser als Schiffchen und Flügel; Staubblätter 10; von den 10 Staubblättern nur deren 9 miteinander verwachsen; Fruchtknoten oberständig

Früchte: Hülsen 2–3 cm lang, zylindrisch, einfächerig und meist dunkel behaart

Standort: In der alpinen (seltener subalpin) Stufe bei Schutthalden, Graten, auf Felsschutt und in Steinrasen auf mässig trockenen und kalkreichen Böden

605 Bunte Kronwicke – C. vária
Pflanze 40–80 cm hoch, ausdauernd, mit niederliegenden/aufsteigenden Stengeln und bis Aug. blühend

Coronílla vária L.
Bunte Kronwicke
Fabáceae (Papilionáceae) –
Schmetterlingsblütler

Laubblätter: Schmal oval, unpaarig gefiedert und nur sehr kurz gestielt; Teilblattpaare 6–12; Teilblätter kurz gestielt, schmal oval, mit aufgesetzter Spitze und ganzrandig

Blütenstand: Lang gestielte, meist kugelige und bis 20–blütige Traube

Blüten: Kurz gestielt; Kelchblätter 5, verwachsen, gelblichgrün gefärbt und mit kurzen Kelchzähnen, die in eine Spitze ausgezogen sind; Krone aus lilafarbener Fahne, 2 weisslichen bis rosa gefärbten Flügeln und einem weissen Schiffchen mit dunkelpurpurner, gebogener Spitze; Staubblätter 10; oberstes Staubblatt mit den restlichen nicht verwachsen; Fruchtknoten oberständig

Früchte: Hülsen bis 8 cm lang, etwas eingeschnürt und später in einzelne Glieder zerfallend

Standort: In der kollinen und montanen Stufe in Rainen, Gebüschen, Steinbrüchen, Halbtrockenrasen, trockenen Wiesen, entlang von Wegrändern, an Böschungen und Dämmen auf meist trockenen, kalkhaltigen und basenreichen Böden in wärmerer Lage; nordwärts bis Nordfrankreich

606 Berg–Wundklee – A. montána
Pflanze 5–20 cm hoch, ausdauernd, niederliegend oder bogig aufsteigend und von Juni bis Juli blühend

Anthyllis montána L.
Berg–Wundklee
Fabáceae (Papilionáceae) –
Schmetterlingsblütler

Laubblätter: Schmal oval, unpaarig gefiedert und kurz gestielt; Teilblattpaare 6–13; Teilblätter schmal oval, kurz zugespitzt, anliegend, beiderseits meist dichtseidig behaart und bis 1 cm lang

Blütenstand: Dichtblütige, kopfartig geformte und von radiär geteilten Hüllblättern umgebene Traube

Blüten: Kurz gestielt; Kelchblätter 5, verwachsen, weisslich bis hellgrün gefärbt und dicht behaart; Kelchzähne schmal dreieckig, oft etwas rötlich gefärbt und 3–5 mm lang; Kronblätter 5, hellrot bis purpurn gefärbt und in eine lange Fahne, 2 kleineren Flügeln und einem kleinen Schiffchen aufgeteilt; Staubblätter 10; Staubfäden meist alle miteinander verwachsen; Fruchtknoten oberständig; Insektenbestäubung

Früchte: Hülsen 3–6 mm lang

Standort: Von der kollinen bis in die subalpine Stufe im Geröll, auf felsigen Hängen und in trockenen Weiden auf trockenen, steinigen und kalkreichen Böden in wärmerer Lage; eine mittel- und südeuropäische Gebirgspflanze, die bis in die nordspanischen Gebirge und den Pyrenäen reicht; selten

607 Berg–Esparsette – O. montána
Pflanze 10–30 cm hoch, mit niederliegendem bis aufsteigendem Stengel und von Juli bis August blühend

Onóbrychis montána DC.
Berg–Esparsette
Fabáceae (Papilionáceae) –
Schmetterlingsblütler

Laubblätter: Schmal oval bis oval, unpaarig gefiedert und gestielt; Teilblattpaare 5–8; Teilblätter lanzettlich bis schmal oval, anliegend oder kurz gestielt, am oberen Ende zugespitzt, gestutzt oder abgerundet und oft mit einer aufgesetzten Spitze

Blütenstand: Traube dichtblütig, kopfartig und lang gestielt

Blüten: Meist ungestielt; Kelchblätter 5, verwachsen und grünlich bis rötlich gefärbt; Kelchzähne zwei bis dreimal so lang wie die Kelchzähne; Krone 10 bis 15 mm lang und purpurrot gefärbt; Schiffchen meist länger als die Fahne; Flügel etwa so lang wie der Kelch; Fruchtknoten oberständig; Insektenbestäubung

Früchte: Hülsen 5–8 mm lang und mit bis 1,5 mm langen Zähnen; Verbreitung durch Tiere

Standort: In der subalpinen (seltener montan) Stufe in Wiesen, Weiden, Kalkmagerrasen und Steinrasen auf sonnigen, trockenen, basenreichen, humosen und kalkreichen Böden; wertvolle Weidefutterpflanze; Tiefwurzler; mittel/südeuropäische Gebirgspflanze

608 Saat–Esparsette – O. viciifolia
Pflanze 25–50 cm hoch, ausdauernd, ohne Ausläufer, mit meist aufrechtem Stengel und bis Aug. blühend

Onóbrychis viciifolia SCOP.
Onóbrychis satíva LAM.
Saat–Esparsette
Fabáceae (Papilionáceae) –
Schmetterlingsblütler

Laubblätter: Schmal oval, unpaarig gefiedert und gestielt; Teilblattpaare 6–13; Teilblätter lanzettlich, kurz gestielt, am oberen Ende abgerundet, gestutzt und oft mit einer aufgesetzten Spitze; wertvolle Trockenfutterpflanze

Blütenstand: Schmal ovale bis dreieckige und vielblütige Traube

Blüten: Meist ungestielt; Kelchblätter 5, verwachsen, grünlich gefärbt und mit rötlich gefärbtem und behaartem Kelchbecherrand; Kelchzähne bis dreimal so lang wie die Kelchröhre; Krone 10–15 mm lang und meist rosa gefärbt, seltener weisslich; Schiffchen oft so lang wie die Fahne; Flügel kürzer als der Kelch; Staubblätter 10; Fruchtknoten oberständig; Insektenbestäubung

Früchte: Hülsen 5–8 mm lang und mit 0,5–1 mm langen Zähnen

Standort: In der kollinen und montanen (seltener subalpin) Stufe verbreitet an Dämmen, Böschungen, in trockenen Wiesen und entlang von Wegen auf warmen, mässig trockenen bis trockenen, mageren, basenreichen, humosen, meist tiefgründigen und lockeren Böden

609 Sand–Esparsette – O. arenária
Pflanze 20–50 cm hoch, ausdauernd, mit meist bogig aufsteigendem Stengel und von Juni bis Juli blühend

Onóbrychis arenária (KIT.) SER.
Sand–Esparsette
Fabáceae (Papilionáceae) –
Schmetterlingsblütler

Laubblätter: Schmal oval, unpaarig gefiedert und gestielt; Teilblattpaare 5–12; Teilblätter lanzettlich, oft kurz gestielt und meist zugespitzt

Blütenstand: Schmal ovale, oft lang ausgezogene und vielblütige Traube

Blüten: Kurz gestielt oder ungestielt; Kelchblätter 5, verwachsen und hellgrün gefärbt; Kelchzähne lang und schmal dreieckig, dunkelgrün und weisslich bis hellgrün berandet; Krone 8–12 mm lang; Fahne und Schiffchen hellrosa bis weisslich, meist rot geädert und gleich lang ausgebildet; Flügel viel kürzer als der Kelch; Staubblätter 10; oberstes Staubblatt frei; Fruchtknoten oberständig; Insektenbestäubung

Früchte: Hülsen 3–6 mm lang und mit bis 1,5 mm langen Zähnen; Verbreitung durch Tiere (Klettverbreitung)

Standort: In der kollinen und montanen Stufe in Felsensteppen, Trockenwiesen, Kalk–Magerrasen, trockenen Kiefernwäldern und an trockenwarmen Hügeln auf sommerwarmen, trockenen, basenreichen und steinigen Lehm– oder Kalksand–Böden; über einen Meter tief wurzelnd; selten

610 Süssklee – H. obscúrum
Pflanze 10–25 cm hoch, ausdauernd, mit unterirdischen Ausläufern und von Juli bis August blühend

Hedysarum hedysaroídes (L.) SCH. u. TH.
Hedysarum obscúrum L.
Süssklee
Fabáceae (Papilionáceae) – Schmetterlingsblütler

Laubblätter: Oval bis rechteckig, unpaarig gefiedert und gestielt; Teilblattpaare 5–9; Teilblätter schmal oval, kurz gestielt oder anliegend, 1–3 cm lang, ganzrandig und abgerundet oder stumpf

Blütenstand: Traube bis 35–blütig und meist dunkelrot gestielt

Blüten: Kurz gestielt und meist etwas nach unten gebogen; Kelchblätter 5, verwachsen, oval, zerstreut behaart und dunkelrot gefärbt; Kelchzähne 1–3 mm lang und rotschwarz gefärbt; Krone 1,5–2,5 cm lang und purpurn gefärbt; Schiffchen viel länger als die beiden Flügel und die Fahne; Insektenbestäubung

Früchte: Hülsen 15–40 mm lang, meist kahl und mit 3–6 Gliedern; meist Windverbreitung

Standort: In der subalpinen und alpinen Stufe in Wiesen, Weiden, Wildheuplanken, lückigen Steinrasen, an Felshängen und im Zwergstrauchgebüsch auf frischen, mehr oder weniger nährstoff– und basenreichen Böden

611 Futter–Wicke – V. satíva
Pflanze 15–80 cm hoch, mehr oder weniger behaart und von Mai bis Oktober blühend

Vícia satíva L. s.l.
Futter–Wicke
Fabáceae (Papilionáceae) – Schmetterlingsblütler

Laubblätter: Oval, gefiedert, mit einer Endranke und meist gestielt; Teilblattpaare 4–7; Teilblätter lanzettlich, nur sehr kurz gestielt oder anliegend, gegen den Grund zu allmählich verschmälert, am oberen Ende abgerundet und mit meist einer aufgesetzten Spitze; Nebenblätter halbpfeilförmig gezähnt

Blütenstand: Blüten einzeln, zu 2 oder 3 und in den Blattwinkeln meist sitzend

Blüten: Kelchblätter 5, verwachsen und mit rötlichgrüner Kelchröhre; Kelchzähne so lang wie die Kelchröhre und gerade vorgestreckt; Krone bis 3 cm lang und oft verschiedenfarbig; Fahne hellrosa bis hellrotviolett und schräg aufwärts gerichtet; kleineres Schiffchen grünlichweiss bis rötlich; Flügel oft etwas dunkler als die Fahne; Staubblätter 10; Fruchtknoten oberständig

Früchte: Hülsen 35–70 mm lang

Standort: In der kollinen und montanen Stufe in Getreidefeldern, Aeckern, entlang von Wegrändern und an Schuttplätzen auf frischen, nährstoffreichen, kalkhaltigen und lehmigen Böden

612 Zaun–Wicke – V. sépium
Pflanze 20–50 cm hoch, ausdauernd, mit aufrechtem oder kletterndem Stengel und bis Juni blühend

Vícia sépium L.
Zaun–Wicke
Fabáceae (Papilionáceae) – Schmetterlingsblütler

Laubblätter: Oval, gefiedert, mit einer oft verzweigten Endranke und nur kurz gestielt; Teilblattpaare 4–7; Teilblätter länglich eiförmig, kurz gestielt, bis 3 cm lang und stumpf oder zugespitzt; Nebenblätter auf der Aussenseite mit Nektardrüsen, die oft von Ameisen besucht werden

Blütenstand: Kurze Traube mit 3–6 Blüten

Blüten: Kelchblätter 5, verwachsen, behaart und mit dunkelrotbrauner Kelchröhre; Kelchzähne ungleich lang und lang zugespitzt; Krone 10–15 mm lang und rosa bis braunviolett gefärbt; Fahne und Flügel meist viel grösser als das Schiffchen; Staubblätter 10; Fruchtknoten oberständig; Insektenbestäubung

Früchte: Hülsen 20–35 mm lang, kahl und flach

Standort: In der kollinen und montanen Stufe in Gebüschen, Fettwiesen, Wäldern, entlang von Waldwegen und an Waldsäumen auf feuchten bis frischen, nährstoff– und basenreichen, lehmigen, humosen und lockeren Lehm– und Tonböden; guter Nährstoffzeiger; Licht–Halbschattpflanze

613 Rundb. Hauhechel – O. rotundifólia
Pflanze 10–35 cm hoch, ausdauernd, mit holzigem Rhizom und von Mai bis Juli blühend

Onónis rotundifólia L.
Rundblättrige Hauhechel
Fabáceae (Papilionáceae) – Schmetterlingsblütler

Laubblätter: Oval, unpaarig gefiedert, lang gestielt und mit fein gezähnelten, flach ausgebreiteten Nebenblättern; Nebenteilblätter oval bis rundlich, gezähnt, 1–3 cm lang und meist anliegend; Endteilblatt breit oval bis rundlich, buchtig gezähnt und lang gestielt

Blütenstand: In Achseln von Stengelblättern einzelne, lang gestielte Blüten oder bis 3–blütige Traube

Blüten: Kelchblätter 5, verwachsen, grünlich gefärbt und etwas behaart; Kelchzähne schmal dreieckig und dunkelgrün gefärbt; Krone 15–25 mm lang und rosa gefärbt; Fahne viel grösser als Schiffchen und Flügel und oft etwas behaart; Staubblätter 10; Staubfäden alle miteinander verwachsen; Fruchtknoten oberständig

Früchte: Hülsen 20–35 mm lang, meist flach ausgebildet und bis 9–samig

Standort: In der kollinen und montanen (seltener subalpin) Stufe an Felshängen und in lichten Kiefernwäldern auf trockenen, steinigen und kalkreichen Böden in wärmeren Lagen; eine mittel– und südeuropäische Gebirgspflanze

614 Dornige Hauhechel – O. spinósa
Pflanze 25–60 cm hoch, ausdauernd, mit einem holzigen Rhizom, drüsig behaart und bis Sept. blühend

Onónis spinósa L. s.l.
Dornige Hauhechel
Fabáceae (Papilionáceae) – Schmetterlingsblütler

Laubblätter: Meist dreieckig, unpaarig gefiedert und kurz gestielt; Teilblätter schmal oval bis oval, meist alle gestielt, gezähnt und weisslich grün gefärbt; Nebenblätter gezähnt; Dornen in den Blattachseln der Aeste vorhanden

Blütenstand: Einzelne kurz gestielte Blüten in den Achseln der oberen Stengelblätter

Blüten: Kelchblätter 5, verwachsen, grün gefärbt und mit Drüsenhaaren; Kelchzähne länger als die Kelchröhre; Krone 10–25 mm lang, rosa bis violettrosa, oft auch weisslich gefärbt; Fahne aussen etwas drüsig behaart und ungefähr gleich gross wie das Schiffchen; Staubblätter 10; Fruchtknoten oberständig; Insektenbestäubung

Früchte: Hülsen aufgeblasen, drüsig behaart und bis 10 mm lang

Standort: In der kollinen und montanen Stufe in trockenen Wiesen, sonnigen Trockenweiden, entlang von Wegen, an Böschungen und in Moorwiesen auf mässig trockenen, basenreichen, meist kalkhaltigen, neutralen und humosen Lehm– und Tonböden; Magerkeitszeiger; ein Weideunkraut

615 Quirlb. Läusekraut – P. verticilláta
Pflanze 5–25 cm hoch, zerstreut behaart und von Juni bis August blühend

Pediculáris verticilláta L.
Quirlblättriges Läusekraut
Scrophulariáceae – Braunwurzgewächse

Laubblätter: Stengelständige zu 3–4 quirlständig, bis auf die Mittelader fiederteilig, kahl oder schwach behaart und 3–6 cm lang; Abschnitte unregelmässig gezähnt; Blätter im Blütenstand etwas kleiner und zerstreut behaart

Blütenstand: Dichtblütige Traube

Blüten: Kelchblätter 5, verwachsen, 4–16 mm lang, am Grunde abgerundet, nur auf der unteren Seite geteilt, auf den Adern behaart und mit kurzen Zähnen; Krone 10–18 mm lang und purpurn gefärbt; Unterlippe abstehend und so lang wie die Oberlippe; diese helmförmig, am vorderen Rand gestutzt und zahnlos; 4 Staubblätter von der Oberlippe eingeschlossen; die beiden längeren Staubfäden behaart; Fruchtknoten oberständig; Hummelblume

Früchte: Kapseln eiförmig, bis 12 mm lang und mit schief aufgesetzter Spitze

Standort: In der subalpinen und alpinen Stufe auf Wiesen, Weiden, in Kalk–Magerrasen und Quellmooren auf feuchten bis frischen basenreichen, meist kalkhaltigen, neutralen, humosen und steinigen Ton– und Lehmböden; auch auf Sumpfhumus–Böden

622 Echte Bergminze – C. népeta
Pflanze 20–60 cm hoch, ausdauernd, mit aufrechten oder aufsteigenden Stengeln und bis Sept. blühend

Calamíntha népeta (L.) SCHEELE s.l.
Saturéja calamíntha SCHEELE
Echte Bergminze
Echter Bergthymian
Lamiáceae – Lippenblütler

Laubblätter: Oval bis rundlich, gestielt, am oberen Ende stumpf oder abgerundet, beiderseits behaart, 10 bis 20 mm lang, gekerbt bis gesägt oder seltener ganzrandig

Blütenstand: Mehrere 3–15 blütige Halbquirlen am Ende der Stengel

Blüten: Kurz gestielt; Kelchblätter 5, verwachsen, mit 13 Adern und spitzen Zähnen; Krone 10–20 mm lang und lila bis hellviolett gefärbt; Oberlippe dreizähnig, Unterlippe 2–zähnig; Staubblätter 4; Fruchtknoten oberständig; Insektenbestäubung

Früchte: 4 Zerfallfrüchte eiförmig und bis 1,5 mm lang

Standort: In der kollinen und seltener montanen Stufe entlang von Wegrändern, in Gebüschen, bei Felsen, Mauern und in Steinschuttfluren auf mässig trockenen bis trockenen, basenreichen, kalkhaltigen, meist humosen und feinerdearmen Böden in wärmeren Lagen; eine mediterrane Pflanze, die nordwärts vereinzelt bis nach Südengland reicht; südwärts bis Algerien

623 Immenblatt – M. melissophyllum
Pflanze 15–60 cm hoch, ausdauernd, mit kriechendem Rhizom und von Mai bis Juni blühend

Melíttis melissophyllum L.
Immenblatt
Lamiáceae – Lippenblütler

Laubblätter: Oval, eiförmig bis herzförmig, 4–9 cm lang, gestielt, am Spreitengrund meist abgerundet, regelmässig grob gezähnt und zerstreut behaart

Blütenstand: Gestielte Blüten einzeln oder zu 2 oder 3 in den Achseln der oberen Laubblätter

Blüten: Kelchblätter 5, verwachsen, glockenförmig, 10–aderig, hell– bis mittelgrün gefärbt, oft auf den Adern drüsig behaart und 15–20 mm lang; Krone 30–40 mm lang, purpurn, rosa oder weiss gefärbt und zweilippig; Unterlippe mit rötlichvioletten Flecken, dreiteilig und mit breitem Mittelabschnitt; Oberlippe ganzrandig und fein drüsig behaart; Staubblätter 4; Fruchtknoten oberständig; Insektenbestäubung

Früchte: Zerfallfrüchte eiförmig, mehr oder weniger dreikantig und bis 5 mm lang

Standort: In der kollinen und montanen Stufe in lichten Laubmischwäldern und sonnigen Gebüschen auf mässig frischen bis ziemlich trockenen, basenreichen, meist kalkhaltigen, lockeren, humosen und oft steinigen Böden

624 Bartschie – B. alpína
Pflanze 10–25 cm hoch, ausdauernd, mit unterirdisch kriechendem Rhizom und bis August blühend

Bártsia alpína L.
Bartschie, Braunhelm
Scrophulariáceae – Braunwurzgewächse

Laubblätter: Eiförmig bis oval, zugespitzt, sitzend, mit abgerundetem oder herzförmigem Grund, regelmässig gezähnt und besonders im oberen Teil der Pflanze oberseits dunkelviolett überlaufen

Blütenstand: Ungestielte Blüten einzeln in den Achseln der obersten Blätter

Blüten: Kelchblätter 4, verwachsen, glockenförmig, 5–8 mm lang, mit zahlreichen Drüsenhaaren, hellgrün gefärbt und mit je einem meist violetten Zahn; Kronblätter 5, verwachsen, drüsig behaart und 15–25 mm lang; Oberlippe helmförmig, meist ganzrandig und länger als die Unterlippe; diese dreiteilig und mit ungefransten Zipfeln; 4 Staubblätter in der Kronröhre eingefügt; Staubbeutel im unteren Teil behaart; Fruchtknoten oberständig; Insektenbestäubung (Hummelblume)

Früchte: Zweiklappig aufspringende, zugespitzte und mehrsamige Kapseln

Standort: In der subalpinen und alpinen Stufe in Wiesen, Weiden, Quell- und Flachmooren, Steinrasen und bei Zwergstrauchheiden auf nassen bis sickerfeuchten, basenreichen und ziemlich nährstoffreichen Böden

625 Wald–Ziest – S. silvática
Pflanze 25–90 cm hoch, ausdauernd, mit langen unterirdischen Ausläufern und bis September blühend

Stachys silvática L.
Wald–Ziest
Lamiáceae – Lippenblütler

Laubblätter: Oval bis schmal herzförmig, lang gestielt, 4–10 cm lang, zugespitzt, grob gezähnt, beiderseits behaart und mit herzförmigem Grund

Blütenstand: Kurz gestielte Blüten am Ende der Stengel in zahlreichen übereinanderliegenden, meist 6 blütigen Quirlen zusammengefasst und einen traubenähnlichen Blütenstand bildend

Blüten: Kelchblätter 5, verwachsen, 4–8 mm lang, dicht behaart, grünlichrot gefärbt und mit je einem begrannten Zahn; Kronblätter 5, verwachsen, 10 bis 15 mm lang, braunrot gefärbt und zweilippig; Oberlippe ganzrandig und oft behaart; Unterlippe länger, mit heller oder dunkler Zeichnung und vielfach dreilappig; Staubblätter 4, die unter der Oberlippe aufsteigen; Fruchtknoten oberständig; Insekten- und Selbstbestäubung

Früchte: 4 Zerfallfrüchte 10–20 mm

Standort: In der kollinen und montanen Stufe entlang von Gebüschen, Waldwegen, in feuchten Laubmischwäldern, Auenwäldern, Hecken und bei Waldquellen auf nassen bis feuchten, nährstoffreichen, neutralen und humosen Ton– und Lehmböden

626 Bach–Minze – M. aquática
Pflanze 15–50 cm hoch, mit im Wasser auch beblätterten Ausläufern und von Juli bis Oktober blühend

Mentha aquática L.
Bach–Minze
Lamiáceae – Lippenblütler

Laubblätter: Oval bis eiförmig, gestielt, meist zugespitzt, ungleich gezähnt, 3–8 cm lang, oberseits **dunkelgrün**, unterseits **weisslichgrün** und behaart

Blütenstand: Zahlreiche Scheinquirlen am Ende der Stengel kopfartig zusammengestellt; in den obersten Blattachseln oft noch mehrere Blütenquirlen vorhanden

Blüten: Gestielt; Kelchblätter 5, verwachsen, grünlich bis rötlich gefärbt, behaart, bis 5 mm lang und mit je einem schmal dreieckigen Zahn; Krone 4 bis 7 mm lang, rosa oder lila gefärbt, mit gleichartigen Zipfeln und einer im Innern kahlen Röhre; 4 Staubblätter aus der Kronröhre ragend; Fruchtknoten oberständig; Insektenbestäubung

Früchte: 4 Zerfallfrüchte eiförmig, bis 1 mm lang und mit punktförmigen Vertiefungen

Standort: In der kollinen und montanen Stufe an Ufern, in Gräben, Nass- und Moorwiesen, Auenwäldern und beim Weidengebüsch auf zeitweise überschwemmten bis nassen, nährstoff- und basenreichen, modrig humosen und oft torfigen Böden; Licht–Halbschattpflanze; in den USA eingeschleppt

627 Bach–Minze – M. aquática
Pflanze 15–50 cm hoch, ausdauernd, mit oberirdischen Ausläufern und von Juli bis Oktober blühend

Mentha aquática L.
Bach–Minze
Lamiáceae – Lippenblütler

Laubblätter: Oval bis eiförmig, gestielt, meist zugespitzt, ungleich gezähnt, 3–8 cm lang, **hell**– bis **mittelgrün** gefärbt und beiderseits behaart

Blütenstand: Zahlreiche Scheinquirlen am Ende der Stengel kopfartig zusammengestellt; in den obersten Blattachseln oft noch mehrere Blütenquirlen vorhanden

Blüten: Gestielt; Kelchblätter 5, verwachsen, grünlich bis rötlich gefärbt, behaart, bis 5 mm lang und mit je einem schmal dreieckigen Zahn; Krone 4 bis 7 mm lang, rosa oder lila gefärbt, mit gleichartigen Zipfeln und einer im Innern kahlen Röhre; 4 Staubblätter aus der Kronröhre ragend; Fruchtknoten oberständig; Insektenbestäubung

Früchte: 4 Zerfallfrüchte eiförmig, bis 1 mm lang und mit punktförmigen Vertiefungen

Standort: In der kollinen und montanen Stufe an Ufern, in Gräben, Nass- und Moorwiesen, Auenwäldern und beim Weidengebüsch auf zeitweise überschwemmten bis nassen, nährstoff- und basenreichen, modrig humosen und oft torfigen Böden; Licht–Halbschattpflanze; in den USA eingeschleppt

628 Gefleckte Taubnessel – L. maculátum
Pflanze 15–40 cm hoch, ausdauernd, mit längeren Ausläufern und von April bis September blühend

Lámium maculátum L.
Gefleckte Taubnessel
Lamiáceae – Lippenblütler

Laubblätter: Breit herzförmig bis dreieckig, meist rötlich gestielt, zugespitzt, gekerbt und gesägt

Blütenstand: In den Achseln der oberen Blattpaare sitzende Blüten in quirlähnlichen Teilblütenständen angeordnet

Blüten: Kelchblätter 5, verwachsen, 7–12 mm lang, grünlich bis violett gefärbt, ohne Flecken, etwas behaart und mit je einem schmal dreieckigen Zahn; Krone 20–30 mm lang, meist purpurn gefärbt und mit gekrümmter Kronröhre; Oberlippe gekrümmt und am Rande kurz behaart; Unterlippe oft mit dunkler oder weisslicher Zeichnung und die seitlichen Abschnitte mit je einem lanzettlichen Zahn; 4 Staubblätter, die in der Oberlippe aufsteigen; Staubbeutel violettbraun gefärbt, bärtig behaart und mit orangegelben Pollenkörnern

Früchte: 4 Zerfallfrüchte glatt und bis 3 mm lang; Ameisenverbreitung

Standort: Von der kollinen bis in die subalpine Stufe in Auenwäldern, Hecken, Gebüschen, entlang von Wegrändern, bei Zäunen und an Ufern auf feuchten bis frischen, nährstoffreichen, meist kalkhaltigen, neutralen Böden

629 Gefleckte Taubnessel – L. purpúreum
Pflanze 5–25 cm hoch, ein- oder zweijährig, am Grunde oft verzweigt und von März bis Okt. blühend

Lámium purpúreum L.
Acker–Taubnessel
Lamiáceae – Lippenblütler

Laubblätter: Dreieckig oder herzförmig, meist grünlich gestielt, am Ende abgerundet, stumpf oder zugespitzt, stumpf gezähnt, etwas behaart und oberseits auch rot überlaufen; obere Blätter sitzend

Blütenstand: In den Achseln der oberen Blattpaare sitzende Blüten in quirlähnlichen Teilblütenständen

Blüten: Kelchblätter 5, verwachsen, 5–8 mm lang, weisslich, rosa und grünlich gefärbt, zerstreut behaart und mit je einem meist dunkelroten schmal dreieckigen Zahn; Krone 8–12 mm lang, rosa bis purpurn gefärbt und mit gerader Kronröhre; Oberlippe gekrümmt und kurz behaart; Unterlippe dunkler gefleckt und die seitlichen Abschnitte mit je einem schmalen lanzettlichen Zahn; Staubblätter 4; Staubbeutel violettbraun, bärtig behaart und mit orangegelben Pollenkörnern

Früchte: 4 Zerfallfrüchte glatt und 2–3 mm lang; Ameisenverbreitung

Standort: Von der kollinen bis in die subalpine Stufe in Weinbergen, Aeckern, Gärten, Schuttplätzen und entlang von Wegen auf frischen, nährstoffreichen, neutralen und lockeren Böden

630 Echte Betonie – B. officinális
Pflanze 20–60 cm hoch, ausdauernd, mit einem knotigen Rhizom und von Juli bis September blühend

Betónica officinális L.
Stachys officinális (L.) TREVISAN
Gebräuchliche Betonie
Lamiáceae – Lippenblütler

Laubblätter: Schmal oval, im mittleren und unteren Bereich gestielt, am Spreitengrund herzförmig, zugespitzt, 4–12 cm lang und zerstreut behaart

Blütenstand: Kompakte und 8 bis 14 blütige Teilblütenstände

Blüten: Mehr oder weniger sitzend; Kelchblätter 5, verwachsen, 5–8 mm lang, grünlich bis dunkelrot gefärbt, besonders im unteren Teil behaart und mit je einem bis 3 mm langen begrannten Zahn; Krone 10–15 mm lang, weisslich bis dunkelrosa gefärbt und mit gekrümmter Kronröhre; Oberlippe meist ganzrandig und nach vorn oder nach oben gekrümmt; Unterlippe mit 3 Abschnitten und nur wenig länger als die Oberlippe; Staubblätter 4; Fruchtknoten oberständig; Insekten- und Selbstbestäubung

Früchte: 4 Zerfallfrüchte glatt und bis 2,5 mm lang

Standort: In der kollinen und montanen Stufe in Moorwiesen, mageren Bergwiesen, Laubmischwäldern und Riedwiesen auf zeitweise nassen, sommertrockenen, meist kalkarmen, neutralen bis mässig sauren und lehmigen oder torfigen Böden; Magerkeitszeiger; früher als Arzneipflanze verwendet

631 Gewöhnliche Bibernelle – P. vulgáris
Pflanze 5–25 cm hoch, ausdauernd, mit oberirdischen Ausläufern und von Juni bis September blühend

Prunélla vulgáris L.
Gemeine Brunelle
Lamiáceae – Lippenblütler

Laubblätter: Grundständige schmal eiförmig, 10–35 mm lang, ganzrandig oder mit kurzen Zähnen, gestielt und meist stumpf; stengelständige im unteren Teil gestielt, im oberen Bereich weniger lang gestielt oder sitzend

Blütenstand: Aehre aus zahlreichen übereinanderliegenden, meist 6 blütigen Quirlen zusammengesetzt

Blüten: Kelchblätter 5, verwachsen, 5–8 mm lang, unregelmässig zehnaderig und deutlich behaart; Krone 7–16 mm lang, blauviolett bis purpurn gefärbt und mit knieförmig gebogener Kronröhre; Oberlippe aufgerichtet, im oberen Teil abgerundet, ganzrandig und seitlich zusammengedrückt; mittlerer Abschnitt der Unterlippe mit gezähntem Rand; Staubblätter 4, unter der Oberlippe aufsteigend und mit Staubfäden, die in einen Zahn verlängert sind; Fruchtknoten oberständig

Früchte: 4 Zerfallfrüchte eiförmig, oft etwas dreikantig und bis 2 mm lang

Standort: Von der kollinen bis in die subalpine Stufe in Wiesen, Weiden, Rasen, lichten Wäldern, an Ufern und entlang von Waldwegen auf frischen, nährstoffreichen und neutralen Böden

632 Schmalb. Hohlzahn – G. angustifólia
Pflanze 10–60 cm hoch, 1–2 jährig, mit nicht verdickten Stengeln und von Juni bis Oktober blühend

Galeópsis angustifólia (EHRH.) HOFFM.
Schmalblättriger Hohlzahn
Lamiáceae – Lippenblütler

Laubblätter: Schmal oval bis lanzettlich, ganzrandig oder jederseits mit höchstens 4 Zähnen, kurz gestielt oder sitzend und am Ende zugespitzt

Blütenstand: Am Ende der Zweige mehrere übereinanderliegende, bis 12 blütige und quirlartige Teilblütenstände

Blüten: Mehr oder weniger sitzend; Kelchblätter 5, verwachsen, 3–7 mm lang, dicht anliegend behaart und mit je einem fein zugespitzten Zahn; Krone 10–25 mm lang, hell- bis mittelkarminrot gefärbt und mit gerader, behaarter Kronröhre; Unterlippe meist breiter und länger als Oberlippe; diese nach vorn gebogen und kurz behaart; Staubblätter 4, Fruchtknoten oberständig; Insekten- und Selbstbestäubung

Früchte: 4 Zerfallfrüchte bis 3 mm lang

Standort: Von der kollinen bis in die subalpine Stufe in Geröll- und Schutthalden, Aeckern, im Oedland, bei Dämmen; Bahnhöfen und in Kiesgruben auf trockenen, basenreichen, meist humus- und feinerdearmen und lockeren Steinschuttböden; bis 1 m tief wurzelnde Pionierpflanze

633 Gemeiner Hohlzahn – G. tétrahit
Pflanze 20–80 cm hoch, mit verdickten Stengeln unter den Blattansatzstellen und von Juni bis Okt. blühend

Galeópsis tétrahit L.
Gemeiner Hohlzahn
Lamiáceae – Lippenblütler

Laubblätter: Breit lanzettlich, 4 bis 12 cm lang, gestielt, am Spreitengrund abgerundet oder in den Stiel keilförmig verschmälert, am Ende zugespitzt, kahl oder zerstreut behaart und buchtig gezähnt

Blütenstand: Am Ende der Zweige mehrere übereinanderliegende, bis 16 blütige und quirlartige Teilblütenstände mit begrannten Vorblättern

Blüten: Kelchblätter 5, verwachsen, 8–15 mm lang, weisslich bis hellgrün gefärbt und mit je einem schmal dreieckigen und dunkelgrün gefärbten Zahn; Krone bis 20 mm lang, rosa bis blauviolett gefärbt und mit weisser Kronröhre; Oberlippe helmförmig; Unterlippe dreilappig, mit violetter Zeichnung und am Grund mit einem gelben Fleck; Staubblätter 4; Fruchtknoten oberständig; Insekten- und Selbstbestäubung

Früchte: 4 Zerfallfrüchte 2–3 mm lang; Klettverbreitung

Standort: Von der kollinen bis in die subalpine Stufe in Schuttplätzen, Aeckern, Waldschlägen, entlang von Wegrändern, Zäunen und im Steinschutt auf feuchten bis ziemlich trockenen Böden

634 Alpen–Helmkraut – S. alpína
Pflanze 10–25 cm hoch, ausdauernd, mit holzigem unterirdischem Stengel und von Juni bis Aug. blühend

Scutellária alpína L.
Alpen–Helmkraut
Lamiáceae – Lippenblütler

Laubblätter: Oval bis eiförmig, 2 bis 4 cm lang, kurz gestielt, am Grunde gestutzt oder herzförmig, am Ende stumpf, zerstreut behaart und unregel–mässig stumpf gezähnt

Blütenstand: Blüten in den Winkeln von grünlich bis violett gefärbten Deck–blättern in endständigen Scheinähren zusammengefasst

Blüten: Kelchblätter 5, verwachsen, glockenförmig, zweilippig ausgestaltet, 2–3 mm lang, behaart und mit 3–5 mm langer, rundlicher Schuppe (Scutellum); Krone blauviolett, 20–30 mm lang und mit einer weisslichen bis hellvioletten Unterlippe; dreiteilige Oberlippe mit helmförmig gebogenem Mittelabschnitt; Staubblätter 4, unter der Oberlippe aufsteigend; Fruchtknoten oberständig

Früchte: 4 Zerfallfrüchte 1–2 mm lang und dicht graufilzig

Standort: Meist in der subalpinen Stufe auf felsigen steinigen Hängen und in lückigen Rasen auf sommertrockenen, kalkhaltigen und feinerdearmen Böden; eine mittel– und südeuropäische Ge–birgspflanze, die südwärts bis in die spanischen Gebirge und den Gebirgen der Balkanhalbinsel reicht

635 Edel–Gamander – T. chamaédris
Pflanze 10–30 cm hoch, ausdauernd, mit im unteren Bereich verholzten Stengeln und bis August blühend

Teúcrium chamaédris L.
Edel–Gamander
Lamiáceae – Lippenblütler

Laubblätter: Oval bis schmal oval, oft in den Stiel verschmälert, 10–25 mm lang, jederseits unregelmässig grob gezähnt, am Ende abgerundet oder stumpf, meist behaart, oberseits dun–kelgrün und unterseits weisslichgrün

Blütenstand: Blüten einzeln oder zu 2–6 quirlständig in den Achseln der oberen Blätter

Blüten: Gestielt; Kelchblätter 5, ver–wachsen, grünlich bis rötlich gefärbt, mit 10 dunkler gefärbten Adern, 5–8 mm lang, etwas behaart und mit je einem schmal dreieckigen kurz begrannten Zahn; Krone 10–15 mm lang und rosa gefärbt; Oberlippe fehlend; Unterlippe fünfteilig und mit einem grossen, ganz–randigen oder etwas gezähnten Mittel–abschnitt; 4 Staubblätter aus der Kron–röhre herausragend; Fruchtknoten oberständig

Früchte: 4 Zerfallfrüchte 1–2,5 mm lang, eiförmig bis kugelig und mit einer geaderten Oberfläche

Standort: Von der kollinen bis in die subalpine Stufe in Trockenwiesen, lichten Eichen– und Föhrenwäldern auf mässig trockenen bis trockenen, basenreichen, humosen, lockeren Böden

636 Herzheil – L. cardíaca
Pflanze 30–120 cm hoch, ausdauernd, mit meist ver–zweigtem Stengel und von Juni bis September blühend

Leonúrus cardíaca L.
Echter Löwenschwanz, Herzheil
Lamiáceae – Lippenblütler

Laubblätter: Bis weit hinauf rundlich, rötlich gestielt, behaart, ahornblattartig 3–7 fach gelappt und am Grunde ge–stutzt oder herzförmig; Lappen spitz gezähnt bis gelappt; oberste Blätter lanzettlich, kleiner und mit wenigen Zähnen

Blütenstand: Am Ende der Zweige zahlreiche Blüten in quirlähnlichen Teil–blütenständen zu Scheinähren zusam–mengefasst

Blüten: Kelchblätter 5, verwachsen, dunkelrot bis schwärzlich gefärbt, 4 bis 8 mm lang und mit stachelig begrannten Zähnen; Krone 7–12 mm lang und hell–purpurn bis fleischrot gefärbt; Ober–lippe gewölbt oder helmförmig gebo–gen, ganzrandig und aussen deutlich behaart; Unterlippe dreiteilig und mit breitem Mittelabschnitt; Staubblätter 4, unter der Oberlippe aufsteigend und meist gut sichtbar; Fruchtknoten ober–ständig; Insektenbestäubung

Früchte: 4 Zerfallfrüchte behaart

Standort: In der kollinen und monta–nen Stufe bei Gebüschen, entlang von Wegrändern, auf Schuttplätzen, in Gärten, bei Mauern und Zäunen auf frischen, nährstoffreichen, neutralen, humosen und lehmigen Böden

637 Dunkle Akalei – A. atráta
Pflanze 20–70 cm hoch, ausdauernd, oft an Stengeln drüsig behaart und von Juni bis Juli blühend

Aquilégia atráta KOCH
Dunkle Akalei
Ranunculáceae – Hahnenfussgewächse

Laubblätter: Grundständige lang gestielt und dreiteilig; Abschnitte 1. Ord–nung gestielt und ebenfalls dreiteilig; Abschnitte 2. Ordnung eingeschnitten oder dreiteilig; Zipfel jeweils stumpf bis abgerundet; untere Stengelblätter gleich aussehend wie die grundständigen, die oberen schmal oval, ungestielt und nur wenig gezähnt bis ungeteilt

Blütenstand: Einzelblüten oder wenigblütige Traube

Blüten: Perigonblätter 5, dunkelviolett gefärbt, 15–25 mm lang, zugespitzt und oft mit weisser Spitze; Honigblätter 5, kronblattartig ausgebildet, dunkel–violett, zusammenneigend und mit am Ende je einem gekrümmten Sporn; von den zahlreichen Staubblättern sind die innersten steril (=Staminodien); meist 5 Fruchtknoten

Früchte: Balgfrüchte mehrsamig, oft mit Drüsenhaaren und 2–3 cm lang

Standort: Von der kollinen bis in die subalpine Stufe in lichten Wäldern, Gebüschen, Riedwiesen, bei Zwerg–sträuchern und an Waldsäumen auf mässig trockenen, mässig nährstoff–reichen und kalkhaltigen Böden

638 Drüsiges Springkraut – I. glandulífera
Pflanze 1–2 m hoch, 1–jährig, kahl, mit Ursprung im Himalaja und von Juli bis September blühend

Impátiens glandulífera ROYLE
Drüsiges Springkraut
Balsamináceae – Balsaminengewächse

Laubblätter: Lanzettlich, 10–25 cm lang, gestielt, keilförmig verschmälert, am Ende zugespitzt, fein scharf gezähnt und im unteren und mittleren Teil ge–genständig angeordnet (im oberen Bereich quirlständige Anordnung); am Blattstiel gestielte Drüsen vorhanden

Blütenstand: Am Ende der Stengel 5–20 Blüten in aufrechten Trauben

Blüten: Zygomorph (= Blüten mit nur einer Symmetrieachse); Kelchblätter verwachsen und rötlich gefärbt; von den 5 weinroten Kronblättern sind die seit–lichen paarweise verwachsen; Sporn kurz und zurückgebogen; Staubblätter 5; Staubfäden frei; Staubbeutel mit–einander verwachsen und den Griffel überdeckend; Fruchtknoten oberständig und aus 5 Fruchtblättern zusammen–gesetzt; Insektenbestäubung

Früchte: Mehrsamige Kapseln keu–lenförmig und 20–50 mm lang; Schleu–derverbreitung

Standort: In der kollinen Stufe entlang von Bachufern und in Auenwäldern auf nassen bis feuchten, nährstoffreichen, humosen und sandigen, lehmigen oder tonigen Böden; Schatt–Halbschattpfz.

639 Balfours Springkraut – I. balboúrii
Pflanze 50–100 cm hoch, 1–jährig, als Zierpflanze verbreitet, oft verwildert und bis Oktober blühend

Impátiens balboúrii HOOKER
Balfours Springkraut
Balsamináceae – Balsaminengewächse

Laubblätter: Breit lanzettlich, 5 bis 15 cm lang, oft in den Stiel verschmälert, kurz zugespitzt, gezähnt, wechselständig angeordnet, unterseits graugrün gefärbt und ohne Drüsen am Blattstiel

Blütenstand: Trauben höchstens zehnblütig

Blüten: Zygomorph; Kelchblätter ver–wachsen; von den 5 Kronblättern sind die seitlichen paarweise verwachsen, wobei der obere Blütenteil weiss– der untere rot gefärbt ist; Sporn lang, ge–streckt oder fein nach oben gewölbt; Staubblätter 5; Staubfäden frei; Staub–beutel miteinander verwachsen und den Griffel überdeckend; Fruchtknoten oberständig und aus 5 Fruchtblättern zusammengesetzt; Insektenbestäubung

Früchte: Mehrsamige Kapseln, deren Samen bei Berührung weggeschleudert werden

Standort: In der kollinen Stufe entlang von Weg– und Waldrändern, bei Ge–büschen, Ruderalstellen und in Gärten auf feuchten bis frischen, nährstoff–reichen, humosen und sandigen, lehmi–gen oder tonigen Böden; stammt aus dem Himalaja

640 Alpen–Leinkraut – L. alpína
Pflanze 5–15 cm hoch, meist ausdauernd, oft kriechend, kahl und von Juni bis August blühend

Linária alpína (L.) MILLER
Alpen–Leinkraut
Scrophulariáceae –
Braunwurzgewächse

Laubblätter: Schmal lanzettlich, am Ende meist stumpf, etwas fleischig, zu 3–5 quirlständig angeordnet, bläulich bereift und sitzend; am Ende der Stengel oft auch wechselständig angeordnet

Blütenstand: Kurze und wenigblütige Traube am Ende der Stengel

Blüten: Lang gestielt; Kelchblätter 5, lanzettlich, grünlich gefärbt und meist weisslich oder häutig berandet; Krone lang gespornt, ohne diesen Sporn 8 bis 15 mm lang, meist violett gefärbt und mit einem orangegelben Gaumen; Oberlippe am Innenrand meist weiss berandet; Unterlippe am Ende nach unten umgebogen; Staubblätter 4, in der Krone eingeschlossen; Fruchtknoten oberständig; Insektenbestäubung (Hummeln)

Früchte: Mit 4–10 Zähnen sich öffnende, bis 7 mm lange Kapseln; Windverbreitung

Standort: In der alpinen (hin und wieder herabgeschwemmt) Stufe im Felsschutt und Geröll auf frischen, basenreichen, meist kalkhaltigen, beweglichen und feinerdearmen Steinschutt- und Kiesböden

641 Zimbelkraut – C. murális
Pflanze 10–30 cm lang, mit fadenförmigen Stengeln, niederliegend oder hängend und bis Oktober blühend

Cymbalária murális G.M.SCH.
Linária cymbalária (L.) MILLER
Mauer–Leinkraut; Zimbelkraut
Scrophulariáceae –
Braunwurzgewächse

Laubblätter: Rundlich bis herzförmig, 5–7 zähnig (mit breiten Zähnen) oder bis nahe zur Mitte 5–7 teilig, lang gestielt, oberseits grün, unterseits oft rötlich und wechselständig angeordnet

Blütenstand: Blüten einzeln in den Blattachseln

Blüten: 5 Kelchblätter mit schmal ovalen und langen Zipfeln; Krone ohne Sporn 3–7 mm lang, hell– bis mittel–violett gefärbt und mit hell– bis dunkelgelbem Gaumen; Sporn gerade und halb so lang wie die Krone; Oberlippe ausgerandet und meist flach; Unterlippe dreiteilig; die 4 Staubblätter in der Krone eingeschlossen; Fruchtknoten oberständig; Insekten– und Selbstbestäubung

Früchte: Kapseln sich mit 2 dreizähnigen Poren öffnend

Standort: In der kollinen (seltener montan) Stufe in Mauerspalten, bei Schuttplätzen und an Felsen auf frischen, oft etwas durchsickerten, mässig nährstoffreichen, meist kalkhaltigen und feinerdearmen Steinböden; typischer Spaltenkriecher; Licht–Halbschattpfz.

642 Spornbaldrian – C. angustifólium
Pflanze 20–60 cm hoch, ausdauernd, mit verzweigtem Rhizom und von Juni bis August blühend

Centránthus angustifólius (MILLER) DC
Schmalblättrige Spornblume
Spornbaldrian
Valerianáceae –
Baldriangewächse

Laubblätter: Schmal lanzettlich, mit verschmälertem Grund, sitzend, meist ganzrandig, am Ende stumpf oder zugespitzt, oberseits dunkelgrün, unterseits blaugrün und gegenständig angeordnet

Blütenstand: Schirmförmige und dichtblütige Rispe

Blüten: Kelch aus 5 eingerollten Zipfeln, die sich zur Fruchtzeit zu federig behaarten Borsten umwandeln; Krone mit 5–10 mm langer Röhre, 5 ausgebreiteten Zipfeln, einem langen Sporn und rosa gefärbt; Staubblatt 1; drei Fruchtblätter zu einem unterständigen Fruchtknoten verwachsen; dabei ist nur noch 1 Fach fruchtbar, die beiden anderen sind völlig reduziert

Früchte: 4–6 mm lange Nüsschen mit 8–10 mm langen Pappusborsten

Standort: In der kollinen und montanen Stufe im Kalkgeröll, in Fels– und Mauerspalten auf trockenen Böden in sonnigen Lagen; eine westmediterrane Pflanze, die südwärts bis Algerien reicht; im Gebiet im Jura und im südlichen Savoyen

643 Pfingstrose – P. officinális
Pflanze 50–100 cm hoch, ausdauernd, mit verholztem Rhizom und von Mai bis Juni blühend

Paeónia officinális L.
Pfingstrose, Päonie
Paeoniáceae –
Pfingstrosengewächse

Laubblätter: Im Umriss rundlich, doppelt dreizählig zusammengesetzt, gestielt, dunkelgrün gefärbt und bis 30 cm im Durchmesser; Abschnitte schmal oval bis lanzettlich, ganzrandig und zugespitzt

Blütenstand: Grosse und endständige Einzelblüte

Blüten: Kelchblätter 5, breit oval bis lanzettlich, oft verschieden geformt, grünlich bis rötlich gefärbt und kürzer als die Kronblätter; diese sind oval, mit der grössten Breite oberhalb der Mitte, bis 5 cm lang und rot gefärbt; Staubblätter zahlreich und am Grund in einen Nektarring verwachsen; mehrere (2–3) freie, mehrsamige und oberständige Fruchtknoten mit sitzender Narbe; Insektenbestäubung

Früchte: Balgfrüchte 2–5 cm lang und filzig behaart

Standort: In der kollinen und montanen Stufe in lichten Buschwäldern, Flaumeichen– und Hopfenbuchenwäldern und an sommerwarmen Hängen auf trockenen und kalkreichen Böden; in Kulturorten als Zierpflanze angepflanzt; nordwärts bis ins Donaubecken reichend

644 Berg–Küchenschelle – P. montána
Pflanze 10–30 cm hoch, ausdauernd, zur Fruchtzeit bis 40 cm hoch und von März bis Mai blühend

Pulsatílla montána (HOPPE) RCHB.
Berg–Küchenschelle
Ranunculáceae –
Hahnenfussgewächse

Laubblätter: Grundständige breit oval bis oval, mit 3–6 cm langer Spreite, lang gestielt und gefiedert; Abschnitte meist doppelt fiederteilig mit meist lanzettlich geformten Zipfeln; stengelständige ungestielt, am Grunde verwachsen und mit 10–25 schmalen, 2–3 cm langen Zipfeln

Blütenstand: An behaartem Blütenstiel endständig angeordnete Einzelblüte

Blüten: Perigonblätter 6, braunrot– bis dunkel–blauviolett gefärbt, zu Beginn der Blütezeit zusammenneigend, später ausgebreitet, behaart und bis 3 cm lang; Staubblätter zahlreich; mehrere Honigblätter den Staubblättern ähnlich; Fruchtknoten zahlreich; Insektenbestäubung

Früchte: Nüsschen

Standort: In der kollinen und montanen Stufe in Trockenwiesen auf extrem trockenen, gut durchlässigen und meist ohne geschlossene Pflanzendecke versehenen Böden in sonnigen Lagen; eine mittel– und südeuropäische Gebirgspflanze in den Pyrenäen, den Alpen, Karpaten, Gebirgen der Balkanhalbinsel

645 Hallers Küchenschelle – P. hálleri
Pflanze 10–25 cm hoch, ausdauernd, mit zottig behaarten Stengeln und von Mai bis Juli blühend

Pulsatílla hálleri (ALL.) WILLD.
Anemóne hálleri ALL.
Hallers Küchenschelle
Ranunculáceae –
Hahnenfussgewächse

Laubblätter: Grundständige breit oval bis oval, mit 2–5 cm langer Spreite, seidig glänzend behaart, gestielt, gefiedert, mit fiederschnittigen Abschnitten und lineal–lanzettlichen Zipfeln und sich nach der Blütezeit entwickelnd; stengelständige ungestielt und mit zahlreichen Zipfeln

Blütenstand: An dicht behaartem Blütenstiel endständig angeordnete Einzelblüte

Blüten: Perigonblätter 6, braunrot bis hellviolett gefärbt, aufrecht, zu Beginn der Blütezeit zusammenneigend, später mehr oder weniger ausgebreitet, oval bis breit oval, behaart und zugespitzt oder stumpf; Staubblätter zahlreich; mehrere Honigblätter den Staubblättern ähnlich; Fruchtknoten zahlreich; Insektenbestäubung

Früchte: Nüsschen

Standort: In der subalpinen und alpinen Stufe im Geröll, in Felsspalten und Weiden mit meist nicht geschlossener Pflanzendecke auf trockenen, kalkhaltigen, flachgründigen und humosen Böden; Wallis

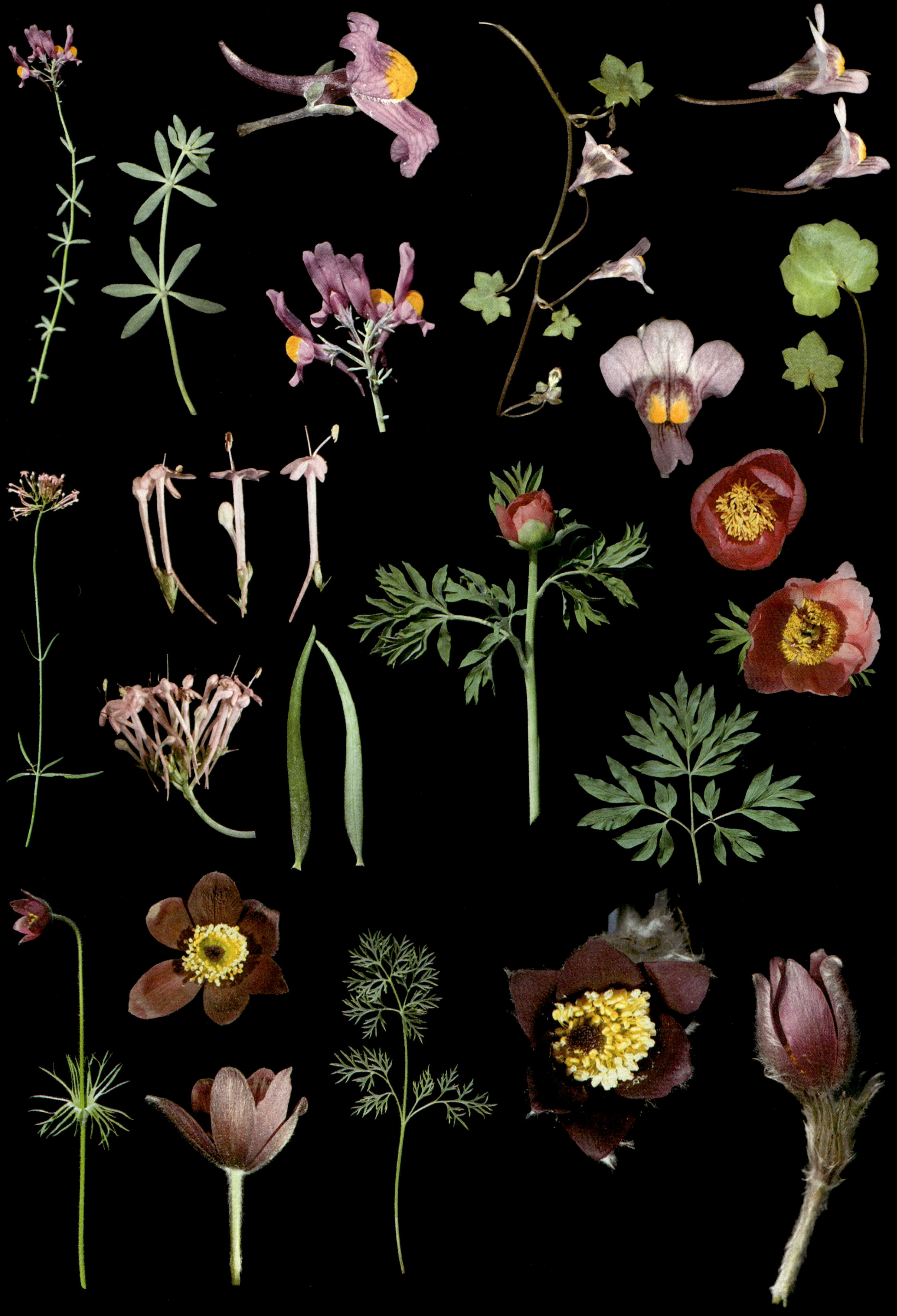

646 Blaustern – S. bifólia
Pflanze 10–25 cm hoch, ausdauernd, mit einer Zwiebel und von März bis April blühend

Scilla bifólia L.
Zweiblättrige Meerzwiebel
Blaustern
Liliáceae – Liliengewächse
Laubblätter: Meist 2 an der Zahl, lineal–lanzettlich, ungestielt, parallel–aderig, 5–10 cm lang, hohlrinnig und mit einer stumpfen Spitze
Blütenstand: 2–8 blütige Traube; Blätter im Frühling mit den Blüten erscheinend
Blüten: Perigonblätter 6, schmal oval, meist stumpf oder abgerundet, 5 bis 15 mm lang, blau, rot oder seltener weiss gefärbt und flach ausgebreitet; Staubblätter 6; Staubbeutel violett; Fruchtknoten oberständig; Insektenbestäubung
Früchte: Dreifächerige und kugelige Kapseln; Ameisenverbreitung
Standort: In der kollinen und montanen Stufe in Eichen–Hagebuchewäldern, Buchen– und Auenwäldern, Parkanlagen, Gärten und Auenwiesen auf frischen, kalkhaltigen, tiefgründigen, nährstoff– und basenreichen, humosen und lockeren Lehm– und Tonböden; Halbschattenpflanze; Mullbodenpflanze; eine südeuropäische Pflanze, die nordwärts bis Mitteldeutschland, Holland und dem südlichen Polen reicht; ostwärts bis nach Kleinasien; südwärts bis Sardinien, Sizilien und Griechenland

647 Span. Hasenglöckchen – H. hispánica
Pflanze 10–30 cm hoch, ausdauernd, mit einer Zwiebel und von März bis Mai blühend

Hyacinthoídes hispánica (MILLER) ROTHM.
Scilla campanuláta AITON
Endymion hispánica (MILLER) CHOUARD
Spanisches Hasenglöckchen
Liliáceae – Liliengewächse
Laubblätter: Grundständig, lanzettlich, ungestielt, paralleladerig, 10–30 cm lang, etwas hohlrinnig und zugespitzt
Blütenstand: Vielblütige, meist allseitswendige Traube; Blätter im Frühling mit den Blüten erscheinend
Blüten: Perigonblätter 6, lanzettlich, zugespitzt, weisslich und violett gefärbt und flach ausgebreitet; Staubblätter 6; Staubbeutel meist violett; Fruchtknoten oberständig und aus 3 Fruchtblättern verwachsen; Insektenbestäubung
Früchte: Dreifächerige und kugelige Kapseln; Ameisenverbreitung
Standort: In der kollinen Stufe in Eichen– und Buchenmischwäldern, Buchen– und Auenwäldern, in Parkanlagen und Gärten auch als Zierpflanze angepflanzt auf frischen, nährstoff– und basenreichen, humosen, oft kalkarmen und lockeren Lehm– und Tonböden; Halbschattenpflanze; aus dem westlichen Mittelmeergebiet stammende Pflanze

648 Bisamhyazinthe – M. comósum
Pflanze 30–80 cm hoch, ausdauernd, mit einer Zwiebel versehen und von April bis Mai blühend

Muscári comósum (L.) MILLER
Schopfartige Bisamhyazinthe
Liliáceae – Liliengewächse
Laubblätter: Lanzettlich, 30–80 cm lang, bis 25 mm breit, gegen die Spitze zu allmählich verschmälert und mit fein gezähntem Rand
Blütenstand: Vielblütige, bis 10 cm lange Traube, die an ihrem Ende kleine, sterile und lang gestielte Blüten aufweist
Blüten: Fertile Blüten mit 6 verwachsenen, 4–8 mm langen und violett gefärbten Perigonblättern, die am Ende kleine weisse Zähne aufweisen; Staubblätter 6; Fruchtknoten oberständig; der einzige Griffel weist eine nur kleine Narbe auf; Insektenbestäubung
Früchte: Dreifächerige Kapseln, die an der Spitze nicht eingesenkt sind und mit drei Flügeln; jeweils 2 Samenanlagen in jedem der drei Kapselfächer
Standort: In der kollinen und montanen Stufe in Magerrasen, Weinbergen, an Böschungen, entlang von Wegrainen und in Unkrautgesellschaften auf mässig trockenen, basenreichen, kalkhaltigen, lehmigen und sandigen Böden; eine mediterrane Pflanze, die nordwärts in sonnigen Lagen bis Norddeutschland reicht; ostwärts reicht die Bisamhyazinthe bis nach Nordwestafrika; im Gebiet ist sie nur in sehr warmen Lagen anzutreffen

649 Commeline – C. commúnis
Pflanze 20–60 cm hoch, niederliegend oder aufsteigend, an den Knoten wurzelnd und bis Okt. blühend

Commelína commúnis L.
Commeline
Commelináceae – Commelinengewächse
Laubblätter: Schmal oval bis breit lanzettlich, gestielt, am Spreitengrund meist herzförmig, am Ende langsam zugespitzt, paralleladerig und 5–10 cm lang
Blütenstand: Einzelblüten von einem gefalteten Hüllblatt (= Spatha) umgeben
Blüten: 3 äussere Perigonblätter miteinander nicht verwachsen, schmal oval und grün gefärbt; 3 innere Perigonblätter miteinander nicht verwachsen, dunkel– bis hellblau gefärbt, rundlich, mit kurzen weisslichen Stielen (= Nagel) und am Rand gefranst; von den 6 Staubblättern nur die gegen vorn gerichteten fertil; Fruchtknoten oberständig
Früchte: Kapseln; in jedem der beiden Fächer je 2 Samen
Standort: In der kollinen Stufe auf Schuttplätzen, in waldigen Schluchten und Weinbergen auf feuchten und nährstoffreichen Böden in warmen Gegenden; eine ostasiatische Pflanze (Japan, China), die als Topf– und Gartenpflanze verwendet wird und besonders im südlichen Tessin verwildert

650 Sibirische Schwertlilie – I. sibírica
Pflanze 40–100 cm hoch, ausdauernd, mit einem dünnen Rhizom und von Juni bis Juli blühend

Iris sibírica L.
Sibirische Schwertlilie
Iridáceae – Schwertliliengewächse
Laubblätter: 30–80 cm lang, vorwiegend grundständig, schwertförmig, langsam zugespitzt und beiderseits gleichfarbig
Blütenstand: Einzelne Blüten oder mehrere davon jeweils von einem häutigen und durchscheinenden Hochblatt (= Spatha) umschlossen
Blüten: Perigonblätter 6 und am Grunde in eine schmale Röhre verwachsen; freier Teil der äusseren 3 Perigonblätter abstehend bis zurückgebogen, 3–5 cm lang und ohne abstehende Haare; freier Teil der inneren Perigonblätter schmal oval und grösser als die Narben; die 3 Staubblätter miteinander nicht verwachsen; Staubbeutel so lang wie die Staubfäden; Fruchtknoten unterständig und aus 3 Fruchtblättern verwachsen
Früchte: Dreifächerige Kapseln mit zahlreichen Samen
Standort: In der kollinen (seltener montan) Stufe in Gräben, Sumpfwiesen und Flutmulden auf wechselnassen, im Sommer oberflächlich austrocknenden, nur mässig nährstoff– und basenreichen und humosen Ton– und Schlickböden

651 Deutsche Schwertlilie – I. germánica
Pflanze 25–80 cm hoch, ausdauernd, mit einem Rhizom und von Mai bis Juli blühend

Iris germánica L.
Deutsche Schwertlilie
Iridáceae – Schwertliliengewächse
Laubblätter: 20–70 cm lang, grundständig und am Stengel wechselständig angeordnet, meist breit schwertförmig, zugespitzt und in der Mitte oder im oberen Drittel am breitesten
Blütenstand: Einzelne Blüten oder mehrere davon jeweils von einem in der oberen Hälfte trockenhäutigen Hochblatt umschlossen
Blüten: 6 Perigonblätter am Grunde in eine schmale Röhre verwachsen; freier Teil der äusseren 3 Perigonblätter abstehend bis zurückgebogen, 2–5 cm lang, dunkelviolett gefärbt, bis zum Rand mit dunklen Adern und gelblich gebärtet; freier Teil der inneren Perigonblätter oval und hellviolettblau; die 3 Staubblätter frei; Staubfäden so lang wie die Staubbeutel; Fruchtknoten unterständig und aus 3 Fruchtblättern verwachsen; Griffeläste an der Spitze auseinandergehend
Früchte: Dreifächerige Kapseln
Standort: In der kollinen Stufe eingebürgert und verwildert bei Felsen, Mauern, an sonnigen Hügeln und in Weinbergen auf warmen, meist kalkhaltigen und basenreichen Steinböden

652 Voralpen–Kreuzblume – P. alpéstris
Pflanze 5–15 cm hoch, mit niederliegenden und
aufsteigenden Stengeln und von Juni bis Juli blühend

Polygala alpéstris RCHB.
Voralpen–Kreuzblume

Polygaláceae –
Kreuzblumengewächse

Laubblätter: Schmal oval bis lan–
zettlich, ganzrandig, 5–15 mm lang,
sitzend oder kurz gestielt, am Grund
keilförmig verschmälert und am Ende
stumpf oder zugespitzt; keine Rosette
vorhanden; untere Blätter wechselstän–
dig, die oberen nur schwach wechsel–
ständig bis gegenständig und meist
etwas länger als die unteren

Blütenstand: Vielblütige Traube

Blüten: Von den 5 Kelchblättern sind
die 3 äusseren klein, 1–2 mm lang,
blaugrün gefärbt und kelchblattartig;
die 2 inneren sind kronblattartig
(= Flügel) Flügel schmal oval, 4–6 mm
lang und nur mit undeutlich sichtbaren
seitlichen, wenig verzweigten Adern;
Kronblätter 3 (die seitlichen zurückge–
bildet), verwachsen, mit 2 freien oberen
Zipfeln und einem oft geteilten unteren
Zipfel; Staubblätter 8; Staubfäden im
unteren Teil zu einer Röhre verwachsen;
Fruchtknoten oberständig;

Früchte: Kapseln 3–4 mm lang

Standort: In der subalpinen Stufe in
Wiesen, Weiden, Zwergstrauchgesell–
schaften und lichten Föhrenwäldern auf
mässig frischen bis trockenen Böden

653 Ehrenpreis – V. beccabúnga
Pflanze 30–50 cm hoch, mehrjährig, niederliegend
und aufsteigend und von Mai bis August blühend

Verónica beccabúnga L.
Bachbungen–Ehrenpreis

Scrophulariáceae –
Braunwurzgewächse

Laubblätter: Oval bis rundlich,
sitzend oder ganz kurz gestielt, 1–5 cm
lang, fleischig, am Ende stumpf, ganz–
randig oder mit schwach gewelltem /
gekerbtem Rand und gegenständig
angeordnet

Blütenstand: Wenigblütige und
gegenständig angeordnete Trauben

Blüten: 4 Kelchblätter mit mehr oder
weniger spitzen Zipfeln; Kronblätter 4,
oval und blau gefärbt; Staubblätter 2;
Fruchtknoten aus 2 Fruchtblättern
verwachsen und oberständig; Insekten–
und Selbstbestäubung

Früchte: Vielsamige, fast kugelige und
vierklappig sich öffnende Kapseln

Standort: Von der kollinen bis in die
subalpine Stufe bei langsam fliessenden
Gewässern, in Gräben, bei Quellfluren,
entlang von Bachrändern und im
Röhricht auf flachen, meist über–
schwemmten, mehr oder weniger
nährstoffreichen, humosen und oft
sandigen Schlammböden; Licht–Halb–
schattpflanze; früher als Salat– und
Heilpflanze verwendet; in ganz Europa,
dem nördlichen Asien und in Nordafrika
verbreitet

654 Alpen–Ehrenpreis – V. alpína
Pflanze 3–15 cm hoch, ausdauernd, mit dünnem,
kriechendem Rhizom und von Juli bis August blühend

Verónica alpína L.
Alpen–Ehrenpreis

Scrophulariáceae –
Braunwurzgewächse

Laubblätter: Elliptisch, eiförmig bis
rundlich, kurz gestielt, 10–25 mm lang,
am Ende stumpf oder zugespitzt, ganz–
randig oder mit wenigen kurzen Zäh–
nen, kahl oder zerstreut behaart und
gegenständig angeordnet

Blütenstand: Am Ende der Stengel
bis 20 blütige, kurze und doldenartige
Traube

Blüten: Blüten gestielt und behaart;
Kelchblätter meist 5, oval, bräunlich–
schwarz bis blauschwarz gefärbt und
behaart oder bewimpert; Kronblätter 4,
oval, 4–7 mm lang und blau gefärbt;
Staubblätter 2; Fruchtknoten aus zwei
Fruchtblättern verwachsen und ober–
ständig; Insekten– und Selbstbestäu–
bung

Früchte: Vielsamige und fast kugelige
Kapseln

Standort: In der alpinen Stufe in
Schneetälchen, Rasen, auf Lägerstellen,
Rasen und im Felsschutt auf schnee–
feuchten, lange vom Schnee bedeckten,
mässig nährstoff– und basenreichen,
meist kalkarmen, mässig sauren bis
neutralen, humosen und steinigen
Lehm– und Tonböden; ein Wurzel–
Kriechpionier; bis Island / Grönland

655 Blattloser Ehrenpreis – V. aphylla
Pflanze 2–6 cm hoch, ausdauernd, mit dünnem, weit
kriechendem Rhizom und von Juli bis August blühend

Verónica aphylla L.
Blattloser Ehrenpreis

Scrophulariáceae –
Braunwurzgewächse

Laubblätter: Spatelförmig bis breit
oval, kurz breit gestielt, 10–20 mm lang,
am Ende abgerundet, fein gezähnt und
behaart; meist rosettig angeordnet und
nur seltener zusätzlich am Stengel

Blütenstand: Aus der obersten
Blattachsel entspringende, lang gestielte
und bis fünfblütige Traube

Blüten: Kelchblätter meist 4, schmal
oval, dunkelblau bis blauschwarz ge–
färbt und behaart; Kronblätter 4, breit
oval bis rundlich, 5–8 mm lang, lila bis
violett gefärbt und deutlich dunkelviolett
geadert; Staubblätter 2; Fruchtknoten
aus 2 Fruchtblättern verwachsen und
oberständig

Früchte: Vielsamige Kapseln mit
scheibenförmigen Samen

Standort: In der alpinen (seltener
subalpin) Stufe in Stein– und Mager–
rasen, Wiesen, Weiden, Felsspalten,
Schneetälchen und im Felsschutt auf
feuchten bis frischen, kalkhaltigen,
basenreichen, lockeren, humosen und
steinigen Lehmböden; Wurzelkriecher;
eine mittel– und südeuropäische Ge–
birgspflanze, die bis zu den Gebirgen
der Balkanhalbinsel reicht

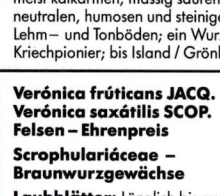

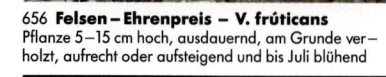

656 Felsen–Ehrenpreis – V. frúticans
Pflanze 5–15 cm hoch, ausdauernd, am Grunde ver–
holzt, aufrecht oder aufsteigend und bis Juli blühend

Verónica frúticans JACQ.
Verónica saxátilis SCOP.
Felsen–Ehrenpreis

Scrophulariáceae –
Braunwurzgewächse

Laubblätter: Länglich bis oval, meist
ungestielt, 15–25 mm lang, am Ende
abgerundet, gegen den Grund zu ver–
schmälert, ganzrandig oder mit wenigen
Kerben, meist kahl und gegenständig
angeordnet

Blütenstand: Am Ende der Zweige
bis 10 blütige und lockere Trauben mit
gestielten Blüten

Blüten: Kelchblätter 4, oval, grünlich
gefärbt und etwas behaart; Kronblätter
4, breit oval bis rundlich, 4–7 mm lang
und dunkelblau gefärbt; Staubblätter 2;
Fruchtknoten aus 2 Fruchtblättern ver–
wachsen und oberständig; Insekten–
und Selbstbestäubung

Früchte: Vielsamige Kapseln bis 9 mm
lang

Standort: In der subalpinen und al–
pinen (seltener montan) Stufe auf Fels–
bändern, an steinigen Hängen, in
Weiden und steinigen Magerrasen auf
mässig frischen bis trockenen, steinigen,
oft kalkarmen, humus– und feinerde–
armen Steinböden; Pionierpflanze; eine
arktisch–alpine Pflanze, die bis nach
Grönland und Island reicht

657 Ehrenpreis – V. fruticulósa
Pflanze 10–20 cm hoch, ausdauernd, am Grunde ver–
holzt, aufrecht oder aufsteigend und bis Juli blühend

Verónica fruticulósa L.
Halbstrauchiger Ehrenpreis

Scrophulariáceae –
Braunwurzgewächse

Laubblätter: Länglich, sehr kurz ge–
stielt oder sitzend, 15–25 mm lang, am
Ende meist abgerundet, ganzrandig bis
schwach gekerbt, mehr oder weniger
kahl und gegenständig angeordnet

Blütenstand: Am Ende der Zweige
bis 12 blütige und ziemlich dichte Trau–
ben mit gestielten Blüten

Blüten: Kelchblätter 4, schmal oval,
dunkelgrün gefärbt und wie die Blüten–
stiele drüsig behaart; Kronblätter 4,
breit oval bis rundlich, 4–7 mm lang,
und blassrosa (mit dunkleren Adern!)
gefärbt; Staubblätter 2; Fruchtknoten
aus 2 Fruchtblättern verwachsen und
oberständig; Insekten– und Selbstbe–
stäubung

Früchte: Vielsamige Kapseln bis 7 mm
lang

Standort: In der subalpinen (seltener
montan) Stufe in Felsspalten und Schutt–
halden auf mässig frischen bis trocke–
nen, lockeren und kalkreichen Schutt–
böden; eine mittel– und südeuropäische
Gebirgspflanze, die bis in die nordspa–
nischen Gebirge, die Pyrenäen, nach
Korsika und nach Kroatien reicht; in den
Alpen und im Jura nicht sehr häufig

658 Feinstieliger Ehrenpreis – V. filifórmis
Pflanze 10–40 cm lang, mit sehr dünnen Stengeln, drüsig behaart und von April bis August blühend

Verónica filifórmis SM.
Feinstieliger Ehrenpreis
Scrophulariáceae – Braunwurzgewächse

Laubblätter: Rundlich, kurz gestielt, am Grunde schwach herzförmig bis gestutzt, am Ende stumpf oder abgerundet, gezähnt, hellgrün gefärbt und etwas behaart; in den Achseln kleine Bulbillen, die der Vermehrung dienen

Blütenstand: Lang gestielte Blüten in den Achseln der Blätter

Blüten: Kelchblätter 4, schmal oval und am Grunde drüsig behaart; Kronblätter 4, oval bis rundlich, 3–5 mm lang, hell-lila bis hellblau gefärbt, mit dunklen Adern und mit einem meist etwas helleren unteren Kronzipfel; Staubblätter 2; Fruchtknoten aus 2 Fruchtblättern verwachsen und oberständig; Insektenbestäubung

Früchte: Mehrsamige, 3–7 mm breite, bis 6 mm lange und schwach behaarte Kapseln

Standort: In der kollinen und montanen Stufe in frischen, nährstoffreichen, meist kalkarmen, humosen, sandigen oder reinen Lehmböden in etwas wärmerer Lage; aus Nordanatolien stammend; seit 1930 eingebürgert und heute über grosse Teile der Erde verbreitet; ein Wiesenschädling

659 Grosser Ehrenpreis – V. teúcrium
Pflanze 10–40 cm hoch, ausdauernd, aufsteigend oder aufrecht und von Mai bis Juli blühend

Verónica teúcrium L.
Gamanderartiger Ehrenpreis
Scrophulariáceae – Braunwurzgewächse

Laubblätter: Länglich bis schmal eiförmig, 3–7 cm lang, sitzend, am Grunde abgerundet oder herzförmig, am Ende meist stumpf, grob gezähnt und gegenständig angeordnet

Blütenstand: Blüten in dichten, lang gestielten Trauben in den Achseln von Blättern

Blüten: Kelchblätter meist 5, grün gefärbt und vielfach etwas behaart; Kronblätter 4, rundlich bis rhombisch, 3–6 mm lang und dunkelblau gefärbt (mit etwas dunkleren Adern); Staubblätter 2; Fruchtknoten aus 2 Fruchtblättern verwachsen und oberständig

Früchte: Kapseln mit zahlreichen scheibenförmigen Samen

Standort: In der kollinen und montanen (seltener subalpin) Stufe in lichten Wäldern, entlang von Weg– und Waldrändern, auf Trockenwiesen und im Saum sonniger Gebüsche auf mässig trockenen, mäßig kalkhaltigen, neutralen, lockeren, humosen und mittelgründigen Lehm– und Lössböden; eine eurasiatische Pflanze, die nordwärts bis Holland und Mittelrussland reicht; südwärts reicht sie bis Mittelspanien und in die Toskana

660 Ehrenpreis – V. chamaédrys
Pflanze 10–30 cm hoch, ausdauernd, mit dünnem Rhizom und von April bis August blühend

Verónica chamaédrys L.
Gamander–Ehrenpreis
Scrophulariáceae – Braunwurzgewächse

Laubblätter: Oval bis eiförmig, kurz gestielt oder sitzend, bis 35 mm lang, am Ende stumpf, grob gezähnt (mit nach vorn gerichteten Zähnen), behaart oder kahl und gegenständig angeordnet

Blütenstand: In den Achseln von Blättern langgestielte, vielblütige und lockere Trauben

Blüten: Kelchblätter 4, schmal oval, 2–6 mm lang, zerstreut behaart und grün gefärbt; Kronblätter 4, oval bis rundlich, 4–6 mm lang, meist azurblau gefärbt, mit dunkleren Adern und am Rand oft etwas weisslich; Staubblätter 2; Fruchtknoten aus 2 Fruchtblättern verwachsen und oberständig; Insektenbestäubung

Früchte: Mehrsamige, zweiklappig aufspringende und dreieckige Kapseln; Ameisenverbreitung

Standort: Von der kollinen bis in die subalpine Stufe in Wiesen, Weiden, lichten Wäldern, bei Gebüschen, an Lägerstellen und entlang von Weg– und Waldrändern auf mässig feuchten bis mässig trockenen, mehr oder weniger nährstoff– und basenreichen, meist neutralen, humosen und mittelgründigen Lehmböden; ein Flach/Kriechwurzler

661 Aehriger Ehrenpreis – V. spicáta
Pflanze 10–30 cm hoch, ausdauernd, mit kurzem Rhizom und von Juli bis September blühend

Verónica spicáta L.
Aehriger Ehrenpreis
Scrophulariáceae – Braunwurzgewächse

Laubblätter: Lanzettlich bis schmal oval, kurz gestielt oder sitzend, 3–8 cm lang, gegen den Grund zu verschmälert, am Ende stumpf oder abgerundet, stumpf gezähnt bis ganzrandig, kahl oder etwas behaart und gegenständig angeordnet

Blütenstand: Am Ende des Stengels lange, viel– und dichtblütige Traube

Blüten: Kelchblätter 4, grün gefärbt und mit Drüsenhaaren; Kronblätter 4, besonders die drei unteren lanzettlich, mit längerer Kronröhre und blau gefärbt; Staubblätter 2; Fruchtknoten aus 2 Fruchtblättern verwachsen und oberständig; Insektenbestäubung

Früchte: Zerstreut behaarte Kapseln mit zahlreichen eiförmigen und abgeflachten Samen

Standort: Von der kollinen bis in die subalpine Stufe in Trockenwiesen, auf trockenen Felsköpfen, im Saum lichter Gebüsche und bei trockenen Schotterflächen auf trockenen, mageren, oft kalkarmen, mehr oder weniger neutralen und humosen Stein– oder Sandböden; Licht–Halbschattpflanze; nordwärts vereinzelt bis England

662 Alpen–Lein – L. alpínum
Pflanze 10–30 cm hoch, ausdauernd, mit aufsteigenden oder aufrechten Stengeln und bis Juli blühend

Linum perénne L. ssp. alpínum (JACQ.) OCKENDON
Linum alpínum JACQ.
Alpen–Lein
Lináceae – Leingewächse

Laubblätter: Lineal–lanzettlich, 10–25 mm lang, mit der grössten Breite unterhalb der Mitte, lang zugespitzt, ganzrandig, kahl, sitzend, blaugrün gefärbt und wechselständig angeordnet

Blütenstand: Blüten in gabelig verzweigten Wickeln

Blüten: Kelchblätter 5, schmal oval, zugespitzt, ganzrandig, 4–7 mm lang und dreiaderig; Kronblätter 5, verkehrt schmal eiförmig, am Ende abgerundet und oft schwach gefranst, 10–20 mm lang und hellblau (seltener weiss) gefärbt; die 5 Staubblätter im unteren Teil miteinander verwachsen und am Grunde mit 5 Nektardrüsen; Fruchtknoten fünffächerig, oberständig und mit fünf Griffeln; Insektenbestäubung

Früchte: Die Samen ausschleudernde und bis 8 mm lange Kapseln

Standort: In der subalpinen (seltener montan und alpin) Stufe in ungedüngten Wiesen, sonnigen Steppenrasen und Trockenwäldern auf trockenen, neutralen, kalkreichen, humosen und lockeren Sand– und Steinböden in sonnigen Lagen

663 Acker–Schwarzkümmel – N. arvénsis
Pflanze 10–40 cm hoch, 1–jährig, aufrecht, meist verzweigt, kahl und von Juni bis Sept. blühend

Nigélla arvénsis L.
Acker–Schwarzkümmel
Ranunculáceae – Hahnenfussgewächse

Laubblätter: Nur stengelständig, 2–3 fach fiederteilig und blaugrün gefärbt; Zipfel bis 1 mm breit und nur kurz zugespitzt

Blütenstand: Endständige Einzelblüten

Blüten: Ohne Hochblätter; Perigonblätter 5, hellblau gefärbt, mit grünen Adern versehen, breit oval bis rundlich, in einen langen Stiel verschmälert und am Ende oft kurz zugespitzt; Honigblätter etwa 1/4 so lang wie die Perigonblätter, mit fadenförmiger Oberlippe und zweiteiliger, zerstreut bewimperter und etwas grösserer Unterlippe; die zahlreichen Staubblätter mit grannenartiger Verlängerung; Fruchtblätter miteinander bis in die Mitte verwachsen; Insektenbestäubung (Bienenblume)

Früchte: Zylindrische, 10–15 mm lange und mehrsamige Balgfrüchte

Standort: In der kollinen (seltener montan) Stufe in Getreideäckern und Brachfeldern auf mässig trockenen, nährstoff– und kalkreichen, mehr oder weniger humosen, meist steinigen, lockeren und warmen Lehmböden; bis 60 cm tief wurzelnd

664 Wald—Witwenblume — K. silvática
Pflanze 20—100 cm hoch, ausdauernd, mit einem
Rhizom und von Juni bis September blühend

Knaútia dipsacifólia KREUTZER
Knaútia silvática (L.) DUBY
Wald—Witwenblume

Dipsacáceae — Kardengew.

Laubblätter: Untere breit lanzettlich bis elliptisch, meist stumpf gezähnt, gestielt, rauhhaarig, am Rande fein bewimpert und zugespitzt; mittlere und obere breit lanzettlich bis oval, stumpf gezähnt bis grob gekerbt, sitzend, behaart bis kahl und zugespitzt

Blütenstand: Blüten in flachen Köpfchen; äussere Hüllblätter in mehreren Reihen angeordnet, lanzettlich, am Rande oft mit 1—2 mm langen Haaren und einzelnen Drüsenhaaren

Blüten: Kelch am Grunde mit feinen Haaren; Kelchborsten 2—3 mm lang und in je ein feines Haar ausgezogen; Kronblätter 4, röhrig verwachsen, vierzipflig und meist violett (seltener rosa oder weiss) gefärbt; die 4 Staubblätter in der Kronröhre angewachsen; Fruchtknoten unterständig und einfächerig

Früchte: Nüsse 5—7 mm lang, behaart und an der Basis mit einem Anhängsel (=Elaiosom) für Ameisen

Standort: In der montanen und subalpinen Stufe (seltener kollin) Stufe in Hochstaudenfluren, Bergfettwiesen und entlang von schattigen Waldrändern auf ziemlich feuchten bis frischen Böden

665 Berg—Jasione — J. montána
Pflanze 10—60 cm hoch, 2—jährig, mit mehreren
Stengeln, ohne Ausläufer und bis Aug. blühend

Jasióne montána L.
Berg—Jasione

Campanuláceae — Glockenblumengewächse

Laubblätter: Lanzettlich bis schmal oval, am Rande gewellt, auch stumpf gezähnt, sitzend und am Ende meist abgerundet

Blütenstand: Endständige und 10—25 mm breite Köpfchen mit zahlreichen kurz gestielten Blüten; Hüllblätter lanzettlich, ganzrandig oder grob gezähnt und oft etwas behaart

Blüten: Die 5 Kelchblätter lanzettlich; Kronblätter 5, zuerst verwachsen, später in bandförmige Zipfel geteilt, 6—12 mm lang und bläulich gefärbt; die 5 Staubblätter am Grunde nicht verbreitert; Fruchtknoten unterständig und zweifächerig; Insektenbestäubung

Früchte: Kapseln, die oben aufklappen; Windverbreitung

Standort: In der kollinen und montanen Stufe in Felsensteppen, Trockenwiesen, Sand—Magerrasen, auf Dünen, Felsköpfen, an Dämmen und entlang von Wegen auf trockenen, sommerwarmen, kalkarmen, feinerde— und humusarmen Steinböden; eine bis 1 m tief wurzelnde Pionierpflanze; besonders im Schwarzwald, den Vogesen und in den zentral— und südalpinen Tälern

666 Glänzende Skabiose — S. lúcida
Pflanze 10—30 cm hoch, ausdauernd, mit sterilen
Blattrosetten und von Juli bis August blühend

Scabiósa lúcida VILL.
Glänzende Skabiose

Dipsacáceae — Kardengew.

Laubblätter: Grundständige und unterste Stengelblätter schmal oval, lang gestielt, gezähnt (Zähne nach vorn gerichtet), am Ende stumpf oder zugespitzt, am Rande und auf den Adern etwas behaart und kahl; mittlere und obere Stengelblätter verschiedenartig gefiedert

Blütenstand: Endständiges, flaches und bis 4 cm breites Köpfchen; Blütenstiel meist länger als die restliche Pflanze; Hüllblätter nur wenig kleiner oder etwas grösser als die äusseren Blüten und schmal lanzettlich

Blüten: Aussenkelch 1—2 mm lang, häutig und undeutlich gezähnt; Kelchborsten 4—8 mm lang, auf der Innenseite mit einer kielartigen Ader, abgeflacht und meist dunkel gefärbt; Kronblätter 5, röhrig verwachsen, fünfzipflig und rot— bis blauviolett gefärbt; Staubblätter 4; Fruchtknoten aus 2 Fruchtblättern verwachsen und unterständig

Früchte: Nüsschen zylindrisch und mit 8 Furchen versehen; Windverbreitung

Standort: In der subalpinen und alpinen Stufe häufig in Bergwiesen, Weiden, grasigen Hängen und bei Schutthalden auf mässig frischen und mehr oder weniger nährstoffreichen Böden

667 Feld—Witwenblume — K. arvénsis
Pflanze 30—100 cm hoch, ausdauernd, mit verzweigtem Rhizom und von Mai bis September blühend

Knaútia arvénsis (L.) COULTER em. DUBY
Acker—Witwenblume

Dipsacáceae — Kardengew.

Laubblätter: Untere lanzettlich, gestielt, ganzrandig, gezähnt oder fiederteilig, zugespitzt und etwas behaart; mittlere und obere lanzettlich bis oval, sitzend und meist fiederteilig; Abschnitte lanzettlich und zugespitzt

Blütenstand: Blüten in flachen Köpfchen; äussere Hüllblätter lanzettlich und bewimpert

Blüten: Kelch am Grunde mit feinen Haaren; Kelchborsten 2—3 mm lang und mit je einem bis 1 mm langen Haar endend; Kronblätter 4, röhrig verwachsen, vierzipflig und blau— bis rotviolett gefärbt; die 4 Staubblätter in der Kronröhre verwachsen; Fruchtknoten unterständig und einfächerig; Insektenbestäubung

Früchte: Nüsse 4—6 mm lang, mit bis 1,5 mm langen Haaren und an der Basis mit einem Anhängsel, das von Ameisen verzehrt wird

Standort: In der kollinen und montanen Stufe in Fettwiesen, entlang von Weg— und Waldrändern und Aeckern auf frischen bis mässig trockenen, nährstoff— und basenreichen, schwach sauren bis basischen und humosen Böden

668 Skabiose — S. gramúntia
Pflanze 10—50 cm hoch, mehrjährig, mit verzweigtem
Stengel und von Juni bis August blühend

Scabiósa gramúntia L.
Scabiósa triándra L.
Südfranzösische Skabiose

Dipsacáceae — Kardengew.

Laubblätter: Grundständige und unterste Blätter schmal oval, gestielt, am Rande, auf den Adern und unterseits des Blattstiels behaart und fiederteilig mit ebenfalls fiederteiligen Abschnitten 2. Ordnung; mittlere und obere Blätter 2—3 fach fiederteilig und mit lanzettlichen Zipfeln

Blütenstand: Flache Köpfchen 15 bis 30 mm breit; mit vergrösserten Randblüten; Hüllblätter halb so lang oder etwas länger als die äusseren Blüten

Blüten: Aussenkelch 1—2 mm lang, häutig und undeutlich gezähnt; meist 5 hell— bis mittelbraun gefärbte und 1 bis 3 mm lange Kelchborsten; Krone fünfzipflig; Staubblätter 4; Fruchtknoten aus 2 Fruchtblättern verwachsen und unterständig; Insektenbestäubung

Früchte: Nüsschen 2—3 mm lang, achtfurchig und etwas behaart

Standort: In der kollinen und montanen Stufe auf Grasplätzen, in trockenen Hügeln, mageren Weiden, Felsensteppen und lichten Föhrenwäldern auf trockenen und lockeren Böden; besonders im Tessin, Graubünden und Wallis; nicht häufig anzutreffen

669 Grasb. Skabiose — S. graminifólia
Pflanze 20—45 cm hoch, ausdauernd, mit holzigem
Rhizom, sterilen Trieben und bis August blühend

Scabiósa graminifólia L.
Grasblättrige Skabiose
Krätzkraut

Dipsacáceae — Kardengew.

Laubblätter: Grasartig, ganzrandig, dunkelgrün gefärbt, beiderseits dicht anliegend behaart und gegenständig angeordnet

Blütenstand: Blüten in 3—5 cm breiten und flachen Köpfchen mit vergrösserten Randblüten; Hüllblätter schmal lanzettlich und halb so lang wie die äusseren Blüten

Blüten: Aussenkelch 2—4 mm lang, häutig und undeutlich gezähnt; Kelchborsten 3—5 mm lang und gelblich gefärbt; Kronblätter 5, röhrig verwachsen und violett gefärbt; Staubblätter 4; Fruchtknoten aus 2 Fruchtblättern verwachsen und unterständig

Früchte: Nüsschen (hier Achänen) zylindrisch und mit 8 Furchen versehen

Standort: In der kollinen und montanen Stufe in felsigen Hängen, im Felsschutt und bei Graten auf trockenen und steinigen Böden in wärmeren Lagen; eine mittel— und südeuropäische Gebirgspflanze, die südwärts bis in die Pyrenäen, dem Apennin und den Gebirgen der Balkanhalbinsel reicht; in der Schweiz im südlichen Tessin zu finden; selten anzutreffen

Vinca major L.
Grosses Immergrün
Apocynáceae – Hundsgiftgewächse

Laubblätter: Schmal oval, eiförmig oder herzförmig, 3–10 cm lang, am Grunde abgerundet oder gestutzt, am Ende zugespitzt, besonders im jugendlichen Stadium am Rande behaart, kurz gestielt, kreuzweise gegenständig, lederig und wintergrün

Blütenstand: Gestielte Blüten einzeln in den Blattachseln

Blüten: Kelchblätter 5, im unteren Teil miteinander verwachsen und mit je einem bis 15 mm langen Kelchzipfel; Kronblätter 5, am Grunde röhrenförmig verwachsen, 10–20 mm lang und violettblau gefärbt; Kronzipfel verkehrt eiförmig und flach ausgebreitet; die 5 Staubblätter in der Krone eingefügt; Fruchtknoten 2; Insektenbestäubung

Früchte: Zylindrische Balgfrüchte mit haarschopflosen Samen

Standort: In der kollinen Stufe in Gebüschen, Hecken und entlang von Waldrändern auf frischen, humosen und mehr oder weniger nährstoff- und basenreichen Ton- und Lehmböden; eine eingebürgerte Gartenpflanze, die vor allem im Wallis, dem südlichen Tessin und am Alpensüdfuss verwildert ist

670 Grosses Immergrün – V. major
Pflanze 20–50 cm hoch, ausdauernd, mit weit kriechendem Rhizom und von April bis Mai blühend

Vinca minor L.
Kleines Immergrün
Apocynáceae – Hundsgiftgewächse

Laubblätter: Lanzettlich bis schmal oval, 2–5 cm lang, am Grunde gleichmässig verschmälert, am Ende zugespitzt, kahl, mit schwach nach unten gebogenen Rändern, sitzend oder kurz gestielt, oberseits dunkelgrün und glänzend und unterseits mattgrün

Blütenstand: Gestielte Blüten einzeln in den Blattachseln

Blüten: Kelchblätter 5, bis zur Mitte miteinander verwachsen, kahl und mit je einem 4–5 mm langen Zipfel; Kronblätter meist 5 und hell- bis rotviolett gefärbt; Kronzipfel meist verkehrt eiförmig und flach ausgebreitet; die 5 Staubblätter in der Krone eingefügt; Fruchtknoten 2; Insektenbestäubung

Früchte: Zylindrische Balgfrüchte 15–20 mm lang und mit haarschopflosen Samen; Verbreitung durch Ausläufer und durch Ameisen

Standort: In der kollinen und montanen Stufe in artenreichen Laub- oder Buchenmischwäldern und entlang von Waldrändern auf frischen, nährstoff- und basenreichen, humosen und kalkhaltigen Ton- und Lehmböden; Halbschatt–Schattpflanze

671 Kleines Immergrün – V. minor
Pflanze 5–20 cm hoch, ausdauernd, mit weit kriechendem Rhizom und von April bis Mai blühend

Myosótis silvática EHRH. ex HOFFM.
Wald–Vergissmeinnicht
Boragináceae – Borretschgew.

Laubblätter: Die untersten oval bis schmal oval, 4–10 cm lang und gestielt; obere Blätter schmal oval bis lanzettlich, 4–8 cm lang, sitzend, zugespitzt, behaart und wechselständig angeordnet

Blütenstand: Verzweigt und rispenartig

Blüten: Kelch fünfteilig, verwachsen, schwarzbraun gefärbt, mit senkrecht abstehenden oder nach rückwärts gerichteten Haaren und mit 5 zugespitzten Abschnitten; Kronblätter 5, verwachsen und blau bis hellviolett gefärbt; Kronzipfel oval bis verkehrt eiförmig und oft etwas eingeschnitten; zu Beginn der Kronröhre dunkelgelbe Schlundschuppen; die 5 Staubblätter in der Kronröhre eingeschlossen; Fruchtknoten aus zwei Fruchtblättern verwachsen und oberständig; Insektenbestäubung

Früchte: Spaltfrucht mit vier spitzen und bis 1,7 mm langen Teilfrüchten

Standort: In der montanen und subalpinen Stufe in feuchten Wiesen, Weiden, Hochstaudenfluren, entlang von Weg- und Waldrändern, bei Viehlägerplätzen und Waldschlägen auf feuchten bis frischen, nährstoff- und basenreichen, lockeren, humosen Böden

672 Wald–Vergissmeinnicht – M. silvática
Pflanze 15–45 cm hoch, ausdauernd, mit dicht behaarten Stengeln und von Mai bis Juli blühend

Myosótis scorpioídes L. em. HILL
Myosótis palústris (L.) HILL
Sumpf–Vergissmeinnicht
Boragináceae – Borretschgew.

Laubblätter: Lanzettlich bis schmal oval, 3–10 cm lang, sitzend, am Grunde oft abgerundet, am Ende stumpf bis zugespitzt und mehr oder weniger dicht und abstehend behaart

Blütenstand: Verzweigt, rispenartig und stets ohne Blätter

Blüten: Kelch fünfteilig, verwachsen, 2–4 mm lang, anliegend behaart oder kahl, bis auf 2/3 der Länge hinunter fünfteilig und mit dreieckigen Kelchzipfeln; Kronblätter 5, oval bis rundlich, bis 6 mm lang, blau gefärbt und mit flach ausgebreiteten Zipfeln; Kronröhre mit gelben Schlundschuppen; die 5 Staubblätter in der Kronröhre eingeschlossen; Fruchtknoten oberständig und aus 2 Fruchtblättern verwachsen; Insektenbestäubung

Früchte: Spaltfrucht mit vier bis 2 mm langen Teilfrüchten

Standort: Von der kollinen bis in die subalpine Stufe an Ufern, bei Gräben, in Nasswiesen, Mooren und Bruchwäldern auf nassen bis feuchten, nährstoffreichen, humosen und sandigen oder reinen Lehm- und Tonböden; eine eurosibirische Pflanze

673 Vergissmeinnicht – M. scorpioídes
Pflanze 10–70 cm hoch, mehrjährig, mit kriechendem Rhizom und von Mai bis Juli blühend

Myosótis rehsteíneri WARTMANN
M. scorpioídes ssp. caespititia BAUMANN
Bodensee–Vergissmeinnicht
Boragináceae – Borretschgew.

Laubblätter: Lanzettlich, 2–6 cm lang, am Ende stumpf oder zugespitzt, oberseits und bei den oberen Stengelblättern auch unterseits Haare nach vorn gerichtet und bei den untersten Blättern Haare auf der Unterseite gegen den Blattgrund zu gerichtet

Blütenstand: Kurze und wenigblütige Rispe / Traube, die keine Blätter trägt

Blüten: Kelchblätter 5, verwachsen, rötlichgrün bis grün gefärbt und mit je einem zugespitzten Zipfel; Krone 6 bis 12 mm im Durchmesser, bläulich bis hellrötlichviolett gefärbt und fünfteilig; Kronzipfel verkehrt eiförmig und flach ausgebreitet; zu Beginn der Kronröhre 5 gelbe Schlundschuppen; Staubblätter 5 und in der Kronröhre eingeschlossen; Fruchtknoten aus 2 Fruchtblättern verwachsen und oberständig; Insektenbestäubung

Früchte: Spaltfrucht mit vier bis 2 mm langen Teilfrüchten

Standort: In der kollinen Stufe an kiesigen, flachen und zeitweise überschwemmten Ufern der Voralpenseen

674 Vergissmeinnicht – M. rehsteíneri
Pflanze 2–8 cm hoch, mehrjährig, mit kriechendem Rhizom und von April bis Mai blühend

Swértia perénnis L.
Ausdauernder Moorenzian
Gentianáceae – Enziangew.

Laubblätter: Schmal oval bis lanzettlich, im unteren Teil der Pflanze gestielt, im oberen Bereich sitzend, am Ende stumpf oder zugespitzt, ganzrandig, blaugrün gefärbt und gegenständig angeordnet

Blütenstand: Blüten in lockeren Trauben und / oder Rispen

Blüten: Kelchblätter 5, bis fast zum Grund fünfteilig, schmal dreieckig und grünlich bis bräunlich gefärbt; Kronblätter 5, schmal oval bis schmal rechteckig, am Ende kurz zugespitzt, dunkelviolett (auch mit weissen Streifen) gefärbt, oft dunkler punktiert, 10 bis 15 mm lang und am Grunde meist etwas grünlich; Staubblätter 5; Staubbeutel meist dunkelviolett; Fruchtknoten aus 2 Fruchtblättern verwachsen und oberständig; Insektenbestäubung

Früchte: Kapseln eiförmig und 10 bis 15 mm lang; Wind- und Tierverbreitung

Standort: In der montanen und subalpinen Stufe in Flach- und Quellmooren und Sumpfwiesen auf sickernassen, mehr oder weniger nährstoff- und basenreichen, meist kalkhaltigen, mässig sauren und oft auch torfigen Böden; Licht–Halbschattpflanze

675 Blauer Sumpfstern – S. perénne
Pflanze 15–35 cm hoch, ausdauernd, mit vierkantigem Stengel und von Juli bis August blühend

676 Borretsch – B. officinális
Pflanze 20–70 cm hoch, 1–jährig, mit Pfahlwurzel, einem fleischigen Stengel und bis Aug. blühend

Borágo officinális L.
Borretsch

Boragináceae – Borretschgew.

Laubblätter: Schmal oval bis oval, 3–10 cm lang, in einen geflügelten Stiel verschmälert (bei den obersten Blättern oft noch am Stengel herablaufend), am Ende kurz zugespitzt, rauh behaart und unregelmässig fein gezähnt

Blütenstand: Vielblütige Wickel

Blüten: Blütenstiele 2–4 cm lang und deutlich abstehend behaart; Kelchblätter 5, lanzettlich, 10–15 mm lang, dunkelgrün bis schwarzgrün gefärbt, zur Blütezeit ausgebreitet und deutlich abstehend behaart; Kronblätter 5, schmal oval, zugespitzt, nur am Grunde zu einer kurzen Röhre verwachsen, flach ausgebreitet und blau bis hellviolett gefärbt; weisse Schlundschuppen aus der Kronröhre herausragend; Fruchtknoten aus 2 Fruchtblättern verwachsen und oberständig; Insektenbestäubung; gute Bienenweide; Ameisenverbreitung

Früchte: Spaltfrucht mit 4 nussartigen und warzigen Teilfrüchten (= Klausen);

Standort: In der kollinen (seltener montan; hier vor allem in Gärten) Stufe häufig in Gärten angepflanzt, in Weinbergen und Ruderalstellen auf frischen und nährstoffreichen Böden in wintermilder Klimalage; eine alte Gewürzpfz.

677 Venusspiegel – L. spéculum – véneris
Pflanze 10–30 cm hoch, 1–jährig, mit verzweigten Stengeln, meist kahl und von Juni bis Juli blühend

Legoúsia spéculum – véneris (L.) CHAIX
Gemeiner Venusspiegel

Campanuláceae – Glockenblumengewächse

Laubblätter: Lanzettlich, schmal oval bis oval, kahl, im unteren Teil der Pflanze in den Blattstiel verschmälert, im oberen Bereich sitzend, mit gewelltem oder stumpf gezähntem Rand und am Ende meist abgerundet

Blütenstand: Kurz gestielte Blüten in wenigblütigen Rispen oder Trauben

Blüten: Kelchblätter 5, schmal lanzettlich, zugespitzt, grün gefärbt und oft noch etwas länger als die Kronblätter; diese sind rundlich, flach ausgebreitet, 20–25 mm breit, dunkelviolett gefärbt und mit je einer kurzen Spitze; Staubblätter 5, nicht verwachsen und gegen den Grund zu etwas verbreitert; Fruchtknoten unterständig und dreifächerig; Griffel mit 3 fadenförmigen Narben; Insekten–/ Selbstbestäubung

Früchte: Kapseln 10–15 mm lang; Windverbreitung

Standort: In der kollinen Stufe in Getreidefeldern, Aeckern und Weinbergen auf mässig frischen bis trockenen, nährstoff– und basenreichen und meist kalkhaltigen Ton– und Lehmböden; nordwärts bis Norddeutschland

678 Alpen–Mannstreu – E. alpínum
Pflanze 30–70 cm hoch, ausdauernd, mit verzweigten Stengeln und von Juli bis September blühend

Eryngium alpínum L.
Alpen–Mannstreu, Alpendistel

Apiáceae – Doldengewächse

Laubblätter: Grundständige lang gestielt, ungeteilt, dreieckig bis oval, am Grunde tief herzförmig, am Ende oft unregelmässig eingeschnitten und mit kurz begrannten Zähnen; stengelständige sitzend oder kurz gestielt, tief eingeschnitten bis geteilt und mit begrannten Zähnen

Blütenstand: Blaue Hochblätter fiederteilig, mit lang begrannten Abschnitten und die zylindrischen Köpfchen überragend

Blüten: 5 Kelchzipfel mit ihren Grannen 2–4 mm lang; Kronblätter 5, kleiner als die Kelchblätter; Staubblätter 5; Fruchtknoten unterständig; Insektenbestäubung

Früchte: Spaltfrüchte in 2 einsamige Teilfrüchte zerfallend; diese mit undeutlichen schuppentragenden Längsrippen und dazwischen einer runzeligen Oberfläche

Standort: In der subalpinen Stufe in Hochstaudenfluren, an Wildheuhängen und in Grashalden auf feuchten bis frischen, nährstoffreichen und kalkhaltigen Tonböden; geschützte Zierpflanze; eine mittel– und südeuropäische Gebirgspflanze, die zerstreut oder selten anzutreffen ist; auch in Gärten gepflanzt

679 Mannstreu – E. amethystínum
Pflanze 50–100 cm hoch, ausdauernd, mit mehrfach verzweigten Stengeln und von Juli bis Sept. blühend

Eryngium amethystínum L.
Amethystfarbene Mannstreu

Apiáceae – Doldengewächse

Laubblätter: Grundständige gestielt, drei– oder fünfeckig, bis 25 cm lang, meist dreiteilig und gegen den Grund zu ohne Zähne; Teilblätter fiederteilig; Abschnitte mit stacheliger Spitze; mittlere und obere Blätter ohne stengelumfassende Blattzipfel

Blütenstand: Hochblätter schmal lanzettlich, zugespitzt, viel länger als das Köpfchen und grünlich bis bläulich gefärbt; Köpfchen zu mehreren, kugelig, bis 20 mm breit und besonders im oberen Teil der Pflanze bläulich gefärbt

Blüten: 5 Kelchzipfel mit ihren Grannen 2–4 mm lang; Kronblätter 5 und etwa halb so lang wie die Kelchblätter; Staubblätter 5; Fruchtknoten unterständig; Insektenbestäubung

Früchte: Spaltfrüchte in 2 einsamige Teilfrüchte zerfallend; diese mit undeutlichen und weisse Schuppen tragenden Längsrippen

Standort: In der kollinen Stufe in Magerwiesen, entlang von Wegen, an Ruderalstellen und bei Weinbergen auf trockenen, steinigen und sandigen Böden in heissen Lagen; eine südosteuropäische Pflanze; nordwärts bis in die Poebene; auch in Gärten angepflanzt

680 Leberblümchen – H. nóbilis
Pflanze 5–15 cm hoch, ausdauernd, mit meist fast senkrechtem Rhizom und von März bis Mai blühend

Hepática nóbilis SCHREBER
Hepática trilóba CHAIX
Dreilappiges Leberblümchen

Ranunculáceae – Hahnenfussgewächse

Laubblätter: Grundständige herzförmig, dreilappig, oberseits mittel– bis dunkelgrün, unterseits rotbraun bis violett und mit einem behaarten Stengel; die 3 stengelständigen Blätter den Perigonblättern anliegend (wie ein Kelch aussehend), oval, ganzrandig, bis 1 cm lang und sitzend

Blütenstand: Mehrere einblütige Stengel

Blüten: Die 5–10 Perigonblätter verkehrt eiförmig und blau, rosarot oder weiss gefärbt; Staubblätter zahlreich; Fruchtknoten zahlreich und einsamig; Insektenbestäubung

Früchte: Nüsschen behaart; Ameisenverbreitung

Standort: In der kollinen und montanen Stufe in krautreichen Eichenmischwäldern, Buchenwäldern und Nadelmischwäldern auf frischen bis mässig trockenen, nährstoff– und basenreichen, meist kalkhaltigen, neutralen und lockeren Lehmböden; Lehmzeiger; eine europäische Pflanze, die nordwärts bis Skandinavien (63 Grad NB) reicht; in Irland und England nicht vorhanden

681 Wohlriechendes Veilchen – V. odoráta
Pflanze 4–10 cm hoch, ausdauernd, mit dünnen oberirdischen Ausläufern und von März bis April blühend

Víola odoráta L.
Wohlriechendes Veilchen

Violáceae – Veilchengewächse

Laubblätter: Alle grundständig, rundlich bis nierenförmig oder oval bis breit eiförmig, am Grunde meist herzförmig, am Ende stumpf oder kurz zugespitzt, zerstreut behaart oder kahl und buchtig gezähnt; Nebenblätter kleiner als der Blattstiel, breit lanzettlich bis oval und mit kleinen Fransen

Blütenstand: Lang gestielte Blüten einzeln in den Achseln von Blättern

Blüten: Kelchblätter 5, nicht verwachsen, lanzettlich, zugespitzt, am Grunde mit Anhängseln, mit diesen 4–7 mm lang und hell– bis mittelgrün gefärbt; Kronblätter 5, frei und dunkelviolett gefärbt; unterstes Kronblatt mit dem meist geraden Sporn 10–18 mm lang; Staubblätter 5, mit kurzen und am Grunde verdickten Staubfäden; Fruchtknoten aus 3 Fruchtblättern verwachsen und oberständig; 1 Griffel vorhanden; Insektenbestäubung

Früchte: Dreilappig aufspringende und behaarte Kapseln

Standort: In der kollinen und montanen Stufe entlang von Waldrändern, in Gebüschen und Baumgärten auf mässig feuchten bis frischen, nährstoffreichen, humosen und lehmigen Böden

682 Stiefmütterchen – V. calcaráta
Pflanze 4–15 cm hoch, ausdauernd, mit unterirdisch kriechenden Stengeln und von Juni bis Aug. blühend

Víola calcaráta L.
Langsporniges Stiefmütterchen
Violáceae – Veilchengewächse
Laubblätter: Lanzettlich bis eiförmig, am Ende stumpf oder abgerundet, gestielt, mit gekerbtem Rand und meist grundständig; Nebenblätter bis halb so lang wie die Laubblätter, fiederteilig, gezähnt oder ganzrandig und oft mit jederseits bis 2 Zipfeln

Blütenstand: Blüten einzeln an langen und kahlen Stielen

Blüten: Kelchblätter 5, lanzettlich bis schmal oval, zugespitzt, kahl und mit den Anhängseln bis 15 mm lang; Kronblätter 5, nicht verwachsen, zusammen bis 4 cm lang und violett gefärbt; unterstes Kronblatt bis dreimal so lang wie die Kelchblätter und mit dem Sporn 20–35 mm lang; Staubblätter 5; Fruchtknoten oberständig; Insektenbestäubung

Früchte: Dreiklappig aufspringende Kapseln

Standort: In der subalpinen und alpinen Stufe auf Weiden, Schuttfluren, in Schneerunsen und Magerrasen auf ziemlich lange vom Schnee bedeckten, feuchten, nährstoff– und basenreichen, neutralen, humosen und feinerderreichen Schuttböden; mit seinen Ausläufern den Boden festigend; Licht–Halbschattpflanze

683 Hohes Veilchen – V. elátior
Pflanze 20–50 cm hoch, ausdauernd, mit aufrechtem Stengel, mit Rhizom und von Mai bis Juni blühend

Víola elátior FR.
Hohes Veilchen
Violáceae – Veilchengewächse
Laubblätter: Alle stengelständig, schmal oval bis oval, gestielt, am Spreitengrund gestutzt oder schwach in den Stiel verschmälert, am Ende zugespitzt, buchtig gezähnt, hell– bis mittelgrün gefärbt und auf den Adern oft kurz behaart

Blütenstand: Blüten einzeln in den Achseln von Blättern

Blüten: Kelchblätter 5, lang zugespitzt, am Rand oft kurz behaart und mit den Anhängseln 6–12 mm lang; Kronblätter 5, nicht verwachsen, hellblau bis weisslich gefärbt und an den Rändern oft mit kurzen Haaren; unterstes Kronblatt mit dem geraden Sporn bis 25 mm lang; Staubblätter 5; Fruchtknoten oberständig; Insektenbestäubung

Früchte: Dreiklappig aufspringende und spitze Kapseln

Standort: In der kollinen Stufe in Sumpf– und Riedwiesen, Flutmulden, bei Flüssen, am Rand von Auenwäldern und an Wald– und Wegrändern auf wechselnassen bis feuchten, meist kalkhaltigen, basenreichen und nur wenig humosen Tonböden; Licht–Halbschattpflanze; eine Stromtalpflanze; bis Norditalien; im Aussterben begriffen

684 Kochs Enzian – G. kochiána
Pflanze 5–10 cm hoch, ausdauernd, mit einem dünnen Rhizom und von Mai bis August blühend

Gentiána acáulis L. s.str.
Gentiána kochiána PERR. et SONG
Kochs Enzian
Gentianáceae – Enziangew.
Laubblätter: In der Rosette elliptisch, eiförmig oder verkehrt eiförmig, in den kurzen breiten Stiel verschmälert, am Ende stumpf oder zugespitzt, ganzrandig, mit glatter Oberfläche und 4 bis 10 cm lang; Stengelblätter lanzettlich, zugespitzt und viel kürzer als die Rosettenblätter

Blütenstand: Gestielte Einzelblüten am Ende der Stengel

Blüten: Kelchblätter 5, verwachsen, oft bis zur Hälfte fünfteilig und mit kurz zugespitzten Zipfeln; Kronblätter 5, verwachsen, eng glockenförmig, 3 bis 7 cm lang, mit ausgebreiteten Zipfeln und meist dunkelblau gefärbt; in der Kronröhre olivgrüne Längsstreifen vorhanden; Staubblätter 5; Staubbeutel zu einer Röhre verklebt; Fruchtknoten oberständig und aus 2 Fruchtblättern verwachsen

Früchte: Mehrsamige und wandspaltige Kapseln

Standort: In der subalpinen und alpinen Stufe auf Weiden und in mageren Rasen auf ziemlich feuchten bis frischen, kalkarmen, etwas sauren, oft torfighumosen und lehmigen Böden

685 Enzian – G. asclepiadéa
Pflanze 30–80 cm hoch, ausdauernd, mit einem Rhizom, ohne Rosette und von Aug. bis Okt. blühend

Gentiána asclepiadéa L.
Schwalbenwurz – Enzian
Gentianáceae – Enziangew.
Laubblätter: Lanzettlich bis schmal oval, am Grunde gestutzt oder abgerundet, sitzend, am Ende langsam in eine stumpfe Spitze auslaufend, ganzrandig, 3–8 cm lang und meist deutlich fünfaderig

Blütenstand: Fast ungestielte Blüten zu 1–3 in den Achseln der oberen Laubblätter

Blüten: Kelchblätter 5, röhrenförmig verwachsen, rötlichbraun und dunkelgrün gefärbt und mit je einem kurzen, spitzen und schmal lanzettlichen Zipfel; Kronblätter 5, verwachsen, eng glockenförmig und mit ausgebreiteten Zipfeln; in der Kronröhre mit rotviolett bis schwarz punktierten und hellen Längsstreifen; Staubblätter 5; Staubbeutel zu einer Röhre verklebt; Fruchtknoten oberständig und aus 2 Fruchtblättern verwachsen; Insektenbestäubung

Früchte: Mehrsamige und wandspaltige Kapseln

Standort: Von der kollinen bis in die subalpine Stufe an feuchten Waldhängen, in Gebüschen, nassen Wiesen und Bergmisch–Wäldern auf feuchten bis frischen und kalkhaltigen Böden

686 Lungen–Enzian – G. pneumonánthe
Pflanze 15–70 cm hoch, ausdauernd, mit einem Rhizom, ohne Rosette und von Juli bis Sept. blühend

Gentiána pneumonánthe L.
Lungen–Enzian
Gentianáceae – Enziangew.
Laubblätter: Lanzettlich, sitzend, am Ende meist stumpf, 2–5 cm lang, ganzrandig, am Rande oft etwas umgerollt, meist einaderig und gegenständig angeordnet

Blütenstand: Blüten gestielt und einzeln in den Achseln von Laubblättern oder zu mehreren am Ende der Stengel

Blüten: Kelchblätter 5, verwachsen, meist hellgrün gefärbt und mit je einem lang zugespitzten Zipfel; Kronblätter 5, verwachsen, eng glockenförmig, mit je einem ausgebreiteten Zipfel und blau gefärbt; in der Kronröhre mit 5 grün punktierten Streifen; Staubblätter 5; Staubbeutel zu einer Röhre verklebt; Fruchtknoten oberständig und aus 2 Fruchtblättern verwachsen; Insektenbestäubung (Hummelblume)

Früchte: Mehrsamige und wandspaltige Kapseln

Standort: In der kollinen (seltener montan) Stufe in Flachmooren, Riedwiesen und Magerrasen zerstreut auf wechselfeuchten, basenreichen, meist kalkfreien oder entkalkten, neutralen bis etwas sauren und humusreichen Ton– oder Torfböden; Lichtpflanze; früher als Heilpflanze verwendet

687 Feld–Enzian – G. campéstris
Pflanze 5–20 cm hoch, meist 2–jährig, mit Pfahlwurzel, einem verzweigten Stengel und bis Okt. blühend

Gentiána campéstris L.
Gentianélla campéstris (L.)
BOERNER / Feld–Enzian
Gentianáceae – Enziangew.
Laubblätter: Grundständige schmal oval bis spatelförmig, meist im vorderen Drittel am breitesten, sitzend, am Ende meist stumpf, ganzrandig, in einer Rosette und zur Blütezeit oft schon abgestorben; am Stengel viele gegenständig angeordnete Blätter vorhanden

Blütenstand: Gestielte Blüten in den Achseln der Blätter und traubenförmig gehäuft am Ende der Stengel

Blüten: Kelch bis nahe zum Grunde vierteilig und hellgrün gefärbt; die äusseren 2 Kelchzipfel breit lanzettlich und zugespitzt, die beiden inneren Zipfel schmal lanzettlich; Kronblätter 4 oder 5, verwachsen, violett gefärbt und mit je einem 3–6 mm langen meist ausgebreiteten Zipfel; Schlund der Röhre bärtig; Staubblätter 4 oder 5 und mit freien Staubbeuteln; Fruchtknoten oberständig; Insekten/Selbstbestäubung

Früchte: Kurz gestielte und mehrsamige Kapseln

Standort: In der montanen und subalpinen Stufe auf mageren Weiden, entlang von Wegen und in Magerwiesen auf frischen bis trockenen, mässig nährstoff– und basenreichen Böden

688 Frühlings–Enzian – G. vérna
Pflanze 2–8 cm hoch, ausdauernd, mit einem dünnen
Rhizom, Rasen bildend und von April bis Mai blühend

Gentiána vérna L.
Frühlings–Enzian
Gentianáceae – Enziangew.

Laubblätter: Grundständige in einer
Rosette, schmal oval bis oval, mit ver–
breitertem Grund sitzend, am Ende ab–
gerundet, stumpf oder zugespitzt,
ganzrandig, 10–30 mm lang, matt und
weich anzufühlen; Stengelblätter meist
lanzettlich, zugespitzt und kürzer

Blütenstand: Einzelblüte am Ende
des vierkantigen Stengels

Blüten: Kelchblätter 5, verwachsen, mit
geflügelten Kanten, hell– bis mittelgrün
gefärbt und mit je einem lanzettlichen
Zipfel; Kronblätter 5, verwachsen und
dunkelazurblau gefärbt; Kronröhre 15
bis 30 mm lang; Kronzipfel oval bis
rundlich; Staubblätter 5; Staubbeutel
frei; Fruchtknoten oberständig und aus 2
Fruchtblättern verwachsen; Insekten–
bestäubung

Früchte: Mehrsamige und fachspaltige
Kapseln

Standort: Von der montanen bis in die
alpine Stufe auf Weiden, bei Flach– und
Quellmooren, in Kalk–Magerrasen und
subalpinen Steinrasen auf frischen bis
mässig trockenen, meist kalkreichen,
neutralen, humosen und oft steinigen
Ton– und Lehmböden; eine mittel– und
südeuropäische Gebirgspflanze

689 Kurzb. Enzian – G. brachyphylla
Pflanze 2–10 cm hoch, ausdauernd, mit einem dünnen
Rhizom, Rasen bildend und von Juni bis Aug. blühend

Gentiána brachyphylla VILL.
Kurzblättriger Enzian
Gentianáceae – Enziangew.

Laubblätter: Grundständige in einer
Rosette, rhombisch, breit oval bis rund–
lich, mit verbreitertem Grund sitzend,
meist zugespitzt, ganzrandig, bis 10 mm
lang und weich anzufühlen; Stengel–
blätter nur wenig kleiner

Blütenstand: Einzelblüte am Ende
des vierkantigen Stengels

Blüten: Kelchblätter 5, verwachsen,
ohne oder nur mit schmal geflügelten
Kanten, hell– bis mittelgrün gefärbt und
mit je einem lanzettlichen bis schmal
lanzettlichen Zipfel; Kronblätter 5, ver–
wachsen und tiefblau gefärbt; Kronröhre
15–22 mm lang; Kronzipfel meist schmal
oval und ausserseits etwas grünlich /
weisslich; Staubblätter 5; Staubbeutel
frei; Fruchtknoten oberständig und aus 2
Fruchtblättern verwachsen

Früchte: Mehrsamige und fachspaltige
Kapseln

Standort: In der alpinen Stufe auf
Rasen, Felsen, an steinigen Hängen und
im Felsschutt auf frischen, basenreichen,
kalkarmen und neutralen bis schwach
sauren Feinschuttböden; eine alpin–
pyrenäische Pflanze, die in den Pyrenä–
en und den Alpen verbreitet ist (bis in die
Steiermark); nicht sehr häufig

690 Niedliche G. – C. cochleariifólia
Pflanze 5–15 cm hoch, ausdauernd, mit bogig auf–
steigendem Stengel und von Juni bis August blühend

Campánula cochleariifólia LAM.
Campánula pusílla HAENKE
Niedliche Glockenblume
Campanuláceae –
Glockenblumengewächse

Laubblätter: Stengelständige im un–
teren Teil lanzettlich, meist spitz, grob
gezähnt, gestielt und dicht stehend;
mittlere und obere Stengelblätter schmal
oval bis lanzettlich, zugespitzt, deutlich
gestielt und locker stehend

Blütenstand: Nickende Blüten ein–
zeln oder in einer wenigblütigen Traube

Blüten: Kelchblätter 5, schmal lan–
zettlich und fein zugespitzt; Kronblätter
5, verwachsen, glockenförmig, 10 bis
20 mm lang und hell– bis blaulila ge–
färbt; Kronzipfel breit dreieckig und kurz
zugespitzt; Staubblätter 5, weiss gefärbt
und am Grunde ringförmig den Griffel
umschliessend; Fruchtknoten unterstän–
dig; Insektenbestäubung

Früchte: Kapseln, die sich seitlich mit 3
Löchern öffnen

Standort: Von der montanen bis in die
alpine Stufe in Geröll– und Schutthal–
den, Felsspalten und im Geschiebe der
Alpenflüsse auf feuchten, meist kalkhal–
tigen und mehr oder weniger feinerde–
reichen Steinschutt– und Felsböden;
Licht–Halbschattpflanze; eine mittel–
und südeuropäische Gebirgspflanze, die
südostwärts bis Albanien reicht

691 Lockerrispige G. – C. pátula
Pflanze 20–50 cm hoch, 2–jährig, mit oft verzweig–
tem Stengel und von Juni bis Aug. blühend

Campánula pátula L. s.l.
Lockerrispige Glockenblume
Wiesen–Glockenblume
Campanuláceae –
Glockenblumengewächse

Laubblätter: Im unteren Teil schmal
oval bis lanzettlich, 10–15 mm lang,
ganzrandig oder schwach gezähnt und
im oberen Bereich lanzettlich gestaltet

Blütenstand: Gestielte Blüten in einer
lockeren und beinahe doldentraubigen
Rispe; seitliche Blütenstiele mit 2 Vor–
blättern oberhalb der Mitte

Blüten: Kelchblätter 5, schmal drei–
eckig, lang zugespitzt und nur im unte–
ren Teil verwachsen; Kronblätter 5, ver–
wachsen, weit trichterförmig, 15–25 mm
lang, kahl, hell– bis mittelblauviolett
gefärbt und bis über die Mitte frei;
Staubblätter 5 und am Grunde ringför–
mig den Griffel umschliessend; Frucht–
knoten unterständig; Insektenbestäu–
bung

Früchte: Kahle und aufrechte Kapseln
sich nahe der Spitze mit 3 Löchern
öffnend

Standort: In der kollinen und monta–
nen (seltener subalpin) Stufe verbreitet in
Fettwiesen, Weiden, entlang von Wegen
und in Brachen auf mässig feuchten bis
frischen, nährstoffreichen, oft kalkar–
men, humosen und oft sandigen Böden

692 Glockenblume – C. rhomboidális
Pflanze 20–60 cm hoch, ausdauernd, am Stengel
zerstreut behaart und von Juni bis August blühend

Campánula rhomboidális L.
Rautenblättrige Glockenblume
Campanuláceae –
Glockenblumengewächse

Laubblätter: Grundständige zur
Blütezeit nicht mehr vorhanden; sten–
gelständige Blätter oval bis breit lan–
zettlich, sitzend oder kurz gestielt, am
Ende zugespitzt, gezähnt, je nach
Standort weniger dicht oder dicht be–
blättert und beiderseits behaart

Blütenstand: Nickende Blüten in
einer meist einseitswendigen Traube

Blüten: Kelchblätter 5, im unteren Teil
verwachsen und mit je einem lang zu–
gespitzten Zipfel; Buchten zwischen den
Zipfeln stumpf; Kronblätter 5, verwach–
sen, weit glockenförmig, bis 2 cm lang
und blauviolett gefärbt; Staubblätter 5;
Fruchtknoten unterständig; Insekten–
bestäubung

Früchte: Kapseln nickend, kahl und in
der Nähe des Grundes sich mit drei
Löchern öffnend

Standort: In der montanen und sub–
alpinen Stufe in Fettwiesen, Weiden und
zwischen Felsbrocken auf ziemlich
feuchten bis frischen, nährstoffreichen,
meist kalkhaltigen und lehmigen Böden;
in den Alpen und im Jura ziemlich häu–
fig; die hier abgebildete Pflanze wächst
an einem etwas trockeneren Ort

693 Bärtige Glockenblume – C. barbáta
Pflanze 10–35 cm hoch, ausdauernd, mit rauhhaari–
gem Stengel und von Juli bis August blühend

Campánula barbáta L.
Bärtige Glockenblume
Campanuláceae –
Glockenblumengewächse

Laubblätter: Lanzettlich bis schmal
oval, sitzend, gegen den Grund zu all–
mählich verschmälert, am Ende meist
stumpf, ganzrandig oder fein gezähnelt,
oberseits mittel– bis dunkelgrün und
unterseits meist graugrün

Blütenstand: Kurz gestielte Blüten in
einer wenigblütigen und einseitswendi–
gen Traube

Blüten: Zuerst aufrecht, später
nickend; Kelchblätter 5, im unteren Teil
verwachsen, rauhhaarig und mit je ei–
nem schmal dreieckigen Zipfel; Kron–
blätter 5, hellblau bis blau gefärbt und
15–30 mm lang; Kronröhre glocken–
förmig und am Grunde etwas erweitert;
die oft etwas zurückgeschlagenen Zipfel
innerseits bärtig behaart; Staubblätter
5; Fruchtknoten unterständig; Insekten–
bestäubung

Früchte: Behaarte und nach unten
gebogene Kapseln sich mit 3 nahe dem
Grunde befindlichen Löchern öffnend

Standort: Von der montanen bis in die
alpine Stufe auf Weiden, in lichten
Wäldern und Magerrasen auf frischen,
basenreichen, auch etwas sauren und
mageren Ton– und Lehmböden

Campánula trachélium L.
Nesselblättrige Glockenblume
Campanuláceae – Glockenblumengewächse

Laubblätter: Grundständige und untere Stengelblätter lang gestielt; ihre Spreite herzförmig, zugespitzt, doppelt gezähnt und etwas steifhaarig; obere Stengelblätter herzförmig bis oval und kurz gestielt oder sitzend

Blütenstand: Kurz gestielte Blüten in einer allseitswendigen und beblätterten Traube

Blüten: Kelchblätter 5, verwachsen, breit lanzettlich, lang zugespitzt und mit langen, abstehenden Haaren; Kronblätter 5, verwachsen, meist schmal trichterförmig, 25–40 mm lang und hellblau bis hellviolett gefärbt; Kronzipfel am Rande lang behaart; Staubblätter 5; Fruchtknoten unterständig

Früchte: Nickende und steifhaarige Kapseln, die sich mit 3 nahe dem Grunde befindlichen Löchern öffnen

Standort: In der kollinen und montanen Stufe in krautreichen Eichen– und Buchenwäldern, Gebüschen, Waldlichtungen und entlang von Waldrändern auf mässig feuchten bis frischen, nährstoff– und basenreichen, neutralen, humosen, lockeren und oft steinigen Lehmböden; Schatt–Halbschattpflanze

694 Glockenblume – C. trachélium
Pflanze 30–90 cm hoch, ausdauernd, mit scharfkantigem und steifhaarigem Stengel und bis Sept. blühend

Campánula rhomboidális L.
Rautenblättrige Glockenblume
Campanuláceae – Glockenblumengewächse

Laubblätter: Grundständige zur Blütezeit nicht mehr vorhanden; stengelständige Blätter oval bis breit lanzettlich, sitzend oder kurz gestielt, am Ende zugespitzt, gezähnt, je nach Standort dichter oder weniger dicht beblättert und beiderseits behaart

Blütenstand: Schräg abstehende bis nickende Blüten in einer meist einseitswendigen Traube

Blüten: Kelchblätter 5, im unteren Teil verwachsen und mit je einem lang zugespitzten Zipfel; Buchten zwischen den Zipfeln stumpf; Kronblätter 5, verwachsen, weit glockenförmig, bis 2 cm lang und blauviolett gefärbt; Staubblätter 5; Fruchtknoten unterständig; Insektenbestäubung

Früchte: Kapseln nickend; nahe dem Grunde sich mit drei Löchern öffnend

Standort: In der montanen und subalpinen Stufe in Fettwiesen, Weiden und zwischen Felsblöcken auf ziemlich feuchten bis frischen, nährstoffreichen, meist kalkhaltigen und lehmigen Böden; die hier abgebildete Pflanze (= viel üppiger als bei Abb. 692) wächst an einem ziemlich feuchten Ort

695 Glockenblume – C. rhomboidális
Pflanze 20–60 cm hoch, ausdauernd, am Stengel zerstreut behaart und von Juni bis August blühend

Campánula glomeráta L.
Knäuelblütige Glockenblume
Campanuláceae – Glockenblumengewächse

Laubblätter: Lanzettlich bis oval, am Grunde abgerundet oder herzförmig, fein gezähnt, dunkelgrün– bis blaugrün gefärbt, 3–10 cm lang, im oberen Teil sitzend, im mittleren Bereich mit geflügeltem Stiel und unten mit langen ungeflügelten Stielen

Blütenstand: Blüten gebüschelt in den Achseln der oberen Blätter und in einem endständigen Kopf

Blüten: Kelchblätter 5, verwachsen, am Rande bewimpert und mit je einem schmal dreieckigen Zipfel; Buchten zwischen den Zipfeln spitz; Kronblätter 5, verwachsen, trichter– bis glockenförmig, 15–30 mm lang, kahl oder etwas behaart und blauviolett gefärbt; Staubblätter 5; Fruchtknoten unterständig; Griffel kürzer als die Krone; Insektenbestäubung

Früchte: Aufrechte und behaarte Kapseln, die sich mit 3 nahe dem Grunde befindlichen Löchern öffnen

Standort: In der kollinen und montanen Stufe in Trockenwiesen, Gebüschen, auf Weiden und entlang von Wald– und Wegrändern auf mässig frischen, mehr oder weniger nährstoffreichen, basenreichen und kalkhaltigen Böden

696 Glockenblume – C. glomeráta
Pflanze 15–50 cm hoch, ausdauernd, mit kahlem oder etwas behaartem Stengel und bis September blühend

Campánula cervicária L.
Borstige Glockenblume
Campanuláceae – Glockenblumengewächse

Laubblätter: Untere schmal lanzettlich, langsam in den geflügelten Stiel verschmälert, am Ende meist stumpf, fein und stumpf gezähnt und steifhaarig; die oberen meist etwas schmäler, sitzend und den Stengel oft halb umfassend

Blütenstand: Blüten in wenigblütigen Büscheln in den Achseln der oberen Blätter und in einem endständigen Kopf

Blüten: Kelchblätter 5, im verwachsenen Teil weisslich, behaart und mit je einem stumpfen und dreieckigen Zipfel mit umgerollten Rändern; Buchten zwischen den Zipfeln zugespitzt; Kronblätter 5, verwachsen, trichter– bis glockenförmig, 10–20 mm lang, hellblauviolett gefärbt und auf den Adern behaart; Staubblätter 5; Fruchtknoten unterständig; Griffel länger als die Krone; Insektenbestäubung

Früchte: Aufrechte und behaarte Kapseln mit 3 Löchern

Standort: In der kollinen und montanen Stufe im Saum sonniger Gebüsche, lichten Eichen– und Kiefernwäldern, schattigen Wiesen und schattigen Waldwiesen auf wechselfeuchten bis frischen und basenreichen Böden

697 Borstige Glockenblume – C. cervicária
Pflanze auch ausdauernd, 20–80 cm hoch, mit steifhaarigen Stengeln und von Juni bis August blühend

Anchúsa officinális L.
Gemeine Ochsenzunge
Boragináceae – Borretschgewächse

Laubblätter: Länglich bis lineal–lanzettlich, am Grunde oft etwas herzförmig, am Ende stumpf oder zugespitzt, 5–15 cm lang und ganzrandig oder unregelmässig gezähnt

Blütenstand: Im oberen Teil des Stengels zahlreiche seitenständige und mehrblütige Köpfchen

Blüten: Kelchblätter 5, verwachsen, fünfzipflig und deutlich weiss behaart; Kronblätter 5, verwachsen, mit 6 bis 10 mm langer Kronröhre, abgerundeten Zipfeln und blau bis violett gefärbt; mit behaarten Schlundschuppen; die fünf Staubblätter in der Krone eingeschlossen; Fruchtknoten aus 2 Fruchtblättern verwachsen und oberständig angeordnet; Insekten– und Selbstbestäubung

Früchte: Spaltfrüchte mit je 4 kantig gerippten Teilfrüchten; Ameisenverbreitung

Standort: In der kollinen und montanen (seltener subalpin) Stufe in Trockenwiesen, Aeckern, entlang von Wegrändern, auf Schuttplätzen und an Dämmen auf mässig trockenen, sommerwarmen, nährstoffreichen, meist kalkarmen, humosen oder rohen Sand– / Kiesböden

698 Gemeine Ochsenzunge – A. officinális
Pflanze 20–90 cm hoch, mehrjährig, überall mit abstehenden Haaren und von Mai bis Sept. blühend

Buglossoídes púrpurocaerulea (L.) I.M. JOHNSTON
Blauer Steinsame
Boragináceae – Borretschgew.

Laubblätter: Lanzettlich, lang zugespitzt, 5–10 cm lang, nach dem Grunde zu verschmälert, oberseits dunkelgrün und mit deutlicher Hauptader und unterseits nur die Mittelader sichtbar

Blütenstand: Obere Blüten in mit Hochblättern umgebenen Wickeln

Blüten: 5 Kelchblätter verwachsen, bis nahe dem Grunde fünfteilig, grünlich gefärbt und mit schmalen bandförmigen Zipfeln; Kronblätter 5, bis 15 mm im Durchmesser, im unteren Teil röhrig verwachsen und zuerst rot, später leuchtend blauviolett gefärbt; Kronzipfel schmal oval bis schmal dreieckig und am Ende meist abgerundet; innerhalb der Kronröhre 5 behaarte Streifen; die 5 Staubblätter nicht aus der Kronröhre herausragend; Fruchtknoten oberständig und aus 2 Fruchtblättern verwachsen; Insektenbestäubung

Früchte: Spaltfrüchte mit je 4–5 mm langen, glatten, glänzenden und weissen Teilfrüchten

Standort: In der kollinen (seltener montan) Stufe in Flaumeichenwäldern, an heissen Hängen und im Eichengebüsch auf mässig trockenen Böden

699 Steinsame – B. púrpurocaerulea
Pflanze 20–50 cm hoch, ausdauernd, mit einem Rhizom und von Mai bis Juni blühend

700 Natterkopf – Echium vulgáre
Pflanze 30–140 cm hoch, mehrjährig, dicht mit
Borstenhaaren besetzt und von Mai bis Sept. blühend

Echium vulgáre L.
Gewöhnlicher Natterkopf
Boragináceae – Borretschgew.

Laubblätter: Lanzettlich, zugespitzt,
behaart, im unteren Teil des Stengels in
einen breit geflügelten Stiel verschmälert
und im oberen Bereich am Grunde abgerundet, sitzend und den Stengel zum
Teil umfassend

Blütenstand: Bis 50 cm lang, zylindrisch, traubenförmig und vielblütig

Blüten: Kelchblätter 4 (–5), nur im
unteren Teil verwachsen, hellgrün gefärbt und lang behaart; auf den zugespitzten Zipfeln zwischen den langen
Borstenhaaren dicht stehende kurze
Haare; Kronblätter 5, verwachsen, blau
bis violett gefärbt, bis 20 mm lang und
mehr oder weniger deutlich zweilippig;
Kronröhre ohne Schlundschuppen; die 5
Staubblätter deutlich aus der Krone
ragend; Staubfäden gebogen und violett
gefärbt; Fruchtknoten oberständig und
aus 2 Fruchtblättern verwachsen

Früchte: Spaltfrüchte mit je 4 auf den
Kanten gezähnten Teilfrüchten

Standort: In der kollinen und montanen (seltener subalpin) Stufe an Dämmen, in Kiesgruben, entlang von Wegrändern, bei Bahn– und Hafenanlagen
und Steinbrüchen auf mässig trocken,
steinigen und sommerwarmen Böden

701 Eisenkraut – V. officinális
Pflanze 30–70 cm hoch, ausdauernd, mit vierkantigem Stengel und von Juni bis September blühend

Verbéna officinális L.
Eisenkraut
Verbenáceae –
Eisenkrautgewächse

Laubblätter: Im oberen Teil länglich
bis eiförmig, sitzend und unregelmässig
gezähnt; im mittleren Bereich oval, bis
über die Mitte dreiteilig bis fiederteilig
und gestielt; im unteren Teil grob gezähnt und gestielt; alle Blätter rauh und
gegenständig angeordnet

Blütenstand: Schmale und vielblütige
Aehren blattachselständig / endständig

Blüten: Kelchblätter 5, röhrig verwachsen, drüsig behaart und 2–3 mm
lang; Kronblätter 5, verwachsen, 3 bis
5 mm lang und blasslila gefärbt; Staubblätter 4; Fruchtknoten oberständig und
aus 2 Fruchtblättern verwachsen;
Insektenbestäubung

Früchte: Spaltfrüchte in 4 zylindrische
bis eiförmige Spaltfrüchte zerfallend;
Ameisenverbreitung

Standort: In der kollinen und montanen Stufe entlang von Wegrändern, in
Gärten, Unkrautfluren, auf Schuttplätzen, Dämmen, an Mauern und
Zäunen auf frischen bis ziemlich trockenen, nährstoff– und basenreichen, meist
kalkhaltigen und steinigen oder reinen
Ton– und Lehmböden; Halbschattpflanze; als Heilpflanze verwendet

702 Blaues Sperrkraut – P. coerúleum
Pflanze 30–100 cm hoch, ausdauernd, mit einem
horizontalen Rhizom und von Juni bis Aug. blühend

Polemónium coerúleum L.
Blaues Sperrkraut,
Himmelsleiter
Polemoniáceae –
Sperrkrautgewächse

Laubblätter: Oval, unpaarig gefiedert, gestielt, im unteren Teil bis 15 cm
lang und wechselständig angeordnet;
Teilblätter lanzettlich, jederseits 5–14 an
der Zahl und 1–2 cm lang

Blütenstand: 10–20 cm lange Rispe

Blüten: Kelchblätter 5, nur im unteren
Teil verwachsen, grün gefärbt und drüsig
behaart; Kronblätter 5, verwachsen, mit
ovalen Zipfeln, 15–20 mm lang und
meist leuchtend blau gefärbt; alle 5
Staubblätter am oberen Rand der kurzen Kronröhre angewachsen; Fruchtknoten oberständig und aus 3 Fruchtblättern verwachsen; Insekten– und
Selbstbestäubung

Früchte: Dreifächerige und vielsamige
Kapseln

Standort: In der montanen und subalpinen Stufe entlang von Wegen,
Mauern, in Hochstaudenfluren, Gebüschen und Hecken auf feuchten bis
frischen, nährstoff– und basenreichen,
meist kalkhaltigen, auch humosen und
steinigen oder reinen Ton– und Lehmböden; Halbschatt– Lichtpflanze; auch
als Zierpflanze verwendet; eine eurosibirische Pflanze

703 Grosse Soldanelle – S. alpína
Pflanze 5–15 cm hoch, ausdauernd, mit einem kurzen
Rhizom und von Mai bis Juli blühend

Soldanélla alpína L.
Grosse Soldanelle
Alpenglöckchen
Primuláceae –
Schlüsselblumengewächse

Laubblätter: Alle grundständig,
rundlich bis nierenförmig, mit langen
drüsigen Stielen, am Ende breit abgerundet, meist ganzrandig mit flachem
Rand und lederig anzufühlen; Blattspreite bis 35 mm breit

Blütenstand: Unbeblätterte Stengel
2–3 blütig

Blüten: Kelchblätter 5, verwachsen,
rötlichbraun gefärbt und mit je einem
schmal lanzettlichen Zipfel; Kronblätter
5, im unteren Bereich verwachsen,
trichterförmig, 7–15 mm lang, blauviolett gefärbt und mit je einem fran-
senartig zerschlitzten Zipfel; die fünf
Staubblätter im untersten Drittel angewachsen; Staubfäden kürzer als die
Staubbeutel; Fruchtknoten oberständig; Insektenbestäubung

Früchte: Kapseln 10–15 mm lang und
sich mit 10 Zähnen öffnend

Standort: In der subalpinen und alpinen Stufe in Schneetälchen, Mulden,
feuchten Wiesen, feuchten lichten Wäldern und Rieselfluren auf sickerfeuchten, kühlen, mehr oder weniger nährstoff– und basenreichen Böden

704 Rundköpfige Rapunzel – P. orbiculáre
Pflanze 10–35 cm lang, ausdauernd, mit verdickten
Wurzeln und von Mai bis Juli blühend

Phytéuma orbiculáre L.
Rundköpfige Rapunzel
Campanuláceae –
Glockenblumengewächse

Laubblätter: Grundständige lanzettlich bis oval, gestielt, am Spreitengrund herzförmig oder abgerundet, am
Ende stumpflich oder spitz, fein gezähnt
und kahl oder etwas behaart; stengelständige etwas schmäler und besonders
im oberen Bereich sitzend

Blütenstand: 20–30 blütiges Köpfchen; Hüllblätter ganzrandig oder am
Grunde etwas gezähnt und so lang wie
das halbe Köpfchen

Blüten: Die 5 Kelchzipfel schmal lanzettlich und 2–3 mm lang; Kronblätter
5, anfangs am Grunde und an der
Spitze verwachsen, 10–15 mm lang und
dunkelblau gefärbt; Staubblätter 5 und
frei; Fruchtknoten unterständig und aus
3 Fruchtblättern verwachsen; Insektenbestäubung

Früchte: Sich mit Löchern öffnende
Kapseln

Standort: In der montanen und subalpinen Stufe in mageren Wiesen, Weiden, lichten Wäldern und Moorwiesen
auf frischen, mageren, meist kalkreichen, humosen, neutralen und steinigen
oder reinen Ton– und Lehmböden;
nordwärts bis nordrheinische Tiefebene

705 Rapunzel – P. betonicifólium
Pflanze 25–70 cm hoch, ausdauernd, mit rübenartig
verdickter Wurzel und von Juni bis Aug. blühend

Phytéuma betonicifólium VILL.
Betonienblättrige Rapunzel
Campanuláceae –
Glockenblumengewächse

Laubblätter: Grundständige oval,
gestielt, am Spreitengrund herzförmig
oder abgerundet, am Ende spitz, stumpf
oder abgerundet, fein gezähnt und kahl
oder behaart; untere Stengelblätter
etwas weniger breit; obere Stengelblätter schmal lanzettlich und sitzend

Blütenstand: Kurze oder lang ge-
streckte Aehre; Hüllblätter schmal
lanzettlich

Blüten: Die 5 Kelchzipfel bis 3 mm lang
und kahl oder seltener etwas behaart;
Kronblätter 5 und blauviolett gefärbt;
Kronröhre 7–12 mm lang; Staubblätter
5 und frei; Fruchtknoten unterständig
und aus 3 Fruchtblättern verwachsen;
Insektenbestäubung

Früchte: Sich mit Löchern öffnende
Kapseln

Standort: In der subalpinen und alpinen Stufe in Wiesen, Weiden, Gebüschen, lichten Waldstellen und Magerrasen auf frischen, kalkarmen, etwas
sauren, humosen und feinerdereichen
Ton– und Lehmböden; Lichtpflanze; ein
guter Magerkeits– und Versauerungszeiger; eine Alpenpflanze, die bis
Kärnten und in die Steiermark reicht

706 Berg–Flockenblume – C. montána
Pflanze 10–60 cm hoch, ausdauernd, mit filzig behaartem Stengel und von Mai bis August blühend

Centauréa montána L.
Berg–Flockenblume
Asteráceae (Compositae) – Korbblütler

Laubblätter: Länglich bis schmal oval, ganzrandig, sitzend und besonders im mittleren und oberen Bereich am Stengel herablaufend, am Ende zugespitzt und mit filziger Behaarung

Blütenstand: Am Ende der Stengel vielblütige und 15–25 mm breite Einzelköpfchen; Hüllblätter grün gefärbt, bis 4 mm lang, dachziegelartig angeordnet, dunkelbraun bis schwarz berandet; mittlere zusätzlich mit jederseits 5–9 schwarzen Fransen

Blüten: Nur Röhrenblüten vorhanden; die randständigen geschlechtslos, die inneren zwittrig; an Stelle von Kelchblättern Pappusborsten ausgebildet; Krone aus 5 Kronblättern, röhrenförmig, bei den randständigen Blüten vergrössert und blau, violett oder purpurn gefärbt; Staubblätter 5; Staubbeutel röhrig verwachsen; Fruchtknoten unterständig und aus 2 Fruchtblättern verwachsen

Früchte: Achänen

Standort: In der montanen und subalpinen Stufe in Fettmatten, lichten Wäldern, Hochstaudenhalden und bei Gebüschen auf feuchten bis frischen, nährstoff–/basenreichen Böden

707 Kornblume – C. cyanus
Pflanze 20–60 cm hoch, 1 bis 2–jährig, mit weiss-filziger Behaarung und von Juni bis Oktober blühend

Centauréa cyanus L.
Kornblume
Asteráceae (Compositae) – Korbblütler

Laubblätter: Lineal–lanzettlich, im unteren Bereich gestielt, mit einzelnen kleinen Zähnen oder fiederteilig, im oberen Bereich ungeteilt, sitzend und am Stengel nicht herablaufend

Blütenstand: Köpfchen einzeln an der Spitze der Zweige; Hüllblätter grün gefärbt, mit hellbraunem bis violettem oder weisslichem Rand und die Anhängsel kammförmig gefranst

Blüten: Nur Röhrenblüten vorhanden; Pappusborsten an Stelle der Kelchblätter; Krone aus 5 Kronblättern, röhrenförmig verwachsen und meist blau gefärbt; randständige Blüten vergrössert; Staubblätter 5; Fruchtknoten unterständig und aus 2 Fruchtblättern verwachsen (Bienenweide)

Früchte: Achänen; Wind– und Ameisenverbreitung

Standort: In der kollinen und montanen Stufe in Getreidefeldern, auf Schuttplätzen und entlang von Wegen auf frischen bis mässig frischen, nährstoffreichen, oft kalkarmen, basischen bis neutralen und wenig humosen Lehm– und Tonböden; bevorzugt wärmere Lagen

708 Berg–Aster – A. améllus
Pflanze 20–50 cm hoch, ausdauernd, erst im oberen Drittel verzweigt und von Aug. bis September blühend

Aster améllus L.
Berg–Aster
Asteráceae (Compositae) – Korbblütler

Laubblätter: Lanzettlich bis schmal oval, unterseits behaart, im oberen Teil der Pflanze ganzrandig und mit verschmälertem Grund sitzend, im unteren Bereich grob gezähnt, mit nach vorn gerichteten Zähnen und in einen geflügelten Stiel verschmälert

Blütenstand: 2–3 cm breite Blütenköpfe in einer lockeren und doldenartigen Traube vereinigt; Hüllblätter meist spatelförmig, anliegend, grün gefärbt, mit oft bräunlicher Spitze und am Rande behaart

Blüten: Zungenblüten lanzettlich, einreihig und lila bis blaurosa gefärbt; Röhrenblüten zwittrig und fünfteilig aufgebaut; Pappus gelblich und bis 5 mm lang; Staubblätter 5; Fruchtknoten unterständig und aus 2 Fruchtblättern verwachsen; Insektenbestäubung

Früchte: Achänen 2–3 mm lang und behaart

Standort: In der kollinen und montanen Stufe in Trockenwiesen, lichten Flaumeichen– und Föhrenwäldern, entlang von Gebüschen und an Wegrainen auf mässig trocknen, sommerwarmen, meist kalk– und nährstoffreichen, lehmigen und humosen Böden

709 Alpen–Aster – A. alpínus
Pflanze 5–20 cm hoch, ausdauernd, mit einem dünnen Rhizom und von Juni bis August blühend

Aster alpínus L.
Alpen–Aster
Asteráceae (Compositae) – Korbblütler

Laubblätter: Lanzettlich bis schmal oval, mit der grössten Breite meist oberhalb der Mitte, ganzrandig, im mittleren und unteren Teil der Pflanze in den Stiel verschmälert, im oberen Bereich sitzend und flaumig behaart

Blütenstand: Am Ende der Stengel 30–45 mm breite Blütenköpfe; Hüllblätter am Rand behaart und stumpf oder zugespitzt

Blüten: Zungenblüten lanzettlich, einreihig und blauviolett gefärbt; Röhrenblüten zwittrig und fünfteilig aufgebaut; Pappus gelblich und bis 6 mm lang; Staubblätter 5; Fruchtknoten unterständig und aus 2 Fruchtblättern verwachsen; Insektenbestäubung

Früchte: Achänen 2–3 mm lang und behaart; Windverbreitung

Standort: In der subalpinen und alpinen Stufe (selten in die Täler reichend) in Wiesen, Weiden, sonnigen Steinrasen und an Felsbändern auf frischen, meist kalk– und basenreichen, humosen, flachgründigen und steinigen Ton– und Lehmböden; diese arktisch–alpine Pflanze ist bezüglich Blattform und Behaarung eine vielgestaltige Art

710 Wegwarte – C. intybus
Pflanze 30–120 cm hoch, ausdauernd, sparrig verzweigt, mit kantigem Stengel und bis Sept. blühend

Cichórium intybus L.
Wegwarte, Zichorie
Asteráceae (Compositae) – Korbblütler

Laubblätter: Grundständige in einer Rosette, schmal oval, meist gefiedert, unterseits besonders auf den Adern zerstreut rauhhaarig und in einen schmal geflügelten Stiel verschmälert; Endabschnitt sehr gross; Seitenabschnitte dreieckig und nach hinten gerichtet; Stengelblätter grob und unregelmässig gezähnt, zugespitzt und den Stengel nur wenig umfassend

Blütenstand: Zahlreiche, vielblütige und sitzende Körbchen; Hüllblätter in zwei Reihen angeordnet; Boden des Blütenkopfes ohne Spreublätter

Blüten: Alle Blüten zungenförmig; Pappus 2–3 reihig; Krone fünfteilig, lanzettlich, am Ende schwach fünfzähnig, 15–25 mm lang und hellblau gefärbt; Staubblätter 5; Fruchtknoten unterständig und aus 2 Fruchtblättern verwachsen

Früchte: Achänen hellbraun und 2 bis 3 mm lang

Standort: In der kollinen und montanen Stufe auf Schuttstellen, in Weiden, Trockenwiesen, Aecken und entlang von Wegrändern auf frischen bis mässig trockenen und nährstoffreichen Böden

711 Alpen–Milchlattich – C. alpína
Pflanze 50–130 cm hoch, ausdauernd, mit hohlem Stengel, einem Rhizom und bis August blühend

Cicérbita alpína (L.) WALLR.
Alpen–Milchlattich
Asteráceae (Compositae) – Korbblütler

Laubblätter: Oval, lang zugespitzt, bis nahe zur Mittelader unregelmässig fiederteilig, oberseits dunkelgrün, unterseits blaugrün, mit einem grossen dreieckigen Endabschnitt und mehreren waagrecht abstehenden Seitenabschnitten; Abschnitte buchtig gezähnt; nur die untersten Blätter gestielt

Blütenstand: Schmale Traube mit zahlreichen Blütenkörbchen; Hüllblätter schmal dreieckig, dunkelrot bis dunkelgrün gefärbt und mit abstehenden braunen Drüsenhaaren; Boden des Blütenbodens ohne Spreublätter

Blüten: Alle Blüten zungenförmig; Pappus einreihig; Krone fünfteilig, lanzettlich, am Ende deutlich fünfzähnig, 15–20 mm lang und blauviolett gefärbt; Staubblätter 5; Fruchtknoten unterständig und aus 2 Fruchtblättern verwachsen; Insektenbestäubung

Früchte: Achänen 4–5 mm lang

Standort: In der subalpinen (seltener montan) Stufe in Hochstaudenfluren, Waldschluchten, bei Gebüschen und Bergmischwäldern auf sickerfrischen, nährstoff– und basenreichen, lockeren und humosen Ton– und Lehmböden

712 Schaft–Kugelblume – G. nudicaúlis
Pflanze 10–25 cm hoch, ausdauernd, mit holzigem
verzweigtem Rhizom und von Juni bis August blühend

Globulária nudicaúlis L.
Schaft – Kugelblume
Globulariáceae –
Kugelblumengewächse

Laubblätter: Grundständige rosettig
gehäuft, schmal oval, langsam in den
Stiel verschmälert, am Ende meist stumpf
oder abgerundet, ganzrandig und 5 bis
15 cm lang

Blütenstand: Am Ende der Stengel
15–25 mm breite Köpfchen; ihre Tragblätter sind klein, lanzettlich, zugespitzt

Blüten: Kelchblätter 5, zu einer Röhre
verwachsen, kahl oder zerstreut behaart
und mit je einem lanzettlichen Zipfel;
Kronblätter 5, röhrig verwachsen, blau
gefärbt, 4–8 mm lang und mit je einem
lanzettlichen Zipfel; Oberlippe mit zwei,
Unterlippe mit 3 bandförmigen Zipfeln;
Staubblätter 4 (die beiden unteren länger als die oberen), in der Kronröhre
angewachsen und aus dieser hervortretend; Fruchtknoten oberständig und
aus 2 Fruchtblättern verwachsen;
Insekten– und Selbstbestäubung

Früchte: Nüsse bis 2 mm lang

Standort: In der subalpinen (seltener
montan und alpin) Stufe in Trockenwiesen und Kalkmagerrasen auf mässig
frischen bis trockenen, kalkreichen,
neutralen, humosen und steinigen Ton–
und Lehmböden

713 Steinquendel – A. alpínus
Pflanze 10–20 cm hoch, ausdauernd, mit dünnem
holzigem Rhizom und von Juli bis September blühend

Acinos alpínus (L.) MOENCH
Saturéja ácinos (L.) SCHEELE
Steinquendel
Lamiáceae – Lippenblütler

Laubblätter: Elliptisch bis eiförmig,
kurz gestielt, am Ende stumpf oder abgerundet, meist ganzrandig, 10–20 mm
lang, behaart, am Rande nicht umge–
rollt

Blütenstand: Kurz gestielte Blüten
meist zu 3 halbquirlartig in den Achseln
der obersten Blätter

Blüten: Kelchblätter 5, röhrig verwachsen, 13 aderig, 4–7 mm lang, abstehend behaart, im unteren Teil etwas
bauchig erweitert, rötlichbraun gefärbt
und zweilippig mit 3 und 2 Zipfeln;
Zipfeln der Unterlippe deutlich länger
als jene der Oberlippe; Kronblätter 5,
verwachsen, zweilippig, 10–20 mm lang
und purpurviolett gefärbt; Staubblätter
4; Fruchtknoten oberständig und aus 2
Fruchtblättern verwachsen; Insekten–
bestäubung (Bienenblume)

Früchte: Spaltfrüchte in 4 Teilfrüchte
zerfallend

Standort: In der subalpinen Stufe in
Trockenwiesen, lichten Föhrenwäldern,
sonnigen Magerrasen, auf Dünen,
Felsköpfen und bei Erdanrissen auf
ziemlich feuchten bis sommertrockenen,
basenreichen und humosen Böden

714 Echte Salbei – S. officinális
Pflanze 40–70 cm hoch, ausdauernd, mit verholzten
unteren Stengeln und von Mai bis Juli blühend

Sálvia officinális L.
Echte – Salbei
Lamiáceae – Lippenblütler

Laubblätter: Länglich bis oval, am
Spreitengrund oft abgerundet, am Ende
zugespitzt oder stumpf, ganzrandig
oder fein gezähnt, mit runzeliger Oberfläche, unterseits dicht behaart, im
obersten Teil sitzend und darunter gestielt

Blütenstand: Mehrere 4–8 blütige
und quirlige Teilblütenstände am Ende
des Stengels; Tragblätter sehr klein

Blüten: Kelchblätter 5, röhrig verwachsen, geadert, rötlichbraun gefärbt,
8–12 mm lang und mit dreispitziger
Oberlippe; Kronblätter 5, violett gefärbt, zweilippig, 15–25 mm lang und
mit fast gerader Oberlippe; Staubblätter
2; Fruchtknoten oberständig und aus 2
Fruchtblättern verwachsen; Insektenbestäubung

Früchte: Spaltfrüchte in vier 2–3 mm
lange Teilfrüchte zerfallend

Standort: In der kollinen Stufe in
Felsensteppen, Trockenmatten und
Gärten als Heil– und Gewürzpflanze
auf trockenen und kalkreichen Böden in
warmer Klimalage; eine südeuropäische
Pflanze aus Kultur verwildert und nur an
sehr warmen Orten eingebürgert; in den
Gärten auch mit am Grunde herzförmigen Blättern ist die S. tomentósa

715 Wiesen–Salbei – S. praténsis
Pflanze 30–50 cm hoch, ausdauernd, mit einer dicken
Pfahlwurzel und von Mai bis August blühend

Sálvia praténsis L.
Wiesen – Salbei
Lamiáceae – Lippenblütler

Laubblätter: Grundständige oval bis
eiförmig, am Spreitengrund schwach
herzförmig, am Ende zugespitzt oder
stumpf, grob und unregelmässig gezähnt, gestielt, beiderseits behaart oder
auch kahl und in einer Rosette; stengelständige auch ungestielt

Blütenstand: Mehrere übereinander liegende 4–8 blütige und quirlige
Teilblütenstände am Ende des Stengels;
Tragblätter herzförmig, zerstreut behaart und grünlich bis rötlich gefärbt

Blüten: Kelchblätter 5, röhrig verwachsen, geadert, dunkelrötlichbraun
gefärbt, 8–12 mm lang, abstehend behaart und mit dreizähniger Oberlippe;
Staubblätter 2; Fruchtknoten oberständig und aus 2 Fruchtblättern verwachsen; Insektenbestäubung (Hummeln)

Früchte: Spaltfrüchte in vier bis 2 mm
lange Teilfrüchte zerfallend

Standort: In der kollinen und montanen Stufe an Dämmen, Böschungen, in
Halbtrockenmatten, warmen Fettwiesen
und entlang von Wegen auf mässig
frischen bis trockenen, sommerwarmen,
mässig nährstoffreichen, meist kalkhaltigen, humosen und lockeren Lehmböden; sehr tief wurzelnd

716 Quirlige Salbei – S. verticilláta
Pflanze 30–50 cm hoch, ausdauernd, mit einem langen Rhizom, verzweigt und von Juni bis Sept. blühend

Sálvia verticilláta L.
Quirlige Salbei
Lamiáceae – Lippenblütler

Laubblätter: Stengelständige meist
herzförmig, gestielt, am Spreitengrund
herzförmig, am Ende zugespitzt, 4 bis
12 cm lang, unregelmässig gezähnt, mit
schwach runzeliger Oberfläche, etwas
behaart und mit 2 abstehenden Zipfeln

Blütenstand: Zahlreiche, bis 24 blütige und quirlähnliche Teilblütenstände
traubenartig am Ende der Stengel angeordnet; Tragblätter lanzettlich

Blüten: Kurz gestielt; Kelchblätter 5,
röhrig verwachsen, eng glockenförmig
und zweilippig; Oberlippe mit kurzem
Mittelzipfel und 2 schmalen und zugespitzten Seitenzipfeln; Kronblätter 5,
verwachsen, meist violett gefärbt, zweilippig, 10–15 mm lang und mit einer
beinahe geraden und oberhalb der
Mitte stielartig verschmälerten Oberlippe; Staubblätter 2; Fruchtknoten
oberständig und aus 2 Fruchtblättern
verwachsen; Griffel deutlich auf die
Unterlippe herabgebogen

Früchte: Spaltfrüchte

Standort: In der kollinen und montanen Stufe in Unkrautgesellschaften,
Halbtrockenmatten, an Böschungen und
bei Verladeplätzen, auf mässig trockenen und nährstoffreichen Böden

717 Drachenmaul – H. pyrenáicum
Pflanze 10–30 cm hoch, ausdauernd, mit verholztem
Rhizom, aromatisch duftend und bis Aug. blühend

Hormínum pyrenáicum L.
Drachenmaul
Lamiáceae – Lippenblütler

Laubblätter: Grundständige oval bis
eiförmig, gestielt, am Ende stumpf oder
abgerundet, stumpf gezähnt, kahl, mit
runzeliger Oberfläche, oberseits mittel–
bis dunkelgrün und unterseits weisslichgrün; stengelständige schmal dreieckig
bis oval, kurz und sitzend

Blütenstand: Kurz gestielte Blüten zu
2–6 halbquirlartig in den Achseln der
oberen Blattpaare

Blüten: Kelchblätter 5, röhrig verwachsen, 13 aderig, zweilippig, 6 bis
10 mm lang und mit je einem zugespitzten Zahn; Kelchröhre im Innern
kahl; Kronblätter 5, verwachsen, violett
gefärbt und zweilippig; im Innern der
Röhre ein Haarring; Oberlippe deutlich
gestutzt; die 4 Staubblätter der Oberlippe anliegend; Fruchtknoten oberständig und aus 2 Fruchtblättern verwachsen; Insektenbestäubung

Früchte: Spaltfrüchte mit eiförmigen
und glatten Teilfrüchten

Standort: In der montanen und subalpinen Stufe in mageren Wiesen, Weiden, Steinrasen und Kalkmagerrasen auf
frischen, kalkreichen, humosen, lockeren
und meist steinigen Lehm– und Tonböden; Lichtpflanze

718 Gundelrebe – G. hederácea
Pflanze 5–20 cm hoch, ausdauernd, mit weit kriechendem Stengel und von April bis Mai blühend

Glechóma hederácea L.
Gundelrebe
Lamiáceae – Lippenblütler

Laubblätter: Nieren– bis herzförmig, gestielt, am Ende abgerundet, grob und stumpf gezähnt, 2–4 cm breit, kahl bis dicht behaart und gegenständig angeordnet

Blütenstand: Kurz gestielte Blüten zu 2–3 in den Achseln der Blätter

Blüten: Kelchblätter 5, verwachsen, eng glockenförmig, 15 aderig, kurz behaart, 3–7 mm lang, grünlich und dunkelbraunviolett gefärbt und mehr oder weniger zweilippig; Kronblätter 5, verwachsen, mit vorn erweiterter Röhre, blauviolett gefärbt und 10–20 mm lang; Oberlippe flach, gerade, vorn ausgerandet und kurz behaart; Unterlippe dreiteilig und mit grösserem Mittelabschnitt; die 4 Staubblätter unter der Oberlippe aufsteigend; Fruchtknoten oberständig; Insektenbestäubung

Früchte: Teilfrüchte eiförmig, glatt und dreikantig

Standort: In der kollinen und montanen Stufe in Wiesen, Weiden, Auenwäldern, Laubwäldern, entlang von Wald– und Heckenrändern auf nassen bis frischen, nährstoff– und basenreichen, humosen, lockeren und tonigen Böden; Kriechpionier; Nährstoffzeiger

719 Kriechender Günsel – A. reptans
Pflanze 10–25 cm hoch, ausdauernd, mit oberirdischen Ausläufern und von April bis Juli blühend

Ajuga reptans L.
Kriechender Günsel
Lamiáceae – Lippenblütler

Laubblätter: Schmal oval bis oval, sitzend bis kurz gestielt, ganzrandig oder stumpf gezähnt, 3–8 cm lang, kahl oder zerstreut behaart und gegen oben kleiner werdend; Blätter im Blütenstand ganzrandig

Blütenstand: Zu 2–6 in den Achseln der Stengelblätter; am Ende des Stengels Blüten ährenförmig angeordnet

Blüten: Kelchblätter 5, glockenförmig, vieladerig, mit je einem spitzen Zipfel, 3–5 mm lang und zerstreut behaart; Kronblätter 5, verwachsen, blau gefärbt, 10–15 mm lang und zweilippig; Oberlippe kurz, gerade und deutlich zweiteilig; Unterlippe dreiteilig und mit grösserem Mittelabschnitt; die 4 Staubblätter aus der Krone ragend; Fruchtknoten oberständig; Insekten– und Selbstbestäubung

Früchte: Teilfrüchte eiförmig und bis 2,5 mm lang; Verbreitung durch Ausläufer und Ameisen

Standort: Von der kollinen bis in die subalpine Stufe in Wiesen und artenreichen Wäldern auf frischen, nährstoffreichen, neutralen bis mässig sauren und humosen Lehmböden; Nährstoffzeiger; Licht–Halbschattpflanze

720 Hoher Rittersporn – D. elátum
Pflanze 50–150 cm hoch, ausdauernd, mit einem knotigen Rhizom und von Juli bis August blühend

Delphínium elátum L.
Hoher Rittersporn
Ranunculáceae – Hahnenfussgewächse

Laubblätter: Untere Stengelblätter lang gestielt; ihre Spreiten vieleckig, bis weit über die Mitte hinaus 3–7 teilig und dunkel– bis blaugrün gefärbt; Abschnitte von der Mitte an ungleich gezähnt und meist lang zugespitzt; untere Tragblätter den Stengelblättern ähnlich; obere Tragblätter meist lanzettlich

Blütenstand: Gestielte Drüsen in dichten Trauben

Blüten: Perigonblätter 5 und blau gefärbt; die 4 unteren oval und das obere mit einem an der Spitze abwärts gebogenen Sporn; die 4 Honigblätter dunkelbraun, nicht verwachsen und auf der Innenseite weiss behaart, wobei die oberen beiden gespornt sind; die zahlreichen Staubblätter gegen den Grund zu etwas verbreitert; 3–10 kahle, mehrsamige und oberständige Fruchtknoten; Insektenbestäubung

Früchte: Bis 1 cm lange Balgfrüchte

Standort: In der subalpinen (seltener montan) Stufe in Hochstaudenfluren auf feuchten, nährstoffreichen, kalkhaltigen und schuttreichen Böden bei Hängen und in Mulden mit einer hohen Luftfeuchtigkeit; eine eurosibirische Pflanze, die ostwärts bis in die Mongolei reicht

721 Blauer Eisenhut – A. napéllus
Pflanze 40–140 cm hoch, ausdauernd, mit knollig verdickten Wurzeln und von Juni bis Aug. blühend

Aconítum napéllus L. s.l.
Aconítum compáctum (RCHB.) GAYER
Blauer Eisenhut, echter Eisenhut
Ranunculáceae – Hahnenfussgewächse

Laubblätter: Rundlich, gestielt und bis zum Grunde fünfteilig; Abschnitte ungestielt, tief geteilt, keilförmig verschmälert und mit langen und sehr schmalen Zipfeln

Blütenstand: Sehr dichtblütige und unverzweigte endständige Traube

Blüten: Gestielt und zygomorph; Perigonblätter 5, mehr oder weniger behaart und violett gefärbt; vier seitliche Perigonblätter oval bis rundlich; oberstes einen Helm bildend, der am unteren Rand gerade oder etwas gebogen ist; Honigblätter in den Helm hineinragend; Staubblätter zahlreich; die 3–5 Fruchtknoten mehrsamig; Insektenbestäubung (Hummelblume)

Früchte: Balgfrüchte

Standort: In der subalpinen und alpinen Stufe bei überdüngten Alpweiden, um Alphütten herum, in Hochstaudenfluren und entlang von Bächen auf nassen bis frischen, nährstoff– und basenreichen, milden und humosen Lehm– und Tonböden; Licht–Halbschattpflanze; auch Zierpflanze

722 Luzerne – M. satíva
Pflanze 30–80 cm hoch, auch angepflanzt, mit unterirdischen Ausläufern und bis Aug. blühend

Medicágo satíva L.
Luzerne
Fabáceae (Papilionáceae) – Schmetterlingsblütler

Laubblätter: Mit 3 Teilblättern und gestielt; Teilblätter schmal oval bis oval, am Ende stumpf oder abgerundet, 10–30 mm lang und gestielt (die beiden seitlichen kürzer gestielt) und zerstreut behaart; Nebenblätter am Grunde des Blattstiels oft mit wenigen, kurzen Zähnen

Blütenstand: Kurz gestielte Blüten in gestielten und kurzen Trauben

Blüten: Die 5 Kelchblätter mit je einem zugespitzten Zipfel; Kronblätter 5, lila bis violett gefärbt, 6–10 mm lang und in eine lange Fahne, zwei kurze Flügel und ein gerades Schiffchen gegliedert; Staubblätter 10; oberster Staubfaden frei; Fruchtknoten oberständig und aus einem Fruchtblatt bestehend

Früchte: Zweiklappig aufspringende, 3–6 mm lange und mit schraubenförmigen Windungen (1,5–3) versehene Hülsen

Standort: In der kollinen und montanen Stufe in trockenen Wiesen, an Dämmen, Böschungen und entlang von Wegen auf ziemlich trockenen, kalkhaltigen, tiefgründigen, nährstoff– und basenreichen Lehm– und Lössböden

723 Alpen–Tragant – A. alpínus
Pflanze 5–15 cm hoch, ausdauernd, mit holzigem Rhizom, aufsteigenden Stengeln und bis Aug. blühend

Astrágalus alpínus L.
Alpen–Tragant
Fabáceae (Papilionáceae) – Schmetterlingsblütler

Laubblätter: Unpaarig gefiedert, 8–12 paarig und gestielt; Teilblätter schmal oval, kurz gestielt, am Ende stumpf und behaart oder kahl

Blütenstand: Ovale bis rundliche, gestielte und vielblütige Trauben, die in den Achseln von Blättern stehen

Blüten: Kelchblätter 5, verwachsen, grünlich gefärbt, oft etwas rötlich überlaufen und mit je einem oft dunkelgrün berandeten und spitzen Zipfel; Kronblätter 5, bläulich–weiss gefärbt und in eine oft blau–violette Fahne, 2 ganzrandige Flügel und ein Schiffchen gegliedert; Staubblätter 10; oberstes Staubblatt frei; Fruchtknoten oberständig und aus einem Fruchtblatt bestehend; Windbestäubung

Früchte: Hülsen 10–15 mm lang, dicht, anliegend, dunkel behaart und zwischen den Samen nicht eingeschnürt

Standort: In der subalpinen und alpinen Stufe verbreitet in Wiesen, Weiden und Steinrasen auf frischen bis mässig trockenen, kalkreichen, neutralen, humosen und tonigen Steinböden; eine arktisch–alpine Pflanze, die auch in Nordamerika und Asien heimisch ist

724 Zaun–Wicke – V. sépium
Pflanze 20–50 cm hoch, ausdauernd, mit aufrechten oder kletternden Stengeln und bis Juni blühend

Vícia sépium L.
Zaun–Wicke

Fabáceae (Papilionáceae) – Schmetterlingsblütler

Laubblätter: Mit 4–7 Paaren von Teilblättern; diese sind schmal oval bis eiförmig, 6–30 mm lang, an beiden Enden meist abgerundet, oft kurz gestielt, am Ende zusätzlich noch schwach ausgerandet oder kurz zugespitzt und unterseits zerstreut behaart; Endblatt als Ranke ausgebildet

Blütenstand: Kurze und 3–6 blütige Traube

Blüten: Kelchblätter 5, verwachsen, oft rötlich gefärbt und mit ungleich langen Zähnen; Kronblätter 5, schmutzigviolett bis rosa gefärbt und in Fahne, Schiffchen (dieses kürzer als die Flügel) und 2 Flügel gegliedert; Staubblätter 10; oberstes Staubblatt frei; Fruchtknoten oberständig und aus einem Fruchtblatt bestehend; Insektenbestäubung

Früchte: Hülsen flach, 20–35 mm lang und 3–6 samig

Standort: In der kollinen und montanen Stufe verbreitet in Fettwiesen und Waldlichtungen auf feuchten bis frischen, nährstoff– und basenreichen, humosen, lockeren und krautreichen Lehm– und Tonböden; Nährstoffzeiger; Licht– Halbschattpflanze

725 Vogel–Wicke – V. crácca
Pflanze 20–110 cm hoch, ausdauernd, mit meist aufsteigenden Stengeln und von Juni bis August blühend

Vícia crácca L. s.l.
Vogel–Wicke

Fabáceae (Papilionáceae) – Schmetterlingsblütler

Laubblätter: Mit 6–11 Paaren von Teilblättern; diese sind schmal oval bis länglich, 10–25 mm lang, kurz gestielt, am Spreitengrunde meist abgerundet, am Ende abgerundet oder kurz zugespitzt und zerstreut behaart bis kahl; Ranken verzweigt

Blütenstand: Gestielte Trauben mit 15–40 kurzgestielten Blüten

Blüten: Kelchblätter 5, verwachsen, mit 1–2,5 mm ungleich langen Kelchzähnen, behaart oder kahl und grünlich bis rötlich gefärbt; Kronblätter 5, blauviolett gefärbt und in Fahne, Schiffchen und 2 Flügel gegliedert; Staubblätter 10; oberstes Staubblatt frei; Fruchtknoten oberständig und aus einem Fruchtblatt bestehend; Insektenbestäubung

Früchte: Hülsen flach, 15–25 mm lang, ohne stechende Spitze und 2 bis 8 samig

Standort: Von der kollinen bis in die subalpine Stufe in Wiesen, Aeckern, Wäldern, entlang von Waldrändern und bei Flussufern auf frischen bis mässig trockenen, mehr oder weniger nährstoff– und basenreichen, neutralen und auch steinigen / sandigen Böden

726 Gewöhnlicher Germer – V. álbum
Pflanze 50–150 cm hoch, ausdauernd, mit dickem Rhizom, im unteren Teil kahl und im Juli blühend

Verátrum álbum L.
ssp. lobeliánum (BERNH.) RCHB
Gewöhnlicher Germer

Liliáceae – Liliengewächse

Laubblätter: Oval bis breit oval, sitzend, den Stengel meist bis zur Hälfte umfassend, am Ende zugespitzt, bis 20 cm lang, paralleladerig und unterseits oft etwas behaart; obere Stengelblätter schmal oval bis lanzettlich

Blütenstand: Reich– und dichtblütige, bis 50 cm hohe Traube

Blüten: Perigonblätter 6, oval, 10 bis 15 mm lang, zugespitzt, gelblichgrün gefärbt und mit dunkelgrünen Adern; Staubblätter 6; Fruchtknoten oberständig und aus 3 lose verwachsenen Fruchtblättern verwachsen; mit 3 Griffeln; gelegentlich eingeschlechtige Blüten vorhanden; Tragblätter viel länger als die Blütenstiele; Insektenbestäubung

Früchte: Kapseln aus 3 lose verwachsenen, nach innen sich öffnende und vielsamige Fruchtblätter bestehend

Standort: Von der montanen bis in die subalpine Stufe auf Alpweiden, bei Viehlägern, in Hochstaudenfluren und Moorwiesen auf nassen bis frischen, meist nährstoffreichen, kalkhaltigen, humosen und tiefgründigen Lehm– und Tonböden; ein giftiges Weideunkraut; in Nordeuropa bis 71 Grad NB; fehlt aber in GB, Irland und Island

727 Aestiger Igelkolben – S. eréctum
Pflanze 30–140 cm hoch, ausdauernd, mit einem kriechenden Rhizom und von Juni bis August blühend

Spargánium eréctum L. s.l.
Spargánium ramósum HUDSON
Aestiger Igelkolben

Sparganiáceae – Igelkolbengewächse

Laubblätter: Grasartig, steif, aufrecht, im unteren Teil dreikantig, zweizeilig angeordnet und bis zur mehr oder weniger stumpfen Spitze gekielt; obere Stengelblätter am Fuss nicht scheidenartig erweitert

Blütenstand: Weibliche und männliche Blüten in verschiedenen kugeligen Blütenständen; weibliche Blütenstände im unteren Teil der jeweiligen Gesamtblütenstände

Blüten: Männliche Blüten meist mit 3 Perigonblättern und 3 oder mehr Staubblättern; weibliche Blüten in den Achseln eines Tragblattes, mit 3–6 schuppenförmigen Perigonblättern und einem einfächerigen und einsamigen Fruchtknoten

Früchte: Nüsse verkehrt pyramidenförmig, 4–6 kantig, oben kurz in den Griffel verschmälert, sitzend und schwarzbraun gefärbt

Standort: In der kollinen und montanen Stufe in stehenden Gewässern, bei Altwässern und in Seebuchten mit einer Wassertiefe von 20–150 cm über einem schlammigen bis sandigen Boden

728 Wolfsmilch – E. myrsiníthes
Pflanze 30–120 cm hoch, ausdauernd; mit einem Rhizom und von April bis Juni blühend

Euphórbia myrsiníthes L.
Wolfsmilch

Euphorbiáceae – Wolfsmilchgewächse

Laubblätter: Schmal oval bis verkehrt eiförmig, sitzend, am Ende stumpf oder kurz zugespitzt, ganzrandig, 15–35 mm lang, blaugrün gefärbt und wechselständig / gegenständig angeordnet; Nebenblätter fehlend

Blütenstand: Im oberen Teil der Stengel einzeln in den Achseln der Blätter und gehäuft am Ende des Stengels; lang gestielter Einzelblütenstand (= Cyathium) von rundlichem Hüllbecher umrahmt; Drüsen des Cyathiums ohne Anhängsel

Blüten: Innerhalb des Hüllbechers eine weibliche Blüte und mehrere meist wickelig verbundene männliche Blüten; Fruchtknoten gestielt und dreifächerig; die 3 Griffel am Grunde etwas verwachsen; Narbe zweispaltig

Früchte: Dreiklappig aufspringende und von einem Mittelsäulchen sich lösende Spaltfrucht

Standort: Vor allem im Mediterrangebiet (auch in den Balearen) und im Orient stark vertreten; in den letzten Jahren werden diese kahlen und graublauen bis grauweissen Stauden oft in Gärten bei Steingruppen angepflanzt

729 Séguiers Wolfsmilch – E. seguierána
Pflanze 20–50 cm hoch, ausdauernd, mit langem verholztem Rhizom und von Mai bis Juli blühend

Euphórbia seguierána NECKER
Euphórbia gerardíana JACQ.
Séguiers Wolfsmilch

Euphorbiáceae – Wolfsmilchgewächse

Laubblätter: Lineal bis lineal–lanzettlich, meist sitzend, am Ende mit feiner Spitze, ganzrandig, 10–30 mm lang, blaugrün gefärbt und wechselständig angeordnet

Blütenstand: Endständige Dolde mit bis 15 Stielen 1. Ordnung; Einzelblütenstand von Hochblättern bis weit hinauf zu einem kelchartigen Hüllbecher verwachsen, der auf der Aussenseite ovale, gelbe und halbkreisförmige Drüsen aufweist

Blüten: Innerhalb des Hüllbechers eine lang gestielte weibliche Blüte, bestehend aus einem dreifächerigen Fruchtknoten, und mehreren männlichen Blüten aus je einem Staubblatt; keine Blütenhülle vorhanden

Früchte: In 2–3 klappig aufspringende und 2–4 mm lange Teilfrüchte zerfallend

Standort: Von der kollinen bis in die subalpine Stufe in Trockenwiesen, sonnigen Steppen– und Trockenrasen, auf Dünen und bei Dämmen auf trockenen, basenreichen, kalkhaltigen, neutralen und humosen Böden

730 Wolfsmilch – E. cyparíssias
Pflanze 10–50 cm hoch, ausdauernd, mit langen unterirdischen Ausläufern und von April bis Juli blühend

Euphórbia cyparíssias L. Zypressen–Wolfsmilch

Euphorbiáceae – Wolfsmilchgewächse

Laubblätter: Schmal lanzettlich, im Mittelteil parallelrandig, 15–30 mm lang, meist ganzrandig, sitzend, kahl und gelbgrün bis dunkelgrün gefärbt

Blütenstand: Endständiger dolden-artig mit 10–20 Stielen 1. Ordnung; auch seitenständige Blütenstandsstiele 1. Ordnung vorhanden; Tragblätter der Einzelblütenstände oval bis halbkreis-förmig; gelber Hüllbecher mit sichel-förmige und gelben Drüsen

Blüten: Innerhalb des Hüllbechers gestielte weibliche Blüte mit dreifäche-rigem Fruchtknoten und mehreren männlichen Blüten, bestehend aus je einem Staubblatt; keine eigentliche Blütenhülle vorhanden

Früchte: Spaltfrucht in 3 mit halbku-geligen Warzen versehene Teilfrüchte zerfallend

Standort: Von der kollinen bis in die subalpine Stufe in Magerwiesen, Wei-den, Rasen, bei Schutthalden, entlang von Waldrändern und an Böschungen auf mässig trockenen, kalk– und basen-reichen (auch auf kalkfreiem Grund!), lockeren und humosen Lehm– und Lössböden; ein giftiges Weideunkraut

731 Sumpf–Wolfsmilch – E. palústris
Pflanze 50–140 cm hoch, ausdauernd, mit einem dicken Rhizom und von Mai bis Juni blühend

Euphórbia palústris L. Sumpf–Wolfsmilch

Euphorbiáceae – Wolfsmilchgewächse

Laubblätter: Lanzettlich bis schmal oval, meist ganzrandig, kahl, sitzend, am Ende abgerundet, 4–8 cm lang, oberseits dunkelgrün, unterseits blau-grün und wechselständig angeordnet

Blütenstand: Endständiger Gesamt-blütenstand doldenartig; Tragblätter miteinander nicht verwachsen; Hüll-becher mit gelben und ovalen Drüsen

Blüten: Innerhalb des Hüllbechers gestielte weibliche Blüte mit dreifäche-rigem Fruchtknoten und mehreren männlichen Blüten, bestehend aus je einem Staubblatt; keine eigentliche Blütenhülle vorhanden

Früchte: Spaltfrucht 4–6 mm lang, mit zylindrischen Warzen dicht besetzt und in 3 Teilfrüchte zerfallend

Standort: In der kollinen Stufe zer-streut in Sumpfwiesen, bei Gräben, Altläufen, Tümpeln, im Weidengebüsch und in Nasswiesen auf staunassen, mehr oder weniger nährstoffreichen, meist kalkhaltigen, humosen und torfigen Böden; lichtliebende und tonanzeigende Stromtalpflanze; eine eurasiatische Pflanze, die nordwärts bis Holland und nach Südskandinavien reicht

732 Séguiers Wolfsmilch – E. seguierána
Pflanze 20–50 cm hoch, ausdauernd, mit langem verholztem Rhizom und von Mai bis Juli blühend

Euphórbia seguierána NECKER Euphórbia gerardíana JACQ. Séguiers Wolfsmilch

Euphorbiáceae – Wolfsmilchgewächse

Laubblätter: Lineal bis lineal–lan-zettlich, meist sitzend, am Ende mit einer feinen Spitze, ganzrandig, 10–30 (–40) mm lang, blaugrün gefärbt, mit heller Hauptader und wechselständig ange-ordnet

Blütenstand: Endständige Dolde mit bis 15 Stielen 1. Ordnung; Einzelblüten-stand von Hochblättern bis weit hinauf zu einem kelchartigen Hüllbecher ver-wachsen, der auf der Aussenseite ovale, gelbe und halbkreisförmige Drüsen aufweist; mit Seitenblütenständen

Blüten: Innerhalb des Hüllbechers eine lang gestielte weibliche Blüte, bestehend aus einem dreifächerigen Fruchtknoten, und mehreren männlichen Blüten aus je einem Staubblatt; keine Blütenhülle vorhanden

Früchte: In 2–3 klappig aufspringen-de und 2–4 mm lange Teilfrüchte zer-fallend

Standort: Von der kollinen bis in die subalpine Stufe in Trockenwiesen, son-nigen Steppen– und Trockenrasen, auf Dünen und bei Dämmen auf trockenen, basenreichen, kalkhaltigen, neutralen und humosen Böden

733 Gemeiner Aronstab – A. maculátum
Pflanze 20–50 cm hoch, ausdauernd, mit einem knol-lig verdickten Rhizom und von April bis Mai blühend

Arum maculátum L. Gemeiner Aronstab Aronenkraut

Aráceae – Aronstabgewächse

Laubblätter: Spiessförmig, 10–20 cm lang, am Ende zugespitzt oder abge-rundet, ganzrandig und lang gestielt

Blütenstand: Endständig; der Kolben wird durch ein 10–30 cm langes, gelb-grünes und tütenförmig zusammen-gerolltes Hochblatt (= Spatha) umhüllt; Kolben 5–10 cm lang und im oberen Teil meist purpurn gefärbt

Blüten: Alle mit nur einem Geschlecht; die unteren weiblichen Blüten mit einem einfächerigen Fruchtknoten; die oberen Blüten männlich mit ein– bis mehreren Staubblättern; oberhalb und unterhalb der männlichen Blüten sterile Blüten vorhanden; Bestäubung durch Fliegen

Früchte: Bis 6 mm breite und rote Beeren

Standort: In der kollinen (seltener montan) Stufe häufig in krautreichen Laubmisch– und Buchenwäldern, Auenwäldern und Hecken auf wasser-züzigen, frischen, kalkhaltigen, nähr-stoffreichen, humosen, lockeren, neu-tralen bis mässig sauren und meist tiefgründigen Lehm– und Tonböden; Schattenpflanze; Nährstoffzeiger; Gleitfallenpflanze

734 Bingelkraut – M. perénnis
Pflanze 10–30 cm hoch, ausdauernd, ohne Seitenäste, mit verzweigten Wurzeln und bis Juni blühend

Mercuriális perénnis L. Ausdauerndes Bingelkraut

Euphorbiáceae – Wolfsmilchgewächse

Laubblätter: Lanzettlich bis länglich eiförmig, gestielt, am Uebergang zum Stiel mit Drüsen, am Spreitengrund oft abgerundet, am Ende zugespitzt, re-gelmässig stumpf gezähnt, 5–12 cm lang und gegenständig angeordnet

Blütenstand: Pflanze zweihäusig; männliche Blüten in reichblütigen Aehren; weibliche Blüten in wenigblü-tigen und rispigen Knäueln

Blüten: Männliche Blüten mit bis 20 Staubblättern; Staubbeutel kugelig; weibliche Blüten mit 3 grünen Kelch-zipfeln, 3 grünlichen Staminodien und 2 Fruchtblättern; Insekten– und Wind-bestäubung

Früchte: Spaltfrucht mit 2 eiförmigen und mit borstigen Haaren besetzten Teilfrüchten; Ameisen– und Selbst-verbreitung

Standort: In der kollinen und monta-nen (seltener subalpin) Stufe in Buchen– und Laubmischwäldern und Hochstau-denfluren auf sickerfrischen, nährstoff– und basenreichen, neutralen bis mässig sauren, humosen, lockeren, gut durch-lüfteten und oft steinigen oder sandigen Lehmböden; treibt Ausläufer

735 Einbeere – P. quadrifólia
Pflanze 15–30 cm hoch, ausdauernd, mit unterirdisch kriechendem Rhizom und von April bis Mai blühend

Paris quadrifólia L. Einbeere

Liliáceae – Liliengewächse

Laubblätter: Meist zu 4 am Ende des Stengels quirlständig angeordnet, ei-förmig bis rundlich, sitzend, am Ende kurz zugespitzt und 5–10 cm lang

Blütenstand: Einzelblüte am Ende eines 3–6 cm langen Stiels

Blüten: Aeussere Perigonblätter meist 4, grün gefärbt, lanzettlich, 20–35 mm lang und lang zugespitzt; innere Peri-gonblätter meist 4, etwas kürzer als die äusseren, sehr schmal ausgebildet und lang zugespitzt; Staubblätter 8; Staub-fäden in eine grannenartige Spitze verschmälert; Fruchtknoten oberständig

Früchte: Mehrfächerige und dunkel-blau bereifte Beeren

Standort: Von der kollinen bis in die subalpine Stufe in krautreichen Auen-wäldern, Nadelmischwäldern, Eichen– und Buchenwäldern auf frischen, mehr oder weniger nährstoff– und basen-reichen, humosen und lockeren Ton– und Lehmböden; Sickerwasser anzei-gend; bodenlockernde Mull– und Moderpflanze; bis 50 cm tief wurzelnd; diese eurasiatische Pflanze reicht nord-wärts bis Island und in Nordskandi-navien bis 71 Grad NB; südwärts bis Nordspanien und Süditalien

736 Guter Heinrich – Ch. bónus–henrícus
Pflanze 30–80 cm hoch, ausdauernd, mit mehrzelligen und einfachen Haaren und bis Aug. blühend

Chenopódium bónus–henrícus L. / Guter Heinrich

Chenopodiáceae – Gänsefussgewächse

Laubblätter: Dreieckig bis spiessförmig, am Ende stumpf oder zugespitzt, ganzrandig oder etwas gewellt, lang gestielt und wechselständig angeordnet

Blütenstand: Endständige Scheinähre, die nur am Grunde beblättert ist; Aehrenstiele mit zahlreichen Blütenknäueln

Blüten: Die 3–5 Perigonblätter grünlich gefärbt, mit unregelmässig zerschlitzten und gezähnten Rändern; Staubblätter meist weniger als 5 und vor den Perigonblättern stehend; Fruchtknoten oberständig und aus 2 Fruchtblättern verwachsen

Früchte: Nüsse abgeflacht und mit einem dunkelroten, glänzenden Samen

Standort: In der montanen und subalpinen Stufe bei bäuerlichen Siedlungen, um Alphütten, bei Viehlägerstellen, entlang von Strassen, Wegen und Zäunen auf frischen, nährstoffreichen, humosen, extrem stickstoffreichen und sandigen oder reinen Ton– und Lehmböden; wird auch als Gemüsepflanze (= wilder Spinat) und als Schweinefutter verwendet; nordwärts bis Irland und Schottland

737 Reismelde – Ch. quinóa
Pflanze 30–90 cm hoch, einjährig, im oberen Bereich mit zahlreichen Blütenständen und bis Juli blühend

Chenopódium quinóa WILLD. Reismelde, Hirsenmelde, Reisspinat

Chenopodiáceae – Gänsefussgewächse

Laubblätter: Oval bis eiförmig, ganzrandig, grob gezähnt oder unregelmässig gelappt, gestielt, gegen den Spreitengrund zu breit keilförmig verschmälert, am Ende abgerundet, stumpf oder kurz zugespitzt, mit bis 7 cm langer Spreite, oberseits blaugrün– und unterseits graugrün gefärbt

Blütenstand: Endständige Scheinrispe mit aufgerichteten, seitenständigen Aesten; diese mit zahlreichen Blütenknäueln

Blüten: Die 3–5 Perigonblätter grünlich bis gelblich gefärbt, etwas häutig und ganzrandig bis gezähnt; Staubblätter meist 5; Fruchtknoten oberständig und meist aus 2 Fruchtblättern verwachsen; Griffel mit 2 langen, schwach papillösen Narben

Früchte: Nüsse

Standort: Als Gemüsepflanze aus den Hochanden von Kolumbien, Chile und Argentinien eingeführt; diese Länder sind noch heute die Hauptkulturgebiete dieser Art, besonders derjenigen der weissfrüchtigen Kulturform; die Blätter werden als Gemüse verwendet

---

738 Weisser Gänsefuss – Ch. álbum
Pflanze 30–120 cm hoch, einjährig, abstehend verzweigt und von Juli bis September blühend

Chenopódium álbum L. Weisser Gänsefuss

Chenopodiáceae – Gänsefussgewächse

Laubblätter: Lanzettlich, oval oder rhombisch, am Spreitengrund keilförmig verschmälert, gestielt, am Ende stumpf oder zugespitzt, ganzrandig oder unregelmässig gezähnt, beiderseits gleichfarbig oder unterseits etwas graugrün gefärbt (dank der dicht stehenden Blasenhaare); besonders die Blätter im unteren Bereich der Pflanze gezähnt

Blütenstand: Blattachselständige und endständige Rispen mit knäuelartig angeordneten Blüten

Blüten: Perigonblätter 5, grünlich gefärbt und mit wulstigem Kiel; Staubblätter meist 5; Fruchtknoten oberständig

Früchte: Nüsse abgeflacht, mit braunrotem bis schwarzem und glänzendem Samen

Standort: Von der kollinen bis in die subalpine Stufe als Pionier in Waldschlägen, Aeckern, Gärten, auf Schuttplätzen, entlang von Wegrändern und an Ufern auf frischen bis trockenen, nährstoffreichen, humosen oder rohen und sandigen bis lehmigen Böden; bis 1 m tief wurzelnde Pionierpflanze; seit der jüngeren Steinzeit als Kulturbegleiter bekannt; heute eine Pflanze mit weltweiter Verbreitung

739 Drüsiger Gänsefuss – Ch. bótrys
Pflanze 20–50 cm hoch, einjährig, klebrig, dicht mit Drüsenhaaren besetzt und von Juli bis Aug. blühend

Chenopódium bótrys L. Drüsiger Gänsefuss

Chenopodiáceae – Gänsefussgewächse

Laubblätter: Lanzettlich bis oval, buchtig fiederschnittig, kurz gestielt, 3–7 cm lang und unterseits mehrheitlich graugrün gefärbt; Abschnitte ganzrandig oder unregelmässig grob gezähnt; im Blütenstand kaum oder nur wenige Blätter

Blütenstand: Gesamtblütenstand eine reichblütige Rispe

Blüten: Perigonblätter 5, grünlichgelb gefärbt und ganzrandig; Staubblätter 5; Fruchtknoten oberständig

Früchte: Nüsse etwas abgeflacht und mit dunkelbraunem, glänzendem und glattem Samen

Standort: In der kollinen und montanen Stufe in Rebbergen, bei Schuttplätzen, an Ruderalstellen und Müllplätzen auf mässig trockenen bis trockenen, mehr oder weniger nährstoffreichen, meist rohen, lehmigen und sandigen bis steinigen Böden in warmen Lagen; Pionierpflanze; im ganzen Mittelmeerraum verschleppt; nördlich der Alpen eingeschleppt; in Europa nordwärts bis in die zentralalpinen Täler; in Nordamerika und Australien eingeschleppt

---

740 Gemeiner Frauenmantel – A. vulgáris
Pflanze 10–40 cm hoch, ausdauernd, nie mit seidenhaarigen Blättern und von Mai bis Juli blühend

Alchemílla vulgáris L. s.l. Gemeiner Frauenmantel

Rosáceae – Rosengewächse

Laubblätter: Grundständige 7 bis 13 lappig, gestielt, oberseits dunkel– bis blaugrün gefärbt, unterseits oft etwas heller, verschiedenartig behaart oder auch kahl und bis 15 cm breit; Abschnitte am Ende abgerundet und mit zahlreichen bis in die Buchten reichenden Zähnen; stengelständige Blätter kurz gestielt bis sitzend und oft am Spreitengrund tief herzförmig

Blütenstand: Blüten in Knäueln; Gesamtblütenstand eine reichblütige Rispe

Blüten: Aeussere Kelchblätter 4, gelblichgrün gefärbt, schmal oval, spitz und 1–2 mm lang; innere Kelchblätter 4, grün bis gelblich gefärbt, zugespitzt und 1–2 mm lang; Kelchbecher und Kelchblätter kahl; keine Kronblätter vorhanden; Staubblätter 4; 1 Fruchtknoten mit einem Griffel, einer Narbe und einer Samenanlage

Früchte: Nüsschen von einem glatten Kelchbecher umschlossen

Standort: Von der kollinen bis in die alpine Stufe in Fett– und Nasswiesen, bei Quellen, bei feuchtem Geröll und in Weiden auf feuchten bis frischen, nährstoffreichen und humosen Böden

741 Frauenmantel – A. xanthochlóra
Pflanze 20–60 cm hoch, ausdauernd, mit abstehend behaarten Stengeln und von Mai bis Juli blühend

Alchemílla vulgáris L. s.l. Alchemílla xanthochlóra ROTHMALER s.l. Gelbgrüner Frauenmantel

Rosáceae – Rosengewächse

Laubblätter: Grundständige 7 bis 11 lappig, gestielt, oberseits grün bis blaugrün gefärbt, unterseits hellgrün bis gelbgrün, auf den Hauptadern behaart und 4–13 cm breit; Abschnitte abgerundet und mit 7–12 Zähnen, die bis in die Buchten reichen

Blütenstand: Blüten in Knäueln; Gesamtblütenstand eine reichblütige Rispe

Blüten: Aeussere Kelchblätter 4 (auch 3), gelblichgrün, meist zugespitzt und 1–2 mm lang; innere Kelchblätter 4 (auch 3), grün bis gelblich, meist zugespitzt und 1–2 mm lang; keine Kronblätter vorhanden; Kelchblätter kahl oder schwach behaart; Staubblätter 4; 1 Fruchtknoten mit einem Griffel, einer kugeligen Narbe und 1 Samenanlage

Früchte: Nüsse, die jeweils vom glatten Kelchbecher umschlossen sind

Standort: Von der kollinen bis in die subalpine Stufe in Fett– und Nasswiesen, bei Quellen, entlang von Bach– und Grabenrändern und bei Weiden auf feuchten, humosen und nährstoffreichen Böden; eine europäische Pflanze, die nordwärts bis Nordengland reicht

742 Silbermantel – A. alpína
Pflanze 10–30 cm hoch, ausdauernd, mit bogig aufsteigenden Sprossen und von Juni bis Juli blühend

Alchemílla alpína L. s.l.
Alpen–Frauenmantel,
Silbermantel
Rosáceae – Rosengewächse

Laubblätter: Grundständige 5 bis
7 teilig, gestielt, oberseits mittel– bis
dunkelgrün und unterseits dicht und anliegend silbrig glänzend behaart; Teilblätter schmal oval, sitzend, am Ende
stumpf oder abgerundet und mit jederseits 2–6 spitzen Zähnen; Blattstiel behaart; Stengelblätter dreiteilig und im
oberen Bereich einfach gebaut

Blütenstand: Kurz gestielte Blüten in
dichten Knäueln

Blüten: Innere Kelchblätter 4, oval,
zugespitzt, 1–2 mm lang und meist
hellgelb gefärbt; äussere Kelchblätter 4,
kleiner und schmaler und hellgelb gefärbt; Kelchblätter ausserseits abstehend
behaart; Staubblätter 4; Fruchtknoten 1,
mit einem Griffel und einer kugeligen
Narbe

Früchte: Nüsschen vom weichen und
glatten Kelchbecher umschlossen

Standort: Von der montanen bis in die
alpine Stufe zwischen Zwergsträuchern,
in bodensauren Magerrasen, Weiden
und Borstgraswiesen auf frischen bis
trockenen, nährstoff– und basenarmen,
humosen und sauren Lehmböden; nordwärts bis Grönland und Island

743 Spitz–Wegerich – P. lanceoláta
Pflanze 10–40 cm hoch, ausdauernd, mit kugeliger bis
zylindrischer Aehre und von April bis Sept. blühend

Plantágo lanceoláta L.
Spitz–Wegerich
Plantagináceae –
Wegerichgewächse

Laubblätter: Lanzettlich bis schmal
oval, am Ende zugespitzt, ganzrandig
oder mit vereinzelten Zähnchen, 3 bis
7 aderig, aufgerichtet und in einer
grundständigen Rosette

Blütenstand: Am Ende eines langen
Stiels (dieser länger als die Blätter)
vielblütige Aehre; Stiel unterhalb der
Aehre mit etwa 5 tiefen Rillen versehen

Blüten: Tragblätter oval, zugespitzt,
ohne Granne, an der Spitze behaart,
am Rande kahl und etwas länger als die
4 Kelchblätter; diese ungleich lang;
Kronblätter 4, verwachsen, 2–4 mm
lang, kahl und mit je einem bräunlichen
Zipfel; die 4 Staubblätter in der Kronröhre angewachsen, gelblich gefärbt
und mit langen Staubfäden; Fruchtknoten oberständig und aus 2 Fruchtblättern verwachsen; Windbestäubung

Früchte: Kapseln eiförmig, zweisamig
und sich oben mit einem abfallenden
Deckel öffnend; Klebverbreitung mit
verschleimten Samen

Standort: Von der kollinen bis in die
subalpine Stufe häufig in Wiesen, Weiden, Aeckern und Wegen auf feuchten
bis ziemlich trockenen Böden

744 Grosser Wegerich – P. major
Pflanze 15–30 cm hoch, ausdauernd, mit aufrecht
oder abstehenden Blättern und bis Okt. blühend

Plantágo major L. ssp. major
Grosser Wegerich
Plantagináceae –
Wegerichgewächse

Laubblätter: Breit oval, gestielt, am
Spreitengrund abgerundet oder herzförmig, am Ende meist abgerundet,
ganzrandig oder mit vereinzelten Zähnchen, 5–9 aderig und in einer grundständigen Rosette

Blütenstand: Vielblütige Aehre
schmal zylindrisch, bis 10 cm lang und
endständig

Blüten: Tragblätter oval, etwas zugespitzt, ohne Granne, kahl und kürzer als
die 4 Kelchblätter; diese bis nahe zum
Grunde frei; Kronblätter 4, verwachsen,
kahl und mit je einem gelblichen Zipfel;
Staubblätter 4, zuerst blasslila und später gelblichbraun gefärbt; Fruchtknoten
oberständig und aus 2 Fruchtblättern
verwachsen; Windbestäubung

Früchte: Kapseln eiförmig, 3–4 mm
lang, meist achtsamig und sich mit einem
abfallenden Deckel öffnend

Standort: Von der kollinen bis in die
subalpine Stufe in Trittgesellschaften,
Lägerstellen, entlang von Wegen und
Ufern auf frischen, nährstoffreichen und
auch dichten Lehm – und Tonböden;
trittfeste Pionierpflanze, die bis 80 cm
tief wurzelt; salzertragend; früher als
Heilpflanze verwendet

745 Mittlerer Wegerich – P. média
Pflanze 20–35 cm hoch, ausdauernd, mit meist dem
Boden anliegenden Blättern und bis Juli blühend

Plantágo média L.
Mittlerer Wegerich
Plantagináceae –
Wegerichgewächse

Laubblätter: Schmal– bis breit oval,
kurz gestielt oder sitzend, am Ende
stumpf oder zugespitzt, mit vereinzelten
Zähnen, 5–9 aderig, beiderseits zerstreut oder dicht behaart und in einer
grundständigen Rosette

Blütenstand: Endständige, zylindrische und 3–8 cm lange Aehre; Stiel
der Blütenähre anliegend behaart

Blüten: Tragblätter oval, ohne Granne,
kahl und nur wenig kürzer als die 4
Kelchblätter; diese bis nahe zum Grunde
frei; Kronblätter 4, verwachsen, 3 bis
4 mm lang, kahl und mit je einem weissen Zipfel; Staubblätter 4 und lila gefärbt; Fruchtknoten oberständig und aus
2 Fruchtblättern verwachsen; Insekten-
und Selbstbestäubung

Früchte: Kapseln eiförmig und 3–8
samig; Windverbreitung

Standort: In der kollinen und montanen (seltener subalpin) Stufe verbreitet in
trockenen Wiesen, Weiden, Halbtrockenrasen und entlang von Wegen
auf frischen bis wechselfrischen, nährstoffreichen, meist tiefgründigen und
sandigen oder reinen Lehmböden; im
Mittelmeergebiet seltener

746 Alpen–Wegerich – P. alpína
Pflanze 5–15 cm hoch, ausdauernd, mit aufsteigenden oder aufrechten Blättern und bis Juli blühend

Plantágo alpína L.
Alpen–Wegerich, Adelgras
Plantagináceae –
Wegerichgewächse

Laubblätter: Lineal bis lineal–lanzettlich, stielartig verschmälert, sitzend,
am Ende zugespitzt, meist ganzrandig,
dreiaderig, zerstreut behaart und in einer grundständigen Rosette

Blütenstand: Endständige, zylindrische und 15–30 mm lange Aehre

Blüten: Tragblätter oval, nur wenig
zugespitzt, ohne Granne, kahl oder nur
am Rande etwas gewimpert und gleich
lang oder länger als die 4 Kelchblätter;
diese bis nahe zum Grunde frei; Kronblätter 4, verwachsen, 2–3 mm lang
und mit je einem weisslichen Zipfel;
Kronröhre ausserseits im unteren Bereich
etwas behaart; Staubblätter 4 und gelb
gefärbt; Fruchtknoten oberständig und
aus 2 Fruchtblättern verwachsen;
Windbestäubung

Früchte: Kapseln bis 10 samig; Verbreitung durch klebrige Samen

Standort: In der subalpinen und alpinen Stufe in Magerrasen, Wiesen und
Weiden auf frischen bis mässig frischen,
mässig nährstoffreichen, humosen,
kalkarmen, etwas sauren und steinigen
Lehmböden; bis 1 m tief wurzelnd; gute
Futterpflanze

747 Schlangen–Wegerich – P. serpentína
Pflanze 10–30 cm hoch, ausdauernd, mit aufsteigenden oder aufrechten Blättern und bis Aug. blühend

Plantágo serpentína ALL.
Schlangen–Wegerich
Plantagináceae –
Wegerichgewächse

Laubblätter: Lineal bis lineal–lanzettlich, sitzend, fleischig, am Ende
rinnenförmig zugespitzt, ganzrandig,
dreiaderig, kahl und in einer grundständigen Rosette

Blütenstand: Endständige, zylindrische und 2–10 cm lange Aehre

Blüten: Tragblätter etwas zugespitzt,
ohne Granne und gleich lang oder
länger als die 4 Kelchblätter; diese bis
nahe zum Grunde frei, gewimpert und
mit ziemlich kräftigem Kiel; Kronblätter
4, verwachsen, 2–3 mm lang und mit je
einem weisslichen bis bräunlichen Zipfel;
Staubblätter 4; Fruchtknoten oberständig und aus 2 Fruchtblättern verwachsen

Früchte: Kapseln mehrsamig und
etwas zugespitzt

Standort: In der subalpinen (seltener
kollin und montan) Stufe in Weiden,
lückigen Rasen, bei Felsspalten und
entlang von Wegrändern auf mässig
frischen bis trockenen, schwach sauren
bis basischen und steinigen bis kiesigen
Böden in warmen Lagen; eine mittel-
und südeuropäische Gebirgspflanze, die
ostwärts bis Tirol und den Dolomiten
reicht

748 Grosse Brennessel – U. dioéca
Pflanze 30–150 cm hoch, ausdauernd, meist ver–
zweigt und von Juni bis September blühend

Urtíca dioéca L.
Grosse Brennessel
Urticáceae – Brennesselgew.
Laubblätter: Oval, gestielt, am
Spreitengrund herzförmig oder abge–
rundet, am Ende mit einem langen
Endzahn zugespitzt, grob gesägt, 5 bis
10 cm lang, mit Brennhaaren und zahl–
reichen kürzeren Haaren besetzt, mit
gewellter Oberfläche und gegenständig
angeordnet
Blütenstand: In den Blattachseln
zahlreiche vielblütige Rispen
Blüten: Zweihäusige Pflanze (männ–
liche und weibliche Blüten auf verschie–
denen Pflanzen); männliche Blüten mit 4
grünlichen Perigonblättern und 4 vor
diesen stehenden Staubblättern; weib–
liche Blüten mit 2 äusseren (klein) und 2
inneren (grösser) Perigonblättern und
einem oberständigen Fruchtknoten mit
pinselförmiger Narbe
Früchte: Linsenförmige Nüsse
Standort: Von der kollinen bis in die
subalpine Stufe in Auenwäldern, Wald–
schlägen, Unkrautgesellschaften, an
Waldsäumen, auf Schuttplätzen, ent–
lang von Gräben, Zäunen und bei Lä–
gerstellen auf feuchten bis frischen,
nährstoffreichen, besonders stickstoff–
reichen, neutralen, humosen, und tief–
gründigen Ton – und Lehmböden; die
Blätter werden als Gemüse verwendet

749 Kleiner Wiesenknopf – S. minor
Pflanze 30–50 cm hoch, ausdauernd, mit im unteren
Teil behaartem Stengel und bis Aug. blühend

Sanguisórba minor SCOP.
Kleiner Wiesenknopf
Rosáceae – Rosengewächse
Laubblätter: Grundständige in einer
Rosette und unpaarig gefiedert; Fie–
derblattpaare 5–15; Fiederblätter oval
bis rundlich, sitzend oder gestielt, ober–
seits dunkelgrün, unterseits heller grün
und jederseits mit bis 8 groben und
spitzen Zähnen; Stengelblätter mit
ovalen bis schmal ovalen Fiederblättern
Blütenstand: Dichtblütige und meist
kugelige Köpfchen
Blüten: Im unteren Teil des Blüten–
standes männliche–, im mittleren Teil
zwittrige– und im oberen Teil weibliche
Blüten; Kelchblätter oval, grün gefärbt
mit oft etwas rotbraunen Rändern und
2–4 mm lang; Kronblätter fehlend; in
männlichen Blüten 10–30 Staubblätter,
in den zwittrigen 1–4; Narbe auf dem
Griffel des Fruchtblattes aus Fäden zu–
sammengesetzt und einen Pinsel bil–
dend; Windbestäubung
Früchte: Vom strukturierten Kelch–
becher umschlossene Nüsschen; Wind–
verbreitung
Standort: Von der kollinen bis in die
subalpine Stufe in Fett– und Trocken–
wiesen, lückigen Magerrasen, an Bö–
schungen, Dämmen und entlang von
Wegen auf mässig trockenen Böden

750 Weisse Zaunrübe – B. álba
Pflanze ausdauernd, mit rübenartiger Wurzel, rauhen
kletternden Stengeln und von Juni bis Juli blühend

Bryónia álba L.
Weisse Zaunrübe
Cucurbitáceae – Kürbisgew.
Laubblätter: Fünfeckig (=gelappt),
kurz gestielt, an der Spreitenbasis meist
herzförmig, am Ende zugespitzt, bei–
derseits rauhhaarig und scharf gezähnt
Blütenstand: Pflanze einhäusig mit
doldenähnlichen weiblichen– und trau–
benartigen männlichen Blütenständen
Blüten: Männliche Blüten mit 5 grünen
und verwachsenen Kelchblättern (Zipfel
zugespitzt), 5 ovalen, zugespitzten, bis
etwa zur Mitte geteilten, meist flach
ausgebreiteten und grünlichgelben
Kronblättern und 5 Staubblättern;
weibliche Blüten mit etwas kleineren
Kronblättern und einem unterständigen
Fruchtknoten; Narben kahl; Insekten–
bestäubung
Früchte: Schwarze Beeren
Standort: In der kollinen Stufe zer–
streut in Hecken, Gebüschen, an Zäunen
und entlang von Wegen auf frischen,
sommerwarmen, nährstoffreichen, hu–
mosen und lockeren Lehmböden; giftig;
alte Arzneipflanze; eine osteuropäische
Pflanze, die nordwärts in warmen Gegen–
den bis Südskandinavien reicht; im
Gebiet in den zentralalpinen Tälern zu
finden; verschiedentlich auch aus Gärten
verwildert

751 Zweihäusige Zaunrübe – B. dioéca
Pflanze ausdauernd, mit verdickten Wurzeln, bis 4 m
lang, rauhhaarig und von Juni bis Sept. blühend

Bryónia dioéca JACQ.
Zweihäusige Zaunrübe
Cucurbitáceae – Kürbisgew.
Laubblätter: Im Umriss fünfeckig,
gelappt, 4–10 cm breit, mit behaartem
Stengel, am Spreitengrund tief herzför–
mig, am Ende zugespitzt, beiderseits
rauhhaarig und mit dreieckigen bis
ovalen Abschnitten
Blütenstand: Pflanze zweihäusig mit
doldenartigen weiblichen– und trau–
benartigen oder rispigen männlichen
Blütenständen auf verschiedenen
Pflanzen
Blüten: Männliche Blüten mit 5 ver–
wachsenen Kelchblättern (Zipfel kurz
zugespitzt), 5 ovalen, meist abgerun–
deten, bis zur Mitte geteilten, meist flach
ausgebreiteten und grünlichweissen
Kronblättern, 5 Staubblättern und einem
unterständigen Fruchtknoten; Narben
jeweils kurz behaart; Insektenbestäu–
bung
Früchte: Beeren unreif grün und im
reifen Zustand rot; Verbreitung durch
Vögel
Standort: In der kollinen (seltener
montan) Stufe in Hecken, entlang von
Waldrändern, an Zäunen und bei
Schuttplätzen auf frischen, nährstoff–
reichen, lockeren und humosen Lehm–
böden; nordwärts bis England

752 Stinkende Nieswurz – H. foétidus
Pflanze 20–60 cm hoch, ausdauernd, mit überwin–
ternden grundständigen Blättern und bis April blühend

Helléborus foétidus L.
Stinkende Nieswurz
Ranunculáceae –
Hahnenfussgewächse
Laubblätter: Grundständige nieren–
förmig bis rundlich, bis zum Grunde
3–9 teilig, lang gestielt und dunkelgrün
bis schwarzgrün gefärbt; Fiederblätter
lanzettlich, lang zugespitzt, meist ge–
zähnt und kurz gestielt oder sitzend;
Stengelblätter von unten nach oben
immer schwächer gefiedert; die obersten
oval, ganzrandig und bis 5 cm lang
Blütenstand: Am Ende der Verzwei–
gungen mehrere hängende Blüten
Blüten: Perigonblätter 5, glockenför–
mig zusammenneigend, sich mit den
Rändern überdeckend, grün gefärbt, mit
vorn oft rötlichem Rand und 1–2 cm
breit; Honigblätter 5–15, grün gefärbt,
trichterförmig und kürzer als die Peri–
gonblätter; Staubblätter zahlreich;
Fruchtknoten 3–8, mehrsamig, unten
verwachsen; Insektenbestäubung
Früchte: Balgfrüchte mit langem,
schnabelartigem Griffel
Standort: In der kollinen und monta–
nen Stufe in krautreichen Buchenwäl–
dern, Flaumeichenwäldern, an Wald–
säumen und im Schwarzdorngebüsch
auf frischen bis mässig trockenen, nähr–
stoff– und basenreichen Böden

753 Grüne Nieswurz – H. víridis
Pflanze 20–50 cm hoch, ausdauernd, formenreich
und oft bereits im Februar blühend (Febr. – April)

Helléborus víridis L.
Grüne Nieswurz
Ranunculáceae –
Hahnenfussgewächse
Laubblätter: Grundständige meist
nur 2, nicht überwinternd, bis nahe zum
Grunde 7–11 teilig, gestielt, dunkelgrün
gefärbt und zur Blütezeit meist noch
nicht vorhanden; Fiederblätter gezähnt
und zum Teil noch 2–3 fach geteilt;
Stengelblätter geteilt, aber oft nicht bis
zum Grunde
Blütenstand: Nur nickende Einzel–
blüten am Ende der Stengel
Blüten: Perigonblätter 5, mehr oder
weniger ausgebreitet, breit oval bis
rundlich, am Ende abgerundet, sich
überdeckend und grün gefärbt; mehrere
Honigblätter grün gefärbt; Staubblätter
zahlreich; Fruchtknoten 3–8, mehrsa–
mig und am Grunde verwachsen;
Insektenbestäubung
Früchte: Balgfrüchte mit schnabelar–
tigem Griffel und ohne diesen bis 25 mm
lang
Standort: In der kollinen und monta–
nen Stufe in lichten Wäldern und ge–
legentlich in Obstgärten auf frischen bis
trockenen, nährstoff– und basenrei–
chen, meist kalkhaltigen, steinigen und
lockeren Lehmböden in wärmeren La–
gen; früher als Heilpflanze kultiviert

754 Sternbl. Hasenohr – B. stellátum
Pflanze 10–35 cm hoch, ausdauernd, mit von Blattscheiden bedecktem Rhizom und bis Aug. blühend

Bupleúrum stellátum L.
Sternblütiges Hasenohr

Apiáceae (Umbelliferae) – Doldengewächse

Laubblätter: Grundständige lineal-
lanzettlich, nach dem Grunde verschmälert, am Ende stumpf oder kurz
zugespitzt, 5–30 cm lang und mit unterseits deutlich hervortretender Mittelader; 2 Adern verlaufen zusätzlich am
Rand; zwischen den Hauptadern deutlich netzaderig; mittlere und obere
Stengelblätter die Stengel zum Teil umfassend

Blütenstand: Mehrere Dolden an
End- und Seitensprossen; Dolden 1. und
2. Ordnung vorhanden; die 2–4 Hochblätter 1. Ordnung meist ungleich gross
und kleiner als die Stengelblätter; die
Hochblätter 2. Ordnung meist über die
Mitte miteinander verwachsen und eine
leicht gewölbte gelbgrüne Hülle bildend

Blüten: Kronblätter 5 und gelblich
gefärbt; Staubblätter 5; Fruchtknoten
unterständig und aus 2 Fruchtblättern
verwachsen; Insektenbestäubung

Früchte: Spaltfrüchte; die jeweils beiden Teilfrüchte mit 5 deutlichen und
etwas geflügelten Hauptrippen

Standort: In der subalpinen und alpinen Stufe in Wiesen, bei Felsspalten
und in lückigen Magerrasen auf trockenen, sauren und kalkarmen Böden

755 Gemeiner Beifuss – A. vulgáris
Pflanze 20–120 cm hoch, ausdauernd, mit unange-
nehmem Geruch und von Juli bis September blühend

Artemísia vulgáris L.
Gemeiner Beifuss

Asteráceae (Compositae) – Korbblütler

Laubblätter: Oval, 4–12 cm lang,
gestielt oder ungestielt, oft am Grunde
mit Zipfeln den Stengel umfassend, ein-
bis zweifach fiederteilig, oberseits dunkelgrün und unterseits deutlich weissfilzig
behaart; Abschnitte lanzettlich und mit
umgerollten Rändern

Blütenstand: In einer dichten Rispe
zahlreiche 2–4 mm lange und sitzende
oder kurz gestielte Köpfchen; Hüllblätter
dachziegelartig angeordnet, behaart
und mit weissem, trockenhäutigem Rand

Blüten: Alle röhrenförmig, gelblich bis
braunrot gefärbt, im Innern des Köpfchens zwittrig und im äusseren Bereich
weiblich; Windbestäubung

Früchte: Achänen bis 2 mm lang und
in der Längsrichtung meist gerillt;
Wind- und Klebverbreitung durch
verschleimende Samen

Standort: In der kollinen und montanen Stufe auf Schuttplätzen, entlang von
Flussufern, Wegrändern, in staudenreichen Unkrautfluren und im Auenge-
büsch auf feuchten bis frischen, nährstoffreichen und mehr oder weniger
humosen Böden; eine alte Kulturpflanze;
früher als Heil- und Gewürzpflanze

756 Strahlenlose Kamille – M. discoídea
Pflanze 5–35 cm hoch, mit kegelförmigem und ho-
hem Blütenkopfboden und von Mai bis Okt. blühend

Matricária discoídea DC.
Strahlenlose Kamille

Asteráceae (Compositae) – Korbblütler

Laubblätter: Schmal oval, 2–3 fach
fiederteilig, 2–6 cm lang, kahl, mit besonders im unteren Bereich breitem Mittelteil, sitzend und aromatisch riechend

Blütenstand: Zahlreiche 5–10 mm
breite Köpfchen rispenartig angeordnet;
Hüllblätter hellgrün gefärbt, kahl und
dachziegelig angeordnet

Blüten: Keine zungenförmigen Blüten
vorhanden; nur Röhrenblüten im Köpfchen; Kronblätter röhrenförmig verwachsen, grünlich gefärbt und vier-
zähnig; Fruchtknoten unterständig und
aus 2 Fruchtblättern verwachsen;
Insekten- und Selbstbestäubung

Früchte: Achänen 1–2 mm lang, kahl,
meist mit dunklen Haarstreifen und am
Ende mit einem gezähnten Rand

Standort: Von der kollinen bis in die
subalpine Stufe entlang von Wegen, auf
Schuttplätzen, in Kiesgruben, Trittrasen,
beim Bahnareal und bei Siedlungen auf
mässig feuchten bis frischen, nährstoffreichen, mehr oder weniger humosen,
festen und dichten Lehm- und Tonböden; seit etwa 1850 eingebürgert; ursprünglich eine ostasiatisch-nordameri-
kanische Art

757 Feld-Mannstreu – E. campéstre
Pflanze 20–60 cm hoch, ausdauernd, mit mehrfach
verzweigtem Stengel und von Juli bis Sept. blühend

Eryngium campéstre L.
Feld-Mannstreu

Apiáceae (Umbelliferae) – Doldengewächse

Laubblätter: Grundständige drei-
oder fünfeckig, lang gestielt, 10–20 cm
lang und 3 zählig doppelt fiederschnittig; Zähne an den Fiedern mit einer
aufgesetzten und stechenden Grannen-
spitze; mittlere und obere Stengelblätter
sitzend und mit stachelig gezähnten
Zipfeln den Stengel umfassend

Blütenstand: Am Ende der Triebe
meist kugelige, bis 15 mm breite und
weisslichgrüne Köpfchen; Hüllblätter
weisslichgrün, am Rand oft mit grannenartigen Zähnen und länger als die
Köpfchen

Blüten: Tragblätter lang stachelig zugespitzt, bis 10 mm lang und die Blüten
überragend; Kelchblätter 5 und mit
deutlich ausgebildeten Zipfeln; Kronblätter 5 und etwa halb so lang wie die
Kelchzipfel; Staubblätter 5; Fruchtknoten
unterständig und aus 2 Fruchtblättern
verwachsen; Insektenbestäubung

Früchte: Spaltfrüchte in mit weissen
Schuppen bedeckten Teilfrüchte zerfallend; Wind- und Klettverbreitung

Standort: In der kollinen Stufe in Magerwiesen und entlang von Wegrändern auf trockenen, oft sandigen Böden

758 Alpen-Ampfer – R. alpínus
Pflanze 30–100 cm hoch, ausdauernd, von der Mitte
an meist verzweigt und von Juli bis August blühend

Rumex alpínus L.
Alpen-Ampfer, Blacke

Polygonáceae – Knöterichgewächse

Laubblätter: Grundständige oval bis
rundlich, 30–50 cm lang, lang gestielt und rötlich gestielt, am Spreitengrund herzförmig und mit gewelltem Rand; Stengelblätter kleiner, schmal oval und oft mit
ungleich endenden Spreitenhälften

Blütenstand: Zahlreiche reichblütige,
seiten- und endständige Rispen; Seitenzweige des Gesamtblütenstandes
stark verzweigt und aufrecht

Blüten: Zwittrig; Perigonblätter 6; die
äusseren 3 den inneren anliegend;
innere 3 Perigonblätter ganzrandig oder
unregelmässig gezähnt und rotbraun
gefärbt; Staubblätter 6; Fruchtknoten
oberständig und aus 3 Fruchtblättern
verwachsen; die 3 zurückgebogenen
Narben rötlich gefärbt

Früchte: Nüsschen 2–3 mm lang,
glänzend und gelblichbraun gefärbt

Standort: In der subalpinen Stufe oft
bestandbildend um Alphütten, auf
überdüngten Alpweiden, Lägerstellen
und bei Bauernhöfen auf feuchten bis
frischen, nährstoffreichen und humosen
Lehmböden; ein guter Stickstoffzeiger;
oft als Schweinefutterpflanze verwendet;
in Nordamerika eingebürgert

759 Wiesen-Sauerampfer – R. acetósa
Pflanze 20–100 cm hoch, mit fransigen oder gezähnten Blattscheiden und von Mai bis August blühend

Rumex acetósa L.
Wiesen-Sauerampfer

Polygonáceae – Knöterichgewächse

Laubblätter: Vielgestaltig; untere
länglich pfeilförmig, mit rückwärts gerichteten Pfeilecken, bis 25 cm lang, am
Ende meist stumpf und auch gestielt;
obere Stengelblätter sitzend

Blütenstand: Reichblütige Rispen;
Seitenzweige des Gesamtblütenstandes
schräg aufwärts gerichtet

Blüten: Eingeschlechtig, seltener
zwittrig; Perigonblätter 6; die inneren
drei Pgb. 3–5 mm lang, oval bis rundlich, ganzrandig und am Grunde mit
einer rückwärts gerichteten Schwiele;
äussere 3 Perigonblätter oval, weisslichgelb gefärbt, meist mit rötlichen
Rändern und dem Blütenstiel anliegend;
in männlichen Blüten 6 Staubblätter; bei
weiblichen Blüten Fruchtknoten oberständig

Früchte: Nüsschen 2–2,5 mm lang
und dunkelbraun gefärbt

Standort: Von der kollinen bis in die
subalpine Stufe in Wiesen, Weiden,
Unkrautgesellschaften und entlang von
Ufern und Wegen auf feuchten bis frischen, nährstoffreichen, humosen, lok-
keren und tiefgründigen Lehm- und
Tonböden; Stickstoffzeiger

760 Schnee–Ampfer – R. nivális
Pflanze 10–25 cm hoch, aufrecht oder bogig aufstei–gend und von Juli bis August blühend

Rumex nivális HEGETSCHW. Schnee–Ampfer
Polygonáceae – Knöterichgewächse

Laubblätter: Die Grundständigen des Frühlings im Umriss oval, diejenigen des Sommers spiessförmig; Grundstän–dige gestielt, am Grunde mit breit ab–gerundeter Spitze, am Ende abgerun–det, meist ganzrandig und 15–30 mm lang; der Stengel trägt nur 1–2 Blätter

Blütenstand: Rispiger Gesamt–blütenstand nicht verzweigt

Blüten: Eingeschlechtig und zwittrig; Perigonblätter 6; die inneren 3 rundlich, beim Blütenstiel herzförmig, 3–5 mm breit, ganzrandig, am Grunde mit einer rückwärts gerichteten Schwiele und rot gefärbt; äussere 3 Perigonblätter dem Blütenstiel anliegend; bei männlichen und zwittrigen Blüten 6 Staubblätter; bei weiblichen und zwittrigen Blüten ober–ständiger Fruchtknoten (Pflanze ver–schiedentlich auch als zweihäusig be–zeichnet)

Früchte: Nüsschen gelblich bis rötlich, glänzend und 2–3 mm lang

Standort: In der alpinen Stufe auf Böden mit langer Schneebedeckung auf schneewasserfeuchten, nährstoffreichen, kalkhaltigen, humosen und feinschutt–reichen Tonböden; eine Ostalpenpflan–ze; bis in die Gebirge von Albanien

761 Schild–Ampfer – R. scutátus
Pflanze 15–50 cm hoch, oft mit unterirdischen Aus–läufern, bogig aufsteigend und bis Juli blühend

Rumex scutátus L. Schild–Ampfer
Polygonáceae – Knöterichgewächse

Laubblätter: Meist spiessförmig, 3 bis 5 cm lang, gestielt, an der Spreitenbasis oft mit 2 etwas abstehenden, spitzen Zipfeln, darüber oft eine deutliche Ver–schmälerung, flach ausgebreitet, ganz–randig und grün bis blaugrün gefärbt

Blütenstand: Rispiger Gesamtblü–tenstand mit unverzweigten, aufrechten und lockerblütigen Teilblütenständen

Blüten: Meist eingeschlechtig, seltener zwittrig; Perigonblätter 6; äussere 3 Perigonblätter nach der Blütezeit den inneren Pgb. anliegend; innere Pgb. rundlich, beim Blütenstiel herzförmig, 4–6 mm lang, ganzrandig, ohne Schwielen und durchscheinend rötlich gefärbt

Früchte: Nüsschen grau gefärbt und 3–4 mm lang

Standort: Von der kollinen bis in die subalpine Stufe als Pionier bei Wein–bergmauern, in Steinbrüchen und Schutt– und Geröllfluren auf frischen bis mässig trockenen, basenreichen, kalk–freien, kalkhaltigen und lockeren Grob– und Feinschuttböden; oft eine verwil–derte Gartenpflanze, die früher als Spinatersatz angebaut wurde

762 Zweigriffliger Säuerling – O. dígyna
Pflanze 5–25 cm hoch, ausdauernd, meist mit mehreren Stengeln und von Juli bis August blühend

Oxyria dígyna (L.) HILL. Zweigriffliger Säuerling
Polygonáceae – Knöterichgewächse

Laubblätter: Grundständige oval bis rundlich, gestielt, am Spreitengrund herz– oder niederförmig, 15–40 mm breit, mit gewelltem Rand, oberseits dunkelgrün– und unterseits schwach graugrün gefärbt; meist keine Stengel–blätter vorhanden

Blütenstand: Rispiger Gesamtblü–tenstand mit knäueligen Teilblüten–ständen

Blüten: Alle zwittrig; Perigonblätter 4 und grün gefärbt; 2 innere Perigon–blätter viel grösser als die äusseren 2; diese liegen dem geflügelten Rand der Frucht an; Staubblätter meist 4, seltener 6 vorhanden; Fruchtknoten oberständig

Früchte: Nüsschen linsenförmig und mit einem breit geflügelten Rand

Standort: In der alpinen (seltener subalpin) Stufe auf bewegten Stein–schuttböden und Moränenschutt auf frischen, kalkarmen, offenen, bewegten und lange mit Schnee bedeckten (9–10 Monate) Böden; Pionier auf rohen Bö–den; eine arktisch–alpine Pflanze, die im Gebiet besonders in den Zentral– und Südalpen verbreitet ist; bis Spitzbergen, Irland, Island und Skandinavien

763 Kleiner Sauerampfer – R. acetosélla
Pflanze 10–30 cm hoch, aufrecht oder bogig auf–steigend und von Mai bis August blühend

Rumex acetosélla L. s.l. Kleiner Sauerampfer
Polygonáceae – Knöterichgewächse

Laubblätter: Spiessförmig und lang gestielt bis schmal lanzettlich und in einen kurzen Stiel verschmälert, meist ganzrandig und dunkelgrün– bis blaugrün gefärbt; die stumpfen bis spitzen Zipfel deutlich abstehend

Blütenstand: Rispiger Gesamtblü–tenstand mit aufrechten und locker–blütigen Teilblütenständen

Blüten: Meist eingeschlechtig, seltener zwittrig; Perigonblätter 6; äussere 3 Perigonblätter den inneren anliegend; innere 3 Perigonblätter ganzrandig und ohne Schwielen; Staubblätter bei männ–lichen Blüten 6; Fruchtknoten bei weib–lichen Blüten oberständig

Früchte: Nüsschen 1–2 mm lang und braunrot gefärbt

Standort: Von der kollinen bis in die subalpine Stufe in Aeckern, Mager–wiesen, Waldschlägen, Heiden, entlang von Wegen und Dämmen auf mässig frischen bis trockenen, nährstoff– und basenarmen, sauren und sandigen bis lehmigen Böden; ein Versauerungs– und Magerkeitszeiger; schlechte Fut–terpflanze; in ganz Europa verbreitet; auch in Grönland, Japan, den USA

764 Nestwurz – N. nídus–ávis
Pflanze 15–35 cm hoch, mit kriechendem Rhizom, fleischigen Seitenwurzeln und bis Juni blühend

Neóttia nídus–ávis (L.) R. BR. Nestwurz
Orchidáceae – Knabenkräuter

Laubblätter: Lanzettlich, zugespitzt, hellbraun gefärbt, zu 4–6 dem Stengel anliegend und diesen scheidenartig umfassend

Blütenstand: Traube 5–15 cm lang, im unteren Teil lockerblütig, im oberen Bereich dichtblütig und hellbraun

Blüten: Tragblätter schmal lanzettlich und meist bis zur Mitte des Fruchtkno–tens reichend; die 5 Perigonblätter zu–sammenneigend, oval, am Ende meist stumpf und 4–6 mm lang; Lippe bis über die Hälfte zweiteilig, am Grunde sackartig vertieft, ohne Sporn und mit sichelartig gespreizten Abschnitten; das einzige Staubblatt mit dem Griffel und der Narbe zu einem Gynostemium – einem Säulchen – verwachsen; Frucht–knoten unterständig und aus 3 Frucht–blättern verwachsen; Insekten– und Selbstbestäubung

Früchte: Kapseln mit zahlreichen klei–nen Samen

Standort: In der kollinen und monta–nen (seltener subalpin) Stufe in Buchen– und Laubmischwäldern und Fichten– oder Kiefernwäldern auf feuchten bis trockenen, nährstoff– und basenrei–chen und meist kalkhaltigen Böden

765 Tannenwedel – H. vulgáris
Pflanze 20–80 cm lang, ausdauernd, mit weit krie–chendem Rhizom und von Mai bis August blühend

Hippúris vulgáris L. Tannenwedel
Hippuridáceae – Tannenwedelgewächse

Laubblätter: Linealisch, sitzend, meist 10–30 mm lang, am Ende zuge–spitzt oder stumpf und zu 8–12 quirl–ständig angeordnet; diejenigen im Wasser schlaff, diejenigen oberhalb der Wasserfläche steif abstehend

Blütenstand: Blüten einzeln in den Blattachseln

Blüten: Sitzend und zwittrig; Kelch einen 2–4 buchtigen Saum bildend; keine Kronblätter vorhanden; das eine Staubblatt mit einem längeren Staub–faden und einwärts gerichteten Staub–beuteln; Fruchtknoten unterständig, mit einem Griffel, aus einem Fruchtblatt gebildet, einfächerig und einsamig; Windbestäubung

Früchte: Einsamige Steinfrüchte ei–förmig, 1–2 mm lang und dunkelbraun gefärbt; Wind–, Wasser– und Vogel–verbreitung; auch mit Winterknospen

Standort: Von der kollinen bis in die subalpine Stufe in stehenden oder lang–sam fliessenden, nährstoffreichen, aber auch nährstoffarmen, kalkhaltigen und klaren Gewässern über humosen Schlammböden bis in 2 (–5 m) m Tiefe; Licht–Halbschattpflanze; Pflanze mit einer weltweiten Verbreitung

4.1. Verzeichnis der lateinischen Arts—, Gattungs— und Familiennamen

4.1. Verzeichnis der lateinischen Arts—, Gattungs— und Familiennamen

4.1. Verzeichnis der lateinischen Arts–, Gattungs– und Familiennamen

4.1. Verzeichnis der lateinischen Arts–, Gattungs– und Familiennamen

4.1. Verzeichnis der deutschen Arts—, Gattungs— und Familiennamen

4.1. Verzeichnis der deutschen Arts−, Gattungs− und Familiennamen

4.1. Verzeichnis der deutschen Arts−, Gattungs− und Familiennamen

4.1. Verzeichnis der deutschen Arts–, Gattungs– und Familiennamen

4.1. Verzeichnis der deutschen Arts–, Gattungs– und Familiennamen

4.1. Verzeichnis der deutschen Arts–, Gattungs– und Familiennamen

4.1. Verzeichnis der deutschen Arts–, Gattungs– und Familiennamen

4.1. Verzeichnis der deutschen Arts–, Gattungs– und Familiennamen

5. Literaturnachweis – Fotonachweis

Binz, A. und Becherer, A., 1986:   Schul– und Exkursionsflora für die Schweiz, 18. Auflage, Schwabe Co. Verlag, Basel

Bonnier, G., 1990:   La Grande Flore en couleur, 1. Auflage, Delachaux et Niestlé S.A., Neuchâtel

Czihak, G., 1976:   Biologie, ein Lehrbuch für Studenten der Biologie, Springer Verlag, Berlin, Heidelberg und New York

Eichler, A.W., 1878:   Blütendiagramme, Verlag von Wilhelm Engelmann, Leipzig 1878: unveränderter lizenzierter Nachdruck im Verlag von Otto Koeltz, Eppenheim 1954

Ettl, H., 1990:   Süsswasserflora von Mitteleuropa, 1. Auflage, Gustav Fischer Verlag, Stuttgart und New York

Hegi, G., 1907–1914:   Illustrierte Flora Mitteleuropas, München

Hess, H.E. und Landolt, E., 1967:   Flora der Schweiz, Birkhäuser Verlag Basel und Stuttgart

Lippert, W., 1981:   Fotoatlas der Alpenblumen, Gräfe und Unzer GmbH, München

Oberdorfer, E., 1983:   Pflanzensoziologische Exkursionsflora, Eugen Ulmer, GmbH und Co., Stuttgart

Strasburger, E., 1971:   Lehrbuch der Botanik, 30. Auflage, Gustav Fischer Verlag, Stuttgart

Zander, R., 1980:   Handwörterbuch der Pflanzennamen, Eugen Ulmer, GmbH und Co., Stuttgart

Sämtliche in diesem Buch zusammengestellten Abbildungen sind Aufnahmen des Autors.

Eigene Notizen